༄༅། །སྔ་འགྱུར་རྫོགས་ཆེན་ཆོས་འབྱུང་ཆེན་མོ།

藏传佛教大圆满传承史

旦增 · 龙多尼玛◎著
热哈 · 罗珠桑波◎译

西藏藏文古籍出版社

图书在版编目（CIP）数据

藏传佛教大圆满传承史 / 旦增·龙多尼玛著 .
—拉萨：西藏藏文古籍出版社，2016.7（2017.2 重印）
ISBN 978-7-80589-813-1

Ⅰ．①藏… Ⅱ．①旦… Ⅲ．①喇嘛宗—佛教史 Ⅳ．① B946.6

中国版本图书馆 CIP 数据核字（2016）第 149818 号

藏传佛教大圆满传承史

作　　者　旦增·龙多尼玛
译　　者　热哈·罗珠桑波
责任编辑　何卫峰
策　　划　天利文化
装帧设计　陶　然　李婷玉
出　　版　西藏藏文古籍出版社（拉萨市色拉路 22 号 邮编：850000）
　　　　　第二编辑部（北京）：北京市东土城路 8 号林达大厦 A 座 13 层
　　　　　邮编：100013　电话：010-64466847
　　　　　打击盗版：0891-6649998　13908990085
印　　刷　三河市众誉天成印务有限公司
经　　销　全国新华书店
开　　本　16 开（710×1 000）
印　　张　35
字　　数　554 千
版　　次　2017 年 2 月第 1 版第 2 次印刷
标准书号　ISBN 978-7-80589-813-1
定　　价　68.00 元

序

从自然原始时代到当今文明时代的漫长历史中，人类创造了丰富的物质文明和艺术、哲学、宗教等精神文明，其中，二千五百多年前创始于古印度的佛教，是东方文明的重要代表。佛教诞生后，先后传入亚洲各地，形成南传佛教、汉传佛教、藏传佛教等传承，也可称为小乘、大乘、密乘。

藏传佛教包括小乘大乘、显宗密宗，其教法圆融，有完整的传承和实修体系，在物质文明发达、科学昌明的当今时代，成为许多现代人的精神指引。这使我们深切体会到，藏传佛教是全人类宝贵的精神财富。

本书记述了佛祖释迦牟尼十二圣相传及显密教法的结集、在印度的兴起和弘扬发展，继而讲述了显密教法传入西藏和教法前弘时期之形成、后弘时期教法之重振及八大传承的简略历史。

本书详细讲述了自前弘期传承至今的藏传佛教最古老的教派——宁玛派的传承。宁玛派圆满包括九乘教法，即：显教三乘（声闻乘、缘觉乘、菩萨乘），外密三乘（续部、行部、瑜伽部）和内密三乘（玛哈瑜伽、阿努瑜伽、阿底瑜伽）。本书对其中最殊胜的内密三乘的传承做了更为详细的记述，重点讲述九乘之顶的大圆满法阿底瑜伽的传承。在这部分内容中，作为近代以大圆满法为主的宁玛派教法讲修中心，在整个大圆满传承史上，佐钦大圆满寺及其历代高僧有着重要的历史地位。当今大圆满的传承几乎没有不是来自佐钦寺传承的，故相应的内容自然也以佐钦寺为主干来记述，其中包括近百位佐钦传承弟子、大圆满成就者的传记。

笔者希望本书能够帮助读者更全面地了解佛教小乘大乘、显宗密宗的传承，了解九乘佛法次第的殊胜之处，对藏传佛教大圆满法的传承脉络以及那些如金山般绵延不断的大圆满上师、大成就者的事迹有更深入的了解，从中获得教益和启迪。也希望有缘的读者从数百位智者、成就者的传记中，明了如何闻思修学，增强修行的信心，以他们的事迹为修学的正确引导，精进修行，证悟成就。

本书藏文版已于十二年前出版。此次赖众多有缘之士的发心和努力，汉文版得以顺利出版，使以上内容得以呈现在更多的读者面前。笔者对此随喜赞叹！

回向此功德成为佛法永驻、众生离苦得乐之善缘！

愿吉祥！

旦增·龙多尼玛

公元2016年 藏历火猴年六月

目　录

缘起文·吉祥哈达

如云："不成善趣解脱直接因，无有金银财物之进项，处于模棱两可此等法，众人虽弃我却细察之。"如是，笔者作为虽然俱生后成智慧如同萤虫之光，但增上善心要与日月争明之末学者，很早就有这样的愿望：如今，佛陀教证妙法逐渐隐没于浊世黑暗之中，具有圣者九德之持教大德寥若晨星，传讲古圣先贤事迹者少之又少。佐钦大圆满寺历代上师以讲修事业将利益教生伟业广弘于世界各地，但却没有与此广大事业相应的完整教法源流记录和历代传承上师传记，实在是一件令我等后学痛惜与惭愧之事。有鉴于此，基于对史料的收集、考证，编撰一部大圆满传承史意义重大。

藏历第十七绕迥土鼠年，在教法再弘时期对佐钦大圆满寺讲修教法全面恢复有着殊胜贡献和恩德的怙主上师土登隆多丹毕坚参吉祥贤首次表示有一部教法源流的重要性并劝请笔者执笔撰写。随后，向无等慈悲之藏、至尊上师仁波切多丹罗珠嘉措禀报此情时，上师非常欢喜并赐予极大加持。加之佐钦寺其他活佛堪布及道友们多次至诚劝请，故于此年五月上旬，笔者在多智钦吉美·成利沃色、吉美加卫尼固尊者、堪钦才旺仁增、根本上师多丹罗珠嘉措等诸多持明成就者所加持之圣地、日当静处长寿洞修行之时，利用各个出座间歇开始动笔撰写。但因当时参考资料欠缺等原因而暂时延后。后于藏历阴水羊年春，在佐钦熙日森佛学院精进闻思之余，以极大的勇猛心继续撰写并最终圆满完成。此后，在历朝古都北京准备出版时再次校对并定稿。

佐钦大圆满寺的第一部教法源流，是十九世纪初期由殊胜智者谷如扎西造写的《教法大源流·智者能喜善言之海》。此教法源流是应第二世尼札活佛白玛塔确丹毕坚参、嘉绒朗卡才旺确珠、第三世佐钦法王尼邓丹增桑波三位大德的敦请而撰写，内容为前密宁玛派经教、伏藏、净现三大传承总述，其中详广无误地记述了从大圆满成就者第一世佐钦法王白玛仁增创建佐钦寺到第四世佐钦法王美久·囊卡多杰登上法王宝座之间的佐钦寺历史。

二十世纪中叶，由堪钦土登年扎、殊胜智者白玛才旺、父尊阿旺罗布共同编写了《佐钦大圆满寺教法传承史》，在此基础上，又补充了第四世佐钦法王美久·囊卡多杰和第五世佐钦法王土登曲吉多杰两位大德的传记而最终完成巨著《佐钦寺教法大源流》。但此法本在木刻制版已完成还未及印刷之时，因世事变迁而被烧毁。

公元1982年，在雪域教法再弘期到来之际，怙主白玛格桑仁波切造写了一部简略的佐钦大圆满寺史和历代佐钦法王传记。1985年，曾任熙日森佛学院辅导师的年休·嘉旺尼玛在锡金岗托编写了《佐钦大圆满寺志》。此书在《谷如扎西教法源流》中第一世佐钦法王白玛仁增到第四世佐钦法王传记历史的基础上，引用了蒋扬钦哲旺波造写的《历代主持名录》之第四世佐钦法王美久·囊卡多杰的传记内容，再加上其本人撰写的第五、第六世佐钦法王和堪钦先嘎略传而成。

如今，本人圆满完成了这部《藏传佛教大圆满传承史》的撰写。全书分为四个部分十六章：第一部分，众生导师释迦牟尼佛降临于世及显密教法之兴起；第二部分，显密法宝如何传入清凉雪域圣地之情；第三部分，前密教法之源——佐钦大圆满寺法脉及历代传承上师；第四部分，附说前密宁玛派六大寺院概况。

十六章内容概述如下：

第一章讲述众生导师本师释迦牟尼佛如何降临于世等佛陀十二圣相及显密教法之兴起。

第二章讲述随学圣者弟子如何结集教法并继承弘扬。七代付法师、二胜六庄严等圣者的事迹内容可参阅印度教法源流和历史传记，本书未作详述。

第三章讲述大密金刚乘内续三部教法之兴起。分别说明生圆次第及大圆满三法的起源，详广讲述了如来密意传和持明表示传的传承诸圣者传记。

第四章讲述一切教法本源大密前译教派传入西藏和教法前弘时期之形成。

第五章讲述后弘时期教法之重振并附说八大传承的形成，简略讲述了其他七大传承的简略历史，前密宁玛传承源流于后文详述。

第六章讲述大密前译宁玛派显密教法中小乘别解脱戒传承祖师传记。其中，依次叙述从无等导师释迦牟尼到敏珠林嘉色仁增桑波等三十六代尊者的传记。

第七章讲述大密前译宁玛派显密教法中显宗大乘唯识派和中观派菩萨戒及教法传承。其三大传承中，以甚深见地派为主轴而写。在前文中提到的有些别解脱戒传承上师以及从遍智法王龙钦巴至当今的传承上师，因在大圆满秘密心髓传承章节中已有记述，此处不再重复，故只将其余大约十多代传承上师传记汇集一处。

第八章讲述大密前译宁玛派显密教法中密宗金刚乘远传经教内续三部之传承，文中详广叙述从玛·仁青译师到苏·曲阳让卓之间的玛哈瑜伽大幻化网密续二十代传承上师传记，而从敏珠林大伏藏师到当今的传承上师传记与下文相同。次第讲述了阿努瑜伽总经意集续灌顶传承，其中，努钦·桑杰益西等在玛哈瑜伽传承中已有记述，敏珠林法子白玛久美嘉措等在其他章节中也有提及，但在这里为了便于了解传承的次序而作了复述。

阿底瑜伽分心部、界部和窍诀部，从法身普贤王如来至今的大部分心部传承上师传记在玛哈瑜伽阿努瑜伽和大圆满窍诀部章节中有详述之故此处未再提及。界部传承中的邦·麦彭贡波到阿阇黎根桑多杰之间的十代上师传记较为详细，其后至当今之间的有些上师传记尚未找到。敏珠林寺和佐钦大圆满寺历代传承上师在上下各个章节中相继出现之故，此处只有名录列出。

大圆满窍诀部比玛心髓传承中大班智达比玛拉至持明谷玛然扎之间作了顺序讲述，大圆满空行心髓传承中莲花生大士到雪本·嘉色勒丹之间也作了详细记述，而各传承汇集于一身的持教者遍智法王师徒的传记单独列出。近传持教者、遍智法王弟子多智钦吉美·成利沃色至当今上师之间的传记在历代主持和堪布章节中先后提及之故，这里只是作为名录列出。

以上师心滴法为主的佐钦大圆满寺母子心髓远传法传承中，详细叙述了遍智法王亲传弟子达果隐修者夏札曲杰到佐钦巴隆佐塔扎之间的九代传承上师传记。第一世佐钦法王白玛仁增以后的传承历史在其他章节中讲述之故此处未再提及。此外，顺序讲述遍智法王亲传弟子嘉瓦益西冉江到持明曲吉嘉措之间的八代大圆满空行心髓法不共传承上师传记。第一世佐钦法王白玛仁增至今的传承上师在寺院历代主持中另有讲述。

第九章为近传伏藏法之兴起。此内容在《谷扎教法源流》和蒋贡康楚大师的《百位伏藏大师传记》等史书中有详述之故，这里以附说之式简略讲述。

第十章概述佐钦大圆满寺所在之地——多康日当圣地之殊胜庄严。

第十一章讲述佐钦寺主寺和讲修两院等各个道场的形成以及讲修教法如何弘传之情形对从佐钦熙日森佛学院延伸的一些分支佛学院只做了概略讲述。另外，此次未能收集所有分寺的历史资料，即使是已经收集的部分也作为缘起所依而暂时搁置。

第十二章是世与出世二事业之主历代住持之传记。此章中第一代到第七代主持事迹是根据谷扎教法源流而写，此后的两世佐钦法王以及弘扬窍诀法门、在讲修事业方面有殊胜成就的诸大德，也根据过去的传统共同列为十二位住持而详细记述。

第十三章是佐钦大圆满寺其他历代持教大德之传记。本章中列有第一世佐钦法王白玛仁增心传补处弟子——历代本乐活佛，第四世佐钦法王美久·囊卡多杰号称“根珠岭三心子”的补处弟子，第五世佐钦法王土登曲吉多杰号称“德贡钦三心子”的补处弟子。这些说法并不是主持寺院的先后顺序之别，而是根据此等大德在担任寺院重任的各个时期所起的主次作用、历代转世的多少以及年纪的大小，并因易于传诵而约定俗成的顺序。

此外，在教法再弘时期诞生的年轻活佛们讲修事业的各种事迹，只有在未来才能记述。另有一些活佛的传记资料因未能收集到，所以，只是列出名录而未详述。

第十四章是讲修教法之根本历代法台堪布之传记。此章详广记述了从第一任法台堪布桑珠·白玛扎西到堪钦才让秋觉之间三十任法台堪布的传记。

第十五章是历代传承弟子诸贤善成就自在大德之传记。文中尽可能地详细记录了从自在成就者白玛仁增"日月星三大心子"至今公认的诸贤善大德的传记。此等大德的顺序主要是根据诞生年代、师徒关系以及是否住世等因素而作的笼统排序，并非是按照他们的地位和担任寺院职务的情况而定。目前为止，因史料收集不全甚至在名录中也未能列出的古今成就大德和传承弟子必定不乏其人。留待后续史料搜集工作有更多收获时再做补充。

第十六章略说前密宁玛派六大母寺。是沿袭"上有多敏巴，下有噶白佐"的顺序而写，而佐钦大圆满寺详广源流是本书正题之故，此处没有复述。

如是，具有十六章的《藏传佛教大圆满传承史》的撰写暂告圆满，笔者诚心祈祷诸位贤德智者们给予更多的意见和建议。

旦增·龙多尼玛于北京

2004 年 5 月 9 日

藏传佛教大圆满传承史——如意宝鬘

清净基界，大空体性，离四戏轮殊胜不变妙法身，
光明任运，幻化音乐，智界无二具五决定尊报身，
普现大净，相好游舞，事业妙诞殊胜游戏佛化身，
法报化现，三身导师，义传佛海不离表示中顶礼。
极胜果乘，密法集者，荣获授权密法之主金刚手，
补处菩萨，三大怙主，圣种五贤有缘法主国王匝，
大圆三部，教法车辙，极喜文殊无垢熙日嘉那等，
表示之传，人与非人，无数天龙夜叉魔众前顶礼。
圆满无伪，大密深续，成熟解脱经伏九乘如海法，
具六殊胜，神奇耳传，妙法讲授修习经久而不衰，
承持弘法，无比事业，遍及四方持明成就众师前，
三门顶礼，无缘慈悲，密意请赐加持证悟之祖法。
殊胜二资，大江中生，相好无量光明人天顶庄严，
所知法海，通达无障，圆满十力无边二智妙慧兴，
断证功德，究竟遍及，二七事业光明普照三乘界，
善逝佛陀，妙法日轮，无垢双足依于顶间而敬礼。
八万四千，妙法之蕴，初中后善佛语显密教言藏，
离贪灭道，苦集得断，远离诸障无垢三学所证法，
驱除轮涅，一切痛苦，教证妙法利乐之源功德海，
无比救护，教法之宝，净信依止祈请安置四佛身。
远离堕过，不净污垢，三学金地之上持慧妙禅定，
明智解脱，具八功德，二资圆满积福对镜极庄严，
解脱遍智，寂静舵手，无上引渡补特伽罗圣僧众，
直至获证，菩提之间，深信敬礼请赐暂时究竟果。

相好庄严，枝叶茂密，见者锐意妙宝身，
六十梵音，圆满具足，闻者解脱甘露语，
彻见所知，诸法体性，二智坛城广大意，
善逝导师，人天主尊，无等释迦赐佑护。
诸佛智界，胜慧之藏，十六妙龄英俊相，

青色宝剑，游舞之顶，智慧火焰熊熊燃，
至尊文殊，垂念我等，请赐持慧之光明。
极乐妙界，无量光尊，心间红“舍”种子字，
西南之方，神奇海中，无着诞于莲花上，
诸佛三密，事业威力，加持总集于一身，
雪域圣地，恩德无比，邬金第二佛尊胜。
尊者妙智，广深无边，通达一切所知法，
空性缘起，双运之法，照见二谛之本性，
中观唯识，二乘圆融，开创妙乘之法统，
律教日轮，引此圣地，静命菩萨前顶礼。
宏愿成熟，誓言坚定，幻化政教之缰绳，
紧系四方，广袤疆域，神奇教旨美名扬，
雪域圣境，前无古人，功绩日月极明亮，
至尊圣者，天王赞普，赤松德赞前敬颂。
显密教论，佛语意疏，内外经典之论理，
圆满无误，译校抉择，讲闻修法清净传，
北部边地，黑暗境中，引来妙法之光明，
毕玛毗卢，噶觉努涅，智者译师前顶礼。
贤善成就，无数大德，犹如群星围绕中，
遍智胜德，智慧坛城，闪耀教言正理光，
佛陀总教，前译自派，安置光明圣境者，
荣松隆钦，美名日月，依于顶间妙庄严。
普陀怙主，慈悲游戏，身着褐黄法衣者，
殊胜事业，种种妙行，教法众生之亲友，
暂时究竟，至善舵手，救护雪域有情众，
无等上师，金刚持佛，双足白莲前顶礼。
何者圣号，点滴甘露，降于有缘众耳间，
亦能引渡，恶趣苦海，慈悲威力极迅猛，
成就殊愿，不动佛王，宝髻如来之化现，
大圆教主，成就圣者，白玛仁增愿胜出。
何者三密，事业游戏，贤善成就之传奇，
美名飞幡，飘扬四方，讲修事业妙转轮，
遍行大地，前密顶饰，历代师承赐佑护。
宏愿胜心，任运善业，犹如清净水晶光，

讲修传统，承教根本，三密事业遍四方，
自派祖法，清净胜教，永久弘扬之主尊，
遍主上师，莲花名者，转轮怙主前顶礼。
乐空双运，无为之性，殊胜不变元始界，
深寂离垢，明空精华，光明心性之密要，
现前直授，吉祥上师，证悟功德大海藏，
我等尊师，玛德萨拉，请赐佑护至菩提。
应供应赞，所有先哲，教证宝藏持有者，
贤正善法，三德具足，圣者传奇佳话多，
浊世末劫，教生怙主，持教圣者善师众，
依于顶间，部主顶饰，知恩心中敬顶礼。
俱生后成，智慧浅薄，如同蚕丝细微故，
智者欢喜，善说盛宴，任意摆布力虽弱，
正直辩才，未走偏道，往昔历史之景象，
现前而写，文字游戏，公正士夫前礼敬。
丰功伟绩，美名荣誉，遍传世界之佳话，
动听音乐，善巧演奏，成就自在佐钦巴，
殊胜政教，满辅金轮，无碍遍行赡部洲，
前所未有，广深历史，满怀欢喜而撰写。

如是，以至诚礼敬圣者先贤和阐述发心所作之诗文花蔓开启缘起善门。

第一章 众生导师释迦牟尼佛降临于世及正法之传播

第一节 概述佛陀降临于世

众生导师、具足十力之贤劫千佛中为调化浊世众生而发起五百大愿者、犹如白莲花般被十方诸佛菩萨所赞叹的贤劫第四佛释迦牟尼，本于无量劫之前就圆满断证诸功德而证得佛果，在法界如如不动的境界中以无量如来方便幻化进行永恒、遍及、任运之三世利众事业。

《妙法莲华经》云:“善男子！我实成佛已来无量无边百千万亿那由他劫。”

《父子合集经》云：“于往昔无量劫，多如恒河沙数世界里，以自在顶如来之相证得佛果，行使利生事业而涅槃。此后至今，又示现了无数成佛之相。在未来，也将示现凡夫从最初发心到圆满成佛之相，直至轮回皆空。”如云:“慈心悲悯众生故，使其相续得成熟，大力勇士之幻化，百千万亿无量数，示现佛陀之法相，然却无有满足意。”

《妙法莲华经》云:“自我得佛来，所经诸劫数，无量百千万，亿载阿僧祇，常说法教化，无数亿众生，令入于佛道。尔来无量劫，为度众生故，方便现涅槃，而实不灭度，常住此说法。”

《华严经》云：“证得如海菩提果，成熟如海诸众生，发起如海菩提心，示现如海不衰行，此乃善逝诸化现。”

《秘密如意宝庄严续》云：“示现最先成佛相，大密佛王金刚持，化现游戏无量界，前后无数时劫中，示现静猛诸法相，乃至猎人妓女等，无量身相度众生，今复于此贤劫中，仍以千尊佛陀相，演绎种种妙化现，利益无量有情众。”如是，根据众生的界趣、根器和缘分，示现不可思量的工巧化身、受生化身和殊胜化身。

其中，在此娑婆世界的争斗时期，释迦牟尼佛是如何示现于众生之前呢？对此各宗派有不同记述。声闻乘认为，吾等导师释迦牟尼佛早在三大阿僧祇劫前，已经积累了圆满资粮道所需的大量资粮，乔达摩·悉达多乃为烦恼所系的凡夫最后有者，其在天竺金刚座，以大资粮道之身将加行道、见道、修道、无学道等五道修成于一座之上而成佛。

如《毗奈耶本事经》云：“第一俱胝劫，从释迦佛始，护国佛之间，七万五千佛，我已行供养。经历一俱胝，我恒供养佛，为得佛果故，我无愁虑心。第二俱胝劫，自从燃灯佛，至根幢佛间，七万六千佛，我已行供养。经历二俱胝，我恒供养佛，如是生世中，我无厌烦心。第三俱胝劫，善妙如来始，迦叶佛之间，七万七千佛，我已行供养。经历三俱胝，我一一供养，行持菩提道，无稍厌倦心。我为菩萨时，供养诸如来，所有世间尊，授记我成佛。我前所发愿，现已皆圆满，不住如来境，摄受诸有情。”

《俱舍论》云：“各百福严饰，于三无数劫，各供养七万，又如次供养，五六七千佛，三无数劫满，逆次逢胜观，燃灯宝髻佛，初释迦牟尼。”颂曰：“三无数劫满逆次逢胜观，燃灯宝髻佛初释迦牟尼。”如是，在第一大阿僧祇劫中向大释迦如来至宝髻佛之间的七万五千尊佛陀恭敬承侍，此后，向燃灯佛之前的七万六千尊佛陀恭敬承侍，此为第二大阿僧祇劫，之后，在第三大阿僧祇劫中又向毗婆尸佛之前的七万七千尊佛陀恭敬承侍，从而圆满了三大阿僧祇劫的资粮，随后，以一偈颂赞词连续七天不间断地赞颂星王如来，从而圆满了九大劫的资粮。在此贤劫中，向饮光佛恭敬承侍九十一大劫，故利用这一百劫勤修妙相之后，成为兜率天白幢天子，示现了兜率降世等十二圣相，此最后有者菩萨承许为凡夫，如《俱舍论》云：“父母病法师，最后生菩萨，设非证圣者，施果亦无量。”

根据大乘共同的记述，如《贤劫经》云：“往昔我为穷人时，于大释迦如来前，供养一碗粥食后，初次发起菩提心。”如是，在往昔成为陶工之子作明童子时，向大释迦如来供养了一碗粥而初发菩提圣心。又如《报恩经》云：“时我徒伴劣弱少力，劣弱在后。是时牛头阿傍以铁叉刺腹，铁杖鞭背，血出沐浴，随体而流。其人苦痛，高声大唤，苦痛难忍，或称父母，或称妻子。虽作如是唱唤，无益于己。我时见是，受大苦恼，心生哀悯，因慈心生故，发菩提心。为此众罪人故，劝请牛头阿傍：‘此罪人者，甚可怜悯。小复加哀，垂慈怜悯。’牛头阿傍闻已，心生瞋恚，寻以铁叉前刺我颈，寻时命终，即得脱于火车地狱百劫中罪。我以发阿耨多罗三藐三菩提心故，即脱火车地狱之罪。”此后，积累了三大阿僧祇劫的资粮，成为仅一世之隔的十地菩萨兜率白幢天子，降临瞻部洲而成就佛位。如《功德庄严经》云：“从发起无上菩提心之日起，以极大精进心积累了三大阿僧祇劫的资粮之后，在人寿百岁之期，如引导盲人般度化无明众生，在此世间示现成佛之相，广转无量法轮。”如是云云。

另外，根据大乘不共同的记述，圆满慈悲智慧的吾等导师释迦牟尼佛，往昔有学修道之时，如同上述，转世为婆罗门海尘，在宝藏如来座前发了五百大愿，初发菩提心，转世为陶工之子作明童子时，在大释迦如来座前发菩提心，又转世为地狱拉车者时，对同伴生起慈悲而发菩提心，后在三大阿僧祇劫中向恒河沙数如来恭敬承侍，成就圆满、成熟和清净之业，并且在无上密严刹土显现五部报身佛之相而成佛，之后，在报身如如不动中，又以殊胜化身降临于此世界，示现十二圣相，如阿阇黎阿格旺修扎巴曰：“密严刹土之中悟胜义，为利兜率转世白幢者，后于此界成为释迦尊，无死幻化圣尊愿胜利。”

《楞伽阿跋多罗宝经》：“云何于欲界，不成等正觉？何故色究竟，离欲得菩提？”

《大乘密严经》云：“不于欲界中，成佛作佛事，要往密严土，证于无上觉，俱胝诸世尊，欲中施佛事，先从于此国，化为无量亿，正定常相应，神通以游戏，遍于诸国土，如月无不见，随诸众生类，所应而化益。”月称菩萨在《入中论》云：“如净虚空月光照，生十力地复勤行，于色界顶证静位，众德究竟无与等。”又《宝性论》云：“如来亦如是，方便力示现，从兜率陀退，次第入胎生，习学诸伎艺，婴儿入王宫，厌离诸欲相，出家行苦行，推问诸外道，往诣于道场，降伏诸魔众，成大妙觉尊，转无上法轮，入无余涅槃，于不清净国，现如是等事。龙树菩萨《宝鬘论》云：“悲心驱使者，降诞与游戏，出家与苦行，为证菩提故，伏魔转法轮，从兜率天降，趣入涅槃等，示现导师行。”如是云云。

第二节　详述佛陀所显十二圣相

一、兜率降世

婆罗门童子阿阇黎往生兜率圣境，在珍宝宫中居于至高宝座，为天人眷属开示甚深妙法之际，因往昔的善妙发愿应时成熟及十方如来不可思议的加持力，天乐中发出如是妙音：“广大福德正念与觉悟，发出无边智慧之光芒，具无等力广大之神变，敬请忆念燃灯佛授记。仰仗圣者圆满福德力，兜率天宫虽然甚庄严，然因具足大悲之愿力，请树胜幢普降妙法雨……正当此时切勿疏忽之，今以悲悯之心作祈请。”如是闻到自然声乐祈请其前往瞻部树王所庄严的世界，于是对众天人们说：“善友们，此一百零八之妙法门，在佛子往生之时讲说。善友们，信心乃妙法之门，使心续坚定不变；清净乃妙法之门，使染污心续得以清净……灌顶之地乃妙法之门，将示现从入住母胎至入大涅槃之间的法行。”又对众多天人如是说：“众友请舍弃散漫放逸行。”听到此语，众天人感到不舍，说：“圣者您若不再住此地，兜率圣地亦将不庄严。”又说：“如今人世间被恶业所染污，心相续刚强难化，尤其是在瞻部洲有外道富兰那迦叶等邪说议论六师，婆罗门因胜等随学六师，能喜之子享禅等证会派六师，如是由外道十八师所袭扰，故不去为好。”菩萨天子让眷众们奏响所有乐器，自己也吹响了法螺，问：“此等乐器中哪个声音更超胜？”众人回答：“法螺音超胜。”“如同法螺之音超胜于其他声音，我亦不被他法染污而可超胜他法。”说完，将自己的宝冠加冕于弥勒菩萨，说：“从今以后，弥勒将传讲妙法。”说罢，以弥勒菩萨承继为其补处，化为六牙白象降临于世。

二、入住母胎

此后，观察并选中殊胜清净的众敬王刹帝利种姓、南赡部洲中土迦毗罗城、具有厌离心和出离心的人寿百岁之五浊恶世时代、七代父辈之内无有过患的氏族、断除妇女过患具足妇女美德的摩诃摩耶夫人。于氐宿月十五与归宿和合之日，在摩诃摩耶夫人处于八关斋戒的清净时际，菩萨天子以洁白象子之相从圣母右腋入住母胎。摩诃摩耶也梦见一圣象从自己的右侧融入体内的吉相，从此，自然禁欲行善，修习五学处。父尊净饭王长处清净梵行，恒常修习善法，整个王国沉浸在国泰民安、五谷丰登的欢乐之中。

三、诞生于世

怀胎十月之后，圣母摩耶夫人意识到菩萨王子的诞辰临近，就禀报了国王，国王根据夫人的意愿将蓝毗尼苑及其周围装扮得格外美丽悦意。圣母坐上用众多珍宝和彩绸装饰一新的马车，在释迦宫女的簇拥下，由释迦四路卫兵护送，来到了蓝毗尼苑。这时，四大天王、梵天王、自在天王等紧随其后，以人天美妙的赞歌和音乐作了赞供。此林苑中有一棵往昔诸佛母曾倚靠的巴拉恰树，圣母见到这棵枝繁叶茂、花香果丰的大树之后，用右手抓住树枝而稍憩片刻。正当此时，菩萨王子在光环中从其右腋诞生，并未给母亲带来丝毫痛苦。当时，大梵天和自在天王用噶喜噶天布为王子接生，但因消受不起菩萨之福而未能接住。王子落生大地之后，地神母为其献上了盛开的莲花垫，欢喜龙王和近喜龙王降下妙雨香水为其沐浴，大地出现六种震动、光明普照的吉祥征相。菩萨王子向四方各走了七步并说：“这是东方，是走向涅槃圣地之初；这是南方，将成为一切众生的福田；这是西方，将成为我最后的转世；这是北方，要渡过轮回之海。”

与此同时，在王舍城、舍卫城、桥赏弥和乌丈那四国依次出生了影胜王、波斯匿王、夏尔巴和极明四位王子。他们误认为光芒和神变等吉相是因自己的王子出生而出现的。当时，跋提梨迦等五百释迦童子、耶输陀罗等五百释迦女子、阐那陀等五百仆人、欲母等五百女佣也同时出生。还有五百母马和五百母象也分别产下了具赞等五百马驹与五百幼象。此外，在瞻部洲中心长出了菩提树和优昙花，出现了五百处园林和宝藏等。为此，父尊净饭王为王子取名“悉达多”（意为义成）。因被释迦王族推崇为祖神的释迦增药叉向菩萨王子恭敬顶礼，故取名为“神中之神”；因将释迦族中的狂妄鲁莽者也调伏为举止温和之人，故取名为“释迦能仁”。菩萨王子诞生后的第七天，圣母示现圆寂并往生到三十三天圣境，王子在波阇波提等三十二位乳母的呵护中成长。这时，具足五神通的黑身仙人及其侄子以神通之力飞行前来观察菩萨王子。当他们接近迦毗罗城时，因王子福德力的威慑而失去了神通，只好步行前来。到了宫中，见王子具足大士夫之气质，经过详尽观察后问众侍者：“相士们是如何预测王子的未来呢？”答道：“有两种可能，如果持家继承王位，将成为转轮王；如果出家修行，将成就圆满正等正觉。”如是详述了相士们的预言。之后，仙人授记道：“地主相士数师心迷乱，争斗时劫无有转轮王，殊胜福德妙法之宝藏，将会战胜罪恶而成佛。”

四、精通才艺

菩萨王子稍长之后，与五百位释迦童子一起在明师众敬师和摄珠座前，学习文字、算术等。王子聪慧过人，老师一点即通，国人都为之感到神奇。当时，老师称赞道：“清净士夫神奇哉，虽已精通诸经典，世间随顺世间故，亦显亲临学堂相。”此外，在其舅父善取处学习骑象术，在具神处学习射箭和使用其他兵器技艺。菩萨王子毫不费力而轻松掌握了所有这些技艺，而其他释迦童子们却用了九牛二虎之力才掌握。最后，到了学成评比的时候，提婆达多用一掌就拍死了门口的象王，美喜童子抓住此象尸的尾巴抛向了城外，而菩萨王子坐在车上用脚拇指抬起象尸，将其抛向七道城墙、七道壕沟之外一闻距之地，形成了一个大坑，后来，人们称之为“象王坑”；此后，比赛射箭之力，提婆达多射穿了一个铁砖，从弟阿难射穿两个，而菩萨王子一箭射穿七个铁砖、七棵多罗树、七层铁锅之后，箭头射入了地下，后来，在拔出箭头之处涌出了泉水，称为“箭泉”。另外，还比赛了文字、算术、跳功、游泳、骑术、摔跤等技艺，王子独占鳌头，人天各界无不称奇叫绝。

五、受用妃眷

尔时，释迦族的长老们对国王建议道：“既然相士们预测王子如果受用眷妃将成转轮王的话，那应该为其迎娶妃子。”国王随即下令寻找与王子相配的女子。当时，有五百多个释迦族人家称自己的女儿与王子般配，国王说："让王子自己选择吧。"众人向王子禀报时，王子心想："欲望诸多过患我知晓，嫉恨争斗痛苦之根源，如同熊熊烈火锋利剑，世间妙欲我本不向往，我处女众之间乃不宜。"如是，虽然知晓妙欲之无量过患，但是，为示现善巧方便之德，依然将妃子所要具备的功德书写下来并说："我要这样的妃子。"父王当机命令大臣们寻找符合此等条件的女子。经过多方找寻，发现释迦持杖王之女果耶公主具备这些功德，当他们把王子所写让她过目时，公主微笑着说："净行此等功德我具备，敦厚相者适合我伴侣，如若王子有意勿拖延。"

大臣将此事禀报国王，国王说："这也许是女人的欺诳之语，还不能相信，七天之内，把所有符合条件的女子集于宫中，王子将为他们布施悦意物品。"如是告示于各方之后，女子们如期而集，王子为她们布施了诸多物品，但都因经不起王子的威严震慑而迅速离开。当果耶公主到来时，布施物品刚好用尽，她微笑道："为何不给我布施？难道我有什么过错吗？"王子答道："不是不给，而是你来晚了。"说罢，将自己价值连城的金戒指送给了果耶。果耶走后，观察员向国王禀报道："王子爱恋果耶公主，并与之交谈有时。"此后，国王派使者致函释迦持杖王，请求将果耶公主许配给王子。最后，王子迎娶了具足八种功德、远离五种过患的果耶公主为长妃。此外，还娶了耶输陀罗和鹿生女等妃子，直到王子二十九岁之间，尽享天伦之乐并理政治国。

六、从家出家

斯时，十方诸佛为唤醒王子菩萨在往昔所发誓愿，通过铙钹发出如是声音："往昔汝见苦难众生后，发下如是誓言与愿望，'愿成众生怙主依靠处，利益之源护从与亲眷'，敬请忆念利益众生之，勇士往昔善业之行为。"又云："为得无生无死之涅槃，求法甘露如同干渴者，望汝记住昔日之誓言，劝请迅速别离此城邑。"如是接受百千劝请之后，王子心中生起了出离之念头。之后，王子前往城市四周郊游，在四方城门之外依次看到天神所变现的衰老、病痛、死亡及尸体等人生之苦，又看到出家人身相之后，他异常悲哀并感叹道："衰老病死亡，如无此三者，我亦欢喜此，悦意之世界。"这时，父尊净饭王为防王子出家，在王城四周布置哨兵看守。

最后，有一天夜里，当众眷妃入睡之后，王子命阐那陀备上具赞宝马，阐那陀遵照吩咐迅速准备就绪，王子骑上宝马，腾空而起，越过城墙，来到离王城十二由旬外的地方，下马之后，卸下身上的装饰，对阐那陀说："请你把饰物和宝马带回宫中。"这时，阐那陀已伤心得泪流满面，对王子说："狮虎猛兽常袭扰，只有牧童孤独地，远离亲人之森林，圣子如何住于此？”王子答道：“众生生时独自生，死亡来临独自去，痛苦亦是独自受，轮回之中无亲友。”如是作了诸多问答之后，阐那陀返回释迦城中。随后，王子用青莲花瓣色的宝剑割掉自己的头发并抛向空中，帝释天将头发带到天界供养并定立了纪念节日。天子变为猎人之相献上褐色法衣，王子接受供养后，穿上法衣，自然成为了出家比丘。

七、修苦难行

王子菩萨为了众生随学清静菩萨行，并开显若想获证无上菩提就需要精进修行之理而示现苦修。当时，广严城善艺者之子远飞，王舍城的能固和余受等人传授无所有处和非有非非有之心禅法，王子菩萨前往那里并很快就通达了此禅法，但王子菩萨认识到此等禅定之修持并非从轮回中解脱的正道，就居座于尼连禅河岸而如是思维：“呜呼！此瞻部洲已经到了五浊恶世的世代，众生喜好恶劣之法，外道泛滥，杂学各种见地，皈依非皈依之处，视不清净法为清净之法，行持恶劣禁戒和苦行。”于是为了破斥此等见行、示现正见正行而入住于遍虚空之三摩地，在此期间，头两年每日仅食用一粒米，中间两年每日只饮用一滴水，最后两年没有享用任何饮食，如是修持难忍苦行达六年之后，十方诸佛及菩萨助其从低劣道中觉醒而趣入菩提果，众天神招引，婆罗门女妙生将从千头黄牛乳汁中经过十六次提炼的甘甜醍醐盛满于金碗之中供养给王子菩萨，王子菩萨以福德和智慧之力享用以后，顿时，身体发出三十二妙相和八十随好所庄严的金色光芒。

八、趣金刚座

如是，菩萨享用粗食之后，体力大增，就前往一个开满花朵、果实丰盈的悦意之地。当他刚刚坐下，此地的山就坍塌了，于是，诸天神对王子说：“此地向北方有金刚座宝地，您应前往那里，除此之外，其他地方没有福德受持善根清净圆满者。”如是为菩萨前往金刚座指路。当时，在尼连禅河畔有一位叫具毒黑龙的龙王，它在平日里双目失明，但是每逢佛陀降世之际就会重见光明，当他见到菩萨后非常欢喜，就供养并赞叹道：“往昔我所见，大力诸佛陀，今见佛陀您，无二无分别。”之后，在前往金刚座途中遇见卖草人吉祥，菩萨见他背着取自积香地的善妙柔软的吉祥草，就对他说：“吉祥请把圣草给予我，今日圣草对我具大义，将会降伏恶魔及眷属，获证殊胜寂静菩提果。”吉祥也恭敬地向菩萨献上吉祥草并说：“圣草若助无上妙菩提，往昔佛陀圣道之因缘，功德大海请您接受之，敬请首先赐予我佛果。”之后，菩萨来到金刚座圣地，当他把吉祥草零散地铺撒在菩提树下时，吉祥草自然均匀地散在地上并呈右旋之状，菩萨以跏趺之式直身而坐并立誓道：“于此垫上我身纵干枯，皮肤骨骼聚合纵散落，多劫难得菩提未获前，在此垫上身体决不动。”

九、调伏魔军

尔时，菩萨如是思维：四洲欲界之自在者乃他化自在天的魔王波旬，若不引来并调伏他，就不能证得战胜恶魔之果位。于是，从眉间白毫发出招引和调伏恶魔的光芒，此光芒照亮了三千大千世界的魔鬼，使其暗淡无光、惊恐战栗。这时，从虚空中响起如是声音：“净饭王子舍弃国王位，为获寂静甘露而出家，今日光照菩提树之下，故此自度亦能度他人。”魔王波旬听后生起极度的嗔恨心，就伪装成猎人来到菩萨身前说：“迦毗罗卫国被提婆达多控制，王宫被他摧毁，释迦族人们也遭到他的屠杀，你为什么还呆在这里？”菩萨答道：“为了获证无上菩提。”波旬说：“圆满菩提是无量资粮的果，凭你这点资粮岂能获得这样的果呢？”“既然波旬你仅仅作了一次无遮供施，就获得了欲界自在之果，那我用三大阿僧祇劫作了无量供施，布施了难以布施的一切，当然能够获证无上智慧！”“我所作的无遮供养，你能证明，而你的供施却没有见证者。”这时，菩萨将无量福德所成的妙手触摸大地并说：“地乃众生所居处，动静平等无亲怨，此即我证我无妄，大地汝为我作证。”菩萨的话音刚落，大地出现六种震动，地神安稳母从地上示现半个身躯并说：“如是，大士夫，实乃如你所说，这是我现量所见，但薄伽梵汝亦是人天等所有界的殊胜证量。”说完便消失了。

随后，魔王波旬想：试探一下是否能够用妙欲来引诱他。于是，派遣自己的女儿欲女、作乐女、乐行女，试图用女人三十二种令人陶醉的伎俩对菩萨进行攻心和勾引，但菩萨却将她们各个都变化成相貌丑陋的老女人，她们懊悔无比，对菩萨生起无伪信心，最终恢复原形，走上了解脱之道。魔王波旬灰心丧气，但他还不死心，发动千万亿魔军，无数妖魔鬼怪把各种锐利兵器如同雨点般地射向菩萨，而菩萨却入定于大慈等持之中，所有的兵器顷刻间就变成花鬘和华盖等严饰菩提树的装饰。

十、成正等觉

菩萨降伏了魔军，高高扬起超胜一切的胜幢，成就无上佛果的机缘成熟了。

在初夜时分入于四禅定，午夜之时发起本性三明，在敲响胜鼓的黎明时分，现前了四圣谛，十二缘起，刹那间智慧圆满获证菩提，登上如来法王之宝座。于是，大梵天、帝释天以及色究竟天之下的众天神降下花雨，不断发出“胜尊”“胜尊”的赞叹声。此时此刻，月亮从罗睺的蚕食中解脱，佛子罗睺罗在耶输陀罗妃子怀中诞生，甘露饭王之子阿难也在这时诞生，大地出现六种震动，光芒遍照四面八方。在成佛之后七七四十九天中的第一七里，始终不动于跏趺坐式，目不转睛地注视着菩提树王，沉浸于号称欢喜庄严之三摩地的安乐中。第二七中，在不离于跏趺坐姿中前往他化自在天界并说：“在此天界所享有，世间五欲之安乐，比较涅槃之安乐，无有其之十六分。”如是赐予了欢喜于解脱安乐之法语。在第三七中佛陀注视着菩提树并如是道：“我已解脱于生老病死之苦而成佛！”在第四七中，游遍了东、西大洋在内的整个瞻部洲，据说也亲临了雪域西藏。在第五七中，当时发生饥荒，佛陀住在目支邻陀龙宫，众龙盘旋围绕于佛陀法体，饥荒得到消除之后，龙部变身天人向佛陀请安供养。在第六七中，在尼连禅河畔的尼枸卢树下，佛陀坐在草垫之上，向此地的龙部和外道裸形派以偈颂致以问候。在第七七中，于度因树丛里接受嘎龚和善者两位商人的蜂蜜供养，并为他们致吉祥颂词。此后，佛陀示现了微病之相，魔王波旬就劝请佛陀入于涅槃。佛陀说：“在没有完成对四众弟子的传法事业之前，我不入涅槃。”魔王波旬听后心有不甘。此后，佛陀如是思维：我所领悟的深密妙法别人难以掌握，即使是宣讲他人也难理解，那就暂时独自入住静处吧。想到这里，佛陀感叹道：“深寂离戏光明无为法，犹如甘露妙法我已得，纵为谁说亦不能了知，故当默然安住于林间。”就这样，暂时安住于无作之境界中。

十一、广转法轮

尔时，宝髻大梵天知晓此情后，敦促帝释天一起来到佛陀座前，献上千辐金法轮和右旋法螺并祈请道：“菩提伽耶过去所传教，疑是污垢所染不净法，请您开启甘露妙法门，宣讲离垢清净证悟法。”如是向佛陀请转法轮。佛陀回答：“我今开启甘露之门扉，有意听者当断疑虑心，天与非天以及世间众，略传无有欺诳圆满法。”这样，佛陀应允了诸天的请求。

此后，佛陀考虑到最容易教授的当属贤者五人，就前往波罗奈斯，途中遇到婆罗门近行，他问佛陀：“乔达摩，见你诸根清净，你是在谁的面前接受梵行戒律的呢？”佛陀答道：“我无任何传戒师，无有与我相同者，唯我圆满正等觉，已得清凉漏永尽。”当佛祖到了波罗奈斯林苑时，贤者五人也远远地看到佛陀来临，就商量说：“乔达摩违犯了不多食的誓言，现在正往这里来，我们不与他说话，不起身，不顶礼，不铺设座位。”但是，憍陈如有些犹豫。当佛祖走近时，贤者五人不堪承受佛陀的福德和威严，在各自的座位上颤抖起来，之前的约定自然告破。憍陈如为佛祖恭敬承侍，频鞞迎接，十力迦叶设座，摩南俱利铺垫，跋提献浴足水，他们说：“具寿者乔达摩莅临这里，善哉！善哉！请入座。”佛陀安坐之后说：“众比丘，我已获得甘露法，证得无死之道，我已成佛，是遍智，是一切智，至清凉地，烦恼已尽，自在于一切法，众比丘过来，我今为汝等传法，谛听谛听！”说完，贤者五人的外道装束立即全然消失，成为如同出家已有百年的比丘尊者。

那时，佛陀思维往昔佛陀们转法轮之处，四周顿时出现了七宝所成的一千个宝座，佛陀为了表达对过去佛的敬仰，向前面三个法座作了顶礼和绕转，然后，以跏趺之式巍然安坐于第四个宝座之上，其余的宝座则消失不见了。这时，从佛祖身上放出光芒，遍照大地，出现了十八种祥兆，来自十方世界的大菩萨、帝释天、大梵天、护世天等无数天人眷属如云而集，佛陀讲授道：“具寿者，此乃四圣谛，何为四圣谛？是苦谛，集谛，灭谛，道谛”；“苦当知，集当断，灭当证，道当依”；“苦已知，集已断，灭已证，道已依”。如是依次重复了四谛的本旨、所作和究竟而初转法轮。在第一念诵中，憍陈如和无数天人获证见道；在第二念诵中，憍陈如获证阿罗汉果，其余四位现前见道；第三念诵中，四位都成就了阿罗汉果，四亿天人和四万八千人现见真谛。此后，在王舍城的灵鹫山，为四众凡夫弟子尤其是无数大乘种性菩萨海会，转开显三解脱门深意之无相法轮，广讲十七母子经等般若波罗密多法门。后来又于多地，为各种根器众生，转抉择一切法为三相之广分别法轮。

这样，在共同化机之显现中三转法轮，根据三种性化机的界趣、根基和意趣分别安置于三乘之位。在不共化机之显现中，佛祖在无上密严刹土、他化自在天、须弥山顶，人间的吉祥谷聚塔、萨霍惹、乌丈那、鸡足山、清凉尸陀林等不同地方、不同时间、不同眷属中，以不可思议坛城幻化宣讲了无数内外密续法门，尤其是如何转起九乘之顶内续三部法轮之情形，下文中有讲述而此处省略。此等法轮乃根据众化机的意趣，次第或同时显现。如《功德庄严经》云：“我未宣说任何法，诸有情前遍显现，何时欲求次第者，于彼等说次第法，于一时间悟入者，显现圆满之法门，称各心意满其愿，此即佛语之功德。”《三摩地王经》云：“利世佛陀一偈之法语，皆以各自意愿现法音，各自以为佛为我宣说，为此众生尊显微笑行。”

十二、入大涅槃

如是，佛陀以各种事业和神变安置众化机于解脱道之后，为了使持常见者断除颠倒常见而欲示现涅槃之最后法行，将教法之宝与四众弟子托付于迦叶波尊者，自己前往拘尸那城娑罗双树间趣入涅槃的密意之中。与此同时，佛陀也调伏了最后的化机乾达婆王极喜和极贤梵志。此后，当阿难问佛陀如何安置其法体时，佛陀回答说："要如同转轮王一样安置。"说完，安坐于狮子宝座，脱下法衣并说："众比丘，有何疑问，请即提问，我将入涅槃。请观看如来法体，见到如来身自在难得，犹如昙花一现，众比丘，一切有为法都是坏灭之性。"如是赐予了最后的法语之后，在七垫法座上将法体右肋着席，以狮子卧入睡，入住于四禅定、四无色界、灭尽定之顺逆等持之中，复又入定于第四禅定之顶而涅槃。如是，虽然如来之法身恒常而住，无有寂灭，但佛陀以未调伏之化机依此获得调伏，演示无常之法，促生厌离之心，安置于法身等十因，最后在季春十五日之午座时分，方便度化之宝身示现涅槃之相。

之后，阿难陀和拘尸那城的人们连续七日供奉法体。到了第七日，年轻人用担架将法体迎请到拘尸那城的宝冠塔前，将法体用木棉和五百条布匹包裹，安放在铁箱之内并盛满植物油，准备以具足妙香的木柴进行荼毗，但是怎么也不能点燃。这时，迦叶波尊者及五百眷众从王舍城赶来，打开铁箱，清除木柴和木棉，向法体恭敬顶礼之后，又按照原来的方式火化时，法体自然燃烧。荼毗结束，打开铁箱，内层和外层的布匹没有燃烧而神奇地存留下来，发现了如芥子般堆积的舍利。佛陀舍利被迎请至拘尸那城，分为八份，第一份赠予拘尸那力士们，第二份赠予具恶地的力士们，第三份赠予动悟地的王子大鲁噶，第四份赠予具声国的王族卓德巴，第五份赠予遍入天洲的诸婆罗门，第六份赠予迦毗罗国属释迦王族的隐居山林者，第七份赠予广严城的离遮毗族，第八份赠予菩提迦耶城，此等每个地区都建造了佛塔。如是在《长阿含》中云："具慧眼者八斗舍利中，瞻部洲获七分作供奉，殊胜士夫一斗之舍利，具声城中龙王作供奉，殊胜士夫四颗佛牙中，三十三天供奉其一颗，一颗供于持句城邑中，一颗供于伽朗王之国，殊胜士夫第四牙舍利，具声城中龙王作供养，无忧国王迦那布涅者，广大供养增胜七佛塔，以是加持于此大地上，真实发愿现前作庄严，如是具慧眼者灵塔前，天王龙王人间之帝王，世人龙部药叉之主宰，恭敬顶礼供养而赞颂，大智具足慈悲大力者，生于释族金刚座成佛，噶喜之地广转妙法轮，拘尸那城示现涅槃相。"如是云云。

诗曰：

原本获证寂静妙法身，然以悲眼照见诤斗之，
时劫众生五百大愿力，成就圣者导师释迦顶。
无量方便悲心风之力，所引静夜初升之满月，

五种圆满之姓太空中，照亮美名现喜刹中响。
吉祥赡部庄严刹土之，中土圣地天竺金刚座，
义成圣子双足珍宝顶，庄严此刹圆劫盛世现。
此时善妙吉祥之花雨，无数神奇善缘之祥兆，
无死天界之中圣天王，所赐吉祥庄严此大地。
奇哉菩提圣子韶年华，犹如上弦月亮逐日圆，
工巧技艺文字竞赛中，脱颖而出智慧极殊胜。
如是人中至尊转轮王，父尊谕旨金冠依顶间，
美名如同天鼓之妙音，响彻此刹赡部圣洲中。
一时照见轮回之福报，妙欲游戏世间之圆满，
百恶之源如同唾液般，舍弃趣入极喜山林中。
痛苦极多轮回城邑中，品尝生老病死苦味故，
生起出离圣心向解脱，进发苦修之心极坚定。
无数时劫不败誓言力，披上满熟净业之盔甲，
锐利三摩地王金刚剑，斩断二障罪恶极勇猛。
寂静等持风力所引燃，无有分别道谛智慧火，
集谛坏聚身见之茂林，无余烧毁现前寂灭谛。
迈开广深二资大步伐，圆满越过五道与十地，
登上四身法界王位者，十力自在能仁尊胜佛。
殊胜怙主降下广深之，显密妙法无尽甘露雨，
致使三乘广袤福田中，成熟解脱果实极欢喜。
奇哉三学无尽珍宝库，满足利乐之愿教证法，
降于此刹无余众生之，福泽之缘堪比圆满劫。

藏传佛教大圆满传承史·如意宝鬘之讲述众生导师如何降临于世及显密法如何兴起之第一章终。

第二章　讲述随学圣者弟子如何结集并以闻思弘扬教法

第一节　共同小乘承许三次结集

第一次结集

《杂阿含》曰：“佛祖涅槃次年之夏季，王舍城之秘密山洞中，五百罗汉结集三藏法，未生怨王为供养施主。”如是，在世尊入涅槃的前夕，舍利子与八万罗汉、目犍连和七万罗汉相继入灭，随后，世尊与一万八千罗汉一道示现涅槃。那时，诸天人冷嘲热讽地说：“佛祖和众比丘已入涅槃，佛法已到火灭烟尽的境地了。”为此，迦叶波尊者命富楼那尊者说：“请敲响结集僧众之檀板。”当罗汉们济济一堂时，因牛主尊者涅槃而没有满五百罗汉之数量，迦叶波尊者以严厉呵斥的方式劝请阿难陀，促其证得罗汉果位而圆满了五百罗汉数量。于是，在王舍城的列卓达山洞中，未生怨王为供养施主，优婆离结集律藏，阿难结集经藏，迦叶波尊者结集论藏，从而完成了第一次结集。这时，众天人道：“天人兴盛，魔道衰败，佛陀教法将会恒久住世！”如是作了响彻至色究竟天的赞颂。

此后，结夏安居结束，迦叶波尊者将教法交付于阿难，自己前往鸡足山之顶，穿上佛陀所赐的祖衣，以狮子卧式入寂。之后，阿难陀传授麻衣尊者圆满比丘戒并将教法交付于他，麻衣尊者交付于小护尊者，小护尊者交付于有愧尊者，有愧尊者交付于黑色尊者，黑色尊者交付于大善见尊者，此等尊者皆为佛陀所亲自授记、毕生献身于弘扬教法事业的三藏法师。

第二次结集

世尊涅槃一百一十年之后，广严城的有些比丘宣扬十种非事，即：“口呼负随喜，威仪器及盐，涂双指搅垫，可以触金银，此许十非事。”为了遣除此等搅乱正教的谬论，阿育王为供养施主，在广严城娑利迦精舍，以耶舍等七百罗汉完整地念诵三藏教法，取缔了十种非事论。

第三次结集

关于此结集有几种说法，根据印度多数班智达的说法，佛陀圆寂近四百年之时，在湿迦弥罗国花积苑，迦腻迦国王为供养施主，以巴苏木札世友（又译婆须蜜、伐苏蜜多）为主的五百位获总持力菩萨，布尼噶等五百罗汉，以及一万六千凡夫持戒僧众，将三藏教法书写于经卷，使小乘十八部和合为一而圆满第三次结集。

第二节　不共大乘显宗之结集

不共大乘因法显宗三藏是如何结集并弘扬的呢？有一种观点称：“在王舍城南部比玛娑巴瓦山，与百万菩萨一道，由弥勒菩萨结集律藏，文殊菩萨结集经藏，大势至菩萨结集论藏。”与此相似，《智燃论》曰：“大乘乃佛陀所传之教法，其根本结集者为普贤、密主大势至、弥勒等菩萨，为什么我们的根本结集者不是声闻呢？因为这不是他们的行境。”《秘密不可思议经》中说金刚手菩萨为千佛教法之结集者。在其他大乘经藏中说在灵鹫山南部的山上，教法的甚深见方面由文殊菩萨结集，广大行方面由弥勒菩萨结集。如是，结集刚圆满，天龙非人等将诸多大乘法本迎请到各自的处所并供奉起来，后来，又经神通自在的大德们把此等有些法函请回了人间，经教也得到极大弘扬。

传说在小乘教法第三次结集之前，文殊菩萨以比丘之相来到沃智毕夏国的月护国王家中，宣讲大乘佛法并留下了一本法函，显宗说这是《般若八千颂》，而密宗称此为《般若摄颂》。不论显密，都承认这是佛陀涅槃后大乘佛教在人间兴起的开始。之后，出现了阿毕达嘎等五百位唯识派阿阇黎，继后出现婆罗门罗睺罗。其弟子龙树菩萨，获得文殊菩萨摄受加持，造写了《中观根本慧论》等中观论著，开创了甚深中观见派。龙树培养那咖哈（那咖菩提，又名龙菩提）、圣天等弟子。圣天造写《中观四百论》，其培养戍陀罗罗睺罗贤、马鸣菩萨等。龙树弟子善护培养佛护和清辨论师，他们各自著书造论，从此中观派分为中观应成和自续两派，佛护的弟子为伽玛拉布达，伽玛拉弟子为月称菩萨，其造写《中论根本明句释》《入中论》，从而正式开创了中观应成派。

佛陀圆寂九百年之际，无著菩萨兄弟出世，长兄无著前往兜率天，在弥勒菩萨座前听闻弥勒五论，回到人间后广传此法，开创了广大行派。其弟世亲论师造写了《俱舍论》等论著，阐明了大小乘阿毗达摩法。世亲培养了号称“胜于本人四弟子”等弟子，即：陈那、功德光、安慧、解脱军四人。安慧弟子檀陀罗阇弥持无著经典观点，与月称论师进行了辩论，陈那等的弟子法护，为那烂陀佛学院堪布，其将《中观四百论》阐述为唯识派并造写了诸多论著，培养弟子有寂天大菩萨和后来被称为成就者毕如巴的法称论师。法称论师从依陈那弟子自在军论师和阿阇黎法护，依次饱尝因明论和三藏妙法甘露。

因此，龙树、无著和陈那为造写经典三位大师，而圣天、世亲和法称乃为其造写注疏的三位论师，六人被称为庄严瞻部洲的“六庄严”，而在印度却没有出现“二胜”的说法。此外，还出现号称“四殊胜阿阇黎”“六门智者”“八十大成就者”等无数自在于佛陀教法的论师，以讲授之式摄受欲入教法的善缘随学者，以正确教理和辩理折服了外道辩思者，以造写经典注疏论著使大乘妙法广弘于世。

第三节　密宗金刚乘之结集

果法密宗金刚乘是如何结集并弘扬的呢？在部分续部注疏中说是由请转续部法轮者和持教者所结集，比如，时轮金刚由月贤、喜金刚续由金刚藏、戒源续由金刚手等分别结集。另外认为：从详广的根本续中简括而宣讲了简略续部，故宣讲者本人就是结集者。此外，《吉祥成就密续》云：“于此结集者，无有其他人，唯有自身说，造者意金刚。”如是，一切如来之意金刚乃密主金刚手而未有他人，所有密宗续部皆由密主金刚手结集，有说当时在杨柳宫集聚了九十六亿菩萨，向密主金刚手祈请，密主结集所有密续并书写于文字之后，为乌仗那龙部所化空行母灌顶并将此窍诀交付于她们，有关此情形，在恩扎菩提国王所造写的《胜乐根本续注疏》中云：“对于恩扎菩提及眷属，赐予隐义灌顶与加持，转起大密无上甚深法，殊胜金刚顶乘之法轮。次第授记未来结集者，须弥山王东北之天界，以及殊胜杨柳圣宫中，九十六亿菩提萨埵众，结集一切续部之密法，劝请祈祷密主金刚手，予以‘如是我闻’开讲法，利用琉璃做成之墨汁，书写记录于此金卷上。此后为了作意未来时，加持来自乌仗那圣地，龙部空行母之海会众，达玛然札秘密法宝库，吉祥自然无量宫殿中，对于自在空行现喜等，加持灌顶后学有缘者，赐予加持开许窍诀而授记。”如是，大部分密续由密主金刚手、金刚法、金刚藏、文殊、观音、化身极喜金刚等菩萨和布纳近喜等空行母结集，此外，还有天龙、夜叉等各种种性者也结集了续部，使妙法得以在世间广泛弘扬。

总之，密续在天竺有兴、衰各个时期，尤其是无上密续部，对有些具有殊胜善缘者，获得本尊等的顿超式讲授加持并独自修习而获得成就，窍诀和传承没有次第讲授，不要说公开弘扬，连修法的名字都极为严格地隐秘，故出现了多种前后译续部的教授源流。前密宁玛派三部内续的传承源流将在接下来的章节中有叙述，在此不作赘述。根据后密的说法，佛祖将密续交付于乌仗那国王恩扎菩提之后，国王把密续书写于法函并大力宣讲，连细小的众生都获得虹光之身而成就。随后，乌仗那国消失并成为汪洋大海，海中充满了龙部，密主为他们宣讲密续，使其相续成熟而逐渐变为人，在海边定居并修习密法而获得成就，他们的子女成为勇士和空行母。此后，海水也逐渐干涸，自然出现了一个黑如噶圣殿，其密库中安置续部各大法函。后来，瓦斯嘎巴国王、龙树、古谷日巴依次从这里取出密集金刚法、喜金刚法、玛哈玛雅和大威德金刚法等新密续，其他成就者所传密法，多数也是取自这里。此外，也有孜卢巴等成就者从香巴拉掘出时轮金刚等法并得以弘扬的不同源流的多种说法，总之，前后涌现了吉祥萨乐和等八十大成就者，益西夏等十二大阿阇黎，六门智者，以及时轮大小夏巴等无数成就者，主要以大乘密教将无量具缘者置于成熟解脱之地，使密乘之法宝得以弘扬。

诗曰：

源自能仁之王雪山中，初中末善妙说显密法，
讲修波涛汹涌游戏者，流入南部瞻洲法田地。
奇哉一切利乐藏，开启善妙莲花友，
佛陀教法之旭日，升于化机天空中。
斯时显密妙法雨，享用成就智者林，
三乘丰硕之果实，成熟无数众生间。
殊胜救主佛陀善说法，随顺化机不同之界趣，
次第顿时趣入解脱与，遍智佛位之道法门多。
然却因果妙乘法门之，三藏四部续与六续部，
所摄之法了义不了义，皆为善逝如来所示道，
佛陀补处七代付法师，佛子菩提萨埵三怙主，
佛祖授记二胜六庄严，佛语结集讲著而弘扬。

上述乃以文中稍息诗文，叙述在天竺圣土如何以结集和宣说之式来弘扬佛陀显密教法之情形。

藏传佛教大圆满传承史·如意宝鬘之讲述随学圣者弟子如何结集教法并以闻思弘扬之第二章终。

第三章 详述大密金刚乘内续三部之弘传

内续三部诸法之基生起次第玛哈瑜伽，诸法之道圆满次第教言阿努瑜伽，诸法之果大圆满阿底瑜伽的弘传，如《幻化海续》云：“如来菩萨瑜伽者，密意持明及耳传。”如是有如来密意传、持明表示传和补特伽罗耳传，称为教法源流三种传授方式。

第一节 如来密意传

如来密意传乃如《心本续》云：“三身导师传授方式为，法身导师加持而传授，报身导师自性中传授，化身则以词义相结合，于人耳根宣说词和义。”

首先，法身导师如何以自在加持传授妙法呢？《心本续》曰：“导师教法眷属与时际，处所等乃五种圆满性。”如是，处圆满乃无上密严法界刹土，远离戏论和生死、无有轮回和涅槃的偏倚分别，导师圆满乃普贤王如来原本就已证得菩提自性，时圆满乃法性如如不动四时平等之中，眷属圆满乃与导师无别的智慧眷属众，法圆满乃自在大圆满未讲、不讲、无法讲的清净法性。《心释续》云：“法身佛对智慧海眷属以无生语作密意传。”《应成续》授记：“是故法性虚空中，以普遍入之佛语，加持而现自音声。”

其次，报身导师以自性显现宣讲妙法，即导师圆满在无有戏论的法身如如不动中普贤王如来以报身之相而现，处圆满自现密严刹土清净明乐之界，眷属圆满由五部佛坛城遍及虚空的静猛之性显现所围绕，时圆满不可思议的无有始终之法性、无有聚散的自性之中，法圆满自性秘密藏之法性自在自现。

第三，化身导师以善妙言词宣讲妙法之情形有二：一种是以示现本性自显六道佛而行使化机之业，即在任运密严刹土中，本性自显五部雪海佛身之本初幻化，发出文字幻化千万道光芒，照遍六道世界之四面八方，此光芒之顶化现出无数本性自显六道佛，行使天与非天等众生事业。其中，人道佛陀贤劫千佛降临人间行使利生事业，尤其是在人寿百岁之世代，佛陀发愿以释迦牟尼之名号和形象度化众生，遂在无数瞻部洲同时示现宝身，以十二圣相圆满了度生事业，最后，在拘尸那城娑罗双树下，静卧于狮子宝座并对众眷属说：“善友们，汝等要知晓诸法无常，一切世间圆满将会耗损，一切事物必将灭亡，人的生命必定有生死经历，为此，我将趣入涅槃，汝等若有疑虑和问题，应当提出。”

这时，在眷属中的大持明者甘杂热从座上起身并说：“您乃犹如虚空性，无有涅槃之戏论，然而随顺世间故，思维示寂度众生……”这样提出疑问之后，在佛陀所答五个问题中，“引导三乘妙法中，次第安置诸众生，无取无舍自在法，不往别处寻菩提，殊胜方便之妙乘，自在之法未宣说”。如是，佛陀讲述了过去未传密法之情形，也授记了在未来出现密法之时间。《总经意集续》曰：“驱除愚痴苦难时将出现，世间明灯庄严时将出现，获得定解时将出现，广解密意时将出现，摄受加持时将出现，传承以方便闻名时将出现，事业摄受时将出现，作大授记时将出现，斩断业续时将出现，密意获得开解时将出现。”《胜乐戒生后续》云：“于我趣入涅槃后，二十八年之时际，教法精髓胜密法，此法广弘三天界，即降赡部洲东方，名为吉祥之圣山，发心成熟加持因，名为国王匝之前，金刚萨埵亲开显，人中具缘之圣者，成就殊胜菩提果，应当恒时恭敬之。”《窍诀授予王经》云：“具缘因法者之前，广传显宗因法后，金刚乘之捷径法，未来之时将出现。”如是授记之后，佛祖趣入涅槃。另一种是示现于本性自显菩萨会众之前而行使众生事业，即在任运密严刹土中，无上报身佛之身口意自显与自身无二无别的三怙主菩萨，在天、龙、人间等处行使弘法利生事业，此情形将在以下章节中详述。

第二节　持明表示传

分二：一、持明非人传承；二、人与非人双传承

一、持明非人传承

佛祖示现与自身无二无别的三部化身，以表示之方式为天龙夜叉类化机传授内三续，即：身化身文殊菩萨因具有殊胜智慧，故主要传授见地法门，因具备相好庄严，在天界度化天人，根据此等众生的界趣向具称胜护天人等传授妙法，具称胜护天人传给光耀珍宝梵天、续传众生主梵天、续传度众梵天、续传具髻梵天、续传帝释天王、续传十万天人持明会众，使天人也成为传承如来种性的持明。语化身观音菩萨因具有甘露妙药之身，主要在龙界为黑喉龙王等宣说行为法门，黑喉龙王传卡都玛龙母、续传都仓玛龙母、续传悦意喜龙王、续传安置龙王等十万持明龙众，全部都证得佛果。意化身密主金刚手菩萨示现忿怒威猛之相，在夜叉界为普贤夜叉传授妙法，续传金刚手夜叉、续传流星面夜叉、续传十万夜叉持明，全部都获证金刚持妙果。

其中，大圆满法在天界是如何弘扬的呢？当时，三十三天界的护贤天人之子众喜藏，具有超胜智慧，他不贪天界的妙欲，而是恒常安住禅房精进于金刚

法的念修，故称其为胜心天子。阴水牛年神变月，胜心天子在梦境中见到十方诸佛发出光芒融入自身等四种吉相，他非常欢喜，就向四方诸佛祈请道："一切语之自在尊，已传劳作之法乘，安放不说无作乘，失去大悲之心否？具足有缘化机故，请传任运之妙法。"如是祈请之后，十方一切佛陀与五部佛加持金刚萨埵，敦请他应时传授无作乘之法，金刚萨埵道："金刚萨埵虚空界，并非言语之行境，我本难以叙述之，然而针对未悟者，通过言词作表示，择宜宣说此妙法。"如是应允之后，金刚萨埵在三十三天界尊胜天宫宫顶中柱九股金刚杵之处，首先对胜心天子进行了自在任运灌顶并传授了十部窍诀教言，然后，传授了三任运灌顶、身口意遇即解脱窍诀、大明点灌顶、本性不动之窍诀、不变恒常灌顶、行为明智窍诀、无分别融合灌顶、大手印窍诀。此外，在一刹那间赐予了诸多灌顶和窍诀，并以胜心天子承继为其补处，如云："殊胜圣教精华法，享誉三处天界后，劝请化身意之子，弘扬瞻部洲中央。"

二、人与非人双传承

《密意授记经》云："引导之三乘，佛陀已宣说，因果任运行菩提不他寻，密乘何不说？"《窍诀授予王经》云："具缘因法者之前，广传显宗因法后，金刚乘之捷径法，未来之时将出现。"如是，佛祖释迦牟尼入灭二十八年之后，妙称天、安止龙王、流星面药叉、慧方便罗刹和离遮族人无垢称即圣种五贤以神通知晓了佛陀涅槃之情，就从等持中出定，以神足之力聚集在玛拉雅山顶上，他们流着眼泪道："呜呼哀哉此世界，导师明灯若隐没，世间黑暗谁能除……"如是悲号了二十三句哀求之词，那时，密主金刚手已经在佛祖前得到传授密宗的授记，现身于玛拉雅山顶并说："自性坛城如明镜，正如导师所开显，劝请时机来临际，我亦如是现幻化。"如是，为圣种五贤及其他持明圣众重复传授了往昔佛祖在密严刹土等处宣说的密宗妙法，慧方便罗刹将所有密续用蓝琉璃液写在金卷上，以意幻七妙力印持而伏藏于虚空界，如云："写板墨汁器处所，护法法主传承者。"所谓意幻七妙力，即：意幻金卷乃写板圆满，意幻琉璃液乃墨汁圆满，意幻宝匣乃殊胜器具圆满，意幻虚空乃无有四大的坏灭之性而处所圆满，意幻空行护母具足智慧法眼之故为殊胜伏藏守护圆满，意幻国王匝乃见与解脱同时的利根具缘者之故为法主圆满，意幻登地菩萨等成就者乃传承圆满。

如是，屹立在楞伽国的玛拉雅山，乃如颂云："山顶住有妙力王，山坡白岩似犬立，如狮仰天极庄严，山脚生长八妙药，无有疾病之侵害，山顶嘎兰达嘎鸟，独一无二而居住，犹如宝藏之巢穴，具缘分者易经行，无缘者乃极难至。"

所以，此地有殊胜于其他洲的诸多功德。往昔，楞伽主传声之子十喉迎请释迦佛祖到此地，因大慧菩萨的劝请，世尊宣讲了《大方广楞伽经》。此外，大阿阇黎嘎哈那巴莅临此地，调伏了罗刹女毕薛日贝及其五百眷属，弘扬了密宗教法。后来，大乘阿阇黎楞伽胜贤诞生在这里，阿阇黎皎月居士、贤德巴、大班智达那吉仁青也曾相继到过这里，广弘显密法宝。如今，此国家共称为“斯里兰卡”，小乘声闻教法在这里依旧兴盛。

第三节　补特伽罗耳传

分三：一、玛哈瑜伽传承；二、教言阿努瑜伽传承；三、窍诀大圆满阿底瑜伽传承

一、玛哈瑜伽传承

1. 玛哈瑜伽根本续部传承

根本续部有丹札十八续部，即：身续部菩提双运、语续部月密明点、意续部秘密集、功德续部第一殊胜、事业续部噶玛玛勒等称为“身语意功德事业基础与根本五大续部”，黑如噶幻化续、马王幻化续、悲心幻化续、甘露幻化续、十二金刚杵生起续等称为“修行分支五续部”，山峰层叠续、智慧威光续、誓言庄严续、三摩地专一续、香象渡河续等称为“行为分支五续部”，此外，两个补遗后续部，即称为坛城分支的毗卢幻网续、修习悉地仪轨之分支大圣方便绢索莲花珠链续摄义，以及一切续部总义金刚萨埵幻网秘密藏续等十八续部，此为大多数智者大德所共许。

其中，根本续秘密藏，游戏宣说佛母幻化，宣说坛城八幻化，宣说事业四十幻化，宣说灌顶幻化上师，宣说功德圆满八十幻化，宣说遍及一切经藏的大幻化网，宣说誓言幻化分支，称为“幻化八续部”。宣说解脱道之智慧藏，立顿宣说之金刚明镜，方便道次第宣说之金刚灰烬，立顿宣说之金刚海，称为“讲续四部”。往昔，密主金刚手在威猛玛拉雅山顶为圣种五贤广转密宗法轮之时，萨霍惹国国王匝正在修习密宗外续部法，他的梦境中出现了七种神奇现象，如云：“身语意象入，珍宝经函降，研讨正法义，众人赞圣者，广兴大供养，天降珍宝雨，授记得佛果。”国王匝乃佛陀在诸多经续中所授记之人，《胜乐戒生后续》曰：“于我趣入涅槃后，二百零八年之时，教法已遍三天界，大密法藏之精髓，降于瞻部洲东方，名为国王匝之前，由于大福大贵力，密主金刚手

现前。”《总经意集续》也有如此授记。

关于国王匝，有多种观点。有些史学家称其与谷古然札阿阇黎同时代，故应该认定为中恩札菩提。当时，此国王正在修习下续部之瑜伽时，如其梦境，此等续部法函降临于人间，即：事续部降于波罗奈斯城，行续部降于鸡足山和清凉尸陀林，瑜伽续部降于火焰炽燃尸陀林山顶，玛哈瑜伽丹札十八大续部法函和一尊一肘高的金刚手菩萨像降临于国王匝自己的王宫顶上，阿努瑜伽续部在斯里兰卡的玛拉雅山上如雨般降临。国王匝虔心祈祷，通达了其中的《亲见金刚萨埵品》，依靠此法和金刚手像修行了七个月之后，亲见金刚萨埵尊容，获得智慧灌顶，通达了所有密续的深意，如国王匝本人所造的《幻化网道庄严论》曰：“东方恩扎之山谷，嘉隆金刚集聚处，具缘恩札布德我，密主亲自宣说法，幻化网续之修行，随同五万眷属众，现前成就金刚手，取舍禁行行为顶，无有罪过而善灌，尔后弘扬于人间。”

在有些史书中说国王虽然通达所有续部妙义，但是，为了告诫后世化机如果不依止上师就不能证悟的道理，就将续典给邬巴然札大师看，但他也没有理解词义。此后，国王匝又将续典给萨霍国最具智慧的谷古然札大师看，大师就通达了《金刚萨埵幻网续》的金刚萨埵品，经过修行此法，亲见了金刚萨埵尊容，并得到金刚萨埵授记：“所有续义将由金刚手菩萨来宣讲。”如是修行之后，金刚手菩萨亲自降临，为谷古然札大师传授了义教诸乘的灌顶并授记道：“词句传承要在乐扎布无垢称前接受。”谷古然札遵照金刚手菩萨旨意奉行，将续部分成十八部以后传授给了国王匝，如是云云。

国王匝造写了《幻化道庄严论》《二次第论》等著作，还撰写了《无上续胜乐根本续》注疏、《智慧成就论》《俱生成就论》等论著。印度各大成就者所传续部和窍诀有很多，但大多数是从国王匝阿阇黎传承而来，成就者孩提足或名札兰达日巴直至黑身者阿阇黎及其传承弟子，德洛巴和那若巴及其传承弟子，都是从这个法脉传承下来的。

谷古然札大师或名“狗王”，有些史书中称此阿阇黎为古达然札，他白天为数以千计示现狗身形象的勇士和瑜伽母宣讲深法，晚上则与他们一起前往尸陀林作会供等誓言普行，如是修行长达十二年之后，成就了大手印悉地。也有些智者说此阿阇黎在行持普行期间去往乌丈那地区，再度广传十八大续部中的《菩提双运续》等五部续法，最后，依靠《月密明点续》成就了殊胜悉地。此阿阇黎着重于《菩提双运续》并造写了《密意六定置》《随行一切坛城之五仪轨》等许多论著。

谷古然扎阿阇黎传授给夏札布芝或名小恩札菩提，此大师在后来成就时称为拉瓦巴，当时，大师在进行密法修行时，乌丈那的外道空行母们向其递送花鬘，当他接于手中时，内道的空行母们说："儿啊！这下不好了，今后将要随学外道。"于是，大师进入三摩地观修之中，到了半夜，外道空行母们降下了石头雨，大师观修了生起次第的护轮法，使夜间没有遭受其伤害，大师心想："既然生起次第的功德是这样，现在是显示圆满次第威力的时候了。"就进入了无相三摩地之中。果然，所有石头都停顿在空中，直到如今，传说仍有大磐石无基无靠地悬置在山洞上空，许多磐石停留在如铜镜般平滑的岩山面上乃现量可见。

一时，大师在王宫门口以一座之式入定于光明境界长达十二年之久，期间，如果谁没有向阿阇黎顶礼的话，此人的身体顿时变得僵硬，故众人不得不叩首行礼。有一次，乌仗那的五百非人母欲前往制造障碍时，发现大师住处除了一个毯子之外其他什么都没有，她们感叹道："呜呼！看这佛教比丘的幻术，他把自己的身体变成了毯子，我们把它切割了。"说完，就把毯子分割后吞食了。这时，阿阇黎现身并施诅咒法术，顿时，五百非人母变成了五百只母羊。她们不得不前往国王座下哭诉道："这个比丘尸林主把我们变成这副模样了，请国王做主让我们还原形吧！"国王如是请求大师之后，大师光着身子说："你的那些非人母把比丘仅有的财产吞食了，叫他们来。"于是，国王召集了她们，大师一一向她们示现期克印之后，他们的头颅变成各种模样，各自把所吞食的部分毯子吐了出来。缝补之后，发现还差一小部分，大师说："还有三位，把她们叫来。"结果在王妃当中找出三位非人母并如前而吐，使大师的毯子补全并披在身上。因此，大师的别称叫"拉瓦巴"（义为毯衣者）。阿阇黎若毕多杰成就共同悉地之后，有一时，在乌丈那与此大师同路而行，到了蒙扎卡地区，两位大师还在众人面前比试神通等传奇佳话甚多。后来，传说国王和大师双双宣讲窍诀法，所有人趣入持明之地，致使该地区几乎成为空地。

拉瓦巴将窍诀传给了桑哈然札，使他和千余眷众成就了金刚持果位。桑哈然札传给邬巴然札，使一百眷属获得成就。邬巴传给了公主果玛德沃，使五十眷属成就双运金刚持之地，如《道次第》云："密主现前而降临，天龙夜叉魔众与，人中具缘者集聚，依据根器授记时，出现具缘王子兆，相连景象而观察，致使现证意修法，依此之门修此法，所示悉地从此得，胜义精华从此增，所持愿望从此成，所修本尊从此见，尔后金刚座上方、南瞻部洲东方隅、殊胜珍宝宫殿中、吉祥胜妙之室内，谷古然札恩札布、桑哈邬巴然札尊、公主果玛德沃等，获得幻化网灌顶，现修会众之坛城，登上金刚持宝地。"

果玛德沃公主传谷古然札国王，此为后谷古然札，谷古然札传嘎毕多杰、若朗德瓦欧哲、章松巴柯达、那伽孜那四位弟子。阿阇黎嘎毕多杰，诞生在一个称为卡尔的地方，在乌仗那国出家，法号称为"吉祥具殊胜菩提之缘"，学习三藏教法，对无著菩萨的教派尤为精通。其在乌仗那国的玛当岛观修文殊菩萨时，从文殊画像面部发出光芒，长时间照亮此岛，故称其为“如日者”。一持邪见者前来谋杀大师，大师示现大象、马、童子、女孩、水牛、孔雀等各种形象，故称其为“多身大师”。在后半生，阿阇黎在乌仗那广行利生事业，驻留那烂陀佛学院弘扬密法达十年之久。此阿阇黎精通一切续部，尤其是精通幻化网续并获得成就，撰写的经典著作有：将《文殊真实名义经》解释为无上续的注疏，《喜金刚圆满次第大明点次第》，以上师窍诀讲述《密集续》《俱生修法》等其他续部著作，《大幻化网续释大宝论》《意滴论》《誓言明释论》《六次第论》《细增论》等众多论著。最后，证得了金刚宝身。

嘎比多杰传桑吉桑瓦大师。桑吉桑瓦大师诞生在印度中土，在那烂陀寺出家，前半生依止桑吉耶西大师为上师，在波罗奈斯观修文殊菩萨，出现了文殊画像笑逐颜开的祥兆，降下沸腾的赤牛酥油之悉地圣物，即使是凋零的花朵也回到含苞欲放的状态，大师知道这是成就的征兆，但他不知道先供花朵还是先喝酥油汁，于是在犹豫中稍停了一会儿，这时，一夜叉母趁机制造违缘，一掌击昏大师，当他醒来时，看到画像被灰尘污染，花已枯萎，酥油汁也正在溢向地面，大师立即擦去画像上的灰尘，把花朵供在画像头上，然后喝下所有酥油汁，使其身体远离病痛，强壮威武、智慧超群，自在于各种神通。

当时，大师前往乌仗那，拜见了嘎比多杰大师，听闻了瑜伽续和无上内五部续，尤其是精通了幻网续。另时，他与桑吉西瓦大师一道前往普陀山拜见观音菩萨，他们在山脚亲见圣度母为龙众传法，在山腰见到金刚忿怒母为非天和夜叉众传法，在山顶，根据各自的境相亲见了圣观音菩萨，获得了脚不触地等悉地。圣度母授记其前往雪域冈底斯山去修行。回到印度之后，在波罗奈斯传法多年。后来，文殊菩萨也为其作了之前度母授记般的敦请，于是，大师前往冈底斯山修行密法，多次亲见金刚界大坛城，达到了与文殊菩萨对话如同人与人对话的境界。当时，大师还给吐蕃赞普捎去法礼等，对西藏弘法事业恩德巨大。大师撰写了《密藏大幻化网续分别释论》《金刚事业次第论》《坛城法义论》《殊胜庄严论》《大小网论》《大小道次第论》《静猛现观次第论》。在瑜伽续方面，也撰著了《入金刚法界修法仪轨》《大日如来证得菩提略释》《后禅定广释》等，最后，不舍法体而趣入持明宝地。

若朗德瓦传给了协巴多吉（金刚欢笑）即嘎绕多吉（极喜金刚），他与章松巴柯达传给了萨霍国王札巴海德，此大师诞生在印度西部的一国王家族中，在泽达瓦日地区的西瓦沃（寂光）大师和玛茹地区的大持戒者索朗扎巴座前剃度出家，法号释迦光（夏加沃），对三藏教法作了全面闻思并获得通达，依止了嘎绕多吉等众多密宗金刚持大师，通达所有续部妙法，被公认为获证殊胜悉地者。其入密法号为扎巴海德，意即象光。大师弟子夏加西念（释迦善友）造写了《瑜伽续摄真如释·果萨拉庄严》。此二位大师前往克什米尔，进行了利益众生的广大事业，莲花生大师也得到了远传传承，莲师还有在国王匝前听受的近传传承。桑吉桑瓦大师也在此大师前接受了传承，比玛拉木扎大师于桑吉桑瓦大师和嘎比多杰座前接受了传承并造写了《密藏大幻化网释明盏》。噶绕多杰大师，大班智达比玛拉弥札，莲花生大师的传记将在下述大圆满秘密心髓法传承中有详述。此外，那伽孜那传宏嘎然大师，噶绕多杰传熙日桑哈等，这样，在天竺印度有多种传承源流，传至西藏，涅、努、苏三大持教者传承融为一体并至今长盛不衰之情，也在下述佛法在雪域兴起之品中有广讲，此处不再赘述。

2. 玛哈瑜伽甚深修部传承

分二：（1）嘎玛传承；（2）代玛传承

（1）嘎玛传承（修部教言传承）

将巴西念（文殊友）大师，乃身毗卢遮那部的忿怒文殊密续等所有文殊教法的持教者，诞生在印度西部一名为仁巴尼巴的城中，父亲萨都萨哲，母亲囊瓦萨珠，通达吠陀及其分支学问，在噶绕多杰大师座前获得所有共与不共内外密法的灌顶和窍诀，在若毕多杰大师座前听闻《黑敌续》《狮面母》《大威德续》等法门。有一次，大师去行修，在过桥时恰巧遇上外道国王骑象而来，他们互不相让，于是，大师以期克印对着国王，结果国王连同大象被劈成两半，后来经过忏悔才得以恢复如初，国王也因此皈依了佛门。大师获证与文殊菩萨无二无别的双合果位，文殊雅曼达嘎亲现圣像，为其灌顶，传授续法和窍诀。幻化的忿怒文殊眷属向其转绕示敬，立誓听命于大师。从玛拉雅山上掘出具足四业之金函内用琉璃汁写成的伏藏法本，大师阅读后当即获得通达，并运用于诛业将外道国摧毁。此后，将此法函伏藏于金刚座北部。大师有无数弟子，其中主要传法弟子有宏嘎然、莲花生、达纳德拉，依此传承使教法得以弘扬。在一些旧史中有将巴西念大师是王族种姓、婆罗门种姓和化生者三种说法，智者谷如扎西称此三说各有各的道理，因为此乃如幻化般的化身行使利生事业之共性。

圣龙树大师，乃语无量光部《马王游舞续》等莲花语续部的持教者，此大师的传记在下述别解脱戒传承史中将出现，尤其是在智慧空行母会众前获得窍诀法，将马头明王黑如噶密意法传授给大持明者莲花生和宏嘎然大师，在熙日巴达拉与夜叉母眷众入密行修长达二百年之久，最后，成就了金刚宝身。

宏嘎然大师乃意不动佛部《黑如噶嘎波》等真实意法的持教者，诞生在印度边地一婆罗门家族中，精通吠陀等外道理论并获得悉地。后来，对佛教生起信心，在那烂陀佛学院桑吉益西和罗睺罗贤两位大师座前出家，从般若经到内外密续作了广泛闻思，获得所有灌顶、窍诀和加持法门，特别是在吉祥黑如噶灌顶时，花朵击中“吽”字坛城上，经过修习之后获得殊胜三摩地成就。与金刚部种性的身色如青莲般的旃陀罗女子一道进行了六个月的近修之后，现量见到了金刚黑如噶的一切坛城，天空中响起巨大的“吽”声，证得了大手印殊胜成就。撰写了《如鲁金鬘论》《真实成就论》等诸多著作。最后，亲身去往不动佛刹土。有些学者认为此大师和尼泊尔宏嘎然为同一人，但德达岭巴和谷如扎西等却阐述为不同的两位大师。

比玛拉弥扎大师乃功德宝生佛部《甘露八卷》等甘露功德法的持教者，诞生在印度西部象苑的父亲具乐和母亲自明母家中，对共与不共十明学问通达无碍，在桑吉桑瓦等诸多大金刚持座前听闻了所有续部法门，通过修习之后证得了大手印悉地。造写了以《密藏大幻化网释》为主的很多论典著作，其传记在下文阿底瑜伽传承记述中有详述。

扎巴海德大师和莲花生大师乃事业不空成就部《事业金刚杵》法的持教者，前者的传记在上文已有叙述，莲花生大师在尼泊尔修习大手印持明时，迥波龙和果玛卡夜叉等前来制造障碍，莲师开启了金刚橛坛城，熙日班扎谷玛然（本尊普巴金刚）亲现尊容，排除了违缘障碍，降伏了十二鬼母并置于誓言之下。后来又在扎巴海德大师座前反复听闻《谷拉雅续》十八遍，成为事业金刚杵的持教者，其详广传记将在下文阿底瑜伽传承史中讲述。

（2）代玛传承（修部伏藏传承）

普贤王如来吉祥黑如噶在无上密严刹土为清净眷众以金刚语所传之法，结集者金刚法菩萨显现九坛城并首次结集于语言，然后书写成经函，撰写了《意疏五教言》，但意识到在世间暂时没有传授的对境，就交付于事业自在空行母。空行母将八大法行的总续与别续区分开来，即：善逝集根本续、后定解生续、后后密续、未完整补充续、开启钥匙续为五总续、寂静集根本续、最胜集根本续等八续，以及持明集根本续等特殊十续，如是将以十五大续为主的善逝集根本法部装在八宝箧中，此外，将《文殊语续》等文殊身部，《马王游舞续》等莲花语部，《出世间经》等真实意部，《格拉雅续》等金刚杵事业部，《教言八函》等最胜黑如噶功德部，《秘密誓言续》等招遣非人部，《猛厉命滴》等供赞世神部，《取心猛咒》等猛厉毁灭咒部，如是将特殊续部装入不同的宝箧中，隐藏于清凉尸陀林乐积塔之中。

之后，在令人生畏的清凉尸陀林，宏嘎然大师、将巴西念（文殊友）、那伽孜那（龙树菩萨）、白玛炯尼（莲花生大师）、达纳桑智达、比玛拉弥札（无垢友）、绒布谷嘿、贤当噶尔巴等八位大师入住密意禅修之际，见到神奇的八宝箧上出现光芒和彩虹的征兆，以及空行和威猛神众围绕的场景，他们知晓了此地有能够满足和毁灭世间的甚深窍诀，大师师徒们就向此作意，向护法圣众赐予圣物，宣说誓言并收伏于誓言之下，顿时，众空行母纷纷而降并问道："有何指示？"回答道："请把宝箧交给我等。"于是，空行母们将银宝箧真实意法部交付于宏嘎然大师手中，铁箧文殊身法部交付于将巴西念手中，铜箧莲花语法部交付于龙树大师手中，松石箧金刚杵法部交付于莲花生大师手中，金箧最胜黑如噶法部交付于比玛拉弥札大师手中，漆箧招遣非人法部交付于达纳桑智达大师手中，玛瑙箧供赞世神法部交付于绒布谷嘿德瓦赞扎手中，猫眼石箧猛励毁灭咒法部交付于贤当噶尔巴手中，而由非人印持的五珍宝宝箧放置在大师们的中间。在有些史书中说金刚杵法宝箧交付于扎巴海德，五珍宝宝箧八大法行修于一个坛城的法部交付于一切法持教者莲花生手上，也有如此九部持教的历史。

此后，众大师打开宝箧念诵各自的法部，但中间的宝箧谁也未能打开，也未能破除封印，于是，八位大师入定七夜并向空行母祈祷之后，宝箧才得以自然解开，从中出现八大法行善逝集法部。还有其他说法是：当时，八大法行善逝集法部宝箧之封印未能解开而又伏藏于该塔之中，后来由莲花生解开封印，众空行母赐予讲授和修习传承，如是云云。总之，经过此等大师们在各地的潜心修行，获得了与吉祥最胜八大本尊无二无别之果位。莲花生大师在其他大师座前听闻了各自修法的续部、教言以及窍诀，依此也获得了所有本尊的成就，黑如噶和密主金刚持将他封为一切续部法的持教者，使其获得任运持明果位并向前述七位大师供养了妙法之礼。

二、教言阿努瑜伽传承

大教言阿努瑜伽续的法函降于楞伽国的玛拉雅山上，密主金刚手为国王匝或名授记金刚法王亲现尊容，为其做了智慧坛城灌顶，使他对一切教法和法乘之义通达无碍，但为了制止凡夫随意进入密宗深法，示现了依止人中持明乐札布无垢称之相，向其供养了一肘长的帝青宝石之后，在仗夏阿斯然岩洞圆满闻受四灌顶，赐密名多吉尼沃扎（金刚日光威力），得到密续的词句传授，对教言五经及其小经分别作了讲授，造写了《总经意集密续注释·授记》《总经意集密续注释·幻化次第庄严》等注疏论著，以会众行之因法使五万眷众依靠大乐圣道趣入金刚持之地。国王匝在过去依止乐札布之时，为道友邬巴然札和自己的太子三布哲以幻化坛城进行灌顶和传授窍诀，即：在福德吉祥城为邬巴然札灌顶，邬巴为其供养了王政七宝，得密名多杰央达札（金刚真实威力）。在乐源城为三位太子灌顶，太子们供养了如意天宝，他们的密名依次为夏扎布孜或恩札布德，即多杰萨哲札（金刚明严威力），那嘎布孜即提勒觉美札（不动明点威力），谷嘿布孜即多杰萨措札（金刚光明威力），此四位弟子都行使大乐道近因而连同自己的眷属成就持明之果。

其中，据说瓦斯六龙部在长达九年的时间里没有让那嘎布孜传法于他人。三位太子中的恩札布德在外海边为桑哈布扎国王和后谷古然札作了灌顶和讲授，桑哈向其供养了蓝琉璃，得密名多杰沃色札（金刚光芒威力），后谷古然札供养千个宝铃，得密名多杰德秋札（金刚胜乐威力），两人皆同眷属登上持明之地。后谷古然札在象鼻山洞为大阿阇黎若朗德瓦欧哲灌顶讲授，若朗向其供养了人天龙各种妙药，得密名邓都杂波札（降魔勇猛威力），敏珠林法王认为若朗德瓦乃化身嘎绕多杰的别称，也有灰色若朗、极喜金刚、欢笑金刚等别称。此外，获得金刚手菩萨的至尊极顶王位灌顶，以及教法之顶《九界二万卷》等大圆满续部和教言的讲授，阿阇黎将此法书写于经函之后交付于众空行母。阿阇黎成为所有阿努瑜伽经教分别灌顶诸法的持教者，在乌仗那和印度边境玛嘎达山洞中集会修行，偕同一万眷众获得双运之身。

其在邬达巴热苑传给毗婆尸佛化身阿阇黎极喜金刚，极喜金刚供养了燃光大宝，得密名多杰德协札（金刚极乐威力），以大乐之道成就了殊胜悉地，造写了《总经意集密续》的释论《瑜伽明智之日轮》。其在噶札尼地区信度河岸，为扎巴海德大师灌顶传授，扎巴海德供养了格格日珍宝，得密名提勒德协札（明点极乐威力），关于此大师，在《持明集根本续》中有如是授记："生于托觉之地者，主现事业之行为"，旧部《经教金刚杵》曰："邬金托觉之地者，萨霍国王之种姓，比丘释迦法名者，札钦海德阿阇黎"，此大师的传记在上文玛哈瑜伽的根本续部传承中已讲述。其在萨霍国为释迦三弟子灌顶讲授，他们倾其所有向上师作了供养，得密名依次是：释迦森格名为多杰托昌札（金刚颅鬘威力），小释迦札巴名为金刚提勒札（金刚明点威力），释迦牟札名为多杰妥美札（金刚无碍威力）。

其中，释迦森格乃一切如来语金刚之化身乌仗那莲花生大师，诞生在达纳果夏海的莲花中，对一切大小明学问获得通晓，依靠明咒之力自在于所有共同悉地，但他为了获得殊胜悉地，在大释迦札巴即扎巴海德前出家，在玛拉德噶静地依空行母曼达拉瓦，经大乐道近因法行成就了见道光明自在于一生的持明悉地。此后，在尼泊尔央莱雪的岩洞中，以黑如噶本尊修行五部集会法行获证光明双运之身，获得了大手印殊胜悉地——黑如噶果位。在印、尼、藏以及乌仗那等地调伏了所有猛厉的人与非人众，以神通使无数众生生起正信而趣入正法的神圣事业无有边际。作为近传，在国王匝座前也听受了妙法，此情形在阿底瑜伽的传承史中有叙述。

莲师在九层胜宫上为达纳让柯达大师灌顶，讲授所有续部和窍诀，达纳让柯达供养了殊胜清凉天神甘露，得密名森格匝卓札（狮子吼威力）并造写了讲授《总经意集密续》的论著。在有些旧史中称此大师与释迦森格同为一人，但敏珠林法王在《集经灌顶总义》中曰："这是在《经教概论》中的漏字造成的误解。另外，在一些金刚杵教法传承史中也称在乌仗那出现了王族苏达热之子'达纳让柯达或者贤达让柯达'的同名者，故笔者认为因此产生了混淆。"

达纳让柯达在西方乌仗那金刚窟为吽哲多杰灌顶和讲授窍诀，赐密名多杰尼沃札（金刚日光威力），他撰写了《根本续七印释》《略释·瑜伽地灯论》。其在果让岩洞为萨特然玛德大师灌顶讲授，萨特然玛德供养了千两黄金，得密名多杰央达札（金刚真实威力），撰写了《经品释论》《品释分别论》《疑难抉择》《妙乘明灯》等论著。在印度和大食（波斯）边境阿斯茹修行洞，依空行母噶嘎斯德而获得成就。其在福德吉祥城为德瓦萨泽大师灌顶讲授，德瓦萨泽以殊胜供养使上师欢喜，得密名旺修晋美札（自在无敌威力），他还在吽哲多杰大师座前也听受了妙法，成就了明咒悉地，获得无死持明果位，收集三六一十八部经教灌顶方面的书籍，撰写了《瑜伽次第·大乘明灯》等论著。其为"殊胜具缘四人"灌顶传法，在玛噶达为经教堪布达玛菩提作了灌顶，达玛菩提向上师供养了宝马和大象，得密宗法号西绕塔钦札（智慧圆满威力），撰写了《总经意集密续·经教义摄》《总经意集密续·智慧灯论》《总经意集密续·分经论》。在那烂陀为曲加炯堪布灌顶时，获得五妙欲供养，赐密名多杰德协札（金刚极喜威力）。堪布在尼泊尔为国王瓦斯达然、在印度王舍城为舟拉巴格灌顶传法，他们为上师作了黄金供养，依次获密名多杰土确札（金刚胜意威力）、多杰舟多札（金刚宝髻威力）。

达玛菩提、达玛然札、瓦斯达然三位在印度中土为勃律地区译师切赞吉灌顶传法，他以苏瓦尔纳物品分别向上师们作了供养，得密名多杰勒托札（金刚善得威力）。有观点称三位近传灌顶大师在达玛让柯达座前也得受过妙法，但一些可靠典籍中有如是明述："根据交付之印，很明显这是灌顶授教传承载入了正文，故此乃讲授授教和窍诀授教的近传。"如是，上述所有传承不仅仅是灌顶传承，而是集所有续部讲授授教和窍诀授教的传承。关于讲授授教的另一种说法是：勃律切赞吉大师将达纳让柯达迎请到勃律地区，准备翻译《总经意集密续》，但发现此地希求不高而未能译成。此后，到了尼泊尔，在那里传给了达玛菩提和瓦斯达然，后来在勃律地区达玛菩提堪布和达纳让柯达座前，由切赞吉译师从勃律文翻译成藏文。当时，一个非人拿着一朵瞻部洲所没有的大如车轮般的花，来到大师们座前问道："你们从哪里获得传承？"大师们回答："从吉祥金刚萨埵前获得传承。"于是，非人向他们抛洒花朵并转绕三圈，毫不犹豫地以大象般的威仪表示恭敬，然后，说一句"智那然札"就离去了。堪布们对此感到很神奇。传说也出现了其他很多善妙功德。

切赞吉译师诞生在雅砻地区，学习三种语言之后在勃律地区进行利生事业，故称勃律大师，精通三藏教法和一切密宗内外续部，对其他学问亦无不精通，因成就明咒而获得智慧本尊的亲自灌顶并能与本尊谈话交流，能掌控一切金刚空行母为其役使，以二次第获得悉地而登上持明之地。有关在印、尼、勃三地的四大阿阇黎前，努钦·桑杰益西闻受阿努瑜伽之讲授、灌顶、仪轨和细分等窍诀要义并在西藏弘扬之情形，将在下文详说。

三、窍诀大圆满阿底瑜伽传承

分二：1. 如来密意传；2. 持明表示传

1. 如来密意传

此处分说极顶法乘光明大圆满阿底瑜伽传承。根据《比玛心髓》和《圣乘宝藏》，欲简要阐述此传承如来密意传之特别记述：普贤王如来在本初法界现前菩提之果，安住于身和智慧无有分别的密意之中。内明法界中，本性、自性、大悲不行持于外境之故，无分法界三身一切智妙慧自然光明。尔时，在处圆满法界刹土之中，导师圆满普贤王如来、眷属圆满智慧海众，时圆满法性无有变化之时，法圆满自性大圆满自然任运光明。在法身如如不动之中自现圆满报身自然而显，其自然显现清净密严大乐刹土皆由五大智慧而生，在无有上下方隅之善妙庄严光明珍宝宫里，由五部佛各自坛城中的无量眷属聚集围绕，非所化能化而自生于自现任运自在中，在其显现中出现无量五部如来，犹如锦缎彩绸大氅展开发出五色光芒而庄严无比，乃从尊容和舌间坛城中发出无边六字光芒中自然而生。那时，在处圆满密严清净刹，导师圆满五部如来，眷属圆满由无量如来坛城围绕，法圆满智慧光明密意，时圆满不可思议法性之时，以自然任运之式开显光明自性远离言说之法。在此境界中化身是如何幻化的呢？犹如水中映月因化机而显现，在此时因上下各方的六道众生迷惑之故，受用各自的处所及苦乐而耽著于自心幻象之时，为一地到十地之间的菩萨们在十方刹土各自显示自性五部刹土而进行利生事业，在六道之中以六道佛身相来开转法轮，利益众生。

在娑婆世界是如何幻化而现的呢？从自现任运密严刹土中示现两大化身，其中，加持殊胜应化身有三：由一百零八种珍宝所成的自现身像，其大小与当时人寿时期相当，示现各种幻化而使众生获得解脱；由珍宝所成自然显现的殊胜文字《教法独子续》中自然发出无数法门之音而进行利生事业；由大小如圆劫人四指许的法性金刚杵中，降下随类相应的法门和资具之雨而使众生获得解脱。其中，文字也应不同语言而发出相应声音。由此向六道十方发出光芒，进行着无量众生无勤解脱的事业，称为身语意自然大化身。

殊胜智慧化身，乃根据各类众生而随类示现为其主尊而行使事业，即在自现任运密严刹一切如来身语意无尽庄严轮中自然而现，化身大金刚持以圆满报身装饰在此刹初劫具喜积之时，自然降临在莲花座上，以远离语言文字和密意自现之式向金刚萨埵和金刚手菩萨开显了一切自性大圆满圣法。此时，大金刚持圆满佛陀为了不可思量的化机示现了与此等量的能化之身，为清净众眷属的五蕴身而具足五种圆满：即导师圆满大金刚持在具喜积之刹，处圆满莲花宝座之上，不可思议殊胜光明童子导师，一千零二佛陀眷属，传讲一切法之最初和根本续——《应成续》，续部结集者为自在极喜天子，其助伴乃日极明天子等，时间为人寿无量岁世代。导师和眷属本来无有分别，但为了调化众生而各自显现，此贤劫中为能够调化众生，以不同佛号、不同时劫、不同法门而顺序降临于世，此为第一。

第二，尔后显现化身之情形，即在娑婆世界中，导师不动光童子，眷属二十万空行母，教法为身口意功德事业五部续，以大种寒热自然音、五髻遍入天之语传讲，时间为人寿千万岁之世代。

第三，在温湿双具光团之处所，导师救度怖畏文殊，眷属为六十万菩萨，教法为永断轮回续，孔雀连项续，吉祥四大种穷尽续，此等续从虚空而降，以玛让夏休风声、三髻大鹏鸟之语传讲，时间为人寿十万岁之世代。

第四，在贪欲大种现胎之处所，导师为游舞嬉戏童子，眷属为五千夜叉和岩罗刹，传讲了心部五根本续，六支分续等十一续，时间为人寿八万岁之世代。

第五，在耆婆神医园林之处所，六金刚持导师，勇士七佛眷属，所传教法为六般若波罗蜜多等无量法门，时间为人寿七万岁之世代。

第六，在大密游戏烈火炽燃之尸陀林，导师大力勇士童子，眷属七位具云力菩萨，所传之法为父续母续等诸多续法，时间为人寿六万岁之世代。

第七，在具茹鲁音罗刹之处所，导师忿怒王仙人，眷属为一千万罗刹，所传之法为调伏粗大十续等，时间为人寿一万岁之世代。

第八，在灵鹫山王舍城，导师圣金光明罗汉，眷属为无数具神通声闻圣众，所传之法为无量律经妙法，时间为人寿五千岁之世代。

第九，在玉眉蒙人尊胜菩提树宫中，导师悲悯游戏妙慧，眷属为八地菩萨圣众，所传之法为细续七部，时间为人寿一千岁之世代。

第十，在灵鹫山圣地，导师长者饮光，眷属为具寿者七罗汉，所传之法为经藏，密宗事部和教言阿努瑜伽等五千八百法门，时间为人寿五百岁之世代。

第十一，在金刚座菩提生成之处，导师现前圆满王，眷属三怙主菩萨，所传之法皆为了义法，时间为人寿三百岁之世代。

第十二，处圆满给孤独园，导师圆满释迦牟尼佛，眷属为四众弟子，法圆满十二次转起四谛法轮，即：无常相、苦相、空相、无我相、因相、集相、生相、缘相、道相、如相、行相、出相、灭相、净相、妙相、离相，时间为人寿百岁之世代。

2. 持明表示传

如云："烦恼猛烈能力弱，业寿短暂失旧教，恶宗改变教之藏，无有对治镇伏之，修行之相卑劣故，那时出现明分别。"如是到了出现无勤阿底瑜伽的六种时际，根据三十三天界善护天之子胜心的四殊胜梦境，金刚萨埵作了至尊极顶王位灌顶而在天界兴盛。此后，密主金刚手在人间烈火炽燃尸陀林，为空行勇士、空行母、成就者、持明会众宣讲妙法之时，噶绕多杰大师降临于世，如《应成音根本续》云："于我涅槃之后期，西方乌仗那之地，达纳果卡圣公主，生无父子班扎嘿，此人执持圣教法。"如是，在西方乌仗那的达纳果卡地区，有一个名为极乐积塔的大神殿，由一千六百零八小殿围绕，在如此福泽圆满之地，父亲达嘿纳达罗国王和王妃尊嘉有女儿札然那比丘尼，在此地一由旬以外金沙铺满的岛上，与侍女德沃宁丹（具乐藏母）在一个小小的茅棚里修习瑜伽而居。

阴木牛年仲夏初八的黎明时分，在札然那公主的梦境中出现诸佛如来发出光芒，光芒化为日月，太阳从顶部融入她的身体，月亮从足心融入身体。第二天，她去谷札海岸沐浴，当她面朝东方时，金刚手菩萨化为金色天鹅将胜心天子摄入"吽"字，与其他四只化身天鹅一起从天而降，在公主的前方戏水，随后，其他四只天鹅飞回空中，主鸟金色天鹅用鸟喙在公主心口触碰了三次并把炽燃的"吽"字注入其心口，然后飞回了原处。不久，满了月数之后，从公主的右侧腋下诞生了一位极具圣者相好庄严的法子，这时，公主比丘尼觉得羞愧难当，她伤心欲绝地哭诉"无父此子定是魔鬼种，若是天人非天种种相，无人见过如此之先例，边地国土谁会有此事"等，把孩子扔进了灰坑里，那时，出现了发出光芒和声响等征兆。过了三天，当她们再去看时，发现圣童安然无恙，她们这才知晓他是位化身圣童，就恭敬地将其迎请回去，这时，众天人从空中发出吉祥偈颂道："自尊怙主薄伽梵，我亦竭力而皈依，虚空金刚我祈祷。"如是，诸空行母为其广作供养，天人和龙部等降下了檀香和藏红花妙雨。

过了七年后的一天，圣童对母亲说："我要与班智达们辩经，请母亲恩准并提供方便。"母亲对他说："你还小，而班智达们极具智慧，你很难辩胜。"但童子执意要去，国王想到：圣童年幼，很难与班智达们进行辨经，但其身上有许多大圣者的法相，也许是一位化身者。于是，国王向五百位班智达说明了此事。此后，圣童向班智达们顶礼示敬之后，作了多次辨经，最终以其超胜的辩才令所有辩方折服，班智达们毕恭毕敬顶礼其足，供养承侍，并尊称其为"札嘉巴瓦"，国王感到非常神奇而欢喜，故取名"噶绕多杰"（极喜金刚），因以前母亲将他扔进灰坑却安然无恙，故取名"若朗塔多"（灰色起尸者）。

后来，前往北部极明日山，此山恶鬼、野兽出没，极为恐怖，噶绕多杰住在草棚潜心静修，安住等持长达三十二年之久，那时，出现了大地多次震动、空中响起"外道覆灭"的声音等征兆，信奉外教的国王听到此声音后，就派杀手试图杀害大师，结果发现大师在空中行走，使国王及其眷属生起信心，从此皈依了佛门。金刚萨埵为大师亲现尊容，进行了明智注顶灌顶并赐予将各个句续写于书面的授记，噶绕多杰依此示现了现前无学智慧之相。在玛拉雅宝集山顶，阿阇黎噶绕多杰与具世乐味母、能乐黄母、无边功德母等三位空行母一道，以三年期将内外各乘的续部，尤其是将其密意中的六百四十万颂光明大圆满等法立于文句并撰写了目录，自生自然文字与幻化之身正确无误地得到圆满之后，安放在空行母现身之山洞里。尔后，在天竺金刚座东北的清凉尸陀林中央，有一座集聚凶猛众生类的佛塔，阿阇黎前往那里为日光空行母等宣讲妙法，使几十万空行母获得了虹身成就，最后，阿阇黎本人在丹度河岸成就光身而融入法界。

噶绕多杰传授给将巴西念（文殊友），如《应成续》授记："此后在于西方隅，婆罗门子具缘者，曼资熙日巴迪名，执持七十五年时。"如是，在印度金刚座西部的婆罗门父亲祥护和母亲婆罗门女谷哈那家中，诞生了一位极具法相的文殊化身童子，取名婆罗门成就藏或者胜乐藏。长大后入了佛门，不久就在五百位班智达中脱颖而出，成为通达五明、精通一切因法果法的比丘尊者。那时，该地到处传闻有一名为噶绕多杰的化身者在宣讲超越因法果法的无勤大圆满法，文殊菩萨为将巴西念授记道："在西部乌仗那地区达纳果卡洲的谷夏大海之岸、金洲嘿钦达瓦尸陀林脚下的金刚洲洞中，有一切如来灌顶授权于无勤教藏之明灯的金刚萨埵化身者噶绕多杰，其有号称殊胜教法之藏的阿底瑜伽，依靠此法，无需勤修而刹那成佛，你要争取此法并担任结集者。”受到此授记后，他与其他班智达们商议，他们说：“所谓超越因法果法乃不如理，应该破除此邪法。”婆罗门成就藏将巴西念虽然知晓真相，但为了显示法与人的殊胜之处，就以表示同意之相与然札嘿德等七位殊胜班智达前往乌仗那。

到了噶绕多杰座前时，他们无论在因法三藏，还是在果法内外密续等各个方面，都无法辩胜噶绕多杰，于是，胜乐藏将巴西念以商量的口气对班智达们说：“看来我们和他辨经是错了，要不要在他面前听闻超越因法果法的法门呢？”这时，有些人觉得惭愧而无言以对，有些说：“我们在辩论中没有尊重他，现在听法不好吧？”最后，将巴西念等人商量决定忏悔过错，所有班智达向噶绕多杰顶礼转绕，将巴西念想以断舌来忏悔罪过，噶绕多杰以神通得知后，以偈颂方式对他说：“平等离边自在大安乐，万法本为菩提之心藏，众生自执对境贪所缚，外道常断偏见如邪道，八乘自然执二有无之，主张偏于某一之边界，平等之义视为分别法，丢弃自我寻求他无法，勤苦外求本具大乐法，自性觉悟汝且自观察，未悟平等偏见之主张，以此厌倦抱怨诚可怜，为此消除偏执贪欲毒，步入平等离边安乐义。”又说：“割断舌头不能清净你的罪过，若撰写一部超越因果的殊胜论著，就会得以清净。”之后，将巴西念造写了《菩提部注疏·金液论》并结集教法。本来是具有以表示法就能见和解脱于同时根器的弟子，但为了得到教法的圆满传承，向上师供养了各种珍宝曼达拉请求传授胜妙心法，获得了心部根本八续，无数分支续，诸多灌顶窍诀。在界部方面获得内外密大小续法，以及意授印部密续窍诀等无数阿底瑜伽续法。但将巴西念没有以此而满足，再次向上师顶礼转绕，供养珍宝顶珠祈请妙法时，获得了自尊注顶灌顶，现前开示自解脱之窍诀法部，赐外法名将巴西念，密名多杰德瓦札（金刚安乐威力）。

后来，噶绕多杰大师在丹度河岸示现虹身成就，当将巴西念发出了三遍悲哀之语时，噶绕多杰现身于上空的光环中，降下指许大的金箧子于将巴西念手中，此为三句击要遗训法，将巴西念一看就领悟于心，其证悟达到与噶绕多杰无二无别的境界，于是，他将大圆满六百四十万续分成三部，如云：“住心者乃心部法，离作者乃界部法，要点者乃窍诀部。”其中，要义甚深心滴法分成言传和耳传两种，并为耳传作了注解，而因暂时没有找到传授言传心滴法的具缘法器弟子，就把它伏藏在金刚座东北十字金刚印持的磐石之下。将巴西念为达嘿纳达国王等弟子宣讲密意之义，在索萨洲大尸陀林安住大禅定达一百二十年之久，进行度化众丑相空行母和无数行修者的事业。阿阇黎桑杰益西也是此大师的弟子，其著有《解脱明点》《修法·普善》等众多论著，先辈智者们称在此大师的文集中，翻译成藏文的圆满次第窍诀，很明显都是心部的见地，有些学者认为他和熙日森哈大师是同一人。

将巴西念传大持明者熙日森哈，如《应成续》授记："尔后具足善缘者，在于索萨洲之地，施主种性熙日森，将会执持圣教法。"熙日森哈诞生在一名为秀恰的汉地城市，父亲为施主善意者，母亲为智光母，十五岁时，在哈日巴拉大师等五百位班智达座前学习声明，因明等共同学问达三年之久而成为大智者。一时，熙日森哈在前往西部金洲城的路上，圣观音菩萨现身于空中授记道："具缘之人，若想成就无上之果，去印度索萨洲尸陀林吧！"但阿阇黎还未满足，心想：为了更好地理解无上果之义，还要通达其他密乘续部。于是，就在五台山贝拉格德大师座前听闻了所有密乘内外密法并获得证悟，出家接受圆满比丘戒，成为受持三十年清净戒律的三藏尊者。后来又受到菩萨授记的敦促，为了能轻松达到印度圣地，他修行了三年之后获得持明之身。于是，就以双足离地一肘高之式飞到达索萨洲尸陀林拜见将巴西念大师，在初次见面时，熙日森哈以为阿阇黎应该是班智达装束者，没有认出头系法裙、肩上扛犁的将巴西念，就向他乞讨食物，将巴西念说："你向我的夫人要吧。"

到了城里乞食时，手印母在市场里买了七只麻雀，然后将雀肉煮熟以后连同米饭呈给他，熙日森哈说："我是比丘，不能吃荤。"手印母回答："随喜。"熙日森哈把雀肉还给手印母的手上时，只见她在其上吹了一口气，手中的肉顿时变回麻雀，唧唧喳喳地飞向了空中。不一会儿，上师回来后问道："有没有给他食物？"佛母答："给了，但他不吃。""真是个被束缚的人！"此后，熙日桑哈念诵《金刚萨埵幻化网》时，起初上师在床上边睡边听，然后起身听闻，当熙日森哈念诵完毕时，上师说："不要说领悟法义，就连词句你都还没掌握。"说完，熙日森哈这才知道他是将巴西念，他立即祈求上师摄受，上师也欢喜地恩准了。从此以后的二十五年间，赐予了无数窍诀和随行窍诀。最后，上师成就了光蕴之身，熙日森哈悲痛呼唤上师，结果上师在空中为其现身，将一指许大的宝箧交付于其手中，传下了《六修觉受论》的遗教，熙日森哈也对其法义获得了定解。后来，熙日森哈大师掘出过去伏藏在金刚座下面的密续而回到汉地，将大圆满窍诀部分成内部、外部、秘密部、极密无上部四类并将前三部编辑为广讲之义，伏藏在菩提树佛殿的飞檐之下，根据空行授记，把极密无上部以发愿印持之后伏藏在吉祥万门佛殿的柱子里，而阿阇黎自己前往清凉尸陀林，在威猛的众非人承侍下安住于禅定之中。

大师传法于智者加那色扎或名益西多（智慧贤）和大班智达比玛拉（无垢友），其中加那色扎乃如《应成续》授记："紧随继后劣种者，加那色扎持此法。"

如是，在东部嘎玛西拉（莲花戒）城的劣种者父亲邬巴达札那和母亲嘉措玛家中，出生了一位具有蛇冠的小孩，父母非常害怕，就把他扔在尸林里，这时，幼童开口说："我乃珍惜精华妙义者，你们乃业力所系之父母，故请养护我。"父母觉得有道理，又把孩子带回抚养。灵童有着超群的智慧，故在国王嘿德和公主札然尼等大德座前听闻了很多心部法门。一时，比玛拉大师听闻熙日森哈大师的殊胜功德，就和益西多以极大的精进前往汉地，根据空行母的授记，在清凉圣地拜见了熙日森哈，在其处听闻了九年的大圆满法并获得耳传及其法本，比玛拉觉得很满足，准备返回故乡，上师说："没有交付。"这时，益西多心存疑虑，再次向上师祈请赐予极深窍诀，上师传授整个外繁复灌顶，以及极密无上窍诀法达三年之久。此后，向上师祈求修习此法，获得了所有内简要灌顶，就在果萨拉山顶进行轮涅分别之行修，又次第获得密简要灌顶和极密简要灌顶，利用十六年的时间作静心修行。尊者是位行持各种殊胜神变的大师，有一时，应龟兹国王的邀请而前往该地，在到那里的第七天，传出剧烈声响，出现神奇征兆，熙日森哈在虚空中为其示现尊容，当他悲切呼唤时，《七钉遗训》降落于其手中，听到"取出吉祥门佛殿柱子里的心滴窍诀法函后去巴桑尸陀林吧"的授记，于是，他掘出此等密函前往印度巴桑尸陀林，在那里为世间与出世间的空行母转心滴法轮，摄受比玛拉为弟子并把一切窍诀赐予他，最后，成就了虹身悉地。

此段求法经历在比玛拉大师传记中也有其他说法。

比玛拉大师或名大班智达无垢友，乃如《应成续》授记："继后施主种性者，手印广大者执持。"如是，此大师随众生的意愿而有多种显现，根据有些史书记载，因比玛拉没有父亲而生，母亲感到害羞，故派女仆将其藏入灰坑。过了几天，他们再到那里一看，灵童不但没死，还正瞪大眼睛环视四周，他们这才知道其为化身灵童而抱回了家。从此，他系统学习了五明文化，成为五百位班智达顶首。因往世与加那色扎大师是亲兄弟，以此因缘，他俩成为亲密朋友，有一次，他们一起去散步时，金刚萨埵亲现尊容并授记道："两位善男子，你们在过去五百世中成为班智达并修习妙法，但没有获得正果，如今也很难获证，若想即生将有漏蕴身断尽而成就佛身，就去汉地菩提树佛殿吧！"听到此授记，比玛拉非常精进，立刻带着钵盂启程前往。

比玛拉根据授记到达汉地拜见了熙日森哈，上师在长达二十年的时间里为其传授了内、外、密耳传法门，但没有赐予法本。比玛拉心满意足，返回印度把这些经历原原本本地告诉了加那色扎后，自己安住于行修之中。后来，空行母为其授记道："具缘者，若想获得比以往更深的心滴窍诀法，就去巴桑尸陀林吧！"于是，比玛拉根据授记前往那里时，值遇了加那色扎，就向他祈求以最胜窍诀来摄受他，阿阇黎示现了诸多神通，为他赐予了外繁复和内简要灌顶，比玛拉在能明山上进行了轮涅分别行修，获得密简要灌顶之故，心中生起不共证悟，鼻尖上出现了如同将要坠落的“阿”字，此后，又获得极密简要灌顶，使他照见了本性真相。上师根据灌顶的顺序为其无余赐予了大圆满四部窍诀及其法函。比玛拉利用十年时间对此法作了除疑抉择。在加那色扎趣入虹化身之时，他悲切呼唤，上师再次现身，将五宝瓶交于其手中，获授了《四安住法》遗教并对其词义获得通达。此后，比玛拉大师担任了东部噶玛热城国王狮子贤的国师达七年之久，然后在极明尸陀林以超胜一切之行修调伏威猛众生。抄写了三遍大圆满胜密法典之后，一部伏藏于乌仗那金沙铺地的海岛上，一部伏藏于克什米尔金洲地区的岩穴中，一部留于该寒林为众空行母供养。大师成就了虹光之身，在印度住世许久，在西藏和汉地也广行众多利生事业。

持明熙日森哈传莲花生大师，大师乃三身佛体性，故无需依靠连续传承之相，但在现世凡夫的境相中，示现了以班智达和成就者之相在连绵不断的传承上师前听受甚深窍诀，诚如《系解脱精髓续》云：“普贤导师佛佛母，针对与己不二之，菩萨法器之性前，所系一悟皆解脱，超越系与解之边，金刚萨埵加持故，密意中显自生喜，交付续法熙日森，一切果法系解续，交付邬金莲花生，具五者前说此法。”如是，在噶绕多杰和将巴西念座前听闻教法，但主要是根据金刚亥母的授记，示现依止熙日桑哈为上师而听闻妙法，此大圣者不可思量的秘密传奇在经教和伏藏中有多种记述，此处根据《莲花遗教》等伏藏经典而稍作阐述：

如《中土授记经》云：“吾于此地消失后，经过八年之时日，达纳果卡海岛中，莲茎花胚之座上，降临殊胜大士夫。”《无上义集续》曰：“于我涅槃后，经过八年时，降于乌仗那，名为莲花生，将成密教主。”《文殊幻网续》云：“具德佛陀莲花生，执持遍智智慧藏，持有国王诸幻化，广大如来持明。”如是，在诸多经续中清楚授记的莲花生大士，乃一切如来语金刚之本性无量光佛的化身，于西方乌仗那之西南，与罗刹域接近的海岛上，有一株诸佛加持而形成的五色莲花茎，从极乐世界阿弥陀佛心间发射出金色意种子“舍”字所庄严的金刚杵融入于此，于是，从莲花中化身出一位相好庄严的八岁圣童，他安坐在莲花座上，为众天人和空行母宣说妙法。当时，此地国王恩扎菩提因膝下无子，故向上供养三宝，向下布施财物，导致国库耗尽，就去海岛寻找如意宝，在回来的路上，法臣哲那首先发现了莲花童子，紧接着国王也见到后，请求童子当其王子，得到准许而迎请于宫中。回到皇宫后，将圣童供奉于因如意宝珠威力所成的宝座之上，取名“莲花生”“海生金刚”。他以少年嬉戏使无数化机的心续获得成熟，娶明光空行母为王妃，降下衣食珍宝之雨，使所有众生的愿望得到满足，如法治理邬金国政，被世人称为“具髻国王”或者“莲花国王”。

此后，王子考虑到执掌国政不能广泛利益众生，就向父王请求舍弃王位，但没有得到准许。他就假装在王宫之顶做游戏时不小心掉落手中的三尖戈，将魔臣之子度入法界。就这样，王子因杀人犯法而被驱逐到尸陀林，他在清凉尸陀林、欢喜尸陀林、索萨洲等地行修，获得空行母降魔女和静命母的灌顶加持，因调伏了尸陀林的众空行母，故称其为“贤达绕齐达”。前往达纳果卡海岛，以空行表示语修行并摄受了海岛众空行母。在粗恶苑行修时，金刚亥母亲现尊容并作了加持，镇伏了海中龙部和天空中星月诸神，获得居于三处的勇士和空行所赐的悉地，被称为“多吉扎波匝（金刚威力）”。尔后，前往天竺金刚座示现了种种神变，当有人问他是何人时，他回答道：“我是自生佛。”但人们不相信并且妄加毁谤。于是，阿阇黎观到必要前往萨霍地区，在扎巴海德大师座前出家为僧，得法号“释迦森格（释迦狮子）”。听闻了瑜伽续部达十八次，获得此法诸本尊的亲见。

在南部贝达地区格拉佐尸陀林受到众空行母的供养，为他们传讲妙法，被尊称为“尼玛沃色（日光）莲师”。随后，前往具网林，在果玛德沃公主前接受内外密灌顶。当拜见将巴西念大师时，大师授记道：“我调化你的机缘还未到，根嘎母乃秘密智慧空行母以比丘尼身相降临世间者，在她那里听闻妙法吧。”于是在其座前圆满获得了内外密灌顶。在桑杰桑瓦大师座前听闻了显宗般若和密宗幻网等许多法门。此外，还在天竺众多贤善成就者座前学习大小明文化，因仅听闻一次所学之法就通达无余，故称“罗丹确色（具胜智慧）”。此后，在化身噶绕多杰，将巴西念、熙日森哈座前以获得大圆满义传窍诀和至尊极顶灌顶，对明空无二智慧密意获得自在，尤其是在熙日森哈大师座前，在长达二十五年的时间里无余听闻了光明大圆满一切词义深法，此乃如《金刚亥母授记文》云：“具缘即生成就之教言，殊胜妙法常人难解悟，住于熙日森哈之密意，粗恶苑中将获其密意。”根据此授记，莲花生以神通在刹那间前往尸陀林，向阿阇黎熙日森哈顶礼转绕，祈求上师摄受他并得到恩准，听闻了《大圆满等虚空续》等所有心、界、窍诀三部续法，尤其是无余听受了内外密明点法部。之后，莲花生又向上师祈求道：“尊敬的大师！请赐予我即生能消失有漏蕴身而亲见圆满报身刹土、成佛于法身刹土的窍诀妙法吧！”熙日森哈答道：“善缘者，我有一切法之顶首，一切见地之究竟，超越一切法乘，一切空行之心髓，一切秘密中的极密之义，光明金刚藏之大乘，超越心境，超越伺察之意，非一切心识之行境，不住是非之边，超越见修生圆次第，三世一切佛陀之母，诸大持明者之捷径，仅在三年之内就能成就无上菩提之最究竟窍诀，是故，今日为你宣说！”

于是，大师为莲花生赐予了所有大圆满极密无上空行心滴法灌顶，其修行窍诀的很多法本，以及其依附法应成音根本续、离文字基续、舍利炽燃标帜续、圆满自然灌顶续、直指庄严续、明盏炽燃续、明智自明续、金刚萨埵心镜续、聚宝珠续、日月和合续、宝珠饰续、日月自解脱续、珍珠宝鬘续、普贤意镜续、吉祥具妙续、具狮子威力续、六界续、普贤佛母明界大日续等十八续，并将教法交付于莲花生。

随后，莲花生前往索萨洲尸陀林修行达三年之久，成就了超越生死如水月之身，以神通去往各处利益无数人与非人众生。尤其是在白天作为国王达玛巴拉的国师，夜晚前往清凉尸陀林、索萨洲、极具明、具喜、巴尚、塔琼、具恐等地区，与如云空行眷众一道秘密行修。又摄受了萨霍国王舟拉增的公主，具足空行法相的曼达绕瓦，作为修行所依在尼泊尔玛绕德嘎山洞修习长寿法三个月，怙主长寿佛亲现尊容进行灌顶，并赐予了与自身无二无别的加持，传授了百千万长寿续部法，获得了自在永寿的持明悉地，成就了超越生死的金刚之身。为了度化萨霍国而前往该地时，起初遭到王臣们的排斥，将他烧于大火以图害死，但莲花生示现将燃火的芝麻油变为湖泊并安住于湖中莲花茎上的神变，使所有人生起无伪信心而引入正法之道。后来，为度化乌仗那国众生，莲花生去那里化缘，那里的人们认出了他，魔臣们又将他烧于檀木火中，莲师示现神通，佛父佛母安住在莲花茎上，戴上象征救度轮回的骷颅鬘，故被世人称为“白玛托昌札（莲花颅鬘威力）”。担任了十三年的国师，将乌仗那国的所有国民引入佛门，赐予《教集法海》成熟灌顶和解脱教授，使国王王后等所有具缘者置于殊胜持明之地，为此，被人们尊称为“白玛嘉波（莲花之王）”。前往身圆满等尸陀林为众空行母宣讲密法，镇伏内外威猛天龙非人并摄受为护法，彼时，号称“尼玛沃色（日光）”。

在金刚座，外道五百师向佛教攻击时，莲师以辩才和威力完胜他们，对方试图用猛咒进行攻击，莲师用降魔空行母所传的猛咒回遮并降下了大雷超度了他们，火烧其城镇，余下的人全部都被引入佛门，树立了妙法胜幢，因此，被称为“森格札卓（狮子吼）”。以上乃莲师灭尽三漏、胜道圆满的寿自在持明身相而居之相。此后，前往尼泊尔央来秀洞，将尼泊尔国王持善之女释迦德瓦作为修行所依，以吉祥真实妙法修行殊胜悉地时，遭到三个猛厉妖魔制造违缘障碍，致使三年无雨水，发生饥荒和疾疫，莲师派人到印度各大上师处去求法，当派去的二人带回金刚橛续教言时，天降大雨，干旱、饥荒、瘟疫各种违缘障碍立即自然消失。佛父佛母成就大手印持明悉地。此外，先后前往乌仗那霍尔木支岛、斯果达绕、达纳果萨、茹噶玛等地区，德热胡德等边国，以及噶玛如等地，以单独或众多化身根据化机的缘分宣讲妙法等方式，赐予共不共悉地，利益无量众生。比如：为度化蒙古和汉地各王公，莲师化身为具神通或者具威力的瑜伽者；在象雄地区化身为自生童子，传讲大圆满耳传窍诀，使无数具缘者获证虹身成就等，以随顺不同地区、不同语言的种种事业，将无数众生安置于解脱之道。为此，其宏伟事业无有边际，实乃诸佛菩萨不可思量伟业之共性。尤其是在雪域疆土之中，将佛陀教法犹如阳光普照般发扬光大，当属此大师的恩德和事业，此情形在过去的王史和教法源流中有明确记载，下文有详述之故，在此不作广讲。如是，以直接或间接的无量化身幻化将印度、尼泊尔和西藏等地众生为主的化机安置于解脱成熟之地后，于公元876年，不舍法体而在虹光中现前趋往罗刹国。

以上称为持明表示传，乃仅仅是众生导师密意智慧游戏之化现而并非真实相续的凡夫补特伽罗，个个都是稍作表示就开悟解脱于同时的圣者，因此，“持明表示传”乃大密前译教派的不共术语。

诗曰：

三身导师，犹如虚空，涌起大悲祥云故，
三大瑜伽，果乘妙法，降下成熟解脱雨，
三传上师，口气未失，加持证悟妙甘露，
三界化机，福泽润土，应时善降恒满愿。
明空基界，法身刹土，远离一切偏袒性，
原本解脱，法身导师，遍主六部普贤佛，
与己无二，如海佛陀，清净智慧之眷众，
赐予加持，本性而现，无生离说密意语。
具五决定，报身宫殿，任运密严清净刹，
尊胜不变，和合七支，圆满报身毗卢佛，
无二无别，无有集散，自现清净眷众前，
不可思议，自性而显，表示而传殊胜法。
百千万数，三千世界，净与不净众生界，
无量幻化，水月游戏，示现种种化身相，
了不了义，显密之别，无数深广之法门，
依无余众，语言而传，言词韵律极美妙。
一切尽所之有轮回法，现于密咒大乐之游戏，
瑜伽清净平等无分别，觉于三坛城性玛哈道。
一切心识所知有相物，殊胜方便寂静智慧界，
圆满次第乐空无别之，瑜伽之道大教阿努法，

轮涅善劣一切分别相，原本清净大空法身中，
现解同时明空无分别，无余总揽无作阿底要。
诸佛无上密意之宝库，了义如海法门之精华，
至深内续三大瑜伽法，教法之藏金刚乘尊胜。
圆满一切教法无量宫，大密教法高耸台榭上，
三续摩尼宝顶极庄严，前密圣教王者最殊胜。

藏传佛教大圆满传承史·如意宝鬘之别说大密金刚乘内续三部法轮及如何兴起之第三章终。

第四章 一切教法本源大密前译教派传入西藏和教法前弘期之形成

如《妙法莲花经》云：“一时，众生导师释迦牟尼在印度竹林园时，从眉间白毫向北方发射光芒并面带微笑而居，这时，除盖障菩萨询问此因缘，佛祖授记道：‘善男子！一切善逝佛陀未能调化之地、充满妖魔罗刹的边地雪域，在未来佛法将犹如阳光普照兴盛于此地，众生将安置于解脱菩提之位，调伏此边地者乃圣观自在菩萨。’”《文殊根本续》云：“雪域大海退失后，将成婆罗林之地。”《无垢天女请问经》云：“于我涅槃五百年后，佛法在红面者疆域弘扬开来。”此外，根据《佛说大乘庄严宝王经》《般若八千颂》《金刚空行续》等经续的授记，在雪域黑暗之地，师君三尊的发心如同黎明引来了显密教法的阳光普照。

吐蕃第一代国王涅赤赞普直到第廿六代赞普之间，皆以苯教、传说、占卜等来辅佐王政。公元374年，吐蕃第二十七代赞普、普贤菩萨化身拉托托日年赞诞生，赞普到了六十岁年即公元433年，《宝箧经》《百拜酬忏》《六字真言》，准提咒印模，一座金塔等圣物从天降于王宫之顶，并获得“从那时起的第五代赞普时期将领会此等经教意义”的授记，故此，后世称之为佛教传入西藏之始。此后的第四代赞普朗日松赞时期，如《文殊根本续》云：“名为具天之圣地，位于雪山环绕中，国王名号人中天，诞于离遮毗种性。”如是，于公元617年，吐蕃第三十二代赞普，圣观音菩萨化身松赞干布法王诞生，后世称这个时期为佛教开创时代。

此时的贤臣吞弥桑布札创造现在使用的藏语文字，撰写了语法论著，翻译了二十一部观世音经续。赞普建造了大昭寺等一百零八座镇肢寺和镇节寺，尤其是从汉地和尼泊尔迎请了佛陀亲自开光加持过的释迦牟尼佛像和释迦不动金刚佛像。此外，赞普亲自为众多有缘弟子以密传之式讲授了成熟解脱妙法，以此因缘，在帕邦喀等修行处有几百位观音法门瑜伽者常驻修行，使妙法的光芒开始初照雪域大地。藏历铁马年即公元790年，吐蕃地三十七代赞普，文殊化身赤松德赞法王诞生，赞普将瞻部洲成就者祖师邬金莲花生大士与萨霍国大堪布菩提萨埵恭请到了西藏，在可考教言中多次授记的化身师君三尊在雪域吐蕃相聚于一时，于藏历铁马年即公元810年，以神变建造了吉祥桑耶永固天成寺。

此外，从天竺圣境迎请了大班智达比玛拉弥札、智那弥札、达纳希拉、贤当噶尔巴、达玛格尔德等一百零八位班智达，大译师毗卢遮那、噶瓦拜则、焦若·鲁坚赞、玛仁青、年·嘉纳谷玛然等智慧与证悟广如虚空的一百零八位大译师集聚一处，将印度所有显教三藏、密宗四六续部及其意注经典论著正确无误地翻译、校勘和抉择成西藏的文字，点燃了佛陀教法的明灯。尤其是仰仗莲花生大师和比玛拉的恩德，从天龙界和空行密库中迎请了无上秘密续部，为有缘者开启了成熟解脱之门。为此，阿底峡尊者莅临西藏时曾感叹道："密法在西藏的兴盛程度，连印度也未曾有过。"此外，菩提萨埵（静命）大堪布为"预试七人"首传戒律，建立了教法之根本——僧团，开创了传讲显宗教法之传统，在桑耶、昌珠等十二大寺院中，讲修教法如日中天，广泛弘扬。与此同时，如"外相修行依经所讲述，知晓取舍因果之必要，内依无上密教所讲修，生圆次第双运之必要，密依大密阿底而讲修，即生成就虹身之必要"云，莲师第二佛根据此法统，开启了共同显密如海法门，尤其是以甚深内续三部为主的八大法行善逝集、上师密意集、经教法海集等密法坛城，将有缘清净化机安置于成熟解脱之位，涌现出钦普二十五成就者、曲沃山一百零七虹身成就者、央宗三十证悟者、协札三十瑜伽师、二十五成就虹身空行母、耶巴山八十虹身成就者等无数雪域贤善成就持教大德。为了后学化机的福泽，大师将所有雪山、岩石和湖泊等加持为修行和伏藏处所，使其充满法财之藏并授记在未来掘此伏藏的圣者等，使利生事业犹如阳光照遍了雪域大地之后，以神变之力前往西南罗刹洲，但是，其无量化身幻化作为雪域众生怙主乘愿而来乃诸佛事业之本性。

之后，依次出现赞普法子牟尼赞普、牟茹赞普、牟底赞普，他们秉承先祖传统，尊崇佛法，兴建道场，举办定期法会，从印度迎请了加纳瓦玛等班智达，翻译了大量的身语意续部等，如法治理国政。牟底赞普之子，密主金刚手化身赞普赤热巴坚，新建了乌香多等一百零八座寺院，迎请了众多印度班智达，厘定文字，使祖辈们所留下的显密教法的译本得以统一和规范化，并为此编纂了目录。赞普分披头发，发端缀连丝绢铺地，让两大僧众供境席坐其上，作无上恭敬承侍，传说以政教合一之事业统辖大半个瞻部洲。以上所述时期称为"显密教法前弘期"。显密法宝作为雪域众生之福缘而降，实属历代赞普法王，师君三尊和噶、焦、祥等前译时代班智达和译师们的恩德和发心之力，此乃居心正直的智者们所共许。为此，如麦彭仁波切曰："祖孙三王引教于雪域，师君三尊树立教法幢，促使教法常住持教众，此等圣者恩德谁能比。"又云："开启雪域慧门桑布札，显密教法明盏噶、焦、祥，开显十明处者众智者，乃是雪域教法之明日。"如是云云。为此，笔者希望并祈请我等雪域学人，不堕教派之边，以居心正直之风格追念先祖的宏恩浩德。

诗曰：

千尊导师之中如白莲，赞符其实美名天鼓音，
响彻一切佛陀刹土者，无等导师释迦尊胜出。
千万善业福德所成之，极为庄严眉毫之光芒，
照射北方红面雪域刹，示现神变宝身作加持。
具足无障十力之照见，于以通达一切智慧力，
赐予佛陀教法之日轮，将在吐蕃升起之授记。
无数劫前所发宏愿力，菩提之心未失曼达拉，
五浊众生以及雪域中，慈爱悲悯花瓣广开放。
传谓光明天界所下凡，清净圣种二十八代王，
年赞化身赞普发愿力，应时成熟教法之开端。
普陀怙主悲心极明月，殊胜方便美图未失中，
于以天子松赞干布相，降临雪域十善青莲开。
文殊金刚示现人相者，赤松德赞梵天花朵王，
具义善业神变绢索力，迎来四德雪域之庄严。
信度海中千瓣莲花上，相好圆满成熟之化身，
圣者之祖海生莲师佛，弘法雪域圣土恩德大。
殊胜发心誓言之黎明，迎来教法根本律仪日，
照于清凉黑暗之疆域，宏愿伟德静命大堪布。
智慧游戏菩萨三怙主，佑护雪域众生吉祥主，
化身圣者君王与译师，政教丰功伟业无边际。
奇哉连绵不断之雪山，环绕周遭吐蕃清净地，
具足十善福泽妙法刹，四德威势广大而殊胜。

藏传佛教大圆满传承史·如意宝鬘之讲述一切教法本源大密前译教派在西藏的传播之情之第四章终。

第五章 讲述后弘期教法得以重振之情及八大传承之形成

第一节 后弘期教法之重振

赞普赤热巴坚之弟朗达玛乌当赞普受邪愿牵引，心入邪魔，佛法遭到严重的毁灭，但以七种源头授教相传的密宗内三部续法，依靠瑜伽之王桑杰益西等白衣蓄发圣众的功德，在卫地的雪山岩洞等隐地以讲修之式传承并弘扬，没有被此灾殃及，因此，素有“初受教于酿、中受教于努，后受教于苏”之说。从三种授教依次传到今日，仰仗历代雪域金刚座噶陀寺，敏珠林法王师徒和自在成就王佐钦巴及其传承的恩德，在六大祖寺等各大前密寺院，以经教（嘎玛）作为中轴，以伏藏（代玛）辅佐，使嘎代成熟解脱妙法及其修行、法事仪轨得到传承和弘扬。尽管如此，在灭佛期，唪诵讲经传统中断，出家僧众惨遭杀害或被迫还俗，致使守持戒律的僧众大都消失，雪域藏区在相当一段时间中处于教法的黑暗时期。就在此时，菩提萨埵祈愿和发心应时成熟者拉隆·拜吉多杰，以善巧方便镇伏了恶王，从而开启了教法后弘之门。

当时，巴·然那弟子玛、约、藏三尊者将一驮律经驼在一头骡子背上逃亡安多多麦而居，尊称 “教法之日”的喇钦贡巴绕萨在他们座前接受了比丘戒，此后，鲁弥等卫地十人从安多多麦地区将前弘期律经的戒律和讲说传承引入卫地，使教法余火得以重燃，自那以后直至今日，依靠敏珠林大译师达玛熙日，佐钦嘉色严彭塔耶等不断涌现的持律藏尊者的恩德，前密下戒律传承的出家比丘僧众日益增长，遍及四方，此别解脱戒律传承在下文传记别说品中有详述。与此同时，佛陀第二转法轮之般若经教及其意疏《现观庄严论》等经论的讲说传承从噶、焦、祥三大译师传到巴·嘉瓦益西，续传仲尼和色尊旺迅，再续传于哲钦西绕。此外，上下俱舍论及其自疏和其他注疏等论典由拉隆·拜吉多杰经色尊旺迅等传承，再续传至章迪巴等，总之，源自天竺圣境的一切三藏教法及意疏诸论说，从教法前弘时期无有间断地传承至后弘时期，又到再弘期的今日，其间涌现了如堪钦桑珠·白马扎西、巴珠仁波切晋美曲吉旺波、堪钦白玛班扎、蒋贡（文殊上师）麦彭确勒朗嘉、堪钦先彭朗瓦等历代大堪布。仰仗此等如同金山般连绵不断的佐钦寺历代大堪布之无比宏愿和事业威力，不仅在佐钦传承的印藏前密各大寺院，而且在萨迦、噶举等其他教派的佛学院，妙法传承也得到广泛弘扬，无数通达教证理论的自在智者正在世界各地不断涌现。此情形将在下文详述。

第二节　八大修持传承之形成

具足七传承的蒋扬钦哲旺波曰："佛陀亲自授记雪域之，深愿弘传教法最胜者，先祖法王天子赞普尊，乃是雪域第二圣导师。化身译师巴郭毗卢氏、佛陀承嗣仲敦邬巴斯、贤善成就琼波瑜伽者、善巧双语卓弥大译师、瑜伽自在马尔巴译师、成就圣者当巴嘉噶瓦、吉觉译师智者邬金巴，支撑北方传承八大柱，源自殊胜导师金刚持，雪域八大修持之传承，乃是成就先哲之足迹，欲解脱者当入此圣道。"如是云云。

一、前译宁玛传承

此派乃从师君三尊时代到后弘时期的仁青桑波译师之间所翻译、传讲和抉择的所有显密教法，宁玛派的授教之情形在上文作了略述，下文也有详细阐述之故，此处不再赘述。以下七大传承都属于后弘新派教法。（宁玛之名字来自于前弘期。）

二、噶当传承

根据拉喇嘛的遗嘱，后弘时期的译师那措·慈城嘉瓦迎请了无量光佛和莲花生化身班智达阿底峡尊者，阿底峡造写了理论与窍诀相结合、圆满三士夫道次第的杰作《菩提道炬论》，主要论述中观见地，律经行为和菩提心窍诀的修行，开创了一切佛陀教法归结为一补特伽罗次第修持成佛窍诀之讲说传统。其传承者素有"四本尊庄严其身，三藏法庄严其语，三学处庄严其意"的说法，四本尊即：教法之主释迦牟尼佛、慈悲之主观音菩萨、解除外障碍者圣度母、解除内障碍者不动明王，所诠三学和能诠三藏合说为三，成为"四尊三法"之主。称为"噶当七具尊教"。

传承弟子有阿里地区的大译师仁青桑波，那措译师慈城嘉瓦、玛·格卫罗珠等，后藏地区的卓氏、谷氏、绒氏、色氏等，前藏的三怙主菩萨化身"库鄂仲三尊"，即：大势至菩萨化身库敦·尊珠雍仲，他重建了鲁弥尊者弟子珠玛·慈城迥烈道场索那塘波切而护持正法；文殊菩萨化身大译师鄂・勒毕协绕，建立桑普列托佛学院，其侄子罗丹协绕译师利用双十七年的时间，依次在叔父座前和克什米尔学习梵文和三藏经典，从三十五岁起连续十七年传讲甚深教法，培养了两万三千位弟子，主要有祥・次邦瓦曲吉喇嘛、卓隆瓦・罗珠迥烈、琼・仁青札、哲・西绕巴等“四大心传弟子”等无数亲传再传弟子；观音菩萨化身仲敦巴嘉卫迥烈格西创建了北部热振寺，培养的弟子主要有“噶当三同门”，即博朵瓦、金厄瓦、普琼瓦三尊者。

博朵瓦・仁青沙，其传讲了六论（即《本生经》《集经》简称本集二论促生信心之论，《学集经》《入行论》简称学行二论指导行为之论，《瑜伽师地论》《现观庄严论》简称地庄严二论修持三摩地之论），其弟子夏然巴・云登札和朗日唐巴・多杰森格称为“朗夏日月同辉”，传授弟子数千，称为噶当论说派。金厄瓦・慈城巴将四谛演示为教诲的法门传给夏域巴切噶益西多杰尊者等弟子，称为噶当教诲传承。普琼瓦迅怒坚参将十六窍诀明点之成熟解脱法及其依附密法连同法函传给道噶瓦・达玛札等，称为噶当窍诀传承。此外，那措译师弟子荣巴・恰索巴等所传法门，称为下部噶当或者那措传承。

到后来，执持旧派噶当基业之僧众趋向衰微时，出现了佛陀亲自授记的证悟智慧圆满的大圣者，文殊菩萨化身宗喀巴大师罗桑扎巴，他创建了卓日沃甘丹寺尊胜林道场（意为“善具”，从此以寺院之名冠于宗派之名，该宗派得名“格鲁巴”），其法统由嘉曹・达玛仁钦、克珠・格勒白桑二大弟子等历代住持法台传承延续，出现了称为噶当新派的格鲁巴教派，此外，尊者培养的弟子主要有遍智根敦珠巴吉祥贤、持律藏者扎巴坚参、证悟者降白嘉措、察柯温波阿旺扎巴、贡日・坚参桑波等获得授记七弟子、八清净弟子、事业广如虚空的四大弟子、卫藏教法明灯十大弟子、任运利他事业六菩萨、尊崇为顶首的二帝师弟子、法王六弟子、众生顶庄严贤拉八弟子等，其中有四大弟子创建了四大寺院：法王根敦珠巴建立了后藏扎什伦布寺，法王降央曲杰建哲蚌寺，法王向钦曲杰释迦益西建色拉寺，西绕森格尊者建下密院，其弟子大密持衮却邓珠建立上密院。如是，此殊胜格鲁教派不仅在雪域大地，而且在汉蒙等各地也得到极大的弘扬，此派主要以讲论使教法之宝得以弘扬，故对教传之法事业和功德极大。

三、萨迦道果传承

最初在远古时代，文殊化身天子三兄弟即吉壤、玉壤和玉日从天界下凡，直至玛桑雅邦吉之前都属天神，此后，为了争夺妻室而与罗刹结下怨仇，期间生一子，称为“昆巴吉”（即怨中生，“昆”意为怨恨），从此，称为“昆”

氏家族。到后来，昆·衮却杰波大师创建了第一道场萨迦寺，该派因此得名萨迦派。在天竺圣境，自在成就者吉祥法护获得空行母达美玛（意为无我）幻化坛城中的灌顶，成就菩萨第六地并依次传承到大成就者郧瓦巴。此后，卓弥译师释迦益西（释迦智慧）在大成就者嘎雅达然和巴沃多杰（金刚勇士）座前听闻了所有道果理论和窍诀，以及大成就者海生的教言等后部八道，六门法系等法门并在西藏传给昆·滚却杰波大师，其子为萨钦喇嘛根嘎宁波，获得文殊菩萨的亲见，听闻了离四眈著窍诀法，在其父尊前听闻道果法。此外色敦根柔大师和阿里萨维宁波在卓弥座前听闻了道果法，前者传给祥敦曲巴，后者传曲巴·扎拉巴。萨钦也在祥敦曲巴和曲巴·扎拉巴两位大师座前闻受教法。

此后，印度成就者郧如巴以妙法送至家门之式亲临藏地，在萨迦驻留一个月之久，萨钦喇嘛在此上师座前听闻“不出城墙四深法”、续部二义的灌顶窍诀、道果近传隐密法等。萨钦住世六十八年，毕生护持正法，利益众生。其有四子，老大根嘎巴前往天竺玛噶达求学，但到了二十二岁时圆寂。次子索朗泽莫和三子扎巴坚参受到其父尊道果法的窍诀法真传，前者广弘讲修妙法之后，在四十一岁之时不舍肉身而趣入空行刹土，后者守持梵行居士之身份，此后萨钦以智慧身摄受他并成为道果法的近传受教者，广弘教法，住世七十年之后趣入清净刹土。

萨钦第四子为巴钦沃波切，依止其父尊和两位兄长为上师，具备无量教证功德，住世五十四年而圆寂。其子文殊菩萨真实化身、萨迦班智达根嘎坚参，十五岁之前，在扎巴坚参尊者处作了闻思教法，之后，在智慧身者世亲，克什米尔大班智达释迦熙日等诸多印藏贤善成就者座前作了广泛闻思并接受圆满比丘戒。被蒙古大汗窝阔台封为国师，使讲修妙法的日光照遍了汉藏各地之后于七十岁圆寂。萨班之弟桑察·索朗坚参，具足无量贤善成就功德，建造了萨迦寺城墙等对教法贡献巨大，五十七岁圆寂。

其子众生怙主八思巴法王，如同萨班为其赐予“八思巴”名号那样（“八思巴”意为圣者），具有圣者超胜的智慧，故名。十七岁那年赴蒙古，由其叔父任命为教法之主，十九岁时，元世祖忽必烈在其处接受灌顶，封为帝师，作为灌顶的供养，忽必烈将西藏十三万户供养给八思巴。三十三岁时，又应邀前去蒙古，皇帝将整个藏族三大区供养给了他，将佛陀教法传遍边远各地，于四十六岁那年圆寂。其弟怙主恰那，具有奇特神通和威力，被皇帝封为西藏总管，管理政教事业，二十九岁圆寂。其中，萨钦、泽莫、扎坚为身着白衣的瑜伽士，称为“白衣三祖”，萨班和八思巴为身着红法衣的出家者，称为“红衣二祖”，统称“萨迦五祖”。还有“七代文殊化身”“菩萨三怙主”之说，即萨钦为观音化身，其四子和萨班兄弟，其侄八思巴皆为文殊化身，怙主大乘法王恰那为金刚手菩萨化身。根据莲花生的授记，萨迦五祖、桑察·索朗坚参尊者、大乘法王塔钦曲杰根嘎扎西为“七代文殊化身”。

萨迦传承有多种分支，其中“鄂宗察三传”之一，鄂钦·金刚持根嘎桑波，为达钦根嘎仁青之子，成为夏钦·益西坚参的心传首座弟子，创建了鄂·乐空法林道场（鄂·艾昂大寺），后来在大成就者布达巴座前听闻道果法，以此所传之法称为鄂派传承。与其同一生肖的宗巴·根嘎朗嘉，为夏钦巴和大乘法王塔钦曲杰的心传弟子，因随学喇章宗琼巴，故称执持萨迦教派的“鄂宗二尊”或“精通密宗根嘎二尊”，涌现了牟色巴·多杰坚参、卫·贡嘎巴等传承弟子。贡嘎金刚座道场的创始人法主根嘎朗嘉，依止章托巴·索朗桑波等诸多善知识，成为大贤善成就者，听闻传承于持明松杰巴瓦的道果法，故称“宗传”，在多让·遁世者根桑曲吉尼玛前听闻道果法之察钦·罗萨嘉措的心子降央钦则旺修，多闻者鲁珠嘉措二尊所传法门称为“察派道果法”。此外，还有鄂传承弟子向钦冉江巴桑杰培，精通显宗的“雅荣二尊”（雅楚聂吉巴，荣敦西夏根色）精通显密二宗的“郭夏二智者”（果然巴·索然森格，班钦·夏加秋丹）等无数大智者及其后代，以道果法众说和教说之式传承、护持和弘扬教法，其事业延续至今，经久不衰。

四、噶举传承

玛尔巴噶举传承深道大手印法，乃极喜金刚真实化身玛尔巴·曲吉罗珠所传，他先后三次前往印度圣境，依止大班智达那若巴、美智巴为主的许多贤善成就大德，听闻了从金刚持依次相传，经龙树、仲毕巴、鲁诃巴、苏卡斯德即“四位受教者”，再到大班智达帝洛巴的所有的甚深窍诀法门，成为胜乐、喜金刚、密集金刚等窍诀密法法主并获得极高的成就，护持正法到八十四岁时圆寂。培养的弟子有称为“四大柱弟子”，即朵地区的楚敦旺恩、雄地的鄂敦曲多、藏绒的弥敦村波，依次为颇瓦法、续法、论说法、光明法的受教弟子，弘扬讲说传承之法；以及将巴西念大师化身米拉日巴，乃拙火法和修习传承法的持教者，以进行无与伦比的苦修而获得极高的成就果位，以舍弃一切的威仪弘扬修行传承妙法，八十四岁时趣入东方现喜刹土而圆寂。米拉日巴培养了称为“趣入空行刹七弟子”“八大热巴瑜伽弟子”等无数弟子，其中，称为“如月心子”的弟子热琼·多吉扎巴（热琼巴）没有舍弃肉身而趣入杨柳圣宫，其弟子琼仓热巴、嘉瓦罗等，其后，被称为热琼化身的藏念黑如噶等弟子开创了“热琼耳传”。称为“如星心子”的弟子昂宗热巴菩提然札开创“昂宗耳传”。称为“如日心子”的弟子塔波·达沃迅怒（塔波瓦），乃被佛陀授记的大圣者，有称为“八百禅师”

等弟子，其中，主要由“三康巴弟子”传承其法脉。

噶举派有称为“四大派八分支”的传承派系，四大派即：从温贡·慈城宁波经历代塔波道场住持的传承，乃塔波根本传承，称为塔波噶举，温贡巴弟子祥·玉札巴卓衮索朗扎巴所传法脉称为其分支察巴噶举；康巴邬色或名噶玛巴都松钦巴所传法脉，称为噶玛噶举；拘留孙佛真实化身康巴多杰嘉波或名帕莫竹巴大师所传法脉，称为帕竹噶举；从跋绒·达玛旺修经迪喜热巴所传法门，又分十八大山林修部统称跋绒噶举。以上为四大噶举传承。塔波弟子康巴萨东雪贡巴，被授记为能调伏人与非人的大成就者，虽然利生事业极其广大，但传承弟子甚少。帕莫竹巴一见到塔波就证悟了法性真谛，他的八百弟子中出现“享有宝伞五百大德”，其中，“另立道场八弟子”所传法脉，称为噶举八分支：（1）直贡噶举：缘起圆满者、众生怙主觉巴仁钦拜昌建了直贡大寺，培养弟子五万五千一百二十五，其后，涌现“努噶曲三尊”传承弟子，心传弟子金厄瓦扎巴迥烈主持邓萨梯和直贡两大道场，那时传承弟子发展到十八万之多，后来，在法王仁钦彭措父子时期，建立了新旧伏藏法之轨，成为经教伏藏圆融之法。（2）达隆噶举：信心圆满者达隆·扎西贝建立了达隆寺，桑杰温住持达隆下塘寺，出现曲谷·邬金贡波等大德弟子，后来在喀仲措吉多杰时期，传承噶、贡、普三法和热林伏藏等宁玛经教伏藏法，开创各法圆融之轨。（3）措普噶举：补处根嘎绕巴建立了措普寺，其侄子措普译师香巴拜迎请了弥札佐格、布达熙日、克什米尔大班智达，建造了弥勒大佛·见者解脱，经过其侄孙四五代之后，遍智布敦仁波切诞生，开创了续部总法尤其是瑜伽法部的讲说传统，成为“布氏传承”。（4）朗热噶举：证悟高超的美名传至印度恒河之间的朗杰热巴，建立了那普寺，当时，出现了七龙母子腾空的吉祥征兆，故称此派为“珠巴传承”（“珠”在藏语里意为龙），也以寺名而称其为“那普热巴”。其弟子众生怙主藏巴嘉热巴益西多杰培养了无数传承弟子，建立了珠然隆寺，进行了三次眷众布施，以此因缘，传谓珠派教法传遍了如同灵鹫十八天飞程般的广大地区。其主要弟子果仓巴·根波多杰所传法门称为“上珠巴空中之星”，罗热·达玛旺修所传法门称为“下珠巴地上威猛”，嘉热侄孙森格谷察所传法门称为“中部珠巴”。（5）玛仓噶举：多康玛巴成就者西绕益西培养了嘉瓦央根巴·益西坚参、仁钦岭巴、邦·沃色喇嘛大堪布、卓衮·祥果热巴等众多传承大德弟子，后来，由达拉大德上师们继承法脉并与白玉传承融为一体。（6）耶巴噶举：康耶巴成就者益西则巴在南部耶普建立了向达拿寺，岭·格萨尔眷众依止其为上师，作了广大财供养，传承法脉得到极大发展，如今，成为向达拿岗仓派。（7）雅桑噶举：传说在雅多地区相继出现了萨尔巴·噶丹益西传承法门的成就者，以及雅善第司等具有权势的众多弟子，但如今却名存实亡。（8）休色噶举：聂美杰贡钦波在尼普建休色寺，此派传承在过去得到广传，现今成为宁玛传承尼众道场。

所有这些派别中，以法脉传承和活佛转世著称的噶玛岗仓派，法主都松钦巴转世活佛，大成就者曲吉喇嘛被元朝皇帝封为帝师，以地冠名之故称噶玛巴，从此，出现历代噶玛巴转世活佛（黑帽噶玛巴，又称大宝法王），即：第三世让雄多杰、第四世若毕多杰、第五世德幸协巴、第六世同瓦敦丹、第七世曲扎嘉措、第八世弥觉多杰、第九世旺修多杰、第十世曲阳多杰、第十一世益西多杰、第十二世向秋多杰、第十三世邓都多杰、第十四世塔确多杰、第十五世卡乔多杰、第十六世柔毕多杰。此外，噶玛巴弟子黄帽系和花帽系的历代活佛，从红帽系慈城巴登起十代红帽噶玛巴，以及五代嘉察活佛、历代巴沃活佛、哲沃活佛，后来居于红帽系地位的弥勒化身历代大司徒转世活佛等也示现为黑帽噶玛巴之弟子。被第五世噶玛巴德幸协巴封为耳传三部宝法法主的仲·玛色瓦罗珠仁钦开创苏芒噶举，第六世红帽噶玛巴曲吉旺修弟子，贤善成就者噶玛恰美开创列多噶举，在当今，所有四大派八分支噶举中，噶玛、珠巴、直贡、达隆噶举四派传承依然雄风不减，弘传四方。

五、香巴噶举

被佛祖授记为“具大神通声闻”的贤善成就者琼波大成就者，最初根据其祖传而入苯教，后来改入宁玛派并获得成就，但往昔的菩萨宏誓大愿应时成熟之故，他没有满足于这些成就，先后七次前往印度，依止了智慧空行母那尼谷玛、苏卡斯德为主的一百五十位贤善成就上师，在五身圣地现前成就了喜金刚、胜乐、密集、玛哈玛雅、大威德五续部等法的悉地，成为公认的大成就者，在香地金刚座建立道场，故称香巴噶举。琼波大师住世一百五十年，培养了十八万弟子，其中美沃敦巴、约波嘉莫切、恩敦仁钦旺、拉堆衮秋喀、祥贡秋桑等称为“前传五弟子”。称为“金刚持密言独传持教者”，乃后传弟子莫觉巴·仁钦尊珠，其后依次称为“七代大宝传承”，经过温敦杰岗巴、桑杰念敦、卓衮敦巴等传承之后，从第七代大宝传承曲杰敦巴起开放传承之门，使成就者遍及各地。主要传承弟子藏玛祥敦、桑当巴·迅怒顿珠、嘉钦·坚参本三位将窍诀法书写于法本，经祥敦弟子琼波慈城等七代大宝传承的殊胜弟子们所延续的传承称为远传，空行母那尼谷玛亲自为大成就者唐东杰布传授窍诀法门，成为前后中三传承的受教者，此外，智慧空行摄受了文殊化身根嘎卓确，所传殊胜之法，称为近传持教者，以及在香巴根本耳传清净金法之基础上，由空行窍诀作严饰的深义广显法等密主卓衮巴的特殊传承之事业，也仍旧兴盛于世，经久不衰。

六、希杰传承

希杰妙法及其支法，最初由大智者伽玛拉希拉或名帕当巴桑杰所传，其诞生在印度贝达的札达桑阿地区，依止天竺五十四位男女成就者，听闻窍诀法并获得八大成就，住世五百七十年，先后五次到西藏。第二次到西藏时，传授般若经与《江河流续（阿勒噶勒）》要义总摄，成为能除苦难希杰法的初传。后来由邦洛扎瓦译师传承，再向克什米尔加纳谷嘿传希杰三部明灯法，使教法得以弘扬。在第四次到西藏时，培养中期传承之主要弟子“玛索岗三尊”即：为玛·曲吉西绕传了大手印独传词义法，为索琼·根登巴传明智窍诀法词义传承，为岗·益西坚参传般若窍诀法上传和下传，此外在分支法中，为格西札巴传了希杰六部明灯法，为杰·赞扎谷帝传显密双运之窍诀，为姜·噶当巴传般若离文字窍诀法，为玛杰拉准空行母传了断法窍诀。

第五次是从汉地到西藏，那时所传的法为后传法，尊者在定日地区时，涌现了“破除迷惑二十六弟子”“一百位殊胜大弟子”“十二堪居宝座弟子”“二十四女众成就者”等众多弟子，但最主要的是“四门瑜伽者弟子”，即在东方由当巴恰尔钦结集经教和合法，南方由班扎卓达结集大宝义合法，西方由当巴恰尔琼结集分函讲授法，北方由根嘎菩萨结集确鲁圣法，都将结集之法书写于函。后来三传承都传授于若·德协钦波，依次传承到敏珠林大译师达玛熙日，其撰写了此法的唪诵仪轨并弘扬灌顶讲授。关于称为支分法的断法，分父传断法和母传断法，前者乃断法之父帕当巴桑吉将显宗般若断法即圣天菩萨五十小论之摄义窍诀精集六法传授给了觉敦·释迦益西和雅砻·玛然色波。觉敦续传索朗上师，续传玛吉拉准四精集法。玛然色波所传法部经过若·西沃，贤善成就者迅怒珠等而得到弘扬。断法母传为大佛母显现为人中女相之玛吉拉准空行母诵读般若法时证悟了空性奥义，帕当巴为其传了一句心法之后，其心相续获得解脱，成为自在空行母，将般若密义根据自己的觉受开创了甚深断法之法门，含摄方便父传承、智慧母传承、无二义传承、空行觉受传承四种于一，培养了“一百零八弟子”等，其中主要有：苯色·嘉瓦顿珠、东德·阿格旺修、卓德·嘉威迥烈、库贡·曲吉桑格这四位称为“心传四弟子”，卓·察坚、巴丹坚、索朗坚、仁青坚四位称为“圣女四弟子”，杰美嘎严、颇宁森格、宁巴让朗、多巴桑塔、休波怙同、嘎丹桑格、嘉贡哈同、杰尊苏宁八位称为“等同自己八弟子”，以上共称“十六持教大弟子”，传承弘扬了其事业。

主传显宗的身子朗隆巴·嘉瓦顿珠，主传密宗的托宁桑珠所传支法，称为“岗巴传承”等支法传承。主传显密双运的库贡·曲吉桑格所传之法等各种传承都得到弘扬。噶玛巴让雄多杰在纳木措多巴·弥觉多杰前听闻并所传之法，称为“如巴断法传承”。后来，苏芒传承和列多传承也得以兴盛。此外，嘉色证悟者所传“嘉切断法”和哲霍·曲吉旺波所传的“哲霍断法”等出现了无数传承弟子。从圣女所传之法称为“远传断法”，嘉塘巴·桑丹沃色听闻了很多传承，获得玛杰拉准的亲现并所得之法，称为“近传嘉塘断法”，也有很多法门未传给弟子而作了伏藏，到后来，玛杰拉准化身度·多杰卓玛将断法法本从伏藏中掘出并传承至今，称为“伏藏断法传承”。

七、金刚瑜伽六支法传承

本师释迦牟尼佛于铁龙年角宿月十五日，在吉祥谷聚塔前，为化身法王月贤等眷众，在涅槃前传讲了续法之王吉祥时轮金刚根本续一万二千颂，自那时起，此法在六代香巴拉国王时代得以兴盛，之后，第八代香巴拉国王妙吉祥称造写了比时轮根本续稍略的《时轮摄略续》，妙吉祥称法子、第二代法胤白莲王造写了此续大疏。从此，历代化身法王传承不断，直至如今的第二十一代不灭法王，在除去火空海（即代表403年的数字）的每一百年中，登上狮子宝座，为香巴拉噶拉巴的九十六俱胝城市之化机，转起大密续王法轮，护持正法。

印度大成就者们虽然有诸多零散的六支法的窍诀，但首先使印藏两地现见此法者乃班智达孜东巴，他在前往香巴拉寻求心疏法的途中，被香巴拉化身法王所摄受，赐予了所有灌顶、续疏及窍诀并作了加持。传班卓阿扎雅即乞食者大师，其有大底孝巴、小孜东巴、降毕多杰等名号，获得化身法王的加持而成就，亲自前往噶拉巴，圆满接受了灌顶续法和窍诀。回到印度进行弘法事业，培养了那若巴，然那噶热谷达等众多弟子，其中，阿瓦都迪巴、熙日巴扎波迪、那烂陀巴三位称为“小底孝巴”。

藏历第一绕迴兔年即第一年，西藏吉觉译师迎请底孝巴熙日巴扎，翻译了时轮金刚续疏及窍诀法，传授于聪译师白玛沃色等四大弟子，从聪译师所传承之法称为“觉派”。那烂陀巴传曼殊格迪，续传尼泊尔萨曼达熙日，续传曲绕译师，称为“热派”。那烂陀巴弟子克什米尔达瓦衮波，续传卓译师西绕扎巴，称为“卓派”。从那烂陀巴到札弥·桑杰札的传承称为“札弥派”。从那烂陀巴经阿巴亚嘎然、尼噶楞伽、尼泊尔班智达德万札，再传承于译师恰罗曲杰巴，称为“曲罗派”。从阿巴亚经毕恰达德瓦，克什米尔大班智达释迦熙日，嘉·曲吉桑波所传之法，称为“嘉派”。此外，从札弥派所传东有纽派、察派、萨派、札派和恰派融合之噶尔派等。热派所传绒巴噶译师传承等。大成就者夏瓦日传大班智达布德赞扎，其传果札巴·索朗坚参之传承，称为“果札派”。曼殊格迪和阿巴亚传年氏和噶大译师，此二位传谷译师，称为“谷派”。从祥大译师和邦大译师所传称为“波东派”。尔后，又从曼隆谷如、塔洛译师、邬金巴、大班智达那吉仁钦传承等出现了许多传承流派。其中，在雪域广弘此法者乃热卓两派传承者乃觉夏二尊，而布派则主要成为讲说传承者。觉囊遁世者听闻了一切藏译传承法门，培养了“四大遁世弟子”。遍智多布巴西绕将参进行了不可思议的弘扬瑜伽六支法的殊胜事业，培养了“等同自己十四弟子”，各自弘扬窍诀妙法，事业广大而久远之故，成为以修行为主的传承，不断涌现了遍智卓玛贡波（达热纳塔）等具有殊胜证悟的贤哲大德，时至今日，传承之轨经久不衰。

八、三金刚念修法传承

贤善成就者邬金仁钦巴拜圆满了对显密教法和时轮金刚的闻习之后，在果仓巴第二佛座前获得究竟证悟，以行修巡游世界各个圣地之时，获得杜玛塔拉四方四部空行的加持，金刚瑜伽母以凡人之相赐予他触乐而解开了脉结，其后又亲显尊容而赐予窍诀法，最后成就了共同和殊胜的悉地而回到了西藏。在卡尔曲仁波切的祈请下将金刚偈颂写于书面，由达瓦森格、果隆巴·迅怒拜、苏普巴·仁钦拜、大智者祥敦、涅多·根嘎顿珠等弟子作了笔录，撰写大注疏等来传承弘扬。噶玛巴让雄多杰在大成就者本人座前圆满听闻了窍诀法之后弘扬此法，以致传承至今。此外，也有其他诸多分散的窍诀：大成就者牟札佐格应措普译师的邀请传授了内外密窍诀部，以及经班智达峡日布扎，木雅仁青札所传的“牟札六教授法”，经大班智达敦月多杰所传百门金刚鬘灌顶法等，仰仗无偏教法之主文殊化身蒋贡康楚罗珠塔耶和蒋扬钦哲旺波二位大德的恩德，这些成熟解脱法门中绝大部分都编入了《窍诀宝藏集》，传承法脉得到广泛弘扬。

诗曰：

不善恶业黑风所驱之，具恶国王熊熊之烈火，
燃于十善兴盛雪域林，佛陀教法圣树成灰烬。
斯时善业东方之肩上，宏愿伟誓支分皆圆满，
贤者三尊事业日月星，光芒普照驱除时劫暗。
先哲译师发心如黎明，初迎显密妙法于此刹，
圆满无误大密宁玛派，教法之源具足六殊胜。
无伪清净胜于白莲花，殊胜三学教法大宝藏，
如愿赐予教理事业者，顶饰金色冠冕噶当巴。
佛陀教法汪洋大海水，讲修强大臂力搅拌故，

获得道果窍决宝藏之，精华妙法吉祥萨迦派。
金刚持王密意大海中，所流四大受教窍诀河，
饮者成就贤德遍大地，修习传承不倒噶举巴。
智慧空行密意法宝库，口耳相传清净金法等，
无伪深义珍宝遍满地，琼波圣者法统香巴派。
佛语第二法轮所示义，密续大手印之意精华，
了义空行般若之修习，断除四魔圣法希杰道。
大密无上续之意精华，于以六支圆次瑜伽力，
双运清净智慧幻身中，圆满成佛时轮之要义。
非常瑜伽金刚空行教，于以近修大法密窍决，
安置双运三身妙果之，王位殊胜金刚念修派。

藏传佛教大圆满传承史·如意宝鬘之讲述后弘期教法得以重振之情及八大传承的形成之第五章终。

第六章 教法之根基小乘别解脱戒传承

如阿阇黎阿格旺修曰："佛陀众生导师之妙法，乃是经藏论藏圣者说，师法两者合于律藏故，双倍顶礼其乃唯一佛。"如《别解脱经》云："佛陀律法大雪海，甚深广袤无限中，属于心髓精华者，乃是别解脱法门，此乃妙法之王者，诸法殊胜引导者。"《律经三百颂》云："佛法大宝圣明盏，所燃之器苦行者，身披赤黄法衣之，释迦佛子众比丘。"佐钦巴珠仁波切曰："众生依怙佛陀曾多次，称赞导师教法兼具者，律仪之藏大宝微妙法，无尽甘露藏前再顶礼。何者随学趣入解脱地，一切功德之基大珍宝，圣者无尽宝库妙法藏，别解脱戒乃教法根本。何地若有三律仪之轨，当说大宝教法仍住世，堪称中土妙法藏称号，应当抛洒赞美之鲜花。"如是，无垢佛陀教法之律藏初次在雪域西藏兴起，是在吐蕃赞普赤松德赞时代。

当时，赞普大法王从天竺圣境迎请了说一切有部的十二位比丘，公元827年即阴火羊年，在桑耶寺戒苑，为了观察藏族人能否受持出家戒，由大堪布菩提萨埵或名贤达热齐达担任戒师堪布，达纳希拉和遮那牟札分别担任业规范师和屏教师，其他班智达担任补充师，给巴·赤色传授了比丘戒，取法号巴阳，赞普为其赞叹并取名巴·然那。继后，巴·色朗、巴廓·毗卢遮那、安朗·杰瓦却阳、玛·仁钦、昆·鲁益旺波、拉松·嘉瓦向秋接受比丘戒，将削发显教大众和蓄发密教大众两大持教圣众作为供养对境，以显密双运之式护持正法。

此后，其子孙赞普们也秉承先祖优良传统，尤其是在密主金刚手化身赞普赤热巴坚时代，翻译了过去未曾翻译的佛经，已经翻译过的佛经以厘定字形等来规范抉择之，为每一个僧人分配七户人家作为供养施主，将王室头等收入供养给三宝，赞普自己分披左右头发，发端缀连丝绢铺地，让僧众坐于其上，以示无比的恭敬。但是，朗达玛乌当赞普入魔于心，暗杀赞普法王，全面毁灭佛法，强迫僧人还俗成家，使僧众在大部分藏区消失长达七十年。此后，如《大遗教》授记："那时神圣律藏之妙法，如同余火燃于多康地，果法密乘金刚之教法，如同弓弦来自上部区，尔后显密两种圣教法，临灭余法边地入中土。"当时，玛·释迦牟尼、约·格迥、藏·绕萨三位尊者将部分律经驮于三头驴，逃往安多多麦旦迪地区的水晶寺隐居。此后，藏绕萨担任堪布，约为业规范师，玛担任屏教师，汉地比丘盖旺和启彭作为补充，授予贡巴绕色比丘戒，从此，教法后弘之余火得以重燃。

在贡巴绕色大师座前由来自卫藏十人受持戒律，十人回到卫藏后传授、发展了无数持藏法师。在此教法后弘时代，敏珠林寺成为授戒中心。大译师达玛熙日、冉江巴邬金扎曲培等邬金敏珠林寺的历代堪布在卫藏地区传戒和弘扬律藏妙法。后期，多康佐钦寺成为授戒中心，桑珠白马扎西、嘉色严彭塔耶等历代戒师堪布，将戒律传承传授到多吉扎寺、敏珠林寺、噶陀寺、白玉寺等祖寺及所有宁玛巴大小寺院中，其所有出家僧众都授持的是此戒律传承直至今日。此律法传承被称为前译宁玛派“下部传承或名东律传承”。此外，在佛法后弘期，拉喇嘛益西沃迎请大班智达达玛巴拉传授戒律传承，称为“上部传承或名西律传承”，但此传承未能长久发展，据说如今已失传。克什米尔班智达释迦熙日传给向、多、萨三戒师的戒律传承，称为“克律传承”，时至今日，萨迦、噶举、格鲁的戒律传承大都源自此传承，此三种戒律传承都源自说一切有部。

下面叙述宁玛派下部戒律（东律）传承中犹如金山连绵般涌现的持戒大德们的简略传记：

1. 本师释迦牟尼佛

关于本师释迦牟尼佛降临于世之情形，有了义和不了义、共同与不共等多种说法，此处根据《述前经》等第一转法轮经教及意疏诸经典所示之共同承许来叙述：往昔，佛祖在因地成为具光国王时，在大释迦能仁佛座前发菩提心，从此，在长达三大阿僧祇劫的时劫中积累了资粮道所摄的福慧资粮，又利用一百时劫修习妙相因之后，往生于天界兜率圣宫，成为白幢天子。其后，在观察处所、时机、种姓、氏族、生母五种机缘之后，于六月十五日以六牙白象之相入住母胎，经过近十个月的季春三月初七与鬼宿星和合之吉祥时分，诞生在蓝毗尼林苑。少年王子以非凡的武艺力压群雄，与嫔妃眷属共享天伦直至二十九岁之间。此后，舍弃王位，剃度出家，苦修六年，最后，在其三十五岁那年的四月十五日黄昏调伏众魔，黎明时分成就了圆满菩提果位并自受戒律成为比丘。经过四十九天之后的六月初四，在波罗奈斯为尊者五贤以十二复诵之式初转四谛法轮，使尊者五贤获得阿罗汉果位，八万天人现见真谛。

此后，调伏了从五近比丘到极贤等众多弟子，到了八十岁那年的四月十五日，在拘尸那城娑罗双树林间，示现无余涅槃之相。从佛陀导师传承下来的戒律传承乃如萨嘎拉罗汉言：“何故近圆具足戒，另有一切有部说，知晓如何住之故，导师缘觉自然成，圣者憍陈如等人，五贤见道而得戒，弟子跋提犁迦等，皆因皈依而得戒，经使者之供施母，称为过来之比丘，承许导师而获戒，乃为迦叶大比丘，发问誓言而得戒，如同弟子具善者，中土或者边地中，近圆真实戒传承，十或五众来授予，于此数量多亦可，此外皆同眷众之，果达玛乃难依法。”如是，宣说了十种比丘受戒之法，其中，自成近圆比丘者，不需依靠戒师，为最后有补特伽罗在获得遍智无生菩提时，自然成为圆满比丘，依靠使者和五众或十众者乃是根据仪轨所授，其余七种则依靠佛陀导师的加持而自然获得比丘戒，此传承乃从舍利子尊者所传的以说“过来”之式所传的戒律。

2. 舍利子尊者

佛陀弟子中智慧第一者舍利子，为父亲婆罗门提舍胜和母亲婆罗门女舍利迦之子，取名近喜梵志，从小精通吠陀，入婆罗门正胜大师门下做弟子、行梵行，其师临终时嘱咐舍利子去世尊座前出家。此后，舍利子前往王舍城时，见到马胜尊者，顿生信心，便问道：“您的导师是谁？为何出家？喜好何法？”马胜答道：“诸法因缘生……”听到此等法语，舍利子获得了初果并见到了佛陀法身，但为了亲眼目睹佛陀的色身，与目犍连一道前去拜见。当时，佛陀住在竹林园，舍利子一见到佛陀就生起强烈信心，世尊说：“比丘，过来，行持梵行吧！”世尊如此一说，舍利子的头发和胡须自然脱落，成为身着三法衣、手持钵盂和鹅颈壶、如同接受圆满比丘戒已有百年的比丘，行为举止非常寂静调柔，成为以“过来之式”受戒的圆满比丘。斯时，空中天人如是赞颂道：“薄伽梵赐‘过来’教旨故，发落成为着法衣身者，诸根即刻调柔而转依，佛陀密意覆盖于身上。”过了半个月，佛陀为长爪梵志说教，使其获得法眼并成为“过来之式”比丘，同时，舍利子也闻此教法，现前获得了阿罗汉之果。

3. 罗睺罗尊者

舍利子戒弟子罗睺罗尊者，在其父尊悉达多出家之际入耶输陀罗之母胎，在佛陀成道之时诞生，当时，正值出现月食，因此为童子取名罗睺罗。后来，连续六年担任佛陀前往王妃家中享用午斋的侍者，世尊令其在舍利子前接受沙弥和比丘戒。在世尊座前听闻诸多教法之故，证得俱分解脱之阿罗汉果位，根据佛陀的旨意，罗睺罗尊者加持其身寿之行，如今仍与一千一百罗汉眷众在珠羊伽洲护持正法而居。

4. 婆罗门罗睺罗贤尊者

罗睺罗戒弟子婆罗门持戒者罗睺罗贤，诞生在沃智毕夏的一婆罗门家中，从小就精通吠陀及其分支，以及十八大学处，为婆罗门诸童子诵读咒文而居。一时，受到金刚瑜伽母的加持而获得内功德。后来，前往中土，在罗睺罗尊者前接受沙弥戒和比丘戒。不久，成为持三藏比丘大尊者，担任那烂陀大寺的堪布，大力弘扬佛陀教法，传说那烂陀乃舍利子尊者诞生之地。后来，以持明行修云游各地，值遇示现箭工之女身像的刹土瑜伽母玛然哈札然，尊者依止其为手印母，瑜伽母以射箭式表示法为其直指心法，使其获得殊胜悉地，被称为大成就者“萨乐和”，造写了许多金刚道歌，此后前往吉祥山，传说至今住于此圣地，也有即生前往其他佛刹之说法。传说在此阿阇黎时代，出现了除般若十万颂之外的其他大多数大乘经藏。

5. 龙树菩萨

罗睺罗贤戒弟子龙树菩萨，乃如《楞伽经》云：“如来佛我涅槃之，后期经过四百年，南方贝达之地区，称为大吉祥比丘，称其圣名为龙树，摧毁有边与无边，在此娑婆之世间，宣扬我教大乘法，登上欢喜菩萨地，趣入极乐妙刹界。”如同此授记，尊者于佛陀涅槃四百年之后，在南方贝达地区的一个婆罗门家族中。当时，相士们为其看相后说：“如果为一百位俗人、一百位婆罗门、一百位比丘供宴，还能活上七年七月七天，除此之外，别无延寿之法。”父母也照办了之后，小尊者在余下的时间里学习吠陀并得到善巧通达。当临近期限时，父母不忍看到自己儿子夭折的“惨景”，便让小尊者和侍从云游他方。就这样，他们就到了那烂陀寺，寺院堪布罗睺罗贤让小尊者唪诵无量寿佛明咒，使他从死神的恐惧中解脱出来了。

于是，尊者就在此阿阇黎座前剃度出家，对大小乘经藏和所有大小明处文化作了闻思并获得通晓。到了二十岁时，就在罗睺罗贤大师座前接受比丘戒，护持正法，开创中观般若派。尊者对声闻乘也贡献巨大，当时有许多破戒者比丘，仍利用权势驻留寺院，尊者将他们驱逐出寺院，传说先后逐出八千多位僧人。尊者担任各大教部之主，成就了集天地精华等共同悉地和诛杀救度等功力。依靠点石成金之术为那烂陀五百大乘说教者提供生活资具，依靠大孔雀母神咒前往龙宫，在那里久住并为龙部说法，之后，迎请般若十万颂等波罗密多广法而回到人间，原本称尊者为吉祥比丘，但自那以后就称他为龙树。

造写了中观理聚论等诸多论著，以辩才战胜了外道和毁谤大乘教法的具乐比丘，在各地建造了金刚座菩提塔等佛殿和佛塔。后来，在吉祥山与夜叉母眷众行持密行，获得了殊胜悉地，三十二妙相庄严其身。最后，为了乐行王的小太子苏夏迪，用吉祥草割断自己的头进行布施而趣入了西方极乐世界。

6. 清辨论师

清辨论师，诞生在南方一王室家族中，圆满接受自龙树菩萨传承而来的别解脱戒戒传，学习三藏教法并获得善巧，住持南部十寺而弘扬教法，撰写了《中观根本慧论》注疏《慧灯论》而创立了中观自续派，随学弟子成千上万，使此派得到极大发展，成就了神丹悉地，最后，舍弃异熟蕴身而趣入持明刹土。

7. 祥护论师

清辨论师戒弟子祥护论师，诞生在东部地区，在清辨座前出家并接受比丘戒，闻思一切善说而得到通晓，成为护持上部自续教派的大中观师，以辩才镇伏了声闻和外道的所有辩驳，使大乘教证妙法得到弘传。

8. 智藏论师

阿阇黎祥护戒弟子智藏论师，诞生在欧提毗舍地区，从小就全面学习大小明并得到通晓，前往孟加拉，在祥护论师座前接受出家比丘戒并听闻妙法，成为护持清辨法统的大中观师，造写了《中观二谛论》等诸多论著，长期观修观世音菩萨之后，如意宝轮观音为其亲现尊容，获得神通悉地，能背诵诸多经藏，以辩才镇伏了外道的所有辩驳。

9. 菩提萨埵大堪布

智藏论师戒弟子，雪域教法明灯菩提萨埵，诞生在印度东南孟加拉萨霍国王之家，在智藏论师座前出家接受比丘戒，取法号贤达然齐达，即菩提萨埵，或名达玛贤得果卡，即法寂界，对一切三藏教法尤其是大乘经教，以及大小明通达无余，成为护持上部自续派的大中观论师，造写了《中观庄严论》《集量论》注疏等著作，前期在天竺圣境弘扬妙法。

吐蕃化身赞普赤松德赞发愿树立教法之统，命巴·萨朗为芒域康本官，其在该地修建了两座佛殿，在尼泊尔拜见菩提萨埵堪布，听闻了菩提法门，请求大师去西藏弘法，大师说：“西藏是我的教化之地，但之前赤松德赞和你未诞生，我在这里已经等待了九代吐蕃赞普的时间了，如今，你们已长大，我们在西藏兴教的时际到了。”此后，他们前往金刚座对大菩提寺作了圆满供养。巴·萨朗回到西藏后，向赞普传达了堪布的法语，赞普说：“你赶快离开，不然玛祥大臣有可能治罪于你，我会与谷氏老臣秘密商量，想办法派人迎请大堪布。”

此后，谷氏老臣运用计谋活埋了玛祥恶臣并派遣使者告知巴·萨朗，于是，巴将堪布迎请到了拉萨。

当时，赞普对众臣说："你们去观察一下这位大师，如果是位具德者，就把他请到这里。"于是，众臣前去问询时，堪布说："在我的教法中，经得起正理检验的则行持，反之则不行持。"赞普和众臣甚是满意，就把堪布迎请到翁布苑，当赞普见到堪布时，就向其顶礼示敬，堪布问赞普道："往昔饮光佛世代，我们在尼泊尔满愿塔前发愿将为吐蕃弘扬佛法，赞普可曾记得？"赞普答道："已不记得了。"于是，堪布为赞普加持后，使其清楚地回忆起了前世的情况。赞普在龙楚宫殿之顶搭起绫罗帐房，让堪布安居其中，在连续四个月的时间中，克什米尔阿难达担任译师，堪布为赞普传授十善业道、十二缘起、十八界等佛教教义。

但是，堪布传法招致了藏地诸鬼神生起嫉妒和嗔恨心，旁塘宫被洪水冲垮，红山宫殿遭雷电击中，各地出现灾荒和混乱之象，吐蕃黎民误认为这是赞普奉行佛教的结果，使赞普无法继续学习，于是，赞普向堪布供养了一升散金并说："请您暂时去尼泊尔，我在这里为藏民宣说信奉佛教的重要性，利用计谋让众臣们支持我信奉佛法，到那时，再请您回西藏。"堪布说："要说如今在世上咒力最为殊胜者，当属莲花生大士，如果能够请到他，西藏的鬼神定能降伏，赞普的愿望即可实现。"说罢，堪布只带了一掬散金，说是要送给尼泊尔国王，便前去该国了。

过了一段时间后，赞普派使者将两位大师迎请到了西藏，莲花生大士将所有鬼神降伏了以后，对赞普说："从今以后，要尽最大努力弘扬佛法，寺院也可如愿而建。"就这样，在五年的时间里建成了桑耶寺。藏历羊年间，从天竺戒香寺迎请了说一切有部的十二位比丘，菩提萨埵担任戒师堪布，为"预试七人"授予了出家比丘戒。随后，又有许多具备信心和智慧的弟子出家，在藏区建立了十二座讲学院，在耶巴、曲沃山、钦普等地建立了修行院，所有出家人的生活资具由国库提供，翻译了大量的显密佛经并以闻思抉择，使贤善成就者们庄严了整个雪域疆土。

如是，菩提萨埵堪布在西藏弘法多年，最后在札玛颇章，传说示现被马蹄踢中而圆寂之相，根据大师的遗嘱，其灵塔在嘿波日圣山后山面朝西藏而建。

10. 巴·然那

菩提萨埵堪布戒弟子巴然那，诞生在西藏雅砻地区的巴氏家族中，正信、智慧等功德与生俱来，依止菩提萨埵大堪布和莲花生大师，广闻显密诸法。一时，赞普问菩提萨埵堪布:“我们西藏没有出家比丘,我的臣民能否受持比丘戒呢?”堪布答道:“我们试一下吧!”于是,在羊年的孟春初八,由菩提萨埵担任戒师堪布,达纳希拉和智那弥札分别担任业规范师和屏教师,其余班智达们作为补充师,巴·赤色出家接受了比丘戒。为此,赞普非常欢喜,顶礼了巴·赤色的双足并说:“你是我们西藏的然那啊!”(“然那”意为珍宝)从此,就取法名为“巴·然那”。

随后,巴·萨朗、巴郭亥多之子相继出家,依次取法号为益西旺波和毗卢遮那然齐达。后来,巴·萨朗成为三藏大尊者,在桑耶札迪嘿日山供养大法会上,担任了三百位具信者出家的传戒堪布,进行了利益教法的广大事业,最后,在示现种种神奇瑞相之中圆寂。

11. 藏·绕萨

巴·然那戒弟子乃教法后弘期之根本三师“玛约藏三尊”,即来自嘉地杰的藏·绕萨、波东的约·格迥、堆隆的玛·释迦牟尼,他们在巴·然那座前出家为僧,在智那弥札、达纳希拉、觉若·鲁、巴·然那等大师前,听闻显密诸法,成为三藏大法师。此后,在巴钦曲沃山修行院作禅修时,朗达玛邬当赞普开始灭法,他们带着《噶玛夏丹》等律藏逃离该地,起初,他们前往上部地区,后来又担心被发现而遭到惩处,就日藏夜行,逃到阿里地区,在那里也没敢久留,从安多多麦南部经别日盐湖,来到了黄河岸边的多麦旦迪水晶寺,在那里隐居修行。

12. 喇钦贡巴绕色

藏·绕萨戒弟子喇钦贡巴绕色,传说其前世是赞普时代年仅三十五岁就发愿往生的法臣卓·达朗赤桑,但实际上是广发宏愿的菩萨圣者,于阳水鸡年诞生在安多宗喀德康地区,取名牟苏萨巴尔,从小觉醒圣者种性,在隆·姜华座前接受了唪诵传承,在康·仁青多杰座前接受了菩萨戒,在吉氏前听闻中观和因明学,在朗·甘丹前听闻瑜伽等,均获得通达。

一时,黄河岸边的一个牧童看到在旦迪修行的玛、约、藏三尊,就告诉了其他牧童,牟苏萨巴尔听到后,就前去打探。当他到那里一看,立即生起无伪正信,心想:“驱除轮回痛苦解脱之,甘露能消众生诸痛苦,为使教法弘扬于各方,我今理当率先而出家。”就向三师请求在其门下出家,三师赐给他了一个律法法本并说:“先看一看此法本,若能生起信心,就可以出家。”牟苏一看法本就流下了信心之泪并再次请求时，藏·绕萨担任戒师堪布，约·格迥担任业规范师，为其传授了出家沙弥戒，根据堪戒师布和业规范师名字的部分，取法号“格瓦绕色”，当请求传授比丘戒时，上师们说边地不满五个比丘不能传比丘戒。此后，听说拉隆·白吉多杰住在康区隆塘地区，就前去寻访，找到后请求大师前来时，拉隆却说：“我造了射死恶王的杀业，故不能担任传戒师，但我可以寻找其他师父。”

后来，拉隆经过努力找到了汉地比丘盖旺和启彭并请他们前去传戒，于是，原先的二师担任传戒堪布和业规范师，约氏担任屏教师，汉地二师作为补充，为牟苏传授了圆满比丘戒，成为树立持褐黄法衣胜幢的大尊者，对律法的讲说和实践作了闻思并得到通达。喇钦受比丘戒的第五年，“卫藏十人”来到安多多麦向藏·绕萨请求传戒，但藏师说：“我年事已高而不能胜任，向喇钦求传吧！”向喇钦求法时，喇钦说：“我受戒才五年，能行吗？”藏师说：“在特殊情况下，殊胜的大师可以传授。”于是，喇钦担任戒师堪布为他们同时传授了沙弥戒和比丘戒。“卫藏十人”是：鲁弥·慈城西绕、涅瓦章·益西永登、约茹巴·慈城罗珠、然齐慈城迥烈、宋巴益西罗珠五人乃“卫巴五人”，谷莫绕卡瓦罗敦·多杰旺修、晓果拉瓦聪尊·西绕生根、阿里瓦沃杰兄弟、波东瓦郭巴德瓦五人乃“藏巴五人”。

十年以后，喇钦前往木雅嘎地，在果绒·森格扎巴座前听闻律经，果师将四部律法及论著的法函赐予喇钦并教诲道：“你要彰显教法的光明。”此后，喇钦想前往卫藏地区，但又听说噶·沃确札巴来到康区，就打消了去卫藏的念头，听闻了《现观庄严论》《瑜伽师地论》等很多大乘经典论著。在毗卢遮那大译师弟子玉札宁波座前听闻大圆满心部法门，传说荣松巴大师有此传承。此外，《心本续》四部讲续和阿若派大圆满心部也是从喇钦传到仲香烈坚并逐渐得到传播。一时，喇钦梦见自己骑着大象，手拿摩尼珍宝前去市场，却没有人买，人人都说买不起。他醒来之后心想：我应该修行一段时间，当时，土地神等非人神众以无比信心劝请大师前往旦迪圣地，喇钦就到那里修行，在该地建造了许多佛殿和佛塔，为无数出家僧众传授了戒律。传说当时自在天王等天人们也前来听受喇钦传法，眷众们说：“昨晚出现了很多神奇的景象，喇钦肯定是位化身圣者。”但喇钦却回答说：“我不是什么化身圣者，我只是入大乘加行道明得胜解的僧人名叫贡巴绕色。”

藏历木猪年即尊者八十岁那年，他说：“无著菩萨与克什米尔切韦德对般若的解释有不同之处，我要去请教弥勒菩萨，如今，此二位大师也在兜率天。”又说：“在弥勒菩萨降临瞻部洲之前，我需要在这里转世八次。”说完，示现圆寂之相而趣入兜率天界。

13. 鲁弥·慈城西绕尊者

喇钦戒弟子鲁弥·慈城西绕，乃如喇钦曰：“鲁弥戒律清净之故担任戒师堪布，聪格具智慧之故担任屏教师，章氏善巧方便之故主持道场，罗敦咒力超群之故护持教法。”如是，从“卫藏十人”中将尊者任命为堪布。传说在当时，鲁弥听说戒律传承在安多多麦地区未曾中断，就生起信心，与其他卫藏九人前来求戒律传承。关于此情形，也有桑耶王仓·益西坚参派遣“卫藏十人”前去康区的说法。总之，他们来到安多多美，由喇钦为戒师堪布，藏·绕萨为业轨范师，约·格迥为屏教师，玛·释迦牟尼以及两位汉地比丘作为补充，同时接受三戒，广泛听闻三藏理论和律经行持并得到通达，还获得诸多窍诀法门。

当鲁弥完成学业准备返回卫藏时，向堪布请求赐予一供养所依时，喇钦将自己的法帽脱下后戴给鲁弥并说：“戴上这个法帽，作为纪念。”此后，鲁弥在桑耶乌泽、乌茹、拉莫恰德邬、然杰等地区建造了殊胜的能依所依，使西藏各地遍布鲁弥师徒的寺院，并将过去翻译并保存的所有佛语及其注疏法函迎请到此等道场，成千上万的信众慕名而来，如同天鹅集聚于湖泊，出家僧众，日日增上，其中主要有珠美尔、那朗等“四柱”“八梁”“三十二椽”，以及无数“支木”弟子，如是，进行了长久而伟大的弘法事业之后，在从次蚌色拉修行洞到塘地的路上示现圆寂之相。

14. 噶曲瓦·苏多杰坚参

鲁弥戒弟子噶曲瓦·苏多杰坚参，从小因善缘而觉醒正信功德，在众生善知识鲁弥·慈城西绕作为戒师堪布，珠美尔为业规范师座前，出家而接受比丘戒，在堪布前系统学习《广疏》《五十卷论》等经典大论并获得通达。后来，在自己的道友隆觉二师前听闻妙法，维修荣贡第一道场，兴建寺院和律法讲苑等，以静修之业广弘教法。培养了律藏持西沃、烈沃、岭初向、波琼·慈城迥烈即“心传四弟子”等无数传承弟子。

15. 烈沃·扎巴坚参

多杰坚参戒弟子烈沃·扎巴坚参，诞生在洛绒察瓦地区香氏家族中，在噶曲瓦·苏多杰坚参上师座前出家接受比丘戒，对律藏进行了系统闻思而得到通达，在卡普，牟茹等地创建了律法讲学院，涌现了如慈城喇嘛等诸多智者。

16. 哲钦·西绕巴

烈沃·扎巴坚参戒弟子哲钦·西绕巴，在烈沃座前出家接受比丘戒，对律法藏作了全面闻思，与鄂·勒毕西绕、库敦·尊珠雍仲一道来到康区，在色尊大师座前听闻了诸多法门，哲钦对前弘期般若法的讲说传承尤为精通。后来在鄂大译师座前闻习般若法门，成为鄂大译师的心传弟子，在觉烈良等道场广转法轮，对般若经和注疏作了广泛讲授，传说哲钦在传法时有许多天人前来闻法。培养了阿尔·向秋益西等无数堪当持教者的传承弟子。

17. 律藏持夏·尊珠巴尔

哲钦戒弟子律藏持夏·尊珠巴尔，于藏历铁羊年在藏绒地区诞生，在哲钦前出家接受比丘戒，在索·慈城喇嘛前听闻律藏经典并获得通达，故此，有了“律法看夏氏”的说法。此外，在向耶巴前听闻中观和因明学，桑卡尔译师前听闻瑜伽，在大堆隆巴前听闻噶当巴教授。后来，在苏普建立讲学苑，白哈王护法变化为一个小僧恭敬承侍尊珠，期间，白哈在大师身上除了将衣服的有毛部分朝外之外，没有看到任何有违于戒律的现象，就生起信心，立誓为闻思夏氏注疏的求学者担当助伴。尊者在讲修苑向僧众传法长达九年之后静修而居，培养了堪能利益众生者弟子七十六位，到了七十六岁之时，在苏普寺的居室中圆寂。

18. 律藏持哲·迅努森格

律藏持夏戒弟子哲·迅努森格，在夏师座前出家接受比丘戒，听闻律藏经典，成为大善知识，是律藏持夏的首座弟子，在梁堆卡隆地区建立律藏学院，弘扬律法，培养了如苏普寺住持、夏氏表侄若班曲旺等许多善知识弟子。

19. 卓敦·杜泽扎巴大师

迅怒森格戒弟子卓敦·杜泽扎巴，于藏历鸡年诞生在曲果地区，在哲师座前出家接受比丘戒，广闻律藏经典，得法名杜泽扎，在觉敦、祥尊巴座前听闻夏氏窍诀诸法，也在曲弥巴夏扎、牟曼巴、桑杰温敦、拉吉布巴、热巴达吉、章普隆巴降白坚参、哲邬勒巴、谷·让曲那巴、玛尔·释桑、藏那巴等大德座前广闻妙法，三十五佛和至尊度母等佛菩萨为其亲现尊容，住持那塘寺长达三十九年之久，最后，尊者于八十岁那年圆寂。

20. 钦乾・朗卡札大师

卓敦巴戒弟子钦乾・朗卡札，于藏历马年在良堆达察地区诞生，在迅努巴丹卓师座前依次接受出家沙弥戒和比丘戒，得到诸多本尊的亲现，在吉祥卓、祥敦、钦・罗丹、桑杰贡巴四师座前，听闻噶当巴窍诀，在扎西岗巴座前听闻达嘉巴菩萨的中观窍诀等法并通达，撰写了《俱舍论大疏》等诸多经典著作，长期在曲弥寺讲经说法，成为八思巴等大德依止之处，担任那塘寺第七代住持三十六年，于藏历鼠年示现圆寂。

21. 色吾・扎巴西绕大师

钦乾戒弟子扎巴西绕，于藏历羊年在良堆出生，系大堪布持戒者扎巴尊珠之弟，在钦乾座前出家接受比丘戒，在其兄和堪布座前，对经典和窍诀法门作了全面闻思，继持戒者扎巴尊珠，担任寺院住持十二年之久。

22. 钦乾・罗桑扎巴大师

色吾戒弟子钦乾・罗桑扎巴，诞生在良堆门珠普卡尔地区的钦氏家族中，在色吾・扎巴西绕座前出家接受比丘戒，依止色吾巴兄弟、嘉若・向秋蚌等上师，对显密教法及论典窍诀获得善巧和信解，接受扎巴西绕交付的寺院重任，从事讲修事业直至三十九岁之前，于藏历兔年圆寂。

23. 根嘎坚参大师

钦乾・罗桑扎巴戒弟子根嘎坚参，于藏历虎年在曲果隆地区卓氏家族中诞生，在钦乾・罗桑扎巴座前出家接受比丘戒，在迅怒森格座前听闻了诸多法门，对理论经典和窍诀法门极为精通，撰写了《集学论注疏》等许多著作，从钦乾・罗桑扎巴堪布圆寂那年起，担任寺院住持二十七年，在藏历木蛇年圆寂。

24. 珠巴西绕

根嘎坚参戒弟子珠巴西绕，于藏历火鸡年，诞生在那塘寺附近荣谷地区的蚌氏家族中，在十岁那年，在根嘎坚参座前出家为僧，取法号珠巴西绕，到了二十岁，也在此堪布和阿阇黎扎巴嘉措大师等僧众座前接受比丘戒，依止此二位大德、云顿沃、嘎桑大师等许多上师，对显密理论及窍诀法门作了系统闻思并获得通达。在三十二岁那年担任堪布，住持寺院达三十年之久，此后，将寺院重任交付于其侄索朗确珠之后，作为卸任堪布住寺五年，在六十七岁那年圆寂。

25. 大班智达根敦珠

珠巴西绕戒弟子，圣观自在化身大班智达根敦珠，于藏历铁羊年，在茹拉谷玛如地区的鄂措家族中诞生，取名白马多杰。尊者十五岁时，在那塘寺珠巴西绕堪布和罗丹巴大师座前削发出家，取法号根敦珠巴。到了二十岁，在上述二位大德和屏教师扎巴西绕，以及如数僧众座前，接受圆满比丘戒，依止的主要上师有大堪布珠巴西绕、那塘巴西绕森格、宗喀巴师徒、遍智荣敦巴、波东大班智达、森桑巴土杰巴、森嘎熙日、卓巴玛敦叔侄、塘钦·尼玛坚参、阿巴亚、且噶拉仁波切、卓钦·桑珠多杰等五十多位善知识，广泛闻思显密教法和外明学问而成为自在大智者，为此，波东大班智达为其赐予“班钦唐切钦巴”（一切智大班智达）的名号。在那塘向钦圣地潜心修行，获证究竟证悟，大威德和圣度母为其亲现尊容，收伏吉祥天母成为其护法。

尊者出身那塘善知识，后来成为护持宗喀巴宗派的大智者，但没有地区和教派偏见而守持清净之观，撰写了中观、因明学、戒律等方面的许多注疏论著，创建了扎什伦布寺，集聚大量僧众，毕生以闻思修之式进行了弘法利生事业，在那塘、夏洛、波东、格丹、哲蚌等地传法，最后，在藏历木马年即尊者八十四岁之际，示现圆寂。尊者是历代转世达赖喇嘛的第一世。

26. 烈良巴根嘎德勒大师

根敦珠戒弟子烈良巴根嘎德勒，诞生在良堆地区，父亲名叫仁青，其为莲花生大士亲传弟子嘉·降巴桑瓦的第八十八代子孙，此家族历世历代都得到圣观音菩萨的加持，在大班智达根敦珠前出家接受比丘戒，取法号根嘎德勒仁青吉祥贤，在此堪布座前听闻经典理论和窍诀法门，成为善巧智者，在哲蚌、沃噶、良堆等各个地区进行弘法利生事业之后圆寂。

27. 第二世达赖喇嘛根敦嘉措

烈良巴戒弟子遍智根敦嘉措，诞生在达那金刚座地区，父亲是根嘎坚参。十岁时，于大班智达隆日嘉措座前剃度，取法号根敦嘉措，此年，在根嘎德勒为戒师堪布，班智达隆日嘉措为业规范师，维那师桑楚为告时师的僧众座前，接受出家沙弥戒，到了二十岁，于藏历二月初八，依止根嘎德勒戒师堪布，业规范师降央勒巴曲觉，屏教师桑杰巴桑，告时师沃噶桑让等如数僧众座前接受比丘戒，在先后传戒的堪布和大师们，以及班智达诺桑嘉措，父尊根嘎坚参，班智达益西泽莫，吞·拥登嘉措等诸多善知识座前，对显密教法和无数经典理论作了广泛闻思，掌握了所学一切学问的词句和深义，创建了嘉地梅朵塘寺，登上色拉、哲蚌、扎什伦布等各大寺院的法台，以讲辩著之式利益众生化机，最后，在藏历虎年三月初八即尊者六十八岁之时，趣入清净刹土。

28. 德瓦金巴·格勒白桑大师

根敦嘉措戒弟子德瓦金巴·格勒白桑，于藏历木牛年在沃噶降萨地区，依止遍智根敦嘉措而出家接受比丘戒，在桑丹林、色拉麦、上密院等寺院学习显密教法，在上密院和夏泽寺于五十四岁那年登上甘当赤巴宝座，撰写了多部著作，担任遍智索朗嘉措受比丘戒的戒师堪布。到了六十岁以卸任者身份而居，六十三岁时圆寂。

29. 嘉康则巴·巴觉嘉措

德瓦金巴戒弟子嘉康则巴·巴觉嘉措，于藏历火狗年在堆隆诞生，在德瓦金巴座前出家接受比丘戒，在觉莫隆、绕堆、上密院等寺院学习经典理论，获得无上智慧辩才，担任绕堆、上密院、甘丹寺的上师，五十七岁那年登上甘丹赤巴宝座，六十四岁起在嘉康则寺以卸任者而居，进行利生善业，七十四岁时圆寂。

30. 降央根确曲培大师

嘉康则巴戒弟子降央根确曲培，于藏历水鸡年在札香巴林寺附近诞生，在塔波札仓学习经论，依止罗桑曲培大师而出家为僧，取法号根确曲培。此后，前往绕堆、上密院等诸多佛学院求学，成为讲辩大自在者。到了二十四岁，在嘉康则巴座前接受比丘戒，在绕堆、上密院、哲蚌寺罗萨林康灿讲经说法，登上甘丹赤巴宝座，成为第五世达赖学习显宗经典的上师，尊者善巧传法，德高望重，培养了许多具有教理辩才的贤正弟子，因没有宗派偏袒心而袒护他方，故遍智法王称赞他说：“自方人称他为‘袒护后藏者’而告状来了。”最后，于藏历火狗年即尊者七十四岁之时，在乌茹上部密教宫中圆寂。

31. 大堪布根确丹增

降央根确曲培戒弟子根确丹增，于藏历阴水猪年诞生在乌茹卡绕地区，在文殊上师根确曲培座前出家接受比丘戒，从小加入僧团，从来没有违犯过佛制和自性等戒条，堪称贤正敦肃者。在绕堆，罗萨林等寺院学习经典理论而得到通达，依止第五世达赖，持明久美多杰等诸多善知识，听闻了无数妙法窍诀并融入于心。担任涅得珠寺的堪布十五年，此后，在良堆吉祥德钦寺担任堪布而住持道场多年，因没有任何教派偏袒，集聚了甘（格鲁）、夏（布顿）、萨（萨迦）等诸多教派的无数僧众弟子，成为公认的大善知识。

最后，尊者将住持重任交付给雅堆阿旺诚烈之后，前往乌茹密教宫修行而居，于木鼠年即尊者六十二岁那年圆寂。

32. 敏珠林大译师达玛熙日

在伏藏教言中授记道："玉札化身圣者达玛号，具信精进勇者菩萨降。"如是，根确丹增戒弟子大译师达玛熙日，于藏历第十一绕迴木马年即公元1654年，诞生在达吉曲当地区的父亲持明纽敦·诚烈伦珠家中，在其兄长持明久美多杰座前，接受皈依居士戒，取名丹增降央旺波。尊者十五岁时，在遍智第五世达赖喇嘛座前接受出家沙弥戒，取法号阿旺曲白，到了二十岁时，又在达赖喇嘛座前接受比丘戒。后来，根据遍智达赖和兄长大持明者的旨意，为了弘扬宁玛下部律（东律）传承而更换戒传，尊者到了二十七岁即藏历阳铁猴年，在律法历算五季中春季第一月，藏历仲春二月十三日（所余八分之上午日日圭一节二段之时），在天成圣者之殿堂布达拉宫，根确曲培丹增担任戒师堪布和业规范师，冉江巴罗桑吉确为屏教师，冉江巴彭措勒觉和扎巴罗桑根嘎为告时师，阿旺曲真为补充师的如数僧众座前，与其弟弟和若巴比丘一道，以三戒不间断之仪轨接受比丘戒。此外，在大伏藏师座前接受了三派传承菩萨戒，十二岁时在彩沙坛城中接受了持明意明点的灌顶，使心相续得到成熟，随后所受别解脱戒和菩萨戒，此等戒律与密乘戒自性融为一体，使其密意不离于三妙戒。

在十六岁时，在贡塘大班智达熙宁朗嘉前学习声明学《噶拉巴》和韵律学的所有讲义，兰札和瓦杜等文字，三十颂和词性学等藏文学及其分支学科，在东巴·敦珠旺嘉处学习天文历法和数学，在达隆声明学家前学习《妙音声明学》之组合法，《赞扎声明学》的摄字法和"当"字结尾法等学科，圆满学习了宁玛派的金刚舞、坛城、度量、佛乐唱诵，在兄长嘉色丹贝尼玛前学习通达律藏行持，对《心性休息》《律法·教理宝藏》等大多数经典理论一点就通，在善知识桑杰曲达座前听闻律仪，俱舍论，现观庄严论的讲授，在贡塘大班智达前听闻了中观笔录和律仪三百颂讲授，在贤善成就者曲迥坚参前听闻众多甚深内明法部讲授，在持明兄长座前听闻了遍智龙钦巴、苏巴师徒和荣松大班智达的著作，从而使其相续心开意解，尊者曾说："我无论听闻何法都不向外求，而是将使所闻之法能够与自心相融，这是从上师那里获得的恩赐。"

尤其是在大伏藏上师持明兄长座前听闻大密幻化网续注疏巴考本和雍氏注疏同时对照的讲授，对续部的一切现隐两义获得通达，以满瓶倾斜之式听闻了前密经幻心（总经意集密续、大幻化网、大圆满心部）三法等续部和修部的一切灌顶、讲授和口传，上下伏藏为主的大部分伏藏法部之灌顶、口传和窍诀，以及此等法门之根本宁玛续部的所有传承。此外，在持明白马诚烈前受持时轮金刚和静猛幻网法灌顶等，如是，在各大教派的二十多位大德善知识座前对各大教派的如海法门进行闻思修行等事迹，不胜枚举。

尊者先后为教法之本戒弟子四百四十七位比丘，一千二百九十八位沙弥传授了戒律，从四十八岁到六十四岁之间，每年的春夏两季不间断地为六十多位初学持明僧众传讲《大幻化网续》，对《三律仪定论》《现观庄严论》和律仪等诸多经典深论作了讲授，仅静猛幻化网的灌顶就做了八次，总经意集密续灌顶三次，永断轮回法灌顶五次等，在尊者本人听受的所有新旧经教伏藏法灌顶、讲授和口传中，没有那个法门的传授少于三次，向萨迦法王达钦·根噶扎西传授了所有新伏藏法的灌顶、口传，以及大悲观音法的灌顶讲授和利剑金刚橛法的灌顶等诸多法门。

尊者五十九岁时，应邀前往多康昌都地区，为帕巴拉·嘉瓦嘉措、熙瓦桑波、阿旺活佛传授了所有新伏藏法部、上师密集法、酿氏伏藏红猛法、金刚橛利剑法、永断地狱法、国王式大悲观音法为主的新旧伏藏法门灌顶、口传和窍诀等诸多甘露法门，使其相续获得成熟解脱。根据各个求学者的根基和意愿，讲授声明、韵律、历算等共同明处学科至少五六次以上。

为使教法长久住世而造写的论著方面，除了有许多共同明处经典著作外，造写了《三律仪定论注·如意禾苗》《总经意集密续·经续教言窍诀具明之盏》《坛城论·无垢鬘》《旁注·如意禾穗》《幻网续大疏·密主意庄严》《幻网续总论·密主教言》等堪称空前的杰作达十八函之多。总之，尊者以讲辩著智者三风进行利益教生事业，对大密前译宁玛教法恩德巨大。在培养弟子方面，当时，前译宁玛派的持教大德中，大多数是尊者传承弟子，此外，培养了敏珠林寺的冉江巴邬金曲扎，冉江巴丹增嘎旺，冉江巴邬金巴衮等堪能护持传承的诸多弟子。

最后，因当时正值恶愿现前的准噶尔军队迫害许多高僧大德之际，于藏历土狗年四月二十四日，即尊者六十五岁那年，他们将尊者带到布达拉宫前面名为红莲宝石的广场，顿时，尊者以颇瓦甚深妙道直接趣入清净刹土，使那些刽子手也赧然无措。

33. 冉江巴邬金曲扎

达玛熙日戒弟子冉江巴邬金曲扎，诞生在扎囊地区的一个富裕家庭，在大伏藏师敏珠林法王创建敏珠林寺的初期，根据第五世达赖的旨意，一批少年出家为僧，尊者位列其中。依照寺规学习文字读写、功课背诵、佛乐唱诵、手印等仪轨并通过了所有考核，尊者成为所有少年僧众里的佼佼者。到了十岁左右，与其他师兄在大译师座前接受出家沙弥戒，大伏藏上师以未来授记之式对其弟嘉色丹尼和大译师说："曲扎将会成为对敏珠林寺教法及传承做出卓越贡献之人，在共不共经教理论方面，你们两位要尽量教授他。"如是，尊者在大伏藏师、大译师达玛熙日、空行母敏久白珍、大持明者多札法王等诸多贤善成就者座前进行了广泛闻思。

二十一岁那年，在大译师担任戒师堪布的如数僧众座前，以三戒次第之式接受比丘戒，对律经和现观庄严论等法门作了彻底闻思并撰写了意疏著作，在大伏藏师座前接收了前译经教部和幻网静猛法的灌顶，在大译师座前听闻诸多显密总法，尤其是幻网讲义莲花生的见地宝鬘论，桑杰桑瓦的道次第等印度经典注疏，卓雍二尊（卓玛桑哲多吉、雍顿多吉巴）和荣隆二尊（荣增巴、龙钦巴）的注疏，以及大译师本人造写的密主教言和意庄严二论著，如是，对此等经典理论作了闻思抉择并撰写了大幻化网续部总论笔录。在敏珠林大雄宝殿接受了大幻化网续部的传讲考核，赢得了所有大德们的赞美。为此，大伏藏师兄弟非常欢喜，为尊者赐予"金刚密乘冉江巴"的名号，赐予两个"金刚持堪布"的学位而成为继承法脉的圣者。此后，比玛拉化身嘉色·仁青朗嘉赐予尊者光明大圆满心髓窍诀为主的所有法门之灌顶讲授，并以其为事业继承者。

尊者恒常致力于深法的念修和实践，从而登上成就者宝座。在遭遇蒙古大军侵扰之时，尊者担当保护敏珠林寺之重任，在恢复教法方面恩德巨大，培养了如冉江巴久美曲丹、成就者熙日那他等在卫康各地弘扬教法的许多大德高僧，最终，在圆满成就二利事业之后，示现色身庄严趣入法界之相。

34. 敏珠林金刚持久美曲丹

邬金曲扎戒弟子敏珠林金刚持久美曲丹，诞生在约茹札地区，从小入敏林寺僧团学习文字读写，背诵仪轨经文，使其开启了智慧之门，长大后，对共不共大小明作了广泛闻思。到了二十一岁，在冉江巴曲扎座前接受律仪传承比丘戒，尊者在三律仪仪轨等显教的讲授和行持方面事业颇广，尤其是在大幻化网等密法的传讲方面极为突出，获得“密乘冉江巴”法位。在大道场遭遇蒙古准噶尔侵扰，教法面临危难之时，与冉江巴邬金曲扎一起为敏珠林寺法脉的延续奔波操劳，恩德巨大。

35. 邬金丹增多杰

久美曲丹戒弟子邬金丹增多杰，于藏历水狗年诞生在父亲仁青朗嘉（持明伏藏大师、第二代敏珠林法王的侄子）和母亲次旺白珍家中，从小入妙法之门，学习课诵和仪轨。在父尊座前以满瓶倾斜之式听闻了经教伏藏各法的所有灌顶、讲授、窍诀和仪轨传承，此外，在空行母门久白珍、第五世松智珠确多杰等诸多善知识座前，对共不共明处文化作了圆满闻思，成为无数智者顶饰。

尊者十五岁时，在精通显密百法的冉江巴久美培杰座前，接受出家沙弥戒，对新伏藏法的诸本尊作了圆满念修，藏历铁蛇年一月十五日即尊者二十岁那年，在曲当密教冉江巴久美曲丹担任戒师堪布的如数僧众前接受了圆满比丘戒，对律经术语和实践作了闻思并得到通达。此后，担任敏珠林寺的堪布，弘扬行持妙法三律仪，广行自利修法和他利传法的两种事业，尤其是在兄长久美白马丹增圆寂之后，承担了邬金敏珠林寺的法脉传承和寺院建设等所有重任，主持圣侄第三代敏珠林法王赤钦·久美诚烈朗嘉的坐床仪式，为其赐予灌顶，教授传承等，进行了广大事业之后趣入寂静大法界。

36. 嘉色仁增桑波大师

邬金丹增多杰戒弟子嘉色仁增桑波，承嗣于钕氏家族中，从小就在诸多善知识座前作了广泛闻思，二十一岁时，在邬金丹增多杰前出家并接受比丘戒，对妙法三律仪行持等显宗法部作了闻思，尤其是以满瓶倾斜之式闻受了如海经教伏藏法门的灌顶教授及其依附教言，担任敏珠林寺堪布，以讲修二轮长期弘扬佛陀教法。

尊者主要戒传承弟子中，有佐钦大堪布桑珠白马扎西或名西绕桑波，续传土登白马杰毕宁协或名嘉色严彭塔耶，续传第二世林喇活佛土登宁协坚参吉祥贤，续传大堪布白玛班扎或名白马当秋沃色，续传嘉色严彭曲吉朗瓦或名第二世谷夏格蒙巴，续传果察堪布西绕彭措，续传格蒙堪布永登，续传江玛大堪布土登曲培，续传第五世雪谦冉江巴，续传久美根桑丹贝坚参，续传格蒙大堪布仁增旺嘉，续传我等殊胜怙主白马格桑或名土登隆多丹毕坚参吉祥贤。如是，本寺根本戒律传承持有者大德代代相传，此等尊者传记在后文有记载，此处不作详述。

鄔金敏珠林法台堪布慈诚多杰前往康区，在第二世林喇活佛土登宁协坚参座前接受圆满比丘戒，续传敏珠林金刚持堪布久美阿旺诺布，续传贤弟久美曲扎，续传如今在印度的夏迪·楚休仁波切阿旺曲吉桑波，此为从佐钦寺回传至鄔金敏珠林寺等卫藏寺院的戒律传承。此外，第二世林喇活佛土登坚参传噶陀大堪布多杰巴桑，续传新龙堪布嘎桑多杰，续传噶陀司徒曲吉嘉措，续传达塘寺活佛土登晋美曲吉达瓦，续传白玉寺白玛诺布法王或名土登协珠曲吉扎央，此为从佐钦寺下传至噶陀寺和白玉寺的戒律传承。同样，江玛寺大堪布土登曲陪传承戒弟子，浊世教法明盏大堪布晋美彭措，广弘和整理律仪，事业广大。为此，后学者应当铭记历代祖师大德们的宏恩浩德，永世不忘。

与此有关的律教讲说传承是如何续传的呢？在天竺大班智达达纳熙拉和智那弥札座前，由觉若·鲁耶坚参大译师听闻并以翻译和传讲加以抉择，续传玛约藏三师，续传喇钦贡巴绕色，四师传鲁弥·慈城西绕，续传苏·多杰坚参。此外，达纳和智那传于释迦色那、达玛巴拉听闻，续传鲁弥，再传苏氏，自此，上下讲说传承融为一体，出现了“苏氏四弟子”，即：称为后藏二弟子的曾巴西绕沃和勒波·扎巴坚参，称为前藏二弟子的波穹·慈城喇嘛和阑·楚祥。经过此四大弟子得以广泛传播之故，到后来，措那瓦大师在梦境中见到自己在功德光尊者前听闻《律仪根本论》，撰写了《律仪大疏日光论》，使律仪妙法得以全面振兴。此外，涌现了如律藏持嘉旺修慈诚、律藏持夏旺修巴、律藏持泽等很多高僧大德，此等讲授传承，在索朗扎巴座前由大遍智布敦仁钦珠巴听闻，至此，与克什米尔大班智达传给萨迦班智达的传承融为一体，依次传到敏珠林大译师曲巴桑波，其造写了《三律仪疏·如意穗》等论著，广弘律仪教法。此后，桑珠白马扎西、佛子先盘塔耶等佐钦寺历代贤善律藏堪布，犹如连绵的金山不断涌现，以讲辩著之式将律仪妙法弘扬至今。

同时，关于上下阿毗达摩法的传承，班智达智那弥札和噶瓦拜则译师将《施设论》中的世界施设、因施设、业施设三部，以及上下阿毗达摩自疏、王子注疏等译成藏文并传讲，续传弟子那囊·达卫多杰、拉隆白吉多杰、卫·益西嘉瓦三人，后者前往康区，传讲给仲·嘉威益西，后此传承又传回卫藏地区，经谷译师传承授教于章德·达玛宁波，此为一种传承。另一传承是班智达弥德嘉那来到藏地，在康区壤塘传讲《俱舍论》，所有这些传承汇集为一体，由钦敦（《俱舍论》重要持教者，著有《俱舍论大疏》）广泛弘扬。在佐钦寺，殊胜智者第十九代堪布严彭朗瓦和文殊上师麦彭仁波切二位尊者造写了上下阿毗达摩法的注疏论著并传讲，使律仪妙法不仅在佐钦寺得以弘扬，而且使这一传承在萨迦和噶举的各大佛学院广泛传播。

诗曰：

胜于天界百神之安乐，世间圆满净饭国王政，
不惜抛弃现前寂静之，法身释迦佛前敬顶礼。
善逝妙法导师如太阳，法身光明趣入隐没时，
赞为导师教法兼具者，律仪妙法常住愿胜出。
对于猛厉轮回苦难之，热浪煎熬可怜有情众，
律仪妙法犹如大白伞，清凉解脱安乐共享用。
从未染上恶行之污垢，清净戒律崭新美花瓣，
律法犹如白莲花一束，赐予众生锐意之眼福。
对于不知取舍迷茫者，演说辨别是非之善言，
律仪妙法右旋白螺音，何者听闻达到解脱城。
二百五十戒条莲花海，畅游其中梵行自在者，
律仪妙法如同妙金鱼，轮回过患束缚中解脱。
梵行法衣垂帷之顶上，三学摩尼珍宝极庄严，
律仪妙法好比不倒幢，巍然立于众生之头顶。
净化一切恶行污垢之，清净甘露盛满于其中，
律仪妙法犹如妙宝瓶，降下无尽功德之宝藏。
三学黄金轮辋极美丽，殊胜总持辩才之轮辐，
律仪妙法犹如大法轮，自然汇集善德而增长。
三学戒律极为严紧结，永不松驰图纹之印鉴，
律仪妙法犹如吉祥结，能使三界吉祥极神奇。
呜呼佛陀律教莲花苑，利乐根本成为虚有名，
亦遭浊世行为霜害故，日益衰败之情诚痛心。
祈祷十方如海圣佛陀，佛子菩萨尊者僧伽众，
悲心智慧照见无遗漏，谛实真言应时而成熟。
大觉法王佛陀之传统，寂静妙法涅槃之圣道，
教法王政大解脱城邑，律仪妙法祈愿永昌盛。

藏传佛教大圆满传承史·如意宝鬘之讲述教法根基小乘别解脱戒传承之第六章终。

第七章　大乘显宗中观派与唯识派的菩萨戒和教法传承

关于大乘显宗中观派与唯识派的菩萨戒和教法传承，遍智龙钦巴在《心性休息义引导》中分为广行派、深广派和深见派三种传承。

广行派传承依次为本师释迦牟尼、文殊菩萨、寂天、艾拉达日、玛哈熙日、然那、巴瓦班扎、达玛格德、德邦嘎然、苏玛德、罗丹西绕译师、才邦巴·曲吉喇嘛、恰瓦·曲吉森格、丹帕巴·达玛扎西、西绕罗珠、西绕旺修、桑杰尊珠、温格瓦·释迦森格、喇章·曲巴坚参、遍智龙钦巴尊者。

深广派传承为本师释迦牟尼佛、弥勒菩萨、无著、世亲、圣者解脱军、尊者解脱军、殊胜解脱军、阿阇黎毗卢遮那、狮子贤、佛智、比玛拉弥札、然那巴塔、本察宋巴、罗丹西绕、哲·西绕巴、阿尔·向秋益西、库·西绕尊珠、噶穹让莫瓦、祥耶巴、那休、嘉羌如巴、曲弥·森格巴、罗扎巴，其传赞衮巴和温格瓦，二者传喇章巴和曲扎，二者传遍智龙钦巴。

深见派传承为本师释迦牟尼佛、文殊菩萨、龙树菩萨、月称菩萨、日波科修、大谷萨乐、小谷萨乐、阿底峡、尼泊尔唐巴扎、阿贝嘎然、月幢菩萨、大卓隆巴、吉沃勒巴祥秋沃、玛·释迦森格、钦·朗卡扎巴、堪布门慈、阿阇黎祥秋珠、阿阇黎多杰迅努、其传遍智龙钦巴。源自龙钦巴尊者（遍智无垢光）的有远传和近传，皆汇集于吉美林巴（持明吉美林巴尊者），其传多珠·吉美·成利沃色、避世者参巴·吉美加卫尼古、格则晋美沃察嘉措，此等尊者传第四世佐钦法王美久·囊卡多杰、佛子先盘塔耶、华智大菩萨等，他们传堪钦白玛班扎、文殊上师麦彭仁波切、杰温·丹增诺布等，在此等尊者处由第五世佐钦法王土登曲吉多杰、殊胜智者先盘朗瓦、拥登嘉措大堪布闻受，他们传吉美·拥丹贡布、江玛大堪布土登群培等。在大堪布晋美拥丹贡布座前，由吾等部主上师证悟者阿江多丹罗珠嘉措和怙主白玛格桑法王闻受，如是，此等传承上师皆为乘愿再来的登地菩萨。

此外，另一个自成就者第一世佐钦法王白玛仁增至经华智仁波切的佐钦菩萨戒传承，在华智《入行论传承上师祈祷文》中有如是记载：殊胜导师释迦牟尼、文殊菩萨、寂天、哲达日、小月称、觉沃谷那熙日、嘎纳噶熙日、苏玛德格德、罗丹西绕、阿阇黎杰尊巴、布敦智者、仁青朗嘉译师、雅楚·桑杰白、桑杰培、诚烈弥觉、贡确迥烈、成就智者噶玛恰美、大成就者白玛仁增、本洛朗卡沃色、第二世佐钦法王晋美塔确丹增、巴喇•扎西嘉措、尼札仁增桑波、桑珠白玛扎西、佛子先盘塔耶、晋美沃察嘉措、华智晋美曲吉旺波等依次而传。

此处简略讲述深见派共许的传承上师传记。

1. 本师释迦牟尼佛

在贤劫一千零二尊导师中，以大悲之心摄受五浊争斗世代众生而成就五百大愿的释迦佛祖，如何以殊胜化身之相降临世间之情，在上文已作详述。

2. 圣文殊菩萨

如《文殊秘续》云："我乃现于三时前，现于诸佛陀之前，我亦现于三时后，现于三时之现在。""我乃三时现之身，一切教法隐没时，尔时出现我之教，一切如何而寂静，我乃一切寂静身，一切如何而猛厉，我乃一切猛厉身。"如是，三世一切佛陀无念智总集之身，以菩萨之相恒久住世直至虚空未尽之间，有时示现功德圆满的佛陀之相，有时示现首座菩萨之相，有时示现功德暂未圆满的有学菩萨之相，在某些化机前示现凡夫之相等，根据众生的界趣而示现的种种事迹无量无边，在《勇猛行三摩地经》中称其是过去佛，《利益指鬘者经》称其为正当住世的现在佛，《文殊刹土功德庄严经》则授记在未来经过无量劫之后，以怙主普见佛之相成就佛果，如是云云。此等在文殊上师麦彭所造《八大佛子本生传》有详说，请读者参阅。

3. 圣龙树菩萨

上述别解脱戒传承上师中的龙树菩萨传记中已有详细记载，此处不再赘述。

自龙树菩萨至月称论师的上师，那烂陀寺的月护堪布，菩萨戒传承和中观论的传承一直未断。因印度传统上少有历史记录，加之那烂陀寺被外道焚毁，故传记难寻，根据藏文文献记载，下文直接讲述月称菩萨传记。

4. 中观应成派始祖吉祥月称论师

往昔，在古印度圣龙树菩萨圆寂之时，当地的人们发出如是悲呼道："如今，世间明日已经沉没。"这时，虚空界的诸空行母以众人皆能听闻的授记齐声道："于此未来五百年以后，将有名为索那大城中，日虽没落月亦除黑暗，生于清净种性班智达，名为月称智者将出现。”如是，月称有前后两位，此处所述为后者，乃印度八十大成就者之一，以十五种殊胜传奇著称，被共许为圣文殊菩萨化身的月称菩萨，诞生在印度南方一名为萨曼达地方的婆罗门家族之中。因灵童具足化身者之相貌特征，有相士经观察后预言道：“灵童具有殊胜之相，若入佛门，必将成为持教大德。”

根据相士预言和父母的恩准，小尊者进入佛门，在那烂陀寺堪布月护座前接受了沙弥戒，借用堪布法名之部分而取法号月称，继后，又接受了圆满比丘戒，对三藏教法和四续部作了系统闻思，成为通达内外一切教派的智者顶饰。尊者根据所闻之法，以显密圆融之式作了潜心修习，获得了殊胜的证悟。正当他抛弃一切戏论，日夜观修胜义菩提心之时，有人因不理解心生不满，说应该将尊者驱逐出本地，这时，堪布对尊者说：“月称啊！你虽然安住于观修之中，但僧众里有些人无法包容，你应该当一回寺院管家，我派尼玛扎巴协助你。”尊者根据堪布安排当了管家，将寺院的水牛和黄牛放回山上，又从画中的黄牛身上挤出牛奶供养僧众，这时，尼玛扎巴赞叹道：“吉祥月称菩萨者，挤下画中牛之奶，以此供养诸僧众。”堪布也称赞道：“这是心获得自在的表现，实在稀有啊！”

有一次，当地遭到杜如噶军队的侵扰，说将在半个月后攻打那烂陀寺，正当人们处于极度慌乱之时，从那烂陀寺护法神心口飞出一只乌鸦并说：“请教月称菩萨回遮侵略军的办法。”当如是向月称请教时，月称说：“会有办法的。”于是，他以神通利用石狮赶走了侵略军，为此，多丹迅努国王赞叹道：“吉祥月称菩萨者，敦促具力石狮法，赶走杜如噶军队，无有伤亡神奇哉。”又一次，尊者在山林中修行时，森林发生了火灾，人们纷纷前来围观，这时，树神母示现上身并说：“对于慈悲大怙主，水火之灾亦无妨，风灾岂能袭击之。”正如树神母所说，尊者所居茅屋的周围一寻之内安然无恙，尊者说：“我师龙树菩萨者，利用无生智慧火，烧尽执着之柴薪，堪布尊者亦如是，我亦无生智慧火，烧尽执着之柴薪，外相之火岂能扰。”

尊者自在于无碍神通，一个名为谷玛日噶的外道问尊者道：“自在天现在在干什么？”尊者答道：“他的实身在三十三天界，而化身在兜率天界听闻弥勒菩萨传法。”但谷玛日不相信尊者所说，尊者就做了个招手的姿势，自在天实身下凡而来，但谷玛日未能看见，尊者又招了一下手，自在天显身下凡，这次，谷玛日亲眼见到了自在天，就问道：“你是自在天吗？”自在天答道：“不是真实身，而是变化身，如果是真实身的话，身上就有千双眼睛，而我身上只有点印迹。”说完，谷玛日看自在天身体时，确实如此，他这才相信了尊者的话。

当时，尊者在无数班智达当中脱颖而出，与大智者月宫论师进行了长达七年的辩论，雄踞殊胜辩才狮子宝座。根据龙树菩萨的究竟观点，造写了宣讲般若经藏法宝之广深妙道及其果位的杰作《入中论》和《入中论自释》，以正理抉择空性奥义的《中观根本轮疏·词句明了》与《吉祥密集根本续王释·极明灯盏》，在当时的先哲们中有“天有日月二明，地有明了二论”的美誉。此外，还造写了《中观四百论释》《正理六十论释》《中观五蕴论》《空性七十论释》《皈依七十颂》《悲切呼唤观世音祈祷文》《密集续六支释》《密集现观庄严论释》《金刚萨埵修持仪轨》《甘露漩金刚修法》《度母赞颂文》等。

总之，尊者成就了金刚不坏之身，如今，为了利益众生，依然住留人间。往昔巴曹译师非常崇敬此尊者，在长时间地祈祷之后前往印度，在那里，月称论师为其亲现尊容，赐予了广深窍诀法，加持他能在西藏广泛弘扬中观法统。

5. 日波科修论师

大师从小就入佛门出家，长大后接受了比丘戒，在戒香寺闻思三藏教法而成为殊胜智者，在月称论师座前圆满听闻从龙树菩萨传承而来的所有显密窍诀妙法。此后，尊者潜心修习，获证大乘道次第殊胜觉悟，为了全面领会大乘见地的甚深要义，尊者长时间猛厉祈祷上师本尊、努力行持集资净障，获得圣龙树菩萨的亲见，为其详细指导了妙法见地的疑难妙义，使其从根本上断除执相的束缚。

往昔，阿里法王向秋沃派那措译师邀请阿底峡尊者，当那措译师到达印度戒香寺拜见尊者时，看到在大班智达们的上座位置上，坐着一位年迈而又庄严的尊者，他就问旁人道：“那位是阿底峡尊者吗？”旁人回答说：“你说什么！他是得到月称菩萨亲传的日波科修尊者，也是阿底峡的上师。”尊者也是受龙树菩萨亲自加持的弟子，龙树亲现尊容向他宣讲了极其微妙的见地要义，使其从根本上断除了执实之痴迷，当时，龙树菩萨对他说：“我们印度的成就智者们个个都是依靠文殊菩萨而获得加持的，因此，如果遇到佛法中的疑难问题，就可以向文殊菩萨祈祷来获得对甚深法义的通达，你也应该依止文殊菩萨。”龙树又对他授记道：“我发愿在未来能够利益边地众生，到那时，你将成为首批化机中的佼佼者。”同样，月称菩萨也向他授记道：“在未来，文殊菩萨以比丘之相有意转世于边地，你也要转世于那里弘扬教法吧。”

6. 大谷萨乐

大谷萨乐尊者的真实名为仁青桑波，此大德从小出家进入佛门，不久又接受了圆满比丘戒，依止日波科修尊者，圆满听闻了从吉祥龙树菩萨传承的中观深法以及父续密集经的窍诀，从依阿阇黎狮子贤，听闻了从弥勒菩萨所传下来的有关《现观庄严论》所有窍诀，在阿阇黎佛寂或名佛密处听受了益西峡大师所传的一切窍诀法，在佛寂座前听受瑜伽续部的窍诀法，以及传自贤善智者佛护的一切窍诀法门，在阿阇黎安慧座前听闻大乘道次第窍诀法等，总之，尊者依止了当时几乎所有的成就智者们，广泛听闻显密一切教法，对闻思功德获得圆满并实修，成为贤善大成就者。

7. 小谷萨乐

小谷萨乐，又名具善，本名为仁青德，后来又根据其证悟功德而取名为大慈成就上师，此大师具有极高的教证功德，堪称教法之主，从小出家进入佛门并接受了圆满比丘戒，成为精通三藏法门的大智者。以心、行两方面如法依止大谷萨乐，听闻三藏和四续部所摄法的一切窍诀并获得通达，但是，尊者并不仅仅听闻教法，而是将此等窍诀付诸实修并获得了极高的成就。尊者把传自弥勒菩萨的广行派道次第和传自龙树菩萨的深见派道次第二者相融的圆满大乘道次第法，以细水长流般的精进长期修习并得到圆满证悟，尤其是将慈悲菩提心作为自己修行之根本，心中生起了自轻他重的无伪菩提心，有一次，尊者在传法时，一个人用棍棒打了一只狗，这时，只听尊者“哎哟”一声倒在了法座上，但有些人认为上师有点在表演，尊者知道他们的心思后，立即给他们看了自己的背部，只见尊者背上出现了红肿现象，正好对应那个人所打的狗的身体部位，众人这才信以为真。

尊者经常身居静处，主修菩提之心，有一次，在恒河边修行时，唱起如是慈悲菩提心道歌：“为了度化父母有情众，我以所具烦恼五种毒，无余驱除众生之五毒，所具无有贪欲等善业，平等施于六道有情众，用以病痛等果之痛苦，无余消除如此一切苦，无有业果病痛等利乐，平等施于六道有情众，如是行持在此轮回海，岂有刹那流落之时机，然却直至未获菩提间，一切将受烦恼因与果，皆在此生之中永消除，就在此年此月要消除，亦在此日此刻要圆满，愿成此心大慈瑜伽者。”如是，尊者在恒河岸边观修时，弥勒菩萨亲显尊容并说：“闻即解除恶趣之道歌，奇哉慈悲菩提心之歌，烦恼五毒如敌应灭除，然却如您所说应依止，本来病痛之苦虽难忍，如您所说殊胜而神奇，放下自利担当利他业，然却流转轮回为何说？故此无有刹那自利心，人所不欲自担乃圣者，大乘法虽无量无边际，然无尘许此法未摄法，故此行者您唱金刚歌，无论听闻思维或实修，实为人天殊胜皈依处，十方诸佛密意之精华，现于尊者之心极神奇。”如是，极其欢喜地劝勉尊者，使他的慈悲证悟之德全面增长，所有疑虑之结自然解开，获得利益见闻念触者之威力，故此，尊者在昼夜六时一切处所不忘正念，行持此胜法，韵唱出此等修炼心性之金刚道歌，对天人、龙部、夜叉、非天、揭路荼、人非人、摩睺罗伽、毕舍遮、罗刹等一切众生如同慈母对独子，以慈悲和恭敬之心来倍加呵护，使此等众生亲近皈依尊者，当地的国王、大臣、王妃、婆罗门、长者、童男童女、首陀罗等也归顺尊者，随学其后，使一切见闻之境置于大慈之氛围。此外，大到牛马、猴群、鸟类以及各种野兽，小到蝼蚁等众生悉皆无有丝毫恐惧之感而悠闲地相聚于尊者身边。

如是，尊者密意中又流露出此等道歌："无始以来亲缘所系之，一切如同父母有情众，誓愿置于胜菩提果位，以此胜法供养弥勒尊。那时不持刹那自利心，心中始终串习利他业，此乃修持菩提之根本，以此胜法供养弥勒尊。无论出现苦乐平等受，皆取修持菩提之助缘，累劫所积一切福德资，祈愿勿偏声闻懦夫边，以此胜法供养弥勒尊。无论出现任何不如意，祈愿忍辱铠甲永不失，尤其已所施恩之士夫，即使负恩然以笑对之，以此胜法供养弥勒尊。纵使各方恶人行恶业，祈愿不起刹那之恶意，纵然天魔鬼众成怨敌，亦未起过自私自保意，以此胜法供养弥勒尊。纵然患上必死之恶病，然而从未信赖不正法，虽然陋习吝啬而贫穷，然却未以邪命求衣食，以此胜法供养弥勒尊。虽然身居众多恶友中，然却未忘对治之自主，总之行住坐卧何时处，从未有过轻率之言行，以此胜法供养弥勒尊。如是殊胜修习此供养，为修习瑜伽者我心，请以大慈接受此供养，敬请加持生起此圣心。"如是，尊者向慈氏弥勒菩萨作了广大修习供养，那时，天空出现了五供养天女，还出现了妙音和奇光等无量供养，从此，向大慈尊者祈求传授此修心法门的人络绎不绝。

8. 觉沃唐巴扎

觉沃唐巴扎又名嘉那阿嘎然，诞生在印度然特嘎色那王时代，从小具足出离心和菩提心，进入佛门接受出家比丘戒，依止阿阇黎仁青德，圆满听闻传自龙树菩萨的经典理论及其窍诀法，还在当时的诸多成就智者座前听闻了无数显密教法和外明学问，因此，被世人共誉为"大智者嘉那阿嘎然"。闻思功德圆满之后，身居静处，潜心修习，获得慈尊弥勒菩萨的亲见，登上成就者高位，培养了如阿底峡尊者等无数成就智者弟子，广行利益教法之伟业。正当此时，因众生共业无法回遮，有些杜如噶小国联军入侵印度金刚座，教法遭遇重创，大智者嘉那阿嘎然等许多班智达以及百余位年轻智者移居印度西南地区，以使教法在此等地区传播弘扬。

9. 晋美迥烈大师

大阿阇黎阿巴亚嘎然即晋美迥烈，从少年时代就以出离之心进入佛门而出家，对大小乘经藏作了系统闻思并获得通达，稍长后接受了圆满比丘戒。依止大班智达嘉那阿嘎然，听闻甚深见地派经典和窍诀法并实修，使其心续生起了殊胜觉受。当时，嘿德萨拉王之子然玛萨拉，从小继承王位，具有非凡智慧，国政兴旺。不久，天竺金刚座邀请大阿阇黎阿巴亚嘎然担任该寺的堪布。多年以后，又被戒香寺和那烂陀寺迎请为堪布。那时，戒香寺不同于往昔，其寺的班智达就有一百六十多位，常住比丘尊者达到上千位，每到举行供养法会等僧众集会之时，僧众多达五千多人。在金刚座寺，国王所供养的常住大乘僧众有四十多位，小乘比丘尊者达二百多人，有时候，前来参加法会的声闻比丘多达万人之多。在沃丹达布日寺常住的大小各乘僧众也有一千多人，据说，有时候集聚的僧众多达一万两千之多。当时，阿阇黎阿巴亚嘎然成为大乘僧众们的顶上之宝，而声闻大众也对尊者恭敬有加，称赞他是“持律上首尊者”。尤其是尊者对教法作了整顿，他的著作在印度大乘佛教界得到广泛传扬，尊者与后来的阿阇黎然那嘎然贤德瓦二者，虽然因世代因素在利益教生方面的事业有大小之别，但在功德方面与往昔的大阿阇黎瓦苏班德不相上下，故此，大阿阇黎晋美迥烈乃具足智悲力功德的自在成就者，堪称全面护持教法的大阿阇黎。

10. 月幢菩萨

称为圣观音菩萨真实下凡的月幢菩萨，以三欢喜之式依止大阿阇黎晋美迥烈等诸多具相善知识，成为贤善成就大自在者。有一次，尊者在吉城的观自在像前作了七天的猛厉祈祷，获得观音的授记道：“若能给百位盲人医治眼疾，修建百座寺院，修平百条险道，供养百位比丘，就很快能成佛。”如是，尊者根据授记为四众比丘供斋，以此因缘，福报得到极大增长，建造了百座寺院，做了三百多次眼疾医治和放生善业，修缮了许多险路，为一千两百多位比丘尊者做供养等，进行了广大的利益教生事业。

又一次，尊者前往南方的一座城镇时，一位女病人请求为其加持祈福，尊者作了施食仪轨和回向之后对她说：“你的病痛是过去世不善业所造成，要修安忍心和菩提心。”此时，女病人对尊者生起信心，流着眼泪说：“不要说前世，今生也造了很多恶业啊！”尊者说：“那忏悔所有恶业吧，这样，恶业会清净的。”女人说：“我原本嫁给吉城一位富裕商人，生下了一个男孩，小孩七岁时，丈夫前往尼泊尔做生意三年未归，在此期间，因我有些姿色，加之心生恶欲，与别的男人搞邪淫，生下了一个男孩，因担心暴露邪行，就杀掉了儿子，财产也耗损了一半。那时，大儿子对我说：‘我爸回家时，不知对你如何处置。’我狠狠地对他说：‘我做错了什么？’就残忍地把儿子摔在石头上，致其肝脏破裂，吐血而亡。此后，我谎称儿子是中风而死，有一位僧人知道了此事内幕，我又毒死了他。后来，丈夫带着很多财宝回来了，我偷听到女仆把此事悄悄地告诉了丈夫，丈夫对她说：‘今晚假装不知情，明天早上就把她的双眼挖了。’我惊恐万分，在商人及其随从八人、邻居两位男人和两位女仆的酒中下了剧毒。到了黎明时分，他们就不能说话了，两天后全都死了。于是，我就逃到了尼泊尔南部，受此牵连，整个家族都被驱逐到边远地区，此外，我还用欺骗的手段造了很多恶业，罪过极大，请求尊者慈悲摄受我啊！”

听到这里，尊者不禁流下眼泪，对这个罪孽深重的女人生起慈悲心，给她传授发起菩提心戒，以四对治力忏悔罪业，结果，女人的病得到康复，尊者又叫她行持八次八关斋戒，女人根据尊者的旨意，在氐宿月接受了八关斋戒。但是，在守戒期间，有一次在晚上因干渴难忍而喝了酒，一次又因饥饿而吃掉了四个食子供品中的两个，就这样，完成了两次不如法和六次圆满的八关斋戒后不久，女人就去世了。当时，一比丘听说害死十五个人的女人死亡的消息，就问尊者该女人将往生何处，尊者说：“她已往生到印度南部一富裕的婆罗门家中，成为一个有着许多宝饰品的男孩，其前世发菩提心、守持八关斋戒而获得人身，但因喝酒犯戒，智力时高时低，因在斋期食用供品犯戒，成为相貌丑陋者。她将在此生依止观世音为本尊，以此功德，将来一过世就会往生极乐世界。”

又一次，尊者菩萨在后藏上部传授菩萨戒时，众人看见孜玛护法亲临现场，请求尊者示现神通征相，这时，尊者在手掌心中向大家显示了一双明亮的眼睛，有些人亲见了十一面观音尊容，孜玛护法生起信心并承诺担任护法。当地的人们对尊者无比恭敬信奉，在其处净罪积善，广行利教利生事业。

11. 卓隆巴（卓敦杜泽扎巴）

卓隆巴住持那塘大寺九年，其事迹在别解脱戒传承师传记中有详述，请读者参阅。

12. 向秋沃（吉沃勒巴）尊者

向秋沃尊者诞生在雪域后藏地区一个种性圆满的家族中，自小具备慈悲圣心和殊胜智慧，以三欢喜（法供养，身供养，资财供养）之式依止噶当传承上师慈贡列久巴等诸多贤善成就大德，对显密教法和外明学问作了全面闻思并实修，登上成就者高位，以讲、修、事业之式广行利益教法众生事业之后，示现色身趣入法界之相。

13. 玛夏瓦释迦森格

玛夏瓦释迦森格全传在各种宗派源流史中没有记载，所以，在此处未能讲述。待发现相关文献再行补充。

14. 钦・朗卡札

钦・朗卡札传记在上文别解脱戒传承中已有叙述。

15. 堪布门朗慈城

堪布门朗慈城诞生在藏地，尊者从小笃信因果，对因果取舍之处如法行持，以三学处严以律己，依止诸多善知识，闻思修习显密教法并获得圆满通达。在智者钦乾・朗卡札座前，根据深见派菩萨戒仪轨发心接受菩萨戒，以细水长流般的大精进行持愿行菩提二心，以具足世俗胜义菩提二心而圆满了智悲力证悟功德，以四摄法摄受成千上万慕名而来的莘莘学子，建造了那塘寺大雄宝殿及寺院围墙，住持道场达十五年之久等，进行了利益教法的伟业，“觉敦巴门朗慈城”的名号家喻户晓，最后，在诸多神奇瑞相示现中色身趣入法界。

堪布门朗慈城给阿阇黎向秋珠巴（或名菩提成就）传授菩萨戒，续传迅努多杰（或名金刚童子）。此二位大德的传记未能找到。

迅努多杰传给隆钦冉江巴，续传持明吉美林巴尊者，此二位大德的传记在下文大圆满心髓法传承中有详述。

有关中观和般若的讲说传承，在教法前弘期，班智达嘉那噶尔巴和噶、觉、祥三大译师等前译派先哲们以翻译、讲说、造论等形式抉择并传承《中观根本慧论》等理聚诸论，《注疏文智慧灯论》和《注疏佛护论》《中观四百论》《入中论》及其自疏等大部分中观经典，菩提萨埵大堪布和嘎玛须拉（莲花戒）师徒在桑耶寺以讲说、造论等形式传承中观自续派学说。有关般若法门，在前译时期，几乎所有的印度的般若经和注疏都翻译成藏文，隆・康巴果恰大师前往印度，将般若十万颂熟记于心并翻译成藏文，吐蕃赞普用自己的血液和白山羊奶混合做成的汁液书写此经文，史称《红色笔记》，也叫“小上部译本”。卫・曼殊熙里和酿・恩扎瓦若从印度迎请原文并翻译的经文，赞普将自己的头发烧成灰并与白山羊奶混合书写此经文，称为《蓝色笔记》。后来，大译师毗卢遮那对红蓝两种笔记作了第二次校对并亲自书写，此版本因其经夹得名为“鹿皮般若”，也叫“中上部译本”。在赞普赤祖德赞时期，苏仁札菩提等班智达，噶、觉等译师翻译校对的十六部般若法，称为“大上部译本”，如是，出现了此等几种版本。

此外，从龟兹和汉地翻译了《宝积经》《华严经》等诸多经教，以及丹卡智色那的般若注疏等注疏类，尤其是由拜尔亚嘎然等班智达、主校大译师白则然齐达以翻译、传讲阐述般若法隐义现观次第的《现观庄严论》本颂及注疏，此法讲修传承在康区广泛传播，后来，由鄂译师之弟般若受教者西绕巴听闻，其又听闻阿底峡、仁青桑波和鄂大译师的《现观庄严论》后译之所有讲授传承，开创了前后译《现观庄严论》大圆融的法统。此法由阿尔·向秋森格继承，依次传至殊胜智者布敦大师心传弟子仁青朗嘉大译师，在其处由雅·麦彭法师听闻并造写了大中小注疏，广开闻思之风，故此，出现了“《现观庄严论》依雅师”之说。

雅氏弟子遍智荣敦造写了以《现观庄严论》为主的显教经典注疏四十三部之多，传承之水至今长流不息，尤其是在后期，吉祥月称论师化身、殊胜智者佐钦堪布先彭朗瓦将印度十三部论典根本颂的自解和印度其他著名注疏进行编辑，作为佐钦熙日森佛学院的授课课本。在佐钦寺原有讲授显宗经典传统的基础上，不仅创立了佐钦寺独树一帜的十三部大论讲授传统，而且传扬到噶举八蚌寺、萨迦宗萨寺等各教派的众多佛学院。于此同时，在佐钦熙日森佛学院涌现出的大智者华智晋美曲吉旺波，文殊上师麦彭确烈朗嘉，大堪布白玛班扎，博珠活佛多阿丹贝尼玛等大德造写了突出宁玛派独特观点的诸多经典注疏、概论、笔记以及辩论等无与伦比的著作，使殊胜讲授传统延续至今。

诗曰：

自从往昔无量时劫起，担当救度苦难众生业，
发起增上慈悲大勇心，圣者释迦狮子愿胜出。
殊胜自派度众圣教法，佛语显密妙法之精华，
教法醍醐大宝菩提心，顶礼佛子菩提胜妙道。
无量大慈大悲清凉水，驱除众生苦难之炎热，
赐予殊胜菩提心盛宴，犹如轮回火坑降甘露。
悲悯所引广大圣心力，为利他成佛果之决心，
永不放弃世俗菩提心，是乃大士无上之捷径。
甚深智慧所引空性意，照见诸法实相真如界，

圣者等引胜义菩提心，誉为离边空性见地王。
众善功德大海基与根，一切共殊悉地之宝库，
菩提圣心好比如意宝，二利果实汇集而增长。
不堕轮回寂静二边心，轮回众生走向寂静地，
殊胜妙道大乘之根本，教法精华大宝菩提心。
引渡深陷轮回深谷之，如母众生愿力极广大，
修习极难所作六般若，胜妙法行大宝菩提心。
倘若入此妙道则加快，走向解脱寂静之步伐，
犹如日月行空方便道，诸佛唯一捷径菩提心。
菩提圣心诸佛欢喜道，实乃圣教八万四千之，
法门精华窍决之醍醐，何者饮此将得妙解脱。
无缘大悲轮体皆圆满，加持满月甘露之光芒，
照亮十方有情众心间，祈愿获得大慈妙果位。
从此直至获得菩提间，祈愿我亦永远不离弃，
诸佛欢喜妙道愿行之，菩提二心度化诸众生。

藏传佛教大圆满传承史·如意宝鬘之大乘显宗中观派与唯识派菩萨戒和教法传承之第七章终。

第八章 广说密宗金刚乘前译经教伏藏两大法统

第一节 概述授教传承之情

在赞普松赞干布时代，大译师吞弥桑布札翻译了《观世音二十一续经》和愤怒部等甚深法门，松赞干布秘密修习并小范围传播。其后的第五代赞普赤松德赞时代，迎请了印度阿阇黎莲花生大师、比玛拉弥札、智那弥札、贤当噶尔巴、达玛格尔德、萨尔瓦嘉那德瓦等一百多位班智达，与化身译师毗卢遮那、玛·仁钦、涅·嘉那谷玛拉、噶瓦·拜则、觉若·鲁益坚参等一百多位译师齐聚一堂，将共同四续部，尤其是内续生、圆、大圆满的所有续部及其仪轨修法、窍诀、注疏、经典正确无误地翻译、校对并抉择之。当时，莲花生大师等阿阇黎成就者以神通之力从天龙夜叉等刹土，以及乌仗那、罗刹界等地迎请了过去在人间所没有的诸多密续并翻译抉择。为此，后期阿底峡尊者来西藏在桑耶寺看到这些贝叶经典时，认为自己通达密法的自满自然消失并合掌赞叹道："密宗在西藏弘扬的程度即便在印度也没有过啊！"

全知荣松大班智达认为前译宁玛密法传到西藏有七大源头传承：（1）莲花生大师赐予具缘九心子之传承；（2）大成就者朗卡宁波在印度阿阇黎宏嘎然座前所听闻之法；（3）阿阇黎贤当噶尔巴莅临桑耶时所传之法；（4）阿阇黎桑杰桑瓦在冈底斯山传授给曼孜熙日等弟子并以法礼献给国王之法；（5）大译师毗卢遮那前往印度，历尽艰辛在熙日森哈等二十五位大智者座前所听闻的以大圆满为主之法门；（6）大班智达比玛拉在前期传授给噶、觉、玛三弟子之法；（7）大班智达比玛拉在后期从汉地回藏后担任牟尼赞普太子国师时，传授给涅·嘉那古玛拉等弟子之法。

另外，蒋扬钦哲旺波大师认为有六大教授传承源流：（1）莲花生大师为共同化机传授了《见地窍诀鬘》等少数法门，而为不共具缘弟子们广传三大瑜伽之成熟解脱深法，经酿、邦、昆、努、玛、荣松等依次传承，为了后世化机将大部分窍诀法封印伏藏；（2）大译师毗卢遮那依止二十五位智者，尤其是在持明熙日森哈座前闻受大圆满法之后，在藏区传播的心部五次第法、界部耳传等法门；（3）大班智达比玛拉入藏为酿宛大师等弟子传授大圆满窍诀部法门，此法分经部和伏藏两大传承；（4）努钦·桑杰益西在印度、尼泊尔、勃律的四位阿阇黎座前听闻《总经意集密续》和愤怒部等无数窍诀、经部续法门传承至今兴盛不衰；（5）努·朗卡宁波在阿阇黎宏嘎然座前听闻真实意本尊并弘扬；（6）后世，师君之化身、具信伏藏大师不间断问世而应时掘出的甚深伏藏法门。

此外，金刚法乘在初期受教于涅氏，中期受教于努氏，后期受教于苏氏，称为“三大持教者”，在雪域西藏传扬一切经教伏藏窍诀深法。

第二节　广说远传经教续部内三续授教之情形

分三：一、生起次第玛哈瑜伽的传播；二、圆满次第教部阿努瑜伽的传承；三、窍诀大圆满阿底瑜伽的兴起

一、生起次第玛哈瑜伽的传播

1. 根本续部传承

在教法前弘时期，出现过“阿阇黎桑杰桑瓦传承”的行部、瑜伽部等外续法的闻修传承，但当时倍受推崇，讲修兴盛，至今依然延续不断的是甚深无上内续三部之讲修传承。生起次第玛哈瑜伽分根本续部传承和甚深续部传承两个部分。首先，大译师玛托仁青和涅·嘉那古玛拉在班智达比玛拉座前听闻并翻译了丹札十八大续之根本、总续大幻化网秘密经藏续部，在玛·仁青处由邬日·仁青迅努和杰热·确迥听闻，此二者传祥·嘉威云丹和达杰·白吉扎巴，达杰在卫藏诸多地区以及康区弘扬此法，从祥氏所传之法称为“窍诀传承”，其传努钦·桑杰益西。

另外，莲花生大师传涅·嘉那古玛拉并造写了《大幻化网见地宝鬘论》；毗卢遮那和朗卡宁波分别在熙日森哈和宏嘎然座前听闻并传给涅氏，涅氏将各传承之法圆融，成为初期持教者，并传给了索波·白吉益西，续传努钦·桑杰益西。此外，阿阇黎桑杰桑瓦来到冈底斯山时，赤松德赞派卫·曼孜熙日和赞噶穆德前去邀请他，但未得到文殊菩萨的开许。大师虽然没有亲往，但以法礼之式将部分事部和行部续法、幻网道庄严、大小道次第、寂静大小网续、胜忿怒庄严续等幻网秘密经藏续部等法门献给赞普，其传承也授予努钦桑杰益西，努钦依次传苏氏祖孙三代等弟子之法，称为“幻网苏派传承”。此法依次得以传承之后，由噶·当巴德协等弟子在卓普瓦心子宗敦卓卫贡波前听受并传到康

区，又上传至卫藏地区，称为“幻网康派传承”。后期，噶陀格则大班智达久美才旺确珠造写了《幻网续概述·善说戏海》，司徒曲吉嘉措等自在于智者三风的大德不断涌现，因此，东方噶陀法王及其传承弟子们对玛哈瑜伽圣法的发展贡献巨大。此外，遍智荣松曲桑获得莲花生和毗卢遮那授教传承并造写了《幻网释·三宝疏》，称为“幻网荣松传承”。遍智龙钦巴（无垢光）造写了《幻网疏·除暗三部》，将此讲解为玛哈瑜伽的阿底瑜伽。若温·西绕沃色获得索、苏、觉氏等诸多传承并融为一体，称为“幻网若氏传承”。

此后，苏派传承逐渐衰微。所幸，敏珠林法王久美多杰以大精进在很多大德座前闻受以上幻网续等经续部之宣讲、灌顶、仪轨行持的所有传承，造写了此等诸多法门的殊胜修法和坛城仪轨的著作，对幻网静猛法也写了少许坛城修法，在敏珠林寺建立了实修此等法门的嘎玛修供法会传统。其大法子敏珠林第二代法王白玛久美嘉措造写了《幻网续总论·见即通义》，广行讲修事业。大译师达玛熙日造写了《幻网续总论·密主教言》《幻网续词解·密主意庄严》两大论著，敏珠林寺的传承弟子中涌现了二十一位大密冉江巴，其中，冉江巴邬金曲扎撰写了《笔记·宝鬘论》，故此，法主敏珠林师徒使经部嘎玛教法得以全面复兴。

在多康佐钦寺，自佛子先盘塔耶开创讲修经部嘎玛传统并造写了《幻网总论》之后，其心子大密续部法主堪钦白玛班扎撰写了有关幻网续的笔记等著作，为文殊上师麦彭确烈朗嘉、多珠·丹贝尼玛、邬金·丹增诺布等智者弟子赐予了诸多幻网续印藏注疏大论的讲说传承。文殊上师造写了《幻网续总论·光明藏》，多珠·丹贝尼玛造写了《幻网总论·宝藏钥匙》及其疑难注疏等殊胜论著，明确阐述了甚深经续之密义。邬金·丹增诺布也大力传讲幻网续，其首座心子先盘曲吉朗瓦（即堪钦先嘎）造写了《幻网续心疏·月光明》，其讲辩著事业巨大。总之，依敏珠林寺和佐钦寺的大德及其传承弟子发心和事业之力，经部嘎玛教法得以弘扬。后期，佐钦寺的传承传入噶陀寺、白玉寺、多智钦寺、江玛佛学院等，教法光明遍照四方至今。

佐钦寺幻网续法传承上师顺序名录，依据文殊上师麦彭仁波切所造《幻网续法传承上师祈祷文》如下：法身导师遍及六部主普贤王如来、密主金刚手、人中持明离遮毗无垢称、具缘国王匝、阿阇黎谷古然札、夏扎布智或名小恩扎菩提、桑哈然札、邬巴然札、空行母果玛德布、国王谷古然札、若朗德瓦、多杰协巴札、阿阇黎札巴海德、莲花生大师、嘎比多杰、桑吉桑瓦、比玛拉弥札、玛托仁青译师、邹日·仁青迅努、杰热·确迥、祥·嘉威云登、努钦·桑杰益西、怒·拥登嘉措、怒·益西嘉措、酿钦·西绕确、酿·益西迥烈、苏钦·释迦迥烈、苏穹·西绕扎巴、兰·释迦桑波、桑达卓普瓦、涅敦·曲吉森格、藏那·沃巴、美敦·贡波、西绕慈城、达纳·邓都、达释迦培、苏·向巴森格、卓敦·桑珠、卓钦桑杰、郭译师迅努拜、夏玛巴·益西白桑、直贡·仁青彭措、让卓·尼达桑杰、昆柔·才旺诺杰、昆敦·巴觉伦珠、扎西根嘎、桑达·诚烈伦珠、大伏藏师久美多杰、大译师曲巴桑波、白玛久美嘉措、嘉色仁青朗嘉、大堪布白玛丹增、邬金丹增多杰、冉江巴曲吉扎巴、格则晋美沃察、桑珠白玛扎西，佛子先盘塔耶、堪钦白玛班扎、文殊上师麦彭朗嘉。

之后，从上述传承中又派生出若干法脉，在堪钦白玛班扎座前由大智者杰温·邬金·丹增诺布、大堪布土登念扎、成就智者阿旺诺布等佐钦寺后期众多智者们听受，大德们为了使幻网续部法的所有总论和注疏经典传承不断、后继有人，在世事变迁之前，利用一年多的时间，在本道场进行了特定的传讲。当时，无上部主上师多丹罗珠嘉措做了全面听闻，在当代，上师又经怙主白玛格桑法王迎请回熙日森佛学院，广传印藏各大注疏经典论著，我等弟子喜获此善妙法缘。此外，在堪钦白玛班扎座前由多珠丹贝尼玛，大伏藏师列绕岭巴等听闻并弘扬而形成传承法脉。在佛子先盘塔耶座前由华智晋美曲吉旺波听闻、其传堪钦拥登嘉措、纽修隆多丹贝将参，其中，堪钦拥登嘉措传江玛堪钦土登曲培，续传格蒙堪钦诚烈旺嘉或名旺洛、怙主顶果钦则、堪钦晋美彭措迥烈，另外，纽修隆多丹贝将参传给噶陀堪钦阿琼，再传至白玉寺和噶陀寺，至此，教法得到广泛传播。再者，在文殊上师麦彭仁波切座前由雪谦嘉察白玛朗嘉听闻并传钦则曲吉罗珠，此传承传至宗萨寺和其他许多寺院，得到广泛传播。如是，殊胜教法之弘扬至今经久不衰，源远流长。

鉴于此，笔者尽量收集了上述传承上师们的传记并编于此文，其中，法身普贤王如来至大班智达比玛拉之间的部分传承传记在上文有详述之故，此处未作复述。

在此雪域西藏，有“幻网续法的译讲源于玛涅二师”的说法：

玛托仁青

玛托仁青诞生在卫藏澎域玛觉地区，因具有超胜的智慧成为“藏区九大智者”之一，被誉为教法前弘期优秀印藏文翻译家，也是在大堪布菩提萨埵座前出家的“预试七人”之一。他极力推崇龙树中观见地，以正理和辩才辩胜了摩诃衍那，在大班智达比玛拉座前广泛听闻内续三部法，在莲花生座前听受密乘灌顶和窍诀讲授并成就持明果位，列为莲师心子“君臣二十五人”之一，示现啖石如食的神通。在朗达玛灭佛之时，来到康区，培养了邹日·仁青迅努等弟子，广弘幻网续等续部法门的讲修传承，利生事业得到圆满而入寂。

大译师涅·嘉那古玛拉

以玛哈瑜伽为主的内续三部法初持教者涅译师，诞生在雅砻协巴或名邱地区，父名涅达札拉囊，母名佘萨·珍吉，其颈部有形似金刚十字杵的黑痣。在菩提萨埵堪布座前出家接受比丘戒，得赐密名嘉威罗珠，依止莲花生大师、比玛拉、毗卢遮那、玉札宁波等大德，接受了经典注疏及笔记宣讲传承源流、耳传窍诀及要义引导传承源流、加持灌顶及授法指点传承源流、修业仪轨及护法猛咒传承源流等四大传承源流，成为大密教法初持教者。莲花生大师在甘露功德坛城中为其灌顶，使其心续得到成熟，示现了在雅砻水晶洞岩石上掘出泉水等神通，尊者修行成就后，从莲师座前接受幻网续的宣讲传承。

尊者主要是依金刚橛法部获得成就，在赞普赤松德赞逝世之后，王后慈邦萨对大多数班智达和译师不恭不敬，以势压人，涅·嘉那古玛拉迁居雅卓地区，遭到堂兄聂格敦的敌视，谎称尊者是外道咒师，并窃取用颜料涂抹的颅碗里的红色给人们看，将其粘在刀尖上说“这是邪教的把戏”，进行挑拨离间。为了消除众人的怀疑，尊者在其住处幻化出了宝物，众人亲眼看到他的神变之后，就不再相信堂兄的话了。但堂兄还不肯罢休，仍旧千方百计加害于他，尊者知道此情后离开当地，前往贡波钦域地区的山林静修。山谷里有七只山羊，尊者就叫近侍喇弥沃赞去赶走这些山羊，侍者对尊者说：“这样不妥吧？山羊也许有主人。”尊者说：“这山羊应该没主人，快赶走吧。”但结果来了一位名叫钦夏若的主人，他愤怒地说尊者偷了其山羊，尊者以七倍的价格作赔偿，他还不放过，恶狠狠地把尊者的茅房毁掉，还拿着一把铁锤追赶尊者，尊者只好逃进一座经堂并关紧殿门，钦夏若用力敲打门楣，还差一点击伤了小僧人。尊者觉得在那里也没有容身之地，就去了卫藏。

在路上，一位叫卓色琼的人追赶着一只鹿迎面而来，当遇到尊者时，他的马惊慌跳起，鹿也跑得无影无踪了，卓色琼勃然大怒，朝着尊者迎头杀来，尊者立即做了一个“逃离”的意念，结果没有被卓色琼发现而摆脱了困境。

当时，赞普被其母后玛坚毒死，阿阇黎比玛拉以神变从汉地来到超度法会上，尊者拜见了比玛拉并向其供养了一藏升金粉，阿阇黎问尊者道：“译师师徒安好？”尊者回答说：“雅卓岗地欲安居，格拉敦者不容留；钦域地区欲安居；钦夏若者不容留；中土卫地欲安居，卓色琼者不容留。”听到此话，阿阇黎心想：若对译师们有轻蔑行为，将会影响教法的兴衰。于是，把圆满金刚橛和金刚橛法下部传给了尊者，然后，班智达和译师在洛扎卡其尼山洞用二十一个担木金刚橛修行金刚普巴，结果，坛城上的金刚橛相互碰撞发出声响，获得了成就。此时，因对山羊主人还心怀不满，尊者在定修中举起金刚杵说：“对夏若！”（“夏若”在藏语里意为“乌鸦”）结果，招来了空中所有乌鸦。尊者又说：“对钦地夏若！”从钦地招来了一对乌鸦，尊者显出愤怒之相并把金刚橛指向一只乌鸦时，乌鸦顿时毙命。阿阇黎比玛拉说：“你已成就了诛法并依此威力诛杀了它，现在你能依靠法性的威力让它起死回生吗？”但尊者却没有施展像阿阇黎札兰达日和弟子黑行尊者那样的起死回生之术。于是，比玛拉向乌鸦撒了一把沙子，乌鸦果然复活并飞走了。他对尊者说：“没有以证悟之德降伏我执，就使用诛法，即使成就了，也有严重的罪过。”说罢，就作了超度仪轨。当时，尊者还在比玛拉座前听受了诸多内续三部法门，被荣松大师称为密教第七源流。

那时，钦域山神变身为白色牦牛前来，尊者降伏了它，紧接着以金刚橛扬起仪轨将钦夏若、三魂狼以及其眷属连同坐骑和狗都一一诛杀超度，并使其断了后代。然后，金刚橛指向堂兄涅·格敦，但猛咒在表相上要依靠嗔恨金刚的缘起，尊者因上师比玛拉的加持而生起了大悲心，使其密意入于法性之界而未能诛杀。比玛拉说：“如果能找到一位具有降伏法相的助伴就可降伏。”于是，尊者就去寻找，结果找到了一位具有忿怒金刚形象的人，名叫索波拜杰，尊者就设法将其摄受为弟子，并赐名为拉·拜杰益西。与此同时，尊者看到沃赞拜杰迅努也具有修成金刚橛之相，于是，师徒三人共修金刚杵法并得以成就。

格敦听到此事以后，就准备去杀尊者师徒，旁人劝他说：“千万不要去伤害僧人。”但他没听进去。他在临行前的头天晚上做了个梦，梦见自己被许多女人围住并遭到砍头。第二天，他把此梦告诉了妻子，妻子极力劝阻此行，他不听劝阻而骑马上路了。当他正在路上时，突然飞来一只巨鸟，他的马受惊而跑，格敦从马背上重重地摔在地上，被摔得粉身碎骨，当即一命呜呼。后来，人们称这是护法亲自诛灭了他。当时，索波拜杰益西取出他的心脏呈给阿阇黎时，阿阇黎说：“诸恶莫作，众善奉行，自净其意，众生安乐。”并把他超度。与此同时，卓色琼在勒邬塘放马时，尊者将其灵魂勾招并以诛法降伏，还将其变身为蓝色狼的护法神，魂狼偕同眷属全部制伏。

此外，尊者在与佛祖无二无别的众班智达座前，听闻声明、因明、显宗和内外密宗等教法和外明学问并获得通晓，成为经幻心三部教法之主，以闻思之式培养了众多优秀弟子，主要有索波·拜杰益西、沃赞·拜杰迅努、念青拜阳、塔桑·拜吉多杰即“前四拜”；朗确·拜吉多杰、达杰·拜杰扎巴、札·拜杰宁波、拉隆·拜吉多杰即“后四拜”，共称“拜氏八弟子”；以及邬巴多萨、杰·帕巴西绕、布苏格确等，对教法众生恩德巨大、不可估量。最后，尊者以大圆满耳传金刚桥法和窍诀部获得悉地，成就明空光身而圆寂。

如是，在传承之源玛涅二师之后形成三个传承，努钦·桑杰益西成为三个传承汇集为一身的持教者，三个传承即：玛托仁青传邬日·仁青迅努和杰日·确迥，他们传达杰·拜杰扎巴和祥·嘉威云登，祥师传努钦，史称第一传承；在诸教法源流中没有邹、杰、祥三师的传记。玛涅二师传库·向秋沃和克祥·嘉威云登，祥师传努钦，称为第二传承；涅大译师传索波·拜杰益西，其传努钦·桑杰益西，称为第三传承。

索波·拜杰益西

索波·拜杰益西诞生在雅卓地区，有说此尊者早在莲花生时代就获得成就，但在共同境相中以铁匠之相而居。传说涅大译师因博学多才，有三次生起了“我比上师们更具智慧”的傲慢心，以此果报遭遇了三次生命危险。为了消除灾难，阿阇黎比玛拉指点涅师要寻找一位具有降伏法标志的助伴，涅师根据上师的授记去寻找时，他遇到了具有忿怒形象的索波·拜杰，发现他头部结成一个空行结、下身形如三角形等具备了所有所需法相。于是，涅师一边帮他吹起火皮桶一边宣讲显教法门，但他无动于衷，涅师就宣讲外续三部法，发现他有时听法，有时把铁锤敲得叮当响，涅师就一边宣讲内续三部法，一边把铁锤敲出的碎铁片接连吞下，这使索波觉得很神奇，就问道：“如此的神变是靠什么得来的呢？”涅师答道：“就是修习刚刚所传法门而来。”听到此言，索波顿生信心，就把所有工具全部供养给涅师并拜师，取法号“拉·拜杰益西”。

后来，涅玛尔父系兄弟为了报仇雪恨而将涅师打入监狱，索波·拜益考虑到为了上师的安危当有献出生命之勇气的金刚誓言，果断杀掉两名狱卒，把上师从狱中营救出来，如是，他三次制伏了上师的冤家。因此，上师非常欢喜，亲自幻化金刚橛坛城摄受他为金刚弟子并赐予了所有成熟灌顶和解脱讲授之窍诀法门。后来索波·拜益将在涅师处所听闻的教法全部传于努钦，其事业得到圆满而入寂。

大密中持教者努钦·桑杰益西

努钦诞生在卫茹札吉普地区，父亲努·萨维旺修，母亲钦摩·扎西措。关于努钦的生卒年，有些智者认为他生于赤祖德赞时期，卒于赤则王时期；有些智者认为生于赤松德赞时期，而卒于赤则王时期等多种观点；但大译师达玛熙日认为：尊者于公元884年，即藏历绕迥前一百八十五年阳木鼠年一月诞生。在他诞生的前一年，祖坟所在地札日沃切山上长出了檀香树，汉地一位大和尚经过观察，就说这是化身圣者诞生之兆，并对如何抚养灵童等方面做了指点，家人也根据此授记如是照办了，为其取俗名为“多杰赤祖”，进入佛门后取法号为“桑杰益西”，密名为“多杰央旺德”。

尊者到了七岁以后，跟随沃赞·拜杰迅努学习各种外明学问并熟练掌握，在菩提萨埵堪布座前削发出家。根据《持明集根本续》“桑杰益西如意宝，尤其示现身之密”的授记，在少年时代依止莲花生大师，接受八大法行灌顶之时，所选本尊花朵击中妙吉祥坛城，经过实修而现前成就之相。后来在印度和尼泊尔边界五股金刚洞也听闻了许多续部和窍诀法。此外，还依止熙日森哈、比玛拉、噶玛拉希拉、达纳达拉、察同那波、贤当噶尔巴、达纳桑智达、索嘉德瓦、达纳然齐达、婆罗门萨维坚、达玛菩提、达玛然札、邹拉拜格、瓦苏达然、切赞吉等印度、尼泊尔、勃律的诸班智达和译师，以及西藏智者涅译师益西迅努和其“拜氏八弟子”，其中主要依止八弟子中的索波拜杰益西和玛涅二师共同弟子祥·嘉威云登，对一切显密内外续部及窍诀法进行了彻底闻思并获得通达。

尊者先后七次前往印度和尼泊尔，翻译了大量续部、窍诀法、护法仪轨，尤其是在木蛇年即尊者五十四岁那年，前往尼泊尔的瓦斯达然大师座前，听闻无数灌顶教授，以对深法的信心和供养使上师欢喜，阿阇黎对他说：“在印度有我的上师名叫萨维坚，已住世一千六百年了，你去他那里求法吧！”于是，尊者前去印度，在波罗奈斯城拜见了瑜伽者萨维坚，听闻了诸多法门，尤其是听受了所有《总经意集密续》的灌顶和《集密意》的窍诀法。若·尊珠森格大师认为萨维坚与德瓦萨智是同一人。当尊者祈请上师传讲《集密意》时，瓦斯达然说：“达纳然齐达、达玛菩提、达玛然札三位大师应切赞吉的邀请，如今住在勃律地区，你在他们那里求此法吧！”于是，尊者根据上师指点来到勃律，在四位班智达和译师座前主要听闻论点教授，此外，对所有灌顶、教言、实修等窍诀要义作了除疑抉择，了悟于心。

关于尊者获得成就之情，他在多杰贡郭圣地潜心静修之后，获得开悟而抉择了实相。在金刚座和雍仲伏藏宝地，密主为其亲现尊容，法器金刚落到尊者手中，授予了名称灌顶；在沃莫园，乾达婆子孙称他为“佛陀”；在岗桑和九州湖，受到夜叉和龙子三兄的供养；在尸陀林，恶鬼子孙恭敬顶礼；在沃弥园，亚曼达嘎（大威德）亲现尊容并赐予灌顶悉地，成为密法之主；阎罗空行将自在女众交予他作为护法。根据文殊菩萨的授记，在印度密黑谷尸林，一髻佛母赐予他悉地物，以此显现法界智慧而获得至高成就，亲见莲花自在王和大威德坛城，获得灌顶和悉地。

此外，尊者有着无碍神通与天眼等功德，不沉入水、无碍穿行于山岩等传奇佳话无数。尊者原本打算将卫藏札吉央宗圣地作为主修道场并打算潜心静修，可当时正值国法衰败、派系纷争猖獗的时代，努钦师徒历尽艰辛，往昔，尊者的前一世贤巴玛茹则诞生在印度，其行使利生事业的剩余所化领域，尊者在今生使其如愿成就、事业圆满。

藏地因朗达玛灭佛等事件，致使教法历尽沧桑，尊者用猛咒降伏了诸多毁教魔敌，由此佛教事业的激发，在表相上，出现了三次地方性的暴乱，尊者的两个法子遭遇陷害，尊者曾说：“藏地中部烦恼起，维生之食奴仆夺。”“我即努氏小僧人，由衷发心依法行，嗔恨敌却不容行，为护佛陀之教法，忿怒之心随即生，思维显示正法力，修学各种威猛咒。”如是，尊者从印度和尼泊尔迎请了无数猛咒之法，尊者说：“依止十一上师尊，主依智者四上师，拜杰森格阿阇黎、印度察同那波尊、彭协贤当嘎巴师、尼国瓦斯达然尊，四位智者密意中，所流窍诀溢于心。”此等窍诀的要义源自尼泊尔上师，如云：“尼国法王阿阇黎，阳奈雪之洞中说：‘努氏小僧来此地’，赐我大尸灌顶与，文殊寿主作本尊。”“我乃桑杰益西者，雅玛堡作禅修房，扎拉那波山顶上，转动劲能之风轮，摧毁三十七城邑。”

如上所说，尊者在六十一岁时，札地发生叛乱，他以大威德猛咒摧毁了许多城镇之后逃往努地区，在那里没有找到容身之地，就到了尼莫协卡地区，但在那里也遭到了军兵的包围而危在旦夕。这时，尊者在房顶以众多天神妖魔作为见证，口诵谛实偈颂，手抖法衣，招来了护法众神，他们说：“我们虽有将须弥山王化为灰烬、如敲击绕钹般使日月碰撞、让天地颠倒之本领，但过去因前世业债，未能向您恭敬承侍，如今保证依教奉行。”于是，尊者从法衣吊边取出降香金刚橛，借助护法的威力，摇晃金刚橛指向军兵所在的山上时，山上突起熊熊烈火，将所有军兵烧为灰烬。

降伏了怨敌之后，尊者也因此而遭受了三年的贫困。在赞普赤祖德赞之前，尊者经常往返于印藏两地，在赞普朗达玛灭佛之时，赞普问尊者说：“你有什么威力？”答道：“请看我这念修咒语的威力。”说罢，尊者以契克手印指向空中，只见手印上出现了九只如牦牛般大的黑色铁蝎累叠而居，赞普惊慌失措，连忙说：“我不伤害三宝瑜伽师，您尽管行持佛法。”尊者又说：“请您再看这个威力。”说完，用契克印降下雷电击毁了对面的岩山。这时，赞普惊恐万分，对尊者说：“我不会伤害您和您的弟子。”就这样，赞普立即放了他们。因此，传说在当时白衣蓄发瑜伽圣众没有遭到攻击是仰仗了此阿阇黎的威力恩德。后来，尊者看到朗达玛如此毁灭教法，于心不忍，准备再次念修诸多如利剑般的猛咒法门，以慈悲行使诛法之时，听说恶行赞普被拉隆拜吉多杰所射杀，就把此等法门伏藏起来了。

此外，尊者撰写了《总经意集密续释·除暗盔甲》《斩断疑难论·演说利剑》《幻网八十之现观疏》《大圆满窍诀·禅定目盏》等诸多论著，以讲修伟业将生圆大圆满三法传遍大地。尊者培养的弟子数目众多，特别突出的弟子有五人，即“心传四弟子”和“殊胜一弟子”，此乃如尊者道歌云：“努僧央旺德，智慧森林中，功德大树旺，灌于五圣子，一人得树根，伦钦帕巴尊；一人得树叶，勒毕珍美是；一人得花朵，丹吉云登者；一人得果实，益西旺修者；一人得全部，拥登嘉措也。”如是，“心传四弟子”即：巴郭·伦钦帕巴通达如同树根的续部法，素敦巴·勒毕珍美通达如同树叶的甘露妙药法，丹吉云登通达如同花朵的辩论法，索·益西旺修通达如同果实的密意见地法。“殊胜一弟子”是通达所有四种法门的库隆巴·拥登嘉措。在《总经意集密续》灌顶自身的历史中也有“灌顶续法窍诀受教于库隆巴，四灌顶法受教于索氏”的记载。此阿阇黎诞生于赞普赤松德赞时代，因成就长寿持明悉地而住世至教法后弘期。这样，尊者大弘经、幻、心三大教法之后，最终以自性大圆满圣道成就任运虹光之身而圆寂。

殊胜心子努·拥登嘉措

努·拥登嘉措诞生在努域绒地区，父亲名为努杰·赤木吞赞，母名聪萨·沃丹，其前世与努钦·桑杰益西是父子关系，前世的哥哥印度达纳达拉通晓二十一种语言文字，成就长寿持明果位，他用神通得知自己的弟弟生在琼绒地区，成了一个住在村庄的僧人之后，非常想见到他，于是，他就修习夜叉母神足并得到成就，但羽翅遭到斩断而未能前行。他又再次修习神足，结果，夜叉母将达纳达拉装入衣襟后一夜之间就送到拥登嘉措身边。在那里，他对自己的前世弟弟拥登嘉措极为关爱，赐予灌顶等教法。教诫拥登嘉措不要把闹市作为修行地，为他指点了如同卡东云穆邹绒等要地，传授了红黑阎罗敌和阎罗母续等甚深法门之后返回了印度。

拥登嘉措到了三十岁时，有一次他去打猎，在修拉那波山上遇到正在那里修行的阿阇黎努钦·桑杰益西，阿阇黎想到拥登嘉措与自己在前世是父子关系，同根同宗又极具善缘，就摄受他为弟子，将深法的灌顶、窍诀、护法及其附法无余赐予尊者，成为集教法精华和智慧精髓于一身的圆满持教者。此尊者驻世时期也发生了叛乱。有一次，尊者被一百多位凶徒团团包围，尊者因成就了炽燃怒目之悉地，只见他右眼冒火、左眼流水，使怨敌魂飞魄散，顿失伤害之心，丢下兵器，各自逃命而去。

尊者获得许多本尊的亲显而现前无漏神通，自在驾驭四大而任意指使护法，登上菩萨第三地、获得共与不共两大悉地等，欲知尊者更多殊胜事迹，请参阅索派的文献史书。

殊胜法子努·益西嘉措

努·益西嘉措，父亲努·拥登嘉措，母亲是兰·多杰巴的妹妹索玛勒。因前世积累福报、修习忍辱心而相貌端庄，内心调柔，令人舒心锐意。具备智慧、正信、精进等功德和殊胜行为，以极大的恭敬心和三门尽力承侍使上师欢喜，从而得到上师的智慧密意，赐予尊者一切经续教法和窍诀，成为教法之主。以满瓶倾注之式听受父尊的一切灌顶法库，尤其是在库隆卡隆地区为其传授四传承灌顶法，取密名“多杰珠旺札”。因尊者圆满念修此等深法，获得殊胜成就、证悟实相奥义，诸多本尊为其亲现尊容，能为他人显示自身本尊坛城，所有护法众神和非人立誓听从他的指使，不管行使任何诛法事业，立即现前其威力等，总之，尊者是一位身居持明成就高位的大圣者。

酿钦・西绕确

酿钦・西绕确是拥登嘉措父子和索・益西旺修的弟子，尤其是尊者乃拥登嘉措称为“四大持教弟子”中的幻网和心部法持教弟子，以通达生、圆、大圆满三法而著称，直击二次第禅定要义，开启普巴金刚坛城，获得本尊的亲见，尊者以金刚橛击打岩石如同插入松土一样无碍等，示现成就者征相事迹颇多。此外，还建立了多拉雄寺，利生事业获得圆满而入寂。

酿・益西迥烈

酿・益西迥烈诞生在酿氏家族中，依止酿钦・西绕确，通晓显密教法尤其是生圆窍诀深法之故，成为酿钦心传首座弟子，尊者所传之法脉遍布四方，形成了以其姓氏命名的法脉“酿派”传承，也称“荣派”，事业获得圆满而趣入寂静之界。

大密教法后持教者大苏・释迦迥烈

大苏・释迦迥烈乃吉祥黑如噶化身，诞生在多康亚宗或名萨尔摩地区，父亲是光明天神种性者苏桑・西绕迥烈，母亲为大施主德瓦坚札。尊者入住母胎之时，父亲梦见一千幅金轮降于自己的手中，圣观音菩萨融入尊者母亲身上等，出现了许多祥瑞征兆，故此，确定其为化身圣者而取名“释迦迥烈”。小尊者在其父尊座下学习文字读写，并且闻受幻网续部。

在喇钦贡巴绕萨座前次第接受居士戒、沙弥戒、比丘戒。喇钦说：“他是一位殊胜化身，就不需要更名了。”在祖父苏・仁青嘉措座前听闻了三藏教法和内外续部法门并获得通达，尊者说：“我骑上风脉之马，身穿拙火之衣，带上教言之伴侣，以信心作为向导，越过多康地区来到旦木地区。”如是，他从康区到了旦木地区后，人地两生，不知去路，这时，从云层中出现两位天子为他指明方向，使他顺利达到卫地。

尊者在雅砻那莫隆地修习事续法时，觉醒大密无上法乘种性，使他如是想到：取舍劳作之道乃是束缚之因，但愿值遇一个事半功倍的甚深无上密法之道。当天晚上，他在梦中听见有人叫他到密林圣山观修。于是，尊者根据授记沿着雅鲁藏布江，面朝后藏地区前去该地，他向本地人询问道：“哪里有精通密教的成就者？”答道：“在三连林苑中。”他就到了那里，在格贡杰夏大师处听闻了甘露妙药等法门，在曲隆的酿·益西迥烈大师座前听闻苏派传承幻网续和心部法。此外，在托嘎·朗卡德大师座前听闻经续疏巴考本与大圆满窍诀法；在年那旺扎和杰·释迦坚参大师处听闻秘密灌顶和方便道法；在酿堆地区哲·措琼大师座前听闻彻却、托嘎和幻网道次第法；在钦普的若·释迦迥烈和丹玛·西绕慈城前听闻真实意本尊法；在休敦·索朗释迦前听闻所有总经意集密续口传、灌顶修法、续部注疏以及事业行持法部。

尊者以三轮体空供养此等成就智者上师，使其欢喜，听受了一切续部教言窍诀并证悟其密意，对显宗经藏和密宗续部所有教法获得通达，使本续与讲续结合；本颂与注疏结合；续部与修法结合；修法与仪轨结合，并且将其付诸行持。在密林圣山专修真实意本尊法，对生圆次第和大圆满见地达到了悟的境界，喉间受用轮脉结得以解开而增长了无边智慧，也为众多弟子传讲了《总经意集密续》和大幻化网续。

此后，根据空行母的授记，前往达那山谷面朝东方的一个有鸥巢的山洞进行修习，在那里观修真实意九本尊，获得大吉祥真实意九本尊的亲见，因此，根据此圣地与尊者的因缘，后人称他为“欧巴隆巴上师”（意为住鸥鸮山谷的上师）。其后，根据三空行母的授记前往祥达地区，尊者住在祥莫·云登坚所供养的修行洞中，其眷众住在茅棚跟随其修行。经过多年的精进之后，静猛会众为其亲现尊容，尤其是与真实意本尊会众如同人与人相见，相互交谈。八郭日等神众听从其役使，非人众也对他言听计从、辅佐事业。在当地有一口护贝龙王的泉水，尊者用铜板覆盖此泉眼，并在其上建造了一座寂静圣众佛殿，当时，工匠们把柱子做成长短不一、曲直各样，尊者以神通使其恢复如初，所以，此道场根据上师法名称为“吉祥鸥鸮山谷”。

在那里，他们师徒一百多人进行了为期一年的真实意本尊共修并获得成就，修行圆满之后来到卓布松多地区。当时，上师生起证悟觉受而兴奋不已，在岩石板上跳起黑如噶金刚舞，结果，如同陷入稀泥般脚踝以下全部陷在岩石中。这时，小苏尊者说：“我的上师的确是真实佛陀啊！我要顶礼。”说完，用头顶触碰留有脚印的岩石时，岩石上清晰留下了小苏尊者头部连同发髻和耳环的印迹。桑贡·西绕坚参说：“上师叔侄留下的此胜迹，如果被人畜踩跨将是大罪过。”说罢，把几个手指变幻为几位大力士，将如同金刚的岩石竖立起来，这时，祥·谷琼和木雅·琼札说：“这个岩石的稳固，是我们的责任。”于是，他们每人拿起几个大力士都无法挪动的磐石放在金刚岩石的两侧。如是，尊者师徒示现神通的传奇颇多。

此后，开始修建卓普寺，不久，寺院圆满竣工。尊者到了六十一岁时，有了收归化身坛城趣入涅槃的意愿，将居住在札嘉沃山的小苏尊者召至身前并将他的传承交付于小苏。尊者对其他弟子们教诲道："小苏获得了大吉祥黑如噶身语意悉地，在成就方面已经超过我了，以后不管他做什么，你们都要以清净心看待，甚至连他的身影和脚印也不能跨越，他会像我一样主持道场，你们当恭敬承侍。"说完，上师就移居善巴禅房了。此后的有一天早上，尊者对近侍说："今天的早餐要早一点准备。"近侍在日出时到上师身边，见他着装收拾，就问他："您今天到哪里去啊？"上师道："我去大乐之刹土，大吉祥与我无别，本尊座前请祈祷。"说罢，他手舞金刚杵铃，法体化为光芒融入大吉祥黑如噶像的心口。当时，有康巴地区的信众前来供养，尊者就在他们的路上化现坛城，在其中接受供养，为他们加持回向之后消失。

拉杰大苏尊者培养的主要弟子有"绝顶四弟子"和"外绝顶一弟子"，共称"五绝顶弟子"，及"一百零八大禅师"等。"绝顶四弟子"是见地绝顶者小苏·西绕扎巴、传讲幻网续绝顶者木雅·琼札、智慧绝顶者祥·谷琼、禅修绝顶者桑贡·西绕嘉波，"外绝顶一弟子"是在通达教法的基础上通达世间法绝顶者札上师，此外，还有珠禅师巴降、尤禅师那波、杰禅师释迦杰、苏禅师多迥等一百零八禅师等，传说皆为具有无碍飞行虚空等神通的大成就者。

小苏·西绕扎巴

大苏·释迦迥烈的"绝顶四弟子"中的佼佼者，乃拉杰小苏·西绕扎巴，在也茹后藏地区伴随着种种祥瑞而诞生，父亲为阿阇黎苏·塔巴禅修者，是苏桑·西迥的哥哥，母亲名为西绕吉。尊者七岁开始学习文字读写，九岁就掌握了静猛圣众韵颂行持。到了十三岁时，因妻子的无理取闹，尊者对轮回生起了强烈的厌离心，他没有与父亲商量，也没有向母亲要路粮，更没有顾及朋友的面子，只带了一件狼裘前往拉杰大苏座前。上师问他："你姓什么叫什么？"尊者想：如果说我的姓与上师一样，恐怕有不恭敬之嫌。于是就回答道："我姓小苏，名叫西绕扎巴。"从此，尊者被称为"小苏·西绕扎巴"。

上师发现尊者为具缘弟子，就叫他闻思修行，使他的智慧得到极大的增长。尊者在生活上极度艰辛，经常把上师布施的朵玛食子捡起来做成发酵糌粑糕食用。上师看到此情后，就对尊者说："以后你到我家来吃饭吧。"但尊者却说："我不能享用上师的信财。"仍然坚持苦行者生活。有一天，尊者向上师供养了发酵的糌粑糕，以此缘起，上师授记尊者将来会有大的福报现前。

尊者以大精进致力于闻思修行，开启智慧之门，生起不可思量的证悟功德。根据上师的旨意，他与一位名叫玉姆的富裕瑜伽者母女结合为一家，有了这些条件，尊者听闻了一切灌顶和窍诀，写完了所有经典著作。根据上师的要求，尊者把这些书籍请上师过目时，上师对其很满意。有一次，尊者示现神通，他以离地面一肘高的行走方式转绕佛塔，上师见到此情很欢喜，心想：他是位化身圣者，实在稀有！

当时，尊者不管在深谷还是在山顶，都有非人神众的食物供养等现象，其所有愿望获得任运成就。于是，尊者想：如今应该能成办利众事业。这时，上师也对他说："现在，你可以讲经说法了。"就这样，尊者开始传讲《总经意集密续》，集聚了三百多听法者，获得了上师的高度赞扬，但也引起了一些人的些许不恭敬，他们说："上师赞美抬高自己的弟子。"

有一次，师徒们前往哎玛多杰地区传法，路上看见一对病狗母子，它们的下身已经生满蛆虫。看到此悲惨的场景，大苏上师摸了一下病狗母子，而小苏却把它们杀死并把其身上的蛆虫吃掉了。这时，其他弟子说："小苏简直是个疯子，让他这样的人担任讲经的法师，施主们肯定会退失信心的。"但上师却说："我虽然知道病狗母子会堕入恶趣，但未能度它们，而小苏能够超度它们，实在稀有啊！"小苏做了一个手印姿势并把所吃蛆虫都吐了出来，顿时，狗尸就变成了供养天女，所有蛆虫发出嗡嗡的叫声飞到空中去了。众人惊奇万分，说："这简直像变魔术。"

当时，大苏上师把颅碗抛向香曲河对岸并说："谁拿到此颅碗，我就把道场交给他主持。"结果，其他三个绝顶弟子未能拿到，而尊者却连脚也不沾水，就轻易地把颅碗给拿回来了。上师又让他们比试"气"功，其他禅师们示现了脚不沾地而行走的功力，小苏尊者却在有娑罗树高度的虚空中自由行走并提前到达善巴禅房。从此，其他三位绝顶弟子对尊者心悦诚服，对上师的言教无违奉行，在恭敬承侍方面可谓圆满。

此后，因受到了三次授记，尊者将住持道场重任交付于其他三位师兄，自己前往札嘉沃九聚圣山潜心修习，因此，人们称他为"德协嘉沃瓦"。尊者刚到那里时，地神兴风作浪，制造违缘障碍。有一次，尊者梦见一个黑人抓住自己的脚并旋转于头上，然后摔打在岩山上，尊者惊醒，发现这个黑人就在身边。又一次，出现小山羊般大的蝎子，遍及尊者的禅房，尊者抓住蝎子的双角劈成两半并说："恶蝎不善分别忏。"（藏语中蝎子与恶业同音）如是，以依语不依义的玩笑示现神变，对所有蝎子以大日如来法超度，使其顿时消失于虚空。又一次，蚂蚁泛滥，侵扰禅房，尊者用棍子捶打，近侍指责道："你要念及罪过呀！"于是，尊者将蚂蚁放在嘴里，噗地一吹，所有蚂蚁化为金刚萨埵。见到此景，近侍对尊者生起了强烈的信心。在进行《大幻化网密续》中所述手印禅定修习时，金刚萨埵亲现尊容，使整个塔山谷虚空中遍满金刚萨埵。因成就了外相遍尽之成就，尊者能上天入地、无碍行走于火、水、风、地四大中，一切显现皆成为分别明了的金刚萨埵自性，但尊者认为这只是善分别念增长的标志，不一定都是真实的。又因境心法性三者融为一体、密意达到遍尽处之故，能无碍穿行于山岩土石、如飞鸟翱翔于空中，对五大获得自在。

当时，巴·格彤派遣一位智慧超群的弟子与尊者辩论。巴氏弟子以柱子为例开始辩论，尊者说："像你们这样迷乱的世间凡夫俗子前显现的是平常的柱子，而在我大圆满瑜伽者的无偏义自现中柱子是不成立的。"说完，尊者将手臂无碍地穿插于柱子之中，这时，对方对尊者生起了信心并成为其弟子，此人就是玛托香巴。又一次，琼波扎色格西派四位通达显宗的僧人前去辩论，他们的雄辩之词被尊者的有力具义之辩才所击倒，辩论者心服口服，成为尊者弟子中的佼佼者，史称"四柱弟子"。

尊者原本计划在札嘉沃圣山用二十四年作为一座闭关修习来现前虹身成就，但由于两个原因让他不得不出关。其一是在闭关进行到第十四年，果察说"方便道之后要有母续"，就前往谷·库巴座下；弥琼旺桑说"坛城外现之后要有瑜伽续"，就前往松巴耶巴尔座下；谷琼旺艾称"在基道修行之后要有因明"，就去了邦噶达琼座前。因此，尊者不得不出关停止修习。其二是拉杰欧夏隆巴上师欲不舍肉身而成就双运果位之故，尊者接到上师"你要继承我的事业"的指示，不得不前去接受师命。

在尊者事业兴旺时，藏地的密咒圣众无不恭敬顶礼，但谷·库巴勒则因过去自己被赶出苏巴道场而怀怨在心，对新派僧众作了对苏派人不行礼和不位居其下的规定。但不久在香地的一次法会上，谷氏来到位居首座的小苏尊者前面，他未能抵御尊者的高深见地和密意之威势，如同往昔五比丘所做的私下约定一样，不仅之前的誓言顿时销声匿迹，自己还首先对尊者恭敬顶礼。法会结束后，别人问谷氏原因时，他说："当我到了他面前时，我的心中生起了他不是凡人而是吉祥黑如噶的念头。"

在拉色莫地区亲眼见到众空行母跳起金刚舞，尊者就指派她们帮助修建寂静坛城。在竣工后的开光典礼上，尊者用衣袖抽打当坚护法的塑像并问道："你能护持佛教吗？"果然，当坚像点点头，尊者又问道："能提升三宝的威严吗？"当坚像又动动嘴唇。此外，尊者具有超凡的神通，驾驭日光来往于各地，比如：他早上在邬巴隆山谷进行早间传法，中午在卓普道场做午间法事，下午在札嘉沃神山进行晚间传法，等等，其讲、修、事业等利生事业无量无边。

尊者培养的弟子有："四顶梁柱""八大梁""十六椽木""三十二短椽""两大禅师""一位牢骚者""两位老实者""两位达格绕""三位不成器者"等许许多多。其中，四顶梁柱弟子是：心部法之柱是来自贡卫的觉敦释耶、总经意集密续之柱是来自迴隆的阳切喇嘛、幻网续之柱是来自曲瓦的兰·释迦桑波、事业修法之柱是来自那莫日的达度觉夏。如果加上玛托雄巴，也有“五顶梁柱弟子”的说法。八大梁弟子是：玛托巴、觉敦曲桑、兰·释迦向秋、札·释然、努敦·瓦玛、卫巴萨托、休敦达札、则顿香巴。

如是，在尊者利生事业圆满而将要示现涅槃之时，为顺应弟子们的劝请，他于五现前菩提之禅定中迎请密主化身入住母胎，从而诞生了相好庄严的苏·释迦森格（密主卓普巴）。尊者另一佛母生有“赞察二兄妹”之称的觉尊多杰巴法子和觉色女释迦姜，其后代也得到延续。

最后，于阳木虎年即尊者六十一岁那年，在札嘉沃圣地，伴随着天空出现光芒、响起音声、大地震动等瑞相而趣入密严金刚庄严刹土。

兰·释迦桑波

兰·释迦桑波是小苏西绕扎巴的心传弟子“四顶梁柱”之一，诞生在曲瓦地区，以精通传讲幻网续著称。他起初是琼波扎巴格西的弟子，格西是一位通达显宗经典的智者。有一次，格西师徒被一位施主邀请到酿绒地区，他们在那里遇见小苏尊者，格西对四位弟子说：“你们去以辩才击败那个叫小苏的持邪法者。”于是，四位弟子到了小苏那里，觉敦释耶第一个发问道：“请问拉杰大师，你主要观修大圆满吗？”小苏回答道：“请问，我有执着吗？”“那你没有修法吗？”“请问，我在散逸当中吗？”紧接着兰·释迦桑波发问道：“你们秘密幻网派承许一切外相皆为本尊和空行母的坛城，是吗？”小苏回答道：“现实的一切外相谁能说没有？”“那你们不承认这是坛城吗？”“为了清净众生的自续不净迷乱境相，在各种显密教法中都有阐述，这不对吗？”这时，四位格西弟子哑口无言。

如是，四位弟子轮番与小苏辩论，都以无言以对而告终，于是，他们立誓道：“如此通达无伪大乘教法、具足正理与辩才的善知识实在稀有，我们要设法离开原来的格西而依止小苏为上师。”这样，他们向小苏请求摄受他们为弟子并获得开许，后来成为心传弟子“四顶梁柱”。

兰·释迦桑波在小苏座前听闻了生圆大圆满修部法的灌顶续法及其窍诀，尤其是在也茹空行经堂听受总经意集密续的四灌顶并获得“多吉纽古扎”的密名，使他能以生起次第阻断凡夫境相，自在于圆满次第智慧等，登上了至高成就者之位。为苏·释迦森格或名密主卓普巴传承其父尊所有教法，所有利生事业均告圆满而入寂。

密主卓普巴大师

卓普巴于阳木虎年以化身圣者乘愿再来之式诞生在卓普地区，其父亲为小苏、西绕扎巴，母亲是四顶梁柱弟子中达度觉夏的妹妹达莫朱多姜。当时，小苏四顶梁柱弟子每人都出现了神奇梦兆，小苏上师授记道："我这个儿子入胎时，有密主金刚手融入母身的祥兆，因此，他将是一位能利益众生的人。"

小尊者诞生满八个月之后父尊圆寂，由其母亲和舅舅抚养，在达普地区住留达十五年之久。期间，依次在其父尊四顶梁柱弟子前听闻经幻心三法的灌顶、讲授、窍诀以及事业行持等所有父尊教法：在兰·释迦向秋前听闻幻网续和大圆满法部；在拉杰香巴那波前听闻大圆满后期续法传承及教授法部；在达度曲夏和兰氏前听闻总经意集密续；在称为总经顶梁柱的阳切喇嘛前接受总经意集密续四灌顶和所有窍诀，圆满听闻并除疑抉择，因此，取法号"自在威力"。尊者供养了以大中小般若经书为主的无量供品，使其上师们欢喜。尊者听到拉杰香琼巴·达玛索朗有从那朗·慈城向秋传给玛琼罗扎巴的《总经意集密续释·授记》传承，就迎请此大师并听闻了此法。如是，在闻思上获得圆满之后，进行了长时间的修习，从而掌握了在续部中所说的生圆次第之四要，获得三门与大吉祥黑如噶无二无别之境界。

此后，前往定日拜见当巴大师。当时，当巴大师预知尊者的到来，并对弟子说："今天，将会来一位密主金刚手的化身圣者。"就这样，为尊者准备了隆重的迎接仪式。起初，卓普巴想试探当巴大师有没有神通，就让一个弟子装扮成自己走在前面，而他本人以随从身份跟随其后，但当巴却早已知晓，他看到尊者脖子上有赘疣，就说："应该是由赘疣者带头顶礼，师徒顺序不应颠倒。"这时，尊者师徒对当巴大师生起极大信心，在大师座前饱尝了佛法甘露。随后，当巴大师授记尊者将成为教法大主尊。

有一次，在画金刚手唐卡的时候，尊者对画师说："你就画个这样的像。"说完，自身示现为金刚手法相。由于此等原因，尊者被共誉为密主金刚手真实化身圣者。在卓普的一次传法会上，尊者坐在没有靠背的法台上，虽然被无数弟子在围绕中间，但弟子们却能相互无碍看到上师的身前身后，使所有弟子对尊者与金刚萨埵坛城主尊无二无别深信不疑，公认为其化身圣者。

尊者摄受的上万弟子中，有上千位护持教法、具格主持道场、堪受宝伞的大善知识，其中主要有心传十二弟子，即：杰敦嘉那、松那廓罗、酿那多沃、达那邹多四人称为"四那波"；涅敦曲吉森格、加敦多衮、祥敦、嘉敦四人称为"四敦巴"；藏巴西敦、玉敦霍波、邦敦嘉久、卫巴曲桑四人为"四主"。此等传承弟子重点突出大幻化网续，以讲修二式将前密金刚教法之日光普照四方。

尊者在即将圆寂时，与心传四弟子一起前往卓普道场后山拉日东山顶，作了广大会供，作了诸多金刚预言之后说："你们不要因为我的圆寂而伤心，这次，我会不舍肉身而前往持明刹土，这样，利益教法的后代不断，有吉祥缘起。”说完，他唱着金刚道歌，腾空而起并逐渐升高。即将消失在虚空中，快要看不见时，四敦巴弟子们的心如同被掏空一般，落入极度悲伤的境地，仆地痛哭，呼唤上师的名字。结果，上师犹如飞鸟天降，回到他们身边并说：“你们这样会对后代带来不吉祥的缘起。”这样，尊者在第二年即六十一岁的木虎年圆寂，趣入无上密严总集刹土。

根据文殊上师麦彭仁波切的《传承上师祈祷文》，玛哈瑜伽佐钦传承从密主卓普巴续传依次为涅敦·曲吉森格、藏那沃巴、美敦贡波、西绕慈城、达那邓都、达·释迦培直至苏·向巴森格，苏·向巴森格之前大德的传记没有查到文献而未能在此处叙述。关于源自雍氏注疏的幻网续注疏巴考本的讲说传承，根据谷译师的《青史》记载，卓普巴弟子藏巴西敦和涅敦曲桑两位大师传藏那沃巴，其传美敦贡波，续传宋·西绕慈城，续传巴启释沃一直到达那邓都之间。而在《谷如札西佛教源流》等一些史书中说卓普巴传杰敦嘉那，后依次为卫巴敦夏或名当巴色扎巴、卫波休波、云登松上师、休波杜泽、达敦觉耶、迥波觉索、达敦色觉一直到达那邓都之间。下文中从嘉瓦雍敦到达那·卓玛之间与从达那巴到苏寒·释迦迥烈等传承排序略有不同，他们的传记也有详略各种，可供读者参阅，此处没有再述。

苏·向巴森格

尊者诞生在自在于威猛伏魔法的父尊苏·尼玛森格家中，自小觉醒大乘种性，看到别人伤害众生时，会以极大的同情心去救助。在楚普道场出家为僧，取法名向巴森格。对显宗理论和续部楚普传承极为通达。他在十四岁时，开始讲经说法并以此声名鹊起，雍敦多杰拜对尊者盛赞道：“我的上师苏·向巴森格是一位遍智大德。”登上楚普法台，为僧众传讲《俱舍论》，使被称为大善知识的听法者们也被他的智慧所折服。十五岁那年前往鸥鸟谷地区，在达·释迦培前听闻幻网续并成为通达此法的大智者。十七岁，开始传讲幻网续部并主持道场。

到了十九岁，在觉敦·珠巴本座前听闻幻网道次第法与秘密大圆满法部并以顿超式获得证悟。在二十岁时，从拉堆地区迎请达敦·色觉，听闻了幻网苏派传承利、能、深三灌顶，以及总经意集密续的本颂口传；在苏隆巴·珠托熙宁座前接受总经意集密续灌顶和听闻色派大中小静猛法；在塔译师尼玛坚参前听闻声明、因明；在楚普阿阇黎巴确前听闻以金刚鬘为主的诸多后密续法；在桑珠丹·珠巴拜座前听闻道果法；在云登贡上师座前听闻金刚手摧破金刚法；在本巴切衮座前听闻护法和医学历算；在岗巴释座本前听闻红黑阎罗和界部法等。总之，在许多上师座前彻底闻习内外明学问、各大经藏以及无数续部法门并自始至终修持，获得诸多本尊的亲见。

传谓无论何人到了尊者身边，心境立刻发生转变，不由自主地生起信心、出离心和慈悲心，因为其不可思量的智悲能功德，所有人确信尊者是位化身圣者。他培养了众多弟子，主要有行使利他事业的十六位弟子，他们以极其通达幻网道次第、秘密幻网法、注疏巴考本及其经法而著称，其中雍敦·多杰拜称为早期首座弟子，达那·卓玛桑珠多杰为后期首座弟子。最终，在尊者二十七岁那年，因为食用一位名叫拉卡的苯波教人所做的恶食，身寿和事业都未能圆满而入寂。

达那·卓玛桑珠多杰

尊者于阳木马年诞生在后藏达那烈萨地区的父尊本培家中，在苏·向巴森格处作了广泛闻思，对幻化网续尤为通达，在兰敦·索朗贡波前接受幻网续灌顶传承。因其具有不可思量的智慧，使教法的讲修事业得到广大弘扬。长期身居静处，在喜玛森格圣地潜心修习大圆满心髓妙法，达到明智如量相而平等现见如海佛刹。

苏·释迦迥烈和欧巴隆巴的上师森格巴从小就被尊者带在身边善加培养，所以，他们对上师的誓言一心奉持，对苏派传承恩德巨大。称为香巴遍智者的兰萨瓦也在孩提时代就得受尊者的许多灌顶和加持，从而成为大智者。总之，尊者是位极具加持力功德的圣者。阳火龙年即尊者八十一岁那年，他在临寂前对其法子说：“我要去极乐世界了，你的寿命也将会和我等同，之后，你要到极乐世界来。”说完，就示现圆寂。

卓钦·桑杰仁青坚参

尊者在阳铁虎年诞生在烈萨地区的父尊达那·卓玛巴家中。他在六岁时就对幻网密续获得通达。当他到苏·释迦迥烈处时，苏氏说：“这是我上师之子。”对其呵护有加。在八岁时，父尊重新教他仪轨和事业行持法，到了十四岁时就能担当灌顶的阿阇黎，他在父尊前听闻有关幻化网续的一切法并通达。

尊者向父尊提出出家的愿望，但没有得到开许，他说：“暂时不能。”这样，尊者以居士身份作了圆满闻思。他在年轻时迎娶了一位空行母，生下几个儿子，后来在曲阔岗地区出家，接受比丘戒，并严守戒律而居。他非常通达幻网续部，在四十岁左右为密藏幻网续和《道庄严》各造写了一部广释，为忿怒法部也写了一部详细现观，还造写详尽的超度仪轨。在父尊和其心传弟子图巴多杰等座前闻受诸多窍诀法并付诸修行。

在尊者七十岁那年将谷译师耶桑则巴摄受为弟子，为其传授了幻网静猛法的灌顶和长寿灌顶、《永断轮回续》灌顶、长寿主尊和《真实意本尊一火》灌顶、马头明王那沃传承和达嘉传承、金刚橛派六灌顶随许、心部十八法的明智威力灌顶、密藏幻网续及其注疏的讲义、尊者本人造写《道庄严》注疏详广讲说，此外还传授了幻网法四十总纲等四十部小论著、总经意集密续及其根本续总集、努钦的《总经意集密续释·黑暗铠甲》《幻网法八十颂》《二上师》《真实意本续》的口传、心髓四灌顶、美隆多杰的大圆满引导文、阿若派大圆满窍诀讲授以及从耶嘉瓦菩萨传下来的大悲观音心髓灌顶讲授法。

阴铁牛年即尊者七十二岁那年被冈波日禅林王·藏巴坚参迎请前往中部地区，尊者赐予他总经意集密续等深法的灌顶以及幻化网续等法的讲授和口传。最后，尊者在八十二岁那年即阴铁猪年圆寂于后藏地区。

谷译师迅努拜

尊者于藏历水猴年诞生在父亲瑜伽士谷敦·迥烈多杰和母亲色塔吉家中。在坚耶大堪布座前剃度出家，在噶玛巴迪幸协巴座前闻受菩萨戒和六法，在鄂·向秋拜座前听闻鄂派传承法门，尤其是在大班智达瓦纳然那座前接受大部分无上续部法的灌顶，听闻并翻译了文殊真实名经和精髓论、灌顶略说和贝美措的《六支行本颂注疏》。

藏历阴土猪年，尊者在已七十岁的卓钦·桑杰仁青座前听闻了幻网静猛法的灌顶和长寿灌顶、永断轮回法、长寿主尊、真实一火、那沃传承马头明王法和达嘉传承、昆传承金刚橛、大圆满十八心部法的明智威力灌顶等一切前密续法的灌顶教授。听闻了讲授法大幻化网密续及其注疏的讲义、上师本人所写《道次第庄严》注疏、《总纲法·明盏》等印藏四十小部法的讲授和口传、《总经意集密续》《本续明智总集》、努钦·桑杰益西所造的《总经意集密续注疏·黑暗铠甲》、幻网法八十颂和四十颂、《二上师法》《真实意本续》等法的口传。此外，还听闻了心髓四灌顶、成就者梅隆多杰所造大圆满引导文、阿若派大圆满讲授等法。

总之，尊者成为前译密教之教主，他本人也曾说："我对称为前密宁玛的教派尤为敬慕，因此，没有被舍法的污垢所染。"尊者对噶玛巴曲扎嘉措传授了心法释三部等诸多法门的灌顶、讲授传承。担任夏玛巴·曲吉扎巴接受比丘戒的戒师堪布，并为其赐予以幻网法为主的无数前后密续部法的灌顶、讲授和窍诀，为此，夏玛巴也将尊者视为其恩德巨大的唯一上师。如是，尊者以各种方便事业弘扬经教伏藏妙法之后，于藏历铁牛年即九十岁那年圆寂。

第四世夏玛巴坚阿仁波切益西白桑

尊者于藏历阴水鸡年诞生在哲雪康玛地区，父亲名为瓦东·衮巴交，母亲叫索朗卓玛。在苏芒寺拜见到第七世噶玛巴曲扎嘉措并在其前剃度出家，取法号“曲吉扎巴益西吉祥贤”。在果喜札巴堪布和班嘎巴座前也听闻了妙法。到了二十四岁，在谷大译师益西桑则座前接受比丘戒，听闻时轮金刚、胜乐、喜金刚、密集、大威德等新派诸密法和幻网秘密藏的灌顶和讲授等，先后听闻的教法无数。也在安朗•嘉瓦却阳后裔、大译师索朗嘉措前听闻了诸多前后密法门。在谷译师座前听闻金刚橛灌顶时，梦见莲花生大师为其显尊容、赐窍诀。

尊者掌握了所有前后密各法，博学多才，造写了许多注疏、修法、坛城仪轨以及答疑问等经典论著，都以词义善妙、详略适中、观点究竟而著称。他根据第七世噶玛巴和遍智笃洛巴观点，依具慈氏五论讲说了义如来藏见地。总之，尊者以智者三风将教法的闻思修事业业发扬光大。最终，于藏历木鸡年即七十三岁那年示现圆寂。

直贡·苏巴仁青彭措

尊者诞生在上部乌茹的直贡谷涅岗地区，承嗣于居日种性，八岁时在坚阿仁波切曲吉扎巴座前剃度出家。到了十三岁，在泽当禅法林，嘎波巴修缮昌珠寺竣工以后，迎请尊者开光加持之时，出现了种种神奇瑞相。在羊八井、隆薛、雪堆德卓等各大圣地潜心致力于修习。尊者在德卓修行期间，有一次，天竺成就者多杰贡波亲临其身边，给他传授了扎瓦然巴大师的气修窍诀等随许法。根据空行授记将其身份转为白衣瑜伽士，在羊八井根据所显伏藏标示，从德卓大经堂中开取了莲花生大师身语意精髓《妙法·极深密意》的五种黄页伏藏。

一时，前往吉祥铜色山拜见黑如噶形象的莲花生大师，享用会供，莲师根据三根本坛城为其灌顶加持，在赐予所有教授和随许法之后，黑如噶转化为莲花生大师，亲口给尊者赐予了诸多窍诀，此后回到人间，成为经教伏藏二法教主，在经幻心三法方面有着不共同讲授传统，尤其是突出八大法行九派、心髓法四部、上下部伏藏等法门，讲闻事业极其兴旺。根据阿里大班智达的传统，广泛弘扬以经教为主轴、伏藏窍诀为辅助的讲修传承，最后，无与伦比的利生事业获得圆满之后入寂。

因让卓·尼达桑杰和昆氏才旺诺杰二师的传记在教法源流和史书中没有记载，所以，在此处无法提及。

昆敦·巴觉伦珠

尊者于藏历铁鸡年生于父尊昆·才旺诺杰和母亲嘉莫宗家中，从小觉醒圣者种性，生起无伪出离心。九岁时，在第三世达赖喇嘛索朗嘉措前剃度出家，听受了皈依、发心及大悲观音修习传承等法，对声明学拼写法、诗学、文法、医学等外明学问也作了彻底闻思。尤其是在其父尊金刚持才旺诺杰座前听闻幻化网续及其注疏雍敦版、遍智龙钦巴的《十方除暗》等幻网注疏类，使尊者觉醒自己往世卓普巴的习性，成为依此道而成就的殊胜成就智者。到了十八岁时，在努·朗卡宁波化身大持明者尼达桑杰前听闻大圆满隆萨心髓法的灌顶、讲授及其窍诀，使其证悟到诸法实相大圆满本性法界。

此外，听闻了许多经教伏藏妙法，尤其是闻受了《众生解脱精滴》《圣乘宝藏》的讲授传承。对显宗各大理论也作了彻底闻思，前往泽当佛学院对各大理论进行游学辩经。在札贡·坚阿迅努曲拜座前广泛听闻《金刚鬘》等前后密法门。

尊者三十七岁那年，在戒师堪布嘉康则巴巴觉嘉措，业规范师曲杰更敦坚参二师座前接受比丘戒，赐法名“巴觉伦珠”。他还闻受了格鲁派传承密宗法，担任桑普和色拉希佛学院的传法师。过去，幻化网续的讲说传统很兴盛，但后来逐渐衰微。因此，札那·曲杰邬金丹增得知尊者博学多才，就专程前来，将雍氏注疏向尊者传讲，尊者又进行详加闻思。尊者摄受苏·曲阳让卓为弟子，每天坚持传讲雍氏幻网法注疏长达两座法，还传授了无数心髓法门。

根据尊者的指导，苏钦·曲阳让卓在泽当佛学院建立游学辩经传统，使认为前密派没有续部讲说传统的看法消失了。大约在这个时候，尊者放下一切散漫放逸之事，前往德沃果志或名帕蚌卡山林，依居静处而潜心修行。观音化身第五世达赖也依止尊者，听闻了许多前后密各法的灌顶、讲授、口传及其窍诀。

尊者所造写的论著有关于概述大手印、大圆满、大中观方面的引导文，也有中观见地指导和外明学问方面的著作。此后，在尊者七十六岁时，第五世达赖为他造写了住世祈祷文，祈请他长久住世，但尊者没有开许，他说：“我恐怕待不了多久，可能要去邬金莲花光明宫。”藏历火牛年八月初十，在示现种种奇兆瑞相中色身趣入法界。

苏钦·曲阳让卓

尊者于藏历木龙年诞生，父尊是大持明者谷玛然札化身苏钦·迅努顿珠，母亲是具足空行妙相的玉珍。从小被认定为仲巴·根秋仁青的转世活佛，遂学习文字读写和梵文并轻松掌握，在父尊前学习常用修持仪轨。九岁时拜见北藏派大持明者，大师授记道：“此化身圣者对前密宁玛教法将会有巨大贡献。”在此时，学习并掌握了工巧明处、天文历算以及猛咒法部。

十二岁时，依止囊萨仁波切阿旺益西珠巴大师，全面听受了八大法行善逝集法部、空行心髓经教伏藏二法、上师如意海法、噶岭静猛·密意自解脱法等法的灌顶、口传并觉受指导，在进行静猛法灌顶时，赐密名“曲阳让卓”。此外，还听闻了许多散佚的伏藏法部，实修大手印五具法和断法。在桑巴达果修行地闭关三年三月，主要观修大圆满空行心髓法的彻却和托嘎法要，证得摧毁万法假相，获得现前自证原始怙主本来面目之证悟，在光明境界中畅游报身刹土的威力达到成熟。

尊者十七岁时，前往金刚持帕邦卡巴·巴觉伦珠座前，以三欢喜之式依止此大师，为其恭敬承侍直至上师圆寂，上师也极为欢喜，摄受其为弟子，以满瓶倾注之式将如海经教伏藏深法传授给尊者，其中，主要结合大幻化网续、注疏巴考本、西藏的雍氏注疏的讲授每天都坚持进行两次。那时，尊者问上师道：“不容易记住的部分可以作笔记吗？”上师答道：“一开始就记笔记的话更不容易记住，到一定时候我会提醒指导的。”此后，上师在其屋顶进行辅导，当进行到法本的三十页左右时，尊者根据上师的旨意开始记录，对第五品以上作了笔记，但之后的内容未能记录而搁置。

藏历水狗年，即尊者二十岁那年，重新接受了从居士到比丘之间的所有戒律。参阅了《幻网续注疏·十方除暗》，听闻《总经意集密续释·极明灯盏》等四合讲授及《五次第·明盏》《胜乐金刚法·隐义皆明》、诺桑的《时轮总义》等，还有极密金刚生圆次第讲授等法并了悟于心。

藏历木鼠年，在泽当佛学院冬季法会上，作了幻网续的传讲，使那些只依词句的导师们不再骄傲，对幻网教法利益巨大，得到善知识们的高度赞扬，当时献上哈达的北藏派大持明者就是其中之一。

大智者帕邦卡巴也在尊者前详细听闻了隆萨心髓法的灌顶、口传和窍诀并实修，帕邦卡巴大师自称其觉受证悟比过去有极大提升，此外，还听闻了贝然巴的幻化论等诸多后密派猛咒法。

当时，格鲁派和直贡派矛盾尖锐，直贡苏巴然那等行持拉呼拉降伏法，使一些甘丹赤巴染上晦气而圆寂，尊者为了让赤钦·贡确曲培摆脱拉呼拉的威胁而造了护身轮。噶陀巴达喇·白玛玛德来到拉萨，在尊者座前听闻《幻网续注疏·十方除暗》等法，并且将此讲授传给洛扎宋珠活佛，以使传承连续不断。尊者也在噶陀巴前听闻了上师意集十三部的灌顶和口传、《事业仪轨·花鬘庄严》等法门，尤其是依八大法行善逝集坛城作了然萨雅那（甘露丸）修法。

从那时起，第五世达赖将尊者依止为上师，听闻了《胜伏法》等法门，还听闻了猛咒法部的息、增、怀、诛无数事业法门的口传和讲授并实修。噶藏施供两方对格鲁教派尤其是对甘丹颇章政府耿耿于怀，在发生动乱时，尊者行使了许多降伏事业。仰仗第五世达赖的事业应时成熟和尊者的迅猛加持力，使甘丹颇章能够对整个藏区行使管理。

五世达赖针对格鲁派方面无法示现降伏法的威力而求助尊者之情，高度评价尊者对佛法利生事业所做的贡献。他写诗赞颂道："油尽村树茂密中，利害之水灭业火，未降事业马口火，干涸噶藏政奇哉！"此外，五世达赖还听闻了金刚橛三派、八大法行三派、大圆满隆萨心髓等引导法并实修，大师曾亲口承认道："我心中生起大圆满无伪体验，获得超越轮涅得失之定见。"尊者圆寂后，也以智慧身摄受了五世达赖喇嘛，这在达赖本人造写的传记中如是云："以此善行之力愿智戏，普贤尊容现前自证间，世世怙主汝为善知识，祈愿不相分离而摄受。"

此外，与烈萨巴·贡波索朗确丹互赠妙法之礼，认证了北藏派大持明者阿格旺波的转世——前密教法如日持明者白玛诚烈，安排将他于多吉扎道场坐床，赐予一切经教伏藏妙法并任命其为教法之主。尊者暮年居住在卓衮杰美祥的贡塘寺，为达当大持明者诚烈伦珠赐予大幻化网续讲授，此大德也给尊者回赠了八大法行等诸多妙法的灌顶和口传。尊者教授了许多汉藏蒙各地的上师活佛等求学者，为他们传授了诸多前后密经教伏藏妙法，指引解脱妙道。

尊者到了六十六岁即藏历土鸡年，伴随着许多奇兆瑞相趣入莲师刹土。在文殊上师的《传承祈祷文》中有如是叙述："从昆敦·巴觉伦珠传到扎西根嘎，扎西续传大持明者诚烈伦珠。"此扎西根嘎的名字在上下文师徒二尊的传记中都没有提及，在诸教法源流中也没有他的传记，因此，笔者认为有可能是苏·曲阳让卓的另一名号，敬请各位同人考证。

努钦·桑杰益西化身大持明者诚烈伦珠依止尊者为上师，根据注疏巴考本和雍氏注疏听闻密藏续讲授传承，其传敏珠林法王久美多杰，其后传承依次为：大译师曲巴桑波、赤钦·白玛久美嘉措、嘉色仁青朗嘉、大堪布白玛丹增、邬金丹增多杰、冉江巴曲吉扎巴等敏珠林历代师徒和堪布，此等大德的传记在别解脱戒传承、阿努瑜伽传承以及前密六大祖寺历史等章节中有详细记载，此处没有复述。此后传承依次为：格则晋美沃察、桑珠白玛扎西、佛子先盘塔耶、大堪布白玛班扎、文殊上师麦彭确烈朗嘉、邬金·丹增诺布、殊胜智者先盘朗瓦、大堪布白玛才旺、无上上师多丹罗珠嘉措，此等大师详传在佐钦巴传记寺法台堪布传记及法脉传承品中有详述，此处未作赘述。

2. 甚深修部传承

分二：（1）修部经教传承；（2）修部伏藏传承

（1）修部经教传承

修部经教传承有阿阇黎贤当嘎巴传给努钦·桑杰益西的猛法部、阿阇黎宏嘎然传朗卡宁波比丘的真实意法部、阿阇黎比玛拉传涅·嘉那古玛拉的甘露妙法部、莲花生传给众有缘弟子的马头明王和金刚橛法部等无数续法和窍诀传承。所有这些传承中最为殊胜者，乃将印藏八大成就者和班智达的传承集于一身而成为大持教者的涅·嘉那古玛拉大师。此八大传承为：获得本尊灌顶的阿阇黎噶绕多杰、获得经教法函灌顶的具缘国王匝、获得明智威力灌顶的莲花生大师、获得善知识灌顶的大班智达比玛拉弥札，称为印度持教四大持明者。

在藏地，莲花生大师、大班智达比玛拉、朗卡宁波比丘、大译师毗卢遮那四位大师的所有传承汇集为一体而成者，称为四大传承之源，即：第一传承是密主金刚手化身莲花生大师总集印度其他三大传承的灌顶于一身，在西藏桑耶钦普地区的札玛格仓岩洞中，为君臣九弟子赐予八大法行坛城灌顶时，各自所掷花朵击中本尊而实修之后获得成就，所有这些传承都授教于涅·嘉那古玛拉；第二传承是成就大颇瓦虹化金刚身的阿阇黎比玛拉弥札在雅砻琼格央宗圣地，建造秘密殊胜坛城，为涅·嘉那古玛拉进行灌顶传授，赐法号“志美达夏”；第三传承是大译师毗卢遮那在印度阿阇黎噶绕多杰，其弟子将巴西念（文殊友）二上师座前接受灌顶，其传玉札宁波，玉札在雅砻水晶洞为涅·嘉那古玛拉赐予灌顶；第四传承是努敦·朗卡宁波在印度阿阇黎班扎宏嘎然座前接受灌顶，其再传涅氏之后，四大传承之流汇集圆融为一体。

涅氏将灌顶讲授传承赐予索波·拉拜、大苏·桑杰益西等，桑杰益西传努·拥登嘉措等后藏四人，其中，心传首座弟子拥登嘉措在四大传承的基础上，后期又获得达纳达拉的灌顶传承，成为具足五大传承的持教者。此后，法子益西嘉措等苏派传承获得贤善成就果位的金刚持圣者接连不断，直至一切成熟解脱妙法和续部讲授法的灌顶、口传持教者敏珠林大伏藏师久美多杰，再由大伏藏师身语意殊胜法子、邬金敏珠林第二代法王嘉色久美嘉措在其处听受，其传第三代法王嘉色仁青朗嘉，续传法子邬金敏珠林第四代堪布邬金丹增多杰，续传第五代法王久美诚烈朗嘉或名攀德嘉措，续传第七代堪布仁增桑波等邬金敏珠林寺的历代法王和堪布。

在其处由佐钦寺第一代法台堪布桑珠白玛扎西或名多杰尼谷札听受，其传第二代法台堪布佛子先盘塔耶或名让雄柔毕多杰，其传堪钦白玛班扎和蒋扬钦哲旺波，二位大德将一切成熟解脱灌顶甘露以满瓶倾注之式传给第五世佐钦法王土登曲吉多杰，其传第四世佐钦林喇活佛土登诚烈嘉措和第二世宗萨钦则蒋扬曲吉罗珠，前者传成熟解脱转轮怙主第四世珠巴活佛土登多阿协珠曲吉尼玛尊者，后者同时传给怙主白玛格桑或名土登隆多丹毕坚参与第六世佐钦法王晋扎向秋多杰。二位怙主上师在此教法再弘时代，以大悲之心多次在佐钦寺完整传授前密修部经教法的灌顶和口传，我等弟子有幸值遇此善妙时刻，获得殊胜法缘。

另外，在敏珠林法王大伏藏师久美多杰座前由第二世佐钦法王久美塔确丹增听闻所有前密经教部的灌顶口传，此传承在第五世佐钦法王以后圆融为一体，金刚道友应了解此情。

前密经教嘎玛各个坛城的传承，在佛子先盘塔耶所造《传承祈祷文》等中有较为详尽的叙述，此处恐文太繁，未作再述。此外，佐钦佛子先盘塔耶传蒋扬钦哲旺波，其传蒋贡康楚罗珠塔耶、噶陀司徒·曲吉嘉措、协钦嘉察·久美白玛朗嘉三人。此等大德又传钦则曲吉罗珠，其处由法王顶果钦则绕萨达瓦听闻并以讲授之式进行弘扬事业，其传承传播于各方之情形在各自的传承祈祷文中有明述。

在佐钦寺，第三世佐钦法王尼邓丹增桑波创建前密经教嘎玛十三大坛城行持法会（嘎玛法会）的仪轨唱诵、修坛城、手印、佛乐、跳金刚舞等独树一帜的仪轨传承。之后，第五世佐钦法王土登曲吉多杰又发展增加为经教伏藏（嘎玛代玛）的坛城仪轨达到八十座的大法会。那时期，佐钦堪布多吉饶丹被迎请到白玉寺、阿日扎寺传授此传承，之后，又传授到噶陀寺等大小寺院，一直传承至今。因此，在康区的佐钦寺进行了广大的弘法事业，成为当时宁玛嘎玛经教的传承中心，其前密教法之源宁玛祖寺佐钦寺之称号名副其实。

另外，怙主佛子先盘塔耶第一次结集了前密经教部的行持仪轨九函并刻板，之后，在此基础上，近代在印度的顿珠法王将经教部的续部和注疏结集为四十多函。

（2）修部伏藏传承

关于在持教八大持明中殊胜八大法行深法圆满受教于莲花生大师之情形在上文已详尽叙述。当时，莲花生大师由吐蕃赞普赤松德赞恭请至西藏，在桑耶钦普地区的札玛格仓洞，将君臣心传九弟子灌顶于八大法行的本尊坛城中，各自所掷花朵击中本尊而获得成就，即：赞普法王赤松德赞观修黑如噶而生起殊胜三摩地，开启禅定智慧而造写了无误佛语之因明论著；朗卡宁波成就真实意部而示现驾驭日光之相；桑杰益西修成文殊身部而示现金刚橛直插岩石之相；杰瓦确阳修成马头明王而示现在头顶显出马头并嘶叫的相；喀钦萨修成金刚橛而示现起死回生之相；巴吉森格成就赞供世神而示现役使天龙八部之相；毗卢遮那修成猛咒法部而获得智慧法眼和神通自在。

莲师为了后世化机而以法旨印持而作了甚深伏藏，在后世，赞普赤松德赞法王的第十六转世、“五大伏藏法王”“三大殊胜活佛”之首酿·尼玛沃色大伏藏师在孔廷寺大日如来像后面掘出紫色和灰色伏藏宝箧各一个，其中紫色宝箧中出现由毗卢遮那和文书丹玛则芒所写一百三十卷八大法行善逝集续及其窍诀法，此法本乃赞普法王的真实持有法本。此尊者获得八大法行善逝集的所有经教伏藏近远传承，从那以后，形成了经教伏藏二法汇成一体之传承，酿氏交付法子卓衮朗卡，再至谷如曲吉旺修。

五大伏藏法王和三大殊胜活佛中的名列第二位者是谷如曲旺，他是酿·尼玛沃色的转世，掘出许多南派犹如成熟果实般的伏藏法，尤其是受用空行母益西措嘉化身伏藏师觉姆曼臭为空行母，以此因缘，取出了称为八大法行“三部法”中的“八法行甚密圆满部”，为心传弟子曼隆巴·弥觉多杰赐予上下伏藏法的传承。此后，依次传于阿里大班智达白玛旺嘉等贤善成就持明者，直至敏珠林法王师徒之间。此尊者祖孙造写了此法部的修法及灌顶仪轨等方面的著作，以灌顶、讲授和行修之式进行广弘妙法之事业。

后期，具足殊胜七种源头持教者蒋扬钦哲旺波白玛沃萨多阿岭巴获得以近远传、再传伏藏以及随念等方式受教的深法，其传蒋贡康楚拥登嘉措，此大德将此法的灌顶口传一次性圆满赐予第五世佐钦法王土登曲吉多杰并把义传教法重任交付于法王。第五世佐钦法王成就者传授于第四世林喇活佛土登诚烈嘉措，第四世珠巴活佛土登多阿协珠曲吉尼玛尊者在林喇活佛前听闻了所有灌顶、口传和讲授。其后，怙主第四世珠巴活佛于梵语称为“孜札”、《初时品》称为壬午年，即藏历第十七绕迴水马年五月十五至七月十五日之间，在雪域智者之源吉祥熙日森佛学院，为我等一千多僧众赐予了大宝伏藏法的一切成熟灌顶，并在次年又获得恩赐此法的依附口传之善妙法缘。

二、圆满次第教部阿努瑜伽的传承

大持明莲花生大士和大译师毗卢遮那翻译了以阿努瑜伽根本续《金刚庄严总集经》等诸多经部续法，噶瓦拜则译师造写了《总经意集密续释难·解开疑难之结》等，有讲修和灌顶传承，尤其在后期最为著名的传承是前密教法中期持教者努钦·桑杰益西在经续堪布曲嘉迴、经续堪布达玛菩提、尼泊尔瓦斯达然、勃律阿阇黎切赞吉即“印尼勃四智者”前听闻的妙法传承，此大德的传记在上文玛哈瑜伽续部传承章节中有详述，但在此处也简略叙述如下：

努钦·桑杰益西

尊者于藏历阳木鼠年仲春诞生在札吉普地区，父亲为努氏萨瓦旺修，母亲名叫钦姆·扎西措。尊者俗名多杰赤邹，法号为桑杰益西。七岁时追随沃赞·白吉迅努，学习各大外明学问并获得通达，在大堪布菩提萨埵座前剃度出家，少年时代在莲花生大师座前接受八大法行灌顶时，其所掷花朵击中文殊身坛城并观修之，显现诸多可为凡夫所见的成就象征。此外，尊者依止阿阇黎熙日森哈，比玛拉、噶玛拉希拉、达纳达拉、察同那波、贤当噶尔巴、达纳桑智达、邹拉巴格、婆罗门萨维坚、达纳然齐达、达玛菩提、达玛然札、瓦斯达然、切赞吉等印、尼、勃诸多罗扎与班智达，以及西藏大智者涅译师益西迅努和其弟子“吉祥八子”，尤其是依止索波拜杰益西和玛涅二师共同再传弟子祥·嘉威云登两位上师，全面闻思显密教法和内外一切续部及其窍诀法部，获得通达。

先后七次前往印度和尼泊尔，翻译了大量密宗续法、窍诀以及护法仪轨。尤其是在五十四岁即火蛇年前往尼泊尔，在瓦斯达然座前听受了无数灌顶和教授法。此后，上师对尊者说：“如今，在印度有我的上师萨维坚，他已有一千六百岁高寿了，你去他那里听法吧！”于是，尊者根据上师指点前去印度，在波罗奈斯阿阇黎萨维坚座前听受了总经意集密续的窍诀和灌顶。此后，向上师请求传总经意集密续的讲授时，上师对他说：“切赞吉邀请了达纳然齐达、达玛菩提、达玛然札三位在勃律传法，你去那里听法吧！”这样，尊者前往勃律，在四位大师座前主要听闻续部的讲授、灌顶、实修等所有教言要诀并遣除疑虑、了悟于心。

在后半生，尊者专心致力于抉择真谛实相法义的修行并登菩萨高地、现前极高证悟，有着不沉入水、无碍穿行于岩山等无数殊胜传奇。在许多经藏中有尊者为四地菩萨，在释迦佛祖圆寂两千年之后降生等的授记。

尊者造写的著作有《总经意集密续释·黑暗铠甲》《除疑难论·言说利器》《八十幻化续现观释》《大圆满窍诀·禅定目炬》等论著。为了教法传承，他伏藏了许多法门和猛咒。总之，尊者为利益众生将生、圆、大圆满内三续教法弘扬于人间，住世长达一百一十三年之后圆寂。

殊胜心传弟子库隆巴·拥登嘉措

尊者诞生在努域绒地区的父尊努杰·木屯赞和母亲聪萨·沃丹家中。在其三十岁那年，前往纳尔地区的修拉那波山上打猎时，遇见了在那里修行的桑杰益西大师。大师问他道："你姓什么？"尊者答道："我属努氏。"大师说："我们在前世是父子关系，今生又同姓，而且还有法缘。"说完，桑杰益西将尊者引入佛门，将密续灌顶、窍诀以及护法事业法部完整无缺地赐给他。尊者成为上师的教法精华和智慧精髓的受教者，尤其是对三十五部法典获得通达。在纳尔地区秘密山洞圆满进行四灌顶，交付了灌顶十八要文，赐予了《灌顶王续》作为灌顶标志，三次接受了作为供养品的上等供品，即：发光的白松石、鹿皮大氅、斑点黑狮子宝马、丝绸衣服、无数精制法器和药材。

尊者的密名为多杰德协札或名多杰仁增德（金刚持明藏），在库隆卡东等静处修行，证悟殊胜成就之法性妙义，现前无漏神通，对四大获得自在，许多本尊为其示现尊容等，在神通和猛咒方面自在示现征相和威力。

兄长益西嘉措

尊者诞生在父尊拥登嘉措和母亲索玛勒家中，如《经续授记文》授记"其将交付于一位等二地菩萨者"，意为拥登嘉措将会传教于经续中所授记的法子益西嘉措。拥登嘉措有号称"前三子、中二子、后二子"之子，前三子因毁坏上师誓言而流放到然瓦三地。此后，他迎娶兰·多杰巴之妹索玛勒，生了兄长益西嘉措、弟白马旺嘉、妹邬巴珍，尊者属中二子之列。后来，拥登嘉措迎娶达然巴之妹，生了后二子，其中弟弟若善那波修成起尸悉地，有楚普译师等后嗣。

在拥登嘉措七子中最为殊胜的是"中二子"中的兄长益西嘉措，他对上师十分敬仰，以三门恭敬承侍而使其欢喜，以智慧、信心和精进获得上师的密意，被上师封为一切经续和窍诀法的持教者，以满瓶倾注之式获得所有灌顶宝库中的妙法甘露，尤其是在库隆卡隆地区获得四灌顶，得赐密名"多杰旺珠札"。尊者将此等深法付诸修行，证悟殊胜悉地之实相法义，获得诸多本尊之亲见，能将自身本尊坛城示现于别人，能役使具誓护法神众，所有非人神众将命心供养于他等，其降伏事业达到了立竿见影的威力。

嘉敦·罗珠向秋

兄长益西嘉措有幻网法和心部法受教弟子良·西绕确，以及经教受教者"三向秋弟子"，尊者为其中之一。在库隆卡东地区获得四圆满灌顶，作为供养品向上师献上以红松石为主的许多财宝，赐密名为"多杰勒追札"。尊者对生圆次第获得定解，以利他事业将无数化机置于成熟解脱之位，以无与伦比的讲修事业广弘传承之后圆寂。

托嘎尔·朗卡德

尊者为嘉敦·罗珠向秋的心传法子，在彭波日沃切圣地获得经续四圆满灌顶，圆满接受续法窍诀所有传承，献供养品一百藏斗青稞和一头好牛，取密名“多杰欧哲札”。尊者以通达生圆大圆满三法尤其是教法阿努瑜伽著称，获得绝顶成就。在其前半生，为洛扎的那囊·祥弥云波、香地的东察·帕巴嘉措、那囊的噶敦·慈城桑波、邬尤的雅·萨维向秋四人传授阿努瑜伽法部，在中期传授给休敦·索朗释迦，后期传给拉杰大苏尊者。也给努钦·桑吉益西的心传弟子、四灌顶受教者素敦·勒毕仲美，良麦嘉钦地区的休敦·索朗释迦赐予灌顶，休敦·索朗释迦取法号“诚烈塔钦札”，此大德也传给了拉杰大苏尊者。

拉杰大苏·释迦迥烈

苏阿阇黎之子苏桑·西绕迥烈有四子，尊者乃最为殊胜者。在一本赞普小遗教中授记大译师毗卢遮那将转世苏家族，尊者即被认定是此化现，在多杰岭巴的伏藏授记文中也有同样清楚的授记。尊者以出家身份而居，从小对显宗经典和密宗事部、行部、瑜伽部等外续部作了闻思，在勒邬鲁莫和祖师苏阿阇梨座前听闻了幻网法的讲授，但没有获得究竟抉择，就前往三连林苑的各大阿阇黎座前，在曲隆的良·益西迥烈处听闻了幻网和心部，在杰氏处听闻甘露法部，在年氏处听闻方便道法部，在哲氏处听闻大圆满彻却和托嘎深法的讲授《大道次第》，在若氏处听闻真实意部。

此外，还依止了敦曹·帕向等八十多位上师，以闻思进行了抉择，以区分本续和讲续、结合本颂和注疏、联系续法和修法、结合修法和仪轨之方式弘扬讲修妙法。尤其是在其前半生时期，依止噶堆·益西宁波，听闻了总经意集密续等深法，从那以后就有了“苏派传承”之称号。在中期，依止卓吉色托地区的普托噶·朗卡德，听闻总经意集密续的所有灌顶、讲授、窍诀，向上师献上以宝马为主的许多财宝，取密名“多杰邓都札”。

在其后半生，依止休敦·索朗释迦，听闻《集密续》的灌顶和窍诀并以三轮清净之物品供养了上师，取法号“多杰喜瓦札”。尊者进入修行阶段之初期，在达纳地区的一个面朝东方有鸥鸮巢穴的山洞中，真实意法部九本尊为其亲现尊容，获得能遮止不清净景象的生起次第成就，所有外相显现为清静坛城，自在于空性见地和圆满次第智慧，成就了无碍天眼和神通。为此，后人以其修行处所称他为“邬巴隆巴（住鸥鸮山谷修行者）”。

在香达桑巴地区居住时，从南山朝东方向，金刚萨埵为其示现了尊容，后来在此地建造了经堂，称为“邬巴隆寺”，在那里还得到许多本尊的亲见。尊者如同人与人交流般能与大吉祥本尊黑如噶相互对话。在北部方向，尊者亲见嘉沃日所有山峰皆成为五十八饮血黑如噶本尊的坛城。

在桑巴地区建造佛所依能依时，尊者以大吉祥本尊黑如噶之相显现于众弟子面前，成就了起死回生之术。在开光那天，他借去了本地村庄的牲畜进行了盛大肉宴，筵席之后又让牲畜起死回生，还给了村民。在桑达帕邦卡跳起金刚舞，岩石上留下了脚印，小苏尊者为获得加持顶礼触碰此脚印时，也在此岩石上留下头部印迹，至今仍旧清晰可见。如是，在圆满了讲修利他事业之后，将道场交付于小苏尊者，于六十一岁那年在邬巴隆寺圆寂。

小苏・西绕扎巴

尊者于藏历阳木虎年在嘉巴东地区诞生，父亲为苏阿阇黎之子苏贡，母亲名叫西绕吉。七岁开始学习文字读写和静猛法仪轨修业等法并轻松掌握。他跟随父亲前往邬巴隆寺，拜见拉杰大苏尊者。尊者问他："你姓什么叫什么呢？"小尊者答道："我的姓是一个小小的'苏氏'，名叫西绕扎巴。"上师说："那你就叫小苏・西绕扎巴吧。"上师又对尊者父亲说："把这位小僧留在我这里吧！"于是，父亲就让小苏留在拉杰大苏身边学习。

尊者智慧超群，三门行为调柔，深得上师的器重，以满瓶倾注之式赐予所有灌顶、讲授和窍诀，尤其是在乌巴隆寺经堂里赐予尊者总经意集密续圆满四灌顶，取法号"多杰伦珠札"。当时，所有景象皆显现为总经意集密续大坛城，照见上师与本尊无二无别。通达一切教法理论，获得极高觉受和证悟。非人神众向其恭敬顶礼，即使是在空谷沙漠中也有神众向他供养甘露水，即使是在山顶也有非人前来供养食物者，等等，所有愿望都无勤而得到成就，尊者心想："如今，我若进行利生事业，应该能成办。"那时，上师也对他说："你现在开始传法吧！"这样，尊者开始弘扬苏派法脉，传讲集密意续法，在第一次传法时期，闻法弟子就达到三百人之多。

因尊者具备无数成就征相，获得大苏上师的赞赏，他对其他三位绝顶弟子说："你们与小苏同为师兄弟这点上是平等的，但不能踩跨他的影子。"有一次，小苏尊者融入了乌巴隆寺的主供佛像心口，不一会儿出现在金顶上。在桑巴地区开光时，他们师徒借来牲畜，大苏问小苏道："你选择超度它们还是让他们复活？"小苏说选择让他们复活。于是，上师安住于禅定境界并把白芥子撒向牲畜，顿时，牲畜全部倒地。举行完肉筵之后，上师对小苏说："现在让它们复活吧！"尊者把牲畜的骨头堆放在各自的皮子之上，然后弹指三下，所有牲畜奇迹般的复活了，各个都比之前还要肥壮。

在也茹康赤道场传法时，尊者将培养僧众之事交付于三位未成器者弟子，自己前往札嘉沃静地修行。在那里，尊者一切觉受均清楚显现为本尊自性，但他却认为这只是造作善念之法，没有达到真实究竟的成就，于是就安住在无为之境界，现证了大圆满自现无偏之密意，获得无碍穿行于山川河流之神通法力。

尊者主要弟子有："四顶梁柱""八大梁""十六椽木""三十二短椽""两大禅师""一位居功牢骚者""两位居中者""两位达格绕""三位不成器者"等许许多多。其中，四顶梁柱弟子是：心部法之柱是来自贡卫的觉敦释耶、总经意集密续之柱是来自觉隆的阳切喇嘛、幻网续之柱是来自曲瓦的兰·释迦桑波、行持法之柱是来自那莫日的达度曲夏，如果加上玛托雄巴，也有"五顶梁柱弟子"的说法。八大梁弟子是：玛托巴、觉敦曲桑、兰·释迦向秋、札·释然、努敦·瓦玛、卫巴萨托、休敦达札、则聪香巴。也有将阳朗色钦、纳巴宁波、然敦·坚参列入此中的说法。"两大禅师"是巴禅师杜玛和本禅师沃波。"一位居功牢骚者"是拉堆的色敦·索嘉。"两位达格绕"是祥敦·阿色和秋波·达邛札色。"三位不成器者"是果夏察、牟琼旺色和郭·琼旺三人等。

如是，在广泛行使讲修教法利生事业之后，尊者于藏历木虎年六十一岁那年圆寂。

总经意集密续之柱觉隆·阳切喇嘛

此尊者起初是琼波扎色格西的弟子，是一位通达显宗经典的智者。有一次，拉杰·小苏尊者和琼波扎色被一位施主邀请到酿绒地区，他们在那里一起传法，格西对四位弟子说："你们去以辩才击败那个叫小苏的持邪法者。"于是，四位弟子到了小苏那里，在显密教法的疑难问题方面向拉杰·小苏发问辩论，小苏一一回驳，使对方无言以对、心服口服。于是，他们立誓道："如此通达无伪大乘教法、具足正理与辩才的善知识实在稀有，我们要设法离开原来的格西而依止小苏为上师。"这样，在第二年，四位弟子一起拜于小苏门下，成为其心传弟子"四顶梁柱"。

嘉沃巴大师发现他们四位是具缘者，传授了生圆大圆满三法及修部的所有灌顶、密续和窍诀，尤其是在也茹空行堂传授总经意集圆满四灌顶，为阳切喇嘛赐密名"提勒久美札"。此后，尊者对总经意集密续尤为通达，成为著名的"总经意集密续之柱"。因修习达到如量境界之故，现前了三坛城无别之证悟密意，不动金刚为其亲现尊容。

此尊者在求学时期非常贫穷，有一次，小苏大师拿着能够容纳九藏合的漆革盒来到尊者屋子。他对尊者说："我口渴，你有没有喝的？"尊者回答说："有一些杂粮酒。""拿来吧！"尊者将用捡来的苯教送祟杂粮酿成的酒供养给大师。大师喝完了两漆革盒酒之后问尊者："还有吗？"尊者又呈献了一漆革盒。大师喝完后又说："如果有的话我还要。"尊者再次供养。大师又问："再没有了吧？”尊者答道：“还有大概一藏升多。”“那不多，如果有的话，整个西藏都容纳不下你的福报，但你还是会成为大福报之人。”说完，赐予尊者三藏斗青稞并说：“你暂时食用这个，以后自然会送来的。”果然，在尊者享用完此粮之后，福报得到极大增长。

密主大卓普巴

尊者是拉杰·小苏尊者“后二子”之身法子，小苏其实没有迎娶达莫邹多旺修为妻，但考虑到她是诞生密主法子的具相女子，就制造吉祥缘起，作了诞生法子之法事仪轨，做了会供。以此因缘，尊者入住母胎并在藏历木虎年诞生。当时，父尊说：“觉敦的梦兆很祥瑞，我的儿子具有教主之相，会成为能利益众生者，因此，应取名为‘释迦森格（释迦狮子）’。”母亲说：“我的儿子是其舅舅达度的外甥，眼睛像仲霍巴的眼睛，应取名为‘达察霍波’。”

尊者八个月时，父尊小苏圆寂，尊者由其母亲和舅舅抚养。在达普地区居住十五年期间作了广泛闻思。前往曲巴地区依止赖·释迦向秋，又前往杰隆地区依止阳切喇嘛，总共三年听闻妙法。到了十九岁时升座并进行经幻二续的讲授，使其福报大为增长。尊者虽然没有远去他方求学，却将小苏大师的“四顶梁柱弟子”迎请到本道场，作了圆满的闻思。在达普地区的达度曲夏座前接受了总经意集密续灌顶，之前在曲瓦丽塘地区的兰氏座前也听闻了教法，但主要依止阳切喇嘛，接受总经意集密续的圆满四灌顶及所有传承窍诀、总经意集密续大疏传承讲授法，以及经续各个法部和窍诀并作了抉择，得赐密名“旺修佐巴札”。

圆满了闻思功德之后，前往涅日卓普山洞潜心修习，获得至高证悟功德，亲见了无数佛刹和本尊尊容，对境相获得自在而威慑一切，后因此被尊称为卓普巴。尊者不管是在冬季法会或者夏季法会，常转法轮，迎来上万名各方有缘学子，能够主持道场的“宝伞大善知识”达到千余名，进行了弘扬密法的伟业。其中，尊者哥哥札察·多杰巴之子札察·释迦多杰，在尊者座前以满瓶倾注之式听受所有法门并主持卓普道场，使讲修弘法传统经久不衰。

此外，尊者有十二位心传弟子：涅敦曲桑、交敦多杰衮、嘉敦迥烈、祥敦·仁烈为“四敦”，也有在前两者外加卡让敦酿和年敦二师而称为“四敦”的说法，还有将祥敦换成昆敦之说法。玉敦霍波、崩敦嘉久、藏巴喜敦、卫巴曲桑为“四麦”，也有在前两者外加夏敦多吉扎和香巴泽色瓦二师而称为“四麦”的说法。杰敦嘉那巴即当巴释嘉、苏那廓罗、酿那觉多、达那邹多旺修即杰巴桑为“四那”。苏上部派有“十六位心传弟子”之说，即在十二位心传弟子外加香地的兰上师、达那的格上师、章地的札上师、翁卡的邦上师。此等弟子将尊者传承法脉遍布各方。

最后，尊者于藏历木虎年即六十一岁那年，前往藏布江对岸的阳曲寺。尊者到达那里的居室，在刚脱下一只鞋之后，示现无疾涅槃之相。

拉杰噶敦巴

尊者通达经幻心三法和真实意、金刚橛、招遣非人等法门，早先在曲瓦的兰·释桑和涅察巴兰·释向座前听闻了总经意集密续灌顶，后来在大卓普巴座前接受了圆满四灌顶、总经意集的所有讲授和窍诀法，取密名“多吉扎波札”。此后，在香达沃东静处潜心静修，燃起熔乐智慧火，恒常不离安乐之觉受，智慧空行母真实下凡，为其灌顶加持。有一次，尊者说：“我要去乌巴隆山谷拜见大苏上师。”说完，启程前往。这时，大地震动，响声四起，众人都看到拉杰噶尊者在杂波布尔山顶的空中转绕。此外，尊者自在于把金刚橛插入岩石等多种神通，继承苏派事业，安置无数具缘者于成熟解脱之地。

佘敦·多杰坚参

尊者在沃东地区的拉杰噶敦巴座前接受总经意集密续灌顶，取密名为“多杰久美札”，对一切密续和窍诀获得通达，在证悟和智慧各方面深得上师的器重，成为四圆满灌顶持教者，对续、教、窍诀作了彻底闻思而获证极高功德，尤其是作为坛城之主而通达一切仪轨传承。尊者具备无碍慧眼神通等无数成就征相，恒常居住于恰果道场，广行讲修妙法的神圣事业。

大兰敦·多杰沃

尊者诞生在香涅察地区的兰氏家族中，依止藏那巴等诸多智者，对显宗理论和共同外明学问作了闻思并得到通达，在札察·释迦迥尼、卡然·敦酿、纽地曲沃日的达玛多杰、香巴那波等诸多上师，听闻无数内外密法的灌顶、窍诀和讲授，成为续教窍诀一切法部的教主，尤其是在穹地恰果寺佘敦·多杰坚参座前圆满听受总经意集的灌顶，向上师供养了以大璁玉为主的圆满供养品，取密名“多吉扎波杂”。此外，在佘敦和敦宁、丹玛、札察、松巴、嘉氏等上师前听闻总经意集密续讲授和窍诀。

此后，尊者在夏日山的小天竺林静心观修，证悟法性奥义，燃起熔乐智慧火，获得现明三摩地，金刚手菩萨为其亲现尊容并灌顶授记。因为尊者具有无垢法眼，能知晓他人心续，在教理和辩才方面无与伦比。因而，桑普尼托佛学院邀请尊者讲学，但他考虑到密法讲修的重要性，就没有应邀前去。在嘉察地区为其法子尊珠森格和兰敦·索朗嘉波传授四圆满灌顶，赐予续法的讲授和窍诀等，长期护持道场，弘扬妙法。最后，此刹利益化机事业暂告圆满而趣入香巴拉刹土。

兰·尊珠森格

尊者诞生在父尊兰敦·多杰沃家中，以出家人身份而居，在桑塘嘉地区主持休波德泽寺，作为休波寺外所依，修建了塘嘉般若十万颂石经墙，事业极其广大，兰·索嘉为其赐法号“诚烈塔钦札”。在涅察地区的父尊兰敦·多吉扎座前听受总经意集四灌顶及其讲授和窍诀，取密名“多吉扎波札”。对一切显密教法进行了彻底闻思而登上智者宝座。因尊者前世具足他心通功德，故今生经过潜心修行，觉醒了圣者之性而获得本尊的亲见和灌顶，圆满了灌顶功德而被诸佛所授记，证悟了法性真如妙义。

尊者具足殊胜法力，任何违缘障碍都影响不了其讲修事业，安置无数化机于成熟解脱之地。因过去尊者未能在其父尊前听闻印付法门，后来在父尊弟子持明贡确仁青法师座前听闻此法门，以极大信心对其恭敬承侍。

拉杰·拉本巴

尊者主要依止兰敦·多杰沃大师的两大心子中的索朗嘉波，听受了总经意集四灌顶和所有续法及窍诀法门，取密名为“多吉扎波札”。在大兰敦法子尊珠森格座前也听闻了诸多深法传承。尊者通达显密教法，尤其是对所有续、教、窍诀通达无碍，以传法事业开启了许多求学者的慧眼。

尊者自在于神通功德，传说他示现多个色身庄严，在一天之内同时进行香地经堂和酿堆觉贝经堂等十三座佛殿的开光法事，在圆寂时也示现了同时在涅察地区传法、渡江、赶集购物的景象，能够约时进行降伏法并示现征兆等自在猛咒事业。

兰·曲吉森格

尊者对显密教法尤其是对内续三部作了广泛闻思并得到通达，修习生圆次第，证悟境界获得自在，三摩地达到暖相。当时，所有格西瑜伽士们对其恭敬有加，事业得到极大弘扬。在拉杰·拉本巴座前听受了总经意集四灌顶及窍诀，在兰·索嘉前听闻了无数近传的灌顶窍诀与讲授法门。

兰敦·桑杰拜

尊者在夏日山小天竺林兰·曲吉森格座前听受灌顶、讲授和窍诀，以上等讲修妙法、中等身语行为、下等财物供养之式深得上师的密意摄受，赐密名“多杰德协札”。对显密总法具足智慧妙力，执持圣者三宝库而圆满了灌顶传承，掌握了殊胜上师所传的仪轨行持，尤其是圆满听闻苏派、兰派、色派、香派等所有传承的总经意集密续灌顶并获得通达。在札龙巴寺等道场广行讲修事业，以彰显教法之光明。

兰敦·索朗贡波

尊者依止巴登曲桑和桑杰拜两位大师，以满瓶倾注之式获得圆满总经意集四灌顶及讲修仪轨行持传承，取密名“多吉扎波札或者提勒札波札”。虽然尊者父亲是拉杰·拉本，但总经意集的灌顶在其两位叔父前听受，有另一种说法是在祥敦·根嘎本前听受了灌顶，此传承源自兰·多杰沃，其传涅敦，涅氏传祥敦，也有人称此传承为印付传承。

尊者起初向帕巴上师献顶发接受居士戒，依靠竺·多杰森格消除了龙妖制造的违缘障碍。无偏闻习各大外明学问并获得通晓，尤其是以通达生圆大圆满法而著称，圆满念修行持三功德，恒常不离于三摩地密意境界，即使在夜间也以禅定坐姿直身而居，对梦境获得自在而示现神变，尊者没有刻意修持经续护法贡波乐丹，但得到护法的恒时护持，随时示现降魔征兆。

尊者根据莲花生大师的授记，在桑耶白哈林掘出十五卷深法伏藏法并交付曼隆卫巴上师，十一次进行总经意集密续灌顶，多次传授上师密意集讲授法。此外，还传授了幻网静猛法、永断轮回法、真实意法等法的灌顶、窍诀、讲授及仪轨行持传承，利益了无数化机众生。

卓钦·降央桑珠多杰

尊者于藏历阳木马年诞生在达纳烈萨地区的父尊卓瓦·崩培家中。主要依止苏·向巴森格，在苏·德协贡波和达·释迦培座前也听闻了诸多法门，以极为通达大幻化网密续和大道次第讲授法及其窍诀而著称。此外，还听闻了心部等无数法门并通达。

在曲隆大堪布索朗扎巴座前接受了圆满居士戒，在根嘎桑波上师座前听闻了般若、因明等显宗经论和胜乐、极喜金刚等密法，在香森嘉耶前听闻时轮六支法，在贤正大德索朗罗珠前听闻大圆满心髓二法和宁玛续部法。此外，还依止了酿敦·多杰森格、贤正大德贡确旺波、吉卡根萨瓦、根多上师等许多成就智者，听闻了无数前后译密法门。

尤其在香涅察伦珠顶地区的兰敦·索朗贡波座前，听受了总经意集密续灌顶，供养了蓝色灌顶法衣和丝绸披风等圆满的供品，取密名“多杰德钦札”。尊者现见上师为坛城主尊、众本尊融入自己心意的觉受，迎受加持时生起了殊胜的明乐无分别觉受。在此上师前还接受了幻网静猛法、永断轮回、真实意等法的灌顶，总经意集的详广讲授等许多续、教、窍诀诸法，但未能接受到交付法。后来在兰氏后期弟子、来自香姜康巴地区的色敦·释迦桑波座前接受了交付法和总经意集密续的所有仪轨传承。

如是，以闻思断除对诸法的疑惑之后，在协玛森格静处实修大圆满心髓深法，成就了大明点宝身而巡游了极乐世界等诸多佛刹。在观修金刚萨埵时，有一天的黎明时分，禅修房充满光明，尊者在光网之中亲见百位主尊之具百莲坛城。在观修佛顶转轮王本尊时，觉受中所有外相皆显现为十辐法轮，而自己则在法轮中央成为佛顶转轮本尊，轮辐诸威猛本尊也清晰可见。此外，还得到文殊师利菩萨、无量寿佛等诸多本尊的亲见。

尊者二十四岁起，就开始在密续法讲学苑进行讲授等弘扬讲修妙法事业，从未间断，一直到八十二岁之间，此年的二月二十七日那天，尊者对其法子说："我要去极乐世界了，你也会住世八十二年，然后来极乐世界吧！"说完，就圆寂了。

尊者摄受的弟子主要有：苏·森格拜、苏氏释迥叔侄、塔巴·释迦坚参、释迦多杰等许多圆满三学功德的弟子。总经意集密续传承有其子桑杰仁青传承、苏汗兄妹传承等三大传承，其中，其子桑杰传承所传甚广。

法子桑杰仁青巴桑布

尊者于藏历铁虎年诞生在达纳烈萨地区，父亲为降央桑珠多杰。六岁就熟练掌握幻网续法，八岁时对幻网续巴考本注疏获得通达。总之，以满瓶倾注之式听受了经幻心三部、真实意、金刚橛、招遣非人、甘露功德等其父尊所拥有的一切法门，尤其是总经意集密续的灌顶、窍诀、仪轨行持的圆满印付，取密名"多杰土确札"。十八岁时，在佛子无著座前接受圆满居士戒，还依止了苏汗兄妹、根嘎勒珠、大成就者贡波拜、达钦·贡嘎扎西、宗喀巴大师等诸多成就智者，听受了前后译密法各派的灌顶、口传和窍诀讲授并通达无碍。

尊者从小就有出家并前往显宗佛学院求学之愿望，但因其父尊没有其他法子而未能实现。于是，在二十六岁时，尊者迎娶了降白本为，生下了法子和女儿。到了五十七岁时，尊者出家为僧，在曲阔岗大译师降确座前以一座式接受比丘戒，详细听闻《律本事》和《律经根本论》等经典理论，闻思通达了律仪开遮学处。

在修行方面，尊者三十五岁时，在德钦卓玛静处闭关静修，一年后的一天早晨黎明时分，禅修房充满光明，无量寿佛在光网正中为尊者亲现尊容并授记尊者在未来往生于极乐世界。此外，获得诸多本尊的亲见，成就降伏手印文殊而自在于本尊威力，成就贡波乐丹护主的事业等无数功德。

尊者造写了幻网续和道次第注疏等论著，进行了长期的教法讲修事业。培养了贤正大德曲扎白桑，金刚持瑜伽士朗卡坚参等“身子五兄”，谷大译师迅努拜、塔巴·朗卡桑杰、索敦·宏嘎然等无数圆满三学功德的弟子。

尊者在宗巴·贡嘎坚参、那塘巴·西绕森格、大班智达根敦珠巴等众多教法大善知识座前，听受寿主金刚橛、马头明王等法门的灌顶和口传。此外，阐化王扎巴坚参、曲木达钦、仁邦巴、雅嘉巴、列巴、曲休千户长等所有前后藏官员向其恭敬顶礼，听受了诸多灌顶和窍诀。

藏历铁猪年即尊者八十二岁那年，尊者对眷众说：“我的父尊降央桑珠多杰来了，对我说：‘儿啊！你去极乐世界的时候到了。’看来，老者我能够去极乐世界了。”说罢，尊者就圆寂了。霍·贡确让卓将尊者的整个顶骨迎请到琼结达泽地区，供奉在银制灵塔之中。

祥敦·朗卡多杰

此尊者乃达纳卓玛父子一位三学功德圆满的智者弟子，在降央桑珠多杰圆寂时举行的供修法会上，其殊胜大弟子上师们主持十四座坛城法会，在罗列其殊胜大弟子时，尊者即是大师传记中所提到的苏钦巴上师和朗当巴上师。尤其是在桑杰仁青大师座前听闻了总经意集密续灌顶、印付讲授法以及窍诀，取密名“多吉扎波札”。尊者通达所有续教窍诀及修部法门。在达纳朗当的禅修房静心观修，对气、心获得定力，现前生圆次第密意而自在于四大事业，利益了无数化机众生。

克珠·夏弥多杰坚参

此尊者在朗当拜吉禅修苑获得祥敦·朗卡多杰的摄受并获得总经意集密续灌顶、讲授和窍诀法，取密名“多吉扎波札”。在大乐修行处进行修行，对生起次第获得定力而无碍成就四事业，究竟了圆满次第功德，在讲修两个方面进行了无量利益众生和弘扬教法伟业。

仁增·玉珠多杰

尊者是成就智者夏弥·多杰坚参心子，在大乐修行处上师为尊者圆满传授总经意集密续灌顶及印付法，也赐予了讲授和窍诀法，取密名“多吉扎波札”。在温静处和朵静处等卫茹修行地进行禅修，尤其是在也茹达纳地区的拉古度寺潜心修习，因此世人称其为“拉古巴大禅师”。因尊者圆满了证悟功德，故对任何人一经加持，就即刻消除病痛与魔障，现前诸多成就威力。尊者身寿获得圆满、住世长久，恒常在静处修行将欲解脱者化机安置于成熟安乐之地。

成就智者索多巴·罗珠坚参

尊者诞生在后藏也茹塔东卡地区的东氏家族中，其为涅·嘉那古玛拉大师化身。从小学习共同外明学问并轻松掌握，尤其是通达医方明。在少年时期担任第巴东卡瓦的侍者而称为“东卡医生”。

长大成人后，觉醒往世圣者之姓而剃度出家，依止金刚持大上师扎巴仁青、经师阿旺扎巴、白岭心子达瓦坚参、伏藏师休波岭巴、不舍肉身而趣入空行刹土的多杰森格等诸多成就智者上师，听闻了无数法门，尤其是在夏弥·多杰坚参座前听受了总经意集圆满四灌顶、印付和讲授法、窍诀及其仪轨行持传承，取密名“志美达夏札”。

尊者没有仅仅停留在闻法上，而是做到断除疑惑、断除放逸和散漫，精进修行行持，闻思修三功德在同一时间圆满。故此，开启证悟和智慧之门，登上成就智者之位，对一切显密法的理论尤其是对所有前译经教伏藏法通达，证得大圆满自现无别之密意，气脉明点之循行融入中脉，成就了睡梦瑜伽，并自在于梦境的清、增、化。转而巡游清净刹土，获得诸佛菩萨的亲见和授记，以成就者威力降伏和回遮了损害藏区的边地魔障违缘，诛法事业即时能够示现征相而名闻四方。

尊者后半生居住在酿麦吉布圣地，在不离于大圆满光明金刚藏密意修行的同时，持续进行了随顺化机意趣的灌顶、讲授和指导等弘法事业，满足了各种根基的众生愿望。尊者造写了注疏、修法、仪轨、教法源流以及答辩论等众多著作，书写了金汁大圆满十七续、比玛心髓和善逝集等许多经教伏藏法函，以讲修事业三式进行了广泛弘扬前密教法的神圣事业。尊者在七十三岁时造写了《观察和回遮死亡》，以此推断，其住世很久。

大译师先盘多杰

尊者于藏历阳木马年诞生在哲域扎西林地区，父亲名叫本钦，系努措普氏，是证悟者曲尼让卓重孙大译师阿格旺波亲弟。从小极具智慧和无畏辩才，对离欲出家也自小就有希求之心，故在其十二岁时，在夏玛曲吉旺修座前接受了沙弥戒，二十一岁接受了比丘戒，成为殊胜的梵行圣者。

当时，尊者叔父被聘请为红帽系噶玛巴的共同外明学问的老师，其作为叔父的近侍一同前往，学习了声明学之噶拉巴、《诗镜》、音律学、历算以及印藏各种文字语法及分支学科并通达。又在夏玛巴和仁波切玛桑等大德座前听闻了显宗经论，与此同时，也听闻了其他所传之法。此外，依止了其叔父大译师阿格旺波，成就智者罗珠坚参，松珠活佛赤诚多杰，宁普巴·仁增宁波，则勒·白马勒珠，噶陀·白马罗珠，云沃巴·扎西伦珠等许多大德，听闻了无数前译宁玛派经教伏藏法门并作了除疑和抉择，尤其是在成就智者索多巴座前听受了总经意集密续的四灌顶、交付讲授法、窍诀及仪轨行持，取密名“多杰益西札”。

尊者致力于生圆次第的观修，圆满了证悟功德，因其丝毫不染世俗八风，故将所有随学者也自然而然地引入妙法圣行。尊者出资抄写了三部《宁玛续部》，为了使教法传承不断，将前两部送往康区和贡域地区。他对能够利益众生的弟子无私赐予丰富的修行教法仪轨，并赐予其手中的一切法本，以不间断进行显密教法及外明学问的传讲事业满足众弟子之愿，还恒常给听法者提供生活上的护持。总之，以贤正善至高功德和神圣讲修事业利益遍虚空众生之后，于六十一岁那年密意趣入寂静法界。

密主诚烈伦珠

尊者于藏历阴铁猪年诞生在恰向秋林道场，父尊成就智者纽敦·多昂丹增。小尊者被许多圣者认定为努钦·桑杰益西的转世，五岁就熟练掌握了文字读写，八岁时在父尊座前接受了居士戒，取法号“邬金慈培”。从此以后，开始学习仪轨行持、大遍智上师的文集以及声明学、历算等外明文化，以此增长了智慧威力，特别是在父尊处听闻了上师、大圆满、观音法门及八修部等经教伏藏法的诸多灌顶、讲授和口传并以修行实践抉择。

在邹拉嘉措尊者座前接受出家戒，赐法号“诚烈伦珠吉祥贤”，在此上师处还听闻了其他法门。此外，还依止了松珠活佛赤诚多杰、大译师先盘多杰、拉尊·根桑朗嘉、佐钦巴·珠札桑波、温隆巴·慈城坚参、苏·曲阳让卓、楚休·罗布曲丹等宁玛派大德，嘉察·扎巴确阳、贡波索朗确丹等格鲁派圣者等三十多位前后密各派传承上师，无有餍足地听闻了许多显密法门。

尤其是在总经意集密续灌顶方面，在尊者八岁时，迎请了瑜伽士根桑巴觉到向秋林寺，与父尊一起听受了康派传承。在二十一岁时，在拉尊·根桑朗嘉前听闻了康派版经典。土鼠年四月份即尊者二十九岁那年，在贡然伦珠顶道场的大译师先盘多杰座前，以彩沙建造总经意集密续所有根本和分支坛城，在涅巴德勒的文本上，按照大修法会行持次第在十七日内圆满接受了总经意集密续四灌顶并交付了修习次第以及窍诀法，取密名“多杰邓都札”。虽然大译师先盘多杰在尊者向其作供养时说对具缘者作无私法布施而不卖教法，但尊者向其供养上好的九个灌顶宝瓶时，大译师满心欢喜地接受，照见尊者为堪受灌顶之具器弟子并示现了弘扬教法的缘起圆满。

如是，以闻思之式如法断除对诸法的疑惑后，根据前辈传统前往寂静诸地修习行持精华妙法，对断除不清净境相的生起次第明现获得见触相之故，自在役使具誓护法，无碍成办所交付之一切事业，证悟圆满次第究竟不变如所有法性真谛之故斩断了轮涅实执耽著，万有清净于任运光明之界而获得诸多本尊的亲见和授记，摧毁了自利作意而自然生起遍虚空之利他慈悲胜心。为许多有缘化机常转法轮，广行利益教生事业，尤其是给身口意殊胜弟子大伏藏师久美多杰传授了所有广深教法并任命为其补处。最后，尊者到了五十二岁即藏历水虎年二月二十二日，在示现顶发自然立起，顿时放出如月光白色甘露、弥漫如妙香般的气体等奇兆瑞相之后，色身庄严趣入法界之中。

大译师曲嘉丹增

尊者于藏历铁羊年诞生在艾当温波下村，因从小觉醒前世圣者之性，被前世弟子护持并迎请到塔堆林等道场。轻松掌握了文字读写和业修仪轨。前往宁玛派六大祖寺之一的琼结巴日寺求学，在寺院住持索朗仁青座前接受出家戒，取法号“曲嘉丹增”。听闻了诸多灌顶口传，从总经意集等法的仪轨词句诵记及坛城绘制、跳金刚舞佛乐等方面，直至大遍智龙钦巴著作《大圆满心性休息》本颂及注疏作了广泛闻思。在那里，还依止了努敦·扎巴旺波，学习再遮法和洛哲等猛咒法的实践及黑白历算。

藏历阳土鼠年即尊者十八岁那年，担任了寺院的掌堂喇嘛，被称为最具威慑力的掌堂喇嘛。这年，琼结巴日寺迎请持明诚烈伦珠，大师在彩沙坛城中按照大行法会修持方式来为殊胜活佛诚烈朗嘉等所有僧众传授了苏派传承的总经意集密续灌顶，同时，为少数师徒以布画坛城之形式传授了康派传承的总经意集密续灌顶，尊者与此等师徒一起接受了此等法门，取密名“多杰雍卓札”。后来，在各种时处先后听闻了善逝集八法行、上师意集、比玛心髓、偕波岭巴的伏藏法等诸多法门。此外，依止拉尊·朗卡晋美、松珠活佛赤诚多杰等许多成就智者上师，闻授了经教伏藏灌顶、口传和讲授法门。根据嘉日温萨的指示前往贡然，在酿敦·罗确多杰座前听闻了声明学噶拉巴、诗学、辞藻学等文法学及其分支学科并获得通达。

圆满了闻思功德后，先后在艾童门和措美当等地住留修行，但主要是在塔堆岭寺院长期隐居，专心精进于念修而获得了殊胜证悟成就，经常出现役使护法神众的征相之故，当地人也心怀敬畏地说：“如果违背了上师岭巴的旨意，会遭到护法神的惩罚。”

藏历水虎年即尊者三十二岁那年前往达岭寺，在持明第一代敏珠林法王德达岭巴座前听闻了白玛岭巴大师的部分伏藏法。当时，大伏藏上师德达岭巴知晓了尊者具有源自其父尊的大行法会修持方式的总经意集密续灌顶及仪轨传承，将其迎请到敏珠林寺，尊者向大伏藏上师传授了总经意集密续灌顶传承，以此因缘，对前译教派的事业起到了巨大的推进作用。

最后，尊者于藏历土鼠年四月份即七十八岁那年，在达多岭寺示现圆寂。

尊者传法给前密教法之主大伏藏师久美多杰或名持明德达岭巴法王，伏藏大师以满瓶倾注之式传给其弟大译师阿旺曲拜嘉措，此二位大德的传记在上下文均有详述。

法子白玛久美嘉措

如云：“圣子马明王化身，多杰名者行利业。”如是在伏藏授记文所授记的此尊者，于藏历火虎年在父尊大伏藏师德达岭巴法王和具有空行妙相的云登卓玛家中诞生，取名西绕朗嘉多杰本。

从小在两大圣者座前以满瓶倾注之式听闻了妙法甘露，二十岁那年，在大译师阿旺曲拜嘉措作为戒师堪布座前以一座式接受比丘戒，在法主先盘旺波前听闻律仪、俱舍、般若等，对教证理证作了彻底闻思。在完整听闻两位上师所传法门的基础上，从贡嘎寺迎请阿阇黎旺修，听闻了《金刚鬘》等所有后译密法的传承法门。对声明、因明、诗学等内外明各种学问获得自在通达之故，于三十岁那年，封为父尊法王的补处教主。

尊者造写了《诗学注疏》《现观庄严论总义》《幻网续总义》《三律仪附记》《寿主行持仪轨要义之窍诀七度》，此外，还有许多有关灌顶和行持仪轨及附加法门等著作。其父尊曾经以遗嘱之式授记道：“儿子传法事业将超越父亲。”

如是，在进行了利益教生事业之后，尊者到了三十三岁之时，即藏历土狗年一月二十六日，毫不犹豫地将尊贵之体布施给那些恶愿者们，在没有丝毫畏惧和恐怖的见地信念中示现圆寂。

大堪布邬金丹增

尊者诞生在父尊嘉色仁青朗嘉和母亲才旺巴宗家中，从小进入佛门，在邬金敏珠林寺进行闻思。十五岁在冉江巴久美培杰座前接受出家沙弥戒。在父尊大持明座前听受了显密经教伏藏诸法的灌顶、讲授及仪轨修持传承，特别是以满瓶倾注之式听闻了总经意集密续成熟灌顶口传和讲授等法部。

尊者到了二十岁即藏历铁蛇年神变月十五日，在大密冉江巴久美秋丹座前接受了圆满比丘戒，成为集贤正善三功德于一身的教法之主。尊者担任邬金敏珠林寺法台堪布，弘扬三事仪轨传承等进行了诸多利生事业，为前密宁玛派别解脱戒传承中一位重要的传承戒师。自从兄长第四代敏珠林法王久美白玛丹增圆寂之后，承担了敏珠林寺内外所依的建造、闻思讲修等所有弘法利生重任，在事业得到圆满之后示现圆寂。

嘉色仁增桑波

尊者承嗣于纽氏家族之中，从小在诸多大善知识座前进行了广泛闻思。到了二十一岁，在大堪布邬金丹增多杰前接受沙弥戒和比丘戒，对律三事仪轨等显教方面作了详广闻思，担任敏珠林寺法台堪布，传广弘宁玛下部戒传，为此，尊者被列为前密宁玛派下部律传承的重要传承戒师。在邬金丹增多杰大堪布座前，全面听受了所有前密经教伏藏法，尤其是总经意集密续的圆满四灌顶及讲授法。总之，长期以三轮事业将教证妙法发扬光大之后示现圆寂。

尊者将阿努瑜伽总经意集密续圆满四灌顶、口传和窍诀之苏康两派相结合的殊胜传承传授于佐钦寺第一代法台堪布桑珠白玛扎西（密名多杰尼谷札），续传佐钦寺第二代法台堪布佛子先盘塔耶（密名柔毕多杰），续传佐钦寺第八代法台堪布堪钦白玛班扎，续传第一世蒋扬钦哲旺波和第五世佐钦法王土登曲吉多杰，第五世佐钦法王传于第四世岭喇活佛土登诚烈嘉措，续传第六世佐钦法王和第四世珠巴尊者土登曲吉尼玛，第六世佐钦法王传于怙主白玛格桑法王。在后弘期，怙主第四世珠巴尊者土登曲吉尼玛在佐钦寺传授一次此殊胜传承。怙主白玛格桑法王在佐钦寺传授两次此殊胜传承，又在佐钦其他分寺传授几次，尤其是于20世纪90年代被迎请到敏珠林寺回传此殊胜传承。在两位怙主上师座前我等佐钦寺和分寺的活佛堪布僧众们有幸获得了此殊胜传承，此等大德传记在下文有详广描述，以供读者参阅。

三、窍诀大圆满阿底瑜伽的兴起

分三：1. 概述大圆满心部和界部之源流；2. 详述心部和界部传承；3. 窍诀部大圆满极深秘密心髓法传承

1. 概述大圆满心部和界部之源流

在前期，有关心部和界部的经典，主要有前译心部五部、后译十三部、心部二十一部，菩提·点石成金、毗卢心部大教言、窍诀·宝玉铺地、阿若大引导、心部·圆光讲授法、界部金刚桥等无数续部和印度经典。

在后期，大遍智法王龙钦巴造写了《心本续大疏》《心部释·日光论》，其略义《日月光网》《引导文·虚空界明》《大圆满心性自解脱本颂》，其道次第《精髓义引导》《心性自解脱祈祷文》《大圆满法性自解脱》，其义引导《如意精华》《大圆满任运自解脱》，其义引导《大宝精华》《菩提心本续义引导·大宝舟》，其注疏《光明之轮》《引导文·法身自现》，其注疏《光明之穗》《引导文·法身自显》，其注疏《光网》《引导文·法身自成》等心部法门。

在界部方面，法王龙钦巴造写了《界部遍及虚空注疏·离宽窄之虚空解脱》《九界窍诀义疏·法界宝藏》，其注疏《法界显明》《导文·法界遍尽》《三部精华义疏·实相宝藏本颂》，其注疏《身慧广论·自成精华》，其注疏《胜幢不灭》《三身相好指导》《窍诀义疏》《总集论·明智关要》《普明精华义疏》《中阴光明之穗》等著作。如是，将大圆满心部和界部妙法如同阳光普照传遍大地。为此，笔者也在此诚心祈祷自在于智者三风的诸持教大德，在未来应时发起勇猛广深之心，以恢复和弘传已失传和濒临失传的教法善妙传承之轨。

大译师毗卢遮那

大圆满心界二部持教者大译师毗卢遮那诞生在涅莫协卡地区，父尊巴廓·亥多，母亲赞萨·噶珍吉。尊者从小就具备殊胜智慧，由莲花生大师和赞普赤松德赞教授指导，学习梵文和藏文，学成之后，将很多梵语佛经译成藏文，成为前弘期最伟大的译师。在大堪布菩提萨埵座前接受沙弥和比丘戒，取法号“毗卢遮那然齐达”。

此后，根据赞普的旨意，历经“八难”和“十六艰辛”而到达圣地印度，当他走近阿阇黎熙日森哈以神通所示现的达纳果卡檀香尸陀林九层大石窟时，想通过取水的瑜伽母向上师报信，但瑜伽母不理会他。于是，尊者作了一个照见手印，瑜伽母的水器就粘在地上不能搬动了。这时，瑜伽母掀开自己的胸膛，向尊者示现了金刚界坛城，以此为助，尊者拜见到了阿阇黎熙日森哈。

尊者向大师献上黄金曼达拉并请求传授无为法乘，大师说：“我要观察一下。”第二天，大师说：“可以在严格的保密当中传授甚深法要，但如果泄密，会遭到国王危及生命的惩罚，所以，白天在诸班智达前听闻因法与果法，而在晚上可以为你演示窍诀法门。”于是，大师以不为旁人所知的秘密缘起和方法为其传法。如采取了用白山羊奶作为墨汁将窍诀十八心部写在白色绸缎上，然后用烟熏就可显现文字的办法。当达到一百五十四卷窍诀法本时，嘱托给净居天的三百六十怙主等护法神众并进行了秘密印持。但是，毗卢遮那译师仍然不以此而满足，还为没有得到最究竟的法门表现得很难过。上师对他说：“我已经将所有窍诀传授给你了，你还有什么可不高兴的呢？”毗卢译师回答道：“夜传十八心部法，不能送我过八关，毗卢遮那我回藏，担忧如何能过关。”于是，上师又给他传授了六十密续的灌顶和窍诀，以及宣讲成就本具之黑白花三大界部深法，使毗卢译师彻见诸法实相。但毗卢遮那表现得仍不满足，阿阇黎说：

"法界虽然无尽头，如若证悟一法性，一切圆满于此中，发誓再无别法传。"说完，为毗卢遮那讲授了窍诀传授的三个方式，能传窍诀四根器和不传窍诀四根器并加以印持，授记毗卢遮那在未来拜见阿阇黎极喜金刚之情。

此后，毗卢遮那前往贤聚圣地的大尸陀林拜见了阿阇黎极喜金刚，获得了大圆满六百四十万密续的义传，并在当下获得见与解脱于一时的大成就。在有些伏藏法部中所提及的《毗卢心髓法》（毗卢心髓）也源自这里。

学成之后，毗卢译师依靠神足成就回到西藏，为赞普赤松德赞白天宣讲共同显密法门，晚上以隐秘之式传授大圆满法部，翻译了前译心部五部。当时，因毗卢译师将殊胜窍诀带入西藏，引起了一些印度人的嫉妒，他们造谣挑拨，让西藏人生起疑心，对佛法不恭敬的王妃和大臣也推波助澜、火上加油，致使毗卢译师暂时被流放到嘉莫察瓦绒地区（今加绒）。

在察瓦绒的扎拉贡波寺，尊者摄受了首席心传弟子玉札宁波，于此地广弘大圆满法。在察绒达泽宫为桑敦·益西喇嘛传授了大圆满法，在卫藏传授给涅·嘉那古玛拉、里萨·西绕卓玛，以上各传承称为"五大传承"。后者也将毗卢译师迎请到了里域地区。

此外，大译师前往汉地进行弘法利生事业的传奇颇多。后来，王子牟尼赞普等所有吐蕃君臣达成共识，一致决定将毗卢译师从察瓦绒地区请回卫藏，派遣了三位使者迎请尊者，尊者也欢喜地接受并带着心传弟子玉札宁波一同前往。途中，在东孔绒地区的白石宗遇见邦甘·麦彭贡波，为他传授即生成佛的甚深窍诀。

在桑耶寺拜见了大班智达比玛拉，为涅译师等众多眷众广传内续三部法轮。此后又回到嘉莫察瓦绒地区，将化机众生安置于成熟解脱之地，完成了余下的利生事业而回到卫藏。最后，在桑耶嘿波日圣山成就双运虹光之身而趣入法界。

如同上述，从大译师毗卢遮那起心部和界部出现五大传承，也出现了心界二部圆融传承和单独传承等诸多法脉，此处笔者欲列出最具影响力并至今传承不断的一些法脉：首先，根据持教于遍智荣龙二尊（荣松班智达和龙钦巴法王）的心界二法圆融之传承，起初是菩提圣心导师，五部主，密主，极喜金刚，文殊友，达嘿那德罗，法子然札嘿德，圣女瓦然诃，安止龙王，菩提夜叉女，妙印母阿然勒，阿阇黎阿交巴亚，谷古然札，萨然尼，菩提萨曼达，玛哈然札，果玛德沃，阿阇黎阿罗格，后谷古然札，克什米尔哈然札，仙人巴齐达，妙印女达尼玛，阿阇黎龙树，德瓦然札，后文殊友，佛密，大译师毗卢，玉札宁波，志美达西或名涅·嘉那古玛拉，索波·嘉那熙日，努钦·桑杰益西，巴廓·伦钦帕，丹·云登确，直·萨维确，嘉·罗珠迅努，噶尔·慈城桑波，荣松大班智达，楚·耶旺，丹·曲吉旺修，祥·却拉，杰·云迥，丹帕巴·迅努顿珠，直至遍智隆钦冉江法王。此后，以上心部、界部传承与大圆满窍诀部心髓法传承融为一体，经由遍智吉美林巴尊者一直传承至今，此情形在下文有详述。

2. 详述心部和界部传承

分三：（1）外法心部传承；（2）内法界部传承；（3）附说主要大德传记

（1）外法心部传承

嘉莫·玉札宁波

大译师毗卢遮那心传弟子、大圆满心部大持教者嘉莫·玉札宁波，诞生在嘉莫察瓦绒地区的多雪尔土司家中，由大译师毗卢遮那摄受为弟子并成为成就智者，列入前弘期西藏一百多位译师之中，在莲花生和比玛拉两位大师座前也听闻了《窍诀见地宝鬘》等诸多深法，尊者有着自身化为黄金金刚杵等无数传奇。

起初，大译师毗卢遮那刚到嘉莫察瓦绒地区时，当地的人们怀疑他是卫地派来的奸细，就强行把毗卢遮那放到蛙洞和有各种虱子、蝎子的洞进行折磨。大译师深知并承认这是他许多世以前往生为该地的老鹰时吃了很多青蛙，成为该地的一比丘时，将虱子扔到草地上被鸟吃掉等恶业所引起的最后成熟果报。毗卢遮那具足宿住随念智，能够回忆并讲述他在往昔成为布纳比丘时的经过。当地首领和臣民认出了他是首领祖辈布纳比丘的转世，就对他们冒犯尊者的行为作了忏悔，从此以后对其恭敬承侍。

但是，首领之子玉札宁波还未对大译师生起信心，他为了试探尊者，先后派了儿子刚去世的父母、将要死亡的老夫老妻以及正在热恋的年轻人，依次问了“行持佛法能否得到儿子”“能否返老还童”“能否得到比爱情更多的幸福”等问题。毗卢遮那依次回答了“不仅是儿子，父母自己终究也要面对死亡”“等到衰老才想到修行为时已晚”“一切法都是无常”，众人各个对毗卢遮那生起了强烈信心。

这时，玉札宁波也有点心动，就向大译师供养了坐骑并请求传法，但大译师没有开许。于是，他设法将大译师请入浴池，在水中威胁尊者说：“如果您不传法，我就让你溺死在水中。”大译师答道：“无有信心与供养，威胁能得妙法否，若死两人都将死，我死将去密严刹，你死堕入三恶趣，你若敢死我亦然。”这时，玉札宁波心生恐惧，便向大译师作了忏悔。

此后，玉札宁波又偷取大译师的法本，抄写了一本《心本续》之后，向大师炫耀说：“我也有妙法。”大译师回答道：“对于金刚手与喜金刚、文殊友等口传之窍诀，了义妙法佛陀深密意，仅凭文字难获菩提果。”听到这里，玉札宁波生起了强烈的信心，请求摄受他为弟子，此时，才获得大译师的恩准。

大译师开始传授了显密法门，但尊者仍不满足，请求大师传授即生成佛窍诀。大师说：“你若能做到‘三身学’‘三口学’‘三意学’以及能做到敢于舍家弃亲等‘十三舍弃’，我就给你传窍诀法。‘三身学’是：做一切上师所需服侍之事、降伏伤害上师的恶人、以顶礼和转绕清净罪障。‘三口学’是：讲恭敬语和诚实语、以猛咒降伏恶人、恒常祈祷上师。‘三意学’是：恒常观修上师瑜伽、以信服之心成办上师教言、供养身口意及一切受用。”这时，尊者向上师保证做到这一切教言，上师给了尊者很多黄金并说：“那么，你先去乌仗那刹土和印度金刚座，把这些黄金供养给极喜金刚和二十五智者，回来后，我把他们的窍诀传授给你。”

尊者根据上师的旨意准备前往乌仗那地区，父亲和臣民一致都劝他说：“你即使到达乌仗那也不一定拜见到极喜金刚，就在这里依止阿阇黎毗卢最为殊胜。”但是，尊者毅然说：“纵遇命难，也要照办上师的旨意。”这时，上师说：“看来你很敬重上师的教言，乌仗那就不用去了，我在这里摄受你为弟子，你要对过去试探上师的罪过作忏悔。”

于是，尊者向上师贡献了身口意及一切受用之后，在扎拉贡波寺获得了以心部为主的所有窍诀法门，成就了天眼通和神行等悉地，并在毗卢译师之前去了一趟卫藏，观察了赞普君臣之后回到察瓦绒地区，又与上师一起前往卫藏地区，进行了翻译、宣讲显密教法等广大的利益教生事业之后圆寂。

大圆满心部有多种传承：其中，称为“酿派传承”的法脉源自涅大译师，经索波拜杰益西、努钦师徒，依次传承到苏氏祖孙。“康派传承”系毗卢译师和涅译师传给莅临康区隆塘度母殿的大智者阿若益西迥烈，此大德造写了一部名为《大乘瑜伽》的大圆满心部论著。后来，大班智达阿底峡拜读此经典时，称赞其在词、义两方面都是整个雪域西藏无与伦比的。阿若传雅色本敦和吐谷浑罗迥等弟子。“绒派传承”是阿若传授给本、觉二师之后，他们两位都传给遍智荣松大班智达。

总之，从上至阿里到下至多康地区，出现了许多传承法门，但主要有三大传承，即：藏地传承、卫地传承、卫藏两地圆融传承。后者集中了所有传承法脉，所以，成就智者索多巴·罗珠坚参根据此传承，造写了《传承上师祈祷文·加持喜筵》。此后，敏珠林法王大伏藏师德达岭巴和佐钦佛子先盘塔耶二位大德将此文加以补充，文中传承上师名录依次为：

法身普贤王如来、报身金刚萨埵、化身极喜金刚、阿阇黎文殊友、持明熙日森哈、大译师毗卢遮那、嘉莫·玉札宁波、涅·嘉那古玛拉、索波·拜杰益西、努钦·桑杰益西、努·拥登嘉措、酿·西绕确丹、酿·益西迥烈、德协大苏·释迦迥烈、小苏·西绕扎巴、觉敦·释迦益西、拉杰卓普巴·释迦森格、杰敦·嘉那、大成就者卫巴休波、休波德泽、达敦·耶觉、达敦·色觉、当巴桑杰、酿美活佛、苏·向巴森格、玛杰苏姆、贤正桑杰巴、卓钦·桑珠多杰、曲吉·桑杰仁钦、香迪加色、大成就者扎巴班久、达那堪布罗珠饶阳、喇嘛珠钦巴、索多巴·罗珠坚参、大译师先盘多杰、持明诚烈伦珠、大伏藏师敏珠林法王久美多杰、译师阿旺曲拜嘉措、嘉色仁青朗嘉、白玛丹增、邬金隆央、仁增吉美林巴（吉美林巴尊者）、多珠·根桑先盘、第四世佐钦法王美久·囊卡多杰、佛子先盘塔耶、大堪布白玛班扎、邬金邬金·丹增诺布、大堪布先盘朗瓦、成就智者阿旺诺布、怙主白玛格桑等众多登地菩萨以人相降临于世，获得义传见地、密意证悟成就者传承不断，我等弟子在殊胜怙主上师座前获得了续法灌顶和口传之圆满授受。此等传承上师大部分传记在上述玛哈瑜伽和阿努瑜伽传承章节中已有叙述，在下文中也将提及，故此处未作重复。

（2）内法界部传承

邦甘·麦彭贡波

大译师毗卢遮那的心传弟子、大圆满界部持教者邦甘·麦彭贡波，其传承弟子各个都是成就虹光身的大成就者。当时，此尊者已是八十五岁高寿，在年轻时没有机会修习佛法，而到了晚年，被家人嫌弃。

当毗卢译师和玉札宁波从嘉莫绒前往卫地时，途中遇见了麦彭贡波。老人对他们说："两位师父去往何处？"玉札答道："我们从嘉莫绒来，去往卫地。"老人又说："你们好糊涂啊！我听说大译师毗卢遮那现住在察瓦绒地区，佛法犹如阳光普照，你们在那里不听闻妙法，实在不应该啊！"这时，毗卢大师说："我就是毗卢遮那。"老人立即用手杖顶起下垂的眼皮，当他看清大师尊容之后，情不自禁地扑向大师怀中而久久不愿松手。然后，老人流下激动的泪水向大师说："原本以为没有行善积德、作恶多端的老汉我要空手回归黄泉之路，如今有缘值遇上师，老汉我多幸福、多欢喜啊！敬请您传授妙法。"

于是，毗卢大师将手置于老人头上以表示法赐予窍诀，但老者未能证悟，大师心想：此人虽为有缘弟子，但因年纪太大而不能开悟。接着，大师竖起修习禅杖让老者依靠，用禅带紧系其身，向他直授了九界部二万卷精华法金刚桥窍诀，老人当即现见了法性赤裸本相，以顿超之式获得证悟而成就佛果，其法体也变为如同十六岁少年的状态。老人极其欢喜，再次长时间拥抱上师而不肯松手。后来，麦彭贡波专心修习此甚深妙法五年之后，以不留蕴身之式而圆寂。

安朗·向秋坚参

尊者为邦甘·麦彭贡波弟子，诞生在乌茹安朗然松地区，是一位比丘尊者。他在六十七岁之时，前往嘉莫达泽卡圣地，在邦甘·麦彭贡波座前听闻了界部窍诀法。此后，上师叮嘱他说："你不要回故乡，在瓦桑札圣山修行吧。"于是，尊者就遵照上师的教言，前往该圣地修习所闻窍诀并获得证悟悉地，住世一百零七年之后不留蕴身而圆寂。

萨当·仁钦益

尊者为安朗·向秋坚参弟子，诞生在多康上部，在安朗座前听闻界部窍诀法，终生不离上师在瓦桑札圣地修行而居，住世一百四十四年之后不留蕴身而圆寂。

库久·萨维确

尊者为萨当·仁钦益弟子，诞生在雅砻琼结地区，守持比丘梵行，在其五十七岁时值遇萨当·仁钦，萨当为其赐予了所有大圆满界部窍诀讲授，使其断除返回故里之心。在瓦桑札圣地进行修习，住世一百一十七岁之后不留蕴身而圆寂。

酿·向秋札

此大德为库久·萨维确弟子，诞生在酿域玉珠上部地区，以比丘身份而居，四十二岁时依止库久·萨维大师听闻窍诀法，他经常牵着一只鹿出现在央宗、钦普等地，因此，人们称他"牵鹿者"。当时，尊者在桑耶钦普地区修习实相法义，在那里遇见了来自乌茹夏地区的一位老比丘，名为酿·西绕迥烈。酿氏说："我虽然年长于您，而且受比丘戒也比您早，但您听闻的窍诀比我多，请您摄受我为弟子。"尊者答应了他的请求，为其传授了窍诀法，成为尊者首座传承弟子。

有一次，尊者前往普波切地区时，对阿阇黎西迥和巴贡两位弟子说："我让你们看一个游戏。"当两位弟子在尊者左右两旁观看时，中间的上师突然不见了，两人对此充满了好奇。上师变为一尺许大的飓风在那里飘来飘去，此后变为火团降在水施铜盘里化为净水，过了一会，尊者示现了其真身。如是，尊者自在于四大之法力。他说："清净四大浊垢之后，在净身未消失之前，会出现这种情形，虽然智慧法眼已经现见了无有所修之义，但如果以不散乱之中安住于表示法，就能轻松获得自在的境界，所以，安住于此状态极为重要。"最后，以不留蕴身之式趣入法界。

酿 · 西绕迥烈

此大德为酿·向秋札弟子，诞生在乌茹夏地区，是位具足三学大功德的比丘尊者，在其晚年值遇酿·向秋札大师并听闻了窍诀法。此后，在钦普吉祥林、札杰央宗、普波切洞等地静心修行，现证了大圆满自显无别之密意。尊者摄受了阿阇黎巴贡瓦并精心培养之，成为传承其法脉的首座心传弟子。

师徒二人共住在尼泊尔巴布林静处时，有一次，巴贡瓦去山上捡柴，从远处看见上师的茅屋燃起熊熊烈火，他心想：上师是不烧火的，肯定是失火了。他急忙赶到那里，只见茅屋安然无恙，不见起火，就很奇怪。当他问上师原因时，上师说：“这是因为我安住于火大遍处三摩地，你不记得我的上师是酿·向秋札大师吗？”

有一次，弟子们看到尊者的住处充满了大水，上师说：“你们如果找不到我的话，就去拉日圣山顶上观看。”此后，上师果然不见了，众人以为上师应该是外出了，不久就会回来，但到了第二天也不见上师归来。于是，众弟子到拉日山顶寻找时，发现上师的法帽和菩提佛珠等衣物挂在柏树上，人却早已不留蕴身而圆寂了。这是自性大圆满法中的虚空与空行圆寂法、火焰与持明圆寂法等多种圆寂法中的一种。

巴贡 · 益西向秋

尊者是酿·西绕迥烈的弟子，诞生在一个名为洛莫的地区，是一位居士行者，因其姓氏为巴而称为巴贡瓦或者益西向秋。尊者小时候，家乡经常发生战乱，母亲很担心他的安全，就说：“他是七姐弟中唯一的儿子，只要他不死就可以了。”就这样，母亲将他托付给阿阇黎西绕迥烈并得到上师的摄受。

尊者到了二十四岁时，酿·西迥大师为其传授了大圆满界部窍诀，以此生起了殊胜证悟功德，示现了踩石如泥、无碍穿行于岩山等种种神奇征相并成为众人之现量所见。尊者住世九十八岁之后，在无有任何疾病状态中圆寂。

因夫人岗莫未让任何人拜见尊者遗体，佛堂中的法体自然起火，众人在外围亲眼见到一个瓦壶大小的光团升向空中，未留下任何骨肉。

赠 · 达玛菩提

尊者是巴贡·益西向秋的弟子，于藏历阳水龙年诞生，父亲名为扎西雍仲，是雅砻地区唐琼赞朴的长子，后来出家修行并以金刚橛法门获得成就，母亲名为察谷吉。十六岁时，与几位游伴一道前往笃域东那地区做生意。到了那里，看到很多人集聚在一处，尊者也前去看热闹，就拜见到了帕当巴桑杰。于是，在接下来长达十四个月的时间里，他依止帕当巴作为上师并跟随其去了后藏桑坚地区。

此后，帕当巴赐给尊者一捆氆氇并说："有前往笃域的助伴，你去家乡吧，回来时带些塔波核桃来。"于是，尊者根据上师旨意准备踏上行程。这时，帕当巴正从迎面而来并说："不为任何法转化，转化法者无二执。"说完，上前与尊者碰了两次头，顿时，尊者出现了眼前一亮、茅塞顿开的觉受。尊者后来曾说："那是帕当巴赐予加持并授记我将值遇金刚桥窍诀，但我后来才领会此意啊！"

后来，前往卫地进行了部分法门的闻思，到了三十五岁就值遇了阿阇黎巴贡瓦，经过观察以后发现其为具德上师，就向其求法。上师说："我有一个窍诀法门称为'金刚桥'，能够在一刹那证悟法义、一生就不留蕴身而成佛，此法传承不断，但以前我从未传于别人，如今传给你吧。"就这样，依次为尊者传授了解脱道四灌顶，并赐予所有窍诀深法，尊者也向上师请求了四次加持，作为法礼进行了五次大供养。上师说："一切现象皆为虚幻之性。"于是，示现了诸多神变，又赐予了其他许多窍诀。

此外，尊者在大成就者玉莫巴、塔波拉杰、玛吉拉准、康巴隆巴等很多无有前后译密持教者座前，听闻了如海窍诀法门并一一作了实修。在普波切修行金刚桥法时，作了甘露妙药法的修习，使当时流行的瘟疫无法染及其身；在努·休波座前，以上师奴仆式的苦修为其恭敬承侍，从而随时随地都得到上师的垂念；在帕当巴座前进行苦修，获得了自在；在吉隆地区念修金刚橛法时，成就了能役使天地鬼神的悉地；在觉沃噶当巴道场进行调伏心性之修习，使其无论行至何处都得到别人的慈悲对待；以四字三不住方式作了苦修之故，使其成就了脐轮乐暖而在后藏当了五年的裸身者；对此法生起了定解而进行现前金刚亥母的苦修时，在谷牟圣地西边获得杰尊佛母的亲见，赐予了诸多表示法。

在努域绒地区修练睡梦瑜伽，使他证悟一切现象皆为如梦如幻之性；在学堆德卓水晶洞见到甘露忿怒尊的尊容，得到非人神众的恭敬承侍；在拉苏地区修习摄生术，获得无量寿佛的亲见，对诸法的安立生起了定解；在沃扎嘎圣山修行时，获得胜乐佛父佛母的亲见。

有一次，尊者心中生起外出的念头，就前往门噶尔仲莫切地区，那里有个池塘，他根本没在意池塘的深度和宽度而跳跃过去。结果，池塘表面的冰层坍塌而陷入其中，尊者稍感害羞，顿时，水中冒出遮天蔽日般的蒸汽，周围的人们感到非常神奇，都说此景就像烧铁放入水中一样。尊者后来说当时他还是有寒冷的感觉。

尊者时常与虎裙瑜伽者等众多瑜伽者相依相伴，因对现象法极为藐视，即使是冬日寒冷的冰层，或者是夏季涨潮的大江大河，或者是不见其底的万丈深渊，尊者都毫不犹豫地跳入其中，更甚的是撞击别人的头、用利器砍刺等，诸多极为奇特行为无不示现，因此，人们称尊者叫“赠琼巴英雄”。

尊者对索芒赞直授大手印法，使其迷乱境相转为智慧。对隐居者隆琼巴和恩莫·嘉乐姜进行了四字法和大圆满的直授，使其成为断除无明迷乱的大成就者并都以不留蕴身而涅槃。尊者针对一位具足信心的觉姆和有着大精进的康巴人直授了金刚桥法，两位弟子都以虚空与空行圆寂法成就了无余蕴身涅槃的成就。对热巴贡达、嘉热、隆热等弟子赐予窍诀法的当下生起乐暖功德。此外，在尊者直指法性奥义之后，出现了许多立即获得证悟解脱的弟子。

尊者自在于如海神奇功德，他有时示现身体化为彩虹的神变，因心识和境相融为一体之故，如飞鸟般行走于断崖峭壁，即使是遥远的路程，也在刹那间到达，有时还示现行走时双脚不触地的神通，能够知晓别人心思并预示未来之事等，有着无数传奇佳话。

尊者以金刚桥窍诀为主的广深甘露妙法满足善缘者愿望，培养的弟子主要有赠·觉色、阿阇黎根桑、酿·达玛桑哈、色隆巴、茹·多杰坚参、色·益西旺波、雅敦·达瓦沃色、杰才·益西旺修等具足贤善成就功德的无数弟子，各个都以讲修之式彰显和弘扬大密精华法门。

此后，尊者对伺察意的执着得以清净，密意达到遍尽之处的征兆，尊者对身边众弟子说：“我如今年事已高，也没有法再讲了。”之后，就极少说话。有一次，众弟子祈请尊者作回向，但尊者却说：“我不为有为善根而回向。”众弟子又祈请他作摄生术，尊者说：“我如果做辟谷法行，能够延长十多年的寿命，但在这恶世，长寿没有什么意义。”如是，尊者于藏历阳土鼠年一百一十七岁那年圆寂。法体进行荼毗时，出现了舍利和诸多佛塔形状的彩虹，尊者因护持大众之故没有示现成就虹身之相，却具足了荣登本净法性遍尽王位之一切瑞相。

赠·觉色

尊者是赠·达玛菩提的弟子，诞生在一个密宗瑜伽师家族之中，从小学习文字读写和天文历算，在沃卡画师前听闻幻网等宁玛续部以及极喜金刚和真实名经等法门。沃卡上师临圆寂时对他授记道：“我虽然通晓那么多经典论著，但到了临终时，真正有助益的只有阿若七座法，你也再不要学显宗论著，应该精进修习窍诀法了，在塔波地区有你的有缘上师，你去他那里吧！”

此后，在岗瓦尔地区，依止大圆满任运成就者阿阇黎桑氏六年，但对窍诀法没有获得抉择。在塔波地区阿阇黎赠氏座前听闻了三次金刚桥法，上师作了加持后对他说："你暂时去藏地区学习理论经典，回来后住在一个静处吧！"这样，尊者以为上师不会对他传窍诀法了，就问道："有哪位大师通达深法？"上师回答说："札喜的觉色·祥拉交精通此法。"于是，尊者就前去该地听闻深法，可到了那里时，觉色大师已经圆寂了。

尊者回到塔波地区向赠氏上师求传窍诀法，但没有得到开许。尊者就想在上师的一位弟子那里听闻窍诀，就前往雪姜的阿阇黎杜氏前求法，但杜氏不但没有答应，还叫他回到塔波闻法。于是，尊者再次回到塔波向上师求法。上师说："如果你真正想得到窍诀法，就一定要认真对待。"这样，终于得到上师的正式传法。此后，经过长达六年的时间，尊者圆满获得所有窍诀深法及其附属法门。

此后，托巴地区的若波噶上师和觉姆多瓦等五十多人向赠氏上师求传金刚桥法，上师却说："我让觉色传给你们，你们在他那里听法吧！"就这样，上师任命尊者为其窍诀深法的持教传承弟子。

根桑多杰

此尊者是赠·觉色弟子，父亲为卫巴·帕莫竹巴的弟子，是一位具有极高证悟的大禅师，母亲名叫色萨·迪确，曾在女成就者桑珠座前获得深法，在尊者诞生时，出现了极其祥瑞的梦境等神奇征兆。

尊者八九岁时，在阿阇黎果敦·然札座前作了一段时间的闻思，到了十五岁时，果敦圆寂，尊者前往阿阇黎都瓦处，听闻了五年的断法并恭敬承侍上师。在色隆道场初次拜见阿阇黎都瓦时，出现了两颗星星融入十五圆月的祥瑞梦境。

尊者在大赠·达玛菩提座前听闻了一次金刚桥法，此后，迎请赠·觉色到普兰地区，听闻金刚桥窍诀法达七次之多。前后四次参加塔波冬季法会，听闻金刚桥窍诀法达十三次半，跟随觉色八年，听闻金刚桥法七次。后来又在休地听闻两次，在色隆听闻一次，以及加上上师给别人传法时一起听闻的，总共在赠氏祖孙二师座前听闻金刚桥法达三十五次之多，获得两位上师的受教传承并造写了大小注疏讲义。

尊者法子是沃巴森格活佛，他是一位天生聪明、极具智慧的圣者，十四岁就能够传金刚桥法。沃巴将窍诀法赐予传承弟子觉贡，其传夏美·慈城仁青。从赠氏所传窍诀法还出现了多种传承：其中，赠氏将金刚桥法传给来自雅砻赞塘的酿·达玛森哈，酿氏获得加持，以顿超之式开悟，常住贡巴静处进行了广大的利生事业，最后在七十七岁时圆寂。从这里传下来的讲授传承，其弟子为班扎巴尼，再传弟子为喇嘛拉。

此外，赠氏传色隆巴大师，其传阿阇黎让卓，续传法子曲仁；赠氏传笃·多杰坚参，其传都敦•代巴尊珠，其一位弟子也写了讲授文；赠氏传色•益西旺波，其传拉卡瓦堪布，续传阿阇黎贡交，续传阿阇黎果日瓦，续传索敦，索敦也造写了讲授文；赠氏传普兰的雅敦·达瓦沃色，其传罗敦·更登交，有了讲授传承；雅敦住世近百年，其传来自上部温那的拉茹班德曾得到弘传。以下传承是延续至今的主要传承：赠氏传杰才·益西旺修，其传色·益西旺波，续传沃尔巴大堪布，续传都敦•班扎雪然，续传索朗坚参大堪布，续传迅努西绕大堪布，续传阿阇黎迅努扎巴，续传桑杰桑波大堪布，续传尊珠旺修上师，续传塔西·扎巴仁青，续传阿阇黎释迦杰波。

释迦杰波尊者从小在朝拉卡地区出家，二十岁之时接受了比丘戒。对俱舍论和律论作了闻思并在觉隆进行了游学辩经。尊者具有极高的证悟功德，到了后半生，因年事极高，双目老化而无法看到法本，但尊者发心极大，就让别人念诵法本，自己复诵并讲授内容。住世近百岁而圆寂。荼毗时其心脏中出现了无数舍利。

释迦杰波传谷译师迅努拜，其传坚阿瓦·曲吉扎巴，续传协扎巴·曲吉罗珠，续传琼仓巴·罗珠华丹，续传邦敦·噶玛谷如巴，续传邦敦·曲旺伦珠，续传曲旺根桑，续传邦敦•根桑曲嘉，续传持明敏珠林法王德达岭巴，代代相传于嘉色•仁青朗嘉、赤钦久美白玛丹增、大堪布邬金邬金•丹增多杰、堪钦仁增桑波、佐钦第一代法台堪布堪钦白玛扎西、佛子先盘塔耶、成就智者堪钦白玛班扎、堪钦邬金丹增诺布，拥登嘉措大堪布，根桑巴登堪布，智者阿旺诺布，怙主上师白玛格桑法王。后期，敏珠林寺与佐钦寺的历代堪布和传承弟子连续不断，传承至今，此等大德的传记在上下各个章节皆有叙述，敬请参阅。

（3）附说主要大德传记

在雪域圣地，前译宁玛传承之大德中经、幻、心内三续讲修弘扬无与伦比的，当属遍智荣松班智达和阿里大班智达白玛旺嘉，此处特别讲述此二位大德的传记。

大班智达遍智荣松曲吉桑波

往昔，莲花生大师亲传弟子荣本·拜杰仁波切，获得长寿持明成就者、住世三百年而进行利生事业，其法子为荣本·慈城仁青，住世长达二百五十多年，因为此瑜伽大成就者在因时作了五现证仪轨，造就了后来的具有陈那的智慧、世亲的多闻、旃陀罗阇弥的讲说、法称的辩才、马鸣的文才等具五圆满之性的荣松大班智达。

荣松班智达诞生在藏下部茹拉的那龙荣地区，被认定为阿阇黎弥底嘉那谷德和瑜伽师察拉让莫的化身。从小就喜欢所有印度瑜伽师并能够与他们沟通，对梵文贝叶经一看就轻松掌握，天生具备任运智慧，在酿地下部的噶敦·慈城桑波前进行闻思。当时，父尊慈城仁青给尊者送食粮，尊者的一些道友对他说："你的儿子很油滑，也很狂妄，使我们很烦恼，你最好带回去。"于是，父亲就前去上师座前禀报此事并问是否要带回去，噶敦大师回答道："你不要这样说，他已经通达了诸法。"

尊者在十一岁时就听闻了显宗经论，即使在课间的小孩嬉戏场地也能讲出上师所讲的一切法义，使所有人颇感神奇。上师所传之法只要听闻一次，就一字不差地了悟于心，因此，被传为文殊菩萨的化身。

到了十三岁时，闻思智慧得到圆满，再没有未能掌握的所学知识，成为通晓一切法义的大遍智者。尊者自己也曾说："我不是孤陋寡闻者，因为一切法门没有未听闻过的，但我也不是博学多闻者，因为一切法门只听闻了一次。"

尊者在诸多上师座前听闻了显密各法的无数传承法门，其中，在前密金刚乘法部方面，莲花生大师窍诀法传承依次是：那囊·多杰敦迥，卡钦·拜杰旺修，东·阿阇黎拜杰梅朵，札·多杰迅努，象雄·云登扎，荣本·云登，荣本·慈城仁青仁波切，尊者在其处听闻。

毗卢遮那的心部传承依次为：毗卢遮那传玉札宁波，其传喇钦·贡巴绕萨，续传仲·祥拉坚，续传努·巴丹，续传色·本敦，续传遍智荣松巴，此为心部传承之一。

其次，在康区隆塘度母殿的成就者阿若·益西迥尼，具有"印度七代传承"和"汉地七代传承"的窍诀法，称为"大圆满康派传承"，其传觉若·桑噶佐库和雅色·本敦，续传荣松·曲吉桑波。

此外，比玛拉传给酿·丁增桑波和比玛拉传给玛·仁钦和涅·嘉那古玛拉的两个窍诀法传承都传于库·向秋沃和琼波·玉沃等，续传于遍智荣松巴，所以，此传承被认为是前密宁玛教法的源流之一。

此大德具有锐利而高深的智慧，获得无碍通达妙法词义的八大无碍辩才，造写了与佛祖密语无二无别的经典论著，皆以义妙、词句妙、所诠清净无垢而著称。少年时期，有一次在多敦·森格座前听闻前译法门时，尊者梦见自己将《幻网法》作为主食，将《觉证双运》作为菜肴来享用。于是，他把此事禀报给了上师，上师说："非常稀有！这是你通达此等法门的征兆，你对此二法撰写注疏吧！"

为了圆满上师的旨意，尊者根据三学造写了三部窍诀法，即：宣讲增上戒学深义的论著《誓言广论》、宣讲增上定学深义的论著《注疏文·四方式十五分支》、宣讲增上慧学深义的论著《大圆满见修窍诀双运释》，此外，还造写了《消除恶趣续》《大威德》等法的诸多注疏和窍诀。其中，有《入大乘论》和《幻网法·三宝论》等许多以义深理明而著称的无与伦比的杰作，还造有因明方面的著作《成义偈颂》《诗学》《语剑论注疏》等许多论著，以及在世俗方面的农业和牧业，甚至撰有很多如何进行乳品加工这样的专著，总之，据说其著作有一百多部，但如今大部分已失传。

到后来，佐钦第二代法台堪布佛子先盘塔耶历经千辛万苦，从卫藏各地收寻和整理尊者著作，最终只找到了三部法函。遵照堪钦白玛班扎指示，此等著作经上师麦彭仁波切进行校对，然后由第二世佛子先盘塔耶土旺丹贝尼玛在佐钦熙日森佛学院刻成木刻版。仰仗此恩德，尊者法宝才得以传播至今。

尊者在撰写著作时，不用收集和参考其他书籍，任何号称为智者的人对其论著都无懈可击。传说其所撰写的诸密宗窍诀法，即使在没有传承的情况下根据词句念诵，也无有不受到加持的。往昔，阿底峡大师拜见尊者时称赞道："此尊者是印度阿阇黎黑行者的无伪转世，我怎么敢与他探讨法义呢？"

当时流行这样一句话："楚敦·尤氏通达戒律法，桑吉·耶札通达仪轨法，荣巴通达声明与因明，皆具一身者乃曲桑师。"那时，西藏四茹地区的智者们纷纷前来，想与尊者进行辩论，其中有阳切喇嘛、玛巴多巴、邬尤巴达敦、朵·琼波宏酿、色聪·嘉措巴、仓敦·果恰、邦噶·达邛、谷勒则、嘉·杰察等，所有的智者们都表示怀疑，几乎异口同声地说："一位生在西藏的人，能够造写如此多的论著？"于是，他们为了研究和辩论找到尊者，尊者以清净的教证、堪任思择的理证、不违能立之因和上师所指之法、远离词义之过的智慧辩才，将智者们一一折服。他们发现尊者的每一部著作都饱含甘露法味，无不为之赞叹，都拜尊者为师，对其恭敬承侍。

当时，果译师曲吉西绕比丘，一向以具足多闻而著称，此大德最初抨击尊者，期间拜读了尊者造写的《如大乘论》之后，生起了强烈的恭敬心，最后，向尊者作了丰厚的财供养并祈请摄受自己为弟子，在尊者座前听闻了《文殊秘密续》等诸多法门。在听闻秘密续法期间，荣松班智达说："我们如果有梵文版本的话，应该这样行持，但现在我们没有梵文版，就无法校对。"果译师根据荣氏所讲背诵了此法。到后来，果译师在一名为觉沃哲那的班智达那里得到梵文法本并比较此法，结果，与荣松班智达所讲如出一辙，就更加对尊者生起了信心。于是，他把梵文法本献给尊者之后，再次听闻了此法。

此外，玛尔巴·曲吉旺修等许多译师和公认的大智者们纷纷拜于尊者门下。尊者依止了曼殊师利、曼殊熙日嘉那、邬巴雅熙日弥札、布达阿嘎然巴扎、德瓦噶尔赞扎、巴美学、阿莫噶班扎等印度班智达为师并与他们一道翻译了《大威德金刚》《阎罗黑敌续》《文殊具密续》《胜乐根本续》等诸多深法，都因极高的翻译水准而视为后译教法的典范之作。因此，在当时，印度班智达们对尊者说："达玛巴扎，你要撰写很多妙法论著来利益众生，不用说你其他方面的学问，仅仅具有你的声明学和因明学问三分之一的印度人也在造写论著，而你为何不撰写呢？"如是，尊者具有如此圆满的功德，但仍以行持谦虚戒躁之威仪而居。

就尊者的成就显现事迹而言，以神变之力在平滑如镜的岩山面上行走，能将金刚橛插入岩石，自在飞行于虚空，具足了知藏地所有鬼神居所及行为的神通智慧等。如是，与尊者同时代的所有智者们赞叹其为无可争辩的化身班智达而恭敬有加。谷大译师称赞道："在整个雪域，再没有比他更殊胜的智者。"相传尊者住世一百一十九年之后，未示现任何患病之相而圆寂。

尊者传承弟子有子传和法传两种，子传乃尊者法子色杰巴和崩巴及许多后代，皆为以金刚橛深法获得悉地的瑜伽成就者。法传弟子主要有果译师、玛尔巴译师、谷译师等"十七位大译师"，雅·金刚持等"三十五大成就者"，玛吉祥玛之弟廓尔布巴尊者等"一百八十位瑜伽大禅师"，约嘉居士·多杰旺修、阳切喇嘛等"五百位持伞盖者"等，大密前译法宝的弘扬事业与日俱隆。

大成就智者阿里班智达白玛旺嘉多杰

此大德乃吐蕃赞普赤松德赞法王意化身嘉色拉杰的第九世转世，于藏历第八绕迥阴火羊年即公元1486年在阿里洛沃玛塘地区诞生。父亲是具有天神种性的成就者降央仁青坚参，是玛尔巴译师的转世，曾依止自在成就者唐东杰布等许多贤善成就大德，成为如海经教伏藏法门的教主，母亲名为卓姜·聪巴坚，父尊为尊者取名"白玛旺嘉"。

尊者八岁时接受居士戒，此后，在父尊座前接受菩萨戒，广泛听闻了文殊真实名经、幻网静猛法、真实意九火、心部法等妙法。十一岁时，听闻了根本续秘密幻化网、阿阇黎嘎比多杰注疏、雍氏注疏、松敦注疏等深法并在大约七个月之内就获得通达，尤其是对总经意集密续灌顶、金刚橛法、八大法行尤为重视和精进，也对总经意集等密续的学处获得通达。

到了十二岁，在诸多智者会聚之处作了经典翻译的讲授而声名鹊起，对上师密意集、幻网静猛法、马头金刚等法的念修获得圆满。尊者示现的第一个成就征相是：有一次，当地发生了一场大泥石流，尊者拿起金刚橛指向那里的空中，顿时，升至七层许高在空中盘旋的泥石流得以回遮。此外，尊者投掷大朵玛时，法体升空，双脚离地面一肘许高。

尊者获得成就而示现征相的传记还在其著作中有如是记载："札玛岩湖之

上平等住，脚踩门那河上自由行，如鸟飞越拉隆札岩山，如鼠穿行瓦岗坚岩山，疾行果沃坚岩山之面，好友协善协白与嘉桑，以及祥嘉仁桑喇嘛等，善男信女叫我成就者，我不执此义为成就者，只是修习妙法之觉受，如若未证究竟之法义，示现幻身神变之游戏。”

尊者十四岁时，闻习了八大法行、阎罗母等诸多行持仪轨并作了无数念修。此后进行了长达七年断法实修，以沙子、水中小石、花朵等进行长时间的摄生和苦修，足不出户而闭关三年，止语修行了三年等。尊者对血肉饮食极为厌恶，行持无数八关斋戒和长净梵行，因此，圣观音菩萨为其亲显尊容达七次之多。利用一年的时间对上师密集法窍诀作了精进观修。

到了十七岁，尊者心中立下了如是八大誓言：见到僧众顶礼膜拜；在家乡驻留不超过七日；始终作意于静处；进王宫之门不超过三次；不经商和不居上座；不担任超度亡灵的主持；过托钵化缘生活；唯独致力于闻思修行。

尊者多次依止阿阇黎诺丹桑波，听闻了律论、经论、觉沃噶当与那若空行母等耳传法部。在吉仲地区亲见了圣瓦德观音菩萨并获得法语，回忆起了前世的很多情境。十九岁那年，在家乡以六字真言法进行了利生事业。到了二十岁，就对弥勒五论、般若、因明、中观根本慧论、中观四百论、学集论、入行论等一百余部经典理论获得通达，从而被共誉为“玛哈班智达”（意为大班智达）。二十一岁时，在降央曲迴上师和持戒者慈城巴座前听闻了红阎罗法的灌顶和窍诀，修习此法仅七天就获得红阎罗的亲见。

到二十二岁时，在父尊座前对前译经教伏藏法部进行闻思并作了圆满抉择，在修习八大法行时，出现了甘露流淌、一盏小灯持续了三天等瑞相。那时，父尊根据其觉受境相作偈颂曰：“儿若未现寿命之障碍，在此世间将转大法轮，昨晚梦见环绕佛坛城，上师大苏以及大鄂敦、杰尊扎巴帕巴仁波切、朗卡宁波索朗喇嘛尊、怙主酿热热琼多吉扎、嘉色旺青洛沃师徒众、恰洛曲拜措普三译师、那措译师遍智木桑巴、索桑智者玛孝成就者、当巴桑杰毗卢比玛拉、莲师父母赞普赤松王、玛吉拉准祥洛瑜伽士、康巴噶洛（义为噶译师）印度众智者，面面而视谈笑风生中，皆说我乃白玛旺嘉尊，此后各个融于汝之身。”

二十三岁时，在洛沃译师座前听闻道果会众释和道果教学释二法。二十五岁时，在桑珠林寺，洛沃大堪布索朗伦珠担任戒师堪布、法主贡乔嘉担任业规范师等二十五位比丘圣众座前，以三段之式接受了圆满比丘戒。二十六岁时，在珠札水晶山等静处，舍弃了除三法衣、法本、锡杖、钵盂之外的一切财物，行持一门禁行威仪，如法行持律仪，成为当时所有持戒者中的佼佼者。

复次，以云游者身份前往阿里诸圣地朝拜之后到了洛沃大堪布座前，听受了大威德、红阎罗、密集金刚等众多法门。在此堪布和古格大班智达朗嘉拜桑、降央罗珠拜衮座前听受了《二品续》以及许多密乘灌顶和窍诀。前往普兰、冈底斯、廓恰尔等圣地朝圣巡游之后，又回到洛沃，在伏藏师释迦桑波座前听闻了诸多北传伏藏法部。

总之，尊者以极大的精进听闻了几乎所有的前后译密法的灌顶、讲授传承和窍诀并实修，以一门遁世者法行云游尼泊尔博达哈大佛塔、尼泊尔斯瓦扬布纳特佛塔、尼泊尔旁塘、央乃雪等各大圣地，依止了尼泊尔与西藏等地各大上师，于诸多圣地结缘修行，出现了无量清净觉受，获得很多本尊和护法的亲见，空行母授记其为阿阇黎阿巴雅嘎然的转世。

大译师曾经对金刚鬘灌顶表示怀疑，后来在其梦境中现见大班智达白玛旺嘉担任胜乐坛城主尊，当他想进入坛城时，在门口被空行母挡住，不让进去，直到他对过去事作了忏悔之后才得以开许，顺便还获得了道果法的新传承。

从三十八岁起，广转前后译密法各派法轮，发大心恢复已经失传的前后译密法各法传承。尊者征得父尊和洛沃部落族长的同意之后，与弟弟勒丹一道经过桑桑拉扎等地到了卫地，朝拜了拉萨大小昭寺的释迦两尊为主的能依所依。因尊者对鄂氏法门和断法有着强烈的希求心，在转绕大昭寺的路上获得圣度母和吉祥天母化身的授记。

在雄哲祥地区鄂·索朗丹增座前听闻了鄂派时轮金刚坛城仪轨，在札塘地区夏鲁大译师曲迥桑波座前听闻了红阎罗等法部。

到了桑耶寺时，觉醒了其前世赞普赤松德赞的诸多习性，在桑耶寺中殿建造了八大法行善逝集坛城并作了供修和祈祷。

与洛扎谷如瓦、噶陀法王索朗坚参等众多善知识互相传法。在成波邬金曲宗的贡钦·朗卡巴丹座前听闻了上师密意集法。在札吉央宗和钦普地区进行观修，获得了三根本圣众的亲见。

因第八代曲旺尊者的邀请前往洛扎地区，随后，依次到卡曲、桑珠德钦、拉卓、玛沃觉、卓沃隆等地朝圣。

往昔莲花生大师授记当酿·尼玛沃色伏藏法衰败时，将由一位大班智达恢复。尊者认为此授记的因缘已经成熟，就对八大法行善逝集等酿氏伏藏法进行了恢复和广泛讲授。对一些罪孽深重者作超度时，天空弥漫了彩虹和祥光。

在夏堆和赞卓等地区，以八大法行善逝集甘露法供修和七世解脱甘露丸进行了利生事业。因往世的愿力，对善逝集具有很强的希求心，在其父尊等座前，听闻八大法行善逝集法多达二十五次，尤其是在洛扎贡噶寺能无碍穿行于岩山的杰日·朗卡朗觉座前也听闻了教法。尊者在其《闻法录》中高度称赞后者乃传承清净的可信之法，并圆满达成心愿。

关于以酿氏甚深伏藏法进行利生事业之情形，尊者四十六岁时，在桑耶寺大殿顶层，从毗卢遮那佛等四佛像背对背之密匣中，掘出后善逝集持明总集法部之《七品祈愿文修法》并对大多数法部都作了抉择，此法至今仍然兴盛不衰。

根据其弟持明勒丹多杰的介绍，迎请直贡巴·仁青彭措大师，三位大德在桑耶寺主持开光法会，使藏地有着长久安乐之美好缘起。从此以后，仁青彭措法王也成为尊者的心传殊胜弟子，对弘扬宁玛派莲师教法和利生事业得到极大的弘扬作用。

尊者造写的论著《三律仪决定论》，言简意赅，成为执持前译密教宁玛派的所有僧众都能背诵的论著，其宏恩浩德不可估量。总之，此大德有着无量成就智者传奇佳话，堪称雪域无与伦比的大成就智者，鉴于此，吉美林巴尊者多次如是赞叹尊者道："此大士夫乃通达五明的大班智达；是显密前后译无别一切教派之大善知识；是舍弃坐骑、披风等世俗八风的随学释迦牟尼之托钵大行者；是堪忍苦行和厌离之行的出世大瑜伽者；是具足无量明智和解脱功德的菩萨大僧伽。"

最后，在进行了无量利益教生事业之后，尊者于藏历第九绕迥水虎年即五十六岁那年，在温门塘地区圆寂。

3. 窍诀部大圆满极深秘密心髓法传承

分四：（1）源自比玛拉大班智达之窍诀——比玛心髓法传承；（2）源自莲花生大士的大圆满空行心髓法传承；（3）讲述两大传承汇合于持教者大遍智龙钦巴尊者之传承；（4）别说佐钦大圆满寺极密心髓法脉传承

（1）源自比玛拉大班智达之窍诀——比玛心髓法传承

大班智达比玛拉弥札

阿阇黎比玛拉传记在上文已有叙述，此处略述其在西藏进行的利生事业之情形。

往昔，在印度迦毗罗地区有一位国王叫小恩扎菩提，其有一位成就（大虹光身）的应供上师，名叫比玛拉弥札，他年近两百岁，是五百位班智达之主尊，担任国师六十年。当时，正值身为吐蕃赞普的文殊化身赤松德赞法王修建桑耶寺之际，佛陀教法在西藏呈现出蒸蒸日上的景象。

赞普有一位应供上师叫酿本·丁增桑波，此大德能够在一座寂止禅定中安住七年七月之久，以清净肉眼能同时照见四大洲，他对赞普授记道："赞普啊！在印度迦毗罗都，恩扎菩提国王有五百位班智达应供上师，如果能够迎请其中的一位通达果法密乘的班智达，西藏的密宗教法就一定能够兴盛。”赞普非常欢喜和赞同，决定依酿氏所言而行。

当时，吐蕃乌茹潘域地区的噶瓦·罗丹和卓萨·多杰姜有一子名叫噶瓦·拜则，茹拉祥地区的觉若·嘉迥和卓萨·哲玛有一子名叫觉若·鲁益坚参。赞普将他们召到宫中说：“两位语自在的善男子啊！为了在我们雪域国土弘扬甚深果法密乘，你们速去印度迦毗罗都，那里的恩扎菩提国王有五百位班智达应供师，你们将此七个黄金巴扎和七藏升金粉献给他并如是说：‘这是吐蕃赞普给你的礼物，作为回礼，请你派一名通达果法密乘的智者到西藏。’”

两位译师根据赞普的旨意到了印度，向恩扎菩提国王叩首，献上黄金巴扎和金粉并说明来意。恩扎菩提大为欢喜并说：“两位吐蕃菩萨请暂时在凉亭歇息。”说完，自己在班智达们用斋时赶到那里并说：“诸位智者，吐蕃赞普给我送来了非常珍贵的礼物，他要求派一名通达果法密乘的班智达到西藏作为回礼，你们谁愿意前往吐蕃？”阿阇黎布达谷嘿说：“将两位使者带到这里来吧。”于是，国王就把他们带到众班智达座前。

当两位译师见到比玛拉大师相好庄严，生起了极大的信心，比玛拉也知晓利益化机的时际已经到来，就从众人中起身并以梵语如是说：“玛努度汝卓嘿。”两位译师对其出现了词句不同但意义相似的两种理解，觉若的理解是：“依靠弩弓之矢箭，射手若能张开此，箭可到达对方处。”噶瓦·拜则的理解是：“依靠船舶之士夫，船夫若能划其浆，定能达到海彼岸。”

那时，比玛拉对国王承诺道：“国王如果舍得派我去，定能利益吐蕃众生。”就这样，比玛拉获得国王的准许之后，带上一函极深秘密心髓法宝，与名为阿阇黎地藏的侍者一道前往吐蕃。这时，当地发生很多奇异征兆：人们都出现噩梦，梦境中见到印度的树木、花朵、果实以及日月等都移向吐蕃；清凉尸陀林的诸空行母放声哀叫；王宫的时辰和圭表出现错乱，等等。

第二天早上，众人集聚王宫门前，互相诉说并对比梦境，结果发现各自的梦境极为相似。当他们在谈论其原因之时，一个妇女说：“国王的应供处是否跑到吐蕃去了？是否是一位班智达将一切果法密乘连同法函无余带走了？”国王答道：“昨天比玛拉去了吐蕃。”

于是，印度人派遣神行使者前往吐蕃，在吐蕃的沟口、街道等地树立字牌，上面写道：“两位吐蕃僧人带走了许多鬼神恶咒，将会给吐蕃带来灾难。”

两位译师将比玛拉弥札迎请到了桑耶寺，然后前往赞普座前并报道：“我们所请的班智达是一位获得虹光身的大成就者，通晓一切三藏教法，对果法密乘尤为通达，在印度连一本法函也未留下而带到吐蕃。”赞普说：“今晚就在邬察金殿歇息，明天接见。”于是，他们根据赞普的旨意暂住在邬察金殿。

那时，吐蕃的一些恶臣看到字牌，又听到班智达来到桑耶，就集中在赞普座前，向赞普禀报道："听说我们这里来了一位带着很多鬼神恶咒者，此人不可留在这里。"

第二天，两位译师来到赞普座前，赞普对他们说："你们所请的人有可能是个带鬼神恶咒者，我还要观察几天。"就这样，大师暂时没有得到赞普的接见。

两位译师落入极度痛苦的中，在邬察待了三天。之后的一天早上，比玛拉起身对泥塑佛像顶礼并说："大日如来色身尊，色身之前智慧身者敬顶礼。"这时，众泥塑佛像顿时变成一堆灰尘，两位译师见到此景感到非常神奇，就禀报给赞普，但赞普却说："这应该是鬼神恶咒的诡计。"此后，两位译师非常难过并埋怨道："我们历经千辛万苦，迎请到了如此伟大的智者，赞普不应该这样怠慢。"

又过了三天之后的早上，比玛拉起身道："大日如来色身尊，色身之前智慧身者来灌顶。"说完，就脱下法帽戴给灰堆，灰堆顿时变成比过去更精美、更庄严的印度造型佛像。两位译师又将此情禀报给赞普，赞普这才生起信心并说："派遣神行使者去吐蕃各地传信，在一个月之后的初三那天集会。"

经过一个月后的一天早上，在桑耶寺三式佛殿大门的右边为赞普搭建宝玉高座，左边为班智达搭建黄金宝座，周边由无数臣民围绕，在此中间赞普向班智达顶礼以示恭敬。这时，众人亲眼见到赞普心口清晰显示三怙主菩萨本尊。比玛拉在赞普的宝冠上用"嗡阿吽"密咒来作弹指手势，众人清楚地见到了五部佛。所有吐蕃臣民为之赞叹不已，将比玛拉依止为供养对境。

此后，比玛拉开始传讲般若和中观法门。期间有一天，在比玛拉去用斋期间，传讲《般若摄颂》的法台下面来了一位乞丐并写下"声闻儿戏之法不成佛，老鸦金刚步伐难远行"的文字，之后离开了。下午，比玛拉回到法台之上，看到那些文字后问道："来的是何人？"听法者们答道："没人来过。"一个小孩说："刚才来了一位乞丐老头，应该是他。"比玛拉说："把他找来。"于是，众弟子根据上师的吩咐寻找老头，后来在村中的一个酿酒女家中找到了他。

当他们把乞丐带到比玛拉座前时，比玛拉问道："你是谁？从哪里来？"乞丐答道："我乃毗卢遮那弟子玉札宁波。"果然，发现其是一位通达心部五部的智者。这时，比玛拉为他宣讲了随念十三部法门，结果，发现两位阿阇黎在见、修、行各方面的功德都几乎相同。

那时，赞普君臣向上师供养了配上金鞍的青色宝马，请求翻译显密法宝时，比玛拉说："不需要宝马和黄金，但为了利益众生，我将翻译妙法。"就这样，在三式大殿南边的天竺林译场，与涅·嘉那古玛拉一道翻译般若、金刚萨埵幻化网续、三部根本五续、吉祥真实义和金刚橛、召遣非人阎罗等法门。由玉札宁波担任译师翻译了心部法后译十三部。

比玛拉以隐秘之式将大圆满极深窍诀心髓法传给赞普和酿本·丁增桑波，除此之外，未发现堪能接受此法的法器弟子，就将法本书写成藏文伏藏在钦普格贡地。

比玛拉在吐蕃总共住留十三年之后前往汉地五台山，此大班智达乃成就虹光身的圣者，并且以此身住世到佛法住世之间。他发愿在每一百年中将显现一位化身在西藏弘扬大圆满心髓法门。

酿本·丁增桑波

比玛拉弟子酿本·丁增桑波，如上所述在阿阇黎比玛拉座前圆满获得大圆满极深窍诀心髓法的续、口传和窍诀的传承。在比玛拉前往汉地后的第二十五年，酿本·丁增桑波自相续获得圆满清净而成就金刚身。酿氏将九股金刚杵抛向空中，提醒当坚护法往昔护持佛法的誓言。当坚护法在康区降下冰雹，压伏了五百骆驼驮子数量的青稞，此青稞被供养给酿本大师，以此为资建造乌茹夏佛殿，酿氏也向护法托付此佛殿，随后，佛殿圆满竣工。

酿氏将讲授传承心髓续部法门伏藏在三层格仓之中，将耳传法门文字类的法本卷纸装在一个陶罐里伏藏在门厅之上，将无上密法伏藏在闪耀金色光芒柱子的柱头里，为具缘后人印封，直至掘藏时期到来之间使其隐没不现。对耳传词句次第作了注释交付给贝·罗珠旺修以使传承经久不衰，而阿阇黎本人在拉萨天龙岩洞上空以不留蕴身之式成就虹光身。

贝·罗珠旺修

贝·罗珠旺修诞生在中部攀域地区，承嗣于贝家族之中，获得酿本·丁增桑波的摄受。上师以满瓶倾注之式将大圆满极密光明心髓法耳传窍诀传授给贝氏。尊者在约茹松地修行洞、藏达那等卫藏地区的各大圣地致力于心髓实义法的修行，登上成就高地而获得无余虹光金刚之身，后将窍诀交付给仲·仁钦巴之后趣入虚空光蕴之中。如是，大遍智龙钦巴法王曰：“居于约茹松地修行洞，贝敦·罗珠旺修前祈祷。”亦未见其详广传记。

仲·仁钦巴

贝·罗珠旺修弟子乃仲·仁钦巴，此阿阇黎诞生在中部卫地的卓氏家族中，在贝敦·罗珠旺修座前以满瓶倾注之式圆满听闻大圆满极密光明心髓法耳传窍诀。在扎嘎达索等修行圣地以及上部的雪山和神湖等地致力于心髓实义法的修行，以自性大圆满密修获得殊胜悉地而登上成就高地。以单传之式将窍诀法交付于当玛·伦珠坚参之后，密意趣入本初法界。如是，其乃大遍智龙钦巴法王所造“居于扎嘎达索静地之，仲敦仁钦巴前敬祈祷”之祈祷文中的那位尊者。

当玛·伦珠坚参尊者

仲氏弟子当玛·伦珠坚参尊者，在酿本钦波尊者成就虹光身一百年之后，诞生在中部乌茹地区，父亲休玛格确。尊者与酿弥达玛同时代，其在实相上为比玛拉化身，但在凡夫眼里现僧人之相。他根据当坚护法的授记，掘出了往昔所伏藏的诸多法本。

尊者依止卫·罗珠和仲·仁钦巴二师，听闻了大圆满极密光明心髓法窍诀的词句传承，潜心实修法性之义，没有停留在伺察意层面。尊者找到诸伏藏法本以后，在长达十五年的时间里，在各地寻找法器弟子，最终在日萨果波山谷遇到杰尊·森格旺修并约定时间在卡拉贡琼传授窍诀法，对其作了窍诀七级讲授印付。

后来，杰尊大师带着很多供养品前去拜见当玛尊者，经过聂塘时遇见酿·嘎当巴，他将当玛尊者已经圆寂的消息告诉了杰尊。于是，杰尊将供品供养给就近一个寺院的僧众。酿·嘎当巴说：“以前我们只知道当玛是一位尊者，但谁也没想到他如此殊胜。他圆寂时，天空充满彩虹，出现了无数灵骨舍利，所有人都为之惊叹不已，有些人对过去不知大师的功德而感到遗憾，你带了这么多供品，想必有一门殊胜的窍诀，请您传给我吧！”这样，杰尊发现酿·嘎当巴是窍诀法器弟子，就传授给了他。酿氏在秀多德卓岩山中实修窍诀两年并成就无余虹光身。

杰尊·森格旺修

当玛·伦珠坚参尊者弟子杰尊·森格旺修，系酿若地区恋部落杰·土毕旺波之子，从小对显密教法作了广泛闻思。在日萨果波山谷值遇当玛尊者并获得大圆满窍诀法。上师圆寂前，将伏藏古籍再次伏藏在朗卓切巴地区的虎石泉、沃尤、嘉吉普三处伏藏地。

此后，杰尊在下部沃尤到上部香地各处山脉圣地进行实修。有一次，他梦见一位阿阇黎对他说：“我乃比玛弥扎智者尊，欲得精华之义有缘者，钦普札玛格贡之上角，存有着秘密心髓之心法，带此法去沃尤外岩山，莫与他人相见修七年，定能成就无余漏尽身。”如是，杰尊根据此授记前往钦普。在那里，一位具有洁白牙齿、璁玉眉毛的女人给了他大圆满心髓窍诀法本。

复次，尊者又回到沃尤外岩山居住。在那里，比玛拉亲临该地，在长达半个月时间里，为其圆满赐予灌顶、讲授和窍诀深法之后回到汉地。此后，杰尊潜心实修此法长达七年之久，成就了不留蕴身之悉地。值遇活佛嘉瓦祥敦并发现其为法器弟子，就把窍诀法全部传授给了他。

杰尊住世一百二十五年之后，在虚空化为虹光而圆寂。窍诀法伏藏后的第三十年，杰贡那波大师在荣那达地区掘出一些法门并传于多人。此外，一名为香巴的大瑜伽师也在朗卓切巴达札虎石泉掘出了窍诀法并弘扬之。

嘉瓦祥敦巴活佛

杰尊弟子嘉瓦祥敦巴活佛，于藏历阴火牛年在雅卓多朗地区诞生，父亲祥敦·欧哲和母亲秀莫涅热姜为其取名扎西多杰。十一岁时，值遇藏绒上师杰贡那波并被摄受为其弟子，听闻了很多窍诀达一年之久。从此一直到其二十一岁之间，依止许多成就智者，学习一切三藏教法和前后译密续深法，智慧莲花得以开放。

尊者在酿堆朗库地区静修时，有一天的黎明时分，在天空弥漫光芒之中，其往昔诸上师、勇士和空行母、圣观音菩萨和度母显身并授记道："嗟嗟！哎玛！在形似狮子的岩山中，藏有一生成佛的窍诀大圆满秘密无上法部，请掘出这个伏藏法来利益无数众生吧！"说完，诸圣众消失得无隐无踪。

又一时，当坚护法以白身白帽者显现在尊者面前并说："走吧！我会给你悉地的。"于是，尊者根据护法的指引到了酿麦巴曹地区时，许多朝圣者为其供养了很多饮食，他以为那就是护法所说的悉地，就在那里休息睡觉了。到了黎明时分，白身护法又出现对他说："悉地在别处，走吧！"说罢，发光为其指引路线。

当天晚上，尊者就睡在一座空房里面，这时护法又现身对其说："不要呆在这里，现在就离开。"随后，他刚出门，那座房子就倒塌了。那天晚上下了很大雨，他就待在一个山洞里，当坚护法带来了很多饮食供他享用。第二天，他经过然拉簇地来到沃尤达时，那里正在发生战乱，但因为当坚护法的护佑，士兵没有发现尊者。

随后，尊者到了形似老虎的岩山顶上，护法不见了踪影，他就打算回去，但发现已过不去了，就在他不知如何是好而四处张望之时，发现一座面朝北边、门口杂草丛生的岩洞。当他拨开杂草进去时，看见一个坛城陷在泥土里，就挖土把坛城取出并使岩洞宽敞，挖掘时出现很多蛇和青蛙，他都一一清除了。坛城上还发现上百个伏藏标示，但天色已晚而无法详看。这时，白衣人拿着油灯和饮食来到山洞。

过了一会儿，听到一个使人非常恐惧的响声，白衣人说："是我叫了姐姐。"当下，一髻佛母出现在他身边，只见她眼睛冒出血光、獠牙切齿，显出常人难以对视的怒容并说："我乃艾噶杂智一髻母，汝作会供一百单八遍，三年勿告他人要保密。"说完就消失了。

之后，尊者在山洞门口捡到了两块松石，用一块松石买了一整头牲畜肉，一块买了三驮子青稞，以此作了一百零八会供法事，然后，依次掘出了诸伏藏法。在酿达宗地区由夏莫噶措为供养施主，将伏藏法全部书写成文本。尊者曾说："未能做到护法母的三年保密之嘱托。"

尊者二十五岁那年前往中部卫地，在桑耶钦普洞掘出了比玛拉伏藏法，比玛拉为其亲显尊容并赐予随许法。随后前往藏达那地区，在一座桥的桥头值遇杰尊大师，为其传授了所有秘密心髓窍诀法并对他说："你要以此进行利生事业。"如是获得了此法的随许之后，大师也随即消失了。

尊者到了六十一岁时，为了使利生事业后继有人，迎娶了嘉莫央，随后诞生法子尼玛本。尊者曾说："如果我没有护持眷众，将会现前不留蕴身之成就。"因尊者自在于轻安觉支菩提分法，有时候示现五部佛身之故，没有常人的身影，在他讲授大圆满法的时候，会出现彩虹当空等很多祥瑞之兆。

尊者七十一岁那年，即藏历阴火猪年四月二十二日，从东方上空发出七次剧烈响声，大地三次震动，出现了彩虹奇光弥漫、铙钹声声、芳香四溢等示现在本初法界成就圆满菩提的一切征兆而圆寂。在第二天法体荼毗时，出现五大舍利和五色小舍利作为供养所依而留世，天降花雨，彩虹当空，使无数众生安置于正信之地，自然入住于禅定境界。

大智者谷如尼本

祥敦巴弟子谷如尼本智者，父尊为祥敦巴，母亲为嘉莫央。在法子入胎时，母亲梦见无数太阳同时升起的景象，她把此情告诉父尊后，父尊说："这是我们将生一位以大密教法事业遣除无量众生愚痴黑暗的征兆。"因此，给灵童取名为"尼玛本（十万太阳）"。

尊者五岁开始在父尊座前听受大圆满秘密心髓法的灌顶、讲授和窍诀并以满瓶倾注之式获得了圆满。十岁时，小尊者就可以讲授《十七密续》法义，令所有眷众弟子惊叹不已，同时，他潜心修行一直到满二十岁。此后，不离后得如幻三摩地。在鄂·嘉泽座前听闻了后译续部及其窍诀法。二十二岁那年，迎娶觉莫嘉噶作为悉地之助伴。

二十七岁那年，在萨迦扎巴坚参和达索瓦上师二位大师座前，听闻三续部及其窍诀，胜乐金刚玛觉传承并获得通达。三十岁时，在卡拉的珠敦扎巴座前听闻胜乐法、杰尊玛然传承、益喜贡波等察巴传承。还依止了香·耶扎巴、鄂·多杰森格等诸多成就智者上师，对显密诸法作了无边闻思，造写了一部名为《大词义》的巨著。

尊者五十六岁那年，在神变月即正月初八日出时分示现圆寂。在法体荼毗时出现五种舍利，天空自然显现彩虹光网，即使在一月份也出现了盛开角蒿花的神奇瑞相。根据《应成续》的授记，此尊者为金刚手菩萨班札帕拉化身。

伏藏法主谷如觉拜

智者谷如尼本弟子伏藏法主谷如觉拜，父尊是智者谷如尼本之弟达瓦本，母亲嘉莫乌鲁。灵童在七岁之前示现哑巴之相，但从八岁起开口说话，智慧超群。在十八岁前，依止其伯父成就智者谷如尼本，圆满听闻无上秘密心髓法的灌顶、讲授和窍诀深法，以闻思对续部的讲授进行了抉择，对窍诀之义作了实修。

从十九岁到二十岁之间，在萨迦译师座前听闻三续部及窍诀法、玛觉传承胜乐金刚等法并得以通晓，对中观和因明理论也获得通达。二十二岁时，在卓普译师前听闻木札瑜伽的窍诀法，在曲弥巴大师座前听闻因明摄论，在尼泊尔扎本座前听闻道歌与支分大手印法，此后一直到其达到三十六岁之间，在许多成就智者座前听闻三藏教法和续部传承，成为家喻户晓的具慧多闻者。

在修行期间，获得诸多本尊的亲见，但因尊者密意深沉而从不外露。在拉萨供养觉沃释迦牟尼佛时，从光圈中手持莲花和金刚杵的圣观音为其亲显尊容。在一个黎明时分，亲见长寿佛，尊者曾说："我们家族的人没有长寿者，但我能住世长久是仰仗此佛的加持。"

如是，自在于无量智慧和慈悲的众生导师，于藏历兔年仲秋十五日示现圆寂。在此后的七天里，天空出现光网交织，灵骨上自然显现种子字"嗡阿吽"和无数舍利。

楚休·森格交巴

谷如觉拜弟子楚休·森格交巴，诞生在中部约茹札地区普索噶昌村，父名扎西欧哲，母亲为拜勒。尊者诞生时正值日出时分，出现了彩虹当空等祥瑞征兆。从九岁起就觉醒圣者之性，天生具足无量信解心和清净观。十岁时，尊者心中生起"外相如同梦境，在显现上坚固不变，但实则却是虚幻之法"的信念。在十二岁时，对轮回生起了猛烈厌离心，认为除了修行佛法之外没有其他任何实义之法。

在十三岁时，有一天晚上梦见日月星同辉的景象，醒来时，观音菩萨亲显尊容对他说："你修习即生解脱的心髓法密义吧。"从此以后，他心中生起无量慈悲心，对待一切众生如同慈母对待众子一般，以此因缘，立下誓言绝不做任何高攀或者藐视众生的行为。以具大悲之心，连自己身体上的虱子都不伤害，慈心对待盲人、聋哑者以及病弱众生等，有着觉醒大乘菩萨种性的特殊之相。

十八岁那年，因证悟现相无有自性之法义而示现言行狂乱如疯子一般，将祖先积累的供神器具毁坏一空并说："供养男鬼魑魅王，供养女鬼罗刹母。"亲眷无法接受此举而与尊者争吵并说："我们家族怎么出了个你这样的儿子。"

到了二十岁，尊者在堪布德吾岗巴和阿阇黎扎西岗巴座前出家为僧，对律论作了闻思。二十五岁时前往什夏地区森格交静处，在中森格交巴大师座前听闻察巴传承法门，在杂日瓦上师座前听闻双狮交汇。此外，还在热巴智美沃、拉日巴、迅努拜、敦恰祥勇、觉色等上师座前听闻了前后译密法、希觉断法、大手印法等众多法门。

尤其是根据圣观世音菩萨的授记，在法主谷如觉拜座前听闻大圆满法并以顿超式获得开悟。因在卓沃隆等静处和无人圣地专心修行多年之故，密意趣入本初法界。最后，尊者在安置无数有缘弟子于成熟解脱之地后，于六十四岁那年，获得妙乘大圆满成就殊胜征相，示现圆寂。

大成就者美隆多杰

楚休·森格交巴弟子大成就者美隆多杰，诞生在札吉普地区，父尊是桑耶瑜伽师，母亲是巴尔玛。九岁时，在成就者萨隆巴和色隆巴堪布座前出家为僧。那时，按照当地的习俗，对超度亡灵的善根法事只念诵大中小般若经，尊者十六岁时在札吉央宗普薛地区念诵了一百多遍《般若八千颂》，从而了悟诸法实相，在桑措湖边进行实修，证悟境界得到极大提升并出现了少许神通。

此后，尊者无方云游各地，依止了楚普多沃热巴等诸多上师，前往夏吾达果和卡曲等许多圣地，仅用一藏升青稞能充当一个月二十天的食物等，进行了不可思量的苦修法行。在十八岁时，拜见森格交巴的桑杰温波，获得窍诀法心髓法门，尊者心中生起"如今依靠窍诀法可以成就"的信心，就实修此法。结果，仅在修前行法的第六天就能够日夜见到金刚萨埵，在修正行时，梦境中亲见诸传承上师为其加持。

到了二十三岁时，在桑杰瑜伽师座前听闻金刚亥母等诸多伏藏法并实修，获得金刚亥母的亲见，示现将秘密金刚杵插入岩山的征相。马头明王、观世音、莲花生大师、普贤菩萨、金刚萨埵、比玛拉、萨隆巴、桑杰热巴、怙主帕竹巴等佛菩萨和上师为其亲显尊容。在东隆谷，空行母以非常动人的法音授记尊者将斩断生死轮回之流。在嘎瓦坚地区的上空见到红金刚亥母和成就者萨隆巴显身。在阿琼地区居住时，梦境中梦见到了金刚亥母主从五尊，醒来时亲见了虹光身金刚亥母。在交列宗，梦境中现见金刚萨埵为其进行大圆满灌顶。

尊者依止了许多上师，其中有殊胜十三上师，在成就者萨隆巴、楚普多沃热巴、楚休·森格交巴即恩德无与伦比三上师座前获得大圆满心髓法。此尊者乃对禁行行修无有舍弃分别的证悟者，故对密宗誓言能够根据其词句来行修，因此，当他看到山鹰飞翔于空中时，示现依靠明智行修之威力腾空而起，如踩泥土般行走于岩山并留下脚印等征相。

尊者在南部堪巴宗、堪巴林、森格宗、卡曲等圣地修行，将许多有缘者安置于成熟解脱之道。本来其寿命只有三十七岁，但经过一位名叫阿阇黎根嘎的具缘弟子祈请大师之故，尊者住世了六十一岁之久。

此后，尊者在拉瓦尔尸陀林圆寂时，众人都亲眼见到有个极大的光团伴随着巨大响声向西方的虚空逝去，在法体荼毗时，五彩光带从空中延伸而来直射荼毗塔，等等，出现了很多神奇瑞相，作为其获得五佛身的象征，也出现了如续部中所叙述的夏如让等五大舍利。此阿阇黎意掘名为《深法美隆心髓》的殊胜伏藏法门，据说至今在不丹仍有此法本流传。

持明谷玛然札

大成就者美隆多杰弟子持明谷玛然札，于藏历阳火虎年出生在中部约茹札地区的萨藏卡村庄，父名觉色·索朗拜，母名切察本，为其取俗名“塔巴坚”。尊者从小就具备正信、悲心、智慧等诸多圣者之性，故此，未经学习就掌握了文字读写。

七岁时在贡波地区沃学托当寺杰多瓦（金刚胜乐）上师座前听闻了极喜金刚和胜乐金刚灌顶，九岁时在藏巴堪布座前接受圆满居士戒，听闻了观世音永断轮回法门。十二岁在帕莫竹巴堪布耶巴瓦和阿阇黎阿里巴座前接受沙弥戒，取法号“迅努嘉波”，对律论学处的行持极其细微。在仁波切扎耶前听闻那若六法达六年之久。在察当大师前听闻《二品续》，在温·桑协前听闻工巧明。

当时，尊者念修六字真言时，观音菩萨在一座水晶宫里为其亲显尊容。在穹那夏达前听闻宁玛续部口传和窍诀，在阿普地区拜见美隆多杰大师并听闻大手印讲授法，使其直见自心的本性。此后，大师前往门域空行林，尊者以侍者身份一同前去，在那里听闻了金刚亥母法门并念修，以此因缘，在初十的夜晚莲花生大师为其亲显尊容并说：“哎玛善男子！你要恒常修法。”

随后，前往楚普地区，在念热大师和达玛贡波座前听闻噶玛巴传承法门。前往拉堆定日和普兰地区，在那里拜见大成就者邬金巴和年仅七岁并且刚刚出家的噶玛巴让炯多杰，在邬金巴座前听闻了许多窍诀法。在嘉曼巴·朗卡多杰前听闻《密法部·要义指导》。在噶丹巴·曲吉森格前听闻《秘法·要义明镜》等大圆满秘密法部。

后来，又回到卡曲地区，在大成就者美隆多杰座前圆满获得秘密心髓法的灌顶、讲授和窍诀。当时，尊者没有其他供养品，只能以身语承侍来代替，他利用两个夏季的时间进行绘画，每次得到四藏斗青稞，每次用两藏斗购买纸张，晚上抄写经文，其余一半的青稞用来购买灯油和生活资具。

那时，尊者因极度的苦行而患上严重疾病，与此同时，也在密意中生起了殊胜证悟，因此，上师非常欢喜并说："你要利益众生。"这样，尊者获得了进行利生事业的开许。有一次，在灌顶行列中，尊者看见在上师头顶上空有四臂玛哈嘎拉，在门前有两层楼许高、手持木棍和豺狼的深蓝艾嘎扎智一髻母，后面有跟随她的手舀鲜血而饮的事业血髻佛母。尊者在长达八年的时间里形影不离地依止了上师。

尊者在纽察莲师修行洞修行了一个冬天，获得了金刚亥母的亲见，从此获得无边智慧。此后，在雅砻察顶建立了修行道场暂时而居。有一天，他以神通得知上师圆寂，就前往卡曲地区时，在萨杰与上师的法子相遇，就返回自己的道场，于廿五日进行了上师供法会。

尊者到杂日圣山时，五色彩虹照射到哲牧黎的石头佛像之上。此后，他应噶玛巴让炯多杰法王的邀请前往楚布寺，传授了大圆满心髓窍诀法。从此，大圆满法传入噶举派，此传承被称为"噶玛心髓"传承。来到香地以后，在杰贡巴传承弟子阿阇黎贡巴前听闻密法耳传部、《禅定目炬》等法。

前往定日那玛尔地区，在温波向珠座前听闻了贡巴瓦的山法部。那时，还拜见了邬金巴仁钦拜。在回程途中拜见了札隆巴上师，听闻了《雅曼达嘎》法部等。在阿阇黎耶贡等诸多善知识座前，听闻了密部、果仓巴大师的引导法、阿若大引导文等所有藏区闻名的圆满次第法并了悟于心。

尊者为了获证正法深义作了极大的苦行，曾前往杂日萨玛的玉措湖边，进行了八个月的独居修行。那时，鬼神兴风作浪，制造违缘，但尊者安置于平等不动之法性。故此，山神都臣服于他并被摄受。诸鬼神迎请尊者到神宫进行供奉，瞻巴拉向其供养了摩尼宝后，伴随着拇指般大的五光水泡融入湖中。尊者以出离心和厌离心滋润心相续，经常居住在香波等雪山和空谷中只能够抵御寒冷的简陋茅屋，吸引了众多弟子眷属前来求法，使其脱离轮回。

尊者的主要弟子有：无伪化身圣者第三世大宝法王噶玛巴让炯多杰、遍智法王龙钦巴尊者等，弘扬大圆满法传承的事业无量无边。鉴于此，直贡巴法王仁钦彭措曾说："此法的教主是遍智龙钦巴大师，而在让炯多杰法王时代事业广大。"

因尊者恒常串习菩萨之行，以大悲之心和方便之法在诸多地区、村庄的人们心中播下解脱种子；摄受强盗恶人等，使经过贡波到艾拉山之间险隘道路变得平安通畅；对野兽、鱼类等可怜众生无有吝惜地赐予慈悲关怀，禁止人们在陆地、湖泊、河流等进行渔猎，使此类众生的生存环境变得平安和谐；尊者居住过的地区和村庄的冰霜、瘟疫等灾害都得到杜绝。如是，自始至终行使着利生事业。

尊者传讲大圆满法时，从不混淆于其他圆满次第法门的术语，而且能够树立大圆满法基、道、果的独特殊胜之处。密宗护法拉呼拉和当坚如同人与人对话听命于尊者。尊者以他心通知晓众化机意愿，通达调伏之法，使众生心相续获得加持。所有其摄受的善缘弟子在圆寂时都有殊胜的瑞相等。其鼻梁上有形如藏文“ཨ”字的黑痣，被公认为阿阇黎比玛拉化身庄严。《应成续》授记的大圆满持教者中的“吉祥比丘”被认为就是尊者。

如是，在行使不可思议的弘教利生事业之后，于藏历阴水羊年仲秋二十五日圆寂，时年七十八岁。那时，出现了剧烈声响和祥光帷幕等奇兆瑞相，因近侍贡达等身处尊者周围的弟子们以强烈的恭敬心极度哀伤、号啕大哭，尊者示现复活之相，他面带微笑、跏趺而坐并安慰道：“你们不必痛苦，我并非死亡。”于是，赐予诸多窍诀和教诲，延长其身寿十三天之久。初七那天，近侍们向上师问：“如果您圆寂，我们该怎么办？是否迎请遍智上师？”上师回答到：“不要劳烦他，以后在教法上若有疑难得不到抉择，就去请教他，我过去已做过很多教诫，因此，不要多话。”说完，在初八黎明时分，尊者面带微笑，以仙人坐姿、双眼法身视趣入本初法界。

在二十五日法体荼毗时，留下完整的头盖骨，其内自然显现五圣聚坛城，在右耳上显现一寸大的蓝色杰尊玛度母相，此外，还出现五大舍利、周围彩虹密布等许多神奇征兆。

在如此殊胜的持明上师圣者座前，遍智法王龙钦巴尊者阿格旺波以满瓶倾注之式听闻比玛心髓法的成熟灌顶、解脱引导、窍诀及其附法（其详广传记在下文有叙述）。莲花生大师传承的白玛心髓和空行心髓法的灌顶、引导、窍诀等一切法门都以近传之式印付给大遍智法王龙钦巴，大圆满法后期持教者龙钦巴将两个心髓传承融为一体并传承至今。接下来，先简述空行心髓法的传承之源。

（2）源自莲花生大士的大圆满空行心髓法传承

莲花生大士

源自莲花生大士的大圆满空行心髓法传承依次为：法身普贤王如来、报身金刚萨埵、化身极喜金刚、持明熙日森哈、邬金莲花生、空行母益西措嘉、公主白玛萨、伏藏师白玛勒追札、休宛嘉色勒丹、龙钦巴冉江第二佛等法脉传承上师，传至大圆满空行心髓的后期持教者第一世佐钦法王白玛仁增，续传本洛朗卡沃萨等历代佐钦高僧，一直延续不断，传承至今，是佐钦寺的专修殊胜法门。因历代传承上师的深广愿力之缘起从未消失，此传承甘露之海在佐钦大圆满寺仍未干涸，因此笔者等具缘者今日仍可以圆满地接受到此传承。

莲花生大士的本生传记在上文持明表示传承章节中作了简略叙述，此处，简略叙述大师莅临西藏进行利生事业之情：因往昔发愿祈祷和誓言应时成熟，赤松德赞根据菩提萨埵堪布的指示，将莲花生大士迎请到吐蕃，调伏了十二地母等吐蕃所有天地鬼神，修建了桑耶寺，在堪布和莲师抛洒开光之花时，出现了无数奇兆瑞相。

迎请了印度一百零八位班智达来吐蕃，此外，从龟兹、汉地、象雄等地迎请了很多智者，与噶、焦、祥三大译师为主的诸多化身译师共聚一处，翻译了从天竺请来的所有梵文显密经典及其注疏。此外，从龟兹翻译了《大宝积经》，从汉地翻译了《华严经》等，把世界各地无数的佛教经典翻译成为藏文。

为利益共同化机，莲花生大士传讲和造写了《窍诀见地·宝鬘论》《大密乘道次第广论》等诸多内外密续和窍诀，建立了修持密法的白衣蓄发瑜伽圣团；菩提萨埵大堪布为“预试七人”首传戒律，建立了红衣圣团即出家僧团，师君三尊相聚在一起，使佛陀妙法光明遍照整个雪域大地。

为君臣二十五人等不共同弟子，莲师示现三大集会：第一，八大法行善逝集；第二，上师密意集；第三，教集妙法海等，赐予了无数灌顶、修法以及续部的口传和窍诀法门。

赞普赤松德赞造写了“遍地涂香……”等七堆式曼达拉供养文，将空行母益西措嘉及众臣民和王政诸宝等所有一切作为曼达拉供养给了莲师。当时，出现了赞普赤松德赞、努钦·桑杰益西、嘉瓦确央、朗卡宁波、嘉那谷玛拉、益西措嘉、拜吉益西、拜吉森格、毗卢遮那即九大受教法子在内的君臣二十五人在灌顶时获得证悟。此外，在莲师亲传弟子中，还出现即身获得双运金刚虹身的钦普二十五大成就者、央宗二十五证悟者、耶巴和曲沃日一百零八成就虹光身者、雅砻协扎十三瑜伽师、三位具德贵妇、七大后藏成就者、二十五位趣入虹光身空行母等无数成就者。

莲师根据君臣各自的法缘，分别单独传授了喇、族、图为主的很多大圆满经续、修持仪轨和窍诀。为了后世化机，与益西措嘉等有缘清净眷众一道，以神变之力踏遍整个雪域。将上部阿里的雪峰岩山，中部卫藏的二十一大圣地，下部多康二十五大圣地、三大隐地、五洲、三域、一洲，以及对每一主圣地和分圣地的所有山峰、湖泊、雪山做了加持。

为了使密宗教法传承不断、经久不衰、不被玷污和改变而失去加持力、有缘化机源源不断以及以伏藏法护持后世教法等原因，埋下了百门王伏藏、五大意伏藏、二十五甚深伏藏为主的无数有名无名的法、财、圣物等各种伏藏，对开掘此等伏藏法的时间、掘藏人、具缘法主、秘密助伴业印母等一一作了授记。莲师佛父佛母以教旨印封而一并伏藏，将伏藏法交付于一髻佛母、罗睺罗、当坚即三大密宗护法，魔鬼龙三尊以及三大命主等天龙八部加以守护。在门域卡列森格宗等十三达仓名者圣地，以忿怒金刚相调伏了大小天地鬼神并让其立誓听命。

为了使后世者生起信心，在苯塘多杰泽巴等地留下了其身印记，在纳木措等四大名湖留下了手印，帕卓扎嘎等地留下脚印，等等，如同印在柔软的酥油里一般清晰可见，为众化机及后学者留下了恭敬所依和恒久不变的积福对镜。

如是，大师利生事业圆满之后，在贡塘山连同坐骑乘虹光而去往西南罗刹国。邬金莲花生大士的心传弟子数不胜数，但主要是“君臣友三大弟子”，其中，“臣”毗卢遮那传记在上述心界二部章节中已作详述，“友”益西措嘉将在下文传承师传记中提及，而“君”赞普赤松德赞法王不属于此传承之传承者，但是，赞普对佛法传入雪域，尤其是对前译教法有着无与伦比的恩德和功德，故在此处叙述如下。

赞普赤松德赞法王

赞普赤松德赞法王于藏历铁马年即公元790年诞生，父亲为赞普赤德祖赞，母亲为唐朝金城公主。在赞普入住母胎之际，母亲梦见从汉地五台山照射极明日光，光中出现一灵童并融入自身。之后，王妃将此情禀报给赞普，赞普向一位有神通的和尚询问时，此大师经过细致观察后说：“这是将诞生一位文殊菩萨化身者的征兆，务必要做一次大的福寿法事。”

十个月后，王子在鬼宿吉星高照之日诞生，王宫内外进行了盛大的欢庆喜宴。此后，王子一天天长大。到了进行取名仪式之日，在君臣上下正当商议此事时，王子起身说道：“我乃天降赞普、大地主宰、人中主尊、化身国王赤松德赞是也！”此时，整个吐蕃君臣庶民为之感到神奇，都向王子顶礼示敬。

王子到了十三岁时，因父尊驾崩而继赞普之位，但大臣玛祥仲巴杰手握大权，护持苯教，排斥佛法，毁坏了卡札道场和札玛郑桑寺，原本计划将觉沃释迦牟尼佛像运送到汉地，但因沉重难运而埋藏在地下，大昭寺改为了屠宰场。

当时，巴·萨朗前去拜见修行在尼泊尔的菩提萨埵堪布，在其处接受菩萨戒并请求堪布去吐蕃。堪布说：“吐蕃是我的所化之土，但因赞普和你没有诞生，我就在这里等了长达九代吐蕃赞普时期啊！如今，你们也长大成人，在吐蕃弘扬佛法的时机已经到来了。”

如是，王子长大成人之后，参阅了祖辈的历史事迹，发愿弘扬佛法，取出埋藏在山里的《十善业道经》《金刚经》《佛说稻秆经》等佛经并拜读之，发现其阐述见地和行为极为清净圆融。

此后，巴·萨朗前往天竺金刚座去供养大菩提塔之后回到吐蕃，向赞普禀报了堪布教言。赞普说："你尽快回去，不然有可能遭受玛祥大臣的惩罚，我在私下跟郭氏老臣商议，想办法迎请堪布。"于是，赞普向郭氏大臣征求在整个吐蕃弘扬佛教的方法，郭氏想出一条妙计，就对赞普说："这个自然好，但赞普应该给占卜师一些好处，然后让他们谎称赞普有灾祸发生，要进行法事避邪，如果将两位大臣作为替身品惩罚禁闭三年，就会摆脱灾难。"

随后，赞普召集各个文武大臣通报此事并说："有谁能够担当替身，前去为我消灾解难呢？"郭氏老臣假装自告奋勇，立即起身说道："我愿前去。"这时，争强好胜的玛祥大臣刚好中计，他急忙说："请赞普允许我也去吧！"于是，赞普下旨将两位大臣带到堆龙章达地区的墓地中，并连同三年的饮食用具活埋了，但郭氏却在此后放了出来，而玛祥所处之地从此禁闭，并有专人严守。此外，把其他不信奉佛教的大臣也流放到他乡。

赞普和郭氏大臣商议如何修建佛法道场的对策之后，迫使大臣们别无选择，最终达成了修建寺院道场的共识。于是，赞普派使者迎请菩提萨埵堪布，堪布说："你们来得太晚了，我在这里等了九百年了，你们才来，赞普诞生时，我的牙齿已经脱落，如今又长出了这一颗牙呢！"

堪布到达吐蕃时，赞普君臣为其举行了隆重的欢迎仪式。随后，在堪布的主持下开始修建寺院，但刚开始奠基就遭到了藏地鬼神的百般干扰。此时，堪布预言道："如今，在印度有一位具备贤善功德、无碍于神通咒力的大成就者，其名号为邬金莲花生大士，他是印度达玛巴拉国王的国师，如果迎请此大德到吐蕃来进行净地仪式，就能够顺利建造寺院了。"

此后，莲花生大士以神变之力来到吐蕃，将天地鬼神一一降伏。莲师跳起黑如噶金刚舞，进行静地仪轨，从大师的步伐中形成了佛经中所说的包括外围铁墙在内的世界形成图，根据此图形打下寺院基脚。然后，安排了四位工头，召集了天竺、汉地、象雄、素毗、尼泊尔、葛逻禄、龟兹、芒隅等国家和地区的许多优秀工匠，出现了白天由人类建造寺院，而晚上则由天龙八部等非人众生继续修建的神奇现象，并在修建的速度、绘画、木工、泥塑等各方面都超过了人类。

最终，由四大洲、八小洲、日月二洲、觉姆三洲等组成的桑耶寺任运天成林及其内外能依所依圆满竣工，由菩提萨埵堪布和莲花生大士共同主持开光法会，出现了无数奇兆瑞相，举行了长达十三年的各种欢庆活动，君臣庶民上下沉浸在幸福的时光中。

随后，堪布和莲师分别传授了广深的因法显宗教法和果法金刚乘教法，使所有君臣的心相续得以成熟。此外，从印度请来许多班智达，与堪布和莲师一道翻译了无数广深的显密教法并加以抉择，尤其是赞普本人亲自在三大阿阇黎处全面听闻了大圆满光明心髓窍诀法传承，即在中层璁玉大殿里阿阇黎比玛拉座前，与噶瓦拜则、涅·嘉那、良本·丁增、牟底赞普等五位一起以满瓶倾注之式听闻了大圆满极密光明心髓窍诀法门；在桑耶寺听闻了莲花生大师传承所有窍诀法门，并且在接受灌顶时，灌顶之花降于坛城中部，亲见善逝集本尊真容而现前证悟功德；在大译师毗卢遮那前听闻了前译五部心部法、界部·金刚桥等诸多法门；在比玛拉和毗卢译师座前，听闻了后译十三部心部法等教法。

如是，在大圆满三大持教大师座前圆满听闻了广深教法之后，进行了潜心修行、付诸行持，现前了法性本来面目，密意自在于广如虚空般究竟圆满的证悟而成为根本教法之主，以抉择诸法的智慧威力造写了《正教因明学论》等诸多论著。

总之，在圣文殊菩萨以赞普之相降临于世的此赞普时代，佛陀显密教法的太阳照亮了雪域黑暗之洲，征服了周边诸地而统辖中亚大片疆土，将整个吐蕃人民安置于幸福安康之中。最终，在殊胜发心和不朽伟业得以彰显之后，约于五十几岁示现此刹利生事业暂告圆满之相而圆寂。

空行母益西措嘉

空行母益西措嘉于藏历鸡年猴月某日的日出时分在雪域中部卫地卡钦觉若地区诞生，父名芒杰·妥噶勒，母名努萨·嘉莫措。在空行母入胎之际，母亲梦见一位蓝身妇女从虚空中抛下一颗星星并进入其身体。经过十个月之后，出现天降花雨、彩虹当空的祥瑞征兆，嘉莫措生了一位额头上有金刚十字杵图纹、口中洋溢着青莲芳香的美丽女孩。

空行母天生聪颖，在学习文字读写和明处文化方面一点就通、轻松掌握，长大成人后封为赞普赤松德赞的王妃。在莲花生大士来到吐蕃传法时，对大师生起极大信心，请求赞普让其进入佛门并获得恩准，从此，跟随阿阇黎而且形影不离，担任其密意佛母并恭敬承侍。莲师佛父佛母在钦普和希堆德卓等圣地一起修行而居，示现起死回生等神通而成就共同和殊胜悉地。

益西措嘉在莲师座前听闻了所有显密教法，大师以单传之式将极密窍诀深法传给其密意佛母益西措嘉并印付于她。当时，由措嘉祈请、结集并编撰目录的教法无数，尤其是莲师佛父佛母在希堆德卓山间修行时，诸智慧空行母劝请并授记措嘉道：“在莲花生大士的密意中，有不用舍弃蕴身而三年成佛的甚深教授心髓窍诀法，你向上师请转此法轮吧！”

于是，措嘉举行盛大的会供仪式供养莲师以后，请求道：“大阿阇黎啊！请您将不弃蕴身而此生成佛的心髓窍诀法赐予我等吧！”说完，作了无数顶礼和转绕，以示恭敬。莲花生说：“善哉！措嘉你劝请此法非常善妙！我将传授与过去不同的法门。此法于九乘之顶、照见要义而破除伺察者见修、无勤而圆满道地功德，无需改变和对治而诸烦恼当即得到断除，无需成因而自身圆满果位，刹那间现前任运密意，即生将血肉蕴身解脱于光明圆满报身之中，只需三年就能够趣入密严刹土而登上任运法身宝座，此法即是秘密空行心髓窍诀圣法！”

于是，大师在希堆德卓的空行殿开启静猛妙义坛城，向密意佛母益西措嘉等一万多智慧空行母圆满赐予灌顶和讲授，还传授了大圆满十七密续，加上《明界日轮续》共传授了十八续，以及此等续部的诸多窍诀法门。

此后，将密续详广窍诀归集为一部分，将大师本人所造写的古萨里法部归集为另一部分，两位亲自书写成文本并加上科判，发愿加持并印付于白马萨公主之后作了伏藏。最终，以神变之力在虹光之中同莲花生大士一道趣往西南罗刹国。

白马萨公主

白马萨公主的父尊是赞普赤松德赞，母亲为卓萨·向秋曼王后，从小拜见莲花生大士等班智达和大成就者并获得灌顶和加持。但是，公主到了八岁就因寿尽而夭折。当时，赞普看到公主遗体，悲痛万分，昏死过去，措嘉空行母立即向赞普身上洒了甘露水而使其苏醒过来。于是，赞普向莲花生大士恭敬顶礼并供养了一金瓢璁玉并说道：“大阿阇黎啊！公主白马萨诞生在王宫，成为我的女儿，也有缘拜见到了这么多如同真实佛祖般的班智达和大译师，从这方面看，她的业力很清净，但她的寿命如此之短，这又是何故呢？请您开示！”莲师答赞普道：“公主白马萨成为赞普的女儿，并非是善缘。在往世，莲师我和赞普、菩提萨埵堪布成为出身卑微的三兄弟并发心建造尼泊尔大佛塔时，白马萨成为一只蜂吸食赞普的细顶脉血，而赞普在无意间搔痒致使蜂死亡，以此宿怨，如今成为赞普的女儿。总之，一切有为法如同此情，无有恒常不变之法，切勿把无常视为恒常之法，而要修行无生法身之真谛。”

赞普请问道：“大阿阇黎啊！既然一切有为法都是无常之法，那我所建造的那些寺院将何时坏灭？佛教将在何时隐没？造成佛教隐没的因缘是什么？我女儿如此短命的原因是什么？”莲师开示道：“赞普请聆听！虽然佛教还会长久住世，但期间也有兴衰若干，从此以后到了第五代赞普时期，佛法将逐渐隐没，吐蕃也开始走向衰败，僧人不守清规戒律，瑜伽师不恪守密宗誓言，战乱频发，人们之间互不信任，不孝不忠。那时，佛教达到衰败的边缘，吐蕃的律法被蒙古人所毁坏，并到处杀人放火，血流成河，尸骨遍地，所有佛法有缘者和修行人逃往他乡。因此，如果赞普将法本伏藏起来的话，会利益无数众生，那时经教传承则因出现混乱之故，其加持力减弱而获得成就者极少，而伏藏法传承没有出现错乱，因此，极具加持力，将出现诸多有缘者开启伏藏法门并弘扬开来……”如是，作了许多教诲和授记。

随后，莲师又对赞普说：“赞普啊！您的公主夭折的原因是什么呢？公主在上一世诞生在印度嘎拉格札城，成为贝拉古扎国王的王妃，但是，她自己没有王子，而另一位王妃有王子，于是，她心生嫉妒，就设法将另一王妃的儿子偷来并害死，以此业力之异熟果报，公主身寿没有得到圆满而夭折。”赞普又问道：“公主在来世往生于何处？何时能得人生？能行何法？在哪里行使利生事业？最终有没有成佛的善缘？”莲师答道：“赞普请聆听！公主在下一世，将经受多年的苦难，这样如是说，会使赞普担心。公主的恶业得到清净之后，将往生在吐蕃札仲萨地区，成为一名诸根俱全的善信女人，与我的窍诀法结上了少许缘分。此后，往生在南方拉雅地区，成为一名属猴的具慧女人，值遇赞普身化身酿·尼玛沃色，获得其摄受并从此走上正法妙道。其后，往生在耶茹仲玛地区而获得男身，因往世出家的习气而剃度出家，值遇我的化身曲旺伏藏大师，大师为其传窍诀法，使其证悟明智本性并获得空行母的摄受。再后来，往生到朵地和门域交界处的一名为镇塘的地方，又因往世的因缘而出家。那时，诸空行为其遣除违缘障碍并赐予授记，将会值遇我的甚深伏藏法门并开启三个伏藏法门，这时也值遇甚深心髓伏藏窍诀法，但那时尚属隐秘修行之时，故未能以此利益更多众生。他成为我的深法之主，其有七十位善缘和恶缘弟子，善缘弟子往生到极乐世界，而有些恶缘弟子则堕入恶趣当中。那时，获得空行母授记，出现二十一位具相弟子，尤其是有一位来自札松卡地区、获得措嘉空行母加持的属猴女弟子，她天资聪颖，具足正信，相貌端庄，眉间有一颗形如莲花的黑痣。她听闻甚深心髓法门，属此伏藏法法主，如果将窍诀法传给她，就会在卡拉沟头不留蕴身而成佛，此法也得以小范围传播，除此之外，未能利益更多的众生，很多人心续发生变化而对此法退失兴趣。但是，凡结缘者都获得巨大利益而趣入解脱之道。如是，其身寿为五十九岁，如果修长寿法，可将寿命延期一段时间，反之，则有违缘障碍，有可能在五十九岁之前圆寂。此后，示现因毁誓者恶行而圆寂之相。因此，要极力忏悔毁誓恶行，只有这样，住世身寿才会达到如量。那时，会出现由五部空行加持的女人，因其担任业印母而身寿获得了增长。那时，甚深伏藏法将移送到苯塘地区，如果未能送到，就将此法伏藏在原地或者鬼神守护的岩山上。圆寂后，会巡游一段时间的报身刹土，然后，往生到苯塘塔巴林地区，到十五岁时，将在苯塘下部形似狮子的岩山中掘出心髓续法及窍诀来利益众生。而后，开启了许多伏藏法门，示现种种神变，五部空行示现女人之相，为其充当业印母，利生事业得到兴盛，法号为‘智美沃色’，诞生了一位马头明王化身的法子，取名‘达瓦扎巴’，培养了‘一百零八获甚深法要弟子’‘一千八百结法缘弟子’‘三十位能利生弟子’等众多弟子，以财物与其结缘的施主等弟子则更多。他在洛扎和卡曲地区弘扬大圆满法，那时在洛扎狮面岩山中掘出所有心部伏藏法门，在门卡上部掘出我的甚深猛咒法部，钦普还藏有公主自己的丝绸无缝披风、贡日红璁玉、天珠和玛瑙相间装饰的发辫、远明银镜、莲师我的金边法衣、盛满即生成就四灌顶法及其窍诀的紫颅碗。此等伏藏品在往生到苯塘地区时掘出，利益无数众生之后，就在此生圆满成佛并在报身刹土进行利生事业，从此不再转世。莲师我和赞普、措嘉空行母、公主，将在吉祥铜色山相聚。”

此时，赞普非常欢喜，向莲师顶礼转绕后说道：“大阿阇黎啊！轮回之法，没有实义，请您传授一门此生幸福、来世安乐、最终成佛的窍诀法。”莲师又对赞普道：“哎玛吙！赞普赤松圣君再聆听，轮回之中无有实义法，流转无边接连受苦难，当求法身王位究竟地，实义地区无生之法界，实义处所林间应依止，实义静地观修明空法，实义房屋心处本初界……”如是赐予了诸多精华窍诀法之后再次教诲道：“观住明空不变究竟见，观住心之本性究竟修，断除二执迷乱究竟行，无求任运成就究竟果，如是行持今生来世乐，迅速成就圆满证佛果。”听到此等教诲之后，赞普非常欢喜，顶礼转绕莲师，以示恭敬。

此后，将公主的丝绸披风以及窍诀法装在层叠漆革盒里伏藏起来，并作了在未来值遇公主本人的祈祷加持和印付。莲师在公主法体心口用智慧朱砂写下“ཧྲི”种子字来召引其神识，结果公主死而复活，开口说话，莲师为其赐予空行心髓法的灌顶，取密名“白玛列追札”。公主也将窍诀宝盒放在头顶，祈祷在未来值遇此法，利益众生。莲师对公主说：“因觉醒往世宿业，赞普父女和莲师我相聚一处。”说完，致使公主神识脱离肉体，在外相上，公主色身就在此地荼毗，但为了清净公主的业障，莲师带上色身刹那间到达乌仗那，在那里举行了荟供仪式，又在刹那间返回并说：“措嘉母，你把这些现象全部记录下来，与窍诀深法一并伏藏起来，这样，在未来值遇她自己时，有对此法深信不疑的意义。”

措嘉母遵照莲师的旨意，如实作了记录并问道：“请问上师，此心髓秘密窍诀法是传播呢还是伏藏？”莲师答道：“如今还不是传播此等法门的时候，要伏藏起来。”于是，措嘉母将窍诀宝盒放在头顶作祈祷并说：“此法本是我的法缘，但在几年以后，大阿阇黎比玛拉弥札莅临吐蕃，其利生时机成熟，心髓教法将得到弘扬，我的空行心髓教法在心髓前译法出现错乱而接近衰亡的边缘时，将应时而现，犹如将要熄灭的灯火，明亮而短暂，故此，将此法作伏藏。”如是，将古萨里法部伏藏在达龙查莫谷的岩窟之中，续部和窍诀法等广大班智达法部伏藏在苯塘下部狮子岩之下，将此等法门托付给星耀和空行母并嘱咐在五十年之后交付于有缘之士。

伏藏师白玛列追札

化身活佛仁钦慈多或者密名为白玛列追札，乃如《莲花大遗教》授记：“此师不住示现涅槃后，出现水灾以及八大灾，福尽恶人侵扰于卫地，藏在塔波当拉岩伏藏，不留掘藏之兆将示现，赞普公主仁钦慈多临。”此外，大师本人伏藏文中的授记在上文已有详述，在《基道果后授记文》中也如是授记：“古萨里之教诲部，藏于巴龙当拉山，如今并非宣说时，经过六十载之后，萨杰雪山之东面，形如铁箱地上部，野牛山之髋骨上，得五空行加持者，属相水龙或水猴，性善喜好大乘法，密相世俗装束者，行持各种无碍行，如今公主白玛萨，五浊之时如是临，那时值遇此窍诀。”

正如上述授记，伏藏师白玛列追札于藏历第四绕迥土猴年即公元1248年，诞生在萨杰雪山西部多蕃之界念绒智塘地区的果若岩山下一个酿氏家族中，父母系修行密宗之士。尊者从小在罗若洛尔寺出家为僧，取法号“慈城多杰”，因父母福报浅薄而家境贫寒，也遭到亲戚们的冷落。

有一天，尊者在智塘果若岩山上独自行走时，遇到一位比丘老者，就问道：“格西！您去哪里啊？”老者回答道：“哪儿都不去，就来找你啊！”说完，就从怀里取出一张伏藏卷纸交于尊者手中并说：“儿啊！你仔细阅读此卷纸，要正确领会其词义并受用之，将会获得悉地。”说罢，在尊者不经意之间，比丘老者消失得无影无踪。

尊者回到家中打开卷纸一看，里面是一个伏藏标识文，文中写道：“阴水牛年是你掘出伏藏之时，在仲秋初十那天，你要去塔波塔龙谷，在查莫岩山面上有朱砂写成的万字符，从此地往东北寻找，有一个藏升般大小的石头，搬开此石掘出伏藏吧！”

关于尊者的此次掘藏法行，另有一种说法是，在尊者二十一岁时，上师劝他说：“你在南方能够行使利生事业，去那里吧！”这样，他根据上师的旨意去了南方，在智塘果若岩山值遇从洛若镇来的仁钦岭巴活佛，仁钦岭巴把智塘果若山中掘出的伏藏法中的查莫岩伏藏标识文，以及伏藏师授记等两个黄卷纸献给尊者并说：“授记中称您的掘藏时机成熟了，请您掘出此等伏藏法并摄受我们吧！”

还有一种说法是尊者在十六岁时，伏藏标识文和授记文就已经到手了。总之，在其二十三岁时，即藏历阴水牛年前往塔龙地区，在查莫山岩洞驻留三天之后，掘出了往昔为了公主白玛萨法缘而珍藏的远离愚修伺察意念、佛陀密意现于自心的空行心髓极密窍诀。此外，还掘出了金刚手猛众全伏法、马头明王对治三本尊、刹土之神、拉呼拉、药叉红黑利剑等法门，还有翻江倒海、印付明灯以及猛咒等诸多法门。

此后，回到上部念拉地区，在谢地策玛山谷一个瑜伽师家中借宿，瑜伽师夫妇以美食好酒款待尊者。当晚畅聊到深夜，咒师问道："您昨天从哪里来？有何事前往？"白玛列追尊者回答说："之前我获得一个授记而前去塔波。"咒师又问："那找到伏藏深法了吗？"答道："找到了。""有哪些法门？""有空行心髓、三本尊对治窍诀、拉呼拉修部及续法。""那请以窍诀盒给我们作灌顶。"于是，尊者举起窍诀法盒为瑜伽师夫妇及其法子作了加持。

次日早上，尊者起程回家乡时，瑜伽师法子勒毕坚参生起极大信心，请求尊者让他作为侍者一同前去，尊者恩准了其要求并传授了所有心髓教法。此后，尊者回到家乡智塘地区，那里的有些人说："列追札未能行持续部的禁行，而是想搞一些欺诈行为，有什么伏藏法？哪种伏藏法？"听到这种流言蜚语，尊者心生厌离，就开始了无方云游的行程，带着勒毕坚参、朗卡旺修、仁多、巴桑四弟子前往卫地。

师徒五人首先到了雅砻地区，在协匝水晶洞驻留三日而结缘此圣地。此后，前往桑耶寺，朝拜了各殿，又到了钦普圣地，驻留结缘格贡佛堂七日，期间的第五日晚上，出现了一位自称为金刚亥母的红身妇女并授记道："白玛列追札！你不要住在这里，去拉萨吧，在那里会遇上一位有缘弟子的！"

尊者师徒五人根据此授记来到拉萨，在大昭寺朝拜转经五日之久。当时，噶玛巴让炯多杰在拉萨谷本塘扎营驻留，噶玛巴大师得知尊者师徒在拉萨后，就对下属说："把来自洛绒的伏藏师师徒请到我这里来。"

于是，尊者师徒五人应邀前去，向噶玛巴大师恭敬顶礼并献上一个梵志舍利，一匹绸缎，一个麝香等供品。噶玛巴说："尊者师徒是否有伏藏窍诀法，如果有，请让我们顶礼恭读。"尊者答道："我们到此地朝圣已五天了，还没时间将伏藏法书写成副本，但带来了母本黄卷纸。"噶玛巴说："把母本黄卷纸请到这里甚好，请让我们拜见吧！"于是，尊者将伏藏黄卷纸献给噶玛巴过目，大师仔细观看并放于头顶，以示恭敬，然后归还给尊者。

尔后，尊者师徒返回并在石碑旁驻留了一夜。当天晚上，让炯多杰大师梦见一位戴着骨饰的红身女人对他说："你如果在莲花生心子白玛列追札座前听受密宗深法并供养顶发，将来必定能够光弘佛陀教法。"

第二天早上，噶玛巴派使者将尊者请到其住处并说：“请您把昨天的黄卷伏藏法的传承赐给我。”尊者说：“您如此的德高望重，我有何德何能传给您呢？”噶玛巴说：“您一定要传给我。”这样，尊者无法推辞噶玛巴盛情，就将伏藏黄卷纸上的空行心髓法门全部传给了噶玛巴，噶玛巴说：“我要献顶发。”然后互相顶礼致敬。如是，他把尊者依止为上师并听受窍诀法门传承。因此，此传承与谷玛然扎所传的比玛心髓传承融为一体，后人将从噶玛巴传承下来的心髓法门称为“噶玛心髓传承”。

之后，尊者师徒回到智塘果若山，在那里驻留修行七个月之久，亲见莲师佛父佛母尊容，获得密意传承证悟之加持，那时，尊者将所有教授窍诀圆满传授给法子勒毕坚参。在却登岩山驻留修行三个月。当时，勒毕坚参住在却登山下部，曲嘉仁钦岭巴大师前去拜见尊者，但尊者已闭关静修而无法拜见，仁钦大师就到勒毕坚参座前请求道：“请您把所获得的教授窍诀全部传给我好吗？”果然，勒毕坚参将空行心髓教授法毫无保留地传给了仁钦大师。

此后，列追札活佛结束闭关修行而前去念麦地区，听到此消息，勒毕坚参和仁钦岭巴前去拜见，在念麦色钦佛塔旁边见到活佛。师徒们遂到了智塘曲林寺驻留。在那里，尊者将嘉那拉卡地区黑龟磐石伏藏法库的钥匙交付于大伏藏师仁钦岭巴并说：“儿啊！你拿着此钥匙，掘出黑鬼磐石中的伏藏法来利益众生吧！”

尊者的利生事业进行到二十五岁之际，本来要迎娶莲花生亲自授记的空行母，但因一位魔女制造违缘障碍，致使缘起坏失，未能值遇此空行母，于是，尊者将甚深伏藏法部交付于法子勒毕坚参并授记道：“再过五年，我将诞生在卫藏札普地区，成为父亲丹巴和母亲索朗吉的儿子，那时我们可以相聚了。”如是留下此等遗嘱之后在夏麦青噶地区示现圆寂之相。

在法体荼毗时，其头顶出现了一位戴着骨饰、高有一肘许的蓝身空行母升入天空，在场所有人亲眼目睹此场景。尊者灵骨上显现一寸大小的金刚亥母像，还有出现了很多舍利、连续七日在空中弥漫彩虹等神奇瑞相，使无数众生安置于正信之地。

雪温·嘉色勒丹

圆满获得白玛勒追札窍诀教授的传承弟子，乃雪温·嘉色勒丹，此化身大师于藏历第五绕迥铁虎年即公元1290年，在念麦曲卓色瓦龙地区诞生，父亲为具备殊胜瑜伽师种性的阿阇黎旺修嘉，母名智莫多杰果。尊者从小能忆念诸多往世，未经勤学而轻松掌握文字读写等，天生具备超凡智慧，成就者邬金巴和证悟者贡波益西也曾授记，称尊者将成为一位能利益众生的圣者。

到了八岁时，得到诸智慧空行母的授记并加持为历代先师深法的法主，依止其父尊听闻了《声明详尽论·恒河之流》、龙树菩萨的摄生论本颂及注疏、马头明王和大悲观音法门、度母续部及其修法、玛哈噶拉续部及窍诀法等法部并获得通达。在一名为遍智上师的大德座前听受了断法后期传承。

此后，前往叔父上师嘉色尊旺巴座前求法。那时，上师说："在我的梦境中出现了非常祥瑞的征兆，你将成为能够利益众生的圣者，所以，你的法号就叫'嘉色勒丹'。"上师为其传授了大幻化网密续和《二品续》的讲授，此外，还听闻了文殊黑阎罗续、文殊寿主威猛集法部、胜乐金刚及窍诀法、卓普译师所传法部、怙主直贡巴法部等诸多窍诀教授。

依止桑杰本迅大师，听闻了平等六法等珠巴法部；在曲嘉上师前听闻现观庄严论·智慧明灯、吉祥密集金刚、鄂派极喜金刚、佛顶法、帕姆杰六法等法门；在本贡·朗瓦嘉严前听闻三部道歌及尼泊尔注疏等传承；在阿阇黎兰氏座前听闻酿·尼玛沃色大师的伏藏法八大法行善逝集传承、马头明王五续及修法、大悲观音调伏众生法部、空行如意宝修部法等。

在莲花生传承者尼玛沃色座前听闻上师密集法·菩提双运、大悲观音精华集等法门；在日卓热巴前听闻六要法和究竟胜道等祥察巴传承法部；在秀波晋美贝巴前听闻比玛心髓法的灌顶讲授甚深四部及十七密续；在瑜伽者阿吽多杰座前听闻出自札央宗的伏藏法部；在蒋扬西绕仁钦座前听闻历算五要素、医药学等诸多利益众生的学问并获得通达。

尤其是值遇了世世有缘上师、伏藏师白玛列追札，尊者始终以侍者身份跟随上师，形影不离，圆满闻受甚深空行心髓法的灌顶讲授、续部的窍诀传承并获得抉择。伏藏上师在圆寂之际，将伏藏黄卷纸交给尊者并嘱托道："你要以甚深修部法之式修行此伏藏深法，你是授记文中所亲点的法主，切勿遗失伏藏法本。再过五年，我将诞生在卫地札普地区，成为父亲丹巴和母亲索朗吉之子，那时我们再相聚！"

尊者根据上师的教言进行实修长达十二年之久，证悟大圆满自现无别之密意，现前如量见修之信念，有在吉祥铜色山亲见莲花生大士尊容、努·朗卡宁波为其交付紫檀手鼓并授记为有缘弟子等许多殊胜梦境显现。

那时，噶玛巴法王邀请尊者前往贡布地区，法王在其处详细听闻了甚深空行心髓法的所有讲授和窍诀传承，师徒极为欢喜。获得尊者的开许后，法王广弘此深法。为此，出现了称为"噶玛心髓传承"。同时，尊者也在噶玛巴法王座前听闻了时轮金刚续注疏·无垢光和经部本生传的口传、时轮六支法、央衮巴大师的山法三部等诸多窍诀。

如是，尊者是被莲花生大士授记为"如法弘扬甚深心髓的有缘弟子"。他以殊胜功德庄严己身，具足息、增、怀、伏四大伟业，如同伏藏文的授记，身寿获得圆满，安置众多有缘化机众生于成熟解脱道之后，于藏历蛇年十二月初十示现圆寂之相，时年七十六岁。在法体荼毗时，尊者的法体中出现许多舍利和自生佛像，彩虹弥漫于整个山谷等，有着无数奇兆瑞相，使有缘目睹者心中生起了无伪正信。

（3）讲述两大传承汇合于持教者大遍智龙钦巴尊者之传承

大遍智法王龙钦巴尊者

上述大班智达比玛拉和莲花生大士的大圆满心髓传承之所有灌顶、讲授和窍诀皆授教于龙钦巴第二佛而圆融于其一身。

法王龙钦绕降，或名遍智阿格旺波，诞生在中部卫地约茹札地区的堆仲温察村庄。父亲密宗瑜伽师阿阇黎丹仲巴，善巧自在于各大明处文化，是莲花生亲传弟子“预试七人”中成就马头明王的安朗·嘉瓦迥烈第二十五代家族传人、因成就甘露摄生术而住世一百零五年之久的阿阇黎拉松之子；母亲名为仲萨·索朗坚，系仲敦仁波切嘉卫迥烈家族后裔。

最初，在灵童入胎之时，母亲梦见一头雄狮，从其头顶同时出现光明遍照三界的日月并融入自身。这样，伴随着种种神奇征兆，尊者于藏历第五绕迥阳土猴年二月初十，即鬼宿吉星当空之时诞生于世。当时，一髻佛母以手持利刀、龇牙咧嘴的黑身女人之相真实下凡，抱着小尊者并说：“我来保护他。”说完，还给母亲后消失了。

有一次，母亲将小尊者放在田边，自己在一边耕地除草。突然，天降冰雹，母亲在慌乱中独自跑到家中，刚到家里就想起小尊者。于是，当即跑回田边，小尊者却不见了，她悲痛万分，哭着回到家里。这时，原先见到的黑身女人抱着小尊者，从内堂来到她的面前恶狠狠地说：“你蔑视化身圣者。”说完，举起利刀差点砍伤母亲，然后才将小尊者还给了母亲。如是，一髻佛母始终以真实或者其他形象来保护着尊者。

小尊者会说话时，就清楚地忆念并说出了往世的情形，从小就请求父母让他前往桑耶三界梅朵卓附近地方，天生具足无伪正信、无缘慈悲和殊胜智慧，五岁就轻松学会了文字读写，七岁开始在其父尊座前听闻八大法行善逝集、马头明王、金刚橛、静猛莲师等法门的灌顶、窍诀和仪轨传承。与此同时，也学习了医学和天文历算等共同学处文化并获得通达。九岁时，念诵一百遍《般若十万颂》《般若八千颂》之后，彻底掌握了其一切词义。

十二岁时，在桑耶寺堪布桑珠仁钦、阿阇黎贡嘎沃色座前出家为僧，取法号“慈诚罗珠”，对律藏进行闻思，到了十四岁就开始为别人讲授此法并以此名声大振。

十六岁，在阿阇黎仁钦扎西前听闻道果、六法、金刚亥母、胜乐持铃尊者传承、金刚手大轮等法部的灌顶和窍诀；在阿阇黎旺修益西座前听闻了时轮金刚等大部分后译续部法；在萨龙仁波切座前听闻察巴传承法部、果仓巴引导道讲授、帕当巴的前后中希觉断法、玛吉拉准的传承断法等法门。

十九岁那年，在当时最大的佛学院桑普尼托佛学院，将大阿阇黎赞贡巴、喇章巴·曲巴坚参、称为第二法称论师的迅努仁钦等三位智者依止为主要上师，听闻弥勒五论、释因明略论等所有般若和因明方面的学科并通达一切词义内容。在阿阇黎迅努嘉波座前听闻中观根本轮、入中论等理聚论部，在邦·罗珠丹巴座前圆满听闻俱舍论和因明七论、三摩地王经等甚深五经的讲授以及诗学等共同学处。

尊者仅三年就对此等明处学问达到究竟。之后，他前往诸多教理闻思佛学院进行游学辩论，在理论的广度和深度、智慧的威力、辩论的聪慧敏锐等各方面都领袖群伦，成为家喻户晓、人人皆知的大智者，称为“桑耶龙芒瓦”（意为具有无穷教证者）。

在桑普进行闻思期间，念修不动佛、妙音天女、金刚亥母等开启智慧的本尊并获得诸本尊的亲见，尤其是妙音天女将尊者放于其手掌，连续七天显示四大洲和须弥山王，使其成就了无碍智慧妙力，此乃如《赞颂文·童子喜乐》云：“哎玛天女善缘者，久时祈祷今显见。”这样，从那时起，妙音天女以各种身相与尊者形影不离，此情犹如上文中曰：“汝身在于光团中，示现红黄白绿身……”“有时祥云华盖中，半身极明红白蓝，示现欢舞站姿相”。如是云云。

此外，在丹帕巴迅努敦珠大师座前听闻宁玛续部、经幻心部法的诸多窍诀；在迅努多杰大师座前听闻入菩萨行论、学集论、噶当法部；在堪布座前听闻修法海会，空行海会，勇士海会，法源海会，律上分，广、中、略经藏，金刚经，般若摄颂，心经，般若一万颂，般若一百五十颂等法部；在法王噶玛巴让炯多杰座前听闻六支加行及其除障法、那若六法、三身直指、大悲观音佛陀海和大悲观音王传承、密集金刚、桑布智续、玛哈玛雅续、红黑阎罗敌等法门。

在阿阇黎旺耶座前听闻本尊直授法、佛顶续、空行帐续、然传承大威德、风轮、藏巴拉、谷如谷勒、释迦牟尼、六佛母、弥勒、十六罗汉、药师佛等本尊的修法和窍诀；在休色巴大师座前听闻道歌三部、山法三部、缘起百门等法；在阿阇黎敦楚座前听闻婆罗门雄吉的水银摄生术；在蒋扬上师座前听闻时轮金刚的历算法、二品续、金刚顶、文殊根本续、金刚源、摄真实性、达塔桑扎哈清净续、金刚界、大日如来、开光法·意明了等。

在萨迦法王座前听受大发心、三续的所有窍诀；在仁波切楚普巴座前听闻金刚鬘、金刚帐法部；在聪度巴上师座前听闻曲旺大师的八大法行密圆法、大悲观音法集精髓、大圆满菩提双运、永断轮回、上师密集法、玛囊护法等法部；此外，还听闻摄生百术、杜如嘎海压禳法、工巧巴扎文、水火炮制法、力士塑造法。

在康玛巴座前听闻长寿巴拉巴扎、察察疯、红孜达、毒剑女神、乘风彗星、黑十万等外道七神和冰雹降遮窍诀等；在唐玛巴·桑杰札沃座前听闻酿氏的八大法行善逝集、天铁沃尔莫、金刚橛、空行密智、具善护法、骑虎护法、骑狮护法等法门。如是，尊者对前后译一切密法的灌顶和窍诀及其随许法、显密大小理论的讲授及辩论、声明、诗学、天文历法、韵律等共同学问的讲授等所有明处文化进行了圆满的闻思，成为十方一切智者之顶饰。

此后，尊者回到桑普佛学院时，有一些心怀嫉妒的康巴僧人极力排斥尊者，尊者先后七次不得不搬家，以此因缘，尊者对此等恶行心生厌离，开始无方云游的征程。到了桑普下部鄂大译师灵塔附近时，遇上一位道友，他问尊者道："你去哪里？"尊者答道："我无法和康巴僧人住在一处，所以要离开。""那你应写一篇斥责那些康巴人的诗文。"于是，尊者就以嬉戏之式写了"噶朗之地罗刹……"等诗句，这首嵌字诗写在一方纸上，道友把它贴在了佛学院法台上。

当时，尊者身上只有一件法裙和上衣、一件普通氆氇缝制的大氅等不堕二边之法衣，除此之外，别无他物。他前往乌茹上部化缘，当晚在羌达地区的一处平地留宿，在那里遇到了嘉玛格西敦楚。尊者向其询问了有关觉拉成就者修行洞的情况，敦楚说："这时一座非常殊胜的修行洞。"于是，尊者带上化缘所得的一袋青稞和少许资具去了觉拉修行洞。

在那里，尊者驻留八个月之久。期间，除了每日对格西敦楚讲授一座时间的般若法之外，日夜隐室闭黑关，处于三摩地平等住之境界。过了五个月之后的一个黎明时分，尊者的境相中现见：在山沟口的小沙山之边、小溪之岸，见到一位身穿犀甲、铃铛严饰的骑手，和一位身穿锦缎衣裳、头戴珍宝天冠、金玉璎珞严饰的妙龄少女，他当即抓住其衣襟并请求道："圣女，请摄受我吧！"这时，圣女脱下自己的宝冠戴在尊者头上并说："从今以后，我将赐予你加持和悉地。"果然，在此后的一个月中，尊者安住于明乐无念之三摩地并获得授记将拜见持明谷玛然札。

尊者结束闭关之后，为其父母造写了《大日如来百门仪轨》。这时，格西敦楚心想：这样的仪轨必定有极大的加持力，就向尊者请求赐予灌顶并获得了恩准，尊者利用敦楚去挑水之短暂时间建造了彩砂坛城，给敦楚、一位瑜伽师师和其他三十多位男女弟子赐予了灌顶。

尊者到了二十七岁时，根据授记，前往雅多江普地区拜见大持明者谷玛然札。当时，大持明者和七十多位弟子在那里修行。尊者一见到大师，就生起了如同见到真实比玛拉的心念和信心。上师也非常欢喜，他说："昨晚，在我的梦境中出现了一只神鸟，有一千只小鸟围绕，它们带着我的法本飞向四面八方，这个祥兆所表示的应该是你，定能成为我的教法传承弘扬者。"

此后，尊者在那里等待上师的春季传法，他历经艰辛，先后九次从一个山谷中搬迁到另外一个山谷，因此，尊者身心疲惫、衣衫简陋，示现连小僧们和野狗也欺负他的外相。之后，终于盼到了传法之时，但就在传法日的前一天晚上，两位管家拿着一口大藏升对尊者说："格西桑耶巴，你的供养在哪里？明天要传法了，每人要供养七斗青稞。"尊者答道："我连一斗青稞也没有，但上师说他会给我传法，所以才留下来的。"管家说："听闻如此殊胜的法，如果人人都不供养，那谁来供养呢？"说完，管家扬长而去。

这样，尊者心想：我历经艰辛，苦等传法，但因前世没有积累福德，最终无力供养而不得不走，如果白天走的话，怕别人笑话，应该半夜上路，天亮之前赶到山沟口。正在这时，上师使者前来对尊者说："格西桑耶巴，上师叫你到他那里去一趟。"尊者心想：我本来准备离开此地，但上师的言教不能违背。于是，就到了上师座前。上师微笑着对他说："你不要担心，请喝茶。"说完，上师把管家也叫来对他说："此格西的供养我来解决，不要为难他，在所有这次闻法的弟子中，我最重视他。"

有一次，谷玛然札上师的梦境中现见一位头戴法帽、手握法函的班智达，他自称是比玛拉并对上师说："智美沃色（龙钦巴）是一位曾发愿弘扬我比玛拉传承教法的圣者，谷玛然札你要把窍诀法圆满地传给他，他必将成为你的法主弟子并将弘扬大圆满圣法。"

第二年，谷玛然札师徒前往香波圣山。在那里，上师为尊者弟子赐予了诸多灌顶和窍诀，尤其是圆满传授了大圆满无上光明心髓法内外密三部、一切续部之王《应成续》等十七部续的一百一十九种窍诀法及其支法，一髻佛母、具善护法姊妹、拉呼啦、当坚护法等修部、随许法及其分支法仪轨行持。与此同时，将尊者封为自己的承继者。众护法也纷纷现身，向尊者献供各自的誓言。尤其是拉呼拉护法为了尊者的传承弟子在未来不受晦气所染，献供了自己的标识红章，上面有十相自在图案和其名号，称为"拉呼拉圣章"，护法将此章盖在一百张纸上供养尊者，还立誓行使尊者的一切嘱咐。

因此，在后来，法王先后七次修降拉呼拉。在门域地区修行时，护法的附魂山羊被困在一团荆棘丛中并死亡，尊者不见山羊回归，就嘱咐护法道："请把凶手尽快引来。"这时，突然刮来一阵狂风，把荆棘丛连根拔起，卷到尊者门口，此等神奇现象乃众人所共睹。

那时，尊者以仅有的三藏升青稞面和二十一颗水银摄生丸维持生活。下雪时，他钻进一个牛毛编织的口袋，铺盖两用，以无比的精进和苦行圆满听闻了一切窍诀教法。

此后，他立誓在钦普圣地进行几年的三门不离修行。首先，尊者在伦珠岗修行时，黑金刚亥母连续七天为其示现尊容，也亲见了忿怒莲师、由八法行七百二十四神众围绕的二十一面黑如嘎，金刚玉珍母向尊者供养了其内外密修法，藏巴拉供养了一个摩尼宝。

在格贡地区修行时，寂静莲花生为其示现尊容。那时，尊者前往空行刹土，为众空行母教授深法，空行母为其抛洒吉祥之花，返回时受到隆重送行并向尊者供养了随许法等，有诸多清净显现。在格邬修行时，红金刚亥母、金刚萨埵、马头明王、度母、站式长寿佛等佛菩萨以光明身为尊者示现尊容。

在天葬场驻留时，蓝身骑狼的密宗护法一髻佛母、拉呼拉、当坚护法（金刚誓言具善）、四臂玛哈噶拉、祥伦金刚降魔、二十一居士护法神等护法真实现身，立誓全力护持尊者弘法事业。

尊者和空行母之间的法语交流，如同人与人之间对话一样自在，每当尊者有疑问时，就当即前往上师座前进行除疑抉择并潜心修行，使上师对其证悟智慧妙力和修行的精进心极为欢喜。

尊者在拉萨大昭寺供养觉沃佛时，从佛像眉间毫发出光芒融入尊者眉间。这时，他忆念起前世成为灵鹫山和龟兹地区的班智达，并能够清楚地回忆那时掌握的诸法妙义，心中生起殊胜的乐空觉受。在嘎尼四门地区，玛吉拉准以智慧之身现前摄受尊者并将其印付为断法的持教者。

尊者三十一岁时，在涅普休色为众多有缘弟子首次开转心髓法轮时，瑜伽者沃色果恰将历经千辛万苦而得来的空行心髓法函供献给尊者，而尊者在觉受中却显现了由修命佛母交付他此法的境相。有一次，尊者正在与热玛拉瓦上师交谈，出现了一位黑身女人，她把一本法函交于尊者就离去了，在热玛拉瓦境相中却现见为一名为智达的空行母并立即消失，他认为这是修命佛母的劝请而感到极为神奇，就向尊者劝请在钦普传授空行心髓法门并获得开许。

尊者到了三十二岁即藏历兔年仲秋，在钦普日莫坚圣地为八位有缘男女弟子传讲空行心髓法门。当时，吉祥密护母降临于一位瑜伽母身上，众人顿感怀疑，尊者却说："此乃空行母真实降临，对于二取融为一体的瑜伽者我，是没有违缘可言。"这时，瑜伽母向上师顶礼后，看着坛城说："孔雀羽毛没有备齐吗？"尊者回答道："在心里观想。""表示之法，怎么能心里观想。"于是，尊者取出宝瓶下的坛城，然后将三个宝瓶并列排放，详细作了仪轨之后，瑜伽母双手合十说："善哉！"在念诵咒语期间，当她听到尊者念"རིགས"字时未能发出其再加字"ས"的音时，就说："不是这样，应念"རིགས"，请模仿我念诵。"说完，念诵起连贯悠长而又动听的咒语来。

在进行荟供时，她向尊者供养甘露并说："这是空行圣物，请您务必享用。"说完，全部呈献给了上师。那时，众弟子因内心的觉受而兴奋地唱起了道歌跳起了金刚舞。尊者成就了超越凡夫的睡眠光明，亲眼见到勇士、空行和各种护法神众的形象。这时，出现一位黑身女人说："供品中少了青稞粉。"当坚护法示现白身之相并说："我的多玛缺少酥油点缀。"白身觉沃当拉降临并索取白多玛，当向他供养红多玛时，他不愿接受。

在空行会众中，有的给上师撑起宝伞，有的转绕上师，口中大声念诵"吽""拍"等咒语，响起轰隆之声，等等，出现了无数神变之相。这时，一位瑜伽者心惊胆战地说："看来今晚要闹得天翻地覆，我们恐怕要粉身碎骨啊！"此外，沃德贡嘉、念青唐古拉、曼母七姊妹等护法前来接受多玛供养。

身带珍宝和骨饰的蓝色金刚亥母亲自降临，尊者向其询问了一系列问题之后，她说："今晚时辰特别，前来探寻有缘弟子，上师法体安康！"上师问道："我今年违缘众多，该怎么办？"空行母答道："佛的化身怎么有违缘呢？这是针对化机众生的显现罢了，难道不知道比玛拉再临西藏吗？""那我还能住世多久？""住世到下一个羊年，此后就会根据化机众生，故没有定准。""那么，谷玛然札上师是否敦促我进行利他事业？""对对，就是这样。""如果我独自修行，能成就虹光之身吗？如果进行利生事业，能够利益他人吗？能住世多久？""即使是成就虹光之身，也要利益众生，故应行使轰轰烈烈的利众事业，您还能住世三十年。"上师又问："我有多少护法？"佛母答道："很多很多，上师的护法都护持您，尤其是金刚玉珍母。您的主要事业在西南方向，下一世的利生事业比此生更广大。""是不是空行心髓法中所提到的？能否传授灌顶和讲授？""正是正是，不错不错！您是此法的主人，应该，应该！""别人会不会视为伪法？""别人之言，哪有定准，若是善缘弟子，我会召引，若是恶缘之人，即使是佛陀，他也会诽谤的。""心髓法门是否在金刚玉珍母圣地开启？""那是空行会众自然云集之地，应该在那里。"于是，佛母还详细讲述了有关苯塘伏藏法的授记。

尊者又向佛母问道："我能见到莲花生大士吗？""在三谷之头、三山之下、面朝西边的小岩山右侧能见到。""我何时能见到比玛拉尊者？""已经见过了啊！""我所证悟的此见地是心髓法的究竟密意吗？""没错，正是究竟密意。"这时，阿阇黎仁多问道："邦岗巴·仁钦多杰如今转世在何处？"佛母指着尊者道："就在眼前啊！"于是，尊者问道："他在此后转世到苯塘，怎么会是我呢？”“是转世到那里，期间本应该巡游报身刹土，当时阿阇黎仁钦多杰掘藏之后，如果秘密修行几年，则能为自利修炼成就光明报身刹土，同时也能行使广大利他之业，但未能保守秘密之故身寿没有获得圆满，如今转世成为您并能将光明显现转为道用，指的就是巡游一段时间的报身刹土之情。”“我能成就无余虹身吗？”“如果独身修行的话，就能即身成就，如果进行利他事业，则解脱于中阴期间，化身转世于苯塘而行持利生事业，最终前往乌仗那刹土，示现成佛之相。”“我在心髓法方面，空行心髓和比玛心髓哪个法更能利益众生？”“两法都能利众，比玛心髓乃广大法门，能住世一百年，而空行心髓则住世五百年，要从今年算起。”

听到这里，引起了上师的觉受兴奋，他站起身唱了道歌，结尾有此等歌词：“今生安于后世乐，中阴认识自我乐，从今由乐至安乐，供养道歌向三宝，空行会众愿欢喜。”众弟子亲眼目睹了不可思议的境相，这一切都融入了上师之身，而上师有时还示现报身之相。

又一时，在二十八日那天，身穿绫罗大氅、顶戴鹿耳法帽的白身莲花生大士由无数空行围绕，从西南方向降临融入上师之身。当天晚上，身戴骨饰的空行母在空中飞行，向上师作供养，三位紫黑身女神一边跳着金刚舞一边如是唱道：“我从大乐圣地来，来寻有缘之弟子，来观誓言清净者，利益众生善男子。”

在进行甘露供养时，尊者亲见莲花生大士尊容，其右边有比玛拉大师，左边有金刚亥母，前边有诸多空行母吹着胫骨号角，右边有许多瑜伽师跳着金刚舞，无数身穿金色长袍的空行母载歌载舞，在他们围绕的中央，莲师唱道：“欢喜快乐瑜伽者，今宵密严清净刹，自身静猛宫殿中，圆满明空佛坛城，如来在内不在外……”“一味观心禅修者，不执一心随意置，心散乃空住亦空，所现皆为智慧戏……”如是唱了诸多道歌。

这时，金刚玉珍母七姊妹前来对尊者说：“请您到我们那里。”尊者说：“我要常住贵地。”“常住自然好，但有可能只住上半个冬天。”“你为什么跟随我呢？”“往昔被莲花生降伏，如今跟随伏藏法而来。”“伏藏法在那边，而掘藏者已圆寂，到这里来做什么？”“伏藏法在那里，但伏藏法之意在这里，掘藏者虽然圆寂，但护法没有圆寂，所以才到这里。”说完，对各护法都一一作了授记之后又说：“因为此法极为殊胜，对您寿命可能出现违缘，传法次数较少为好。”尊者问道：“我的伏藏卷纸带来了没有？”“稍稍！触动了我等之心！”

佛母又说：“过去我在乌茹赐予您悉地，不记得了吗？”尊者想起了以前在觉拉山洞的情形，就问道：“是不是金刚玉珍母？”“不是不是，是金刚亥母，你没有认出来吗？这是以世间形象来行持事业，以出世间形象赐予殊胜悉地，二者形象分别赐予悉地。”“在这为什么主讲明点，以所依之式进行第三灌顶？”“这是为多欲者入道而作，对离欲者仅用作意即可。”“在直指本性时，分别念要安住于无生中还是分别心安住于无缘中呢？”“分别念坚固有何用？直指为本初解脱广大之界吧！”“既然有很多传讲此心髓法门者，比如噶玛巴、仁钦岭巴等都在进行口传，那么……”“对于那些传法，我并不满意，即使是个陶瓷壶也有‘龙’（在藏语中‘口传’和‘壶的把手’同音为‘龙’），仅以此传法，弘法之式不圆满，应该有一位教主。”

尊者询问：“仁钦岭巴伏藏法如何？”“确是伏藏法，但书写不太准确。”“那我没有未经观修而见到您的原因是什么？”“我有所修本尊吗？我有所持咒语吗？我有供养对镜吗？我恒常不离于具有誓言和证悟的瑜伽者，这一切你不知道吗？我与你世代形影不离。”“在钦普的公主宝物，在哪个位置？”“在形似神馐而没有顶部的岩石之下，时机尚未成熟。”“比玛拉伏藏何时掘出？”“再过五年，将有一位白衣瑜伽师掘出并弘扬之，甚深四函法将会到您的手中。”

当时，尊者掌握了所有窍诀法的疑难要点，空行母益西措嘉亲自降临，为尊者一一指点，为其赐予法号“多杰色吉札”，莲花生大士为尊者赐予“智美沃色（无垢光）”之法号。在进行外繁复灌顶时，一位红身女人拿着灌顶弹线的另一端，一位空行母帮助绘制坛城。这时，一髻佛母降临，表示有很多甚深伏藏法缘，承认其为伏藏护法，并示现责怪之相，说了一些不满的话语。但尊者唱起如是道歌：“我今开启光明内伏藏，无需岩山裂缝之伏藏，对我有无伏藏乃无妨，是否具缘弟子亦无妨，法性心性遍尽瑜伽者，无需倾听护藏者聒噪。”

在直指顿超法时，无需以比喻讲说而现前示现遍及大蓝光和清净界明点空盏。这时，当坚护法降临，敦促尊者前去邬金宗并授记了有缘弟子等情况，但一髻佛母也前来劝请尊者不要去邬金宗，尊者说：“好与不好乃心之幻现。”一髻佛母作了随喜赞叹，还劝请尊者修复拉日扎、邬金宗、夏经堂等道场，作了著书立说的随许和授记。

往昔，莲师佛父佛母在钦普塔和经堂的柱头基石下，将普贤密意总集法分为前后两部并进行了伏藏，此时，根据妙音天女五姊妹授记掘出了后一部伏藏法。此后，尊者在路上受到金刚玉珍母、十二永宁地母、拉绕神九兄弟的接引前往岗日托嘎圣山，在那里建立了道场，取名“邬金宗”，为二十一位有缘弟子传授了空行心髓等法门，空行母直指了在睡眠光明中如何将法身密意自在于本净法界，和其游戏现象报身的示现法等引导法。

根据瑜伽者沃色果恰的劝请，尊者在造写空行甚深心髓《空行仰提》时，出现了彩虹弥漫和空行云集等神奇征相和吉祥缘起。因此，法王在此地造写了七宝藏等大部分著作。在黎明时分，持明谷玛然扎亲自降临。只见他做了一个期克手印，但未说一句话。尊者知道这是持明表示灌顶。在此时出现了自己圆寂的征兆，但他在一座三摩地之间就回遮了。

在日光初照之时，从东方上空发出一声巨响，法王朝那里望去，看见无数光团中示现普贤静猛坛城充满了整个空中，身色黄绿的比玛拉尊者、空行四上师、示现报身法相的谷玛然扎、邬金莲花生大师等本尊和上师为其显容授记。尊者安住于任运明智如量的觉受中、其身能无碍穿行于岩山和虚空、其少许语言也能使众贤者倾服、其密意证悟定见以金刚预言不断彰显等三门成就征相。

在拉让扎圣山进行静猛酬忏仪轨时，众人亲眼目睹了天空出现静猛坛城及堆聚小坛城。此景象消失后，比玛拉尊者从西南上空显身，只见大师用手指向东南，为尊者作了恢复夏地经堂的授记和劝请。有一天夜晚，尊者梦见比玛拉大师坐在四狮宝座上，对他说："我乃谷玛然札尊，前往莲花累叠刹，劝请弘扬圣教法。"尊者意识到这是谷玛然札上师圆寂的征兆，为了圆满上师的密意，尊者作了三次三轮圆净供养布施，尤其是为了使光明金刚藏教法经久不衰而示现诸多化身，役使拉呼拉等护法神众造纸磨墨，在极短的时间里完成了《妙乘宝藏》的造写。

在嘉玛圣地为索朗森格和阿阇黎巴确等众多善知识讲授心髓法门，当两位格西请求提问时，尊者说："既然这样，那就在一个月的时间里，以一切显密教法作为中证进行辩论。"于是，以如同天雷般猛力的教证理证战胜了所有自诩为智者的辩论者。

此后，应更仁禅师的邀请前往直贡地区，更仁毕恭毕敬地向尊者供养了邬金寺，并提供修复夏地经堂的各种条件。尊者以甚深窍诀法摄受了他，使其从此走上了解脱之道。

前往德卓地区时，受到了空行母们的迎接。到了夏地时，一位白身白帽者向其顶礼并做了一个期克印，尊者意识到这是当坚护法在提醒他"修复夏经堂的时机成熟了"。在夏经堂顶端后方，尊者掘出了少许黄金伏藏并以此作为重建经堂的资金，还掘出了十二永宁地母、当坚护法等诸多本尊护法的修法。

在清理土石时，挖出了往昔所埋的各种头盖骨。当他们把这些头骨修复如初并准备重新埋藏时，突然，狂风四起，乌云弥漫，降下沙石之雨，如同夜幕降临，笼罩在黑暗之中，众人大为恐慌，不知所措。这时，法王口念猛咒，摆出金刚舞之姿势，将飘飞在空中噼啪作响的所有头骨压在了脚下，所有神兆恶相立即烟消云散，一切平静如初。那时，有些人亲眼见到法王示现忿怒莲师法相。

众人见到一位戴璁玉耳环的少年每天来到众工匠之中帮助他们，但到了晚上不知去向。他们感觉很奇妙，于是，有一天特意去观察少年的去向，结果发现他融入了墙壁之中。如是，当坚护法如同人与人对话般始终指导法王的一切事业。

那里有两座石碑，已经倒塌很久了，别人想尽一切办法都未能再次立起来，尊者手摇袈裟，口念谛实真言，结果，石碑自然树立起来了。

此后，经堂圆满竣工，在举行开光法会时，法王为诸多善缘者示现了普贤王如来法身，其心间发出千道光芒、每道光端由无数佛菩萨围绕并抛洒花朵的共同景象。在法王的觉受中，见到由十六罗汉围绕的释迦佛和弥勒菩萨，弥勒竖起拇指劝勉并授记道："再过二世，在莲花累叠刹土中，你将成为须弥明灯胜幢如来。"

在当时的猴月初十那天，天空出现祥云，众人亲见在云团中邬金莲花生大士，由五部空行围绕，光芒四射，为在场四千多人普降甘露法雨。

此后，因萨迦和帕竹之争，法王预见到卫藏地区不安定征兆并说："我们师徒去苯塘地区吧！"当他们途径拉萨时，因法王与直贡派关系甚好，遭到雅砻军队的包围并欲加害于他。这时，法王立即示现隐形神变，消失得无影无踪，那些恶人顿时惊慌失措，他们说："刚刚还在这里，怎么不见了？"

当晚，法王在大昭寺经堂中休息。他梦见七如来、白度母和绿度母、胜乐和喜金刚、国王式观世音、千手千眼观音、佛海观音等佛菩萨，周围有吉祥黑袍护法、四大天王、狮面魔主、吉祥天母等站立而围绕。

在拉雅曼塘圣地，受到以大堪布乔达伦珠为主的众多善缘者恭敬承侍，以心髓窍诀法使他们的相续得以成熟。

随后，前往南部门域苯塘地区，依次建立了"八林寺院"，即巴润解脱林、祥卡大乐林、东邬金林、谷热堆普贤林、恩龙善缘林、阔唐大宝林、门螺普贤林、巴卓妙禅林等八座寺院，在此寺院附近掘出了修行泉水，在岩石上留下了脚印。

在曼洛地区，受到珠贡秀波的洞·索朗仁青恭敬承侍，法王示现了飞行于两山之间等诸多神奇征相，使这个没有听闻过妙法之音的边缘之地安置于十善之道，根据众生各自相续降下了成熟解脱妙雨。将琼都和洞苏曼母等非人神众一一降伏，使其听命于法王。因此等神奇法行，才有了后人们"上师初祖，智美沃色"的说法，以无比恭敬之心传讲至今。

在不丹塔巴林将普贤密意总集法部和其他一些窍诀法门作了伏藏。之后，又应洛扎地区的官员贵族的邀请，在拉雅拉龙等地为大堪布乔达伦珠等上千僧众进行了秘密心髓法的灌顶讲授。

过去，帕竹大司徒因直贡巴的缘故，对法王没有恭敬之心，但后来知晓法王的智慧和伟业殊胜无比，生起了无伪信心，在约伯雄地区作了长时间的广大供养和恭敬承侍。法王为此等两千多僧众赐予了心髓法的灌顶和讲授，大司徒被法王的殊胜智慧所折服，以无比恭敬之心称赞法王是"龙钦冉江（意为密意广深无边）"。从此，后人称法王为"龙钦冉江法王"。在贡噶尔地区也为大司徒等诸多弟子传授了许多灌顶和窍诀。

在中部卫地约茹地区建立了噶丹向巴顶、玉顶、邦顶三大寺院并在此等地方驻留，故称“札三顶”。

因萨迦喇嘛在有关基道果方面向法王进行了提问，法王特意为此造写了《答疑文·宝金塔》。在此文后面法王写道：“极明言词美妙此诗文，善巧自在讲辩著三处，具足教证窍诀圣慧眼，证悟法性妙义瑜伽者，大宝累叠圣地处造写……”当萨迦喇嘛收到此文后，非常欢喜，如同获得如意宝一样对待。

此外，法王还造写了许多显密论著尤其是大圆满法要方面的经典。当时，桑普扎桑等多数称为智者的人因未能理解其奥义，故向法王提出了诸多问题。法王以漫谈等形式全面地作了回答并造写了答疑书信，使提问者心开意解，生起对法和法王的信心。从此，“遍智法王”之名号自然而然地传开了。丹贡巴曲扎桑波作诗赞颂道：“聆听阿格旺波之说法，三大同门稍显木讷相，目睹龙钦冉江之辩才，恰藏丹师辩论显单调，拜读遍智法王之论著，布多西师之作失光泽，领略那措让卓之见地，三大宗派观点难支撑……”如是，作了名副其实的赞颂文。

到拉萨时，无数僧众列队恭迎，在大昭寺和小昭寺中间开法场设高座，法王雄踞其上，广弘菩提心等甚深法门长达半个月之久，以教证理证消除了桑、楚、德三大佛学院诸多自诩为智者的傲气，安置于正信之地。法王还对无数尊者圣众和讲修道场作了无上供养，广积善德并以此回向祈祷众生安乐、教法兴盛。

此后，前往涅普休色，传讲大圆满圣法使上千位僧众相续获得成熟。在卡尔瓦山上，接受司徒释迦桑波的供奉，法王以诸多灌顶和窍诀法予以加持。在那里，为夏季安居的僧人们发放供养，听法者数不胜数，从邬金寺上至山脚到下至沟尾住满了人。法王为堪能传法的四十多位直贡堪布法师和官员贵族等三千多僧俗大众传授了光明大圆满法灌顶及其附法，以丰富的物品作了布施。每到初十荟供，对彭域到则莫嘉地区之间的僧众作供养。当时，因法王常住修行静地，故没有在寺院作固定持续的授课，但对有些具备智慧的学子传讲了般若、因明等经典大论。

此后不久，法王为堪能行使利他事业的众弟子详细传授了无上灌顶等不共教授和续部注疏及窍诀法部之后，对嘉色若巴说：“把梯子翻转过来，别让人进入，准备纸墨。”于是，法王闭关静修。期间，他作了题为《遗教文·无垢明镜》和《遗教文·要义明镜》两部著作。

在闭关圆满后的荟供法会上，法王语重心长地说：“我们师徒转甚深法论、举办荟供喜筵恐怕只有今日了，尔等之中能做利他事业的，务必毫无私心地对善缘弟子传授灌顶、讲解续法、开示窍诀法，居于山中修行妙法者应当将世俗杂务断然放下，潜心观修彻却和托噶之奥义，若有不理解之处，可参阅我的《上师心滴·如意宝》，此法乃如同所愿皆成之如意摩尼宝，应认真思维并观修于心，获取究竟安乐之精华果实……”

此后，尊者前往夏地大经堂，作了广大供养和甚深祈祷，在为大众传法时，降下了神奇的雪花。来到邬金寺，在那里驻留数日之后，对那里的众弟子说：“我不会给你们留下麻烦。”说罢，准备起程前往钦普。临行时，众弟子和施主恭送法王，法王教诲道：“现在请回吧！不然，你们就只有伤心欲绝了，今后务必精进修行……”

到了钦普之后，法王说：“此圣地与天竺清凉尸陀林无二无别，传说生在别处不如死在这里殊胜，我原本就有把幻身留在此地愿望，如今成为现实了！”

当时，应桑耶六户等的迎请，为僧俗大众讲授秘密无上法门，因人数太多，在进行内简要灌顶时，延长了很多天。就在此时，法王示现患病之相。

十六日那天，法王说：“请摆设好供品，我们继续灌顶传法。”众弟子劝请道：“您患病在身，这样会累坏法体，请您休息几天再传法。”法王说：“不必休息，把此灌顶传法圆满完成吧！”此后，经过众弟子的再三劝请后，法王说：“我是想把灌顶传法进行圆满，但你们却不听！”

法王到了五十六岁那年，即藏历阴水兔年归宿月十八日日出时分，他对沃萨让卓和根巴等在身边的弟子说：“你们先摆好供品，然后离开这里。”当弟子们摆好供品后向法王请求留在身边时，他说：“既然如此，就只能这样了，如今，我要抛弃这个衰老的幻身，你们不能吵闹，请平静地坐禅入定吧！”说完，法王以法身坐姿趣入本初法性遍尽之处而圆寂。

那时，在晴朗的天空中布满彩虹光幕，降下花雨，俄色树等树木发出新芽，各种花朵竞相开放，许多弟子沉浸在光明觉受之中。如是，出现了种种不可思量的奇异瑞相并持续一个月之久。尊者法体存放供奉了二十五天，在此期间，法体始终散发出如同檀香和龙脑般的芳香，尤其是当法体迎请到荼毗塔时，出现大地震动三次等征兆，心舌眼不畏烈火，尤其是大脑没有丝毫坏失，化为坚如硬石的黄白色颗粒状夏如让等五大舍利以及无数小舍利，还自然出现了无量寿等诸多佛像，故此，在那里建造了以此等佛像装藏的大菩提灵塔。

作为后学者们的善缘之分，法王造写了与佛陀善说妙法无二无别、正确抉择如海显密法门密意的经典论著，根据《科判文·大宝之库》记载：有讲述外、内、真实义三明处的数百著作，包括《七宝藏》《休息三部》《除暗三部》等。

其中，有关显宗经论的著作因时处原因，如今基本失传，但从广大密意妙慧界中自然流露的许多密法释论特别是大圆满法部，大部分都保留下来了，如同至尊华智仁波切曰：“圆满贯通佛陀一切法，遍智法王殊胜诸经典，往昔天竺吐蕃之学者，从未如此撰写诠释之，初以显宗因法启门扉，究竟超越因果达法界，如是遍智法王之窍诀，如其能说成就者未出，完整分支圆满之善说。”又曰：“遍智上师虹光之幻身，并非过去住世今不现，若有能力则住于身边，若寻所遮亲临亦无益。所著妙义经典即法相，广深词义加持获妙智，真言交付恭敬领悟者，若以心依此乃上师尊。”为此，笔者至心祈请我等执持前密法脉的后学者，以闻思修之法行将大密教法之宝发愿弘扬。

遍智法王以妙法甘露所培养的法脉传承心传弟子主要有：成就智者乔达伦珠、成就智者德勒嘉措、成就智者曲吉扎巴，即称为“三大闻名成就智者”；巴觉嘉措活佛、阿阇黎桑杰根嘎、阿阇黎罗珠桑波、达果·夏札曲杰，即“四位弘扬教法大善知识”；丹贡曲扎桑波、嘉色若巴扎巴、巴确上师、谷如益西冉江、迅努桑杰，即“五大心子”；帕果多丹嘉波、瑜伽师沃色果恰、谷如沃萨让卓、隐世者索朗沃色，即“获得成就四瑜伽者”；以及楚休·桑杰温波、鲁坎·索朗桑格、邬金曲杰、扎巴拜、桑杰巴仁等无数弟子。

此后不同时期，遍智法王龙钦巴以智慧身摄受、亲显尊容、赐予授记并将教法传承交付的弟子有：自在证悟者拉赞钦莫、敏珠林法王大伏藏师久美多杰、直贡仁青彭措、吉美林巴尊者、第四世佐钦巴美久·囊卡多杰、蒋扬钦哲旺波等弟子。

如是，从遍智法王心传弟子分出诸多传承法脉。其中，主要传承是：从成就智者乔达伦珠依次传到敏珠林法王大伏藏师师徒，直至传到第三世佐钦法王尼登丹增桑波。

大圆满空行心髓法的不共传承是从遍智法王龙钦巴尊者传到谷如益西然江，经过八位传承上师，传到第一世佐钦法王白玛仁增。

上师心滴法的不共传承是从达果·夏札曲杰大师起，经过九代传承上师后，传至自在成就者第一世佐钦法王白玛仁增。

以上三种法脉传承称为“三大远传”。

吉美林巴尊者前后三次获得遍智法王龙钦巴尊者的亲见和摄受，圆满赐予了成熟灌顶和讲授圣法。吉美林巴尊者传第一世多智钦吉美·成利沃色，其传第四世佐钦法王美久·囊卡多杰。另外，第四世佐钦法王在佐钦颇章（佐钦寺法王殿）楼上的自在幻化威猛护法殿获得遍智法王龙钦巴的亲见，传授了《上师心滴法·如意宝》。这样，所有远近传承最终汇集一处并广传四方、传承至今。有关此情在下文有详述。此处，叙述近传龙钦心髓法脉的开创者、称为“后遍智法王”的吉美林巴尊者的简略传记。

遍智吉美林巴尊者

约茹佐钦巴让炯多杰钦则沃色或名遍智吉美林巴，在邬金莲花生大士无欺金刚语甚深伏藏授记中云："琼结之地将现我化身，不为人知说顿法者临，钦安朵或红陵墓之南，建造天降灵塔和寺院。"如是，尊者在约茹松赞干布红陵墓之南方，在琼结囊地区，于藏历第十二绕迥阴土鸡年十二月十八日，承嗣于珠巴法王六大心子之一嘉扎巴家族中。

尊者从小就觉醒圣者之性，能清晰回忆自己在往世化身为大伏藏师桑杰喇嘛和曲杰岭巴等圣者的经过。藏历木虎年即尊者六岁时，在大密前译宁玛派六大祖寺之一的琼结巴日妙乘林寺进入佛门，向措嘉活佛阿旺罗桑白玛献顶发，法号白玛钦则沃色。在烈萨巴·阿旺根嘎勒毕迥烈座前，依次接受一切功德之源居士戒和沙弥戒。

十三岁时，拜见珠旺仁波切土确多杰，获得大手印智慧见解脱的根本灌顶、莲师意乐成就文等与成熟灌顶相关的引导窍诀圆满讲授和加持。上师即使在圆寂之后也为其示现智慧幻身，尊者后来说此上师是他宿世有缘具恩上师之一。

此外，依止自在成就者熙日那他、丹增益西伦珠、唐卓温·白玛确珠、门扎噶尔喇嘛达吉等许多具德善知识，听闻了大圆满十七大续的口传等无数经教伏藏法门，尊者还听受了后译法门的诸多灌顶教授以及历算等一些外明学问。

尊者天生具足殊胜智慧，觉醒宿世修学习性，故没有过多地依靠上师和精进而对显密教法和外明学问获得通达，成为顿悟法性妙义的智者顶饰，此乃如其自传中曰："本人的学习从文字语法知识开始，到佛说经典、诠释其密意之论典、一切共与不共的明处学问以及抉择法义之窍诀等一切密乘金刚义，是以恭敬和欢喜心日夜向往学习的具习性之人，但没有一天跟随经师次第学习而增长智慧的经历，仅仅在桑耶钦普圣地，三次亲见龙钦巴第二佛的智慧身并获得诸多表示缘起的加持，依靠大圆满之妙力唤醒了我的慧根。""在未满二十五岁之前，除了背诵日常课诵和少许佛事仪轨之外，对经典理论的闻思处在平等舍般若密多之境地。"

到了二十五岁，尊者因朝拜莲花生大士的修行圣地、听闻了莲师事迹等因缘，日夜忆念莲花生大士，经常面朝西南罗刹国而落泪祈祷，并立下了依靠精进修行往生吉祥铜色山之誓言。

藏历阴土牛年神变月即尊者二十八岁起，在静地熙日巴达、钦普吉祥林、大密花修行洞三静地进行妙法实修长达七年。在那时，乌仗那阿阇黎莲花生大士和遍智龙钦饶降以智慧身摄受加持他，并以顿悟之式证悟智慧，喉间受用轮之脉结自然解开之故，使一切现相和音声呈现为表示文和教言，从本性智慧中无碍自在地流露出金刚道歌与妙法。因打开修行禅定的智慧并拜读《龙钦七宝藏》之后，对内外道一切宗派见地获得就坚固见地和遍智智慧，此乃如《大自传记》云："我对大圆满教派的不共认识和对疑难法义的定解都是在《七宝藏》

中获得，即使是世界六庄严和二胜先哲亲临，也无法找到丝毫辩驳之处，是故，何人如果不能领悟此甚深法藏的密意而自称有高深的见地者，实属业与烦恼所蒙蔽者也。”

此外，尊者在此等圣地修行时，出现诸多殊胜觉受等情形，在《本生传·水月舞者》和《空行大密言》有叙述，笔者未敢对其金刚词义作任何改动和加工，故全文引用如下：“阿吙！就在那时一切时间中，阻断外境粗大分别念，能取心念无住而解脱，安住乐空犹如晴空界，胜道现前明智胜观中，亲见吉祥莲师之尊容，向其禀报自心觉受时，听到‘观修临近隐没’语，观修皆执觉受分别念，断此亦断觉受而证悟，此乃现见离戏谛表示。”

又云：“睡眠无念藏识暗境中，心识独自而起之净现，到达犹如无上密严刹，吉祥钦普札玛格仓地，景状实象并非很一致。自然而成超大岩穴中，我父莲生金刚之圣相，五方佛祖眷属极庄严，高大威严常人之一倍，部主尊与莲师之手上，现见严饰之大宝天冠，在此圣地拜见持明尊，吽钦卓德大师之幻身，其说‘岩石上有莲花生，足迹我俩一道找寻之’。正当我们找寻境相中，此地见到貌似香灯师，一位老者形象出家人，用手比画指出目的地，见到如同陷入泥土之，两肘大小清晰之脚印……

“次日黎明起身观修时，基现清净光明境相中，坐身眉间径直之上空，布满五色彩虹帷幕中，亲见依怙总集莲师尊，能见所见无二无别故，无有得失分别之疑虑，在彼境界之中彼安住，此后顿变斯里兰卡之，瑜伽祖师将巴西念尊，身色紫红明亮显清净，右手执持殊胜单驮棒，左手予以期克之手印，对准我心进行表示法，此后法棒交于我手中，无二无别融入于我身，如同幻化之身明净相，无住隐没本初法界中。从此开启密意大宝库，解开一切善说之密意，圆满明智游戏之妙力，外境皆显表示与（教言），安置殊胜悉地于相续。

“时值藏历火牛年，神变之月初十日，心念我父邬金巴，信心之泪如泉涌，悲心祈祷朗朗然，忆念莲师第二佛，事迹传奇和恩德，造写初十纪念祈祷文，每到座间至诚作祈祷，经过三日后之黎明时，五识明现隐没之境相，犹如明镜阿赖耶识中，显现不知何处之地方。宝伞胜幢旗幡璎珞等，盛大礼仪之中迎请之。至尊化身八相莲花生，高于常人一倍之身躯，庄严巍然迎面临我前。在此如同幻化之净现，极明彩虹光环围绕中，具有五个梯桄之阶梯，自然搭在对面之空中，心想若无分别上此梯，就会面见我父莲师尊，耳边清晰听到莲师说：‘儿你勿贪请来莲花刹。’此时生起约茹昌珠寺，成为自现妙拂刹土想，临此神奇无量之宝宫，正中布满彩虹帷幕里，我父持明莲花生大士，三身持明总集游戏者，无有基座居于半空中，左右毕玛八廓等勇士，空行眷属云集极庄严。中间有座巨石之宝座，心中无有分别临此上，不由自主生起恭敬心，明智犹如流星破长空，融入至尊莲花生密意，获得明智游戏大灌顶，了悟圣道大圆满要义，亲见法界童瓶身刹土，无有偏离不平坦过患，生起经过一夜之觉受，于此境中苏醒之刹那，秘密殊胜大乐之体性。智慧空行佛母措嘉玛，严饰其身美丽少女相，具格无缝之颅碗，交于我手如是说：‘此乃赤松德赞之，真实头颅无错谬。’之后稍作思维已，又将颅碗拿回去，在于如幻景象中，另拿与其无别之，颅碗两者配对后，赐予我手如是说：‘能分二者差别否？’我陷犹豫未能分，净相如虹渐隐没。”

又云：“一时闭关精进念修时，好似自身本来之居处，一座庄严宏伟房舍中，法主圣者吽钦嘎然尊，面相慈悲犹如圆满月，示现体态微胖之形象，无与伦比威武而庄严，如同幻化景象中亲见，作了呈报觉受与交流。当我提出在此禅房中，建造殊胜坛城请求时，其说‘比这新建坛城重要者，别处一座小型佛坛城，亟待修缮我将领取后，交于你手及时维修之’。如是说毕消失往别处。”

又云：“杰吙！此年六月之一日，接受殊胜活佛尊，阿里班钦在三地，掘藏迎请而来之，厉鬼七兄付命法，以及续法之传承。黎明入座之后期，非醒非梦不明中，出现觉受大虚幻，孜玛护法僧人相，衣着油亮年半百，携眷亲临我身边，向我恭敬作顶礼，使我心情稍紧张，认为对我年轻僧，长者顶礼乃不妥，极力阻止此举时，他却仍旧行大礼，当我紧抓其肩时，心中恭敬对我说：‘伏藏大师称您为，从弟阿难之转世，故我如是作顶礼，往昔北藏持明者，依止您为其上师，心中恭敬作供养’。时值此年十月之，上旬初十黎明时，光明晴朗天空中，雪域西藏唯一主，持莲花者观自在，身遍东方之空中，幻化相好显站姿，见此涌出敬信泪，新造祈祷偈颂文。”

又云：“时值上旬初十之夜晚，吉祥莲师妙龄庄严相，其右端坐宏嘎然大师，而我入座左边之时刻，莲师手印表法指空中，（法界）大乐空行措嘉母，天竺持明圣者吽嘎然，密意胜慧无二亦无别，宏嘎然乃持密金刚手，我乃菩萨圣尊观世音，实为怙主三圣之化显。

“如是，八月十六日，就在该修行处造写了赞颂此修行圣地的诗文之后，我安住于无有来去的光明境界中。故此，对五根五境的平庸认知得到清净，粗大所取之境融入能取心识之水塘，现分缘起隐没于阿赖耶无分别性之中，在犹如清亮明镜的胜观妙慧光明境相中，示现未来的须弥明灯胜幢如来、以具六界凡夫之相降临的大遍智法王龙钦巴尊者。法王相好庄严，身披三法衣，稍显长者之相，如同善逝如来之悦意法相如幻而现。这时，法王朗朗念诵道：‘祈请所诠实义密意获得迁转！祈请迁转！能诠言词传承获得圆满！祈请圆满！’

“听到这里，我顿时生起犹如撕心裂肺般的信心和恭敬心，激动得无暇顶礼而直接抓住遍智上师的手，如同宝冠放在头顶大乐轮之上并纵情祈祷‘遍智法王钦！遍智法王钦！遍智法王钦！’（意为‘祈祷遍智法王’）。这时，法

王说：‘在后期，对我如是说的人比比皆是。’

“根据《界集·具花鬘》等文中所说，当时我认为这是法王对一些福报浅薄者在他住世期间没有信心、行持恶事情形有所失望之言，就对法王说：‘我时常对您以密意伏藏法《七宝藏》《心髓心法》利益教法众生心怀感恩，对您的殊胜功德有着如同真实佛陀般的恭敬心。’这时，法王目不转睛地看着我并说：‘善男子！如今发愿交付对你迁转义传密意，你要树立修行胜幢、广泛传给善缘弟子，你的道歌也非常殊胜。’当我心中生起向法王请求赐予教诲念头之际，所现三身如同幻化隐没于法界。这时，忆念上师之心油然而生、情不自禁。

“游历山洞贫僧布苏谷，居于静处尚未年长前，认为获得证悟不可能，狂妄骄慢者们取笑之。然而获见佛子莲花生，龙钦嘎啦善知识法相，见尊尊容立尽习气障，听尊法音即获大证悟，虽未闻习名言之学处，然见法本即解窍诀要。忆念一日之中将众生，安置佛地上师之恩德。外现智美咔钦利生者，内即斯国文殊阿阇黎，密行智慧身者龙钦巴，表法缘起之中赐义传。零散现象不定如闪电，石上脚印黑外道能留，觉受未现诸根对境中，他法岂有恒常不变性。以上乃获得法王身加持之情形。

“当时所处之地，在《圣地旧志》中称为‘下酿氏洞’，因为这里有一座良·丁增桑波修行洞，系有大型岩窠山洞，在其右边有一座岩缝长出桦树、岩壁上有三座佛塔图纹的大岩石，我就住在此岩石脚下的茅草房里。根据‘下酿氏洞’这个说法，前人们在后期出现的南边岩洞口作有‘酿氏洞’之标签，但如同上述，我以净现谛实力获得胜解，知晓此洞在早期为赤松德赞修行洞，之后酿大师也在此洞修行，故称‘下酿氏洞’，实则乃本人所认定。

“在此地我取名为‘大密花洞’的修行洞中，我因严格的闭关进行修行之故，出离功德滋润心间，在顽固执持所取之分得以谢灭的境相中，又见到了遍智第二佛尊容。法王赐予我法本一函并说：‘大车轨文中的隐义部分在此中有详明讲述’‘大密库文的术语解释在此时讲说’。

“此后，法王又赐给我一卷纸并说：‘这是你的前世转世授记文。’于是，打开此文一看，发现有两行字，上行字为‘前世是遍智法王’，当继续读下文时，清净境相烟消云散，那时，没有出现对法王的法相轮廓等身相之粗分能取心识。以上乃第二次亲显尊容，获得语加持和开许撰写论著之情。

“经过几个月之后，又拜见到了遍智法王，他身着威严的班智达装束，头戴长耳班智达法帽，示现二十几岁的美少年之相，依靠殊胜金刚蕴坛城的上两座牌坊，以任运五部佛父佛母双运之表示法进行光明清净无边之灌顶。随后，法王未作任何教诲，而是面带微笑，在极度的欢喜中将大净智慧现相摄入法界。以上乃第三次亲显尊容、以密意进行加持并封为义传证悟法主之情形。

"那时，外现境相解脱于无住之中而等持密意无有偏袒之分，内执心识无有得失计较而获得自然解脱，在后得位心识现分中悲喜交加，以猛力的信心和悲情造写了《赞颂文·布谷妙音》。"

如是，尊者以无比欢喜和满意之心，叙述了法王亲自为其赐予大圆满光明秘密心髓法的灌顶、口传和窍诀等无伪要法之情。

如同尊者所言"我顶住有智美沃色尊，无需零散零碎之传承"。但在共同现相中，尊者为了使印藏殊胜窍诀耳传圣法传承不断，根据《闻法记录·日月耳饰》记载，在自在成就者熙日那他、唐卓·白玛仁增、门巴上师根桑等大德座前，依次听闻了十七续部、心髓四部、休息三法和七大宝藏。

因遍智法王的敦促，空行母赐予开解表示词义之机缘，在进行猴年猴月初十的大荟供法会迎请仪轨之时，吉祥邬金莲花生佛父佛母在勇士空行眷属云集之中，以金刚法舞之相示现于尊者眼前，尊者以猛力的恭敬心趣入广袤的明空不破法界，到了此时，意识到南部三大化身圣者敦请他抉择密意大伏藏法门之缘起应时成熟，对其法门取名"龙钦心髓"并首先抉择撰写了《外修法·上师瑜伽》。那时，出现了很多立誓念修一亿遍莲师心咒的弟子，现前了与此深法结缘者皆具实意的吉祥缘起。

此后，依次造写了《本尊三根本》和《师圆意三部》即龙钦心髓根本二法等法部。尤其是造写了开解显密二法密意的《功德藏本颂及注疏》《引导文·益西喇嘛（无上智慧）》之前行文及其窍诀背靠法《白莲花鬘》《修定问答》《答疑文·教理宝库》《密意集经大疏》《赞颂集》《教言集》等具足断恶和救度两大功德的经典论著达九函之多，留下了精华妙法。

因内外密一切吉祥缘起圆满具足，尊者前往才林炯·长寿菩提苑，对此圣地进行加持以后，修建了一座有二十大柱规模的佛殿并在此潜心静修三年之久。此后，在桑耶寺、约茹昌珠大寺、白玛沃林、钦普日莫坚等道场和各大圣地，建造能依所依和积累广大资粮并进行了一系列的修行。

随后，尊者将顿卡长寿谷作为固定居所，传起以尊者本人的意伏藏心髓法部和遍智法王著作为主的无边广深法门，使无数贤善成就大德为之仰慕，如同群峰云集于花园，上至洛竹，下至多康噶陀寺和佐钦寺的徒众纷纷前来闻法取经，使大圆满龙钦教法如日中天、光照四方。

藏历木蛇年，应萨迦法王的特意邀请前往萨迦祖寺，传授了诸多经藏和伏藏法的灌顶、讲授和甚深窍诀后回到自己的寺院。那时，第三世佐钦法王尼邓丹增桑波派遣多智钦仁波切吉美·成利沃色等五位师徒带着书信邀请遍智尊者莅临康区佐钦寺。与此同时，德格土司也派遣大臣辛饶达嘉及随从邀请尊者到德格土司官寨，虽然各使者向尊者再三劝请，但尊者因年岁偏高而未能应邀前去。使者们就带着珍贵的回礼和书信回到本地，尊者将多智钦仁波切封为其不共法主弟子，以传授甚深灌顶讲授和窍诀法门来摄受了他。

到了晚年，对之前在康巴地区的晋美罗萨、晋美沃察嘉措、吉美加卫尼固、嘉绒谷杰活佛、德格却本桑杰桑波、噶陀格则活佛、夏扎活佛等数百位大德和勤修者，赐予了灌顶、讲授和窍诀深法。

尊者毕生致力于向上下各大道场供物供茶等广大积资法行，新建大量的身语意能依所依，进行了无数利益教法众生的事业，譬如：在琼结巴日寺创立了经部修法会，在北部大乘林寺创立静猛众尊法会，向三大寺作万盏供养，为桑耶寺建造了金制经轮，以金银汁液书写了《宁玛续部总集》，放生无数，等等。尊者敦促德格土司完成了对《宁玛续部总集》木刻版的刻制，使这个法部传承不断，仅仅此项恩德就无法估量。

尊者始终以自在隐修者身份而居，行持普通白衣瑜伽师威仪而不为虚荣世俗八风所动，他曾说："小型白帐能遮轮回苦，坚硬石座不变之定力。"如《山法》云："断除内外我执之故，除了背架上的《七宝藏》再无其他财物。"

尊者到了七十岁那年身患重病，在连续七天的时间里，以将要往生于其他刹土之式示现寿尽之相，但他以加持之力延长生存时间，病情也出现好转，远近具信弟子们也强烈请求为尊者举行延寿祈福法会。尊者说："生际必死乃自然规律，我已成就一切事业之故死而无憾，但我对空手走向来世的人心生悲悯，如果你们不放心，可以对我进行治疗，延寿祈福仪轨也可以这样做……"如是，尊者为安慰陷入悲痛的众弟子而示现接受延寿祈福之相。

那时，尊者也先后给弟子们讲述了如果上师圆寂存留其法体的话如何涂盐安放之法、如何简单地进行荼毗供养仪轨等，作了诸多密意转向其他刹土的教言。

藏历第十三绕迴土马年九月初三夜晚初座之时，尊者以仙人端坐之式直身而居并说："请摆设供养物品。"随后，化身游戏暂时趣入本初根本法界之中。作为其现前法身之征相，出现了万里晴空中没有丝毫起风和云、不断降下花雨等无数神奇征兆。

之后有五大化身圣者，即：身化身蒋扬钦哲旺波、语化身华智大菩萨、意化身多钦则益西多杰、功德化身第四世佐钦法王美久·囊卡多杰、事业化身佛子先盘塔耶，每一位大德的身语意的殊胜功德都无量无边，仰仗此等贤者的恩德，使前译教法得以弘扬，遍及十方。

当时，整个雪域藏区的各教派智者和官员贵族中，几乎没有未饱尝尊者法语甘露者，主要有萨迦法王、甘丹寺东顶法王和白顶法王诸大德、德格土司夫妇和王子等。其中，秉持证悟义传教法的康巴四大心子最为突出，称为"四晋美弟子”，即：第一世多智钦吉美·成利沃色、隐世上师吉美加卫尼固、巴琼晋美果恰、格则晋美沃察嘉措。他们中每一位大德都培养了无数传承和再传弟子，使大圆满龙钦心髓教法传遍了世界各地。

（4）别说佐钦大圆满寺极密心髓法脉传承

佐钦寺，意为大圆满寺，是因其专修大圆满法而得名。佐钦寺的大圆满传承是比玛木扎的窍诀传承上师心滴为主的心滴母子法部传承、莲花生大师的窍诀传承空行心髓母子法部传承、遍智法王龙钦巴尊者的窍诀法由吉美林巴大师掘藏的龙钦心髓传承，以上前后的大圆满心髓传承，都传到第四世佐钦法王，并融为一体，传承至今。因此，佐钦寺成为大圆满法的后期授受弘扬中心。详情如下：

①以上师心滴为主的心滴母子法传承

法王夏扎·扎西迴烈

在遍智上师龙钦冉江法王座前由法王夏扎·扎西迴烈听闻此法。法王夏扎·扎西迴烈，乃如《顶礼心滴法传承上师文·加持云集》云：“阿格旺波所摄受，获证金刚三摩地，大慈大悲之主宰，顶礼隐世法王尊。”此尊者诞生在攀域衮酿寺的一名为琼波的家族中，六岁时，在萨迦巴上师索朗坚参座前剃度出家。在坚鄂·向秋巴、觉丹罗珠巴、桑杰上师、谷如衮迅巴等上师座前听闻诸多法门。在遍智法王座前听闻了以心髓四部法为主的许多甚深法要，成为其“弘扬教法四大弟子”之一。

此外，在成就智者塔巴林巴座前接受圆满比丘戒，以满瓶倾注之式听闻深法窍诀，在邹日秀莫山进行了为时三年的闭关精修。此后又回到道场，担任上师侍者若干年。上师圆寂后，暂时主持道场几年后将道场交付于上师侄子，自己在攀域桑巴达果日山建立闭关禅林并进行了广大利生事业。为此，后人称尊者为“达果隐修法王”，培养了许多传承弟子之后示现圆寂。

谷如先盘多杰

扎西迴烈弟子谷如先盘多杰，如《顶礼文·加持云集》云：“达到无边之闻思，主宰如意七圣财，任运自他二利业，顶礼先盘多杰尊。”尊者为玛·索朗森格之子，多谷巴法主之弟，从小就遁入空门，成为洛扎夏多巴大师“本尊授记八大弟子”之一。

尊者静心观修金刚手菩萨达六年之后，菩萨亲显尊容并获得在未来七世为其加持之授记。在乌茹圣地的隐世法王座前听闻了心髓四部法，此外，还依止了其他上师，听闻无数甚深法门。尊者主要致力于大圆满深法的弘扬与实修，建立嘉麦东衮禅修院，任运进行自他二利事业之后圆寂。

嘉色朗卡多杰

先盘多杰弟子嘉色朗卡多杰者，如《顶礼文·加持云集》云："教证功德大海藏，成就胜果金刚持，慈悲能度有情众，顶礼朗卡多杰尊。"尊者诞生在嘉麦东衮地区，为谷如先盘大师之子。在泽当对显宗经论和共同禅修教授作了闻思，尤其是在父尊座前听闻了大圆满窍诀讲授并实地观修，开启广深觉受之门，成为证悟大圆满法的法主。

尊者观修金刚手菩萨时，现见了猛尊五鹏所围绕之景象。凶曜龙部所害的病人，只要尊者对其吹洒密咒甘露或者佩戴金刚结，就会痊愈。对大圆满心髓法门的实修达到究竟，主持父尊寺院以及崇顶山和巴当山等道场，广泛进行利生事业之后圆寂。

嘉色沃萨龙央

朗卡多杰弟子嘉色沃萨龙央，如云："远离戏轮之有相，安居解脱大寂静，具足悲悯众生心，顶礼沃萨龙央尊"。尊者诞生在吉曼杰布地区，为朗卡多杰之子。在坚耶地区出家接受沙弥戒。从九岁到十四岁之间，在其父尊座前听闻诸多教法，使其证悟诸法实相而自现悉皆成为静猛主尊之坛城。

先后前往各个圣地道场，依止成就者唐东杰布、大伏藏师白玛岭巴、珠巴嘉旺、扎果巴·根嘎桑登、根桑泽巴·索朗坚参、特伦德·冉江巴、佐钦巴·根嘎扎西、向当巴·桑杰朗嘉等五十多位成就智者上师，听闻了前后译各派传承窍诀法。

尤其是将父尊和嘉旺杰作为其根本上师，听闻、实修和弘扬二师所传深法。那时，持明谷玛然扎的上师朗卡多杰的道场吉曼弥西正值衰败时期。尊者对其进行了重建，又新建了桑措湖和沃萨林禅修院，开创了在此地实修大圆满法和大手印的先河，利生事业遍及前后藏、塔波、贡布等雪域广大地区，住世八十余年。

佐钦巴索朗仁青

沃萨龙央弟子佐钦巴索朗仁青，乃如云："成熟四灌顶甘露，净化众生四障碍，四身界中得解脱，顶礼索朗仁青尊。"此尊者传记在下文空行心髓传承中将作叙述。

夏琼巴阿旺白玛

索朗仁青弟子阿旺白玛，如云：“闪烁教证之月光，摧伏烦恼黑暗敌，断证胜果夜花开，顶礼阿旺白玛尊。”此尊者传记将在下文提及。

佐钦巴索朗旺波

阿旺白玛弟子佐钦巴索朗旺波，如云：“九乘之顶大圆满，成熟解脱甘露法，持者金刚持明相，顶礼索朗旺波尊。”尊者传记将于下文提及。

拉尊·根桑晋美

索朗旺波弟子拉尊·根桑晋美，乃如云：“彻见诸法之体性，轮回根断具智慧，密意犹如妙吉祥，顶礼朗卡晋美尊。”尊者于藏历火鸡年诞生在罗居东部，其鼻上现有藏文“ཨ”字，被视为比玛拉尊者化身的象征。

尊者十一岁时，在嵩年静处的邬金巴觉活佛座前出家为僧，听闻了上师密集等诸多教法。前往贡布卓塘佛学院学习密乘法部。二十五岁那年，在佐钦巴索朗旺波座前听闻大密心髓法的所有灌顶、讲授和窍诀，使其证悟法性奥义。此外，在大译师先盘多杰等近百位成就智者上师座前作广大闻思。

在谢日山和钦普等圣地静处潜心修行，获证广大证悟功德。尊者不执着固定道场而无方云游静处，以心髓法门为主的甚深窍诀利益众生，培养了持明诚烈伦珠、诚烈朗嘉活佛、大成就者益西彭措等众多堪能利生和现证妙义的男女禅修成就弟子。

当时，与尊者同时代弘扬大圆满法的成就者有大译师先盘多杰、根钦松珠活佛、贡布果仓巴、宁普仁增宁波、达当巴诚烈伦珠、绒巴佐钦巴等，但敏珠林法王德达岭巴大师称尊者在讲说大圆满方面无与伦比，开启修得智慧而造写了诸多经典论著。如是，尊者进行了此等利生利教的伟大事业之后，于藏历阳水龙年在协扎央贡寺圆寂，时年五十六岁。

佐钦巴龙佐塔札

根桑晋美弟子佐钦巴龙佐塔札，乃如云：“多闻教法如大海，获证净深三摩地，现前遍智圣果位，顶礼龙佐塔札尊。”尊者诞生在拉尊·根桑朗嘉大师家中，为其法子，从小具足智慧和证悟功德，在许多上师前作了究竟闻思，尤其是在拉尊大师座前以满瓶倾注之式听闻了以光明金刚心髓窍诀为主的一切教法。尊者将所闻之法付诸修行，认识了实相自性，圆满证悟功德而获得成就自在，以主弘大圆满法进行利益教生事业，成为利益众生之持教大德。

在此尊者座前由自在成就者第一世佐钦法王白玛仁增听闻，如云："大圆满法之修持，达到明智如量相，度化三界大法王，顶礼白玛仁增尊。"此尊者传记在下文有广述。

第一世佐钦法王白玛仁增传本洛·囊卡沃色，续传杰温·白玛根卓朗嘉，续传尼札喇嘛嘎桑旺丹或名旺加嘉措，续传第二世尼扎活佛丹毕坚参，续传第三世佐钦法王尼邓丹增桑波，续传多智钦吉美·成利沃色，此自在成就者传第四世佐钦法王美久·囊卡多杰。

第四世佐钦法王美久·囊卡多杰在佐钦颇章（佐钦寺法王殿）楼上的自在幻化威猛护法殿入定观修时，在其光明现分觉受中，遍智法王龙钦巴以智慧身摄受他，在一成事刹那间圆满获得了所有上师心滴法·如意宝的极短近传法。第四世佐钦法王传大智者杰温·邬金丹增罗布，续传大堪布先盘曲吉朗瓦，续传堪钦晋美拥丹贡布。另外，堪钦晋美拥丹贡布传卓玛才仁大师，续传怙主白玛格桑法王，传承至今。

在堪钦晋美拥丹贡布座前由笔者部主上师多丹罗珠嘉措听闻两次，遍智法王龙钦巴尊者多次为多丹罗珠嘉措尊者亲显尊容，摄受加持，密意获得广大究竟证悟，喉间受用轮脉结得以解开之故，无勤造写了与遍智法王善说无二无别的大圆满彻却托噶法要的经典论著。在其外现色身庄严摄入内界大本净之际，众弟子共同见证了圆满成佛之一切征兆，现量趣入本初法界。

藏历第十七绕迴土兔年，上师认识到导师和眷众皆为圆满之美好缘起应时而现，在佐钦熙日森佛学院，对我等仅七位弟子开解窍诀法印，以密传之式于夜半赐予过去从未开许传授的所有上师心滴·如意宝密法窍诀，历时两个月之久。此外，还先后恩赐了大圆满十七续部、心髓四部、龙钦七宝藏、休息三部、引导文·益西喇嘛（无上智慧）及附法等光明大圆满前后心髓窍诀和附属法部。当时，上师说："如今，我把祖师珍宝圆满交付于子孙了，以后要努力进行利生事业啊！"如是，上师以极为欢喜和慈悲之情对卑微弟子笔者赐予了劝慰与鼓励之教诲善缘。

②大圆满空行心髓传承

嘉瓦益西冉江

圆满获得遍智法王龙钦巴尊者成熟解脱窍诀亲传的嘉瓦益西冉江尊者，最初进入萨迦教派，对显宗和密宗外续部作了深广闻思。尊者具足广深智慧，无碍通达讲辩著法行，成为善巧讲说一切经典理论的大智者。但是，他并没有以此而满足，他认识到应具备甚深窍诀法要，就四处寻访，最终，被遍智法王龙钦巴尊者的威名所折服。他意识到法王为大圆满法耳传窍诀之教主，就依止其足莲，听闻了无数大密宁玛派的甚深窍诀和教授。

此后，尊者在诸多寂静之处苦修深密空行心髓窍诀，证得自在证悟，登上任运成就之地，成为龙钦巴第二佛的心传弟子并继任秘密心髓法的法主。到了晚年，尊者在涅普休色安住并护持眷众弟子，为此，被世人称为“休色巴（柏林圣者）”，培养了许多具足殊胜证悟功德的弟子等，利生事业获得究竟而圆寂。

楚休·桑丹桑波

益西冉江尊者弟子楚休·桑丹桑波，系白衣瑜伽行者，相传因其获证长寿持明果位而住世逾百年。尊者在嘉瓦益西冉江座前听闻关于大圆满的所有法门尤其是深密空行心髓教授并进行实修，获得大圆满自现无别密意之自在成就，使其境心圆融于法身之界。

尊者为其法子等众多善缘者传讲大圆满直授教法，出现无数堪能传承教法的殊胜弟子。最后，在其年迈百余岁之后，此刹化机事业得到圆满，示现有漏色身收摄于内界童瓶身之相。

大成就者辛巴桑波

大成就者辛巴桑波也是身着持明白衣的瑜伽圣者，对大密宁玛教法尤为善巧，特别是在楚休·桑丹桑波前广闻大圆满法和深密空行心髓之所有法部，使其圆满智慧和觉悟德能、现前大圆满基道之胜慧，进行了广大利生事业之后趣入本初法界。

佐钦巴·释迦桑波

辛巴桑波弟子佐钦巴释迦桑波，最初入后藏色多坚佛学院，通达闻思中观、因明、般若等并对这方面作了如量抉择，在对显宗法的闻思得到圆满后进入密宗法门，对萨迦传承的续部讲授作了闻习。一时，因觉醒往世习气，对大圆满法产生了极大的希求心，就依止辛巴桑波成就者，听闻了大圆满直授窍诀并精进修行，证得了殊胜的证悟，使其见闻诸法皆现智慧幻网之金刚声乐。尊者主要进行大圆满教法的护持、传讲和弘扬的神圣事业，培养了诸多成就智者传承弟子。

佐钦巴·索朗仁青

释迦桑波弟子佐钦巴索朗仁青，诞生在涅尔贝恳地区的琼波家族。尊者六岁就掌握了文字读写，在噶陀索朗上师座前出家为僧，听闻《大圆满摄颂》等法并觉醒大圆满法宿世圣者之性。

尊者以极大的希求心和精进心先后依止了沃萨龙央仁波切、大成就者根桑多杰、大伏藏师白玛岭巴、曼泽巴·罗珠坚参等在当时住世的许多大圆满瑜伽者，尤其是在韶龙巴·释迦桑波座前接受了大圆满心髓四部等窍诀教法的传授，并进行了对心髓四部及其附法的闻修讲弘事业。

后来，在贡布大江九源之静处闭关精进修行，六十八岁那年圆寂。因此地凶险无比，常有非人妖魔出没，故常人无法单独前往。后来，尊者在这里修行，此地有一块方形凶石，尊者圆寂前留下遗言，要求把他的法体在这个石板上荼毗，从此，这里的非人侵扰自然消失了。后来，丹增多杰大师在此圣地建立禅修院，广弘大圆满教法。

夏琼巴·根钦阿旺白玛

索朗仁青弟子夏琼巴·根钦阿旺白玛，诞生在贡布金夏琼地区，其父名为华贝旺修，祖父为大伏藏师桑杰岭巴所授记的其主要法主巴丹森格。尊者从小觉醒圣者之性，传说其八岁时，在夏琼地区的岩石上留下了非常清晰的脚印。

尊者在其父尊和佐钦巴索朗仁青等诸多善知识座前听闻显密经典理论，尤其对秘密心髓法部和桑杰岭巴的伏藏法获得通达。造写了许多阐释佛语密意的经典论著，在众弟子面前变身为本尊法相或者老虎等野兽形象，还掘出了一些物品伏藏。尊者以无与伦比的智慧和事业成为贡布地区宁玛派诸持教大德中的杰出者，利生事业圆满后示现圆寂。

佐钦巴·索朗旺波

阿旺白玛弟子佐钦巴索朗旺波，诞生在贡布金察休地区的久然家族中，年轻时娶妻成家，生了一个女儿，此女后来成为夏琼巴嘉旺丹增的空行母。

尊者到了三十七岁时，对世俗轮回生起猛厉的厌离心，促使他出家进入了夏琼道场，在遍智阿旺白玛座前广泛听闻了大圆满心髓法等诸多教法。上师因尊者出家甚晚，故对他期望不高，但考虑到尊者将会大器晚成，对其传授了所有窍诀法要，尊者也以极大的精进心实修妙法，从而现前诸法本性实相。在杂日圣地的猴洞、熊洞和布茹苏秦等圣地潜心苦修，达到了殊胜的证悟境界。

此后，根据丹增多杰大师的旨意安居在大江九源修行院，其当年的修行竹屋到后来依然可以朝拜。当时，根据后藏桑珠泽的成就智者索多巴大师的光明梦境之密意，认定尊者为仲敦巴嘉卫迥烈化身并作了一首长久住世赞颂诗："善巧六十四万大圆满，续法言词智者乃无数，证悟胜义智慧唯有您。"从此，尊者声名远扬，其教法事业得以广弘。

此后，前来取经求法者如云而集，尊者主要以传授大圆满心髓窍诀等了义法门来利益众生，培养了泽勒活佛白玛烈珠、拉尊根桑南嘉、波沃·瓦卡活佛等许多殊胜善缘弟子之后，于藏历木牛年十月二十五日无疾而圆寂，时年七十六岁。相传在荼毗其法体时，额骨上自然显现藏文“ཨ”字，还出现了许多舍利。

持明曲吉嘉措

成就者索朗旺波弟子持明曲吉嘉措，相传是波沃地区一名为瓦卡寺密乘法林的大讲修院的住持，从小就以三欢喜之式依止佐钦巴索朗旺波足莲，索朗旺波大师以慈悲摄受尊者，赐予了大密宁玛所有大圆满法尤其是比玛心髓和空行心髓的灌顶、口传和窍诀的教授，将义传教法圆满交付于尊者并敦促他摄受化机众生，为此，在当时住世的所有卫藏成就智者大德们都异口同声地赞颂尊者的智者三风之事业。如是，在广泛进行二利任运事业之后，示现密意趣入法界之相。

在此持明成就者座前由多康佐钦巴第一世佐钦法王白玛仁增以满瓶倾注之式听闻了空行心髓甚深教授，从佐钦法王起，依次传承至阿阇黎本洛·朗卡沃色、第二世佐钦法王久美塔确丹增、白玛根卓朗嘉尊者、朗卡才旺确珠、第四世佐钦法王美久·囊卡多杰、智者邬金丹增罗布、堪钦先盘朗瓦、经师晋美拥丹贡布，此大德将窍诀妙法圆满传于我等至尊上师证悟者阿江多丹罗珠坚参和怙主土丹隆多丹毕坚参（白玛格桑法王），仰仗二位大师的弘扬，教法传承至今。关于此情，在下文将有详述。

关于大圆满其他传承，也是与上文所述的根本传承融合而传，这里只是提其名目如下：

首先，遍智大法王传大堪布乔达伦珠，其后传承依次为扎巴沃色活佛、楚休·西绕嘉措、嘉色达瓦扎巴、大成就者根桑多杰、法王根嘎坚参、那措让卓活佛、丹增扎巴活佛、成就智者多阿丹增、纽敦·诚烈伦珠、敏珠林法王德达岭巴、嘉色仁青朗嘉、邬金丹增多杰、第三世佐钦法王尼邓丹增桑波、多智钦吉美·成利沃色、佛子先盘塔耶、大堪布白玛班札、文殊上师麦彭朗嘉、堪钦白玛塔确罗丹或名阿布拉贡、经师晋美拥丹贡布，其传我等两大部主上师。

此外，有尼邓丹增桑波传至吉美加卫尼固及其众弟子的传承；有多珠钦与吉美加卫尼固传至第四世佐钦法王美久·囊卡多杰和佛子先盘塔耶的传承；有此等上师传至华智晋美曲吉旺波和邬金丹增罗布的传承；有多智钦吉美·成利沃色与华智仁波切传至多钦则大士益西多杰的传承；大菩萨华智仁波切传至纽修·隆多丹贝尼玛的传承；吉美加卫尼固尊者与大堪布白玛班札传至蒋扬钦哲旺波及其众弟子的传承；华智大菩萨与大堪布白玛班札传至穆日·白玛德钦桑波和安章大珠巴活佛卓都巴沃多杰及其众弟子的传承；大堪布白玛班札与蒋扬钦哲旺波传至文殊上师麦彭朗嘉和第二世多智钦丹贝尼玛的传承，等等，故此，根本传承所分传承遍及世界各地。

在后期，所有的大圆满传承，包括敏珠林寺、噶陀寺、白玉寺、多智钦寺、安章寺、宗萨寺等，没有一种不是源自教法源泉佐钦大圆满寺的传承或再传法脉。此等详细记述可在其他宗派源流和各自传承上师的传记中参阅。

诗曰：

源自金刚持佛语宝瓶，大密续部妙法恒河水，
径自先哲发心灌溉渠，引入雪域清凉殊胜地。
三传上师意库胜密法，甚深大密续法之甘露，
远传教河经久不衰法，妙哉内续三部金刚乘。
生起次第净圆熟瑜伽，器情座于本尊坛城中，
现前菩提登四持明地，乃为妙乘马哈瑜伽道。
予以圆次深明无二法，见闻分别乐空智慧中，
皆融殊胜方便近因道，内之瑜伽大教阿努法。
无作本净见地至究竟，任运四现修为达如量，
双运三身果实喜成熟，非常瑜伽大圆满法要。
非仅片面圆满九法乘，非仅支分具教与意疏，
无违显密双运胜妙道，乃为大密传承之法统。
殊胜成就珍宝所庄严，经幻心法玛旁雍措海，
讲修功德浪潮游戏者，具足六胜大密圣教法。
圆满显密诸法锦缎上，三大瑜伽宝顶甚美丽，
了义精华妙法之胜幢，高举于世祈愿永不倒。

藏传佛教大圆满传承史·如意宝鬘之广说远传经教续部内三续之传承之第八章终。

第九章　附说近传伏藏教法源流概况

在末法时代五浊恶世的当今，深密精华甘露经教法部犹如集市的乳品一般，灌顶、窍诀教法的传承中断，传承被破誓言者侵蚀出现混杂，仪轨不如法而失去加持力，成就的悉地极少。

为了使密宗教法传承不断，拯救众生，消除五浊恶世的灾难，邬金第二佛莲花生大师以时、处、征相三方面清楚地授记未来将出现的有缘伏藏圣者与伏藏法。殊胜化身伏藏师是莲师的身补处，殊胜伏藏法是莲师的语补处，祈愿印付是莲师的意补处，莲师埋藏了师藏、意藏等十八种伏藏，将甚深密意祈愿印付给“君臣友三圣”等有缘士夫。

伏藏之法以空行表示文所印持，除了具缘者以外其他人无法解开其密意。故此，掘藏者中没有无缘者的夹杂，每部伏藏法都有空行密文所转化之故，其内容甚深而有巨大加持力，除了掘藏师本人之外其他人无论如何深思熟虑，也无法解释伏藏法的少许词义，故能够证明掘藏之人乃正量士夫。

在时、处、甚深发愿之缘起应时成熟之际，将出现持明化身伏藏师二胜者、王者五人、八大岭巴、二十一具力者、一百零八大伏藏师、千位小伏藏师等，他们开启见解脱三所依、闻解脱妙法之库、受解脱誓言甘露等各种伏藏之门，以具四解脱之式引渡众生，殊胜事业不可思议。

此乃如《大乘摄一切福德三摩地经》曰：“无垢威光，欲求妙法之菩萨摩诃萨将获得藏在山林、山顶、树中的无数陀罗尼和法门书写在法函中的妙法之藏。”《圣者江河经》云：“我教妙法函，意中隐意藏，抑或作地藏，何故驳外道，了义未扰乱，故江河不断。”

《文殊根本续》云：“往昔我说法，大乘之经藏，彼时宝瓶中，勤作中引出。”《般若摄颂》云：“佛陀一切声闻所传法，讲授如理言说之妙法，赐予殊胜安乐及妙果，皆为如来圣者之妙力，何故佛陀所示圣妙法，圣者携眷首先修行之，现前成就如理宣此法，此乃佛陀威力非自力。”如是，以显密如量教言和正理摧毁邪见。读者欲知详情，可参看莲师大传、谷如扎西的宁玛源流、蒋贡康楚的百位伏藏大师传，多智钦丹贝尼玛的伏藏概说，敦珠法王的宁玛源流说等著作。

诗曰：

诸佛大密甚深智慧界，恒常遍及清净妙宝身，
示现八相自在游戏者，莲师第二佛陀愿胜出。
大士胜心方便之化现，应时成熟清凉雪域刹，
充满财法伏藏之珍宝，恩德巨大犹如须弥山。
佛陀口传加持随许法，具足三察清净妙法藏，
持明成就如量付藏师，引于善缘发心印持中。
何处极度穷困而衰败，于此时处无量利生业，
犹如末劫风成之大火，遍满无量之界乃佛力。
具足九德自派之传承，极为近传广深秘密藏，
四种解脱灌顶讲授法，虽为末劫然现众生前。
祈愿莲师三密加持光，殊胜事业名声极响亮，
遣除雪域衰败之黑暗，四德福泽遍及众生界。

藏传佛教大圆满传承史·如意宝鬘之附说近传伏藏教法源流之概况之第九章终。

第十章　概述寺院所处之地多康日当地区之殊胜内外密三庄严

贤劫千佛圆满成道之圣地，吉祥瞻部树王所庄严的大洲中心，乃天竺金刚座。由此往北数百由旬之处，是众多经续里所授记之地，如《无垢天女请问经》云："北方雪山相连地，具足善法之疆域，圣者妙法将兴盛。"《文殊根本续》云："于我涅槃百年后，雪域大海将退消，成为婆罗树林区。"又如《噶当遗教》云："天竺金刚座之北，乃有吐蕃之王国，其山高如顶天柱，底处湖泊如玉镜，洁白雪山水晶塔，巍峨高山闪金光，珍奇草药散芳香。色彩绚丽花锦簇，花开夏日如璁玉。"又云："形如莲瓣之群山，于冬三月白如晶，绿如璁玉夏三月，三秋彰显金黄色，三春斑斓像天珠。"如是雪山之链环绕四周的原始自然美境，乃是雪域藏地，外国人称此地为"Tibet"，而雪域人自称为"佛教净土圣地"。此净土有上阿里三部、中卫藏四茹、下多康六岗三区之分。在下多康六岗之色莫岗所属，有一个称为藏区"山神九兄弟"中的拉灵多吉雍忠杂山神所守护之圣地，与隐地绒莫琼交接，与卫地白玛泽、雅隆水晶洞等圣地依次相连的日当欢喜谷，就是殊胜道场佐钦大圆满寺所依之处。

此圣地之庄严，在凡夫眼里的外殊胜之处，是一处令人心旷神怡的原始自然美景，在《白玛格桑法王文集》中如此叙述道："身披薄雾妙衣雪山上，撒下月光甘露点滴时，美丽悦意岩石宫殿中，内日升于瑜伽师心中。千瓣花蕊初开之韶华，茂密绿叶严饰之舞蹈，微风轻轻吹拂而摇曳，丛林枝叶亦如争此情。银色浪花翻腾瀑布声，鸟雀韵唱动听歌声中，唤醒内心安乐妙法音，获得无漏内心之欢愉。八顶山巅晴朗天空之，形状犹如法轮之八辐，东西两方日月之光芒，自然成为空明之象征。八瓣莲花盛开广阔地，青青草坪不离水滋润，乃与乐空智慧之俱生，无有分别表象而庄严。"如是洁白的雪山之巅直插蓝天，轻轻飘浮的云雾严饰山腰，当金色的阳光照耀其上，犹如天成水晶佛塔之上用溶金绘画一样光彩夺目，巍然屹立；山腰有岩石宫殿雄伟壮观，顶系云雾白色飘带，成为周边群山之王而威风凛凛，其各侧布满诸多殊胜修行岩洞而使人油然生起出世之清静心；山脚葱绿树林，枝繁叶茂，在微风轻吹之中婀娜多姿，因开花结果而弯曲的树枝上，杜鹃、画眉、鸥等各种鸟儿显示美丽的翎毛，韵唱悦耳的欢歌，比翼舞翅，自由飞翔。山边周围广阔碧绿的草地之上镶嵌着五颜六色的野花，各种珍奇草药处处生长，垂手可得。如此自然美景，与巧手画师所绘制的美丽画卷无有分别。

此圣地圆满具足堪舆经典中所述之吉利风水：天空呈现法轮八辐之形状，地形如同八瓣莲花而象征四圆满。东方日月之路宽广遥远，预示具有卓识远见的贤善智者源源不断。南方如同摩尼珍宝堆积之山，象征法运财富受用圆满。西山绫罗帷幕从后挂起，表示接受人天诸尊之供奉。北山层叠阻隔如同勇士守关，表示阻断恶魔之道。四方各有形貌如护神之巨石，其间又有形如吉祥八宝之山峦呈内外三层之状紧紧围绕，此等祥瑞地貌，吉祥圆满。从南山涌出的甘露雪水，好像从苍龙口中飞流直下，龙啸震耳，旋绕蜿蜒，招引无量福寿之悉地。此外，无数大小湖泊发出绚丽宝珠之光而围绕四周，如此神奇美丽的绝妙景色乃外显共同境相之庄严。

根据不共秘密境相，南瞻部洲所有成就者之先辈，邬金第二佛陀莲花生大师以大神通亲临此地，降伏冤鬼“茹札九兄弟”而使其立誓受命于法印之下。开启《八大法行善逝集》之坛城之法门，修行甘露妙药之法，在雪山、岩石、湖泊等处都埋下法、财、圣物等伏藏，将此处加持为功德之圣地。诚如化身伏藏大师邬金确吉德钦岭巴的《伏藏标识文》中云：藏历水猴年猴月初十之吉日，邬金莲花生大师携众多清净眷属来到佐钦日当圣地，在雪山环绕中的青青草甸之上搭起彩绸帐房，身穿各种锦缎衣裳，居于宝座之上，将丰美的供养加持为智慧甘露，无数具相智慧空行享用会供，观修善逝集坛城。那时，众眷属同声祈求道：“三世诸佛总集莲师尊，具足智慧法眼请垂念，亲临加持作为修行地，如是吉祥圆满圣地之，历史由来以及诸功德，未来之时情景又如何，为使今世未来修行者，获得定解生起欢喜心，具五神通师尊请开示。”如是祈请之后，莲师赐教此地由来及诸功德，又云：“再说圣地之功德，雪山不变法界身，碧湖圆满妙报身，岩山草地与森林，丰美如愿所化身，尤为身之圣地故，普贤佛父与佛母，金刚萨埵大日佛，五部佛之身圣地，如同五顶水晶帐，明显佛父佛母身，菩萨三怙主之身，清晰显现三雪山，顶尖如同立神饈，二十大谷八小谷，猛静百尊之坛城，隐匿暗藏十山谷。蛮恶人众侵扰时，此为隐修欢喜地。正中日当之山谷，持明上师如云集，自在马明王山谷，密宗教法之来源，具降日扎魔地貌。北面空行山谷中，五部金刚亥母居，勇士空行集聚洲。东面威猛山谷中，忿怒金刚守护门，八大本尊诸明王，傲居其中戏九舞。见即能变心绪湖，于此修行能生慧，湖岸莲生大师我，享用大乐之会供，神通临此踏足印。”又云：“南方秘密山谷中，雪山犹如挂白幔，如同长寿宝瓶山，仙林境中长寿谷，精华寿湖常碧蓝，树木笔直长寿箭，地之精华吉祥山。西面怙主秀纳谷，狮面护法之护地，此外四方雪山中，有我莲师四修洞，各有莲师我手印，空行集聚之圣湖，各有本尊之坛城，极为殊胜之伏藏，不能发掘四师藏，任人开掘八支藏，外在极具妙庄严，内为圆满佛坛城，秘密五部智慧刹。”

第四世佐钦法王美久·囊卡多杰《日当圣地志》中云：“密严坛城迁转极乐刹，隐地莲花庄严圣地之，分支日当欢喜之山谷，山形犹如莲花盛开放，前后两山相连如白幔，东方草地如马岩石上，显现五部莲师自生像，东北形如初八月之岩，是乃夜叉七兄弟宫殿。”又云：“正中坐落邬金禅法林，上方云集殊胜三根本，空中一切悉地如雨降，下有具誓护法行如电，显密妙法唱诵声缭绕。”又如大持明者第二世巴沃列绕扎的《伏藏标示圣地志·空行秘文》中云：“左边山谷现为红黄色，犹如红色若玛脉之状，右边所现白色之山谷，犹如白色江玛脉之状，正中山谷展开之形貌，阿瓦杜德中脉展智慧，东方犹如莲花庄严刹，南方犹如清凉尸陀林，北乃邬金空行庄严刹，东南邬金黑云齐集聚，西南具足央列秀庄严，西北有如喜林苑庄严，东北血海沸腾尸陀林……”又云：“总之殊胜隐秘此圣地，藏地一百零八圣地之，莲师第二佛之伏藏地，具足慧眼善缘之士夫，将此土地树林岩石等，见为吉祥莲花光宫殿，若结善缘顶绕供曼扎，功德等同礼供三世佛。”

第五世佐钦法王土登曲吉多杰的《朝拜圣地功德书》中云：“往昔邬金莲花生大师，大乐愿成水晶修行洞，开启甘露妙药坛城时，大悲观音加持之圣地，中间名为‘日当’山谷中，持明上师如云而集聚……功德圣地日当山谷北，乃是药叉所护之方向，形如宝聚嘉吉扎嘎山，实为吉祥铜色山刹土，形相八大法行本尊众，观音净土五台圣山之，妙相庄严功德皆圆满。”如是在诸正量经典著作中多有叙述。

在具足深密清净见之大圣者的智慧净相中，此圣地则显见为净土、坛城、无量宫等。往昔，具足七法缘之法王蒋扬钦哲旺波初十时在佐钦观看初十跳金刚舞时曾说道：今天的日当山谷成为铜色山莲花光刹土，乃现量所见啊！许多成就智者们也承许此地为凡间清净刹土。

诗曰：

根基精华花朵庄严之，圣土中居大日如来佛，
手持标帜莲花蕊蓬上，显现二十五座佛坛城。
其中十三者为娑婆刹，大小四洲须弥七海等，
犹如清净水中闪星月，炫耀神奇庄严美姿态。
尤以吉祥瞻部宝树王，圆满庄严大洲之东方，
无数洁白美丽雪山之，围墙环绕吐蕃之疆域。
此域部分多康金宝地，四德权势威严白岭国，

十善福泽兴旺地精华，日当圣地美名传四方。
前山白雪垒叠高山尖，穿破青天肚腹而涌之，
如同鲜奶清净之雪水，好比洁白采帷随风飘。
后山大象倚坐之形状，象征政教二法之使命，
予以无比勇气和精神，圆满担负而无有倦意。
四面八方群山如宝鬘，七大珍宝八种吉祥之，
形色凸显自然而天成，如是严饰此地神奇多。
各山之间渚聚甘露海，闪烁无数珍宝之光芒，
犹如五色彩虹极绚丽，实乃梵天世祖之杰作。
四周茂密森林所环绕，青草甸上花朵遍地开，
珍奇药材喷出芳香气，自成天然花园甚美丽。
近处高耸岩山石林中，自然而成石头之宫殿，
亦是避世仙人好居处，专心修持禅定清净地。
披着美丽皮毛衣裳之，多种野生动物悠游行，
舒展彩翅韵唱动听歌，无数美喉鸟类自由飞。
噫嘻一切华丽风景线，吉祥瑞兆无余皆圆满，
多康日当圣法净土之，美名享誉娑婆四大洲。
锐意圣者妙法之刹土，亲临此地或闻名号者，
不久将在解脱寂静处，获得安慰圣者谛实语。
清净法界坛城任运成，大密空行督玛塔拉之，
金刚圣地真实密严刹，空行净土降世多神奇。

藏传佛教大圆满传承史·如意宝鬘之概述寺院所处之地，日当地区之殊胜内外密三庄严之第十章终。

第十一章 略说以讲、修、寺三院来兴办佐钦法林殊胜之情

第一节 根本道场日当邬金禅法林及其定期法会

根据前辈大德的历史著作中“上有多敏巴三祖寺，下有噶白佐三祖寺”之说，前译宁玛教法传承到后弘期时，弘法事业广大的六大祖寺是在西藏拉萨附近的多吉扎寺、敏珠林寺、琼结巴日寺和在康区的噶陀寺、白玉寺、佐钦寺。其中于此详述前密教法讲修之源日当佐钦寺邬金禅林。

公元九世纪，第二佛莲花生大师以神通来到今佐钦大圆满寺所在圣地，降伏日扎九魔，举行甘露法会，埋藏伏藏，在岩石上留下足印，并把此地加持为雪域二十五座大雪山圣地中的功德圣地。

藏历第十一绕迥木牛年即公元 1685 年，时年 61 岁的大圆满成就者第一世佐钦法王白玛仁增应其弟子第五世达赖喇嘛敦请，由德格王赤钦桑杰丹巴担任施主，来到此地创建专修大圆满法的佐钦寺。当时，住寺僧团有一千五百多，至今已有七代大成就者转世活佛和十二代法台的传承，诸圣尊于此所成就的讲、修、行三功业殊胜无比。从十七世纪到二十世纪中期，佐钦大圆满寺是宁玛派的别解脱戒和菩萨戒的授受中心，是无上大圆满法的修证中心。在雪域藏区，传承其法门的分寺近三百座。

如第一世蒋扬钦哲旺波所造的《世代传承传记·白莲喜苑》中记载：“在整个大藏区中，德格王所统辖的广阔区域之内，前密宁玛教派极为兴盛，大小寺院数不胜数，所有这些没有一座不属于佛法圣地噶陀寺和大成就者之源佐钦寺的殊胜传承，故简略叙述此情……”因此，在以德格地区为主的多卫康广大藏区里，从佐钦祖寺发展到近三百座分寺之情，不是后世者夸大其词，而为真实历史。但是，此次收集如此多分寺寺志的缘分未到，故建议热心于佐钦法脉传承的有识之士，尽快编撰出版一部有记载各个分寺的历史、历代住持以及附加图片等的详广历史专著。

在此，简略讲述日当佐钦大圆满寺，众生广种福田的佛陀身语意所依和大经堂等能依。

在寺院中心，有代表佛陀“法、报、化”三身界的三层大雄宝殿，全名为“教法圆满集喜大雄宝殿”，可容纳数千僧众；代表空、无相、无愿三解脱之正门凸显而蔚为庄严；在一层大厅正中，有两层建筑之高的铜铸鎏金三世佛陀像主尊，旁供八大菩萨和十六罗汉；其右边是从金刚持如来至大圆满十二祖师的法像，其后供有大密续部等诸多经教伏藏法本；左边为历代佐钦法王法像和灵塔，其后供有诸多高僧著作；左右墙壁各有用金汁绘画的释迦牟尼佛与莲花生大师的本生传等多种壁画，极具加持力。用稀世珍宝制成的八吉祥、绫罗胜幢、华盖、经幡、摩尼宝鬘等坛城资具应有尽有，以无量普贤供云之式供养庄严此等所依。在大雄宝殿第二层正中金银铸成的佛龛里，供有由金银铜等多种金属打造的报身释迦牟尼佛十二岁等身像，其左右为二胜弟子站立像，皆以松耳石，青金石等宝石镶嵌，供以丰富供品；又在大殿左右依次建有大密幻网续部殿、传戒殿、噶举传承殿、萨迦传承殿、格鲁传承殿、护法殿以及各派身语意所依，诸多供品充满各殿。大雄宝殿三层顶部金顶，由屋脊宝瓶、法轮、金幢、闻法祥麟、龙头等装饰，依显教佛殿和密教坛城结合而建，极为庄严。

离大雄宝殿不远的东北面，有规模造型与其大致相同的莲师三尊宝殿，里面主要所依为莲花生师君三尊像，中间为莲花生大师，其右菩提萨埵堪布，其左赤松德赞法王，三尊佛像高度与三层宝殿相等，是当时康区最大的佛像。壁画为佛祖十二法行和莲师八变相等，其内庄严如上。第二层壁画为大圆满空行心髓法门传承上师等所依，顶层有显密经典藏经阁，以及各种经教伏藏法典的印经院。

在两大宝殿中间，有高为三层的佐钦颇章·胜伏三界宫（即法王殿），外观为宫殿而内为佛殿之造型，顶层中有上师、本尊、空行三根本殿、千尊金刚萨埵殿、长寿圣殿、悉地愿成灌顶殿、多闻天王财宝殿、自在幻化威猛护法殿、自在成就永寿宫、客堂·如意宝洲。各殿中有珍贵佛像、唐卡、护法供物等人与非人的诸多所欲珍宝。在底层和第二层中，有大小库房十六间，三座法器库房，法事部等。

因佐钦颇章年久失修，后来重修扩建，于2016年8月开光，更名为大密无畏威慑十方尊胜法王殿。法王殿共八层，一层，大宝殿，可容纳数千僧众开法会，供奉本师释迦牟尼大菩提圣像，左右侍立智慧圆满舍利弗、神通无碍目犍连，大殿两侧分别供奉过去佛·燃灯佛圣像、未来佛·弥勒佛圣像、极乐世界主尊阿弥陀佛圣像、见解脱宝髻佛圣像，以及第一世佐钦法王舍利塔、第五世佐钦法王舍利塔。二层，大圆满圣舍利宝殿，供奉第一至第六世佐钦法王塑像和舍利塔；密宗殿，全称密乘成就圆满大日殿，主供莲花生大师自在圣像，供奉法身普贤王如来、报身金刚萨埵、化身极喜金刚、持明熙日森哈、将巴西念大师、智者加那色扎、班钦比玛木扎、遍智龙钦巴、持明吉美林巴、吉美·成利沃色、吉美·加卫尼固、美久·囊卡多杰、佛子先盘塔耶、堪钦白玛班扎、巴珠仁波切、文殊上师麦彭仁波切、邬金·丹增诺布、堪钦先嘎、经师吉美·拥丹贡布、阿江多丹尊者圣像；显宗殿，全称大乘菩提解脱明月殿，主供本师释迦牟尼佛圣像，供奉十六罗汉像以及巴利文贝叶经五十函、藏文大藏经丹珠尔、甘珠尔；总护法殿，全称自在幻化威猛护法殿，供奉黑马头铁发护法、护密乐丹护法、尼扎密主母、宁提护密母、当坚护法、拉呼拉护法、长寿天女、玉珍护法、乃琼多杰扎丹护法、孜玛护法、智赞护法、格萨尔王；财宝殿，全称多闻天王财宝殿，供奉多闻天王黄财神、藏巴拉白财神、藏巴拉红财神、藏巴拉绿财神、藏巴拉黑财神、玛钦财主、诺布益嘉财主、嘉莫圣地神、郭将天母；格萨尔王护法殿，供奉格萨尔护法主尊和三十位大将；还有格萨尔王文物展示厅、文化研讨中心、福慧厅、善缘厅、法务处、事务处等。三层，法王殿闻思院、居士林等。四层，自在成就永寿宫、如意宝洲等。五层，佐钦布达拉宝殿，供奉诸多殊胜佛像和佛舍利宝塔。六层，显密藏经阁。七层，金顶。负一层，供斋大厨房等。

此外，在寺院其他各处建有千佛殿、莲师千尊殿、文殊千尊殿、观音殿、度母千尊殿、文武百尊殿、金刚萨埵殿、金刚手菩萨殿，大讲堂、降魔殿，格萨尔护法殿，金转经轮殿，银转经轮殿、大鼓楼等很多大小佛殿及斋堂。周围由十二大拉章环绕，以及数百僧舍所点缀，其景壮观。四边各有一座殿门朝外的金刚手降魔殿，四面树立回遮经幡。寺院左下方八大塔、尊胜塔、伏魔塔等佛塔林立，雄伟壮丽。此等情况，因考虑到文字繁多，这里未作广述，欲知详情，可在其他历史书籍和传记中了解。

佐钦寺举办经教和伏藏二法的大小法会之情：

首先从藏历一月初三至十一，举办持明嘉村宁波伏藏大师掘藏的莲师三宝总集供修大法会。其中初十跳莲师铜色吉祥刹土金刚舞，十一日法会灌顶。此法会始于第一世佐钦法王，在佐钦寺第四代法台住持杰温白玛根卓朗嘉时期成为大型法会。金刚舞传承源自桑耶寺。这期间，由大伏藏师尼玛扎巴掘藏的胜猛马头明王与财神护主、敏珠林法王掘藏的金刚萨埵、吉美林巴尊者掘藏的龙树意庄严（度母四曼扎）、大伏藏师谷如曲旺掘藏的上师密集等的供修法会以小型法会方式同时举行。

之后，由常住僧人从藏历一月二十三日到二月一日，进行吉美林巴尊者伏藏的龙钦心髓续部普巴金刚仪轨的法会。二十八日全天跳主尊普巴金刚及眷属的金刚舞，二十九日进行多玛回遮仪式，三十日全天跳主尊乃琼贝哈尔护法及眷属的金刚舞，藏历二月一日全天跳主尊格萨尔王及眷属的金刚舞。该法会又名“佐钦普钦”，由第五世佐钦法王开创，吸引康区和青海安多等地的僧俗信众参加，是当时藏区参加人数最多的大法会。

藏历二月三日起，连续七日部分僧众修持大伏藏师尼玛扎巴掘藏的财神主纳福仪轨法会。二月十三日开始的七天中，许多僧众同时举行盛大的二十座坛城及其伏藏仪轨的大法会，又名代玛法会，即由大伏藏师桑吉林巴掘藏的上师意集仪轨、胜猛八法行仪轨、然那岭巴掘藏的普巴金刚仪轨、白玛岭巴掘藏的上师宝幢仪轨及金刚手仪轨、尼玛扎巴掘藏的长寿仪轨·胜伏四魔、吉美林巴掘藏的心髓猛厉马鹏仪轨、大悲观音苦难自解脱仪轨及心髓大吉祥集仪轨、央德续·金谷一粒、莲师功德宝藏仪轨、秋吉林巴掘藏的意修·违缘皆除仪轨及胜猛金刚手仪轨、多吉岭巴掘藏的意修·如意宝仪轨、谷茹曲旺掘藏的真实义仪轨、宇妥心髓仪轨、加顿掘藏的持明胜乐仪轨、谷如仁青森格掘藏的猛咒诅詈、北掘藏者仁增果登掘藏的持明修法仪轨等二十个法门。

从二月十五日起，在连续两个半月的时间里，举办“闻思讲堂”。僧众依课程分成十五个班，闻思《普贤上师言教》、阿里班千的《三律仪论》、吉美林巴尊者的《功德藏》及寂天菩萨的《入菩萨行论》、月称菩萨的《入中论》、世亲菩萨的《俱舍论》、圣天论师的《中观四百论》、弥勒五论等十三部大论等显密经典。

从三月初三起，举行然那岭巴大师掘藏的长寿供修、灌顶及金刚舞，为期九天。十八、十九日两天是敏珠林法王掘藏的密意善逝集开光仪轨法会。从四月二十四日以后的七天中，同时举行前密经续仪轨与伏藏仪轨（简称嘎玛与代玛）四十座坛城的修持法会，期间，举行为其三天的嘎玛代玛法会金刚舞，四月三十日举行嘎玛代玛法会大型火供与灌顶。此法会由第三世佐钦法王开创的有十三座坛城仪轨念修的嘎玛法会发展而来，在第五世佐钦法王时期达到四十座坛城的仪轨念修。

五月初四起举行为期四天的噶玛岭巴掘藏的文武百尊超度法会。六月十五日起僧众结夏安居一个半月，以三天的自恣出游仪轨而结束。

九月二十日起举行以然纳岭巴掘藏的普巴金刚供修与多玛回遮仪轨之法会，为期七天。

从十月初一开始的百日里，僧众每日闭关修持四座。期间，掌堂喇嘛四处巡视，僧房烟洞不能冒烟、客人不得打扰。十月二十日起，同时举行七天的天法十猛法会和金岗金刚法会。十月十八日举行第四世佐钦法王门久多杰、十月二十二日举行五世佐钦法王圆寂会供法会。从十一月二十日开始连续七天开玛德红狮面母供修法会，二十五日是大成就者白玛仁真会供法会。十二月十八日开遍智法王龙钦巴尊者的圆寂会供法会。从二十三日开始举行八天盛大的酿尼玛沃色掘藏的八大法行威猛游戏法会，后三天法会期间跳金刚舞与多玛回遮修持仪轨。此间，部分僧众在七天里以尼玛扎巴掘藏的胜猛马头明王、上师胜乐，然那大师掘藏的普巴金刚等三伏藏法修持伏魔仪轨。

此外，每月初十日举行龙钦心髓持明总集法会，每月二十五日举行空行会供法会，每月月中举行显教布萨法会，每月二十九日供护法。从第五世佐钦法王开始，每天有护法僧团的一百多位僧众颂修护法。每月三十日，举行文武百尊超度法会等。所有大小法会，并非只是外在表相坛城和聚众喧哗般的口诵，而是根据金刚乘的密续，以五圆满为修法之根本，具足生起次第和圆满次第的观修，用历代佐钦大德们清静严密的见传行持仪轨传承，圆满如法修行。是故，得到本尊的亲见亲授，从修持坛城闪耀彩光，坛城之中自然传出圣妙法音，修持所依坛城中宝瓶里的甘露水自然沸腾并取之不尽、金刚杵自然跳起、甘露丸自然增长、在空中飞行作响、修持多玛里滴流甘露、在回遮多玛上冒火焰、伏魔盒里集满血液等，出现过无数成就四业之神奇征兆。

如是此大道场之佐钦教法传承不仅遍布多卫康之大藏区，而且其事业光芒穿越东西大洋，照耀世界各地。祈愿此伟业在千万劫中，恒久不衰，广弘兴盛。

第二节　讲学中心佐钦熙日森佛学院及其分院

讲学中心熙日森佛学院，于藏历第十四绕迥土鼠年即公元1828年，由第四世佐钦法王美久·囊卡多杰、大堪布桑楚白玛扎西、佛子先盘塔耶等三位愿力成熟的大德商议并决定，在离寺院前方一闻距的平地上，有一块从地面稍微突出、地貌形如智者舌根或智慧宝剑的悦意草地上创建。当时，大圆满祖师熙日森哈以神通降临此地，坐在一块岩石上为佛子先盘塔耶加持，然后融入岩石，在岩石上留下臀印。这块臀印圣石在佛学院留存至今。佛学院因此得名熙日森佛学院。瑜伽大成就者多钦哲·益西多吉亲临以宝剑勾画范围之式作了净地加持。当时，修建了可容纳五十多位常住僧众的大讲堂及僧舍，成为康区最早的佛学院，在雪域东方多康地区首开清静律藏三事仪轨之门，传授别解脱戒与菩萨戒，创建印经院搜集整理编辑显密经典并刻板印经。从那时至佛学院第19任法台堪布堪钦先嘎之间，专讲印度那烂陀寺论师所著的十三部大论根本颂的自解和注疏，藏传其他各派大德的论著和注解未作主课传讲，只作为附属读本。至堪钦先嘎，又将以上那烂陀寺论师的自解和注疏编辑，成为传讲至今的标准课本——《十三部大论》集注。就这样，熙日森佛学院从传讲方式到课本都完整继承了那烂陀寺的讲学传统，在整个藏区也是绝无仅有的，故称为第二那烂陀佛学院。

熙日森佛学院开启了以闻思二法抉择显密教法以及各个学处，以讲修二法弘扬佛陀证教法宝之先河。从此，康区的宁玛派、萨迦派、噶举派的其他许多寺院纷纷效法，成立佛学院，延续至今。

从第一任法台堪布桑楚白玛扎西到第33任法台堪布扎日堪布秋觉的历任法台堪布，都是戒律清静、精通显密经典、学识渊博、具足修证功德的成就智者，其中最著名的有佛子先盘塔耶、巴珠仁波切、大堪布白玛班扎、堪钦先嘎、麦彭仁波切等，他们都有很多著作传世。尤其是堪钦先嘎学识渊博、声名远扬，吸引了宁玛派、萨迦派、格鲁派、噶举派的数百位活佛、堪布和格西前来佐钦熙日森佛学院参学，堪钦先嘎不分教派地培养出了许多精通五明的高僧大德，这些高僧学成回去后，又创建了很多佛学院，甚至发展到了国外。其中著名的有萨迦派的宗萨寺和玉树结古寺的佛学院、噶举派的八蚌寺和社芒寺的佛学院，还有宁玛派的噶陀佛学院、白玉佛学院、江玛佛学院及其分院色达喇荣五明佛学院等，这些佛学院闻思学习的都是堪钦先嘎所编写的十三部大论集注，佛学院的创办者也都是堪布先嘎的弟子或再传弟子。佐钦熙日森佛学院的教法传承也得到了极大的弘扬。

佐钦熙日森佛学院历代法台大堪布名录：

第1代法台大堪布：森楚白玛扎西

第2代法台大堪布：佛子先盘塔耶

第3代法台大堪布：尼扎仁增桑布

第4代法台大堪布：嘉绒堪布白玛西夏

第5代法台大堪布：巴珠吉美曲吉旺波

第6代法台大堪布：不丹堪布索南格勒

第7代法台大堪布：第二世林喇活佛土丹宁协将参

第8代法台大堪布：堪钦白玛班扎

第9代法台大堪布：多日堪布葛丹将措

第10代法台大堪布：刚察堪布多杰饶丹

第11代法台大堪布：普察堪布根秋沃色

第12代法台大堪布：麦彭蒋扬南杰将措

第13代法台大堪布：佐沃堪布格勒囊杰

第14代法台大堪布：堪布慈仁罗布

第15代法台大堪布：堪布根秋扎巴

第16代法台大堪布：阿卓堪钦索囊曲培

第17代法台大堪布：第二世多丹活佛土丹慈诚将措

第18代法台大堪布：达瓦堪布根秋桑波

第 19 代法台大堪布：贾功堪钦先盘囊瓦（堪布先嘎）

第 20 代法台大堪布：堪钦白玛泰秋洛丹（阿布拉贡）

第 21 代法台大堪布：阿沃堪钦吉美罗珠

第 22 代法台大堪布：阿卓堪布叶西将措

第 23 代法台大堪布：堪钦土登年扎

第 24 代法台大堪布：雅需堪布久美沃萨

第 25 代法台大堪布：堪布纳旺诺布

第 26 代法台大堪布：堪布曲美益西

第 27 代法台大堪布：堪钦吉美·拥丹贡布

第 28 代法台大堪布：堪钦白玛才旺

第 29 代法台大堪布：阿卓堪布沃色塔耶

第 30 代法台大堪布：堪布诺央或名根秋益西沃色

第 31 代法台大堪布：堪布曲央囊加

第 32 代法台大堪布：堪布旦增曲桑

如是，第 33 代法台大堪布：堪布才仁曲觉

自佛学院第一任法台堪布成就智者桑楚白玛扎西，至三十三任法台堪布才仁曲觉本院轮值堪布如同摩尼宝鬘，无有间断。

其传承和再传弟子中，学识渊博、德高望重、教法事业广大的主要弟子有：萨迦蒋扬钦哲旺波，觉囊邦达·格勒嘉措，格鲁嘉瓦格西多昂，巴琼·扎西嘉措，日巴丹增扎巴，邬金丹增洛布，堪钦拥丹贡布，木雅根桑索朗，夏扎根嘎巴登，雪谦大班智达久美土登朗加，雪谦嘉察·白玛朗加，堪钦根桑巴登，穆日·白玛德钦桑布，多喇晋美格桑，纽修·隆多丹贝尼玛，古浪呼图克图邬金久扎曲央多杰，安多瓦·仁增顿迥多杰，珠巴活佛曲央若毕多杰，那喇曲珠，堪钦阿格旺波（堪布阿琼）或名阿琼，堪钦土登曲培（托噶如意宝），堪钦才旺仁增，堪布诺布丹增，博珠·多昂丹贝尼玛，钦哲确吉罗珠，第二世钦哲确吉罗珠、噶举大司徒·白玛旺却嘉布，萨迦嘎瓦·蒋扬坚参，顶钦绕萨达瓦（顶果钦哲），热哈·曲吉札巴，色卡·曲札，萨迦温朵·钦绕，噶举松喀·白玛朗加，噶举博·贡嘎活佛，堪钦阿旺诺布，堪布才让诺噶，新龙格日活佛，布吉拉巴活佛，卡勒活佛白玛根桑让卓，绕果堪布土登诺布，阿迥堪钦土登宗珠，格吉堪布土登朗加，格蒙堪钦旺迪，热哈堪钦达卫沃色，色达堪钦曲央乔达，阿江喇嘛多丹罗珠嘉措，堪钦白玛才旺伦珠，堪钦晋美彭措，扎卡堪布才让尼玛，格蒙堪布旺洛，木雅堪钦曲吉扎巴，麦洼堪布土登，堪布才旺彭措，白饶妥觉，藏巴堪布多杰，热哈堪布土登，西绕坚参活佛、第四世多智钦成来华巴，森嘎活佛土登尼玛等无数讲说经典百论的智者，证悟高超的殊胜成就者，亲传再传弟子遍及世界各地。

这些大德及传承弟子等的事迹，在下文有详细讲述。

在佐钦熙日森佛学院近三百年的历史中，由第四世佐钦法王美久·囊卡多杰、堪钦森楚白玛扎西和佛子先盘塔耶开创，由巴珠仁波切和堪钦白玛班扎承继此伟业，由大智者堪钦先盘囊瓦发扬光大，在再弘期由怙主白玛格桑法王恢复并扩建。他们是佛学院在各个历史传承弘扬阶段做出殊胜贡献高僧大德们的伟大代表。

此处略述佛法再弘期时代佛学院恢复之情。

如乌如伏藏大师白玛朗卓岭巴的授记中云："熙日森哈讲修院，无畏雄狮宝座上，白玛意化白玛名，能使佛法总和别，善详功德日光明，能弘讲修妙法之，无数莲苗竟绽放。"如是以正量教言明确授记之至尊怙主白玛格桑法王，于1988年藏历第十七绕迥胜生土龙年九月廿二，即佛陀天降之吉日，主持举行了重建前密讲修教法之源佐钦熙日森佛学院庆典，并将其更名为"雪域智者之源——佐钦熙日森五明佛学院"。从此，法王以深广愿力，在极其艰难困苦的环境和条件下，全力于佛学院重建事业。法王之前在一次为教生事业外出的途中，因交通事故身负重伤。法王将赔偿金作为启动资金，以此血的代价为起点，法王亲自带领佐钦的僧众和信众一起挖土、打泥墙、运木材，辛苦劳动，历经艰辛，历时数年。期间，学僧们搭住帐篷，一边学习一边劳动，最终完成了土木结构的佛学院大讲堂及僧舍的全面重建。

在佛学院正中是三层大讲堂，四周为僧房，即东闻思摩尼宝洲，南教理如意洲，西了义法轮洲，北讲修兴盛洲，每洲有上百僧舍，皆为两层建筑，以围墙之式环绕大讲堂。

法王又四处寻访，陆续将仅存的学者高僧、上师堪布请回佛学院任教，他们是：卡勒活佛白玛根桑让卓，绕果堪布土登诺布，格吉堪布土登朗加，格蒙堪钦旺迪，热哈堪钦达卫沃色，阿江喇嘛多丹罗珠嘉措，堪钦白玛才旺伦珠，扎卡堪布才让尼玛，格蒙堪布旺洛，木雅堪钦曲吉扎巴，堪布沃色，卓玛才仁大师，嘉曲活佛。

当时的学僧来自藏区各地，以宁玛派、萨迦派和噶举派为主。二十多年来，熙日森佛学院累计培养了数千学僧，其中有数百位活佛堪布，他们在艰苦的条件下精进学习。在佛学院学习期间，他们首先接受了清静的别解脱戒、菩萨戒戒传，学习藏文学和显密经典，然后圆满接受续部讲授、密宗灌顶、大圆满窍诀等。后来，他们很多成为堪任佛法讲授、寺院管理的栋梁之才，是再弘期佛法传承弘扬的中坚力量，是承前启后的重要一代，把佛陀教法传承弘扬到世界各地。

当时，法王编排了佛学院班级、课程、教材及学術体系如下：

一年级主要学习藏文书法，正字法，语法三十颂，书牍规范，辩经逻辑初论，沙弥五十颂，佛子行三十七颂，亲友书，历史等课程。

二年级主要学习梵文书法，音势论，辩经逻辑中论，声明五拼合学，诸显密愿文注疏，沙弥三百颂，别解脱戒经，六十正理论，诗镜第一品，中观四百论，慈氏五论之二辩论，居·麦彭《入智者门论》，历史与佛教源流第一部等。

三年级主要学习语法三十颂与音势论释难，诗镜第二品和第三品，辩经逻辑广论，声明积分论，历史与佛教源流第二部，律经根本律，《中观理聚》诸论，《如意宝藏论》之宗派略论，经庄严论，阿毗达摩集论等。

四年级学习《旃陀罗波字经》声明学，心类学，因类学，《毗奈耶·花鬘论》，俱舍论，入中观论，中观庄严论，宝性论，密续幻化网集注等。

五年级学习《现观庄严论集注》，量理宝藏论，功德宝藏论，钦氏《俱舍论广释》等，

六年级主要学习释量论，《三律仪论·如意穗》《入中观论》诸广疏，《现观庄严论释·般若显明》《宗派宝藏论》《如意宝藏论》等，

七年级主要学绒松班智达的入大乘论和境相抉择本尊论，《幻网续注疏·密主意庄严》，窍诀宝藏论，词义宝藏论等。

八年级学习绒松的《幻网续注疏·三宝论》《幻网续注疏·密主教言》，法性宝藏论，胜乘宝藏论，法界宝藏论，

九年级以上的第三个四年主要是《三休息论》，大圆满十七续，大圆满心髓四部法等的详广讲解和实修，接受灌顶和窍诀。

总之，在十二年的时间中，全面学习显密经教的正量注疏与十明文化，以印度那烂陀寺智者二胜六庄严的论著作为主课本，课外广读雪域文殊三化身遍智法王龙钦巴、萨迦班智达、宗喀巴大师等各宗派藏地高僧的论著而成为多闻智者。尤其是依据对前密宁玛巴的荣龙二贤（荣松班智达、遍智龙钦巴）、阿里班智达、敏珠林师徒、吉美林巴尊者以及出自本佛学院的佛子先盘塔耶、巴珠·晋美却吉旺波、堪钦白玛班扎、殊胜智者先盘朗瓦、文殊化身局·麦彭确烈朗杰、博珠·多昂丹比尼玛等大智者们经典论著的深入闻思，树立宁玛派对显密教法基道果的不共观点。

如此圆满完成对显密妙法以及外明文化的闻思以后，根据学员的成绩和年级颁发学位证书和授予学衔：

（1）辅导师：担任课后辅导，能独立讲解某学科之词义；

（2）专论讲师：对一部论著能够独立讲解、解难、释疑，有全面讲辩著的才能；

（3）小堪布：在此基础上，特别善巧律藏诸仪轨及取舍之处，能胜任各

分寺的代理堪布；

（4）堪布：对五部大论有广泛闻思并具备修持功德，具备贤正二德，能胜任本佛学院或分寺堪布；

（5）大论讲师：对十三部大论及其支分和注疏，有圆满闻思与深广见解，通过五部大论的辩论，具备贤善稳固和撰写论典之功德，讲辩著才，无碍无碍；

（6）密续讲师：能正确无误地讲解密法内外诸续部并在自相续中得到修为；

（7）显密博学师：在具备显密二法闻思功德的基础上，能背诵显教五部大论和续部幻网续并能作详明讲解；

（8）大堪布：对十明文化有广泛闻思，在见、修、行方面有殊胜造诣，对传承、弘扬佛法发心广大，德高望重；

（9）法台堪布：精通显密二法以及各明文化，具足圣者九法之功德，对行持获得自在，有居座如宝鬘般传承不断的历任法台堪布法台之资质；

（10）大法台：两次任满四年为一届的法台堪布，以甚深光明大圆满之甘露妙法培育千万弟子，堪任守持教法大活佛的经师；

（11）遍主法王：对一切显密教法具有自在遍智智慧，修行获得证悟，成为深密妙法之宝库，成熟解脱灌顶之宝瓶，诸法部主和所有坛城之主尊，各教派诸多活佛堪布的至尊上师。

近十多年，佛学院的最新发展：

由第七世佐钦法王担任院长，大堪布伍金仁真活佛和大堪布土登年扎依次担任法台堪布，现任法台堪布阿曲，秋林各嘎活佛担任副院长。管理部门分为教务处、法务处。学院的大讲堂、四方僧房因土木结构部分垮塌，全部在原址重建。又扩建新建了佐钦那烂陀高级佛学院、根噶拉瓦教学楼、佐钦国际佛学交流中心。

佛学院教学体系也作了调整，其中年级划分和授课内容调整为，一年级，藏学文化课；二年级，因明初级；三年级，因明高级；四年级，中观初级；五年级，中观高级；六年级，般若班初级；七年级，般若班高级；八年级，俱舍论初级；九年级，俱舍论高级；十年级，律论；十一年级，密续初级；十二年级，密续高级。如此，将藏学文化、因明、密续，及中观、般若、俱舍论等十三部大论根本颂和集注等课本分别于相关年级集中讲授。

学衔调整为：

（1）辅导师：本学院的某班级的课程进行课后辅导，通过某部论典的讲辩著的考试选拔最优秀的学僧担任；

（2）专论堪布：学识渊博，尤其精通某部论著，通过考试担任某个班级的堪布，能堪任分寺堪布；

（3）大论堪布：全面精通十三部大论，在本学院讲课8年以上，是全面授课堪布；

（4）法台堪布：精通藏文学、显密一切经典论著，通达讲辩著，从本学院的大论堪布当中选拔，任期四年，可连任，管理本学院的教学工作、为其他堪布授课；

（5）大堪布：卸任的法台堪布，主要是为密续班和其他堪布授课。担任活佛的经师；

（6）遍主法王：对一切显密教法具有自在遍智智慧，修行获得证悟，成为深密妙法之宝库，成熟解脱灌顶之宝瓶，诸法部主和所有坛城之主尊，各教派诸多活佛堪布的至尊上师。

佐钦熙日森佛学院传承发展到其他教派和各地之情：

噶举八邦大寺佛学院

佐钦熙日森佛学院的大堪布堪钦先嘎卸任第19任法台堪布后，受到八邦寺的邀请，担任大司徒·白玛旺确嘉布的经师，为以大司徒活佛为主的八邦寺的活佛和堪布等僧众传授大圆满龙钦心髓的灌顶、前行和正修的窍诀及显密诸多经论。大司徒·白玛旺确嘉布依止堪钦先嘎为根本上师。两位大德共同发心，在此寺院创建了佛学院，堪钦先嘎担任首任堪布数年，传授显密教法理论，培养了以苏莽白玛朗嘉、贡嘎活佛、鲁日大堪布、绕交大堪布、资嘎康珠为主的很多噶举巴成就智者弟子。大司徒活佛将堪钦先嘎的十三部大论集注刻板作为八邦寺佛学院的课本。

弟子苏莽白玛朗嘉编纂堪钦先嘎的著作全集，并新建苏莽寺朗嘉则佛学院，广转法轮，传承弟子遍及各方。

贡嘎活佛担任了一段时间的第十六世大宝法王的经师，之后回到家乡贡嘎寺，在贡嘎寺建立了佛学院，传讲十三部大论，晚年在北京的中央民族学院任教，培养了许多藏学家，其法脉在内地、香港、台湾等地传承至今。

资嘎康珠活佛在昌都地区新建了佛学院。

总之，堪钦先嘎的教法传承遍及以楚布寺和八邦寺为中心的噶举派大小寺院。就噶举传承流派而言，先嘎仁波切犹如嘉旺曲扎第二，深恩大德，无与伦比。

直贡尼玛江然佛学院

直贡觉巴仁波切邀请堪钦先嘎前去讲学，因其年迈，派亲传弟子新龙谷如活佛前往，创建了直贡尼玛江然佛学院并担任第一任堪布，将堪钦先嘎的十三部大论集注刻板作为课本，宣讲以十三部大论为主的显密教法。其弟子有第二任堪布诺布降参，第三任堪布那朗，第四任堪布参丹桑布等，具足贤正功德者甚多。仰仗传承弟子尼顿堪布等的事业，如今依然在尼泊尔施虎塔等地弘扬法脉传承，以闻思讲著弘法利生。

不丹塔巴林佛学院

堪钦先嘎的弟子不丹格西丹巴仁青，在不丹的全知龙钦巴道场塔巴林修建寺院和佛学院，广弘显密经论，培养的弟子主要有格西白玛诚来，嘎陀上师阿旺诚来，益西森格大堪布，阿阇黎诺旺等皆为持教大德。此等圣者新建达拉扎仓等佛学院在不丹广行传法事业。此外，先嘎亲传弟子格西仁青多吉，格西慈诚巴桑，格西白玛才让等在曲札寺，塔巴林寺，夏修拥雷寺，不丹苯塘等地进行成熟灌顶，解脱教授等传法事业。堪钦先嘎的弟子佐钦熙日森佛学院第23任法台堪布土登年扎应邀到不丹担任国师，在王宫为君臣传授大圆满龙钦心髓，在不丹许多寺院讲授龙钦七宝藏、十三部大论等经论，使不丹佛法王国的前密甚深教法如日中天，广泛弘扬。

不丹尼玛隆佛学院·圣法讲修兴盛林

应曲美仲巴贡布多吉的邀请，堪钦先嘎和新龙格日活佛的亲传弟子，朵让活佛蒋扬根桑隆如曲吉尼玛赴不丹苯塘，在尼玛隆新建了圣法讲修兴盛林，长期传授显密佛法及各明文化，出现了如阿阇黎白玛才旺等很多弟子，教生事业至今仍然兴旺发达。

萨迦派宗萨寺康雪佛学院

藏传佛教四大教派中，在早期以无与伦比的讲说传统而著称的萨迦派，因时代缘故在讲论方面衰微之际，应萨迦派称为萨迦班智达化身的殊胜堪布先嘎的弘深愿力，将萨迦巴的讲论传统全面恢复，传遍世界各地。堪钦先嘎在八邦寺的传讲事业圆满之后，蒋扬钦哲确吉罗珠依止其为上师，在他的劝请下，堪钦先嘎于藏历第十五绕迥年即公元1919年来到宗萨寺，在寺院附近的康区雪玛唐之地，新建了宗萨康雪佛学院。堪钦先嘎仁波切（先盘朗瓦）担任第一任堪布，居于金座四年，广转讲说之轮，培养了温多钦绕、蒋扬涛格大堪布、喇嘛蒋扬坚参、康玛·仁青多吉、察隅罗珠、朵识土登、木雅当秋、德雄曲培、察隅·钦绕生格等智慧超群、无与伦比的众多弟子，使宗萨康雪佛学院之名声传遍各方。

依此学院发展的分院很多，其中降巴桑布大堪布重建萨迦祖寺的佛学院，萨迦祖寺佛学院又传承至后藏地区藏鄂两大寺院的佛学院；温多钦绕建立了德格的温多寺佛学院和根钦寺佛学院；喇嘛蒋扬坚参建立了古泽色琼佛学院，在堪布先嘎的指导下，将谷然巴的论著全集在德格印经院刻板，大大推动了对萨迦派的讲论传统不共观点的恢复和弘扬；东朵罗珠生格建立了嘎称德·格桑寺的佛学院；朵识土登创建绕丹寺佛学院和朵识佛学院；察隅罗珠创建贡觉寺佛学院和贡觉唐加寺佛学院；康玛仁青创建昌都类乌齐烈丹寺佛学院；木雅当秋创建塔公寺佛学院；此外，新建和恢复昌泰·多科寺佛学院，玉龙拉夏寺佛学院，后藏达那学院，恢复鄂寺学院等很多萨迦派佛学院，弘法事业经久不衰。近代色琼阿白、赤措仁青、识根嘎旺修、甘孜东珠活佛等再传弟子在印度萨迦高级佛学院、印度宗萨佛学院、锡金宗萨佛学院等国外很多地方，正进行着讲说妙法之神圣事业。

嘎·结古多佛学院

仰仗金刚手真实化身江贡罗德旺波的发心和先嘎仁波切的恩德，在嘎·结古寺新建了佛学院，先嘎仁波切亲自担当第一任堪布而广转法轮，时至如今，闻思之风，兴盛不衰。

大密圣法之源噶陀密续佛学院·摩尼宝山

根据文殊化身麦彭仁波切和第三世噶陀司徒曲吉嘉措的旨意和邀请，巴珠仁波切、文殊化身居·麦彭、温波丹增诺布等的不共弟子，佐钦寺分寺格贡根桑巴登大堪布赴前密教法之源噶陀金刚座，于藏历第十五绕迥火马年即公元1907年新建了讲经院·摩尼宝山或名续部佛学院，并且担当首任堪布三年。依据噶陀司徒仁波切的旨意，创建了称为“噶陀百论”之讲法传统，即：每五年圆满完成一百部论典的听闻，五部论典的精细思维，五部论典的实修。之后，在佐钦熙日森佛学院学习十多年的传承弟子噶陀堪布阿琼、那喇曲珠等智者，先后被邀请到噶陀寺佛学院，培养了很多噶陀寺及其分寺堪布。

格则扎拉寺佛学院

藏历第十六绕迥水猴年即公元1932年，应第四世噶陀夏察活佛根桑白玛城来嘉措的邀请，比马拉真实化身阿琼或名阿格旺波（堪布阿琼）前往格则扎拉寺，创建佛学院，将其在堪钦先嘎仁波切等佐钦熙日森佛学院历任堪布处所听闻的各经典大论传承在该寺院弘扬，直至今日，此讲修之风依然兴盛。

前密教法大道场白玉佛学院·闻思摩尼宝山

如《邬金桑阿林巴伏藏授记文》中云："白玉修院中建讲说院，诸多前无经教将盛行。"藏历第十五绕迥水狗年即公元1922年，依靠自在成就者白玛诺布转世珠旺巴钦迪巴或名白玛桑阿根桑丹增诺布的发心，佐钦传承弟子，比马拉化身大堪布阿格旺波（堪布阿琼）前往此道场，首开讲说闻思之规并担当第一任堪布，殊胜活佛珠旺仁波切担任辅导师（后来担任第二任堪布），传授各显密大论，培养了许多主寺和分寺的活佛和堪布，以智者三相广泛弘扬佛陀圣法。

印度白玉前密高级佛学院·显密文化之源

仰仗浊世教生之吉祥怙主，珠旺白玛诺布法王第三转世活佛烈协曲吉扎央的广大发心，1978年在印度南部默苏地区新建了白玉前密高级佛学院·显密文化之源，法王邀请大智者佐钦堪布土登尊珠担任第一任堪布，又邀请佐钦堪布达色前来讲学。两位堪布根据熙日森佛学院的传统，多年广弘以十三部大论为主的显密二法以及各明处之教授，培养了堪钦白玛西绕、堪钦朗卓、仁增堪布、才旺嘉措堪布、邬金才丹堪布等很多持教学者，讲辨著之事业遍及当今印度、不丹和锡金地区宁玛派的大小寺院并发扬光大。

贤正成就者圣地雪谦寺佛学院·善说日月林

藏历第十五绕迥中叶，雪谦康珠活佛白玛志美烈比罗珠在本寺左方的草地上，新建了佛学院·善言日月林的大经堂和僧舍，根据此尊者的邀请，佐钦传承心子博珠活佛多昂丹比尼玛前往此圣地，广传甚深法门一年之久。此外康珠活佛本人、措西蒋扬多吉堪布、岗夏堪布等大德也相继传授显密经典诸论，尤其是以文殊化身麦彭仁波切的著作为专讲而广泛闻思，出现了无数贤善自在弟子。

讲修妙法之源扎溪卡格蒙佛学院

第四世佐钦法王门久朗卡多吉、佛子先盘塔耶、巴珠仁波切、白玛班札大堪布四位大德的共同心子邬金丹增诺布，在离格蒙寺有一闻距的上方新建了格蒙隐修院，广转显密法轮，仅讲说入行论就达两百多次。当时，出现亲传弟子堪钦先嘎、格蒙永嘎、木雅根索、格贡根巴四位智者之王同时辅导的局面，讲辩著之事业兴旺发达。此后堪钦先嘎、堪钦拥登嘉措、堪布旺地、堪布旺罗、堪布白玛旺嘉等圆满贤正功德之历任堪布连续不断，开创了背诵传讲《续经之王幻网经广疏·十方除暗》的传统，此善规至今仍然兴盛不衰。

扎溪卡格贡佛学院

此学院由智者顶饰根桑巴登大堪布创建，其亲传弟子博珠·多昂丹比尼玛延续住持。博珠仁波切诞生在西藏塔波地区，觉醒前世圣者之性，来到多康佐钦寺，入熙日森佛学院学习八年多。在佐钦法王土登曲吉多杰、白玛塔确罗丹大堪布、堪布格朗、大堪布土登念扎等上师处闻受许多显密教法。第五世佐钦法王认定他为殊胜化身转世，从此称为博巴活佛。根据法王的旨意，前往格贡寺，以三欢喜之法依止根巴仁波切之足莲，逐渐继承上师基业，广弘显密诸法及各大文化，培养了大智者曲央乔达堪布、堪布达色、大堪布白玛才旺、麦洼堪布土登等许多前密宁玛派殊胜大师，在再弘期对教法恢复弘扬恩德巨大。

扎溪卡江玛寺兴盛禅林佛学院

殊胜智者邬金丹增诺布、堪钦先嘎、堪布索秋等的亲传大弟子大成就者土登曲培尊者（亦称托噶如意宝）年满四十七岁之际，即藏历阳水猴年九月十六日，在巴珠仁波切修行多年的静地，江玛隐修处新建了名为兴盛禅林佛学院，传讲各大经典理论，尤其是以显密百法之精要、菩提圣道之次第《入菩萨行论》与续部之王《大密幻化网续》为主要课本，广泛讲说。出现了布吉拉瓦活佛、扎嘉土伟、昌台诚来加措、晋美隆多嘉措、堪钦晋美彭措、堪钦白玛才旺等一切教法之总集，千万智者之顶饰，事业之光普照大地的无数弟子。

色达喇荣五明佛学院

化身伏藏大师烈绕岭巴转世，堪钦如意宝晋美彭措迥烈在十八岁时，来到扎溪卡江玛佛学院，以三欢喜如法多年依止佐钦传承之托噶如意宝尊者为不共根本上师，圆满闻授一切如海显密教法而成为成就智者。后回到色达努索寺担任堪布，公元 1980 年即藏历第十六绕迥金猴年六月十日，在顿迥多杰的道场新建了色达喇荣五明佛学院，弘扬讲辩著之伟业，成千上万的弟子如云而集，成为远近闻名的大道场。培养了无数如堪钦慈诚罗珠、木雅格日、丹增嘉措活佛、堪布索达吉、麦洼其美仁增、德格西绕绒波、宗绒益西彭措、果洛根嘎等殊胜弟子。如今，其殊胜事业光芒照耀四方。

拉扎宗寺佛学院·妙法讲修兴盛林

成就智者索朗曲珠于藏历阴木猪年即其二十二岁之年，来到佐钦熙日森佛学院，学习八年之久，依止殊胜智者佛子先盘塔耶、文殊化身麦彭仁波切、堪布索秋、第五世佐钦法王土登曲吉多杰等上师，接受成熟解脱之灌顶教授，以及听闻无数显密教法传承，从而成为贤善成就智者。之后，回到家乡新龙创建了札拉宗寺妙法讲修兴盛林，大开广深妙法之盛宴，著有六部一百零三册殊胜经典论著，毕生从事了无边弘法利法生之善业。

万象大慈法轮洲麦洼寺佛学院·智者集林

第五世佐钦法王土登曲吉多杰，堪钦先嘎仁波切、根确罗萨堪布的共同弟子，成就智者多仁波切·苏伦杰巴多吉于公元1942年即藏历第十六绕迴水马年星宿月上旬吉日，创建了麦洼寺佛学院·智者集林，当时住寺僧众两百多人。以此尊者为始，依佐钦堪钦拥丹贡布指示，才旺仁增大堪布来到此佛学院，诺布丹增大堪布、晋美旺修堪布、索朗贡波堪布、格西曲达、霍摩·降华大堪布、殊胜活佛西绕降村仁波切等众多佐钦传承的贤正成就自在大德相继出现，以讲辩著之光明使佛法添彩生辉。其中，才旺仁增大堪布在多麦地区热贡之地，新建了桑赤寺及佛学院，使讲修事业得到广泛弘扬，兴盛至今。

多康宗塔热哈寺佛学院·吉祥教理喜苑林

堪钦先嘎的首席弟子，“曲扎二贤”中精通密法者热哈曲扎，在二十岁那年来到熙日森佛学院，依止先嘎仁波切以广大精进恒心圆满闻思显密教法及十明文化达十六年之久，成为成就智者。学成后回到家乡，在热哈寺新建了佛学院，住寺三年多，广转无边广深法轮，培育诸多智者弟子。随后，根据上师堪钦先嘎的旨意，前往卫藏地区，在直贡曲隆隐修寺修行。当时，尊者指示其几位不丹俗家弟子担当施主，在宿喀五佛塔旁建立了一座佛学院。与此同时，丹增沃色上师和索朗顿珠堪布两位心传弟子在遍智法王龙钦巴道场不丹塔巴林恢复新开了讲修传统，其心传弟子白玛朗嘉担当不丹森多卡佛学院住持，传讲十三部大论，新建邬金讲修林，继承、发扬讲修妙法传统，殊胜事业遍及直贡噶举派与不丹各地。

第三节　十三修行院

早在第三世佐钦法王尼邓丹增桑波时期就有“上有十三修行院”之说。其中，主要的修行院乃无上密严空行大乐林或名大密了义洲。藏历第十三绕迴土猪年即公元1779年，二十一岁的第三世佐钦法王派人前往西藏，拜见吉美林巴尊者，询问应于何处建造佐钦寺修行院。尊者于无碍神通中显见在离寺院二闻距的右上方山林中有形若禅师跏趺禅坐之地貌，于此地修建修行院，能速得殊胜成就，会出现很多虹身成就者。于是，就在此地新建了大密了义洲修行院。此圣地清静优美，四周皆由森林环绕，多种树木枝叶茂密，右方甘露溪水，缓缓流淌，发出悦耳之声，百花间群群蜂蝶飞舞，杜鹃、画眉、百灵、鸲鸽、鸥等众多禽鸟欢鸣，野鹿、黄羊、獐子、盘羊、岩鹿等皮毛美丽各异的野生动物穿行于林间。总之，即使是凡夫俗子，如若来到此圣地，也会自然而然地趣入禅定之境界。

在如此圆满圣地诸功德之处，有大密了义之两层大经堂，以金幢严饰，其内主供开口莲师镇伏像，此像曾开口说话。有以居喇嘛桑吉沃萨等十三位成就虹身者的头发和指甲作为装藏的十三座木塔。此外，印度八十位成就者与西藏君臣二十五人画像或塑像等身语意所依供于经堂内，四周以能容四威仪僧舍与闭关房呈四方形围墙之式环绕，修行者们一心专注于然那岭巴掘藏的普巴金刚为主的各个本尊的念修，恒时不离于大圆满彻却托噶的禅修。修行者们夏季在此举行结夏等三事仪轨，初十与廿五的会供，以及日常闻法和四座禅修，有的瑜伽者泥封门穴，毕生致力于观修大圆满心髓要义妙法。在第三世、第四世佐钦法王时期，虹身成就者居喇嘛桑吉沃萨、佐钦喇嘛晋美森格、第一世多智钦吉美·成利沃色、噶陀喇嘛曲丹、证悟自在夏秀比丘、安自·温波罗丹、吉美加卫尼固、巴琼喇嘛晋美果恰等很多证悟圆满的大师次序担任修行院堪布或修行导师，以《龙钦七宝藏》教授与《大圆满心髓四部》为主闻习修炼，故出现了诸多融归于虹身的成就者。从第五世佐钦法王时期开始，常住闭关者增加到三十个。闭关房，生活资具等各方面得到供养。当时，有穆日·白玛德钦桑波、根秋亚培堪布、罗珠桑波堪布、土登旺扎堪布、古察仁增堪布、才旺仁增堪布等许多贤善证悟自在的修行院堪布，出现了肉身无余清净于虹光者喇嘛嘎迪、嘉那喇嘛、喇嘛阿桑、决巴班才、嘉摩·曼拉师徒、阿武·根衮玛、温波旺扎、阿卓·益西嘉措等即身成就虹化者。此外，现量看到法体缩小为一尺许，获得死亡自在，闪发虹光，法体荼毗时，舍利如雨而降等示现内外成就之征兆者无数。

从闭关院往正面稍走一程的上部，是一处四面由松树、芳草甸、自然温热的戏水池塘等装点，缓缓溪流所围绕的大平地，名为“莲花喜苑”或“光明圣乘洲”，今白玛唐大圆满闭关中心。莲花生大师曾修行甘露妙药法门，成就自在堪钦白玛班扎摄受具足七源头传承者蒋扬钦哲旺波、钦哲益西多吉、文殊化身麦彭修黎朗嘉、多智钦丹比尼玛、大伏藏师烈绕林巴、安章珠巴·卓都巴沃多吉等弟子，赐予灌顶、教授、讲述续法的修道场。

从此道场往上，经过林间斜道行走一会儿，右方就是长寿五仙女所守护之地、到处是芳草花果、长满甘露药材的悦意天然林园——隐修道场才林炯·长寿谷，曾经是证悟自在隐修者根嘎巴登、殊胜智者白玛才旺、齐美益西大堪布等诸多贤善成就圣者，以讲修二业弘扬佛法之圣地。从此处右方往山上攀登，在茂密松树林中有一座名为长寿修行洞的悦意天成岩石洞，就是在此圣洞，长寿五仙女为在此苦修的多智钦吉美·成利沃色显现尊容并献上一桶野黄牛鲜奶；得道大持明者察统敦迥若巴扎，成就虹光金刚身的才旺仁增大堪布，笔者的根本上师多丹罗珠嘉措等高僧大德在这里长期修行并荣登成就王位。

从此处再往上攀登，在高耸巍峨的岩石宫殿之脚，桦木、柳树等丛林枝繁叶茂、郁郁葱葱。东边日月之道宽阔辽远，这里有一座天然自成的岩洞，是巴珠·晋美曲吉旺波观修大圆满光明法要之修行圣地，故名为巴珠修行洞。

在长寿谷左边往上行走的岩山中，有忿怒文殊修行洞（佐钦新杰孜朴）。在这里，第一世多智钦吉美·成利沃色亲见忿怒文殊尊容，并在洞内岩石上自然显现猛咒文字。巴珠仁波切、大堪布白玛塔却罗丹或名阿布拉贡两位圣者曾长期在这里闭关修行。

再往上数十步，是虹化者桑赤寺堪钦才旺仁增依止堪钦阿布拉贡二十多年的闭关修行洞。

再往上极高雪山之中，还有座殊胜的岩洞名为“玉珠朗卡宗”，意为空中苍龙宫殿，是第二世大珠巴活佛曲央若比多吉的修行洞。

在熙日森佛学院西边的山上，有麦彭修行洞、岭喇修行洞等很多天然岩石闭关洞，再往上走一程的悦意林间，是文殊化身麦彭仁波切曾长久广行讲辩著事业的隐秘之地——那琼修行洞。其洞附近，往天葬台不远处，有麦彭仁波切修持大圆满托噶光明法的修行洞，叫“麦彭光明洞”。其右边往上走一程的当坚岗上有当坚修行洞，旁边曾经建有一座当坚护法殿。再往上走较长的山路，就到下中上三圣湖。在下湖曾经有几位伏藏师掘取伏藏，在中湖有莲花生大师殊胜修行洞，此地曾有很多高僧大德闭关修行成就。在中湖周边岩石上留有很多大伏藏师秋吉林巴掘取伏藏后的胜迹，以及伏藏处、各种自然显现的佛像、咒语等。上湖有巴珠仁波切和纽修·隆多曾经长期修行大圆满的闭关洞。

另外，有土登念扎大堪布的道场嘉吉札嘎修行院，堪钦先嘎仁波切道场嘉普修院和聂普修院等大小道场甚多。此等大德曾经在这里传讲显密教法，指导甚深窍诀，培养弟子数不胜数。当时在日当山沟里，每日都听到几十次提示传法修法的法螺吹响，恒常不断，外来闻法弟子比常住僧众多出许多。

诗曰：

　　哎玛无边器情世界之，无余庄严圆满此圣地，
　　大密教法之藏邬智刹，降临人间佐钦禅法林。
　　越此圣地闻距之方向，智者舌或智慧宝剑之，
　　形状之地吉祥熙日森，雪域智者之源甚美哉。

于此向上攀登神山上，森林环绕锐意之林间，
形如禅师入座之腰间，空行密严了义禅修林。
神奇平坦之地佛坛城，犹如莲花盛开之中心，
修习光明顶乘妙法林，大园圣法道场极兴盛。
从此教法之源圣地中，所流讲修妙法甘露水，
源源不断涌向四方隅，灌溉妙法莲苑无边际。
爱恋多种所知花蕊之，善缘明慧学子蜜蜂群，
陶醉细致学文甘露味，欢歌笑语五明莲花苑。
远离无垢自派圣佛陀，妙法精华清净之戒律，
大小堕罪之泥未沾染，持戒圣者如金山连绵。
具足忆念正知等胜德，三门谨慎调柔之威仪，
见之无有违逆净行者，持藏庄严圣众极兴盛。
教证妙法洁白之飞幡，利用教理健壮之臂力，
无畏树立金刚生命力，极其稳固明慧少年多。
绝妙顶乘阿底之巧诀，所育成就持明金翅鸟，
证悟翼力成熟之游戏，翱翔法界虚空者无数。
明空无有变更之心性，离边广阔见地之信念，
不作而置密意圆满者，无劳解脱空观行者多。
殊胜自派大密精华之，法源成就自在佐钦巴，
鼎盛政教威名震四洲，传奇佳话从古传今世。

藏传佛教大圆满传承史·如意宝鬘之略说以讲、修、寺三院来兴办道场殊胜之情之第十一章终。

第十二章　佐钦大圆满寺历代法台住持传记

第一任法台住持　自在成就者第一世佐钦法王白玛仁增

第一世佐钦法王白玛仁增是首次将大圆满甚密光明心髓法宝传授到多康地区的祖师，因为修持殊胜大圆满法而获得成就，故名成就自在者佐钦巴白玛仁增。从了义而言，此尊者早已以善逝宝髻佛之名证得无上果位。此佛陀乃本师释迦牟尼佛在此善劫之前，以三大阿僧祇劫之久发无上菩提心，学伟大菩提行之初，供养五万七千佛陀的最后一位。谁若在临近往生的众生耳边念诵此佛名号，将永断恶趣之门，赐予解脱圣果之安慰，发心与愿力殊胜于其他诸佛。如《父子合集经》云："善巧方便大勇士，百千万劫大胜者，虽显佛陀之身相，尔后引领导师尊，仍显众多佛之相"。《华严经》云："随顺众生之意愿，示现无数之身相。"为度化无边众生，以无量慈悲之心示现无数化身游戏。根据佐钦法王亲述和如量伏藏经典，此处叙述在贤劫第四佛教法住世之际，为了以殊胜大圆满之捷径，将众化机引向解脱之地，尊者如何示现印藏等地之成就智者法相之情：

首先，在天竺圣地，八十位大成就者之首座萨乐和尊者，大密续部之主大成就者谷古日巴，成就金刚光明虹身者无垢友班智达比玛木扎，禁行瑜伽者罗婆师和帕苍瓦等成就自在。而在雪域西藏的佛法前弘期，是莲花生大师心子、威力成就者朗卓·贡确迥烈，以威猛之法降天伏魔的朗钦·巴杰生格，化身大法王赤热巴坚赞普等。在佛法后弘期，是米拉日巴尊者心子热琼·多吉扎巴、耳传持教者安仲敦巴菩提然杂、噶举派法主噶玛巴·杜松钦巴、诸相解脱于法界者达隆塘巴、证悟自在成就者朗杰日巴、隐修大成就者邬金巴、文殊化身遍智洛桑札巴（宗喀巴大师）等根据各种根基的化机，出现了许多应机化身，

如是自在示现无量幻化游戏，乃诸佛之体性，并非是凡夫以渐次或顿时、一体或异体、同时或分别的分别心来衡量。如《大方广佛华严经》云："犹如明月升空时，虽然无量之倒影，显于无数盛水器，然而月亮无二者，如是佛陀无二现，亦无个体之显现，身无二三之分别，然随众生之意愿，示现无量无边身。"《宝性论》云："何故清净化机之，所有水之容器中，善逝日轮之身影，无量同时而显现。"尤其是在五浊恶世时代，为弘扬光明大圆满圣法而有意降

世的成就自在佐钦法王，乃如伏藏大师邓都多杰的《伏藏文》中所授记：“朗白化身出现日沃地，白玛名者黑痣饰胸口。”持明尼玛扎巴的《伏藏授记文》云：“功德持明比玛拉，将在东方多康出，号为白玛成就者，如眼黑痣饰右腿。”如是以如量金刚佛语多次赞颂的大德，在雪域三部净地中的多康类乌齐地区，于藏历第十绕迥阴木牛年即公元1625年，诞生于精通工巧明的白波扎西家中，天生具足贤善习性，仰慕披赤黄袈裟者，各种声明学与工巧明处等无需很多劳作而掌握，示现超凡智慧与瑞相。此情在尊者本人亲撰的《胜仙喜乐》中有这样的记载：“生于类乌齐之地，长于昌都之地区，十岁学习拼读写，从小身着僧人装，依止具相诸上师，得到悲心之摄受，接受灌顶窍诀法。”如是先后依止噶举大成就者噶玛乔美（乔美仁波切）、大圆满成就者仁增曲吉嘉措及相互传法的第五世达赖喇嘛、伏藏大师邓都多吉、持明德达岭巴等三十多位大德，圆满闻思如海显密窍门之法。在桑耶寺、洛扎喀曲、耶巴拉日、祥萨布隆、北方纳木措、吉祥杂日扎神山等修行圣地，观修生起圆满二次第，尤其是专修光明大圆满窍诀心髓要义而获得证悟成就。

最初，从十三岁起就以三欢喜之法依止乔美仁波切，闻思新旧各派教法，观修大手印和大圆满，仅在二十一天成就昼夜无别之光明境界，生起明乐无别之觉受。随后依次接受然那岭巴掘藏的上师静猛、普巴金刚、酿·尼玛沃色的掘藏法黑马头、噶玛林巴掘藏的文武百尊等经典伏藏业修诸法的灌顶及口传。当时，乔美仁波切本身的修证也得到进益，其《自传》云：“传承诸多教法于，证士白玛仁增时，心性境界得进益，行于教言一体中。”当时，白玛仁增尊者观察，观世音菩萨和莲花生大师两者中谁作为常修本尊时，梦中拜见到莲花生大师，乔美仁波切也观察后嘱咐尊者修持莲花生大师，故主要修行然那岭巴伏藏师掘藏的莲师寂静意修法，得到了莲花生大师的亲见和诸佛菩萨及空行勇士的加持。进行生起与圆满次第的要义气脉明点修法时，示现仅用两次气风度过一昼夜等无数成就之相。乔美仁波切将尊者封为金刚上师补位，并授权传讲、灌顶和引导法门。

尊者二十四岁时，以苦修隐修者之相赴波密地区，值遇大伏藏师邓都多吉，将尊者认定为其掘藏的化身心髓妙法的法主，赐予该法的灌顶、口传并作了印付。在伏藏师持明嘉措宁波心子善知识根钦巴处，闻受马头、亥母等法的灌顶教授，得到嘉措宁波智慧身的摄受。大圆满成就者索郎旺波心子瓦卡活佛仁增曲吉嘉措，是当时修持大圆满法成就最高的大圆满持教者，尊者以三门三欢喜之法依止其为根本上师，圆满接受大圆满空行心髓法的灌顶、传讲以及耳传窍诀，上师根据清静观中显现的智慧空行母以交付钥匙之表示，将尊者封为传承其法门之承继者，并赐予‘康巴佐钦巴’之法号。之后，通过大圆满的修行，证得大圆满明空无别究竟自在成就果位。

藏历第十一绕迥水兔年即尊者三十九岁那年，前往中部佛法净地卫地。在途中为了使修证有进益，特意到各凶地做降伏之业。此时，其大弟子仁增尼玛扎巴前来拜师，尊者取其顶发而摄受为弟子并成为侍从，为囊谦王为主的众多信徒广行法布施。木龙年尊者到达拉萨圣地，为大昭寺和小昭寺的释迦二尊佛像刷金并献上供养，为教法久住而发无上愿心。

据说第五世达赖喇嘛有一天看到长寿佛随着一道光芒入于拉萨一位人家，就派人前去查看，发现白玛仁增尊者正在灌长寿顶。达赖喇嘛就邀请尊者到布达拉宫，在相互交流各自证悟境界中，达赖喇嘛确认尊者是一位精通大圆满法，具有极高修证境界的大成就者，于是就向尊者求授了大圆满心髓法的灌顶与窍诀。达赖喇嘛的修证得到了特殊的进益，在其自传中叙述道："康巴佐钦巴，乃开启无伪证悟之门、显示自在成就之相的大圣者……"又在写给尊者的《书函·普贤示容》中有如是赞颂妙语："某些自诩前密教派者，自称修行嘎绕熙日森，莲师比马毗卢索宿努，涅氏等之教授法要义，圆手未分混淆法语多。您却根据心髓精要意，往昔一切精进之修行，皆在圆满无伪清净中，独自显现之情我随喜……"又云："前密教法茂密森林中，您是前所未有如意树，修证圆满法性遍尽处，于此果位不远之彼岸，无误功德圆满之本性，部主金刚持者永恒住，巡游报身刹土顿超之，白黄花色六灯之要义，专注者您亲见自明之，普贤尊容仅隔罗幔许。"

此后，尊者前往堆隆楚布、乌香多寺、札吉央宗、多吉札寺、敏珠林寺等道场朝拜，并作了圆满供养，尤其是为重建火灾后的桑耶古寺捐赠了大量的物品作为重修供养。同时，与阿达曲吉旺波、大伏藏师晋美多吉、白玛嘎旺活佛、岗波活佛、宋珠·慈诚多吉等卫藏山南等地的大德互传灌顶、口传及窍诀。后又依次在洛扎卡曲、次朗巴茹、拉姆卡、巴吉普让、拉卡尸陀林等地闭关修行各一个月。在拉卡尸陀林的一个黎明时分，尊者觉受中显见白身曼达罗空行母，佩戴骨饰，翩翩起舞中指点各种表示法而向西空飞翔，尊者知道这是他即身成就空行的征兆，但为慈悲利生没有接受而继续驻留于世。

随后，在钦普静地闭关修行三年之久，修证功德得到增益。空行母益西措嘉亲显尊容并告知尊者为宝髻佛，大成就者谷古日巴，达隆唐巴尊者的化身。土猴年即尊者四十三岁那年，朝圣称为二十四圣地中的胜乐金刚圣地杂日神山。在前往胜乐圣湖、达玛拉山、巴吉日当山等地时，在坚硬的磐石上如同踩泥，留下双脚之印。在师徒共同的觉受中，多次显见胜乐亥母等示现殊胜征相。特别在清净圣地之顶，水晶雪山之下的甚深金刚修行洞，由尼玛扎巴担当侍从化缘护持，尊者闭关修行三年，亲见八大法行七百二十五圣众，广深密意得到极大的修证增益，在现空金刚明点中现细微身像之独身、双连、三集、四合、五堆等无数刹土，以宝身与妙慧之游戏证得如量明智要义之胜道。在其《道歌》中云："来到卫藏上方地，闻思得到猛增长，所闻之法入修行，修行圆满上师恩。洛扎卡曲具因缘，智慧空行显表示，稳固禅定之境界，故此证入究竟道。桑耶钦普为修地，成就彻却与托噶，了悟真谛而修行，不依句义之外法。修证增益在杂日，现见明智为宝身，明了金刚顶要义，通达现空无别义。"又云："桑耶钦普作修地，修习行持于杂日，洛扎卡曲具因缘，利生事业遍羊卓。"在果仓巴·那措让卓大师的信函中道："早在无数劫之前，二资容器已圆满，一切闻思修功德，富有果实自在者。"为劝请尊者入世利众，又云："您乃究竟深义修，攀登成就之果位，虽然无需此呈文，然至定量尽处后，请行任运利生业。"如是抛散诸多赞颂之花。

闭关结束后，根据尼玛扎巴的劝请，前往那曲卡地区，在那里为霍巴大译师等僧俗官臣大众传授很多深法，开启解脱之门。长期在卡巴桑丹修行洞等修行地闭关静修，其心子本乐·朗卡沃萨也在此时依止尊者。后来又到向萨布隆和也巴山等地闭关多年。其间，达赖喇嘛侍者聂丹·江央札巴等噶厦地方政府要员，色拉哲蚌等大寺院的格西秘密前往求授大圆满秘法要诀。心子夏朗冉江巴丹毕坚参也在此时依止尊者。

继后，尊者来到四大名湖中的纳木措，产生了不弃肉身而解脱于光身成就之意愿。此时，在第五世达赖喇嘛的智慧中出现这样的觉受："莲师授记白玛名，成就自在大德您，若在东方多康地，吉与日当日瓦嘎，三地之处建道场，将治教生之共衰，妙法调伏边地众。"如是以无垢金刚号令敦促尊者：若在杂多的格杰，多康日当，木雅夺拉嘎姆三圣地，根据时值缘起进行弘法利生之业，教法传承必将得到发扬光大。乔美仁波切也致函劝请道："请您务必前往康地区，只谋自业不行利他业，实乃小乘声闻之误道，成佛之后除去利他业，未有其他事务可进行，前去康区非为外事业，若能弘扬灌顶教授海，施法于众利益莲师教，亦是教生之业自利业，胜过表象修行外事业。"最后，尊者心系教生大业，在六十岁之年即藏历阳木鼠年，如同阿底峡尊者莅临西藏之传奇前往东方多康地区。

尊者足莲踏上日当吉昌地区，此地为莲师第二佛亲临并加持、勇士空行如云集聚之圣地，圆满一切祥瑞地相的多康地区之中心。最初，在右面秀那怙主神山脚下的哓钦草地之上，尊者师徒烧茶歇息之际，猛力护法之主白哈王显大乌鸦之身，将供养品连同护法杯托向空中，放置于日当后山的一岩石上。尊者师徒跟随而去，到了后来兴建寺院之处，尊者靠在一块岩石上休息观察并发愿时，在岩石上留下了尊者头戴帽子、行李背架和手杖的印记，此印记在寺院转经道的西山腰，至今清晰可见。

当时那里有一户名为多茹阿格仓的牧民，尊者师徒进入他家时，灶上铜锅里的牛奶溢了出来，诸如此类，同时出现许多祥瑞征兆而开启善缘之道。

尊者师徒前往德格，将第五世达赖喇嘛的书信交给德格王赤钦·桑吉登巴。德格王及君臣庶民依止尊者，并发心担当教法施主的重任。根据德格王赤钦·桑吉登巴的劝请，尊者亲临其所属的宁玛派各寺院，对见地修行进行整顿，广转大圆满法轮，清除了痴修与臆造宗观之污垢，使大圆满妙法传遍各方。尤其是于藏历阴木牛年即公元1685年，在德格王管辖的日当圣地，创建了日当佐钦邬金桑丹曲林，意为日当大圆满邬金禅法林。尊者在此传授大圆满法，当时，有五百位勤修于光明大圆满空行心髓法门的修行者。在佐钦寺的后山上，白天黑夜都满是修行者打坐的景象。后来，这里成为传授与专修大圆满法的中心和传承之源，成为宁玛派的六大祖寺之一。

传说，当时后山的巨石下有一个岩洞，住着一位孤苦的老妇人，她只有几头山羊，她每天向尊者师徒供养山羊奶。有一天，她没有来，等等了两天，还没有来。尊者派侍者前去查看，发现她已经在山洞里往生了。尊者想检验弟子们修持颇瓦法的成效，尊者把老人的灵魂勾招过来扣在面前桌子上的一只碗下面。再让冉江巴前去老人住处修颇瓦法超度时，碗微微动了一下，于是报告尊者说，老人的灵魂有可能投生为一座大雪山之下的旁生，所以无法超度。接着，尼玛扎巴前去修颇瓦法超度，碗跳了起来，差点掀开，这时尊者观想将金刚杵压在碗上，尼玛扎巴无有办法。尼玛扎巴报告尊者说，老人在一座大雪山之下，而且上面有一个巨大的金刚杵压着，有可能在金刚座下面的寒地狱中，所以无法超度。本乐朗卡沃萨前去修颇瓦法超度时，碗被整个掀开了，超度圆满了。此后的几世本乐活佛在修持颇瓦法方面有亡者头顶落发、病危者即时往生的殊胜成就征相现量可见。

尊者先后摄受的主要弟子有：昆·鲁益旺波的化身伏藏大师尼玛扎巴、善逝无忧佛化身冉江巴丹毕坚参、大成就者美隆多吉化身本乐·朗卡沃萨、此等称为“日月星”或者三大心子。此外，第五世达赖喇嘛、文殊化身蒋扬霍吉罗钦、聂丹·江央札巴、佐钦·隆佐塔札、善知识根钦巴、仁增·隆萨宁波、噶陀嘉色·索朗德赞、仲巴·朗卡降措等亲传再传弟子传承侍业遍及雪域大地。

尊者为延续正法而撰写的著作有：讲述大圆满基道果的窍诀水晶珠链、祈请上师瑜伽的赞颂祈愿文等一部、劝勉文一部、描述见修行定见的觉受自传道歌一部、给各根器欲解脱者的直指教诲一部、三根本与护法修持仪轨一部等象征菩萨六度的六部著作，但因数次时劫大部分著作已失传。

藏历火牛即丁丑年神变月初五，七十三岁的法王伴随彩虹当空，空中发出巨响等在续部所述的殊胜瑜伽之神奇道貌瑞相，示现融归于童瓶身无生法界之相。法体荼毗时，光明意宫殿之心脏无法烧化等象征慈悲摄受善缘后学的殊胜瑞兆，在见闻者相续中播下解脱善种而此刹土事业暂告圆满。

第二代法台住持　心子高徒本乐·朗卡沃萨

第一世佐钦法王大成就者白玛仁增的主要传承者为其心子朗卡沃萨。此尊者为密勒日巴大师心子热琼喜瓦沃的化身，比玛心髓之持教者，前世曾化现为成就自在美隆多吉等很多大德。约于藏历第十一绕迴中上期，尊者诞生在色察瑜伽成就者家族中。色察大师是位精通猛力朵马回遮之业而回遮时劫边寇、消除教法障碍的大瑜伽士成就者。本乐·朗卡沃萨从小觉醒圣者之性而具足很高的证悟定见，用沃多摧毁厉鬼邪魔所处的岩石，玩具弓箭指向天空能制止冰雹等示现各种成就之相。不久，在一位噶举派大成就者前闻受并修炼六类一味法，热琼耳传等诸多教授，气脉、心得到定准，朝圣吉祥杂日山等幽静之地，行持持明禁行而获得证悟增益。

一时，听说大成就者白玛仁增在卡瓦禅修岩洞隐居修行，尊者前去拜见，一见到大师就如同亲见佛陀而依止为根本上师，一直跟随大师并作殷勤服伺，得到大师的慈悲摄受，获灌顶解脱教授，尤其是上下心髓甚深法部的无余传承。长期隐居深山，精进修行，达到明心定量之境界而现前与上师无二无别的证悟，故得朗卡沃萨（虚空光明）之尊号。获禅定自在而得他心通，内五大清净于五光之故其身没有影子，成就无碍无碍神通等具足种种神奇征相。最后上师佐钦法王有趣入净土之意愿时，将尊者指定为继承、弘扬大圆满空行心髓法的法座补处。

随后，尊者开始掌管寺院的内外事务，特别是制定并实施教规寺规。每年传授大圆满空行心髓心法两三次，在各方求法者未认明心性，得到证悟增益的定力之前，尊者亲自为其直指心性并使其泥封闭关房门，潜心修行。对衣食条件艰苦的弟子，由尊者本人提供修行资具，如此以三恩德培育了无数具有殊胜证悟的成就弟子。善巧通达世法与出世法，在离佐钦寺不远之处杂科地区新建了勒根寺大密成熟解脱法林，于佐钦寺塑立佛像等所依，创办定期法会，寻访认定佐钦法王转世灵童并悉心培养、奉于金宝座，诸如此类，利益教生事业遍布各方。

所教主要弟子有：称为‘首席二心子’的第二世佐钦法王晋美塔确丹增和杰温·白玛根卓朗吉，另外，尼札法子邬金丹增、第二世尼札白玛塔确丹毕坚参等法缘弟子遍及卫藏多康地区。最后，于藏历第十二绕迴阳火马年，寿元及利生事业皆得圆满而示现趣入法界之相。法体荼毗时，出现很多舍利，心舌眼不畏烈火而赐予供养之境，如是以大圆满甚密修道证得本净法身果位。

第三代法台住持　第二世佐钦法王晋美塔确丹增

藏历第十二绕迥己卯即土阴兔年，公元1699年，在缓缓流淌的杂曲河边，鲜花盛开的草原上，尊者诞生在一厄鲁特蒙古族后代家中。由第一世佐钦法王的心子与德格王等经过请示卫藏地区的大德和护法，认定其为佐钦法王的转世活佛。敏珠林寺大德赐名晋美塔确丹增，多吉札寺大德赐名白玛塔确丹增嘉措。不久，迎请至佐钦寺，升座于无畏狮子宝座。上一世心子本乐·朗卡沃萨和冉江·丹毕坚参接受其法新后，依次献法名白玛旺青和白玛旺札，在两位上师前闻受诸经教伏藏的灌顶和引导传承。

藏历第十一绕迥阴土牛年赴西藏，最初到了森宗尼扎寺（光明修行院），与大伏藏师尼玛扎巴见面。大师非常欢喜，悉心侍奉尊者并传授了其大部分伏藏法的灌顶。此外，在嘉色·邬金丹增和直贡·根秋成来处闻受阎罗熔铁法等法部。后到了拉萨，为所依经堂及三所依圆满供养。随后到了敏珠林寺和多吉札寺，在持明德达岭巴处听闻以大密义善逝集为主的其甚密伏藏经教法门的灌顶和讲授，并获赐法名土多旺波确勒朗巴嘉卫德。在德达岭巴伏藏文集中授记道："朗卓化身白玛扎波名，持明圣者来自多康地。" 如是认定为其主要伏藏法主。此外，先后依止第七世达赖喇嘛格桑嘉措、鄂堪钦巴登曲迥、红帽噶玛巴·曲吉敦珠、敏珠林大译师达玛熙日、嘉色·久美嘉措、朗伏藏师白玛旺修、达喇·根桑罗珠、巴日瓦·根桑沃色、札唐堪布根嘎钦哲、善知识久美格桑等四十多位上师，广泛闻受显密经典之讲授，经教伏藏之灌顶与引导，佛说《大藏经·甘珠尔》之口传等如海法门，达到闻法圆满。尤其是在本乐·朗卡沃萨前以满瓶倾注之式，闻受其上一世的口耳相传窍诀及具有殊胜加持的仪轨行持传承。因此，此尊者与大伏藏师久美多吉成为第二世佐钦法王的不共根本上师。

法王是一生致力于修行的成就者，在其孩提时代就闭关念修两年，后来为了消除寿命违缘又闭关一年。特别是从铁鸡年年末至木猪年的十五年间，除了上下午两座讲法以外，日夜如量念修四六续部本尊密咒，证得轮涅诸外相与清净本尊手印无有分别之境界。恒常修行光明大圆满本净任运之要义，诸分别化为无边清净智慧而现前普贤法身之密意。

出定时，如何在后得幻化游戏中进行利益教生之事业：藏历金猴年即法王四十二岁那年，推选杰温白玛尊者为代理住持，开始第二次卫藏之行，向萨迦与鄂二寺、噶举直贡达龙二寺、宁玛多吉扎敏珠林二寺等大小寺院进行了圆满供养。尤其是在拉萨的第五世达赖喇嘛圆寂纪念祈愿法会上，作了圆满供养和广大布施。第七世达赖喇嘛格桑嘉措以亲切友好之心，按照前世师徒关系的传统，迎请法王在布达拉宫升座，封为“宁玛教主法王”，颁赠丹书铁券及印章，并请法王在宫中三所依中任意选择其所爱而赐之。那时，当坚护法亲显尊身并指点，故获得玉眉释迦佛像，黑白花天珠等各种非人圣物，迎请至佐钦寺，成为众生之殊胜法缘。

法王回本寺后，几年中未去远方，而是以两次《大藏经》和五次《前译续部集》的口传为主，传授《八大法行》《上师密意集》《总经意集密续灌顶》《龙钦七宝藏》等法的讲授、灌顶和传承。当时，其金刚之舌犹如得到本尊的悉地，以六音传法，无人能及，听众无不增上信心。为了众生福田，建造或制作了身所依的几百尊佛菩萨、本尊护法身像与唐卡，语所依佛经及其注疏经典千余部，以朗卡沃萨上师的灵塔为主的意所依等身口意所依珍贵圣物无数。此外，长供酥油灯千盏、擦擦、石经、火供、经幡等地水火风四大也转化为修法善业，使无数有情趣入解脱之道。

总之，法王具足贤善戒德、讲辩著德、智悲能德即圣者九德，著有《大圆满空行心髓前行文·解脱道之善车轨》等具有救、度二德的法宝二函。摄受弟子有巴琼·扎西嘉措、多吉札寺活佛格桑旺修、琼结巴日活佛、第三世松喀活佛诚烈嘉措、噶陀·志美信雄根波、第二世尼札活佛白玛塔确、第二世本乐·桑阿丹增、雪谦绕降·久美根桑朗嘉、康珠活佛前后转世、尼札法子邬金丹增、敏珠林空行母美久巴珍等很多远近闻名的大智者、树立修行胜幢的修行者、弘扬教法的大圣者。

藏历火牛年即法王五十一岁那年，教生事业暂告圆满而有了入涅槃之意，根据各自的法缘，对僧众学徒作了诸多教诲和遗嘱，尤其是任命杰温白玛根卓仁波切为寺院住持，将教法事业传交于此尊者以后，于此年十月十八日，以跏趺坐眼望虚空入定法身照见之式融入内明童瓶妙身之中。

第四代法台住持　杰温·白玛根卓朗嘉

关于此尊者，在持明尼玛扎巴的伏藏法中授记道：“莲花空行加持之佛子，名号嘉者将至多康地。”有云：“天子化身护持圣妙法。”如是以不欺金刚教言赞颂的尊者，于藏历第十二绕迥阳火狗年即公元1706年，诞生在那曲地区，是大成就者本乐·朗卡沃萨的侄子。四岁那年，持明尼玛扎巴见到尊者便认定为大伏藏师邓都多杰的化身，并摄受加持。儿时于梦境中得到释迦佛祖的“请度此等有情众”等劝慰与授记，有听命于吉祥狮面怙主的两位非人作其嬉戏伴侣，并赠送了法器和头骨杖。以后，此物供在其父家中。拉呼拉护法在其觉受或梦中显容，并经常催促他赶紧到其上师叔叔那里去。时而有一位红眼四臂者作其友伴，诸如此类，护法圣众听从使唤，形影不离，呵护如子。

尊者十六岁即藏历金牛年，来到日当邬金禅林拜见了遍主本乐·朗卡沃萨，以出离之心剃度出家而取名白玛根卓，在经师邬金雍卓前全面学习语法、诗学等共同明处。当时，须弥山般大的黑身马头明王，居于烈火而初次向尊者显身，后来又显身四五次，依次在本乐上师处得到《三宝总集》和大圆满空行心髓法灌顶、讲授的独传，消除见修之增益而专心修行，获得如量证悟定力。为此，本乐活佛非常欢喜并赞扬到：我侄子有望成为出类拔萃的人。那时，因准噶尔战乱，敏珠林法子嘉色仁波切避乱于康区，尊者在其处闻受《耳传金刚桥》等很多经教伏藏的传授，并被赐名久美白玛丹增。

藏历火马年，二十一岁的尊者前往卫藏，向拉萨的两尊佛祖像为主的道场圣地作了圆满供养，并发愿祈祷回向利益教法众生。在各大教派的善知识前，学习如海显密法门，在拉萨其间，值遇一位隐修瑜伽母，获得加持与耳传教授，指点见地修行，尊者的大小分别顿时断除，心境融为一体，见地变为广深无边，证悟得到极大增益。另外，在此时亲见本尊空行，降伏天神鬼魔等示现无数神奇成就者之相。

此后，在返回多康途中，来到大伏藏师道场森宗光明修行院，拜见嘉色邬金丹增，在无比欢喜中互相传授灌顶、教言及讲解，随后回到日当佐钦本寺。此时本乐活佛已圆寂，但见到其转世活佛桑阿丹增。在寺院一段时间以后，尊者前往大伏藏师尼玛扎巴的道场——达摩寺善缘圆满林，在补处罗珠前闻受诸多尼札伏藏法门成熟灌顶和解脱教授的传承。根据伏藏大师预示未来的授记，建造了精美的胜乐九尊金刚法像，竣工开光的时候，在一降神者身上首次降临护法，出现良好缘起之祥兆。然后，以隐修禁行者身份巡游藏嘎，达科帕旺温莫等修行隐地，使其证悟得到增益。

藏历金猴及尊者三十五岁那年，久美塔确丹增和白玛桑阿丹增叔侄二尊前往卫藏之时，任命尊者担任寺院住持，故回到佐钦寺住持道场内外事务两年之久。当时，尊者有一尊具有无比加持力的曾开口说话的度母像，是过去尼札大伏藏师在朗塘卓玛度母殿遗址掘藏而得并将其供养本乐活佛，本乐又转赠杰温。一天晚上，尊者在觉受中清楚地见到他的前世禄东赞大臣如何到汉地和尼泊尔，怎样以智慧战胜对手，将释迦二尊佛像迎请到西藏等情形。此外有“如果将此度母像供放在朗塘度母殿，多麦地区在二十年之内平息时劫恶缘，获得圆满福报”的授记，也多次受到四大天王的敦促，加上此度母像在佐钦颇章供奉时，有几次自动转身面朝朗塘方向，鉴于此，尊者以利益教生之清净发心，将度母像送回朗塘度母殿安奉。其间虽然经历了很多违缘，但都一一消除，至今仍能在此圣地朝拜。此外，还出资将龙钦巴第二佛的《龙钦七宝藏》及其附法刻成木刻版，供放于德格印经院，使了义精华妙法得以大量印刷、代代相传至今，是尊者利益教生的无比恩德。

藏历阳水狗年及尊者三十七岁那年，创建嘉绒寺永恒尊胜林，为比丘格桑敦岳等僧众传授大圆满空行心髓法门，使了义精华妙法如日中天，传遍四方。在尊者的觉受中，遍智龙钦巴从空中彩虹里显身，亲自指点大圆满心髓法的疑难问题，使其对深奥法义生起无碍智慧，证悟得到增长，证得普贤密意之果位。

不久，第二世佐钦法王圆寂，之后佐钦寺大殿经堂又发生火灾。尊者及时回到寺院，担负起第四代法台住持的重任，重建了大经堂，为供养祖师先贤，开创以大型法会的形式举办莲师三宝总集法会的传统。寻访并认证了诞生在扎科地区的第三世佐钦法王尼邓丹增桑波，以隆重仪式将其迎请到佐钦寺并升座，为法王转世灵童传授所有大圆满祖师的法门，如是以事业不空绢索为教生引来无边利益。

藏历第十三绕迥水蛇年及尊者六十八岁那年，产生了利益其他净土众生之意向，向转世灵童赠送了其上一世法王的普巴金刚等一些身、语、意所依圣物，并作了诸多教诲之后，将住持重任交付于法王。随后前往嘉绒寺，赐给殊胜活佛才旺确珠法帽和法衣等法物而嘱咐道："我担任的一切你要来做。"并将活佛指定为下部道场嘉绒寺的补处。主持几次法会期间，谈及其所闻所见均显现为大悲观音菩萨的三密之法。不久，尊者示现病重之相，随之色身收摄、趣入法界。上下道场举行隆重的荼毗供养并将法体荼毗，眼舌心不畏火烧而留于供养之处，示现了此生的利生事业圆满之相。

尊者弟子无数，其中第三世佐钦法王尼邓丹增桑波与善知识朗卡才旺确珠二者为主要心传弟子。若要详细了解尊者事迹，请拜读朗卡才旺确珠所撰《上师传记·具信者之喜庆》和古如扎西智者的《自在成就者佐钦巴之教法源流》。

第五代法台住持　第三世佐钦法王尼邓丹增桑波

尼邓丹增桑波阿底丹毕坚参，于藏历第十三绕迥火兔及公元 1759 年，诞生在轻轻流淌的杂曲河岸边霍巴地区，父名扎西奔，是祖传藏医家族的后代。灵童自开口说话起，就显示上一世法王的宿慧，经常自称是佐钦活佛，有三个名为白玛的侍者等。依据卫藏高僧大德的授记和当坚护法的指示，以及杰温上师的密意，得到认证。活佛以宿命神通清楚地认出前一世的法本、金刚杵铃、佛珠、碗具等，并说出很多前世的事迹而使所有人对此深信不疑，合掌赞叹。

藏历壬午水马年及法王四岁那年，以杰温上师和德格王为主的僧俗大众举行盛大仪式，迎请法王到寺院，尼札活佛丹毕坚参为其剃度而赐法号根桑塔确丹毕贡波，杰温上师为其升座并献名阿旺白玛朗嘉，萨迦法王阿旺根噶罗珠以致信方式书写长久住世祈祷文，赐名仁增诚烈旺修阿底丹毕坚参。法王七岁时在经师塔确处学习藏文读写和熟读仪轨经文，紧接着背读《如意宝藏》《三律仪》等经典教法，随后在尼札活佛前接受《上师意集》与尼札伏藏法门等经教伏藏诸多法门的灌顶、口传、宣讲和窍诀。尤其是以尼札仁波切为戒师堪布，杰温上师为阿阇黎的五众僧伽座前受沙弥戒，赐法名尼邓丹增桑波。此外，杰温上师将大圆满心髓上下两法的修要窍诀等所有祖师传承以满瓶倾注之式赐予法王而成为其根本上师。在噶陀志美信雄前闻受所有邓都掘藏的伏藏法门，在巴琼扎西嘉措前闻受《大藏经》口传，尼札补处格桑顿岳前闻受《心髓修法广解》。还在巴沃烈绕扎、古谷喇嘛丹增宁波、贤善尊者朗卡确珠等许多善知识座前听闻众多经典教法。

藏历土狗即法王二十岁那年，根据历代法王的传统前往卫藏，向释迦二尊为主的所依能依作了圆满供养，为利益教法众生而发愿并祈祷回向。向第八世达赖喇嘛降白嘉措和诺们汗法王作了物资供养，噶厦地方政府也给予法王如同上述两位法王的册封和印章，并在布达拉宫为法王升座，获赠许多三宝所依等圣物。向三大寺院和拉萨神变法会僧众供养斋僧茶和银两。随后前往洛扎，在洛扎法子前闻受白玛林巴掘藏的法部；在大成就者白玛希宁前闻受北藏法部；在敏珠林大堪布前接受圆满比丘戒并听闻所有敏珠林法王师徒法部。如此，法王在世与出世二事业得到圆满以后回到多康地区。

根据仁增吉美林巴尊者定中所见指定的“若在寺院禅修者入定似的地形怀中修建修行院，将出现无数成就虹光身者”之授记，新建了修行院内外所依能依，为居喇嘛桑杰沃色等十三位终生闭关修行者常年护持供养。在佐钦寺开创了十三座坛城仪轨念修的经续部嘎玛法会，从敏珠林寺引入了法会中的跳金刚舞、坛城度量、佛乐唱诵、做朵玛等仪轨传统。以此契机，前密嘎玛法会的传承在多康噶陀寺、白玉寺等大小寺院广泛传播。在下部建造了依靠水流推转的十三密咒转经轮，使河流成为弘法事业的动力而在所有众生心相续播下解脱种子。故有“上有十三修行院，中有十三坛城法会，下有十三密咒转经轮”之说。另外，在扎溪卡、达衮地区依次新建夏扎寺、扎噶陀寺，在尼科修建经堂等在各地发展了很多分寺，并为他们提供了供养。在本寺也新建了佛本生大殿，俐玛佛像大殿，文武百尊殿等，在此等佛殿内所供奉的，皆为金银铜建造并由天珠珊瑚等镶嵌的殊胜佛像，由金汁银液绘画的佛本生传等壁画和唐卡，精美庄严。佛语能依有《大藏经》等经典几百函，建立印经院，将课诵文、经教伏藏的许多仪轨，以及法王著作等刻成木刻版，数量达到几千页。诸如此类，以十法行利教利生，不可思量。

此殊胜尊者不仅继承先祖们护持禅修法林的传统，还创建了供修法会、金刚舞、坛城等定期法会仪轨和传统，使寺院得到前所未有的发展。持明尼玛札巴的《净观教言散集》中授记：“利生之业在北方，息业成为增之业，持明菩萨白玛名，或名札波者行持。”杰温上师曰：“我的此殊胜活佛乃遍智三世者莲花生大师与大班智达比马拉事业之总集，利乐教生如同如意宝无与伦比。”后学者公认此教言句句成熟现前，无不叹服。此等乃法王之共同外传。

在不共内传中，得到本尊亲见与授记，役使护法，圆满地道之修证功德等甚多。法王四岁那年初次到寺院时，亲眼见到在佐钦颇章屋顶吉祥玛囊护法和密护母一髻佛母显身，之后，一身形较小的当坚护法经常以玩伴和护佑之式转绕法王。在经师白玛尊者前学习藏文拼写法时，经常梦见一个头戴苯帽，白衣骑白牛者，自称为谷然山神。法王将此情形报告杰温上师以后，上师说：“此乃地方神，对你不好，我来想办法。”此后，再也没来了。后来在一次大的法会时，在人群中看到过。有一次，吉祥玛囊护法也根据修颂仪轨所描述的形象显现尊容。又一次，为成就者白玛希宁灌顶时，在座的弟子都亲眼见到甘露在颅碗中沸腾。二十二岁那年，得到白身益西措嘉手持彩箭和长寿宝瓶的授记加持，并预示法王可掘藏很多法门，但法王并未在意。尤其是得到莲花生大师的多次亲见，此外还得到比马拉班智达、朗钦·巴杰桑格、果仓巴·那措龙卓等的亲见，经常与他们交谈。在拉萨大昭寺朝拜时，现量见到释迦牟尼佛像露出笑容，左右佛像本尊皆为如此。拜见昌珠馔馐度母像时也笑对法王，怒相不动本尊手中的利剑发出火焰等示现种种显现。此外，在寺院主持大修法会时，续部具善怙主和长寿五姊妹显身，护主母、拉呼拉、当坚三大护法、大厉妖等护法如同常人来往，听命于法王等神奇境相，不胜枚举。

如是以内外密三种事业广行利他教生之业后，在三十岁那年，出现很多空行迎请之征兆，但因大上师朗卡确珠作了回遮仪轨而得到暂缓。复又出现如初征兆，最终在法王三十四岁年间即藏历阳土鼠年，利生之业暂告结束而密意趣入法身之界。亲传主要弟子有：第一世多智钦吉美·成利沃色、巴琼·晋美果恰、格则上师晋美沃察嘉措、桑楚·白玛扎西、居喇嘛桑杰沃色等禅林十三位虹身成就者，尼札活佛邬金丹增、第二世雪谦冉江活佛根桑朗嘉、雪谦嘉察活佛、温珠·丹贝尼玛、古谷喇嘛丹增宁波、列多·乔美活佛、多札活佛、约莫活佛、嘉拉活佛、大成就者白玛希宁等无数外显凡夫之相，实为登地菩萨者，以智者三风把讲修妙法之轮转遍十方三世之界。

第六代法台住持　贤善尊者朗卡才旺确珠

藏历第十二绕迥阳木鼠即甲子年公元1744年，在多康风景秀丽的玉龙地区，尊者伴随诸多神奇瑞相降生于世，父亲是商主才嘉，母亲名才让卓玛。灵童开口说话就会念诵莲花生大师心咒，家人取名贡波顿珠，但他并不喜欢，经常说自己是格桑喇嘛，要到佐钦去。没有经过学习而天生聪慧，能把《三宝总集》倒背如流。此乃如云："如同见烟能知火，水鸟证明水存在，具足智慧菩萨之，种性能从妙相知。"是故，此灵童是一位圣者的转世成了现量并家喻户晓。

大约在那时候，因美好宿愿和缘起应时成熟之力，上一世活佛的弟子萨迦根嘎伦珠上师来到该地，一见到灵童就如同故友相互认识，上师对其父母讲述了上一世活佛的事迹，并指点他们把灵童送到佐钦上下任一道场而进入佛门。父母也根据上师旨意，毫不犹豫地把灵童送到在佐钦分寺嘉绒寺的杰温上师座前。杰温上师非常欢喜，说灵童是其上师转世并尽心培养他，接受灵童在其座前出家并献顶发，赐法号朗卡确珠。随后在经师希宁丹增处学习藏文读写以及历算学、声明学、诗学等共同明处，无需更多勤作而轻易掌握。

藏历火鼠年即尊者十三岁那年前往卫藏拉萨地区，朝拜各大道场，拜见诸多上师，供养僧团大众等法事如愿以后回到本寺。此时，尼札活佛根桑塔确嘉措莅临佐钦寺，尊者圆满闻受其在道场所传的以经、幻、心部为主的前密经典伏藏法门的灌顶及讲授窍诀，根据授记，尊者为巴沃烈绕札大师甚深伏藏法门的法主，为此，在伏藏师座前闻受所有净相法门并被伏藏师敬奉为法主。尤其是在无等上师杰温仁波切座前，闻受以大圆满秘密窍诀心髓二法讲授为主的各种心传教授，以及《龙钦七宝藏》《善逝集八大法行》，希波岭巴，邓都多杰，嘉村宁波等伏藏师的伏藏法门灌顶和口传，如是圆满了对如海显密教法的听闻。但并非仅仅闻受就了之，而是随时随地专心于生起圆满次第的修行，甚至在外出的路途中，也不用卧具，不松腰带，日夜安住于禅修，故通达殊胜证悟，获得至高成就。为此，吉美林巴尊者曾说："我未曾见过嘉绒老僧，但其证悟与我相等，你等在修行方面的疑难向他请教即可。"有一次，在杰温上师的梦境中，看见在日当山沟上部有四人，其中两位示现瑜伽者装束，一位是杰温本人，还有一个人。杰温了知此情表示着执持清净大圆满见地者仅有此四位，而后者是此尊者，如是不止一次地得到正量贤者的赞颂。

在上下道场，每年多次讲授心髓法门，从不间断，使大圆满光明教法精华之胜幢树立于三界之顶。此外，对世间法也有广博的见识，广泛进行教生事业，杰温上师圆寂后，担任了嘉绒寺的住持并新建了拉章和大经堂能依所依。在上道场佐钦寺，因第三世佐钦法王尼邓丹增桑波圆寂，尊者承担了第六代住持的重任，并整顿寺规寺风，恢复昔日寺院风貌。还新开了每年藏历十日的传自桑耶寺的莲师刹土金刚舞，制作了法会所需的供品，面具、服装、骨饰、铜面具、唐卡以及小到座垫小床榻等都精心设计制作。寻访认定诞生在邓科的第四世佐钦法王美久·囊卡多杰，并举行盛大的升座仪式，将从历代法王祖师们传承下来的所有教法，以满瓶倾注之式传给法王以后，把教法交付于法王。尊者培养弟子很多，主要有：第三世雪谦冉江活佛，第三世尼札活佛，杰温上师转世嘉绒丹贝尼玛，尼札温珠·邬金尼玛，多智钦吉美·成利沃色，大智者谷如扎西，雪谦温珠·土多朗嘉，嘉察·白玛桑阿丹增，智者土杰扎西等无数执持、弘扬教法的高僧大德，最终圆满教生之业而示现利圆寂之相。

第七代法台住持　第四世佐钦法王美久·囊卡多杰

第四世佐钦法王美久·囊卡多杰才旺珠巴杂，乃承继大圆满法所有传承的大持教者。

如同上述，莲花生大师在雪堆德卓空行会供堂，开启静猛本尊坛城，为益西措嘉等上万智慧空行母传授九乘之顶心髓法门的灌顶、讲授，邬金佛父佛母为了后学者而将此法编撰成书，加持白玛萨公主而伏藏在达隆察磨岩山里。后来，印付授记应时成熟，公主转世白玛烈追札大师掘藏并传给嘉色·勒登多杰，嘉色传给遍智法王龙钦巴，法王续传嘉瓦益西冉江等经过八代传承以后，授教于大成就者白玛仁增，以后依次为本乐·朗卡沃萨、杰温·白玛根卓、朗卡才旺确珠、美久·囊卡多杰等，此为大圆满空行心髓法不共传承。

比玛心髓的传承：班钦比玛木扎传给酿完丁增桑波，历经九代传到仁增谷玛然扎，传至遍智法王龙钦巴，续传夏扎曲杰，之后，历经九代传至第一世佐钦法王，再历经 4 代传至第四世佐钦法王。此为大圆满比玛心髓的远传承。

此外，从遍智法王龙钦巴依次传到大堪布乔达伦珠后，又从敏珠林法王德达岭巴传到第三世佐钦法王尼邓丹增桑波等大德，此为大圆满比玛心髓和空行心髓共同远传承。

另外，遍智法王龙钦巴曾三次以智慧幻化身摄受吉美林巴尊者所传的近传法门，吉美林巴尊者传多智钦吉美成利沃色，多智钦将大圆满龙钦心髓的传承以单传之式传给第四世佐钦法王。此为大圆满龙钦心髓的近传承。

另外，美久·囊卡多杰在佐钦颇章护法殿中，密意入光明禅定时，遍智法王龙钦巴亲显尊容，以智慧幻化身加持佐钦法王，传授《上师心滴》的灌顶、讲解以及窍诀，此为大圆满极近传承。

是故，比玛心髓、空行心髓、龙钦心髓的远、近、极近的各传承全部为第四世佐钦法王承继。

此殊胜大德是如何根据凡夫化机的境相和意愿降临此世间呢？诸佛圆满报身在自现智慧身与刹土中无有动摇的同时，无数化身游戏恒常遍及而任运成就，此圣者也已在与诸佛一切坛城之自在本初怙主无二无别的自性中圆满成佛，但为了慈悲摄受各种惑乱所引的众生，特别是为弘扬大密无上光明大圆满圣法，乘愿转世而示现具足三戒者之法相。如吉美林巴尊者的金刚授记文云："连接圣地雪山界，三日路程而找寻，千供密宗护法母。"又云："隐蔽之义境显非隐蔽，三化金刚二隐中边地，利生届时清净意化身，从此往西圣地之近处，雪山脚下金沙江之岸，世代高贵清净之种性，父名索朗母亲洛珍名，此乃清静现观中知晓。"如是有清楚授记。其上一世尼邓丹增桑波也曾对近侍说过："我难以住世很久，但会有三位化身，其中两位将出现在阿里和卫地，另一位将诞生在离此地不远有大树的人家，此人定会利益教法。"如是从日当邬金禅法林西行三日，是往昔智者邓玛泽芒、大班智达密德嘉那、仲敦巴·嘉卫迥烈等诸多印藏大德亲临之圣地，圆满十善宝地之相，聚大地精华之邓柯地区。

在此地区称为"雪山八兄弟"的诸神山所护佑之边，大圣地森格朗宗和吐蕃镇肢寺院的朗塘度母寺之旁，金沙江水缓缓流淌之右岸，有种姓高贵的邓柯然廓头人家族，许多大德圣人都相继诞生在此名门。上述授记所提"大树"，如同宝伞挺立在此人家的庭院中。

藏历十三绕迥阴水牛年即公元1793年，伴随着种种神奇瑞相，第四世佐钦活佛诞生在此殊胜家族中，父名索朗绕丹，母名朗卡·洛珍旺姆。灵童诞生不久，就经常念叨"佐钦佐钦"等话语。此家有个巨鼓，灵童一边击打此鼓一边韵唱莲师心咒，还作出灌顶、讲法的姿势，示现种种前世习性。活佛五岁那年，应德格大管家辛绕达嘉的邀请，切尤大持明者或名巴沃烈绕札莅临邓柯洛须地区，开了《长寿仪轨·胜伏四魔》的大法会。当时，大师很认真地说："然廓头人家的小孩这次务必要到这里来一趟。"灵童如约请来，大师为其单独作了详细的修法灌顶，还高兴地赠送一本《长寿仪轨法》并要求他熟读、背诵以及作为课诵而不能中断，大师此举实为转世活佛的认证。

灵童七岁那年即藏历阴土羊年，由于其父母名字和出生地等与吉美林巴尊者及其前世的预言相符，根据佐钦代理住持朗卡才旺确珠活佛和德格王等供施各方的旨意，嘉绒活佛丹贝尼玛、温·邬金桑珠、仁增桑波上师等三十多位大德和官员前往灵童家乡观察，因灵童的宿慧之力，认出众客人并显示欢喜亲近，令所有人不禁留下激动的泪水，对此灵童为佐钦法王的转世活佛之事确信不疑。之后，活佛与父母家眷，以及德格管家等三十多位僧俗眷众渡过金沙江，前往日当吉昌欢喜地。于藏历五月初十旭日刚生起的良辰吉日，以雪谦寺、嘉绒寺、达摩岗寺等主要分寺和当地僧俗官员，以及众多信众，以广大供养、马队和僧众仪仗行列之仪式，将活佛迎请至其上一世道场日当邬金禅法林的大雄宝殿·教法汇集欢喜林中升座。在内殿释迦牟尼像前，大成就智者朗卡才旺确珠为他剃度，献法号晋美钦哲旺修朗嘉多吉。首先佐钦寺的僧众念诵长寿佛的仪轨祈请长久住世，进行升座供养，然后，由德格王特派官员献供养，紧接着嘉绒、雅色、俄谷等寺院献上升座供养，嘉绒温·桑珠作了曼扎拉宣讲。第二天，由雪谦冉江仁增巴觉嘉措主持，举行了长寿仪轨等隆重的恒久住世祈祷仪式，十三岁的雪谦温珠·土多朗嘉活佛作了庄重的五圆满宣讲。嘉察·白玛桑阿丹增以前密教法源流为开场白而宣讲，此外，达衮寺温珠·邬金尼玛活佛、康玛活佛等其他教派的寺院，岭仓王以及佐钦和周边地区民众作了无量供养。第三天，在十六位天供女的金刚舞中结束了升座盛会，以白银二百两为主的三百多种厚礼回赠了灵童家族，同时向前来祝贺的十方信众宾客作了盛宴款待和广大布施。

自那以后，灵童将温波·曲札桑波拜为经师，从文字读写到共同明处，认真、系统学习达四年之久并熟练掌握，其间闻受一些灌顶和口传，以及观修本尊和念修咒语等修法。十岁那年，经师圆寂后由大智者土杰扎西继任。此年，前往嘉绒寺，在第三世尼札活佛明久攀德嘉措前闻受拉尊的《持明命修法》，第五世达赖喇嘛的《秘印二十五法》、尼玛扎巴的所有伏藏法门、吉美林巴尊者所有九函著作、土确多杰的《那嘎然恰》等的灌顶、口传及讲授。十二岁那年，在每年新年神变月初十莲师法会的那天，活佛担当法会主持并熟练地宣讲内外法规而无需参看仪轨文，所有在场堪布、活佛以及僧众为之赞叹不已。十五岁那年，邀请大智者本古上师阿王罗珠，闻受《密圆八大法行》《寿主铁蝎法》《大圆满耳传法》、白岭《上师宝海》、智美伦布的《义滴》等诸多稀有传承的灌顶、口传。这年，在雪谦寺第三世冉江活佛仁增巴觉嘉措座前剃度出家，赐名仁增久美根桑塔确丹增。从此以后，一生示现持戒尊者之相，从未沾染过大到他胜堕过，小到过午进食等所有犯戒之过。

依止朗卡才旺确珠为根本上师，闻修《空行心髓》《秘密心髓》《金刚萨埵心髓》等法要，在修行前行引导时，生起无畏信心、出离心和菩提心，尤其是在观修轮涅分别之时，猛力精进观修三门清净法和分别境识二法，故此，未经正行观修就通达明空了义而成就大圆满最高成就，使多康佐钦巴之圣号名副其实。法王二十岁即藏历水鸡年，前往雅隆莲花庄严地区，在自在成就者多智钦吉美·成利沃色处，听闻遍智龙钦巴和吉美林巴师徒二尊的经教、伏藏和净显三部，《耳传法·金刚桥》等的所有灌顶、口传及讲义。初次去拜见此上师的时候，一位年迈的上师站立在居室外的阳台上并说：“我一直在等你，直到现在。”说罢便消失了。遂进入房中，看到刚才的上师坐在很高的法台上，正用一颅碗喝酒，顶礼亲近身边时，便把酒碗交给法王并叫他把酒喝下，经师告知上师法王已授沙弥戒，上师却说："即使已授沙弥戒，也要把酒喝下。"就这样遵照上师旨意喝完了酒，顿时，平常的境识自然改变，所现境相皆为广深乐空游戏，师徒密意融为一体，获得极具加持力的证悟而现前见道了义真谛。

因此，法王称上述二位是其具恩根本上师而对之恭敬无比。闻受心髓二法灌顶及口传，酿·尼玛沃色掘藏的《黑·马头明王伏藏法》和《四臂怙主》，多杰林巴掘藏的《大圆满广大见地》等伏藏法门，桑杰岭巴掘藏的《密意集》，嘎玛林巴的《静猛闻解脱》，让那林巴的《普巴金刚》，巴沃烈绕札的大部分甚深伏藏法门等稀有灌顶、讲授。大伏藏师龙钦若巴札将自己的极深莲花王法部为主的教授、灌顶传授给法王，尤其是在传授大圆满心髓法的不共特法彻却托噶观修时，现前了明智如量的成就征相。在仁增桑波堪布处听闻了酿·尼玛沃色伏藏法八大法行，在格则上师晋美沃察嘉措前闻受《总经意集密续》大灌顶和心髓法部，在佛子先盘塔耶处听闻大藏经的口传，尤其是听闻了前密宁玛派续部的各印度注疏经印藏诸大德的无伪传承。此外，观音化身晋美嘉伟尼谷（吉美加卫尼固）、巴琼·扎西嘉措、尼札活佛彭德嘉措、第九世达赖喇嘛隆朵嘉措、嘉察德莫、殊胜成就者晋美果恰、成就智者诚烈达杰、信雄·晋美根波、莫墩·曲央多杰、鄂塔则大堪布等当时在藏区的所有持教成就智者座前，无余闻受八大传承法门及窍诀，所以，仅记录其听闻传承法门目录足有三函多。

如是广闻教法后，没有散漫和拖延，而是毕生致力于生起圆满次第见修的实修与念修禅定的修持，故见地得到抉择而达大圆满究竟境界法性遍尽处，观修广深无边而光明无有动摇，行为自在任运而六识自然解脱，具足甚深证悟使自相续解脱而不取不舍世俗八法，具足广大慈悲使他相续解脱而结缘者得到加持。故巴珠仁波切曰："在五浊世代，成就大圆满四现而自在受用法性遍尽处者，唯有此圣者。"巴珠仁波切每天从距离很远的忿怒文殊修行洞步行到佐钦寺，向法王磕头顶礼累计满十万遍。有一天，巴珠仁波切找不到鞋带，用手四周在摸索，法王问："你在找什么？"回答说："鞋带找不到了。"法王说："你的鞋带不是在来的路上挂在那颗树枝上了吗？"巴珠仁波切在回去的路上果然找到了。有一次，巴珠仁波切写普贤上师言教时，笔被龙王请走了，到处寻找也找不到，法王以神通得知，就派侍者送去笔墨，使巴珠仁波切继续撰写。如是，因为其具足十力的清净智慧无碍无余地照见一切所知诸法，所以当时在多康地区的宁玛、噶举、萨迦等大小寺院的很多转世活佛都由法王认定，甚至放牛的牧童都请教法王其牛所在方向而下午好去赶牛。有一次，安多拉布伦寺扎西邱寺的三位求学者到卫藏朝圣，回归途中经过佐钦地区时，其中一位说："佐钦仁波切以具有无碍神通而远近闻名，我们把破吹气袋说成是我们得病的朋友，让他观察病情，来试探一下他的神通如何呢？”其他两人表示同意。第二天，他们到了法王身边就说：“我们有个前往拉萨的同伴叫‘扎西才仁’，在回来的途中生病了，现在呼吸都困难，请您观察一下他有没有生命危险，如何就医？”通达诸法的智慧虽无入定出定之差别，但示现片刻的入定相后，法王说：“气袋才仁之病情，无需医生找针线。”说罢，三人在极度后悔和敬畏中离去。

新龙地区的头人贡波朗嘉，因专横霸道，远离正信和慈悲善根，任意焚毁了很多寺院和三宝所依，仅仅为图好玩而不惜杀人抢劫等造下种种恶业。当时，听说此人要到佐钦来，各个都心惊胆战。大管家等几位头人去见法王商量此事，并嘱咐道：“此次法王的言谈不能像平常一样讲成就者的话，而应说些随顺世俗的话语，不然，寺院可能被毁。”第二天，新龙头人携眷一到寺院，知客等人手拿哈达热情迎接，但他们毫不领情，直奔法王居室。头人坐在法王身边说：“请问我死后会往生那里？”法王答：“你一死就会往生地狱金刚座，别无去处。”“那么，我军能否夺取拉萨噶厦政权？”“不要说拉萨，连昌都地区都到不了。”头人服气地说：“作为上师，就要您这种不随顺世俗八风者，以前所见过的上师除了当面奉承说好话以外，谁也没有说真话。”说完就恭敬顶礼，依止法王为上师，并且强烈要求法王保证不让他堕地狱，法王也承诺在头人的后三世中不让他堕地狱。如是诸多殊胜事迹，不胜枚举。

此外，以所传佛法广行利益教生之善业，很早就开始建造了有一层多高的师君三尊金铜像，随之建造了无数身语意能依所依，法会修部的供品法器。法王二十一岁即藏历木狗年，前往卫藏地区，向拉萨三大道场和多吉扎敏珠林二寺等寺院作了圆满供养。尤其是在祈愿大法会上，迎请第九世达赖喇嘛及随从至法会首座，供养无量受用并亲自作了曼达罗宣讲，令三大寺院的所有格西僧众为之叹服，名声大振。九世达赖喇嘛隆朵嘉措和佐钦法王都诞辰在邓科地区，而且同属一个家族，达赖喇嘛根据延续历代传统，迎请法王至布达拉宫升座，赐予更高的“呼图克图”圣位和印章，封为前译宁玛派的首座法王，赠予许多圣物及法器。法王五十岁即藏历水虎年九月六日上午，从甘孜到佐钦地区发生强烈的地震灾害，寺院大部分建筑毁于一旦。当时，法王远在德格王府中，却以无碍智慧知晓一切，马上修持颇瓦法为灾害中的亡者超度，过了几天传来寺院地震的消息，法王心想寺院已毁坏，就想去卫藏隐世闭关。德格王当慈多杰劝慰法王，并再三立誓重建寺院，为此，法王回到寺院，圆满完成对寺院大雄宝殿，佐钦颇章等的重建并超过了原来的规模。

与此同时，法王与部主大持藏者佛子先盘塔耶、桑珠·白玛扎西共同商议以后，在离寺院有一闻距的地貌形如智者舌或智慧剑的小山堆之上，创建了熙日森佛学院。在多康地区开创了三事仪轨法会并广弘戒传，开创了以显宗论点与续部之王大幻化网续为主的显密经典及注疏的传讲和闻思传统。时至今日，佐钦法统及传承弟子遍及四面八方，其事业和恩德殊胜无比。

法王的持教弟子犹如繁星，数不胜数，以下列出主要弟子之名号：第三世本乐·朗卡曲吉嘉措、第四世本乐·晋美曲央沃萨、遍智嘉色·先盘塔耶即三大持教圣者。第四世尼札活佛根确晋美江参、第四世雪谦冉江·木杰向根、嘉察·木觉克珠、第三世杰温·嘎旺土确多杰、第二世朗珠·根桑土确多杰即五位受持教藏传承大德。吉美林巴尊者意化身多钦哲·益西多杰、岭仓伏藏师白玛卓都、秋吉德钦岭巴即三位化身大伏藏师。观世音化身吉美加卫尼固、第二世多智钦·丹毕坚参、邬金晋美诚烈卓都、穆日活佛白玛德钦桑波即具足智悲能四大继承者。多喇·晋美格桑、巴珠·晋美曲吉旺波即二位隐世证悟大自在。大堪布桑珠·白玛扎西、大堪布白玛班扎等本寺名号为白玛的十大堪布。其中白玛班扎、朗珠·土登白玛江参即两位主要内心子。格蒙温波丹增罗布、七大持教圣者钦哲旺波即得到意加持的心子“日月二圣”。新龙大师白玛邓都、居喇嘛桑杰沃萨等十三大成就光身者。噶陀前后信雄与前后莫顿即四大护持经典伏藏的大师。雪谦马哈班智达、温珠·土多朗嘉、殊胜智者古如扎西即十大善知识。安章珠巴活佛卓都巴沃多杰、佐钦珠巴曲央若比多杰等三位开悟解脱得授记者。理塘格西向巴彭措、拉伦巴格西根桑丹达、木雅格西根桑索朗等传讲显密教法的二十七位受教大弟子。五藏法主康珠·云丹嘉措、遍智阿旺丹增念扎、大智者吉朗·土确多杰等十大外地持教圣者。柔温·晋美等事业修法仪轨之九位金刚师补处。前后康珠·竹杰尼玛即执持修持二尊。芒萨喇嘛巴吉桑格、若萨·巴格等二十七位苦修断行者。得玛吉拉准空行母加持的雅色断法教授师索朗罗布等四位得授记断法持教者。格杰断法行持师等八位禁行大瑜伽者。热珠活佛·楚朗那措让卓、琼龙热巴当慈多杰等九位无边利益众生瑜伽士。尼札温珠活佛、八邦温珠、白玉温珠、杂尔嘎温波、色多温波、东奔·多伦、曲郭·隆萨、西钦活佛等十位等地菩萨化身。措苏伏藏师杰钦让卓、伏藏师才让罗布等五位甚深伏藏持教大师。成就者曲央多丹多杰前后二尊、阿拉·朗卡嘉措活佛即三位金刚持猛咒持教者。一千九百位再传持金刚橛者。第五世雪谦冉江、第二世谷夏、第三世多智钦、根桑活佛、前后珠巴活佛二尊、诺朗活佛、雅色二活佛、烈色活佛、居活佛白玛丹增、阿卓喇嘛、德格王子喇嘛等五十位弘扬成熟解脱法于诸方的高僧。

总之，在当时，以前密宁玛派为主的八大传承持教圣者中，几乎没有未曾拜见法王结过法缘的人，具足四解脱之事业遍满雪域大地。另外，以权势护持教法的居士施主有：德格王父子、嘉拉王、玉龙拉日头人、岭仓王等二十位主要王与头人，称为二十五邓齐部落的大部分，噶厦地方政府的部分噶伦、萨旺·普龙巴等诸多官吏均以不变信心顶礼供养。如是在近代史上，法王的殊胜世与出世二事业广大无边。藏历第十五绕迥阳铁马年九月十八日，色身庄严融入本初法界大光明。

此简略共同外传是根据蒋扬钦哲旺波所写的《历代住持名录》，以正量口传为辅助材料而撰写，详传请参阅法王本人所造不共秘密传记，以及据说雪谦大班智达晋美土多朗杰所造的《师尊传记·妙音海》。

第八代法台住持　遍主持藏者佛子先盘塔耶

前密教法之主，佛子先盘塔耶沃色，乃如尊者本人所撰的《转世祈祷文·解脱藤》云："尤为菩萨三怙主幻化，任运游戏天竺胜境中，大密受教国王札名者，大恩札布德尊所祈祷。汝将三身导师之佛语，结集者之身相显示中，此刹释尊座前阿难陀，虽显却无分别前祈祷。从此犹如水中显月亮，众前显现将巴西念尊，讲传经续寒林德瓦萨，古谷然札等前作祈祷。依次马鸣师与比那萨，桑波札与毗卢遮那尊，达玛巴札苏钦释迦迥，朗龙巴尊等前作祈祷。中观大手印之持教者，开启伏藏多吉林巴等，诸多转世之后德达林，共许圣者诸尊前祈祷。"如是以金刚教言作了承许。此外，经教中多次授记尊者为菩提萨埵大堪布与毗卢遮那大译师合而为一之幻化身，以深广慈悲在各种众生界与刹土中，化身为不可思量的佛菩萨身相，将无量有情置于成熟与解脱之地。

复为弘扬大密教法，于藏历第十三绕迥庚申金猴年，公元 1800 年以善知识形相诞生在多康岭柯地区之精华，杂曲河流淌之岸边，多杰彭修神山护持之圣地，各种花儿与天然草药所庄严的悦意草地——格蒙冈琼，父亲为穆波东四大赞家族中的格则阿东才旺罗布，母亲为具足空行妙相的噶玛曲珍。正信、精进、慈悲、智慧等圣者诸性与生俱来，无碍知晓所有于凡人隐秘之景象，金刚护法形影不离，现量示现超越凡夫俗子的种种验相。

尊者三岁开始就有很多大德认定为转世活佛，很多寺院都要迎请，但没有得到开许。在尊者成长中的有一天，家中马群遭盗窃，父亲在追捕路上遇害。以此因缘，加之早就对轮回有着无伪出离之心，生起云游各方静地的意愿。当时，蒋扬确吉罗珠或名多喇·晋美格桑来到此地，以大悲之心摄受尊者，为其举行简单升座典礼并说："今后我是你的主人，不久以后你要到佐钦寺和大成就者吉美·成利沃色那里去。"根据大师的旨意，首先到了佐钦寺，依止美久·囊卡多杰足莲，此外先后依止吉美加卫尼固、晋美俄察嘉措、杰温·丹增罗布、密续冉江巴孟朗达吉、多智钦等大德高僧，系统学习共与不共明处，圆满接受经教伏藏诸法的成熟灌顶、讲授及窍诀。

藏历土虎即尊者十九岁那年，与几位法友去拜见其世代根本上师吉美·成利沃色。在前去的路上，上师就亲显尊容，得到加持和授记而现前意传证悟。在上师自在成就者座前的三年里，以满瓶倾注之式将所有显密教海，尤其是深密上下心髓法门赐给尊者并把持教重任交付于尊者。在这期间对上师有着亲见佛陀般的信心和恭敬心，先后以五次净舍之式实物供养上师而使其欢喜，藏历金龙年因上师圆寂，尊者前往嘉绒地区的大译师毗卢遮那修行洞等静地潜心实修。

然后，回到日当道场佐钦寺，在桑珠·白玛扎西大堪布座前接受圆满比丘戒，献法号土登白玛杰比宁协。此尊者有着甚深伏藏法缘，在八岁那年，就得到回遮桑耶寺火灾的伏藏标识文，但因路途甚远未能前往。后来听说桑耶大经堂发生火灾后尊者非常后悔。此外，还得到回遮拉萨水灾的授记标识文，尊者秘密前往拉萨，闭关静修金刚手伏猛法，由此因缘，拉萨虽然发生了洪水，但没有引起大的灾难。尔后，巴珠仁波切也致书信劝请："不用手指和纸笔，意传难解五轮结，谁能解开出有坏，百圣受用余留否？ 思维虎裙美斑点，僧裙却成捆脚绳，学处枷锁所限友，今为平等咒修时。思维六饰图璎珞，祖衣顾虑之绳索，算计犯戒之牢狱，今为取舍炮轰时。思维顶髻美发型，秃头禁行贬坛城，长净惩犯之狱卒，今为定准命离时。莲父会供堆之中，祈愿共同行之利，传承者皆应得份，今为受用自份时。"尊者若入密宗瑜伽士法行，则会延长寿命，伏藏事业会更广大，但尊者考虑到在末法世代，即使是前密宁玛派大小寺院，其律仪戒传也犹如风中之灯，而律藏是佛法恒久住世的根本所在故，尊者犹如优婆离再生，毕生受持律仪清静戒律而未染丝毫戒过，从而放弃了掘取伏藏的机缘。在佐钦传承为主的宁玛派多麦各大祖寺和分寺，开创律藏三事仪轨，整顿宁玛传承的戒规，使之清净无染宛如莲花，此等事业恩德无比。

此后的一段时期，以隐修者之相，云游朝拜上至冈底斯山，下至峨眉山之间的各个道场和修行静地，在四大教派善知识座前，圆满闻受以佛经和经论注疏的所有藏译本为主，以及几乎藏区所有智者的经典著作。

藏历第十四绕迥火猴年即公元 1836 年，时年 37 岁的尊者根据第四世佐钦法王美久·囊卡多杰的旨意，创建了佐钦熙日森佛学院，尊者担任第二任堪布，传讲之前在诸多大德座前所闻受的教法传承，其传承至今遍布藏汉印之地。尤其是弘扬大幻化网密续之讲统，中观与唯识相融之菩萨戒，以及从菩提萨埵堪布所传前密别解脱戒下部律传承等讲修教证妙法传遍各方，如今，执持前密自派教法的僧众得到空前发展，此尊者恩德巨大。

另外，应琼结巴日寺活佛白玛旺嘉和敏珠林寺法王桑杰根嘎等的劝请，将前密经教法的所有仪轨搜集编纂，成为前密经教九宝函（嘎玛九函），刻成木刻版并弘扬其讲授、灌顶的传承。此外，在卫藏地区，不畏艰辛收集《大幻化网密续》的各大注疏法本，遍智荣松巴的著作等濒临失传的珍贵经典，带回佐钦熙日森佛学院，加以整理，并创办佛学院印经院予以刻板、印刷，并弘扬其传承。

如是进行了利益大密前译教法的宏伟事业，此等在蒋扬钦哲旺波所造的《佛子先盘塔耶传记祈祷文·加持明藏》中大加赞扬云："佛子文殊师利智慧身，示现妙乘善知识法相，行使无边利他事业者，祈祷遍智上师之莲足。"又云："别解脱之三事仪轨法，以及幻化续王之讲统，开启显密大车辙之道，祈祷教法如日弘扬者。"

尊者摄受的具足贤善成就双德之主要传承弟子有：巴珠·晋美曲吉旺波、具足七大传承持教者蒋扬钦哲旺波、白玛班札大堪布、雪谦大班智达土多朗杰、朗珠·土登宁协坚参、敏珠林寺赤钦·桑杰根嘎、嘉绒温珠活佛、第八世白岭根桑德钦多杰、多吉扎大持明者等无数。为教法与后学者所留善说有：《幻网续概论》《静猛法难释》《藏文文法注解》等讲述共与不共明处的许多著作。

最后，在藏历第十四绕迥木兔年尊者五十六岁时，示现趣入法界之相。虽然尊者年岁比第四世佐钦法王小一些，因违缘障碍而年寿未圆满就比法王先圆寂，但对前密教法尤其是对佐钦传承而言，其宏愿事业恩德无与伦比。佛子先盘塔耶住世时，居坐大道场的金刚上师宝座并被尊为"遍主法王"，其历代转世活佛被列为称为"佐钦寺住持三活佛"中的第三金法座等实际原由，此处也列入历代法台住持。此外，第四世佐钦法王圆寂后，由第四世本乐·晋美曲央沃萨担任住持，但事业未能兴盛。这个时期，巴珠仁波切和白玛班札大堪布二位尊者担当讲传妙法之重任，为第五世佐钦法王传授深法窍门等事业极其广大，但毕生以隐修者之相而居，没有参与寺院管理事务，因此，未列入历代住持之中。

第九代法台住持　第五世佐钦法王土登曲吉多杰

第五世佐钦法王土登曲吉多杰丹增晋美旺波者，在大伏藏师秋吉德钦林巴所掘藏之莲师秘密教言之意，由蒋扬钦哲旺波详解文中道："比玛米札将在康之南，属猴达玛班札名者现，若能战胜违缘之魔障，将为甚深之法行胜业。"又云："密页心意部中所指示，属猴达玛班札者出现，日当圣地树立法之柱，广泛传播讲修二圣法。"如是具有无碍智慧圣者们的观察教言都成一致的情形中，于藏历第十五绕迥水猴年即公元 1872 年，在第一世法王的诞生地多康类乌齐，伴随着无数祥瑞征兆而开启色身相好莲花之瓣，诞生在父亲根波嘉和母亲索朗拥措家中。犹如花朵伴随芳香，天生具有菩提圣心和无碍智慧等佛子德相。

藏历阴木猪年即法王四岁那年，在释迦能仁王以大神变胜伏诸外道的吉祥之神变月，邬金莲花生在桑耶钦普威慑天地诸神后，为其交付甚深伏藏法文而使藏区充满伏藏的上旬初十之日，旭日东升初照大地之时，双足千辐之轮初次转向日当大道场。当地僧俗群众排成长队，手持宝伞、胜幢、各种旗幡、七政宝、八吉祥等无数供品，应有尽有，将转世灵童迎请到大雄宝殿之中。第四世本乐•晋美曲央沃萨、白玛班札大堪布、雪谦嘉查活佛白玛晋美嘉措、嘉绒活佛根桑塔确多杰等持教大德，德格王大管家及随从，昌都寺管家等僧俗大众共同将灵童供奉于无畏金宝座之上。许多善巧五明文化的三藏法师以五种圆满进行曼达拉宣讲，辩论显密经典教法来庄严贤者之席。广开供养布施之门，隆重的仪式、盛大的欢庆持续多日，上下大众沉浸在喜悦之中。

随后，依止巴珠·晋美曲吉旺波、白玛班札大堪布、嘉绒囊卡才旺确珠的转世活佛根桑泰秋多吉三位上师座前圆满听闻了第四世佐钦法王和佛子先盘塔耶等佐钦寺前辈高僧大德传承下来的所有显密、经教、伏藏，尤其是大圆满上下心髓的灌顶、口传、宣讲、窍诀，实修时秉承上一世法王的智慧成就故，无需过多勤作而开启了证悟之门。另外，在蒋贡康楚·罗珠塔耶座前接受《大宝伏藏》灌顶和口传，尤其是把蒋扬钦哲旺波依止为根本上师，再次接受灌顶和引导讲授之深法。蒋扬钦哲旺波尊者在他的佛堂，为法王传授九乘灌顶，每乘灌顶增加一个坐垫，累叠九层坐垫后为法王升座，赐予尊者自己的法帽和法衣，并嘱咐道：你要发愿，在这五浊恶世时期，你要担当和继承我的弘法利生大事业，以后你要认定一百多位转世活佛，这是我的密言，你要承诺。”后来，无碍知晓隐秘所知诸法故，当时在多康上下绝大多数高僧大德的转世活佛，皆由法王的金刚教言所抉择，在本寺也认定“德贡钦三大活佛”的转世并培养于其门下。法王还认定了一百多位活佛，其中近代再弘期弘扬佛法、利益众生事业无比广大的有白玉贝诺法王、麦彭仁波切转世活佛谷加色、第四世多智钦、安章珠巴活佛、佐钦珠巴上师、措普多洛活佛、央唐活佛等。

法王修持光明大圆满心髓窍诀获得自在成就，示现超越常人心境的种种神奇道貌乃现量共明。在觉受光明境相中，曾两度巡游吉祥铜色山莲花光明刹土，加入持明圣众聚集之列等融入无边境相之中。无障智慧预知未来故，作了许多授记预言等殊胜事迹，如飞鸟翱翔在蓝天，所修多玛化光而变成甘露，颅碗中甘露妙药沸腾，延长日照时间，宝瓶置于空中，瓶中甘露用之不尽，足迹印在石头之中，袈裟悬挂于太阳光线之上，荒原上掘出泉水，鼻血涂在白布之上折叠而放，后来打开却变成莲花生唐卡画，并充满舍利，无碍知晓他人所思等，数不胜数。

法王利益教法众生的事业宏伟广大，曾两次前往卫藏法土，向各大教派的大小寺院作了广大供养和布施。到桑耶寺时，正举行白哈护法降神法会。法王未露身份隐匿在人群中观看。这时白哈护法拨开人群，向法王躬身顶礼，并将法王请上护法宝座。接着，护法让桑耶寺的管家把白哈欢喜铙钹拿出来，恭恭敬敬献给法王，并向法王立誓护持所交付的一切嘱托。法王把白哈欢喜铙钹放在桌上未拿走，法王的管家取走铙钹带回了佐钦寺。从此以后，佐钦寺开始跳白哈护法金刚舞。

达赖喇嘛迎请法王，按照前世的传统在布达拉宫升座，在之前的“呼图克图”之上增加为“玛哈班智达额尔德尼呼图克图”封号，赐予谕书、金章，及表示无比敬重的厚礼。

受众多寺院和信众邀请，法王前往西藏那曲、昌都类乌齐、尼扎寺及周边等地，青海果洛、热贡、玉树、曲玛来、青海湖边等，康区色达、玉科、多钦、嘉绒、巴塘、理塘、扎溪卡、木雅、红原麦洼等许多地方灌顶、传法，并指导当地的部落头领、地方官员，修建了很多分寺，使得执持佐钦传承的分寺发展到近三百座。法王从根本道场佐钦寺派了很多堪布去各分寺传戒、讲课、传授法会仪轨等。

受热贡尖扎古浪寺的大活佛呼图克图古浪仓等第四世佐钦法王弟子们的邀请，法王前去举行了长达三个多月的大宝伏藏灌顶。参加法会的青海等地僧众和瑜伽师有几千人，其中瑜伽师达到一千九百多人。

当时，青海马步芳也对法王十分恭敬。他与法王见面，作了供养，承诺保护佐钦寺在青海的分寺，并供养支持。他还如愿求得法王一套法衣。

受麦洼头人的邀请，法王携一百多位佐钦僧人前往，进行长达一个月的灌顶、传法。在法王的指导下新建了麦洼寺，当时出家一千多人。

回寺途中，法王受邀前往多智钦寺，举行了《大圆满心滴四部》、龙钦心髓灌顶和传法，为期十多天。认定第四世多智钦活佛并主持升座仪式。

受甲拉甲波土司的邀请前往康定，被土司拜为上师，在其官宅中为土司及眷众灌顶传法。途中受邀在塔公、木雅等很多地方，举行了灌顶传法法会，指导当地头人新建了一些分寺。法王还专程来到第五世达赖喇嘛预言将建佐钦寺第三道场的圣地木雅多拉噶姆

法王讲修业之圣行光芒遍布各方，特别是将大道场闭关院的常住修行者，由原来的十三位增加至三十位，在嘉吉扎嘎山新建可供十三位常年修行长寿法部的修行院，把熙日森佛学院的常住学员发展到五十位。仰仗法王的发心劝请，堪钦先嘎仁波切将十三部大论根据印度注疏整理集注并在佛学院印经院刻板。文殊化身麦彭仁波切突出宁玛巴独特见地，撰写了诸多诠释佛陀密意的经典论著，这些法宝均在上下道场刻成木刻版，数量超过十万页。如此教证讲修妙法

得到弘扬之故，道场的分寺发展到二百余座。本寺常住僧众达到千余人。另外，还新建或恢复千种供养·普贤供云，自在幻化威猛护法殿，五层高的莲师三尊宝殿等能依所依。将一年一度的嘎玛代玛法会发展到八十坛城的供修，开创长寿修法仪轨·胜伏四魔法会，普巴金刚·魔敌悉除及金刚舞，岭·格萨尔王君臣以及战神护法携眷的金刚法舞，八十位护法僧众每日早晚供修酬补护法，从不间断，点供无数长明灯等开启广大善法之门。

法王的成就弟子数不胜数，其中主要有：多仁波切·苏能杰巴多吉、宗萨钦哲·确吉罗珠、第六世雪谦冉江·朗杂珠比多杰、第四世多智钦·土登诚烈巴桑、噶陀·司徒仁波切、那喇·索朗曲珠、雅色虹身成就者索南朗嘉、顶果钦珠·绕萨达瓦、麦旁活佛·谷嘉色、第六世尼札活佛、噶陀阿琼堪布、白玉珠旺活佛、噶陀莫札、巴特堪钦托噶、博珠活佛多昂丹贝尼玛、麦洼堪钦才旺仁增和罗布丹增，以及本寺八十多位堪布活佛等，皆为护持教法的大圣者，获得证悟的大成就者，讲辩无碍的大堪布。每一位高足的再传弟子遍及不同民族和语言的世界各地，利他事业宝伞覆盖十方众生。最终，于藏历第十六绕迥木猪即法王六十一岁那年，为使持常见者对四际法性生起定见，示现圆满此生事业而色身暂入法界之相。

第十代法台住持　白玛班札大堪布转世康珠·德确多杰

藏历第十五绕迥土狗年即公元1898年，在藏北那曲拉日岗地区，尊者承嗣于岭国大臣巴拉弥姜嘎波的后代，在一个世代修行尼玛扎巴伏藏法的密咒瑜伽士家族中诞生。当时，第五世佐钦法王土登曲吉多杰前往卫藏拉萨，途中经过此地时，示现以无障智慧顿时知晓之相，并说：“我的上师诞生在这里。”随后，法王亲自指路来到一个牧人家里，向此家中刚生不久的灵童献上哈达，正式认定为第二世白玛班札大堪布的转世灵童。法王要求灵童和父母立即迁移佐钦，并派遣部分随从一同回寺，法王随继赶赴卫藏。

不久，法王从卫藏回寺，为二位根本上师即此尊者和蒋扬钦哲转世谷嘎活佛举行升座典礼，留在佐钦颇章培养为其承继者，接受出家顶发并赐法名德确多杰。二十岁时，活佛在持戒者根确扎巴前接受近圆比丘戒，广传戒律传承并赞许为戒律清净之典范。在怙主第五世佐钦法王座前，圆满闻受所有前密经教伏藏法的灌顶、教授及窍诀并实修。从依普察·阿根堪布、文殊化身麦旁、堪钦先嘎等善知识足莲，全面、透彻地学习显密教法及共同学处，故得名康珠·德确多杰。后来广泛讲授经典大论并撰写许多义词绝妙的著作。因第五世佐钦法王和德贡二活佛共居同一佐钦颇章，共同致力于弘扬整个教法和各派正见的事业故，被广泛誉为“师君三尊”重聚于一时。

佐钦法王圆寂后，大经堂等建筑遭受火灾，但及时重建，修复如初。尊者三十八岁那年开始担任寺院住持七年多。尊者还前往麦洼万象大慈法轮寺传授大宝伏藏灌顶，前往其他众多分寺传法，弘扬妙法灌顶、教授及窍诀的传承。尊者于藏历第十五绕迥金龙年圆寂。从尊者圆寂以后至第六世佐钦法王升座之间，除了索巴总管家力行道场各项事务，成绩显著之外，没有高僧担任过寺院住持。

第十一代法台住持　第六世佐钦法王邬金吉扎向秋多杰

第六世佐钦法王邬金吉扎向秋多杰无比统领三界者，如同其上一世法王的授记文中云：“尤为殊胜圣地桑耶之，至北向北而往城邑中，方便智慧‘鄂俄’融合名，清净本列德瓦之种性，示现入胎降生之瑞兆，世代具缘威猛之本尊，具足威力护法四部之，不逾金刚誓言护持下，不久将会住持大道场。”此外，在佐钦志美活佛等很多圣者都一致授记赞颂的无欺金刚教言中，在南方吉祥札日札空行勇士汇集之圣地，伴随着种种祥瑞征兆，于藏历第十六绕迥木猪年（公元1935年）诞生。父亲为其上一世法王的高徒、成就智者瑜伽士阿卓昂旺罗布，母亲为具有空行德相的札日札次仁曲珍。出生不久，灵童就被供奉在狮子顶举的金座之上。

灵童天生具足无与伦比的宿慧，文字读写等初学知识一点就通，在经师白玛才旺大堪布前系统学习十明文化及其分支学科，未经长期苦学而熟练掌握。很小就能背诵《三律仪》《功德藏》，能担任佐钦寺各大法会的法主。到八岁时，在大圆满持教者吉美·拥丹贡布座前受沙弥戒，首次担当有几千僧众念修的莲师大法会首席法座，法、处、时、师、眷皆成圆满。即使是寒冬季节，天空雷声阵阵，地上盛开角嵩花等显现人天诸道欢喜之奇特征相，居于法会最胜金刚上师宝座。

法王依止经师吉美·拥丹贡布为根本上师，一直形影不离，听闻《空行心髓前行》与《普贤上师言教》等前行法部，《上师心滴》的单传，《大圆满心髓四部》《龙钦心髓二部》的灌顶与口传、《龙钦七宝藏》、《吉美林巴全集九函》等传讲和窍诀，获得如量证悟。

在佐钦岭喇活佛土登协珠成列嘉措前，闻受从第五世佐钦法王土登曲吉多杰传承而来的嘎玛经教与《大宝伏藏》的灌顶和口传。

另外，以三欢喜依止白玛塔确罗丹大堪布（阿布拉贡），在其座前闻受大圆满上师智慧，巴珠仁波切和麦彭仁波切的著作文集口传。

在第六世尼札活佛土登沃萨丹贝尼玛前闻受尼玛扎巴和巴沃离绕扎的所有伏藏法的灌顶与口传，江玛寺堪钦托噶如意宝座前听闻大幻化网续的讲授，嘉绒朗珠活佛座前听闻上师意集等伏藏法门的灌顶和口传，父尊阿旺罗布座前听闻宁玛续部的口传与功德藏的讲解。于卸任堪布土登年扎和卸任堪布白玛才旺座前听闻十三部大论。赤修·根嘎巴登、穆日·白玛诺布、善知识慈诚罗珠、直贡大伏藏师等许多贤哲足莲，闻受前后各派的诸多法门、灌顶、口传和窍诀，前后四次前往宗萨寺，在第二世钦哲确吉罗珠座前，圆满接受经教嘎玛、大宝伏藏、仪轨全集等前后密各教派的传承法门的灌顶、口传和窍诀。法王十七岁起担任道场住持，期间很多次闭关修行，依次第念修各部本尊并获得成就验相，现前所修智慧故，在共同化机前留足迹于石头，小片法衣也能避御病灾及刀枪之害，以怀业他现之三摩地役使天龙八部，使其从事所托事业等，示现无量共与不共事业。

二十岁那年与经师拥丹贡布、大珠巴活佛、小灵童白玛格桑活佛等五十多个眷属前往卫藏，向以释迦二尊为主的身语意能依，以及桑耶寺、青朴、仓邹度母殿、扎日神山等庙宇、道场、修行院和松赞所建镇肢、镇节各寺院会供、供养布施、供灯等，为世界和平、消除灾难、教法兴盛作了祈祷回向。尤其发愿恢复已衰败的宁玛六大祖寺之一的琼结巴日寺，并得到达赖喇嘛和噶厦地方政府的赞同和支持。

当时，第十四世赖喇嘛依照之前的传统，为法王在布达拉宫举办升座仪式，为法王赐予“玛哈班智达额尔德尼呼图克图”的名号，以及与高贵身份相适应的圣物，并将法王推奉为教法领袖。

受敏珠林寺和多吉扎寺的邀请，前去灌顶传法。回寺途中，前往吉美林巴尊者的才仁炯寺传授龙钦二部口传等，尼玛扎巴的尼扎寺传授《三宝总集》等灌顶，向途中经过的色须寺等很多卫藏康三地大小寺院发放布施、献斋以及供献能依所依，并以清净祈祷和意愿作了临别回向。

法王二十一岁时，在经师吉美·拥丹贡布座前接受圆满比丘戒，并根据外别解脱经典护持戒律，丝毫未过开遮之界；内佛子菩萨之行对众生慈悲为怀，亲如独子；秘密以清净三味耶登上二次第自在瑜伽三部九乘成就者之王位。

之后，到成都、重庆等内地，来回的途中前往塔公木雅等地区的许多佐钦分寺为僧俗信众灌顶、传法。沿途许多信众恭候在法王的必经之路，法王为他们作简短传法和开示教导。所有供养财物悉数回赠。途中看到第五世达赖喇嘛预言将建佐钦道场的圣地木雅多拉噶姆，法王一行在眼能望及多拉噶姆的路边，作了烟供和祈祷：祈愿消除一切魔障违缘，成熟吉善缘起，愿达赖喇嘛和历代佐钦法王的“圣地多拉噶姆成为佐钦第三大道场”的发愿圆满实现。回到佐钦后，

法王精勤广行弘法利生、管理寺院及分寺之事业

藏历土狗年（1958年）秋天，第六世佐钦法王带着十五岁的白玛格桑活佛，专程前往嘉吉扎嘎修行处，向堪钦土登念扎大堪布悲伤劝请道：“不久的将来，佛法将有衰败违缘，这次请您不必考虑我，而要摄持此活佛，要作其年龄数目的长寿灌顶。”当时，在场学徒眷众皆有见闻，他们看到第六世佐钦法王用一天的骑程，亲自带活佛前来灌顶，以为活佛有生命违缘，没有想到更多。堪钦为活佛作了十五次长寿灌顶及广深祈祷。

有一天，法王用手抚摸少年白玛格桑活佛的头，认真地说：“我的主人是你！”活佛后来说：“当初，对于法王的异常言行，我没明白是什么意思，后来我才知道法王当时所说的是授记未来之言。当时的情形如同烙印般深深地镶在了我的脑海里，无论苦乐变迁，我都时时铭刻在心。”

有一天下午，法王突然对侍者顿珠平措和索囊多丹说：“快准备一些供品，我要去一趟中湖莲师修行洞。”

两位侍者说：“现在已到下午，坐骑也没有准备好，是不是明天去为好？”

法王说：“必须得今天去，没有坐骑步行也可以。”

于是，师徒一行步行来到中湖莲师修行洞，在莲花生大师“如我一般”像前做了一个简短的会供。其间，法王用法衣蒙头哭了一阵，然后，写下了一篇短文放在莲花生大师像心口处的法衣内。回程时由于天色已晚，法王顺路来到住在丹坚刚的父亲、大成就瑜伽士阿旺诺布的闭关驻地。当父亲问他们为什么急匆匆前来时，法王说他们是来做会供的，但没有具体解释原由。父亲又向索囊多丹询问为什么一定要在今晚来做会供，索囊多丹把事情经过如实相告。父亲听后，立即派侍者桑腾去把那篇短文请过来。当桑腾迅速带来那篇短文后，父亲看到上面这样写着：

“由于时劫衰落和各种违缘，此生中没有做出利益佛法和众生的贡献，但下一世能广弘佛法、利益众生，尤其能担负起弘扬佐钦传承的重任，并已为此做了广大的祈愿。”

父亲看后十分惊讶，殷重劝请道：“大乘菩萨的发心，越是世态没落之时就越发精进，您不能这样发心，您要长久住世啊！”

法王听后露出了笑容，但却没有说什么。看来，他在那个时候就已经心向他界了。

这是根据如今还健在的、法王当时的侍者索囊多丹的回忆写下的。

法王二十四岁那年年初，根据莲花生大师的许多伏藏授记、佐钦护法殿供奉的当坚护法像几次脱帽等预示灾难的恶兆和当时很多高僧的觉受征兆等，法王以其证悟者的显见和现量所见，预知将要发生的佛法和佐钦寺的违缘障难。

经过全面思虑之后，法王决定立即将寺院和颇章的所有财产划为四部分全部分送出去，一份送给僧众个人使用；一份送给佐钦村民；一份送给僧众各自暂为保管，以后寺院日常开支和开法会时各自将保管的财物拿出；一份用于当时开法会。法王把本寺和分寺的所有活佛和堪布，以及许多僧众，特别是年少小僧，都召集到佐钦寺，用了几个月的时间无有间断地传授经教嘎玛、上师心滴四部、龙钦心髓二部、仪轨全集如意宝瓶等灌顶和口传，并作了许多利益此生来世的教导和对未来的预言。法会中以几十万供灯为主的无量供云供养三宝，以莲师意乐成就文及相关成千上万的会供之轮作酬补、清净业障等仪轨，僧众念诵《大藏经》及日夜念修密咒，以往托付给护法很难拜见的三能依，在此时开许礼拜并灌顶示众。法王为年轻者作了长寿灌顶，为年老者传讲颇瓦法，以此会集在同一坛城之因缘，作了在未来相聚在同一刹土之发愿，并祈祷世界和平、消除佛法的暂时灾难违缘，将来佛法恢复兴盛，众生幸福安康。

此年冬天，佐钦法王等佐钦寺的二十几位活佛和管家，被要求参加在德格县城开办的政治学习和劳动改造。几个月之后安排法王和经师拥丹贡布两人回佐钦参加解放民众大会。临出发之际，法王殷重吩咐颇章管家索江道："你要看护好格桑活佛，我们很快会见面的。"如是以预知过去未来的清净智慧，串习佛子密意法行等日光普照般的不共传奇中，法王二十五岁那年即藏历第十六绕迥土猪年一月一日傍晚在东钦山上，利益化机事业暂告结束，法王修持颇瓦法，当时第六世雪谦冉江在法王身边，他请求法王长久住世，停止念修颇瓦法。法王没有答应，说："请你也帮我念颇瓦法，这样最好。"而示现色身趣入寂静界之相。一月五日，以经师晋美拥丹贡布堪布为主的僧俗信众，在扎溪卡昌沙的扎隆多之地将法体荼毗，天空中出现佛像和法器形状的云彩，荼毗烟中降下无数芥子般的舍利。打开荼毗塔，一块头骨额头处自然现有'阿'字，以及心舌眼不畏火烧而留于福缘所依，使见闻法王最后法行者的心相续中播下信心解脱之善种。

一月八日夜晚，经师晋美拥丹贡布大堪布的光明本智中显现此等境相："诸佛真身金刚持，大恩至尊莲花生，至诚深心作祈祷，祈愿心事如意成。东方白云之下方，心髓明点精华滴，名为丹札达热家，奇异明点将成熟，悲喜交集觉受中，境相显见时时生，暂时保密于心底，如同印封比日口。"如是书写认定第七世转世活佛的预言，交付于侄子索囊多丹并殷重嘱托。不久，索囊多丹见到白玛格桑活佛，当即把这份极为重要的预言书交给了活佛。从此，活佛把这份预言书和第六世佐钦法王的舍利舍命相保，留存至今。直至2003年，经师晋美拥丹贡布的心传弟子阿江多丹尊者根据预言书所指示的灵童出生地方向、父母名字和尊者禅定中的清静显现认定了第七世佐钦法王，并取名为白玛嘎王沃萨日波。

第六世佐钦法王的弟子有：怙主白玛格桑法王、第四世多智钦法王、珠巴活佛土登尼玛尊者、大成就者阿江多丹尊者、谷嘉色活佛、土登尼玛活佛、木雅土登曲扎堪布、大成就者夏扎桑吉多杰、佐钦邬金活佛等佐钦寺及分寺的诸多活佛、堪布及僧众。

第十二代法台住持 遍主法王白玛格桑

在如量伏藏中授记道："莲花生大师将以比丘善知识之相降临于世。"如是，为全面恢复佐钦大圆满寺圣法而极具发心誓言威力的应时大圣者，大圆满灌顶、讲授传承持教者，乃土登隆多丹毕坚参或名白玛格桑。尊者于藏历第十六绕迥水羊年即公元1943年6月6日，诞生在雪域圣地多康六岗中的色莫岗所属由扎嘉多杰彭修山神所护佑之地，如苍龙缓缓流向东方之雅砻江上游，大菩萨巴珠·邬金晋美曲吉旺波、智者之王居·麦彭朗嘉等成就智者相继诞生加持之圣地，北方部落扎溪卡的下格则部落一名为尼玛丹多的悦意草原上。父亲为部落头人、熟练于丈夫九能的霍须家族晋美顿珠，母亲为持明成就瑜伽士佐钦阿卓之女，舌头上自然显有种子字"ཨ"，具有空行德相者诺尔央。尊者出生时，出现缸中水变为牛奶，降下甘露细雨，天空布满彩虹等很多祥瑞征兆。在最初入胎之时，此家老奶奶就梦见发光的水晶宝塔降落在帐篷之上，周围开满以前从未见过的花朵等种种瑞相，此等殊胜事迹，在民间广为流传。其舅穆日活佛白玛诺布为灵童取名白玛格桑。

五岁时，与其上一世德确多杰修行时同住佐钦颇章的一个房间中，有很深情谊的佐钦康珠活佛来到扎溪卡，并亲临霍须头人家里。灵童一见到康珠活佛，就像遇到多年知交，高兴地坐在了康珠的怀里，特别是看到康珠佩戴的其上一世小刀时说："这是我的。"在场人员大为惊叹，都对此灵童为真实转世活佛深信不疑。此后不久，蒋扬钦哲确吉罗珠、佐钦如意宝·吉扎向秋多杰、志美活佛等具足慧眼如量大德们，在金刚教言中所授记的灵童父母，诞生地等皆成一致，认定为大密续部持教者白玛班札大堪布第三世转世活佛。佐钦寺特派佐钦博巴活佛前往扎溪卡，宣布认定并献上法衣。七岁时，在扎溪卡江玛寺从依第六世佐钦法王专门派去的佐钦曲觉堪布为经师，学习文字读写及历算学，以无比宿慧不依勤作而熟练掌握。十岁那年，佐钦寺以最隆重的"远迎""中迎""近迎"三式迎请灵童，灵童和舅舅穆日活佛白玛诺布、父母等二十多位眷众一起前往。"远迎"是僧众从佐钦骑行五天马程前往灵童住地迎接，"中迎"是僧众在佐钦地界候迎，"近迎"则是几千僧俗信众在佐钦寺内候迎，仪仗僧众手持宝伞和胜幢于前导引，其他众人于道路两旁列队恭迎，迎请到佐钦颇章自在成就永寿宫中。宝髻佛化身第六世佐钦法王吉扎向秋多杰、杰尊·桑格旺修和吉美林巴尊者合而为一之化身晋美拥丹贡布大堪布两位大德为灵童升座并灌长寿顶，第六世佐钦法王和佐钦康珠活佛接受灵童顶发。当日，参加盛典的所有大众都看到天空出现日月星同辉之景象，齐声赞美这是开启无比善业大门之祥瑞征兆。之后，第六世佐钦法王和经师晋美拥丹贡布将灵童带在身边，同住一室，特别培养。

到了寺院不久，舅舅穆日仁波切带着灵童，参拜在忿怒文殊洞终生闭关修行大圆满而证得法性遍尽处的大成就者阿布拉贡或名堪钦白玛塔确罗丹。堪布非常欢喜，并授记道："虽然前世我上师的利生心愿因违缘没有圆满，但此转世活佛必定对佐钦传承侍业贡献巨大。"因堪布年岁太高，视力弱，背读传授巴珠仁波切所写的"多劫前断欺诳之密意……"等偈颂，并开玩笑地说："下次再来时要背诵考试噢。"还将《窍诀三要句》本颂，作为独传详细传讲给灵童以后说："大圆满六百四十万续部要义都包含在此法里。"后来，堪布圆寂之时，交代近侍将他最珍贵的《龙钦七宝藏》交给灵童，后来大家认为这代表交付了殊胜密意传承。灵童依止经师晋美拥丹贡布大堪布为根本上师，闻受《心髓四部法》灌顶和教授，《法界宝藏》《实相宝藏》《如意宝藏》《窍诀宝藏》《词义宝藏》《普贤上师言教》《上师智慧》及其背文，《杰尊心髓法》的灌顶教授，《眈执自解脱》灌顶、教授及口传，甚深见地派的《菩提心传承》《窍诀三要句》以及上师本人著作，此等法门作为单传心法传给第六世佐钦法王与活佛，并交付祈愿。活佛在第六世佐钦仁波切座前，接受《龙钦心髓二部》《仪轨全集·如意宝瓶》《总经意集密续》《静猛幻网续》等灌顶、口传和窍诀。

藏历木羊即尊者十三岁那年，在大持戒者晋美拥丹贡布作为戒师堪布，殊胜智者白玛才旺任业轨范师，诺央大堪布任屏教师，土登念扎大堪布和白玛曲巴为增补师的如数僧宝前，接受沙弥戒。之后，在称为浊世第二优婆离的大持戒者，善知识堪钦旺地座前，以东律宁玛别解脱戒传承接受比丘戒，法号土登隆多丹毕坚参。在土登念扎大堪布前闻受《胜乘宝藏》的讲授；在舅舅穆日·白玛诺布前闻受大成就者第一世佐钦法王白玛仁增的《大圆满掌中窍诀》《中阴引导六法》《大圆满空行心髓前行》；在瑜伽大成就者阿旺罗布处闻受《功德藏》的讲授，《宁玛续部集》之口传；在博珠多昂·丹贝尼玛处接受《续部文殊法》的灌顶；在白玛沃萨活佛处闻受《吉美林巴全集九函》的口传。跟随佐钦法王前后三次前往宗萨寺，每次为期两三个月，在蒋扬钦哲确吉罗珠座前闻受《前密经教部》《伏藏大宝藏》，第五世达赖喇嘛的《净现秘印二十五法》《时轮金刚》等所有经教伏藏前后译续部等的成熟灌顶，摄受传承圆满。十三岁那年，跟随佐钦法王前往拉萨，朝拜很多寺院和圣地。参加了依宗教传统由达赖喇嘛为第六世佐钦法王在布达拉宫举行的升座和封印仪式。十四岁之十六岁之间，在佐钦才仁炯（长寿谷）专门教授论典的讲师白玛才旺大堪布处，圆满闻受熙日森佛学院教材十三部论典及其分支学科，《幻网续疏·十方除暗》等所有显密经典讲授。当时，活佛在每日课堂上熟练轻松地完成背读《本颂》和宣讲经论两页的考试，令同修们为其无比天生智慧感到惊讶。活佛十五岁即藏历土狗年秋天，第六世佐钦法王带着尊者，专程前往嘉吉扎嘎修行处，向堪钦土登念扎大堪布悲伤劝请道："不久的将来，佛法将有衰败违缘，这次请您不必考虑我，而要摄持此活佛，要作其年龄数目的长寿灌顶。"当时，在场学徒眷众皆有见闻，他们看到第六世佐钦法王用一天的骑程，亲自带活佛前来灌顶，以为活佛有生命违缘，没有想到更多。堪钦为其作了十五次长寿灌顶及广深祈祷。

第二年冬天，第六世佐钦法王和经师拥丹贡布等佐钦寺的二十几位活佛和管家，被要求参加在德格县城举办的学习活动。几个月之后安排法王和经师拥丹贡布两人回佐钦参加民众大会。临出发之际，法王殷重吩咐颇章管家索朗江参道："你要看护好格桑活佛，我们很快会见面的。后来管家说，当时他还以为法王指的是在德格的这段时间，根本没想到这是在授记未来。

后来，活佛去甘孜师范学校，和许多年幼的活佛们一起参加学习。后因故学校解散，活佛独自步行回到佐钦。在无常变化之中，寺院和僧团都不复存在了。有一天晚上，活佛站在寺院的废墟中，暗暗发愿：将来美好时光来临之时，我一定要恢复佐钦寺。

之后，活佛想去拉萨寻找在隐地修行的善知识而依止。但管家索江谨记第六世佐钦法王的嘱托，希望活佛留在他身边，未能出行。此后的二十多年里，活佛遭遇了内、外、密各种艰辛和违缘，但是，尊者始终保持纯金般的圣者风范，丝毫未犯别解脱戒、菩萨戒、密乘戒三律仪的戒律和誓言，使之坚固于诸功德之基。昼夜六时祈祷佛陀教法得到复兴。活佛秘密在山上岩洞中隐藏了很多珍贵的经书、唐卡和佛像，不惜生命危险保密并保护。活佛利用晚上秘密修持，白天在繁重的劳动中，哪怕是在短暂的休息时间，也利用起来密诵本尊心咒，观修大圆满生圆次第瑜伽，使违缘成为道用而证悟得到增益。

藏历土马年即三十六岁时，向竹庆乡政府请假外出，得到准许和书面证明后，和年老的索江管家一道徒步朝拜卫藏大部分圣地道场桑耶寺、钦普、才仁炯及拉萨周边许多寺院。活佛一边朝圣寺院遗址、发愿祈祷佛法早日恢复弘扬、众生得到安乐，一边收集散落在民间的珍贵经书和佛像，每天食不果腹背着重达 80 多公斤重的经书和佛像步行。后来，尊者将珍藏在佐钦山上岩洞中和收集的见者解脱莲花生大师法帽一块、掘藏莲师法衣金刚密道、玉眉释迦佛像、金刚亥母像、时轮金刚像、如我龙钦巴像、铙钹·白哈喜歌、精响铜大铙钹、击钹·普贤供音、娘氏掘藏的四臂怙主像、秋林掘藏颅底莲师像等几十件珍贵历史宝物，大部分供养到佐钦寺法王殿。

1981年，随着民族宗教政策开放，土登尼玛活佛等在佐钦熙日森组织成立四川省藏文学校，尊者给予很大支持，并亲自带路，到各地寻访邀请以佐钦传承弟子为主的各派年事已高的智者，为藏族十明文化之灯盏注入了新的灯油。与此同时，尊者以恢复格萨尔藏戏演出场所为名义开始复建佐钦颇章，当年就建成了第一层。1982年即尊者三十八岁时，为了佐钦寺的教法事业前往印度，但途中遭遇车祸，法体受重伤，在成都住院治疗近一年。尊者经常说："我之所以逃脱很多灭顶之灾，成了佐钦颇章里所住者之中唯一幸存的，而且在佐钦传承处于衰败之末法时代，能够为寺院与佐钦传承做些不俗的事情，全是仰仗第六世佐钦法王的发愿和祈祷应时成熟，以及堪钦土登念扎根据我的年龄如数灌顶加持之力。"随后，又以不退信心和勇气，双手依靠拐杖前往印度，在完成本寺相关法务的同时，朝圣印度、尼泊尔等圣地，拜见了诸多尊者高僧，之后回到佐钦。

此后，尊者继续修建佐钦颇章（法王殿）的第二层，并复建莲师宝殿，不畏劳累，每日亲临施工现场参加劳动。尊者将自己在二十五年中不惜生命危险所珍藏的第六世佐钦法王的灵骨和舍利作为装藏，修建了以金、璁玉、天珠、珊瑚等各种珍宝镶嵌的大灵塔·见者解脱（现今供奉在法王殿），并把自己的所有财产为佐钦寺的重建作了净供。当时，每年的冬天，尊者都闭关潜心静修，前后长达十年。

藏历木牛年即公元1985年，前往木雅地区各分寺，与幸存的老活佛和老喇嘛们见面，共商如何恢复寺院，传承佛法；为新出家的僧众灌顶传法，广弘利益教生事业。在授记中的佐钦寺道场木雅多拉噶姆，闭关念修白度母如意轮，为期一百天。藏历火虎新年十三日出关的当日，给当地新建学校的一百多位学员传《文殊礼赞》，在为他们剪顶发赐哈达之际，初次响起新年春雷，现前神奇祥瑞征兆，开启善妙缘起之门。

藏历第十七绕迥土龙年即公元1988年，犹如伏藏大师白玛朗卓岭巴的伏藏标识文中授记云："熙日森哈讲修院，无畏雄狮宝座上，白玛意化白玛名，能使佛法总和别，善详功德日光明，能弘讲修妙法之，无数莲苗竞绽放。"如是无欺金刚教言应时成熟，开始恢复扩建前密宁玛派讲修教法之源熙日森佛学院，并更名为"雪域智者之源佐钦熙日森五明佛学院"。尊者把过去车祸中所得到的少许赔偿金，作为种子资金，经过无比发心和长期的努力，在原来的基础上扩建，正中为大经堂，四周四合院形两层僧房，尊者亲自带领学僧和当地信众参加工地劳动。与此同时，历经艰辛，寻访邀请当时几位住世的佐钦传承的智者高僧，弘扬一切教法的根本三律仪仪轨，传授别解脱戒传承，为几百位新出家的僧人传授沙弥和比丘戒。从根本上恢复妙法之基。重新点燃了十三部大论讲授、闻思讲修显密教法和五明学处的圣火，妙法之光照亮了沉睡三十多年的吉祥熙日森。至今，熙日森佛学院培养了从三大藏区前来求学的几千名三藏法师，包括上百名活佛和堪布。学成之后，他们在藏区、汉地及世界各地广弘佛法、利益众生。

为了传承后继有人，认定了诸多佐钦寺和分寺的活佛。关于活佛的认证方面，规定在其未满二十五岁之前，要进行详细观察，此后若具备贤正善之功德，且闻思修讲辩著通过考试，才能正式升座。

每年冬天的大部分时间里，尊者在熙日森佛学院闭关修行，每日上午上座进行生圆次第观修。有时候，为各地众多持教大德及僧众传授《总经意集密续》《仪轨全集·如意宝瓶》《静猛幻网续》《心髓四部》《心髓二部》等的诸多灌顶及讲解多次。另外，只要有闲暇，也根据众生各自的因缘，相应地传授灌顶、讲解和窍诀。尊者亲临青海湖周围、上下果洛地区、格吉、当拉仓、上下扎溪卡、扎科、玉科、多钦、上下木雅、理塘、巴塘等三大藏区的佐钦二百多分寺传授戒律、前密经教伏藏法的灌顶、口传，所有供养悉数回赠，鼓励他们恢复寺院、创办佛学院。前往西藏中部的多吉扎寺、敏珠林寺，才仁炯寺，桑耶寺，直贡、后藏和藏北等很多寺院、道场和地区，为僧俗信众灌顶传法，为各地派遣新建讲修道场的堪布，提供物质条件，弘扬三律仪教法之本，发展戒律传承。尊者说："再弘期我有幸成为第一个在戒律中心桑耶寺传戒之人、第一个在大密密续中心敏珠林寺举行经教密法灌顶，都是上师三宝的加持和前辈高僧的愿力之故。"到目前为止，仅在尊者前接受出家沙弥戒和比丘戒的有近上千人，如是在佛法再弘时代，对传播自派无垢教法贡献巨大，恩德无比。

公元1998年即尊者五十六岁时，根据佐钦很多已故和在世具有增上意乐者的愿望，以及寺院堪布、活佛等僧众的强烈要求，也考虑到第六世佐钦法王的遗嘱，尊者开许担任四年的佐钦政教总管。在佐钦本寺，尊者委任五位持教活佛，制定了新建以大雄宝殿为主的五座大殿及其内能依和组建常住扎仓，将原有新旧经教伏藏的修法、金刚舞、佛乐等均恢复到无伪自派传承等一系列规划。尊者本人在白玛班札大堪布的道场，佐钦寂静处白玛草甸，新建了名为"教证妙法·莲花喜苑"的大道场，屋顶皆为黄金所造的莲花宝殿·雪域庄严及其能依所依，金壁辉煌，蔚为壮观。在此圣地，从藏历第十七绕迥水羊年起，广转大圆满甚密窍诀心髓法的成熟灌顶与教授法轮，摄持无数善缘化机。先后有数千名各寺院的重要活佛堪布在此接受尊者大圆满法的教法传承和灌顶。每年举办盛大的菩提万供法会和极乐法会。数次前往佐钦寺青海各分寺为当地僧俗信众传法。尊者获奉佐钦熙日森五明佛学院最高教衔、此前只有佛子先盘塔耶和堪钦白玛班扎才获得的遍主法王称号，是当代藏传佛教大圆满法传承上师的杰出代表。

总之，此圣者的一切身心威仪都贡献给了整个教法，尤其是前密大圆满佐钦巴之讲修殊胜事业，祈愿尊者足莲犹如金刚七法之性，住世无量之劫，如意成就利生利教之宏愿伟业。

诗曰：

无量无边时劫之前叶，成等正觉善逝宝髻佛，
然以大悲怜悯化机前，示现化身之鬘越思量。
殊胜贤善成就功德藏，无余自在统辖骄气盛，
圣者群芳丛中如莲花，极为庄严胜出持明者。
遍及永恒光明之心性，现量直指妙乘大圆满，
执持圣教命脉之法王，奇哉幻化色身之游戏。
诸乘之顶了义精华法，秘传经教伏藏净现之，
护持发扬自派法不衰，不依他方善妙事业旺。
不变清净大空法之界，远离戏论虚空瑜伽之，
深意通达具足金刚意，堪称光明圣教大车辙。
佛法精华大密前译派，具足六胜妙法之王权，
教法顶饰金刚阿阇黎，政教业绩无边难估量。
无畏发心祈祷海之力，应时成熟之风促使故，
现前安置无余众生于，菩提大乐金刚上师尊。
历代大德圣者之化身，犹如珍珠串联之宝鬘，
贤善正之功德少年华，装点教法宝塔之严饰。
殊胜利乐花瓣茂盛之，妙法睡莲无比呵护者，
智悲功德犹如圆满月，持教圣者星中极美丽。
善业无尽福德大车规，所引三密幻化之游戏，
历代转世如意摩尼宝，雄居前密教法海之顶。
无比事业不空绢索力，摄持十方教生之利益，
历代住持大德法王之，伟业光芒普照此圣地。

藏传佛教大圆满传承史·如意宝鬘之世与出世二事业之主历代住持及传承弟子传记之第十二章终。

第十三章　附说佐钦寺其他历代持教大德传记

第一节　历代本乐活佛

佐钦寺历代化身持教大德中，“三大住持活佛”之一的首座住持历代佐钦法王在历代住持传记中已详说。补处住持第一世本乐活佛朗卡沃萨诞生在那雪地区，依止自在成就者白玛仁增，成为殊胜成就智者，担任第二代法台住持等也已在上文尽述。

第二世本乐活佛白玛桑阿丹增，于藏历第十二绕迴阴金猪年即公元1732年，诞生在邻近佐钦寺的司昌多杰雍仲杂神山所护佑之悦意草原上，父亲桑培的家族姓氏为格培。尊者自小天生具足厌烦肉食等菩萨德相，根据杰温上师和佐钦法王的旨意，认定为本乐转世活佛，在寺院举行升座仪式，献顶发出家为僧，法号白玛桑阿丹增。藏历金猴年即尊者十岁时，跟随佐钦法王晋美塔确丹增前往卫藏地区，在多吉扎夏仲座前接受沙弥戒，在敏珠林法王仁青朗嘉、洛扎心子确珠巴、巴茹活佛洛桑白玛等座前闻受多法，尤其是在第二世佐钦法王座前闻受所有甚密大圆满灌顶、教授及诀窍，并居于一处闭关修行达十二年之久，获得成就。每年传授观修法两三次，使弟子常年置于瑜伽修行之中。

尊者具有无碍神通，能降伏起尸。所有人都将其说作为如量法语，任何事都向他请教。有一天他闭关时，亲见黑身玛哈嘎拉本尊，他叫侍者拿来纸笔，说，“在佛堂里面闻到一股味，一黑身之相显现我面前。”经常道出一些如“才崩松多经墙哈拉玛，此亦上师我所建能依”“自如调换饮碗之内外，此亦上师我显之成就”等证得法性遍尽王位德相的不作任运法语故，众人称他为“本乐呆子上师”。因坚守先师祖辈的传统而不希求新开修供等有戏论仪轨法会，密意高深超凡，故对寺规章法方面从不精进。因此，在此尊者时期，由杰温·白玛根卓和朗卡才旺确珠二位担任补处住持。因各方信众对其生起无比信心，供养财物如同潮水源源不断，但他从不花费信财而用于建造佛三能依。开创久美塔确丹增上师的圆寂纪念日供修法会。每年进行印塑泥像，石刻经文等善业，在才崩松多建造了刻有五百万密咒的石经墙，以及佛塔等而圆满利生之业。藏历第十三绕迴木牛年即公元1805年，尊者七十四岁之时，在佐钦寺示现神奇征兆而密意趣入法界。

第三世本乐活佛朗卡曲吉嘉措，诞生于藏历第十四绕迥初期，由第四世佐钦法王认定并迎请至寺院培升座，但住世仅十五年而圆寂。

第四世本乐活佛晋美曲央沃萨，诞生在日当道场附近的嘉贡·协珠之家，得到第四世佐钦法王的认定并升座。法王对其亲自培养。在地震重建时，协助护持第四世佐钦法王管理寺院事务。担任道场住持时，从杂科地区召集八十位名为“根秋”的僧众来到佐钦寺，加以培养。具有以一声六行之六音神通传大藏经的口传等不可思量的智悲能功德。

第五世本乐·根秋丹贝尼玛晋美沃萨多杰，诞生在离道场不远的嘉贡·巴登之家，由第五世佐钦法王土登曲吉多杰认定升座并培养，自在于颇瓦法等获得成就之殊胜事迹甚多，二十七岁圆寂。

第六世本乐活佛土登晋扎才旺多杰协珠诚烈吉祥贤，于藏历第十六绕迥水龙年即公元1925年，诞生在邓科地区阿土之家，是第十六世噶玛巴柔比多杰的弟弟。由第五世佐钦法王土登曲吉多杰认定为佐钦本乐转世灵童并取法号，迎请到寺院升座、培养。依止土登念扎大堪布为经师，在其前学习共与不共明处而得通达，依止白玛塔确罗丹大堪布为根本上师，听闻甚深心髓法门。活佛到了道场不久，遭遇生病等一些违缘，就前往邓科莲花山和噶玛巴道场楚普寺闭关修行多年。之后，与其兄第十六世大宝法王噶玛巴一道前往锡金，广行利生利教事业，1962年尊者三十七岁时在锡金绒迪圆寂。

第二节　历代谷夏格蒙活佛

第一世谷夏格蒙活佛为佛子先盘塔耶，其生平已在上述传记中提及。

第二世谷夏活佛土旺丹贝尼玛或名嘉色先盘曲吉朗瓦，于藏历第十四绕迥后期，诞生在拉萨妙法净土一个种姓高贵的噶厦要员之家，获得第四世佐钦法王美久·囊卡多杰的认定，迎请至日当道场升座。天生慈悲功德滋润心间，依止其上一世心子巴珠·晋美曲吉旺波、白玛班札大堪布为主的十几位智者，圆满学习声明、因明、工巧、医学等共同明处和内明大论等不共明处，尤其是以满瓶倾注之式闻受前密经教伏藏法的所有灌顶、教授、窍诀传承并实修。活佛少年时期很顽皮，经过巴珠仁波切写信调教以后，变得非常调柔安静。二十岁，在白玛班札大堪布座前接受比丘戒，毕生未染丝毫犯戒之过而成为律藏教法之顶饰。 后来，第五世雪谦冉江·晋美根桑丹毕坚参在此尊者座前接受圆满戒并弘扬此戒传，是故，此前译宁玛派别解脱戒传承流传至今。

尊者二十五岁起，以泥封房门之式闭关静修，毕生实修密续生起次第与圆满次第要义，尤其是通过修行大圆满法获得成就。因为终生闭关，仅从屋内窗户口为各方求法参拜者祈祷加持。用所有供养财物建造了精美的金铜佛像和唐卡几百件，金汁书写和木刻佛经数不胜数。在堪钦白玛班扎与尊者的劝请下，文殊化身麦彭仁波切对遍智绒隆二尊文集作整理校对，尊者又发心出资。在熙日森佛学院将其建造为木刻版等，总之，以三轮法行广弘利生利法之善业不可思量，最后，此生利他事业暂告圆满，现量示现内外密解脱之相而融入法界。

第三世谷夏活佛嘎旺烈绕岭巴，于藏历第十六绕迥金马年即公元1930年，诞生在德格王下属官员沃曲·土登和索朗拉姆家中，由第五世佐钦法王土登曲吉多杰认证并升座。从依隐修者根嘎巴登、阿布拉贡、第六世尼札、经师堪钦拥丹贡布、岭喇活佛土登诚烈嘉措等圣者，无余闻习经教伏藏净现诸法的灌顶教授传承，在尊者自己的经师堪布白玛秋华处学习共同明处，以及中观、般若、律仪、俱舍等不共明处，俱生智慧无与伦比。尊者未经过学习而天生通晓医学和工巧明，在真实境相或梦中得到莲花生的亲见和随许，开启《心髓三根本》《空行母白益西措嘉仪轨》等许多密意伏藏法的表示文，具备无碍神通，所有授记预言全部得到验证而正确无误，成为远近闻名的“预言谷夏”。此外，还在日当夏琼山谷的岩石中掘出充满甘露妙药的神奇白螺，在日当长寿谷圣地掘出一卡许高的响铜金刚手像，在霍拉嘎岗山头的央卡岩山，掘出本师释迦牟尼佛像，在佐钦寺附近上方泉水中掘出能仁王佛像，在雅砻地区掘出莲师像等很多示众伏藏和秘密伏藏品。在前往卫地时，值遇桑耶寺求降乃琼护法加持法会，降神师当众将尊者迎请至法座上。

尊者复建熙日森佛学院院内的护法殿，为了消除将来违缘，乃琼护法授记要建造普巴金刚像，为此尊者捐出乃琼护法供养他的饰品金银宝镜和金丝缎围腰。经常为熙日森佛学院十方求学者赐予前后经教伏藏法的灌顶口传，如是广行善妙事业。二十九岁时在康定圆寂。圆寂的当天晚上，脱下所有法衣送给周边人，以平等住之式入座当下圆寂。此后的很多天里现量见到虹光密布等奇特瑞相，使周边人大为惊叹。

第三节　历代白玛班札大堪布

第五世佐钦法王土登曲吉多杰事业继承者，称为“德贡钦三活佛”中德确多杰的第一世，白玛班札大堪布事迹请参阅下文历任法台堪布传记，第二世堪祖·德确多杰和第三世怙主白玛格桑二位尊者事迹已在历代住持传记中详述。

第四节 历代佐钦康珠活佛

第一世佐钦康珠·贡确丹毕坚参，诞生在德格地区世代为德格王大臣的江康家族中，由第五世佐钦法王土登曲吉多杰认证为其上师蒋贡康楚·云丹嘉措的事业化身，迎请至佐钦寺培养。他与德确多杰毕生同住佐钦颇章的一个房间而有很深情谊，在土登曲吉多杰法王，堪钦先嘎等诸成就智者前，广泛闻思显密教法与各大明处。此尊者一生致力于修行持咒而未参与寺院法务，第五世佐钦活佛与德确多杰圆寂以后，佐钦颇章的寺院事务由管家处理。尊者认证第六世佐钦法王吉扎向秋多杰并主持升座典礼，为其传授佐钦法门传承等年寿事业均圆满而趣入法界。

第二世康珠活佛根秋晋美旺波，于藏历第十六绕迥水蛇年即公元1953年，在离日当圣地不远的嘉多地区，父亲嘉嘎扎根家中诞生。由第六世佐钦法王认定并主持升座。活佛年满九岁时，因世事变迁之故而早逝。

第五节 历代佐钦钦哲活佛

第一世佐钦钦哲活佛谷茹才旺，于藏历第十五绕迥火猴年即公元1896年诞生在贡波地区。第五世佐钦法王前往卫地途中，认定他为其上师蒋扬钦哲旺波白玛沃萨多阿岭巴的密意化身，为了迎请此灵童和年幼的德确多杰活佛，法王把侍从回派到寺院。从卫藏回寺后，举行了二位活佛的升座典礼并在佐钦颇章培养。依止众多成就智者，闻思共与不共明处，俱生后天智慧殊胜广博。尤其是在第五世佐钦法王座前圆满听闻并实修前密经教伏藏法的灌顶教授，本来此尊者必定会成为无与伦比的贤善大成就者，但因遭遇违缘障碍而早年圆寂。

第二世钦哲活佛旬努罗珠，于藏历第十六绕迥火牛即1937年，诞生在日当卓日部落的沃萨多杰和蒋扬卓玛家中，在志美活佛首先认证的基础之上由钦哲确吉罗珠最后确定，举行升座典礼并培养，从依经师晋美拥丹贡布大堪布，岭喇活佛等当时的许多成就智者，闻习灌顶、教授和窍诀无数，天生具有殊胜智慧等智、悲、力功德超凡脱俗，但是到了二十二岁时年寿未得到圆满而趣入法界。

第六节 历代珠巴仁波切

对佐钦大圆满传承和事业有殊胜贡献的“根珠岭三大活佛”之一，第二世佐钦法王时期的一世珠巴活佛珠·白玛朗嘉，其化身之源为天竺胜境那若巴大师转世的大成就者珠巴根勒，转世为南康巴道场的历代珠巴活佛等诸多噶举派高僧大德以后，康巴珠巴活佛又以第二世佐钦法王晋美塔确丹增的兄弟之相而诞生，迎请至佐钦寺升座培养，后来另建拉章。在第二世佐钦法王时期，对内外密教法传承侍业贡献巨大，功业圆满而示寂。

第二世珠巴·土登慈诚活佛，诞生在多康杂居嘎妥地区的一牧民家中，从小就示现杀死飞鸟又让其复活等成就者征相，但年寿未能圆满而示寂。

第三世珠巴·土登格勒嘉措，诞生在杂居达衮部落，由第四世佐钦法王美久·囊卡多杰认定并培养，对世与出世法见闻广博，协助第五世佐钦法王土登曲吉多杰担当佐钦寺重任，后半生一心致力于静心修行，见地达到绝顶，成就自他利生事业而圆寂。

第四世珠巴活佛，乃殊胜导师土登多昂协珠曲吉尼玛尊者，于藏历第十六绕迥阴土蛇年即公元 1929 年，在日当圣地附近精通工巧的父亲旺嘉和母亲诺拉家中，伴随着许多奇兆瑞相而诞生。由第五世佐钦法王土登曲吉多杰认定为第四世珠巴活佛转世，取法号为土登多昂协珠曲吉尼玛，七岁起由根秋桑波堪布教授藏文拼写法并轻松自如地掌握。九岁时迎请到佐钦寺举行升座典礼，任命堪布才让诺嘎为经师，在其处闻习《入行论》《三律仪》《巴珠文集》《先盘塔耶文集》《白玛班札文集》，以及共同明处和各法会行持仪轨传承等。十一岁起，以三欢喜之式如法依止善知识白玛塔确罗丹大堪布或名阿布拉贡，闻习《大圆满龙钦心髓前行引导》《大圆满空行心髓前行引导文·善解脱》，并在静处修满五加行和上师瑜伽六百万，三身密咒一千万，断法十万。随后修行大圆满正行教授时，证悟基界本净智慧故，上师非常欢喜地赞扬尊者为立顿根器者。

十五岁时，以阿布拉贡仁波切为戒师堪布，晋美罗珠堪布为业轨范师，堪布白玛曲培、白玛才旺堪布、经师才让诺嘎为补充的如数僧众座前接受沙弥戒，如法履行妙法律经所定制的一切取舍威仪。在佐钦康珠活佛根秋丹毕坚参座前，闻受大圆满心髓四部和龙钦二部等的成熟灌顶教授及窍诀。在第六世尼札活佛土登协珠丹贝尼玛座前，听闻历代佐钦法王文集和所有尼札伏藏法门，且尤大持明者伏藏法门的灌顶教授。在岭喇活佛土登协珠成烈嘉措座前，听闻所有前密经教嘎玛和大宝伏藏法部、吉美林巴九部等。在堪钦阿布拉贡座前闻受龙钦七宝藏、三要义直击法、广行派菩萨戒、麦彭文集等。在经师晋美拥丹贡布座前闻受七宝藏和执著自解脱灌顶与口传、甚深见地派菩萨戒。在土登念扎大堪布座前听闻大幻化网密续部。在瑜伽成就者阿旺罗布座前听闻幻网续注疏除暗法三部、前译续部集、功德藏本颂及注疏等，并作了广泛闻思。

此后，在日当长寿谷，忿怒文殊洞等静处长年修行所闻法门，如量诵修三宝总集、八大法行、金刚萨埵、续部金刚橛、然那岭巴金刚橛、心髓三根本、执著自解脱、威猛母，大般若佛母、文武本尊心咒，达到可行其事业之境界故，在真实境相或梦境中亲见本尊与上师，赐予教授与窍诀。

尤其是不靠所依而自然显现任运超越境相等生起殊胜证悟功德。若对疯癫等病人作断法身舍、沐浴仪轨或者嘱咐护法，病人便立即从病魔中解脱等具有无量加持力。少年时期就在堪钦阿布拉贡处闻习伏藏师尼达桑杰的深道往生法，七天成就而得到验相。堪钦阿布拉贡高度赞扬其为如量成就颇瓦法圣者，劝勉无论是在世者或亡灵，若在此尊者处闻受颇瓦法最为殊胜。后来，尊者在果洛、昌台等地传授颇瓦法时，示现死者脱发、生者暂断分别心等诸多神奇道貌。此外，在夏萨地区西达寺对上千僧俗群众灌顶时，宝瓶甘露享之不尽，在日当圣地为千余僧众传授大宝伏藏灌顶时，天空清晰出现日月摩尼宝图像，颅碗中的密智圣物变为真实甘露等有无数成就验相。

在世事变迁时期，面对任何艰苦和伤害，纯金般的圣者本性无有任何动摇，持戒清静，从未毁污经书佛像。对所有伤害他的人，毫无怨恨，恒持菩提心，并慈悲发愿、回向，消除恶缘和自他业力。秘藏了很多经书佛像，后来全部供养佐钦寺法王殿。在佛法再弘期，为恢复佐钦寺做出诸多贡献，特别是恢复佐钦寺各传统法会，从坛城彩绘到跳金刚舞、佛乐唱诵、手印等传承行持仪轨，都由尊者亲自传授。担任佐钦寺诸多传统法会的法台金刚上师二十多年。为使第五世佐钦法王传至岭喇活佛的极为殊胜的佐钦独特传承得到延续和弘扬，传授静猛幻网、心髓四部法、嘎岭静猛法、且尤法门、前密经教部、大宝伏藏部、尼札伏藏法门、龙钦二部、中阴六教授等的灌顶和口传。还与佐钦寺活佛上师们一起重建莲师宝殿和参与佐钦颇章八十年代的重建。

公元 1999 年，尊者在佐钦寺修建了见者解脱殊胜度母殿，其内正中有两层楼高的度母像，左右依次为金刚萨埵和文殊菩萨，皆由金铜铸造，各种珍宝镶嵌，三主尊由二十一度母庄严围绕。此年，大雄宝殿重建竣工，尊者建造了其中三层楼高的释迦牟尼、莲花生、金刚萨埵三大佛像。如今，以教生吉祥怙主之相仍旧住世，衷心祝愿尊者足莲犹如金刚七性永恒无疆，祈请尊者以广深妙法甘露置众化机于成熟解脱之地。

第七节　历代岭喇活佛

第一世岭喇活佛岭·成就者索朗辛巴，为第三世佐钦法王时代的高僧，于藏历第十三绕迥中叶，在杂居措西地区的岭仓家族诞生。来到日当邬金禅法林，依止杰温·白玛根卓朗嘉、第三世佐钦法王尼邓丹增桑波、本乐·桑阿丹增等上师，听闻经教伏藏总法尤其是光明大圆满心髓法的甚深教授和窍诀。在此圣地的各个静处潜心修行要法而成就证悟自在，成为远近闻名的大持明岭喇成就者。广行利益教生事业，年寿圆满后示寂。

第二世岭喇活佛土登宁协坚参传记将在下文历任法台堪布传记中详述。

第三世岭喇活佛土登格桑嘉措或名晋美才旺诚烈嘉措，诞生在多康德格地区，迎请至日当道场佐钦寺升座。依止白玛班札大堪布、第五世佐钦法王土登曲吉多杰、珠巴·曲央柔比多杰等大德足莲，进行了广泛闻思，但年寿及事业没有圆满而早逝。

第四世岭喇·土登诚烈嘉措，于藏历第十五绕迥中叶，在邓科法轮寺附近朗嘉岭的仁增多杰和仁增娜姆家中诞生。由第五世佐钦法王土登曲吉多杰认定为岭喇转世并培养，从依大智者先盘朗瓦、隐修者根嘎巴登、穆日·白玛德钦桑波等善知识为上师，闻思共与不共学处，尤其是在第五世佐钦法王土登曲吉多杰座前无余闻受前密经教法部、大宝伏藏部的灌顶和口传，并且传承给第六世佐钦法王吉扎向秋多杰、我等殊胜上师珠巴·土登协珠曲吉尼玛尊者等弟子，是故，此传承弘传至今。

尊者二十几岁时，第五世佐钦法王圆寂，大雄宝殿和佐钦颇章遭受火灾，大约与此同时，本乐、格蒙谷夏、根桑、珠巴等诸多高僧相继示寂，转世的活佛也年幼等，寺院一时处于衰落阶段。当时第十代主持由德确多杰担任，此尊者作了全力协助，到各地化缘的一切大小供养物品当众供养寺院，丝毫未享用信财。尊者欢喜以隐修者身份而居，曾三次将自己的所有财物作了净舍。

第五世佐钦法王圆寂后的很长一段时间里，尊者成为佐钦寺经教伏藏等灌顶传承主要持教者，与大圆满窍诀的传承持教者堪钦阿布拉贡一起，成为那个时期佐钦寺两位最重要的传承上师。

在尊者后半生，为本乐意化身嘉斯活佛赐名岭喇谷琼，并封为岭喇拉章继承人，自己在熙日森佛学院山腰过去称为“麦彭修行洞”里，以独门隐修者之式闭关静修，此地被后人称为“岭喇修行洞”。期间，尊者修行生圆次第大圆满法之外，还每年供灯一万盏，并且总是亲手制作全部灯芯。世事变迁之时，尊者因故入狱，几天后，依靠甚深捷道颇瓦法趣入法界。

第八节　历代大珠巴谷钦活佛

第一世大珠巴谷钦·曲央柔比多杰，为第四世佐钦法王时代的高僧，于藏历第十四绕迥土羊年即公元 1858 年，在多康日当右方大自在马王山谷或名达孜白莫绒地区，伴随着缸中水变为牛奶等神奇瑞相而诞生。其父亲是众多圣者所授记为伏藏师的瑜伽成就者桑杰沃色，母亲为具足空行相好的尼玛吉。由第四世佐钦法王美久·囊卡多杰认证为敏珠林杰尊玛明久巴珍的转世，并升座培养。从小出家并学习藏文拼读法，俱生智慧无与伦比。在堪钦白玛班札座前接受比丘戒。尊者严守戒律，哪怕是对细微律条从不放逸，故成为持戒典范。从依巴珠·晋美曲吉旺波、堪钦白玛班札、文殊化身麦彭朗嘉、第二世岭喇·土登宁协坚参等许多当时的佐钦成就智者，圆满闻思显密教法和各明处而成为贤者之顶。特别是依止自在成就者第四世佐钦法王美久·囊卡多杰为根本上师，圆满闻受佐钦传承的甚深大圆满空行心髓的灌顶教授而成为义传教主。

尊者二十多岁起一直到圆寂，在日当静处白玛塘，于此再往上更高的静处玉珠朗卡宗等地，一生闭关潜心修行而登上持明大成就者果位。为弟子比马拉化身阿格旺波（堪布阿琼）和伏藏师索嘉列绕岭巴传授空行心髓灌顶和窍诀，使此甚深妙法广为传播，传承至今。

传谓尊者著有《道歌教诫》等著作三部，但现今大半失传。如是此贤善成就圣者在四十四岁左右示现密意趣入法界之相。

第二世大珠巴谷钦土登协珠成烈嘉措，于藏历第十五绕迥火马年，诞生在北方黄河流域广袤的果洛阿迥地区、父亲嘎妥·扎多和母亲藏萨家中，由第五世佐钦法王土登曲吉多杰认定并迎请到日当圣地培养，在法王座前听闻无数前后译经教伏藏各部灌顶和口传，在隐修者根嘎巴登，堪钦阿布拉贡二位尊者座前，闻受不共大圆满灌顶教授法，从前行直至正行观修圆满。尊者威仪敦肃，慈悲平等，是故，不管何人见到尊者，敬慕之心油然而生，如是圣者传奇甚多。因第六世佐钦法王早年承担教法和法务重任，尊者辅佐其业，助益巨大。尊者五十四岁时圆寂。

第九节 历代根桑活佛

第一世根桑活佛多昂协珠嘉措，与第五世佐钦法王同时代，于藏历第十四绕迥末期，在格则霍然玛部落诞生，被称为佐钦根桑嘉然玛。成为第四世佐钦法王晚年弟子，另建根桑拉章。因对世与出世二事业见识广博，成为第五世佐钦法王时期的总管家，佐钦法王眷众去往何处，都要随同前往。在举行经教伏藏法会时，尊者为噶林静猛法修部坛城的金刚上师，敏珠林金刚萨埵修部坛城的金刚上师由珠巴仁波切担任。在后半生，尊者将根桑喇章连同自己的卧室全部供养给第二世钦哲活佛旬努罗珠，自己在白玛塘静处长期闭关静修以后圆寂。

第二世根桑活佛，于藏历第十六绕迥火牛年即公元 1937 年，诞生在多康德格附近的嘎林顶地区，德格王所属极为富裕的二十五户之首萨察家族，父亲根秋罗珠，母亲为德格玛洛家族之女扎西巴姆。过去柯多法师对尊者母亲曾授记过其将生一位活佛。尊者从小觉醒圣者之性，显现超于常人的诸多功德。四五岁时，被第六世佐钦法王吉扎向秋多杰认定为第二世根桑活佛，并迎请到寺院，任命阿布·晋罗堪布为其经师。尊者轻松掌握藏文读写，随后依止第六世佐钦法王、经师晋美拥丹贡布大堪布、阿布拉贡、岭喇活佛·土登诚烈嘉措、土登念扎大堪布、堪布白玛才旺、诺央堪布、穆日·白玛诺布、瑜伽成就者阿旺罗布等大德堪布活佛处，闻受显密教法和五明学处经典理论的教授，前译经教和伏藏法部灌顶，上下心髓法门的口传，大藏经法宝的口传等无量法门。

从 1958 年起接受劳动改造，1979 年 11 月获准平反而回到佐钦。尊者从 1980 年开启佛法再弘之门时期直至圆寂之间，为了重建寺院，尊者与其他持教大德一起，所付出的辛劳难以言表。

尊者发心重建了在第四世佐钦法王时期兴建的寺院上方转经筒，莲师宝殿的主供二层楼高莲师铜像，其前金银制作的长明灯，曼达拉等供品，利益教生事业，善始善终。1995 年，尊者五十八岁时示疾，此年四月六日下半夜，尊者在佐钦寺面朝东南，直身跏趺而坐，在颇瓦法的修持中圆寂。

第十节　小岭喇谷琼活佛

小岭喇谷琼活佛嘉瑟·土登隆日嘉措，诞生在杂居阿日杂部落，父亲嘉瑟·齐鲁格，母亲聪奔·嘎拉。活佛入胎之时出现呼唤莲师名号等瑞相，岭喇活佛土登诚烈嘉措将其认定为本乐活佛意化身，并迎请至自己的拉章府培养。在佐钦法王吉扎向秋多杰、第六世尼札活佛、经师晋美拥丹贡布大堪布、岭喇活佛土登诚烈嘉措、瑜伽成就者阿旺罗布等大善知识座前，无余闻受前密经教伏藏法的灌顶、口传和窍诀。后来，岭喇活佛仁波切行隐世威仪，在静处圆寂之时，将岭喇拉章府内外密一切交付于此活佛，到了二十几岁时世事变迁，年寿未得圆满而示寂。

第十一节　历代瑟珠活佛

第一世瑟珠活佛色察·桑杰格勒，诞生在日当巴科地区，父亲康萨·索朗顿珠，母亲聪苯·索朗措。被第五世佐钦法王认定为沃占巴杰旺修化身德格瑟珠喇嘛转世，来到日当道场佐钦寺，圆满教生事业而圆寂。

第二世瑟珠活佛塔确丹毕坚参，于藏历第十五绕迥水猪即1923年，诞生在日当巴科地区，父亲桑杰嘉，母亲雅珠。由第五世佐钦法王认定为第二世瑟珠活佛，并迎请到寺院升座培养。依止佐钦法王、德确多杰堪布、阿布拉贡、岭喇活佛土登诚烈嘉措等大善知识足莲，听闻诸多经教伏藏法的灌顶教授。尊者辅佐少年就担当寺院重任的第六世佐钦法王。有一天，尊者说："在我的境相当中，像是在吉祥铜色山的一个清净刹土，见到了第六世佐钦法王和经师堪布二位圣者，并对我说不久你也会解脱时劫之难，所以，我好像不会住世多久。"果然，在一个月之后示现无疾圆寂。

第十二节　历代多丹活佛

第一世活佛普谷喇嘛多丹，诞生在多麦瑟达普谷地区，依止第四世佐钦法王美久·囊卡多杰、佛子先盘塔耶、白玛班札大堪布等的足莲，闻受以光明大圆满为主的无数深法，在日当圣地毕生专心静修，登上证悟顶峰，故得名成就者多丹喇嘛。最后伴随诸多内外解脱之征兆而密意趣入法界。

第二世堪祖多丹活佛土登让柔嘉措传记在历任法台堪布章节中有详述。

第三世多丹活佛邬金塔确丹毕坚参，于藏历第十六绕迥水羊年即公元1943年，在日当圣地附近的那雄地诞生，双亲为康萨·阿旺坚参和才让曲珍。宗萨钦哲确吉罗珠和佐钦志美活佛一致认定其为第三世多丹活佛并为其升座。自在成就者吉扎向秋多杰接受其顶发并赐名邬金塔确丹毕坚参。五岁起在舅舅罗萨多杰处学习藏文读写与法会仪轨行持传承，仅用两年得到通晓。八岁时在晋美拥丹贡布大堪布座前，与多仁波切、善嘎·土登尼玛仁波切一道接受出家沙弥戒，还在拥丹贡布大堪布座前先后听闻《前行引导文·普贤上师言教》、龙钦七宝藏等无数甚深教授。在谷夏格蒙仁波切处接受所有尼札伏藏法的灌顶以及所有护法付命法，执著自解脱的灌顶、口传和窍诀，乔美白断法，秘密大幻化网续讲授等很多深法，四部医典、舍利医明·千万窍诀、医明·晶球晶鬘、麦旁医药配方等医学经典的理论与治病方法并付诸实践。在大珠巴谷钦·土登协珠诚烈嘉措座前，接受心髓四部、龙钦二部、总经意集密续等法的灌顶。在岭喇活佛土登诚烈嘉措前接受嘎玛岭巴静猛法、大悲观音精髓集的灌顶。在其经师堪布阿班秋华前，听闻荣松文集和白玛班札文集的口传。此外，在第六世佐钦法王吉扎向秋多杰、诺央堪布、瑜伽成就者阿旺罗布等众多善知识前听闻无数灌顶、口传及窍诀并实修。

尊者从八岁至十六岁之间，除了特殊法会和接受灌顶以外，长期闭关修行，两次如量念修文殊师利、持明总集、玛哈嘎拉、空行母、金刚萨埵、摧破金刚、秽迹金刚、猛母、忿怒莲师、威猛马头、续部金刚橛、嘎玛岭巴静猛法等本尊的念修。在此期间出现了很多殊胜成就与共同悉地的验相。从小就无碍于预言和打卦，所示之情准确无误，均得验证，世人纷纷向活佛请求指点。在其清静觉受中，认定第三世佐钦康珠·邬金贡布等密意法行，不可思量。尊者十六岁开始遭遇很多磨难，但为了教生事业，依然住世至今。

当佛法再弘旭日初升之际，尊者与其他大德一起重建寺院，尤其是尊者组织承担普巴金刚和嘎玛两大法会的恢复，并恢复了第五世佐钦法王时期的烟供大法会。近期，在佐钦寺新建了学校，顶层为金刚萨埵大殿能依所依。在向许多僧众明示将要圆寂后，尊者于2011年4月25日（时年77岁）示现无疾圆寂。

第十三节　历代温波活佛

第一世温波活佛土多朗巴嘉卫德是第四世佐钦法王的侄子，为菩提萨埵大堪布的化身，毕生于佐钦寺闭关念修。得到度母的亲见，潜心修行大圆满空行心髓法要而见地高深无比，年寿圆满以后，现量示现神奇的内外密解脱之验相而圆寂。

第二世温珠活佛晋美仁波切，为第五世佐钦法王的温波，故名“谷察温波”。自小进入佛门，全面学习各种法会仪轨行持传承而熟练掌握，恒常跟随佐钦法王，形影不离，进行了无数利益寺院的法教事业后圆寂。

第三世温珠·修黎朗嘉，于藏历第十六绕迥土鼠年即公元1948年，伴随着帐房充满佛光等神奇征兆而诞生，父亲为上一世管家，母亲根秋卓玛。在其上一世即将圆寂时对管家曾说：“我对生死已得自在，故除了你家外别无去意。”堪布诺央莅临此家时也曾说过：“不要让灵童身染不洁，会有主人到来。”果然，在灵童八岁时，第六世佐钦法王吉扎向秋多杰法王、志美活佛、钦哲确吉罗珠等一致认定其为第三世温波活佛，举行升座典礼并献名麦彭晋美修黎朗嘉。十岁起专心学习藏文读写和法会仪轨修持传承，此间，在第六世佐钦法王、经师拥丹贡布大堪布、岭喇活佛·土登诚烈嘉措、穆日活佛白玛诺布等善知识座前听闻无数灌顶、口传及窍诀并实修。始终关心寺院事业，助益巨大，尤其是建造了高有两层的金铜菩提萨埵堪布法像，制造了供奉于法像前的金银曼达拉、酥油灯具等供品，及莲师三尊和无量光佛真丝唐卡等，并新建了佐钦寺转经殿。在未来，祈愿活佛长久住世，如意成就一切利益教生之宏愿。

另外，第四世佐钦法王之小侄为温珠·诚烈仁波切，其转世活佛为诞生在阿琼地区的格桑温波活佛，其转世为诞生在巴琼的第三世巴琼温波。

此外，还有本洛活佛的事业化身布吉活佛、堪钦先嘎转世塔确果恰活佛、多钦哲密意化身佐钦博巴活佛、多钦哲近侍沃萨塔耶转世志美沃色活佛、普察堪布阿滚转世普察活佛、益西嘉措堪布转世拉杰活佛、绒巴德钦岭巴转世白玛坚参活佛、土登曲培堪布转世丹培活佛、朵日堪布嘎丹嘉措转世朵日根松活佛、大堪布格勒朗嘉转世喇秀活佛等，第五世佐钦法王时期认证培养的教生吉祥怙主的殊胜转世活佛，是故，在过去有“佐钦百位活佛”之美名盛传。

诗曰：

佛与佛子发心水晶月，所发三密幻化之凉光，
教生青莲盛开之游戏，成熟此地试比圆劫福。
传闻往昔密法此圣地，犹如长生天王之聚会，
历代化身持教诸圣者，庄严众天欢聚之喜苑。
何时烦恼业力与众生，生命轮回未空之期间，
无有逾时行使殊胜之，事业从不坏失佛之性。
是故此有严饰三学处，摩尼珍宝通达诸续部，
三藏妙法圣教之根本，有意转世化身智者多。
呜呼浊世恶行之黑夜，危害教法命根势强故，
无伪化身转世众明月，正至发出贤善光明时。
各方住世持教诸大德，法体坚如金刚七法性，
祈愿殊胜事业千道光，照射教法众生之天空。

藏传佛教大圆满传承史·如意宝鬘之附说佐钦寺其他历代持教大德传记之第十三章终。

第十四章　佐钦寺历任法台堪布传记

第一任法台堪布　桑珠·白玛扎西或名西绕桑波

桑珠·白玛扎西堪布于藏历第十三绕迥下叶，诞生在日当吉昌地区的聪本家族中，自幼年时期就觉醒圣者之性，勤奋好学，进入佛门于佐钦邬金禅法林。依止第三世佐钦法王尼邓丹增桑波，第二世本乐·白玛桑阿丹增等成就智者足莲，无余闻受前密经教伏藏法的灌顶，显密明处之教授，大圆满窍诀，故得“自在智者桑珠·白玛扎西”之美名。二十多岁时，前往卫地诸道场朝圣礼佛，当时，正值敏珠林嘉瑟·仁增桑波担任敏珠林寺堪布，在其座前接受比丘戒后回到寺院。

五十多岁左右，遍主持藏者佛子先盘塔耶创建佐钦熙日森佛学院，尊者居坐第一任法台堪布，以讲修之圣行弘扬教证二法，尤其是在多麦地区首次开启律论教法精华之门。自在成就者第四世佐钦法王美久·囊卡多杰说：“如今第一任法台堪布的法号为桑珠·白玛扎西（‘桑珠’意为狮王之子），此缘起预示佛学院未来的历任法台堪布，个个都成为以具足讲辩著强壮之体、教证妙法之无畏吼声镇伏论议诸派狮王之子，战无不胜。”尊者对来自各方的求学者讲解显密经教与各大明处，传授沙弥戒和比丘戒等留下贤正善之功德圣迹。其主要心传弟子有：佛子先盘塔耶、巴珠·晋美曲吉旺波、温珠·土多朗杰等无数贤善成就大德。晚年，在日当静处桑珠闭关洞，修行大圆满法而登上成就者王位。如是弘扬教生事业之后，度众事业暂告圆满而色身融入法界。

第二任法台堪布　遍主持藏者佛子先盘塔耶

此尊者事迹在上述历代主持传记中有详述，但有一其偈体本自传，属如量教言之故而列入此处：

佛子先盘塔耶名者简传偈颂本

南无谷汝贝！五毒病所绕者前，赐予妙法甘露者，药王具德诸上师，请住头顶大乐轮。本人三门之威仪，虽然夸赞为传记，却无实际之意义，故此无有叙述心。然而如同棒击鼓，汝等殷重所劝请，亦无保密必要故，不忌道来请聆听。我从无始至现在，烦恼业力之恶友，所欺流浪轮回之，次数虽然无穷尽。

今说此生之轮回，所转区域之景象。东方多康中心地，德格王所护方隅，多闻天子护圣地，山峰雄伟而壮丽，山边草原极宽阔，珍稀药材花儿美，名为杂嘉彭秀山。大江流淌于右方，于此至东往东方，三山连绵如锦帘，河流蜿蜒美女姿，平坦草原金沙滩，右方山谷三河床，河水干涸之缘故，地名冈钦冈琼之，后者以于铁猴年，藏地六大姓氏之，穆波东氏四种姓，分支格则之部落，格蒙阿邓家族中，出现富人秋桑者，其侄才让罗布与，噶玛珍之家中生。暇满人身如新芽，初生之日现彩虹。某些贤善之大德，称我是位转世者，如此无理空话因，众人夸赞为活佛。故称某些大德之，转世为此而竞争。然仗往昔善业力，自小就有法佑护，三岁值遇善知识，亲见宿供诸护法，朦胧觉醒宿慧故，不禁道出几隐言。尊师加卫尼固尊，岭师尊等所摄受。当时一伙偷盗者，盗走马群父追捕，不幸受害于途中，财富受用逐渐衰。见此有为法自性，所积财产成死因，受用如水遂干枯，寿命犹如朝露水，故此随念具德师，渴望尽早依静处，日夜倾慕先哲之，殊胜功德与传奇。斯时确吉罗珠师，到此如送法至门，特意对我如是说：你应前往佐钦寺，应见成就者上师，赐予甘露法安慰，又说是我的主人，把我置于高座上。所有争我之士夫，皆显话语穷尽相。从此无比善知识，晋美沃察嘉措与，杰温丹增罗布等，怙主圣者之座前，饱尝妙法甘露味，修行亦是尽力行，窍诀教授之实践，前后次第未混乱，击中要害而实修，作了几次闭关相。尤其殊胜上师尊，密师门朗达吉处，学习文字与历算，语法学等共学处，三律俱舍讲义等，遍智上师师徒之，著作之水皆享饮，解脱求法之饥渴。到了十九之岁月，世世有缘上师尊，大圆满法成就者，美名耳闻甚激动，不散漫于世俗业，夜晚亦是难入眠，心想何时见师面，信心之火极旺盛。其后随同几道友，未有拖延而前往，虽经路遥之艰辛，风雪强盗与路霸，诸多困苦皆克服，心念如日之上师，面迎东方日光晒，身体经受诸考验。行至东方山顶上，初见上师寺院时，诸友顶礼作祈祷，我接四灌密意融，心住本初之境界，亲见密主金刚持。次见上师尊容时，身显紫红极庄严，右手执持藤杖尖，怙主金刚手之像，用以蓝色哈达系，放置具缘我等顶，密意不动安住中，凝视于我如是说：你若是胜种性者，可知我的证悟否？我本心中无底故，毛骨悚然极紧张，心想知晓隐法之，上师美名为属实。从此不分昼夜时，依此金刚师足莲，听闻密法方便道，实修气脉明点道，虽无珍贵之财宝，却做五次净供养。本想恒久依止师，福报浅故三年后，师尊趣入法界之，寿终法行亲见闻，悲痛之心难估量，立誓修行于静处。根据师尊之授记，往昔智者毗卢师，加持嘉绒等圣地，无方巡游而修行。时而为了具信众，传讲深法而结缘。藏区三大区域之，边境汉地印度间，业力促使而流转，尽量利益具信者。尤其日当清净地，从依自在成就者、四世佐钦法王足莲、白玛扎西大堪布、岭色卓德杂师等，依于顶间大乐轮，听受经教伏藏法。闻名卫藏地区之萨格噶宁各教派，诸多贤哲皆依止，闻受大藏经等法，并非停留于闻法，而传播于卫藏康。三次巡游卫藏地，修行在于各圣地，万供殊胜各圣殿，尽量顶礼与除障，佛陀身语意所依，建于康卫各地区，尤在日当禅法林，力做能所依建造。我本对于寺院与，道场事务不喜好，执持讲修传承之，分寺静处亦新建，律藏三事仪轨等，创立显密之讲统。吉祥神山杂日札，直至山王冈底斯，空行云集圣地中，供养几十万火供。对于朝圣善男女，少量糌粑茶叶等，布舍衣物等受用，随顺利益有情众。一些康卫寺院众，中断讲修传统与，供养之情皆恢复。尽量守持别解脱，菩萨密乘戒之上，亦劝别人持三戒。遵从活佛白玛旺，法王桑杰根嘎等，利益教生大德之，劝请编纂前密派，所有仪轨并刻版。总之三门之威仪，为利教生而回向。对于忘恩负义者，不生嗔心以忍辱，慈悲圣心摄受之。利众增上意乐心，发起两种菩提心，佛子菩萨之行道，三学六般若密多，皆以精进而修行。所修功德不炫耀，所造罪业不隐瞒，能仁佛祖如是说，然为劝善而书写。众身之业无尽故，外现朝圣者游记，内发菩提心修为，密修两种次第等，在此没有作广讲，而是叙述简要传。此乃仅述五十岁，之前所行善业传，我乃罪过之堆积，过错之多数不清，然未增减而叙述。但愿不成贪嗔魔，所狂者之妒忌因，而成劝善之因缘。

如是将信心和誓言如同宝贝而倍加珍惜的喇嘛西饶嘉措的再三劝请后，为了使其满愿，于耶巴拉日宁布圣山之颈造此自传，并由弟子塔确丹增书写。

第三任法台堪布　尼札仁增桑波

尊者于藏历第十四绕迥上叶，诞生在雪域多康十八学钦之一那学雅塘地区，系大伏藏师尼玛扎巴伏藏法的一个化机部落。因从小对轮回有厌离之心，逃离到尼扎寺出家为僧。然后，跟随几位康巴朝圣者来到佐钦寺求学，在大堪布桑珠白玛扎西等善知识座前，全面听闻印藏经论教授，在佛子先盘塔耶处接受比丘戒，听闻前密经教伏藏法的灌顶和口传，以及《大藏经》等的口传。在隐修者吉美加卫尼固尊者和第四世佐钦法王二位大德座前，闻受前后译教海的各种讲义，以及从第一世佐钦法王传下来的佐钦特有传承空行心髓、三根本秘密心髓法，是故，妙法甘露充满密意宝瓶。

尊者到了五十岁左右，担任熙日森佛学院第三任法台堪布，对中观、般若、律仪、俱舍等的自疏皆以印度经典本长期讲授，培养了堪任继承事业的传承贤善弟子。前往大伏藏师尼玛札巴道场达摩岗等地，弘扬讲修传承等事业广大，到了六十几岁时，示现登上高深道地之解脱验相而趣入法界。

第四任法台堪布　嘉绒堪布白玛希夏

尊者诞生在多康嘉莫察瓦绒地区卓斯甲观音寺附近，从小就对轮回具有厌离之心而欲出家，但未得到父母的允许。有一天，毅然独下决心，秘密来到观音寺附近的一个修行洞，专修观音心咒。此后，佛子先盘塔耶莅临此地修行传法，尊者听到后拜于门下，佛子先盘塔耶非常欢喜并摄受之，虽然需要从文字读写学起，但尊者智慧与精进样样俱全，轻松掌握。从此跟随佛子形影不离，下至汉地峨眉山，上至卫藏各圣地，师徒一起徒步巡游，途中在佛子先盘塔耶上师处广泛闻学显密教法与各种明处。回到佐钦寺以后，常住熙日森佛学院，更加全面地闻思而成为智者顶饰。

在大堪布白玛扎西或名西绕桑波座前接受比丘戒，赐法号白玛希夏。此外，依止第四世佐钦法王美久·囊卡多杰、多钦哲·益西多杰等大圣者，闻受前密经教伏藏法的灌顶、口传和窍诀。四十岁左右担任佐钦熙日森佛学院第四任法台堪布，广传显密教法与各大明处。严格守持教法之本律藏的一切大小开遮之戒，成为优婆离尊者第二。经常不厌其烦地为每位求知心切者广泛进行法布舍等大德圣行无数，晚年在日当静处忿怒文殊修行洞，追寻先贤足迹，年寿修行皆得圆满。

第五任法台堪布　大菩萨巴珠·晋美曲吉旺波

观世音菩萨以善知识相显身的第一世巴珠仁波切，乃如多钦哲益西多杰曰：“外即佛子寂天论师者，内即大成就者夏瓦热，密行圣者观世音菩萨，祈祷晋美曲吉旺波尊。”蒋扬钦哲旺波的《伏藏度生法·心性休息》中列出尊者在印度为寂天大菩萨，八十位大成就者之一夏瓦热，在雪域藏地为阿若·益西迥烈等很多大德转世。此外，在诸多大德的金刚语中，称吉美林巴尊者的身化身为蒋扬钦哲旺波，语化身为巴珠晋美曲吉旺波，意化身为多钦哲益西多杰，功德化身为第四世佐钦法王美久·囊卡多杰，事业化身为佛子先盘塔耶。其弟子杰温·丹增罗布在白噶地修行时向尊者提问，尊者曾承许其有吉美林巴尊者转世的征兆境相，此等示现无量一异化身幻化乃诸佛之性，但在共同境相中，尊者为北部杂曲河上游的华格·桑丹彭措的第三转世活佛。此善知识是位将文殊菩萨作为观修本尊，念修了十几万遍《文殊真实名义经》，劝诫所在地区弃恶扬善的大圣者。

如同莫·成就者朗卡曲旺莅临扎溪卡上游马莫塘时曾授记道：“将有一位观音菩萨化身大德来到此地，修建一座六字真言玛尼堆，广利众生。”第一世巴珠仁波切建造了称为“巴格玛尼”的石经墙，使所有见闻念触者众生安置于解脱遍智之位。

其转世活佛第二世巴珠仁波切诞生在嘉德地区然洛家族，由第三世佐钦法王认定并升座。此尊者在昌萨贡玛为信众灌顶时，法帽落在了一位小女孩怀中，尊者说以此缘起来世我会成为此女孩的儿子。尊者二十五岁那年，前往拉萨的途中来到嘉妥家中，临走时将一个法器忘在此家，随后上交时，尊者说：“这次我不拿。”后来，尊者在卫地瑟勒果仓修行洞闭关修行，示现许多瑞兆后而圆寂。

第三世巴珠·晋美曲吉旺波，于藏历第十四绕迥阳土龙年即公元1808年，诞生于扎溪卡雅砻江边，多杰彭修神山所护佑之地，百花盛开的北方噶琼郭莫沃鲁草原之上，父亲嘉妥拉旺家族属于藏族四大姓氏之穆波东的分支格则部落，母亲是昌萨·杰沃之女卓玛。尊者刚诞生的时候，家中充满了白色光芒，当晚灵童口念一些“阿”“哦”音分不清的咒语，也发出一些“嗡”字音，第二天晚上就清楚地念颂了“嗡玛尼班美吽”。灵童手腕上自然显有六字真言，舌头上也显有红色的种子字“德”，直到后来也清晰可见。虽然有此等无数神奇瑞相，但传闻其母亲担心此事成为“巧嘴妈妈有活佛儿子”之说而保守了秘密。尊者曾说：我母亲是位对佛法有信心、宽厚善良而言行一致的人，对我最初进入佛门，中间不当大活佛的养子和不收财物供养，最后利生事业无有障碍，她的恩德和功劳很大。

尊者从小具有聪明伶俐、能言善辩、慈悲勇敢等功德。稍长大一点就被成就智者多喇·晋美格桑认定为华格·桑丹彭措转世活佛。此情禀报给自在成就者吉美·成利沃色尊者时，尊者说：你的认证正确，我已将龙钦心髓的教法及其意传，加持祈愿全部交付于他，并赐名“邬金晋美曲吉旺波”。随后，华格温波将其迎请到前世的华格拉章，升座于其前一世法座之上。因具有殊胜宿慧和本尊摄受加持，轻松掌握各善知识前所学甘露妙法，尤其是在吉美林巴尊者心子吉美加卫尼固座前，听闻大部分遍智师徒教法经典，仅龙钦心髓的前法五加行就听闻并实修了二十五遍。此外，扎龙拙火与大圆满教授等光明藏窍诀法部，上师皆以满瓶倾注之式交付于尊者并封其为传承持教者。上师吉美加卫尼固曾对大弟子桑杰说：“我在扎溪卡地区驻留，全是为了此巴珠活佛。”另外，在晋美沃察嘉措、佛子先盘塔耶、晋美格桑等上师处，闻受休息三部、入行论、幻网根本续·秘密藏及一些共同明处，在雪谦温珠·土多朗嘉处闻受《甘珠尔》口传和声明学。尊者智慧超凡，所学教法仅闻一次就能通晓，精进阅读大藏经《甘珠尔》和《丹珠尔》等所有经典，遍智法王龙钦巴和吉美林巴师徒二尊、宗喀巴、萨迦班智达等圣者的善说论著，故其智慧证悟如同上弦之月倍加增长。

尊者在世间法方面也勇猛无比。少年时期，华格温波遭遇一个以强欺弱的官司而上诉到德格王代表之前，对方是称为扎溪卡无敌勇士的崩西·土多根波，尊者不止一次地辩胜对方，最终使其认输。华格温波非常满意地说：“不管是不是活佛，反正是位有用的少年。”又一次，多钦哲·益西多杰以持明禁行之威仪来到尊者附近喊道：“巴珠，你的胆量有多大？如果大的话到这里来。”尊者一到那里，就被多钦哲仁波切抓住头发摔倒在地，并在地上拖来拖去，此时吹来一股酒气，尊者心想：上师肯定喝了酒，如此大成就者也有酗酒的时候，佛陀宣讲的很多饮酒过患应验了。此时，多钦哲松手并又说：“呸！你等论议者竟然生起如此恶分别心，你这老狗。”说着往尊者脸上吐口水，竖小指后离去。这时，尊者心想：看来我迷惑了，此举应该是个指点。想到这里，纠正身要而入座，立刻就现前如晴朗天空般的无碍心性。尊者曾说：“起初，吉美加卫尼固尊者指点心性，如同天明，后来，钦哲仁波切给我取了个密号叫‘老狗’，仁波切的加持指点使我的觉受如同日出更加明亮。”以后，巴珠仁波切的很多著作都以“老狗”署名。

尊者与隐修大瑜伽者索朗巴格一道，长时修行龙钦心髓扎龙法门，后来，华格温波圆寂，在圆满进行荼毗仪轨等法行以后，尊者舍弃华格拉章，以离俗隐世之行来到多康佐钦寺，在大堪布西绕桑波或名桑珠·白玛扎西前出家为僧，得名晋美格伟迥烈，在此圣者处闻受所有经教部灌顶和口传，故尊者非常恭敬地称其为“堪布善逝”。在第四世佐钦法王美久·囊卡多杰和佛子先盘塔耶师徒前，闻受诸多前密经教和伏藏法部的灌顶和口传，还又一次听闻上下佐钦心髓的窍诀教授，并使其证悟得到增益。长期居于日当忿怒文殊洞、长寿洞、熙日森山腰的巴珠修行洞等处，潜心观修二菩提心、自性大圆满法，获得遍如虚空般的证悟实相之果。撰著《龙钦心髓前行引导文·普贤上师言教》《见闻大乘经藏功德》等善言论著。

尊者三十岁左右，久闻安多大师夏噶·措珠让卓的名声，生起非拜见不可的想法而前往青海安多，但在途中听到大师圆寂的消息，尊者作了几首悲愁的诗歌。之后，作为佛子先盘塔耶的随从，来到第一世多智钦的寺院色达雅龙白玛郭寺。在那里，佛子先盘塔耶传授大幻化网密续时，担任辅导讲师。此后留守那里两年，在每四十五天里，进行完一次详细的幻网续讲授等普降甚深法雨，是故，其名声响彻各方，众人都说“色达上部将兴甚深法”的授记得到应验。此外，为色达十八大部落的僧俗大众，进行入菩萨行论、玛尼教言集、极乐愿文等法布施，广弘极乐法门和六字真言法门。消除了当地为健康人消灾祈福和为亡灵超度法事时宰羊供养之恶习，制定了禁偷惩盗的法规禁令，使其改变为善法之地。

随后，前往秀琼衮寺等地，传授诸多教法，并久住此地详读了一遍《甘珠尔》。尊者曾说：那时领会了很多部经藏的内容。在阿日山林或名德琼山林住了很久，尊者和弟子纽修·隆多有一袋糌粑的口粮，白天悬挂在树枝上，修持大圆满轮涅分别的禁行，并大声说："阿布仓（巴珠）穿上白色藏袍，手拿棍棒，哈哈！"说罢，走进了林间。每日中午吃糌粑时，为纽修·隆多传讲《入行论》中的四句偈颂。之后，前往紫噶地区，宣讲玛尼教言集，广行六字真言事业。前往壤塘道场，用遍智朵波的注疏广讲《宝性论》，彰显了其渊博的学问而名声大噪，并造写了《宝性论摄义》。在密行隐修者阿旺秋觉比丘座前，闻受时轮六支法并实修，在上下玛尔柯地区普降甘露法雨，即使是愚痴如牛之人，也在其心续中播下解脱与遍智善种。在当地，有一些没有信仰和慈悲之心、诋毁善法、任意行恶的头人和山贼，极难度化，尊者用慈悲法语感化并使其不能逾越制定的禁偷惩盗禁令，阻止了很多狩猎者的杀生恶业，使此地成为善法之地。有一个叫玛尔绒的边地，那里没有持咒修法，连戴一串佛珠的人都见不到，尊者在此地开创了念修六字真言的善规等进行了无量调伏难化众生的事业。

此外，尊者来到木雅地区，将该地区引向善法之道。在嘉帕寺山上长时修行。后来，专程前去拜见著名的扎巴格西，提出很多般若方面的疑难问题。格西问尊者："您是谁？哪里人？"答道："我叫华格，是康区扎溪卡人。"尊者走后，格西对近侍说："他自称华格，肯定是位远近闻名的大智者。"后来又回到多柯地区，在德琼静处修行时，听到多钦哲携眷从康定来到了念宝玉则圣山的俄措湖畔，就专程赶到那里，钦哲仁波切非常高兴，并在佛法上相互交流。当尊者劝请钦哲传授大乐王母的灌顶时，钦哲欣然答应说："此法我已保密禁传多年，这次就传给您吧。"并授记尊者会住世到八十多岁，与其结缘者将获人生实义。如是得到诸多内外密圣法之后回到多柯地区。

之后，根据第四世佐钦法王美久·囊卡多杰和佛子先盘塔耶的旨意来到日当佐钦寺，担任熙日森佛学院第五任法台堪布，宣讲《现观庄严论》《中观根本论》《入中论》《经庄严论》《宝性论》《俱舍论》《功德藏》《三律仪论》等显密经教，尤其是以讲述大乘佛法的见、修、行要义的《入菩萨行论》与金刚乘一切续部之王《大幻化网续》，作为显密经教的精华，传讲很多次。每年传讲《入菩萨行论》并举行《入菩萨行论》供养法会时，在佐钦佛学院到处开满以前未有的五十至一百多瓣的大黄花，世称"入行论花"。当时，出现白玛班札大堪布、多茹堪布嘎丹嘉措、文殊化身麦旁朗嘉、木雅·根桑索朗、邬金丹增罗布、纽修隆多、根确沃色大堪布等诸多智者心传弟子。在课余座间撰写了《现观庄严论》的总义、注释、修行次第，各大论部的讲义和科判，《功德藏难释》等无与伦比的著作，作为法缘留于佐钦佛学院未来的事业，所以，我等后学者理应以闻思讲修来继承和发扬。

在纳琼修行处、白玛塘、忿怒文殊洞等长时修行，广转法轮，故称“佐钦巴珠仁波切”。在忿怒文殊洞多次为纽修·隆多等具器弟子传授大圆满前行和正行修法。此地有一个磐石，尊者说要以此作为随念菩提心之依，坐在磐石上传法时，不管风吹雨打，纹丝不动。在中午，进行赤身为苍蝇蚊子布施法体等无数菩提苦行。那时，钦哲·益西多杰莅临佐钦寺，在尊者修行洞外面顶礼，并献诵“外即佛子寂天论师者，内即大成就者夏瓦热，密行圣者观世音菩萨，祈祷晋美曲吉旺波尊”之偈句，尊者在洞里听到后立即作了“无上密严刹中黑如嘎，拂尘洲中莲师颅鬘师，雪域藏地虹化金刚身，无畏智慧金刚虔祈请”的祈祷文回赠钦哲。第四世佐钦法王美久·囊卡多杰圆寂至其转世活佛升座之间，由尊者和白玛班札大堪布主持道场事务，对本寺恩德巨大。德格王子齐美达比多杰兄弟脱离新龙头人的控制，回到王府时，邀请到佐钦颇章设宴庆祝，尊者以普贤行愿品之法缘，摄受加持王子母子及大臣等人。与此同时，秋吉德钦岭巴也来到佐钦寺，在日当雪山圣地，开掘胜乐菩提双运和心髓三部等伏藏法，并认定尊者为其伏藏法主。尊者也以恭敬心在大师前闻受此法的灌顶、口传及窍诀。又根据尊者的劝请，为千余僧众口传《上师意集修法》，传法结束时，尊者很欢喜，在佐钦寺大雄宝殿对僧众道：“这次，我等在伏藏师桑杰岭巴前，获得上师意集的传承法缘，机缘难得，希望大家精进念修此法门。”

此后一时间，尊者以禁行者之式隐瞒身份，前往嘎陀金刚座寺，向当、藏、向三祖舍利阁转绕顶礼许久。嘎陀寺有一座非常殊胜的万佛塔，巴珠仁波切有一次前去转塔，碰到一位素未谋面、名叫加隆的喇嘛，两人一起转了几天塔。一天，加隆喇嘛问仁波切：“你知不知道巴珠仁波切的《普贤上师言教》里所说的‘三殊胜发心’？”仁波切说：“不知道。”“转塔当然非常好，但是你却连‘三殊胜发心’都不知道，实在是很可怜，我还懂一点，可以讲给你听。”“那很好。”于是巴珠仁波切每天在加隆喇嘛面前认真地听受《普贤上师言教》，当加隆喇嘛讲到一半的时候，噶陀寺最大的活佛噶陀司徒确吉罗珠发现了巴珠仁波切，劝请其在大雄宝殿为僧众广讲入菩萨行论。加隆喇嘛得知巴珠仁波切要在噶陀寺传法的消息非常高兴，连忙把这个好消息告诉了他的“弟子”。等到巴珠仁波切开始传法时，加隆喇嘛才发现他的“弟子”竟然是巴珠仁波切，感到十分惭愧。巴珠仁波切非常慈祥地对他说：“你有这么好的慈悲心，以后你还可以给别人讲，不过有几处地方需要修正一下……”仁波切非常详细地指正了加隆喇嘛讲法中的几处错误，鼓励他以后继续传讲《普贤上师言教》，并给予他极大的加持。

此外，在格则色须寺、拉·称多寺、曲霍寺等诸多格鲁派寺院，传讲入行论等法，尊者根据各派和作者的见地，详明而广略适中、抓住要点而又结合修行地讲解所传法门，没有混杂丝毫前后译教派偏袒、驳他立宗等成为爱憎之因的言语，使很多大昭格西随喜赞叹，顶礼示敬。在佐钦寺时，霍·孔萨香根活佛拜见尊者，并劝请尊者讲授以“何者以三界为食”偈句开头的《屠夫真言》，尊者拟定总纲而讲授，使其大为惊叹。在邓科莲花山，根据德格官员扎西格勒劝请，作了神妙的《出世法言·莲苑歌舞》以及《钦哲仁波切祈祷文·如意吉祥》，先后撰写无数著作。尊者曾说在二十岁之前，用八块好茶从德格买来的薄纸已写满耗尽。但是，由于尊者本人不注重并经常焚烧其作品，众弟子也带到各方而不予借阅等原因，很多法本已经绝本失传。经过其心子邬金丹增罗布的艰辛收集整理，并在熙日森佛学院刻成木刻版，现存有象征菩萨六度的著作法本六函，作为众生福缘而留在了人间。所有论著在词句或内容上，皆为印藏各地无与伦比的善说经典，诚如钦哲旺波所造祈祷文中曰：“尊者悲心所造诸论著，纵闻片言只语之即刻，出离之心勤修解脱道，欢喜善言等于佛陀语。”如是尊者之杰作，智者观其义极深，愚者闻其句易懂，集要义而易受持，行文委婉流畅，词句华美雅致，风趣而催人发笑，平和而又威严，圆满具足消除语障的大梵妙音之功德。

在后半生，尊者常住其根本上师吉美加卫尼固道场杂嘉寺，传讲慈氏五论、中观根本论、布达巴勒达、入菩萨行论、功德藏、普贤行愿品等法门，继承前世巴珠仁波切的传统，大力扩建巴珠玛尼石经城。第五世佐钦法王、白玛班札大堪布、格蒙谷夏活佛、根确沃色堪布等在尊者处闻受大幻化网密续以后，回寺之际对石经城开光加持。随后，向蒋扬钦哲座前致信请求开光加持，并供献哈达和马蹄宝银，上师答应在藏历六月初十开光加持，那天上师未亲身前来，但石经城的上中下各处出现充满开光花朵之神奇景象。在杂查马龙圣地，为温波·邬金丹增等具缘弟子，传授从轮涅分别至大圆满不共前行、正行本净观修与彻却托噶等所有法要的修行。为此，温波·邬金丹增诺布仁波切曾说：过去我所闻所宣的大圆满仅仅停留在言词上而似是而非，仰仗上师恩德，在查马龙得到指点以后，深感对此法有了彻底的觉悟。尊者也曾说：对于修行大圆满者而言，即使是明智自现的具慧者，若轮涅分别之禁行和敬信上师瑜伽结合而修行，对证悟亦大有助益。

尊者经常在佐钦雪山脚下的岩丛中修行轮涅分别法，到了晚年，每晚念修龙钦心髓上师瑜伽，即使在午夜也以“主尊莲花大士垂念我”等上师瑜伽祈祷修行，一刻也不松懈。如是熟练于大乘根本菩提之心，成就大密金刚乘生圆次第之道，现前大圆满自现无别之密意而获得法性遍尽之王位。此等情形因尊者密意深远而不轻易外露，故无法揣测，但有时在言语中流露一些。有一次，尊者对心子纽修·隆多说："隆吉（爱称），你在向哪位上师祈祷？"隆多答道："未能随时祈祷。"问："不能是不能，若能向谁祈祷？"隆多心惊胆战，小声答道："时而向您祈祷。""这世间有那么多的上师，为何向我祈祷？""每次在我相续生起刹那善心时，观其从何而来，觉得全是您老人家赐法的恩德。""现在也许可以祈祷了，在我的心相续中好像生不起烦恼了。"尊者答道。此外，在生圆次第和扎龙拙火方面获得成就，尊者曾说："我在上下马之工夫间，能刹那观见善逝八大法行的七百二十五本尊，但我不觉得这是生起次第修行圆满了，在一股风之时就能圆满二十五持明轮等所有龙钦心髓修轮，但我不觉得这是圆满次第修行成就了。""在壤塘观修时轮六支行时，空相十征兆达到如量，证得空相诸佛母可从鼻孔穿过之境界，但我不觉得这是圆满次第修行究竟了。希望你们后学者们要精进修行到究竟成就。""我在木雅，理塘等地巡游凶地，遇到各种魔幻凶兆，当时我潜心祈祷光明心髓法门传承祖师和遍智法王龙钦巴尊者，凶兆自然而解，获得加持证悟。我把此情报给钦哲·益西多杰后，他说，你已同时摧伏四魔，成就殊胜悉地了，从此，在我相续中几乎没有生起善恶之分别念。"

有一天，尊者说："隆吉，时已至此，我根本不敢思维三恶趣的痛苦，只有思维善趣的痛苦。"此话实际上指的是修成了如量出离心和慈悲心。在佐钦忿怒文殊洞时，忿怒文殊洞上方的修行洞中有一位来自嘉绒的忠厚老实的修行者，尊者问他："这样在静处修行，没有散漫，心识自然明朗，能轻易生起宿住随念，想起前世，你是否也是这样？"答道："什么也没有生起。"尊者说："我有时能够随念百余宿世，往昔在印度，黑行成就者到城里时，身为妓女的我向其供养了一个金手镯，从那以后，没有投生过愚痴众生之界。"此外，尊者流露了一些无碍于神通的言语，在多堆地区的德琼修行洞时，有一天，蕃琼达西家族的一个老头在去做生意的路上，过河时被淹死，其朋友们把尸体驮到修行洞附近，尊者及很多弟子为其做超度仪轨，忽然，尊者大笑起来而无法念诵，弟子们则继续，直到念完为止，那时尊者一言未发。后来在杂多的时候，对一些弟子说明了原因："当时，老头子已经投生到三十三天界的天子，我望着眼前花甲老人的尸体，心想这老头跑得这么快，不禁失笑而中断了念法仪轨。"尊者又说："过去我住在忿怒文殊洞时，有人看到我的皮肤后说，你像一个得了麻风病的人，当时我自身也出现一些龙妖征兆，我就念修然那岭巴掘藏的黑马明王伏藏法，故此，梦见从我体内出现一条黑蛇并用剑砍断等奇怪的梦境，此后仅过七天病情就痊愈了。" "我念修秋吉林巴掘藏的心髓三部之文殊大圆满法时，清晰出现了此论中所说的那些梦兆，秋吉林巴是位诚实的伏藏师。"诸如此类，登上成就顶峰之殊胜事迹数不胜数。

尊者恒常将慈悲菩提之心作为修心从善之根本，教诫上下所有士夫，持有一颗善心比什么都重要，不然，无论持咒诵经还是通晓很多经藏者，不管是抉择空性见地还是长年念修本尊者，都有很多因心怀恶念而往生到恶魔众生者，以慈悲心为修行根本者，没有一个投生恶魔道之先例，故唯有此法是安全可靠的。尊者传法讲经时，不以高谈阔论而自我炫耀，而是根据弟子根器因材施教，其教诲无论平和还是威猛皆成一味窍诀，使智愚各种化机均能得到法益。到了七十岁左右，在杂堆玛莫塘草原为千余信众传讲了一次非常详尽的极乐愿文，此后就没有传很多法，若有求法者，则劝其到郭金丹增诺布处，而尊者自己在吉美加卫尼固的灵塔前，不间断举行永断轮回观音供修达五年之久，把修行加持的甘露丸分赐给信众，使无数化机置于菩提解脱之道。

藏历第十五绕迥火猪年上半年，尊者稍显生病之相，聘请一位叫岭喇翁波江华的医生护理尊者，江华问："阿布仓（爱称），无论思维您的前后那种法语，我们为来世祈祷的对境，是否唯有西方极乐世界？"尊者静坐片刻后说："噢！你是西方，而我应是东方。"尊者此前在讲授入菩萨行论，谈到西方极乐世界的功德时，曾说："诸清净刹土都有无量功德，若许愿祈祷，最容易往生的应是东方妙喜世界，无与伦比，其次是极乐世界最为殊胜。"又在一个早上，尊者说："过去我为别人宣讲极乐法门，自己也祈祷往生此净土，但如今，不知你们能否往生，我肯定不会，昨晚我梦见很多房子和森林，觉得如同以前住在果莫沃勒，整个晚上都是这种境相，也许是还要到此地来一趟。"当时，为祈请尊者长久住世，弟子们在其处念诵《十六罗汉礼供文》。尊者说："这次我虽然感觉入睡，但有个清醒之时，你们念诵到'殊胜尊者因竭陀'时，我所听到的是'阿布化机在东方'，还有其他。"当问及原因时说："应该不是什么，向我这种人有什么化机？"此年四月十七日，尊者用餐以后，在念诵《忏悔续》的同时作了几个大礼拜，又作了风脉五支修和心脉解脱之轮。十八日早晨用餐之后，正值日出时分，尊者在床上光身跏趺而坐，双手盖着膝盖，不一会儿，在双目以法身照见之式、双手弹指声中趣入本初法界。

尊者主要心传弟子有：如同天竺阿阇黎世亲，有胜于自己的四弟子，见地胜于自己者纽修·隆多丹贝尼玛、讲法胜于自己者郭金丹增罗布、因明学胜于自己者热巴·丹增扎巴、行为胜于自己者木雅·根桑索朗等无与伦比四弟子；此外，还有第五世佐钦法王土登曲吉多杰、堪钦白玛班札、噶陀司徒活佛确吉罗珠、岭喇活佛·土登宁西坚参、文殊化身麦彭朗嘉、嘉绒朗珠·根桑塔确多杰、第二世多智钦活佛晋美彭措迥烈和志美扎巴、第三世多智钦活佛晋美丹贝尼玛、穆日活佛白玛德钦桑波、嘉色德钦柔比然智、根桑塔确多杰、根确沃色堪布、安章珠巴·卓德巴沃多杰、伏藏师烈绕岭巴、色须大昭格西上登坚参、邦八上师扎西沃色、居喇嘛扎巴坚参、堪钦拥登嘉措、根桑巴登堪布等诸多无有教派偏袒的大持教圣者，将尊者讲修事业发扬光大。

第六任法台堪布　不丹堪布索朗格勒

尊者于藏历第十四绕迥火牛年，诞生在不丹王国境内，遍智龙钦巴道场不丹塔巴林附近地区，从小就出家并依止在不丹的前后译噶举派和宁玛派的善知识，闻受诸多深法的灌顶教授。二十岁左右，因听说佐钦法王美久·囊卡多杰的大名，不畏艰辛，来到藏地康区。当一见到根本上师佐钦法王，凡夫心境顿时中断而证悟明空无生之自性。在法王处闻受心髓耳传等很多深法，见地与修行得到抉择。还依止遍主持藏者佛子先盘塔耶、大菩萨巴珠·晋美曲吉旺波等自在于五大明处的智者，圆满闻受如海显密教法而增长无量智慧。根据第四世佐钦法王的旨意，担任第六任熙日森法台堪布而广转法轮，前往各大分寺弘扬住夏大法会等三事仪轨法统。晚年在日当圣地的中湖莲师修行洞等地，精进苦修微妙之法而圆寂。

第七任法台堪布　成就智者岭喇活佛土登宁西坚参

活佛诞生在多康德格地区境内，由第四世佐钦法王美久·囊卡多杰认定为岭成就者索朗辛巴的转世并培养。来到佐钦道场学习仪轨课诵等学处而轻松掌握，在第四世佐钦法王、佛子先盘塔耶、巴珠仁波切、秋吉德钦林巴等上师处，闻习前密经教伏藏各法及教理附法。尤其是在先盘塔耶座前，以三节逐传之仪轨接受圆满比丘戒，法号土登宁西坚参。担任佐钦熙日森佛学院第七任法台堪布，宣说显密教法，传播律藏三事仪轨传承，广弘教证二法。当时，敏珠林寺法台堪布慈诚多杰来到康区，在此尊者座前接受比丘戒。慈诚多杰传金刚持堪布久美阿旺罗布，久美传弟子堪布久美曲扎，久美传弟子在印度的夏迪·楚修仁波切阿旺曲吉桑波等，戒律传承弘扬至卫藏地区，对前密教法作出无与伦比的贡献，培养了如普察堪布阿贡、多茹堪布噶丹、持律者根确扎巴等许多继承法统的弟子，最后，伴随着无上成就道地之瑞相而圆寂。

第八任法台堪布　大密续部之主白玛班札大堪布

藏历第十四绕迥中上叶，尊者诞生在岭国穆波东姓氏之分支，一个名为岗察的家族之中。从孩提时代就能看见天神魔众的幻身并将其置于誓言之下，很多圣者授记此尊者为苏钦·曲央让卓的转世活佛，自小在佐钦寺出家，俱生智慧，无与伦比，学习法会行持仪轨传承，一点就通，使所有人为之惊叹。有一次，佐钦寺的僧众前往拉萨拜见吉美林巴尊者，尊者说："我以智慧身到过佐钦寺的法会现场，当念诵传承上师祈祷文，收到第四世佐钦法王的召唤，很多持明上师汇集在大殿上空，我也只能去了。当时除了一个头扁扁的小僧人，没有其他人看到我，他坐在僧众的最后面，还向我扔石子戏耍。"尊者说的小僧人就是儿时的堪钦白玛班札。

尊者依次在第四世佐钦法王美久·囊卡多杰、吉美加卫尼固、佛子先盘塔耶、桑珠·白玛扎西等成就智者座前，以满瓶倾注之式闻受显密明处之讲授，经教伏藏法之灌顶近传，窍诀耳传之口授，从而登上成就智者之王位。尤其是得到吉美林巴尊者以智慧幻身之摄受，成为秘密光明心髓法门的持教者。早年担任佐钦熙日森佛学院遍主大堪布，传授显密经典教法，特别是精通并很多次讲授幻网续部之王，培养出普察堪布阿根、邬金丹增罗布、文殊化身麦彭朗嘉、持藏者根确扎巴等许多能够延续传承的持教大德。

到了晚年，将佐钦白玛唐作为主要道场，广转甚深密续窍诀法轮，故十方弟子如繁星而聚，各教派无有门派分别的大德们竞相将其依为上师，闻受三乘戒律之传承、经教伏藏之灌顶口传、窍诀心髓之教授等，如《蒋扬钦哲旺波传记》中曰："火蛇年在安朗·嘉瓦确央化身白玛班札堪布处接受总经意集密续灌顶，当到了灌顶正行时，整个坛城得到清楚显现，当晚，亲见苏·益西迥烈，获得总经意集密续灌顶的近传。"第三世雪谦嘉察将尊者依止为不共根本上师，出家接受沙弥戒，法号久美白玛朗嘉。在《嘉察文集》中称尊者为"遍智大堪布白玛班札"。又在《呼唤上师·加持速降祈祷文》中有如是赞颂："三根本与诸佛智慧集，三乘教理妙法大宝库，引领无量众生善知识，皈依总集白玛班札知。遍智诸法文殊童子尊，大悲之藏观世音菩萨，威力堪比金刚手菩萨，教生怙主白玛班札知。外相戒律清净声闻相，内发大乘菩提心佛子，密修生圆次第瑜伽者，世间慧眼白玛班札知。解脱世俗八风隐修者，远离散漫精进修自在，境识平等而觉大禅师，持教圣者白玛班札知。初领佛门传戒之堪布，中传菩萨戒之大圣者，后赐灌顶引导密乘师，恩泽无比白玛班札知。"此外，多钦哲·益西多杰、多智钦·丹贝尼玛、文殊化身麦彭仁波切等，在尊者座前听闻大幻化网续的教授，此善妙传承至今不衰。给安章珠巴卓德巴沃多杰传授深密精华窍诀法《上师心滴》，并授记教诲此弟子要修持如拉尊·朗卡晋美一样的瑜伽法行。为第五世佐钦法王、第五世雪谦冉江、温珠·土多朗嘉、化身伏藏师烈绕岭巴、顿珠若巴扎等圣者传授无数伏藏经教法门，使经教伏藏法门广泛传扬。

留于后世化机之法缘，著有显宗论著和密续注疏，前后译续部讲义等六函之多，但因未刻成木刻板，又世事变迁等原因而失散，现今在佐钦熙日森佛学院珍藏为木刻版的仅有两函。如是任运利益自他事业之后，于藏历第十五绕迥木猴年二月初三，此刹利生事业暂告圆满而密意趣入法界。

第九任法台堪布　多茹·嘎丹嘉措

尊者于藏历第十四绕迥中叶，诞生在佐钦日当禅法林附近地区。尊者所转世的家族，是往昔第一世佐钦法王白玛仁增和“日月星三弟子”初到日当地区时，为其担任施主而提供各种资具的多茹阿格仓大家族。

尊者从小就有无伪的学佛之心，故向第四世佐钦法王美久·囊卡多杰献上顶发，俱生智慧广如虚空，轻松掌握文字读写。长大后在白玛班札大堪布座前接受沙弥戒出家。依止尼札·仁增桑波、巴珠·晋美曲吉旺波、岭喇活佛·土登宁西坚参等，广泛闻习入行论、律仪疏、中观、般若、律藏、上下阿毗达摩、因明、大幻化网续等显密经典教授，以闻思断除疑惑，成为远近闻名的大智者。尤其是将第四世佐钦法王美久·囊卡多杰和佛子先盘塔耶依止为不共根本上师，无余听闻以上下心髓为主的佐钦传承的灌顶和窍诀，圆证光明本智，苦修平等无为之三摩地，日夜念修无数本尊心咒，对生圆二次第之甚深见地获得自在而登上成就者顶峰。四十多岁担任佐钦熙日森佛学院第九任法台堪布，传讲印藏智者经典教法多年后，培养了如木雅·根桑索朗、杰温·邬金丹增、嘉色柔比然智、古浪·晋扎曲央多杰等许多智者。晚年在佐钦雪山的诸修行洞，长时精进修行获得成就而趣入法界。

第十任法台堪布　岗察·多杰绕丹堪布

藏历第十四绕迥水虎年，尊者出生于日当卓日部落的岗察家族之中，为白玛班札大堪布的侄子。向第四世佐钦法王朗卡多杰献顶发而在佐钦寺出家，在此大德处接受嘉村宁波的三宝总集、心髓三根本、甚深四函法等的灌顶传承。在白玛班札堪布处接受圆满比丘戒，听闻所有三律仪的仪轨传承、诸多前译经教伏藏法的灌顶教授、《大藏经》之《甘珠尔》口传等。在五明班智达土多朗嘉、尼札仁增桑波堪布、巴珠·晋美曲吉旺波等处学习天文历算、声明诗学、辞藻学等共同明处以及无量显密经典教授，从而对所知诸法获得智慧自在，尤其是在大密续部之主白玛班札大堪布足下，担当近侍多年，听闻前后译密续法部的讲授，生圆扎龙法部的直授等并付诸实修。根据续部密意抉择并熟练多玛塑造、坛城绘制以及金刚舞与佛乐唱诵等大小法会行持仪轨传承。此尊者善巧见闻仪轨，著有《多饶大笔录》，被公认为道场所有大小法会行持仪轨之如量依据。应白玉寺嘉珠活佛桑阿丹增的邀请，前往传授嘎玛法会的行持仪轨，从此白玉寺开始举办嘎玛法会，延续至今，并传至噶陀寺。又到诸多佐钦寺分寺及阿日扎寺等很多寺院创办了嘎玛法会。

尊者担任熙日森佛学院第十任法台堪布多年，传授显密教法与共同明处，培养了阿卓大堪布索朗曲培、白玉嘉珠活佛桑阿丹增等许多成就智者弟子。前往各个佐钦寺分寺，弘扬妙法三律仪和见闻仪轨传承。如是以三轮法行圆满自他事业后，享寿至六十几岁时色身庄严融入法界。

第十一任法台堪布　普察·阿根或名根确沃色堪布

尊者于藏历第十四绕迴中叶，在佐钦寺附近卓日柯地区的普察家族中诞生。从小就向第四世佐钦法王献顶发。八九岁开始学习文字读写、佛乐、金刚舞等法会行持仪轨，在前密教法明灯嘉色·先盘塔耶前剃度出家，后又在白玛班札大堪布前接受圆满比丘戒。二十岁左右，正值巴珠·晋美曲吉旺波担任熙日森佛学院法台堪布而传法时期，在尊者座前听闻入行论的印藏各种注疏，入中论、俱舍论、慈氏五论、中观理聚论、阿毗达摩集论、别解脱经、律经根本颂等的印度各大注疏，善言金鬘、绒敦大师的经庄严和二辩论注疏、宝性论笃师注疏、密幻续释·十方除暗、荣松三宝论释、雍师注疏庄严花朵、龙钦七宝藏、功德藏等藏传经典注疏，是故，闻思智慧获得圆满而成为远近闻名的大智者。

此外，在白玛班札大堪布、第二世格蒙谷夏、嘉色先盘曲吉朗瓦、岭喇活佛土登宁西等善知识座前，听闻显密教法和共同明处的大小理论，以及诸多前后译经教伏藏窍诀的灌顶教授并实修。从三十岁起，担任前密讲修妙法之源熙日森佛学院的法台堪布四年，广传各大显密经典理论，培养了如班达·格勒嘉措、木雅堪布阿白、益西坚参堪布、阿卓·索曲堪布、白玛塔确罗丹堪布等成就智者弟子。晚年，继承历代大德的传统，潜心实修，从而密意见地达到顶峰，获得如量证悟功德。最后，自他事业任运圆满之后，享寿六十几岁而密意摄入本净法身之界。

第十二任法台堪布　文殊化身麦彭确烈朗杰嘉措

诸佛妙慧总集于一身的至尊文殊菩萨化身乃遍智上师麦彭降巴吉比多杰或名麦彭确烈朗杰嘉措。如同瞻部洲宝顶之刹土，洁白绵延的雪山之鬘所环绕的广阔土地，具足八种功德的扎曲河缓缓流淌之岸边，巍峨多杰彭休神山所护持之方隅，佛子三怙主化身圣者不间断降临并加持之圣地，以吉祥四德而庄严的大牧场扎溪卡之分支亚曲当琼地区，是尊者伴随着许多奇兆瑞相而诞生之地。藏历第十四绕迥丙午火马年即公元1846年，尊者承嗣于居氏家族中，自在成就者居喇嘛桑阿丹增、甚深断法持教者白玛曲央多杰、自在于猛咒事业者居·阿尼巴钦益西、居喇嘛多德等成就深道的瑜伽者接连不断之后裔，父尊为通晓医学明处的居·贡波达吉，母亲是出自名门穆波东氏的格则大家族，致力于十善事业的本茹头人曲达之女尚琼玛。尊者诞生同时，家里马群中也产了一匹奇特枣骝色马驹，后来家族分家时，尊者嘱咐不能把此马分给他人而要留在自家喂养。

修行者叔父白玛达吉为尊者取名麦彭朗嘉，从小就具备无伪正信、慈悲等大乘种性功德，天生智慧无与伦比，能清楚地忆念自幼年生稚齿以来的往事。牧场搬家时，放在皮箱里的小尊者手拿小木棍，作出击鼓诵经的样子。传闻尊者从小就是个除了静猛文殊本尊和格萨尔护法以外心无旁骛的少年。六岁时，在扎巴坚参上师处听闻《三律仪论》并背诵，在其叔白玛达吉处听闻天文历算的口颂并熟练掌握。七岁左右开始撰著集显密要义之《定解宝灯论》等经典著作。尊者边玩耍边将这些写在石板上，由居喇嘛仁青贡波记录成书。到了十二岁，以普通僧侣身份入居莫霍寺密乘讲修法林，对各个法会行持仪轨得到通晓，故众僧称之为“智者小僧”。五岁时，看了几天的韵律算古籍并祈请了文殊菩萨后，通晓了所有内容。在居牛静处观修文殊师利并制作甘露圣丸，得到文殊菩萨的亲见，从菩萨心口放射出一道光明融入尊者之身，尊者曾说：从那以后，显密教法及各大明处不学自通，所有经典教授仅仅闻受传承而无需作丝毫勤学。十七岁时，因新龙盗匪挑起战乱，尊者随家族部落迁移至果洛地区。十九岁时随舅舅前往拉萨朝圣云游，在甘丹寺居住一个多月。随后，到山南各圣地巡礼，尊者后来曾对近侍说：当时我到了洛扎卡曲时，平常的境识显现为乐空暖意境相很多天，这应是此圣地的加持力。前往北部时的路上，出现得到《全知韵律算·明镜》法函的净相，此情在本书末尾有叙述。朝圣回来的途中，拜见拉·怙主旺钦吉绕多杰，在此处听闻玛德传承的白文殊与格萨尔命付文等法，怙主上师劝勉道：“我有四位有文殊名号的弟子的授记，你就是其中一位，你在后半生若能去汉地，将在法与财两方面利益无数众生。”尊者在上师修行处的神通洞中修持文殊菩萨和秘密马头明王，显现成就征相。

尊者到了二十二岁时，跟随家乡的几个道友来到大密教法之源日当佐钦寺，他们首先拜见大圆满四相成就者第四世佐钦法王美久·囊卡多杰，别人请求佐钦法王授记其寿命等问题后，法王一一作了回答。尊者并未请示，但法王却主动对他说：“你若念修以大吉祥集为主的愤怒本尊，定会成为自由统辖三界、镇伏三有的圣者，此生苦乐交加，享寿八十岁。”此等授记中，除了尊者因故没有住世那么久以外，其余授记全部成为现实。当时，正值化身伏藏师秋吉德钦岭巴首次开启司昌圣地法门之际，尊者前去转绕日当大乐雪山之顶，捡拾了许多当年莲花生大师降下的药王藏青果（阿日拉）妙药。

在吉祥熙日森佛学院任第五任法台堪布的巴珠·晋美曲吉旺波座前，听闻入行论智慧品和慈氏五论等经典教授，并通晓一切词句和内容要义。根据巴珠的传讲撰写了凸显前密宁玛派甚深见地特色的经典注疏之后，收到格鲁派各大寺院的诸多辩驳书，当时，尊者师徒在扎堆果莫沃勒静地，尊者在修行洞外面准备焚烧其所造《入菩萨行论之智慧品释》，被巴珠仁波切知晓后说："你在做什么？"尊者答道："我所造的此论著使前后译各派生起争执辩驳烦恼心，所以想把它烧掉。""你若不要就还给我，这些是我在佐钦所讲的内容，你只不过是把它记录而已，此法的利生事业，将来还会发展。"说罢，由巴珠仁波切亲自保护起来。此外，在佐钦第八任堪布白玛班札座前，闻受以大幻化网续为主的很多大密续部教授，佛子先盘塔耶编辑的九函前密经教部的灌顶与口传，遍智荣隆二尊文集的讲解等诸多法门。担任佐钦熙日森佛学院的法台堪布，前后广传显密教法和各大明处。此外，在佐钦颇章、纳琼静处、白玛唐、嘉西扎嘎静地、熙日森附近的麦彭修行洞等作为多年的修行处，以讲辩著广行利益教生事业，此等在其一些著作的跋文中有明述。

有一段时间，巴珠仁波切、麦彭仁波切、木雅·根索、邬金丹增罗布、根巴堪布几位大德在佐钦纳琼静处，每天下午在山腰日照处进行辩论，当时，巴珠仁波切说："我感觉我们像是在那烂陀寺的门廊之中辩经。"此外，有一名为嘉瓦·多昂的精通格鲁教派的格西，对入行论智慧品释文加以批驳，请巴珠仁波切任中证，与麦彭辩论了很多天，但是，在场其他人认为，两位智者各持己见，未能决出胜负。于是喇嘛柔确问巴珠仁波切："两位智者谁胜出了呢？"巴珠回答道："我不会判断，也不会决断，但常言道：儿子无需爸来夸，对手自有其评价，女儿无需娘来说，会从嫁方传真相，多昂的侍者们给我说，在进行第一次辩论时，他们清楚地看见从喇嘛麦彭本尊文殊菩萨像的心间发出一道光连在麦彭的心口，所以，我认为答案尽在其中。"同时，多昂格西对"大圆满法本智相"的颂词写了注疏，有些人将此颂理解为驳论，有些理解为立论，巴珠仁波切要求两位智者就此展开讨论，最后尊者辩胜，对方顶礼求法并劝请尊者撰著经续窍诀的注疏。

尔后，尊者通过自己的同乡、佛子先盘塔耶的侍者白玛喇嘛的书信，去拜见与其世世有缘根本上师，具足七大传承持教者蒋扬钦哲旺波白玛沃萨多昂岭巴。当时，刚一见面，上师的证悟智慧顿时融入尊者心间而师徒密意成为无二无别。尊者在共同境相中，以三欢喜之式长期依止上师，上师也以大欢喜之心、满瓶倾注之式，首先传授玛德传承的白文殊法，先后赐予尊者许多共不共明处的讲义、近传法菩提萨埵堪布所造中观庄严论、慈氏二辩论、比马拉大班智达的大幻化网文殊法注疏、莲花生大师的窍诀见地鬘注疏等七种应机宝库中所有法门的成熟灌顶、解脱讲义、教言依据和窍诀仪轨。

在一吉日，上师将显密教法及各明处重要而稀有的各类经典著作放在供桌上并献上丰富供品，前方设立高贵法座，请文殊上师居坐此上并嘱咐道："此等法门交付于你，今后请以讲辩著之事业执持佛法之宝，并将在此世间发扬广大。"说罢将尊者封为其法主，赠给尊者一幅精美的度母唐卡，在其背面写到："嗡索德杂严杜，觉悟如同麦彭怙主尊，犹如蒋扬善巧诸所知，确烈朗杰堪比法称师，名扬嘉措故坚而祈祷！此颂由文殊上师欢喜之眷属钦哲旺波所造。斯德热杜。"如是根据四种功德之意义，向尊者赐予"麦彭降白确烈朗杰嘉措"之法号，以及珍贵的身语意能依，还赠送自己的长耳法帽作为凭证，将尊者封为其真实补处。

在蒋贡康楚·罗珠塔耶前听闻陀罗波声明论、水银药方炼修法等共同明处、寿主文殊法·铁式铁蝎等不共成熟解脱法门，此外，在前后译教派许多善知识座前，主要听闻各个法脉的口传，无需作更多的勤学而获通达。关于此情，尊者曾说："在我少年时代，虽然正值前后译各派很多善知识广转法轮之时，但我在巴珠仁波切前只听闻了《入行论·智慧品》，除此外没有做过更多的勤学，仰仗上师和本尊的恩德，各大经典只需拜读一下就能解开其疑难要义，初学时，后译的理论容易掌握而前密较难理解，但是这是因为自己的智慧有限，我始终认为从持明大德们传承下来的经典里定会有极为甚密要义，从来没有对此持有怀疑，以此因缘而智慧得到成熟后，才明白所有甚密要义都在前密传承法宝之中，对此生起了殊胜定解。"

尊者在居温·晋美多杰前听闻了《般若摄颂》的传承后，反过来对其讲授此经长达一个月之久。在蒙沙格西阿旺迥烈前听闻《入中论》时，尊者向格西说只要传承即可，无需劳驾详细讲解，传完后格西要求其试讲，尊者就此论的要义进行了试讲后，格西在众弟子前赞叹道："我虽然有格西之名，却没有此人智慧的一小部分。"在本乐·罗德旺波前听闻《量理宝藏论》，在梭本·白玛处听闻慈氏法门和《菩萨地》等的讲授传承以后，又给这些上师广讲上述法门，此等殊胜事迹无数，如《方广大庄严经》云："将获得无有遗忘的忆念藏，开启智慧的智慧藏，通晓一切经藏义的证悟藏，受持诸法之总持藏，以善说满众生愿的辩才藏，守护一切法宝的妙法藏，不中断三宝种性的菩提心藏，对无生法获得忍心的能立藏等八大藏。"如是乃尊者成就八大法藏的象征。

住在巴藏寺的时候，尊者拜读大藏经的《丹珠尔》部，喇嘛柔确为其送法本，每三天就看完十二函多。近侍问尊者：“每天能记住这么多法函的内容吗？”尊者答：“虽然未能记住所有词句，但通晓了全部内容。”如是先后拜读《丹珠尔》《甘珠尔》达七次。在法王殿中观看初十金刚舞的同时，仅在一段舞曲之间就写成赞颂内续三瑜伽的回文诗。在撰著《时轮大疏》时，仅用中午一小坐时间，就写完了二百多页，此等著书立说等神奇事迹，在其各个著作跋文中有明述。如是此尊者的证悟智慧，无碍辩才，正理之门等各方面都远远超于常人的境界，而实属自在于无边三摩地与总持之门的登地菩萨无伪传奇。为此，诸多雪域成就智者们相继献上赞叹美妙梵音，执持宗喀巴传承格鲁派的北方无比智者华瑞·洛桑绕萨，与文殊上师互致辩文以后最终形成共同观点。洛桑绕萨赞曰：“尤为善慧具足造论力，多闻修行圣者谷萨里，为寻深义历经诸艰辛，我之亲友麦彭善知识。”又云：“甚密广深宝藏之善言，极度匮乏我乃无定准，善友麦彭言词之信使，所劝回音现今如是说，无垢白莲之鬘所庄严，无有遍尽佛陀坛城中，善巧宣说广深教授者，愿成麦彭朗杰之亲友。”如是作了两位尊师共聚一清净刹土，共享执持佛陀密藏妙法喜筵的美好祈祷。在最后一次的辩论书中写到：“妙法之财犹如云集中，名为康区黄金坛城地，美名好比天鼓妙音者，了义法王实乃欢喜因，妄念草堆所引之火花，触及之过从心作忏悔，无垢哈达白云之华盖，庄严其身山王之宝顶。”华瑞曾对其弟子们说：“康区佐钦大智者麦彭朗杰与宗喀巴大师，除了在降世时间与对辩论的熟练程度有差别之外，在揭开广深法密的智慧之力，善说经典之所有要义等方面没有丝毫差别，此尊者确属文殊真实化身。”

哲蚌寺格西康玛·洛桑曲培曾赞叹道：“此尊者为了宁玛前密教法之事业，以破、立、遮止来撰写具有丰富教理的神奇经典著作，在立说自派见地的同时有一些与他宗观点不尽相同之处，格鲁派有些智者对此作了辩驳书，尊者又以无数教理作了详广的反驳，此乃如同无惧于群兽的狮子吼声，每个反驳都击中要害，故无法再以教理向其作真正的批驳。”扎西沃色大堪布向康玛格西献上尊者先后所写的诸辩文并说：“请您对此等论著做一个全面的分析，作者称为‘诠释佛陀密意的大智者’，如果认为是名副其实的殊胜语狮子，那请您对此作一个赞颂文。”格西如是写道：“根据堪布旨意，为殊胜智者麦彭朗杰作简明赞颂文，如云：‘如同见烟能知火，水鸟证明水存在，具足智慧菩萨之，种性能从妙相知。’自在智者麦彭朗杰从小就依止具相善知识，达到多闻法海彼岸，自在统辖内证悟功德大宝之库，成为多卫藏三区无数成就智者之顶饰，一切教法之大善知识麦彭朗巴杰瓦者名扬四方。从了义法性而言，此尊者为文殊菩萨智慧变幻，犹如日轮及其所发光芒，在五浊恶世世代，示现与我等众生同道的善知识法相，对教法事业作出杰出贡献。思维此情，乃如萨迦班智达曰：‘初时勤学诸法得善巧，中时智者群里传善说，后时所学诸法勤修行，此乃三世佛陀之妙道。’如是所有这些，此尊者均付诸实践。”此外，在智者云集的会众前，也曾不止一次地说：“在尊者进行辩论时，其辩才智慧无与伦比，故居坐吉祥陈那法称师徒之狮子宝座，也是当之无愧。”

宁玛智者五明班智达巴珠大菩萨，向尊者献上哈达并勉励赞叹道：“尊者的智慧与文殊菩萨和无尽慧菩萨无二无别。”大密续部之主白玛班札堪布，流着信心之泪双手合十道：“所谓以闻法而相续得解脱者乃麦彭上师，他小时候脾气较倔强，而现今却犹如酥油融入糌粑般心续极为调柔，内心清净无比，如理如法之榜样。”如是还将尊者与遍智绒隆二尊等同看待，恳切劝请尊者校对《龙钦七宝藏疏·白莲花》与荣松文集，撰写幻网续总义和中观庄严论注疏。蒋扬钦哲旺波曾说：“如今在此世间，再没有比麦彭上师更殊胜的智者，若撰写其诸化身和功德，有般若法函之多，但尊者不喜欢此等言论。”五大法藏大智者蒋贡康楚·罗珠塔耶，在尊者处听闻其释量论和八大法行论注疏的讲授口传时，被尊者的无穷智慧所倾倒而赞叹道：“大班智达麦彭朗杰，是大密续部自在者，辩才不可思量的第二密主嘎饶多杰大师。”如是在智者群星荟萃之中，犹如皓月当空，从十方佛刹飘洒而来源源不断的赞美花雨。

此外，尊者树立修行深义之大法幢，登上大成就者王位，自在于共同与殊胜悉地四业。在多康麦宿嘎莫达苍伏魔修行洞中，每日只受用两餐，夜间休息极短时间而潜心修行达十三年之久。先后在佐钦静地忿怒文殊修行洞、佐钦纳琼静处莲花禅法林、佐钦熙日森佛学院山腰麦彭修行洞、居牛静地·成就永寿悉地修行洞、宗古静地法源顶修行洞、顶果静地吉祥兴盛修行洞等静处长期修行，断除散漫戏论，远离八风过患，以隐世卑微瑜伽者之相，长期止语勤修而居。尊者说：“本人在求学时尽量做到伺察到底，念修本尊时力求生起次第得到圆满。”如是所有念修静猛本尊心咒之中，无一项未得到如量圆满，仅缘起咒，尊者就念修完一百三十万遍。祥述此等情形，好像尊者用了毕生的精力来念修本尊而未行其他事业，如同读尊者的著述就仿佛尊者一生都在撰写论著一样。

尊者毕生修持不动三摩地，时时不离于轮涅万有诸法本净之自性，圆满于净等大乐宝身和智慧游戏之方便生起次第，与智慧圆满次第双运的三金刚之瑜伽，以及直击金刚身要的时轮六支有相瑜伽，是故，业风清净于中脉之界，现前乐空四喜与四空所引之喻义二光明本初俱生大乐智慧。尤其是成就光明大圆满本净观修与任运超越，使法性未停留于伺察而成为现量，境相与所行皆为宝身与智慧之游戏，自现弥漫于宝身清净刹土之境相。内脉清净于文字云轮而证悟修生智慧，故在密意伏藏虚空法库中，任运造就三界无与伦比的经典著作。

在众生共同境相中，尊者自在示现诸多成就者道貌。有一次在嘉西白岩石静地，以阎罗敌坛城修成的骰子用手指举在空中，顿时大地震动，狂风四起，山崩岩塌而使太阳也暗淡无光，然后放置于地上而出定时，神变自然消失。在熙日森佛学院，尊者以嬉戏之式做了一个茅草炮，用羊粪粒做炮弹试射，结果，将一个大土堆炸毁无余。在佐钦忿怒文殊洞，入定于心间意种子字而风心之流融入基位，在连续十天里不动于一个坐式和眼神而以禅定之食维持体能。役使天龙八部和独脚众魔，让其在一座时间里采集南瞻部洲所有药类，此乃众人现量共同境相。在邓科地区金沙江边，尊者为养育雪域土地精华力之缘起，用珍宝、五谷、药材等财宝作为龙藏而伏藏起来，将系有白色哈达的彩箭插在江中，并在岸边顺江而上做藏区安乐之祈祷，而彩箭迎风飘扬，如同跳舞游动到尊者面前，此情成为在场众人现量所见。尊者曾对大伏藏师烈绕岭巴开玩笑说："我虽为初学道之凡夫，但有如此能力，你们伏藏师有何道貌？"说罢，将忿怒文殊骰子放在光影线上，使时光停留一上午之久，此等以成就者威仪令无数化机为之惊叹不已。

如是像遍智法王龙钦巴再生，对佛陀教法尤其是对大密前译深法从事恩德无比的事业之后，尊者有了色身趣入寂静法界之意向。尊者六十七岁即水鼠年一月初，在顶果静地结束闭关修行。此月十八日因一位邪客生起圆寂之意如是写道："南无曼殊熙日嘉纳萨埵雅（顶礼文殊智慧勇士）！妙喜刹等清净世界中，得自在于如海佛子行，为利遍及虚空之众生，立誓受持大悲之圣心。业力所困浊世说法者，虽然严重内脉之病痛，难忍无间折磨十七载，然依幻身至今住此刹，今以欢喜死亡之思维，写下最终嘱咐之话语……如今不愿住在病魔所困的幻身中，故有往生之意愿……"如是写下此文并藏于护法像心口。在二月份，尊者念修不动佛心咒二十万遍。三月初十那天对近侍沃萨嘱咐道："自从你来到嘎莫达苍至今，我将念修和撰写经典论著的所有善根，作为我们共同的善根，每日三次回向于利他无上菩提之因，从未间断过。如今，现前了成就所有祈愿的征兆，在未来，你将成为与文殊菩萨无有分别之人，这绝非安慰之言，请欢喜吧！在修行方面如有疑问未抉择，今日就应作抉择，否则不知住世多久，但我们师徒从今以后直至证得菩提之间无有别离。"之后，再三请求尊者长久住世，但尊者说："现今无论从时代或病情等哪方面看，都不想久留，若住世也无益，你应在静处尽量修行，以后在窍诀和上师各方面都无需求别人，我们在生死中阴各个时期都会见面，来世在清净世界没有刹那别离。"

四月初八，根巴堪布从嘎陀寺带来麦彭仁波切本人著述的第一本木刻版《时轮金刚大注疏》，尊者对沃萨喇嘛说："在当今时代，说真话无人听，若打妄语，各个都信以为真。我并非是凡夫俗子，是一位以愿力转世而来的菩萨，此话在以前对谁也没说过，此生有如此病痛是前世的余业，以后不需再受业障的驱使，这次有特殊缘起故，从今天起，根巴堪布要传讲时轮法，本来经典中明述，传讲续部法至少要十天，但此次要在八日内讲完，所刻木板未做到很精致，所以有些不明之处，但我有能力为你们加持。”又说：“我本是虚空未尽之前誓度众生的大菩萨，此生应为教法众生尤其是为前密宁玛派有更大的助益，但因宁玛巴福报甚浅，有因一些缘起之要而身缠病痛，未能实现所有意愿，不过，写成了不少论典注疏，本想撰写一部很详广的中观总义，却未能完成，但这问题不大，主要是如果将《本初心部三法》的撰写得到圆满，则成为护持一切教法命根之因，但未能做到圆满究竟，如今快要邻近边陲野蛮人终结妙法的末法世代，无论怎么考量，都觉得再转世无有益处。如果是往昔敏珠林兄弟住世时代，就能更多的利益教生，如今因时代不同而难以实现，所以，以后决不会转世不清静刹土，身处清净世界，如愿示现化身游戏，直至轮回未空之间无有间断，乃诸菩萨圣者共性。”

到了二十三四日，尊者说：“现在蕴身得到彻底康复，以后不会有任何痛苦的觉受，昼夜显现虹光明点与佛身佛刹之任运超越境相。”二十五日，尊者将顶果仓等各施主，德珠活佛等各参拜者都叫到身边，为他们作祈祷。当时德珠活佛等劝请尊者恒久住世，但尊者坚决地说：“决不再住世了，也不转世，我要去北方香巴拉。”此后，根据沃萨喇嘛、云嘎堪布、根巴堪布的劝请，尊者虽舍弃寿命之行，但加持生存之行，与他们交谈三日之久并说：“现在整个虚空遍满了种子。”此前，近侍沃萨喇嘛致信第五世佐钦法王、雪谦嘉察等心传弟子，他们纷纷闻讯赶到上师修行处。二十九日即金曜与毕宿会聚之日，尊者以菩萨坐式，左手平等右手说法之手印，在日落西山的同时，密意入定于本初光明之界。

五月十一日，以第五世佐钦法王为主的诸心传弟子，为使法界内明童子瓶身外现为智慧报身之相，用念修秽迹金刚和摧破金刚的甘露圣水，为法体沐浴涂香，戴上佛冠顶髻，手持金刚杵铃而恭请到坛城之心，献上无量供云，授予四灌顶，以念修金刚萨埵清净业障。佐钦法王将尊者所有著作供于法体前，加持祈愿并交付于雪谦嘉察、根巴堪布、沃萨喇嘛、桑杰年珠活佛献，要求结集尊者法语，弘扬尊者著作的讲修传承。几天以后的一个吉日，根据尊者本人的旨意荼毗法体时，心舌眼不畏烈火而住于不变金刚之性，形成由许多舍利围绕的文殊手印镇伏像，现量出现了天空布满彩虹帷幕、空中巨响、大地震动等许多在经续中所说的成就无上果位的不共征相。

圆寂一百天以后，在一个黎明时分，侍者沃萨喇嘛亲见尊者身如过去，头戴长耳班智达帽，顷刻间写成一法函并赐给沃萨，法本的字里行间都闪发出光芒，故很难用肉眼拜读，沃萨尽量看其末端，看到写有“嘉路多杰（虹身金刚）”

的字眼，接着，尊者赐予诸多秘密授记后，在心间作一期克印，口中连续三次高喊“嘉路多杰”，最后在猛力发出“拍”声后消失。其向第五世佐钦法王土登曲吉多杰、大伏藏师烈绕林巴，在文殊幻网坛城中示现尊容，二位尊者根据此情各自撰写了上师瑜伽祈祷文，二者词义惊人的相似。在安章珠巴仁波切的光明境相中，得到尊者显容而一时之间圆满了多劫的资粮，为报答此恩德，木刻了尊者很多著作。另外，向博珠·多阿丹贝尼玛等传承弟子，以显容授记之式摄受的殊胜事迹数不胜数。

尊者的主要亲传弟子有：第五世佐钦法王土登曲吉多杰、嘎陀司徒、雪谦嘉察久美白玛朗杰、多智钦·丹贝尼玛、大伏藏师烈绕林巴、安章珠巴、白玉白玛诺布、邬金丹增罗布、拥登嘉措堪布、根巴堪布、蒋扬罗德旺波、桑杰念珠活佛、古浪活佛、那喇曲珠、纽修隆多、佐钦索曲堪布、堪钦阿布拉贡、罗柯堪布、岭杰仲、证悟者拉桑、措西喇嘛等讲说经典的智者，具足三学的堪布，勤修二次第瑜伽的密乘师，舍弃此生的隐修者，以及四大教派的诸多弟子，将佛陀教证妙法以讲修之业发扬广大，流传后世。

如是文殊上师麦彭仁波切的简略传记，是以古今诸多传记为依据、如量口传作补充而写成，如欲知更详广的传记，请参看尊者心子阿恰木札所造的《简略传记》，以及怙主顶果钦哲仁波切所造的《殊胜传记·甘露明藏》等经典撰著。

第十三任法台堪布　佐瓦·格勒朗嘉堪布

此大德于藏历第十四绕迥下叶，诞生在多康日当巴柯地区，父亲名为佐瓦·才仁朗嘉，母亲为吉本家族之女才嘎。自小天生具足行为严谨，如理取舍善恶因果之业等圣者之性。向第四世佐钦法王美久·囊卡多杰献顶发而入僧团，学习诵经法、雕塑、佛乐等仪轨传承并熟练掌握。此后入熙日森佛学院，在当时的法台堪布巴珠·晋美曲吉旺波，白玛班札大堪布等善知识前，闻习显密佛法，尤其是光明大圆满心髓法门的灌顶教授及其背文，成为自在大智者。尊者到了三十多岁，根据第五世佐钦法王土登曲吉多杰的旨意，担任寺院轮值法台堪布，按照历代先祖的传统，在前四年担任八大法行等各大法会的金刚上师，后四年担任结夏法会和寺院传法法会的堪布。随后，居坐熙日森佛学院法台四年，从共同各大明处理论，直至不共大密各续部的密意法要，以清净三观察正量抉择并宣说。晚年在佐钦雪山大乐静处等地修行大圆满法，最终，以大圆满秘密捷道趣入本净法身之界。

第十四任法台堪布 贤正圣者才让罗布

尊者妙身之花开放在日当卓日部落，天生具足善法习气，见到僧众和寺院时，顿生欢喜之心，执意跟随其后而不愿回家。向第四世佐钦法王美久·囊卡多杰献顶发，赐名才让罗布。法号写入寺院僧众名册，在叔父沃萨处学习藏文读写，表现出比其他小喇嘛殊胜的智慧，故众人劝其学习佛学理论。七岁时入佐钦熙日森佛学院，在普察·阿根堪布，文殊上师麦彭朗嘉，岗察·多杰绕丹堪布等善知识座前，系统学习佛学经典多年而得到通晓。二十五岁起，在白玛唐静地以近侍身份依止白玛班札大堪布，解除所有各大经典的疑难问题而成为智者顶饰。在此上师处接受圆满比丘戒，并以满瓶倾注之式接受光明大圆满成熟解脱及其附法，故尊者将其视为恩德无与伦比的上师而依为顶上之宝。三十五岁起，连续四年担任佐钦熙日森佛学院第十四任法台堪布，广传显密教法及共同明处。晚年，在上下圣湖等静地树立起观修之胜幢，登上大成就者王位而圆满示寂。

第十五任法台堪布 持戒者根秋扎巴或名罗萨丹邛

藏历第十四绕迥中下叶，尊者诞生在多康日当地区的父亲措瓦·阿达和生母东曼家中，得到本尊三根本静猛会众和果日神母的亲见。从小智慧超群，轻松掌握文字读写。有一天，家里人将一只羊牵到门口拴住后，请屠夫去了。尊者惊奇地看到那只羊用前蹄埋藏屠杀工具，眼里不停地在流泪，以此因缘，尊者对轮回产生了强烈的厌离之心，离家出走到白玛班札智者前出家求法。在此上师座前，接受别解脱戒、菩萨戒、金刚誓言戒三种戒律，听闻显密总法的教授传承，特别是圆满听闻秘密心髓窍诀法门，视其为不共根本上师。此外，在巴珠仁波切、温波·丹增罗布、文殊上师麦彭、第五世佐钦法王等许多大德处，听闻经教伏藏诸法的灌顶教授、经典以及各明处的理论讲解等如海法门，从而登上成就智者顶峰。

到了四十岁左右，被第五世佐钦法王任命为法台堪布之后，进行了八年的讲辩著殊胜事业。尤其是在内外密戒律方面未染丝毫过犯，如同优婆离尊者成为无数持戒者顶饰，为成就者佐钦巴各个分寺弘扬清净戒律传承，故称“清静持戒者根确扎巴”。在宁玛派《心髓传承上师》与《别解脱戒律传承上师》中有“三律开遮无误金刚持……”等颂词，为所有成就智者们所恭敬礼颂之对象。晚年在日当长寿谷专修光明大圆满，获得极高的证悟之果。在修行座间，传授以遍智法王师徒教言为主的窍诀法门，培养了如大持明成就者恰札·根嘎巴登、那喇曲珠、穆日·白玛德钦桑波、博巴·活佛、怙主顶果钦哲、麦洼·才旺仁增等以讲修之业弘扬佛陀妙法的持教弟子。恒时不离六度四摄善道，以无伪慈悲之心使有一切缘众生获得实际利益。如是圆满成就自他二利后，在八十岁左右示现趣入光明本初法界之相。

第十六任法台堪布　阿卓·索朗曲培堪布或名协珠曲吉朗瓦

藏历第十四绕迥下叶，尊者诞生在属阿卓姓氏的父亲罗珠曲培、母亲巴琼·柔娜家中，两三岁就向第四世佐钦法王美久·囊卡多杰献顶发，法王说长大后要入寺院僧团，学习经教理论知识。七八岁时在堪钦白玛班札座前剃度出家，并学习文字读写和大小仪轨传承，获得熟练掌握。随后，依止巴珠大菩萨晋美曲吉旺波、堪钦白玛班札、文殊上师麦彭朗嘉、普察·阿根大堪布、邬金丹增罗布、雪谦嘉察晋美白玛朗嘉、律藏者根秋扎巴等贤善大德，圆满闻习声明、诗学、历算等大小共同明处，中观、因明、律藏、俱舍、般若等不共明处的印度各大经典注疏，以及西藏智者宗喀巴师徒、文殊化身萨迦班智达、绒敦、果让巴、班钦夏嘉确丹、自派遍智绒隆二尊的著作等新旧各大教派的经典论述，从而对显密教法无碍无碍，成为远近闻名的大智者。依止第五世佐钦法王土登曲吉多杰和穆日·白玛德钦桑波为根本上师，以满瓶倾注之式闻习新旧伏藏经教的灌顶口传，尤其是宁玛派窍诀大圆满上下心髓法门的甚深讲授。

尊者到了三十多岁，根据第五世佐钦法王的旨意，担任熙日森佛学院法台堪布，广转显密教法及共同明处法轮，培养了嘎陀大堪布阿格旺波（堪布阿琼）、那喇曲珠等许多成就智者。从四十多岁起，毕生居于文殊上师麦彭的道场纳琼静地，长期致力于本尊观修，开启广深证悟，获得持明大成就者果位。在观修座间，为各方学徒传讲从大圆满前行到正行的窍诀及其背文附法。到了六十岁，将大堪布德确多杰之妹、具足空行母德相的还魂女巴珍摄受为明妃，诞生了其根本上师穆日·白玛德钦桑波的转世穆日·白玛诺布。此尊者毕生以隐修者身份而居，有许多见修证悟超凡的殊胜事迹，年尽七旬之时，现量示现大圆满法中所说的一切解脱验相而趣入法界。

第十七任法台堪布　堪祖·多丹仁波切土登慈诚降措

此尊者诞生在多康岭部扎麦德亚地区，父名措堪·阿旺，母名扎西措姆，由第五世佐钦法王土登曲吉多杰认定为普戈喇嘛多丹的转世，从小培养学习文字读写等共同明处，有着超凡脱俗的广深智慧。随后入熙日森佛学院，在堪钦白玛班札大堪布、岭喇活佛•土登宁西坚参、第二世格蒙谷夏、持戒者根确扎巴、普察堪布阿根等诸多成就智者座前，刻苦闻习如海显密教法与共同明处，对各经典教授的疑难深义独具妙慧。到了三十几岁，担任佐钦熙日森佛学院第十七任法台堪布，广泛宣讲显密理论而闻名于世，晚年，遵循先贤传统，在佐钦寺静处闭关修行而圆寂。

第十八任法台堪布　达伟·根秋桑波堪布

藏历第十四绕迥水狗年，尊者诞生在多康日当地区的达瓦坚参与措瓦拉珍家中，自小说出在其梦境中见到莲花生大士并得到加持等许多话语，故此，父母将其带到第四世佐钦法王美久・囊卡多杰处叙说此情，法王要求长大后要出家为僧并接受其顶发，在法王座前接受《三宝总集》的灌顶等深法。八岁时，在白玛班札大堪布座前接受沙弥戒，入寺院僧团学习文字读写和语法。依止此大德为根本上师，听闻经典讲授和续部灌顶、口传及窍诀等一切法脉传承，成为智慧如海的大智者。此外，在巴珠大菩萨、普察堪布阿根、文殊上师麦彭、堪布罗萨丹琼、阿卓索曲大堪布等当时佐钦寺的所有大德前，广泛闻思而达到圆满通达。三十九岁担任熙日森佛学院法台堪布，宣讲显密如海法门，得到四方智者们的高度赞扬。如是以智者三风将佛法讲修事业传扬四方之后趣入寂静之界。

第十九任法台堪布　嘉贡·先盘曲吉朗瓦大堪布

如第四世佐钦法王美久・囊卡多杰的《授记秘印》中云："日当谷中出现属羊者，此羊粪粒皆成黄金粒。"月称论师的化身堪钦先嘎或名殊胜智者先盘曲吉朗瓦，于藏历第十五绕迥金羊年即公元 1871 年，在扎曲河上游的卡纳尔游牧部落中，种姓高贵的嘉贡头人家中诞生。小时候的一天晚上，尊者在父亲铺中睡觉，在其觉受中见一红身戴骨饰的女子，给了他一块肉，说是邬金空行刹土的会供品，尊者将能够嚼动的都享用了，没能嚼动的部分留在床上。早上父亲在其床上看到少许人的手掌皮，就问其原因，尊者如实叙述了晚上的觉受时，众人都为之惊叹，称尊者不是一位普通小孩。

十八岁时开始跟随父亲从事家族事业。一时，第五世佐钦法王土登曲吉多杰来到该地，尊者为法王担任了几天的向导。法王到了其家中，父亲向法王供养了牛马、丝绸、氆氇等许多财物，但是法王却说："我不要此等物品，但有一个需要，你能给吗？"父亲答道："唯命是从。"法王说："那么，我要你的儿子，请准备明天出发。”第二天，接受尊者顶发并将其领走了。途中来到格蒙寺，值遇尊者世世有缘上师杰温·邬金丹增罗布，法王将尊者托付给杰温。在杰温上师的梦境中，也现见密宗护法母赐予他一金刚杵。故此，杰温称此弟子必定大有作为，极其重视地摄受他，认为是其叔父佛子先盘塔耶的转世活佛。八邦司徒白玛旺确嘉布、蒋扬钦哲确吉罗珠二位圣者认定尊者为月称菩萨的化身。

起初，尊者学习文字读写之时，一些心未调柔的法友嘲笑道：“看那嘉贡家的大小伙子，这才学习字母读写，他的名字叫小老头。”当时，尊者日夜精进闻思之业，因离家甚远而食物不能及时送到等原因，受用如同米拉日巴尊者般的苦行，在别人扔掉的酥油包壳上，用手指甲撕刮取油来充饥。取水的路上被风吹得踉踉跄跄，上师看到此情，不禁流泪而双手合十，心想：“具德弟子应该是这样的，先给他提供一些生活条件。”但仔细考虑以后，抓住自己的手自言自语道：“你停住！冷静地停住！先嘎为求妙法而行使菩萨苦行，不要为其设置障碍。”之后，假装不知晓。

有一天，上师对他说：“现在，你暂时放下闻思，要念修白妙音佛母。”说罢，为其传授了灌顶等法。经过十四天的观修，得到妙音佛母的亲见，俱生智慧如火燃起，宿慧觉醒，获得总持与辩才功德之故，上师所传教法在刹那间通晓，无碍于讲辩著之业，超越拥登嘉措堪布等新老法友。有时候在辩论期间，有些堪布对尊者辩输时用手绕其头顶转三轮，上师多次打断此举并说：“噢！不要这样，不要这样，不要把手举过先嘎的头顶。”有一天，一位老弟子对上师说：“上师，我原以为您没有偏袒心，但对富贵人家的新弟子先嘎呵护有加，上师对弟子有轻重之心妥当吗？”上师答道：“我不是偏向先嘎，而是你等愚痴而没有清净心，先嘎乃如般若经中所说的一世之隔的菩萨，若有骑跨其身或用手转绕头顶等不恭敬行为，这些在你们扎溪卡人口中‘根志云志’的敬爱堪布们，会影响到他们未来的传法利生事业，我是在呵护他们。”从此以后，所有道场法友遵从师言，对尊者恭敬有加。

尊者在进行闻思的同时，经常念修三根本圣尊，出现了本尊亲见、授记、赐悉地等许多成就之相。尤其是向遍智法王龙钦巴以不退信心猛力祈祷之故，获亲显尊容并以智慧身摄受之，现前义传证悟而撰写了遍智法王赞颂文。后得自然智慧得到增长之故，无论向其请教各显密经典或注疏疑难，无需翻阅书籍而通达无碍，许多经典理论都倒背如流，能清楚地说出各法义在哪函哪页哪行中。上师也经常说若要解答疑难问题，就请教先嘎，我俩无有差别。尊者以三欢喜依止此上师足莲达十三年之久，广闻从佛子先盘塔耶、法主巴珠仁波切等成就者佐钦巴智者们所传的入行论、根本论等中观理聚论，入中论、中观四百论、经庄严论、现观庄严论、宝性论、二辩论、大小戒律偈颂、律经根本颂、上下阿毗达摩论、量理宝藏论、戒律二十颂、三主要道、大手印五俱、离四耽著、龙钦七宝藏、休息三部、功德藏、幻网续各注疏、上师智慧等，以及声明、诗学、医学、历算等显密教法和各大明处。尤其是美久·囊卡多杰将近传上师心滴法门单传并交付，将尊者封为大圆满心髓密法的法主。上师把自己的十三部大论等在《丹珠尔》中的所有注疏法本赐给尊者，并授记道："请以此等论著为主，进行讲授和撰著，传承弟子将如同繁星云集，佛陀法宝好比阳光遍及大地。"并认其为讲法授教承继弟子。如是在此上师座前，以意传满瓶倾注之式获得所有前密经教、伏藏、注疏及耳传等广深法门。尊者曾多次心满意足地说："教导上师不在多与少，邬金丹增罗布一师足。""获依法主丹增罗布师，乃我福报匪浅心欢喜。"

上师圆寂后，尊者考虑到修法是对上师最殊胜的供养，在寺院授课讲法多年，继承上师事业，为来自四方的求学者广转显密法轮。此后，根据第五世佐钦法王的劝请，担任佐钦熙日森佛学院法台堪布，传讲以十三部大论为主的印度智者的善言经典及其注疏，十三部大论乃如云："别经根本颂为律之藏，俱舍集论阿毗达摩藏，根本入中四百入行论，中观深法弥勒五大论，广行理论及其分支论，是乃印度经典十三部。"在此基础上，以藏地四大教派各智者的论典注疏为辅助，以佛子先盘塔耶、巴珠大菩萨、堪钦白玛班札等历代佐钦堪布的口传，立为佐钦独特见地而弘扬，引来了上至印度可努、南国不丹，直至汉地蒙古等来自四面八方的各大教派求学者，以讲辩著之光明将佛陀教法彰显于世。是故，尊者名声大振，世称"遍智先盘巴""佛陀先盘巴"。文殊上师麦彭仁波切赞曰："我撰著经典注疏，是为了使宁玛教法今后永久住世，当今，堪钦先嘎以月称菩萨和遍智荣隆二尊的见地作为主心的传讲伟业如此广大，是因为他的前世佛子先盘塔耶的深广愿力而成。"

尊者宣讲入行论中的"若实无实法，悉不住心前，彼时无余相，无缘最寂灭"和入中观论中"何时无生乃法性，心亦无有生之性"等法义，入平等住时，使许多弟子将大圆本净密意法性不是停留于句义而是达到大圆满究竟见地，获得现前证悟。第五世佐钦法王赞叹尊者为第二月称论师，各教派的大智者也一致赞颂：在抉择中观应成派见地方面犹如第二月称论师。萨迦大德噶堆·阿旺勒巴尊者说："在我的梦境中，见到文殊上师萨迦班智达降临此地，原来是堪钦先嘎。"如是萨迦派将尊者认为是萨迦班智达的化身。在蒋贡罗德旺波处圆满闻受道果法的灌顶与教授，现前了智慧本尊亲临等成就功德，也为该上师传授光明大圆满心髓法的灌顶与教授，故二者乃互为师徒。德格喇嘛降嘉仁波切向尊者请示道："如今，萨迦派教法面临严重衰弱，若想将其恢复，该如何是好？”尊者经慎重观察，几天后回答道：“应将遍智果然巴的著作收集、整理并刻于木刻版，再没有比这更殊胜的办法。”降嘉根据尊者的指点，经过辛勤努力，在德格印经院把果然巴文集刻成木刻板，之后恢复萨迦传承的不共观点，得到极大弘扬。

任满熙日森佛学院法台堪布后，根据八邦司徒仁波切白玛旺确嘉波、宗萨钦哲确吉罗珠、直贡法王等各派大德的邀请，先后到宗萨康雪佛学院、八邦佛学院、直贡尼玛迥雅佛学院、噶堆结古佛学院担任第一任堪布，宣讲显密教法及各大明处，建立了尊者本人所编纂的十三部大论集注的讲法传统，培养了无数自在智者弟子。尊者本人或其智者成就弟子及再传弟子们所建佛学院达一百多所，不仅涵盖整个藏区和萨格噶宁等各大教派，而且遍及锡金、不丹等许多国家和地区，此情在上述熙日森佛学院传承史中已有叙述。

总之，以讲修闻思之业弘扬教证佛陀妙法的发心和愿力方面，过去未曾出现过如此殊胜的大德。晚年，在日当雪山上部和嘉沃列鹏等静处，如同米拉日巴，精进闭关苦修。在各个修行座间，不间断传授龙钦七宝藏、休息三部、上师智慧、心髓四部等大圆满法的灌顶和窍诀，尊者说如果对十三部大论有彻底的闻思，再没有比此更殊胜的前行，故即便是没有修五加行，也同样可以进行正行直授。

为使教法恒久传承，撰写了入行论、四百论、入中论、根本论等中观理聚诸论的集注，沙弥五十颂和三百颂、别解脱经、律仪根本颂、上下阿毗达摩论、弥勒五论、大幻化网续等的集注，入中论和俱舍论自疏的集注，撰写了善巧六处论、初中后善言注解、邬金丹增罗布传记、中观释难，此外，还有赞颂类、教诲类、道歌类等许多经典论著。如是自他二利事业任运成就、寿元和修行悉得圆满之后，在无有任何病痛之相中，于藏历十六绕迥火兔年即公元 1927 年，将外显色身庄严融归于本净内界之中。留下仅一尺许高的法体，由佐钦法王、大司徒法王白玛旺确嘉波、心子及近侍拥丹贡布等弟子荼毗，出现了依大圆满法成佛于五部之界的证相，如许多五部舍利，即夏如让、曲如让、娘如让、巴如让、色如让和无数小舍利，以及晴空中布满许多彩虹帷幕、降下少许雪花等使众化机生起正信的奇兆瑞相。

尊者所培养的成就智者弟子遍及各地，此处列出主要弟子：有两位各派公认的持教大德，即八邦司徒·白玛旺确嘉波和宗萨钦哲·确吉罗珠。两位心传大弟子，即堪钦晋美拥丹贡布和齐美益西。自在智者曲札二尊，即热哈曲札和色卡曲札。两位获得成就弟子，即阿卓堪布益西嘉措和罗丹大堪布。具足殊胜智慧的二博学者，即白玛才旺大堪布和宗萨佛学院第二任法台堪布温多·钦绕。具足猛咒法力二弟子，即诺央堪布和阿班曲巴。此外，有康雪佛学院第三任法台堪布喇嘛蒋扬坚参、第五任法台堪布德雄曲培根嘎、萨迦鄂堪钦阿旺罗珠先盘宁波、萨迦堪钦土登向秋、博·贡嘎活佛、松喀·白玛朗嘉、达雄活佛、宗萨第四任法台堪布察隅·罗珠、德雄活佛阿江、康玛仁青、多舒土登、赤措仁青、木雅堪钦当秋、堪钦巴特托噶、达那妙法林先盘勒珠堪布、甘孜布让那瓦罗桑丹增、不丹堪钦丹巴仁青、可努喇嘛丹增嘉灿、顶果钦哲法王绕萨达瓦、仁青多杰格西、白玛才让格西、慈城巴桑格西、朗加巴桑格西、新龙谷日活佛、土登念扎大堪布、阿旺罗布大堪布、鲁日大堪布、交然大堪布、竹吉仁波切等当时宁玛、萨迦和噶举几乎所有的智者，都品尝过尊者的妙法甘露，其传承及再传弟子遍及世界各地。

第二十任法台堪布　阿布拉贡或名白玛塔确罗丹大堪布

大善知识、成就智者阿布拉贡或名白玛塔确罗丹大堪布，乃如美久·囊卡多杰的《授记秘印》云："巴之地区绽放诸多金花……"授记在此地将会出现如花鬘般许多大智者堪布。如是在佐钦寺不远处，名为瓦柯的草木茂盛、鲜花盛开的美丽草原上，于藏历第十五绕迥土兔年即公元1879年，在父亲瓦柯·嘎罗，母亲嘎陀阿秋家中诞生，出现了缸中之水变为牛奶，大地震动三次，空中巨响起等圣者转世的神奇瑞相。从小觉醒圣者之性，天生具足圣者风范而加入僧团，学习文字读写和法会行持仪轨传承等必修学处而殊异于一般孩童。随后，入佐钦熙日森佛学院，依止普察堪布阿根，殊胜智者先盘曲吉朗瓦，索朗曲培大堪布等成就智者足莲，圆满听闻显密诸法与共同学处。当时，蒋扬钦哲旺波根据其觉受道："根据比马拉班智达每一百年中其化身降临藏地一次的亲口承诺，如今在佐钦熙日森以手持书夹子的普通小僧之相而居。"很多成就智者也根据时代而判断，都认为应当是阿布拉贡。此外，依止第五世佐钦法王土登曲吉多杰、堪钦白玛班札、文殊上师麦彭朗嘉、纽修隆多、拥登嘉措大堪布、隐修者根嘎巴登、珠·曲央若比多杰、仓珠·根桑德钦多杰、晋美丹贝尼玛等登地菩萨有意以善知识之相降临的诸圣者座前，闻受以前密经教与伏藏法为主的灌顶、口传、窍诀及续部讲解，以及所有显密经教与大小明处，故圆满闻思功德，登上无碍于讲辩著业的智者顶峰。尤其是能熟背《量理七论》《集量论》的本颂及注疏而以精通因明学著称。

尊者二十五岁时，由第五世佐钦法王奉于堪布金座，根据传统，在头四年担任寺院法台堪布，负责寺院僧团的传戒和教法传讲等，担任八大法行等各大修部的金刚上师。后四年在熙日森佛学院，宣讲以十三部大论为主的显密教法与各大明处，使佛陀妙法以讲修之业发扬广大。在任满八年的法台堪布之后，立即前往多智钦吉美·成利沃色，法主巴珠仁波切等历代成就者们的道场——

忿怒文殊修行洞。从此以后直到年满七十一岁圆寂的四十六年里，除了有一次因隐修者根嘎巴登的再三邀清，参加了一次熙日森佛学院举行的猴月会供法会以外，就连离修行处一闻距的佐钦母寺也从未去过，潜心专修大圆满法而年寿与修行悉得圆满。在修行的头几年，因世人不知情而生活条件十分艰苦，但尊者的“宁死山洞，不弃修法”的誓言从未动摇。有一天，第五世佐钦法王土登曲吉多杰以神通知晓此情后，对管家和眷众说：“如果阿布拉贡堪布因生活困苦而圆寂在山洞，对他来说没什么，但对佐钦僧俗大众来说，岂不是一件耻辱的事吗？”当供养食物的人到了那里时，才知道尊者仅喝白水度日已有很多天了。如是以许多苦行精进修法，尊者曾双手合十地感叹道：“我的上师第五世佐钦法王，在功德方面，无庸置疑，如同佛陀，在恩德方面，也从衣食法各方面都关怀有加，自从法王赐给我口粮以后，如同开启虚空宝藏，生活上再也没有遇到任何困难。”此后的有一次，有一个弟子为尊者供养食物，发现很多马具精良的骏马栓在修行洞口，他就躲在一边观看，不一会儿，几位身材高大，面孔陌生的人骑着这些马瞬间消失了。此人马上跑到尊者前说：“上师，今天来了这么多高贵的客人，他们是谁？”尊者却说：“谁也没来，你看到了什么？”“灶边小铜锅里面尚未冷却的酸奶是谁带来的？”“你说什么？话不要多，当然有一些送点酸奶的人。”此后，很多弟子现量看到非人经常给尊者供养食物，在其处闻法等现象，但因尊者密意深沉，丝毫不谈此类话题。

如是毕生致力于修行大圆满的本净观修与任运超越法要，圆满四相智慧，荣登任运持明之位，轮涅之相清净于本初基位而日夜不离于光明三摩地，休息时在一个刚好盘腿入座的方形升座上，外披披风跏趺而坐，从未解带卧床入睡过。在尊者的前半生中，经常利用月光在磐石之上炼修扎龙，致使此磐石上都有磨平之迹。有一次，在二十天左右的时间里，将平常蕴身化为凡夫肉眼无法看见的智慧幻身，之后又随顺化机意愿而示现原身蕴身解脱于光身之故恒常无有身影，获得殊胜扎龙成就而业风融入中脉之故，身体如木棉般轻盈、莲花般清净，原本花白的头发与胡须变为黑色。即使在寒冬腊月，洞中因拙火的修行成就非常暖和，戒律学处犹如莲花般清净之故，离尊者住处一箭之地内，洋溢着戒律芳香等现前无数成就征相。尊者有一位汉僧弟子，他看见上师在上午时分，以少年之相骑着一只鹿，伴随着彩虹光芒在空中飞行，下午，以老年之相居于修行洞。尊者自在于息增怀诛四业，有一次，一邪魔为其设置障碍，尊者以猛力上师持明法观之，使其成为一只猫头鹰落在尊者前面，让其立誓听命于尊者。

尊者遵循历代先辈传统，广行菩萨圣行，到了夏天，每日下午光身平卧在巴珠仁波切进行身布舍的石板上，为林中蜂群布舍身血，致使其全身被毒蜂覆盖，但因菩萨祈祷的甚深谛实之力，法体上没有任何伤口和臃肿之处。此外，在佛法再弘时期，对佐钦寺传承事业恩德巨大的怙主白玛格桑法王在七岁时于佐钦寺升座几天以后，舅舅穆日·白玛诺布将其带到忿怒文殊修行洞尊者座前，尊者非常欢喜，为其祈祷授教，勉励他要当一名全面恢复成就者佐钦巴教法事业者，还作了许多有益于未来事业的谆谆教诲。在即将圆寂之时，因第六世佐钦法王与怙主白玛格桑法王携眷在宗萨接受灌顶传承而不在本寺，尊者对近侍说，要把整套龙钦七宝藏献给堪钦白玛班札转世灵童白玛格桑，以意传之式将大圆满法托付给灵童。如是具足知晓未来的智慧等不共殊胜事迹不胜枚举。总之，世人共许其在末法世代以比马拉之相亲临多康佐钦地区，是与佛陀功德无二无别乃现量可见。在修行的各座间，经常为来自四方的善缘化机传授七宝藏、休息三部、上师智慧、中阴六度法、心髓四部等，使遍智法王龙钦巴师徒教言为主的大圆满法发扬光大。

尊者所教化的成就智者弟子数不胜数，主要有第六世佐钦法王吉扎向秋多杰、怙主白玛格桑、珠巴活佛土登尼玛等主持道场的堪布活佛，穆日·白玛诺布、麦洼堪钦才旺仁增即两位成就虹身者，笔者无等根本上师阿江多丹罗珠嘉措、博珠·多阿丹贝尼玛、嘎陀堪钦阿琼、麦彭转世谷嘉色、可努喇嘛丹增嘉措、雪谦康珠·白玛志美勒比罗珠、安章珠巴活佛、麦洼喜昌活佛、罗布丹增堪布、益西达吉堪布、近侍麦洼邬金、贡觉卡勒活佛、降巴堪布、根秋仁青堪布、阿色活佛晋美多杰、嘉绒朗珠活佛、安多宗温活佛等无数僧俗弟子。如是在圆满自他二业之后，于藏历第十六绕迥木羊年即公元 1955 年春，密意融归于明空智慧法身本净本初之界。在此后的很多天里，从有相色身法体中发出虹光而逐渐变小，直到快要化尽的时候，因众弟子祈祷之故，作为信奉之境留下一尺许高的法体，以全肉身之式隐供在忿怒文殊修行洞的供台墙壁中。

第二十一任法台堪布　阿布堪钦晋美罗珠

尊者诞生在多康日当拉龙上部地区的阿布家族中，父名索朗，母名桑姆，从小就对众生有着无伪菩提之心，在玩耍时经常做出一些传法、修法的姿势，如是具足圣者之性而被认为是寂天菩萨转世。依止白玛班札堪布、第五世佐钦法王、文殊上师麦彭、根确扎巴堪布、土旺丹贝尼玛等诸多善知识，圆满听闻各大明处，显密教法的讲授，以及大密金刚乘灌顶、口传与窍诀，成为无碍于各大明处、获得证悟的成就智者。尊者念修本尊普巴金刚获得殊胜成就，在第五世佐钦法王前闻受续部普巴金刚等法的灌顶时，先后四次亲见本尊。佐钦法王任命尊者为法台堪布。在任八大法行修部的金刚上师时，在回遮九多玛顶部爆出火花等现量出现成就四业的征兆。有一次坐在熙日森法台上传法时，见到光圈中显现神咒，得到本尊加持，尊者本人也曾说："仰仗法王的悲心加持，无论传授显教或密法都无所畏惧。"将般若、俱舍等大论的词义及其辨析，皆已无需法本而宣讲无碍，使听者为之惊叹。有些为了和尊者辩论远道而来的人，在门庭里偷听其传法后，被尊者法语善言所倾倒，便放弃辩论之想而甘拜为师。

如是担负教法重任多年之后，遵循历代祖师传统，在佐钦道修行静处，远离八风世俗之业，毕生潜心致力于大圆满生圆次第的观修，在修行座间，为来自各方的具器弟子，不间断地传讲经续各法窍诀，恒常流露出修成无常与慈悲心的善言妙语。尤其是在后半生，经常对前来朝拜的信众教诲道"不要积累很多财富，要上供下施，不然会成为别人的受用"等，反复作了开示。如是进行以讲修广弘教法的无边事业后，色身欲趣入法身寂静之界时，第六世佐钦法王以神通知晓此情，就与经师拥丹贡布及时赶到，尊者立即将法体曲直如箭，手结定印，目视虚空，以最胜法身颇瓦密道趣入基位本净之界。佐钦法王吉扎向秋多杰、博巴活佛等百余名弟子荼毗法体时，出现了天空晴朗、降下五大舍利等融入内界法身的奇妙证相，为世人留下供奉之法缘。

第二十二任法台堪布　阿卓·益西嘉措堪布

尊者于藏历第十五绕迴土鼠年，在父亲阿卓·罗秋、母亲巴琼·柔娜家中出生，诞生时出现阵阵雷声、帐篷上降下雪花、天空彩虹密布等很多瑞相。由蒋扬钦哲旺波和第五世佐钦法王土登曲吉多杰认定为绒巴·曲吉桑波转世，俱生智慧殊胜无比，每日可背诵缝针插立般厚的法函，故称"阿卓善慧者"。在第五世佐钦法王土登曲吉多杰座前闻受诸多前密经教与伏藏法的灌顶，根据此上师的旨意，前往佐钦熙日森佛学院堪钦先嘎座前求学，堪钦先嘎非常欢喜，经常在僧众前赞颂道："除了雪域三大文殊化身智者外，在藏地具足如同此圣者智力的极其少见。"到了二十岁左右，所有显密教法与明处的本颂及其印藏大小注疏，没有一部他不熟记在心的，如同人与人对话，多次得到文殊菩萨和妙音佛母的亲见。此外，依止文殊上师麦彭朗嘉、普察堪布阿根、拥登嘉措堪布等大智者足莲，听闻无数经典理论和窍诀教授而成为久负盛名的大智者。

尊者二十二岁时，根据第五世佐钦法王和先嘎仁波切的旨意，担任熙日森佛学院第二十二任法台堪布，从事传法利生事业，但因违缘障碍而突然圆寂。当时，传闻堪钦先嘎仁波切对此惋惜很久，并且说："如果此尊者的寿命与利生事业得到圆满，定会成为闻名世界的殊胜智者，但我们前密派没有如此殊胜的福报。”过了几天，法体化为光明而无有余留，尊者发甲装入宝瓶，藏在日当长寿谷玛尼堆正中。

第二十三任法台堪布　五明大班智达土登念扎大堪布

如同第四世佐钦如意宝的金刚授记，在多麦日当巴柯地区，此尊者承嗣于穆波东姓氏的分支雅察家族，父名瓦柯·拉科，母名雅萨·瓦佳，于藏历第十五绕迥水羊年诞生。从小具足超常智慧，文字读写在放牧的同时自学并熟练掌握。被很多大德授记为雪域教法如日菩提萨埵堪布，经藏授教智者克珠·格勒白桑的化身，入日当禅法林僧团，由岭喇活佛·土登宁西传授出家戒而接受顶发，并赐名土登念扎嘉措。因才华超群，在佐钦颇章担任文书长多年，同时在第五世佐钦法王座前闻受无数共同特殊灌顶和甚深教授，后来又在法王处接受比丘戒，法号土登协珠达吉。

在熙日森佛学院，依止殊胜智者先盘朗瓦、然那谷德大堪布、阿卓索曲大堪布等自在智者，听闻印度智者的无垢善言十三部大论的注释及其分支法、仁达瓦的入中论注疏、雅氏般若注疏、钦氏俱舍论大小注疏、措氏律仪大小注疏、更登珠尊者的律仪注疏、绒敦大师的般若注疏、果让巴的隐义明晰、隐义深法、嘉察杰大师的现观庄严论注释、克珠杰的中观笔记、宗喀巴的善说金鬘、萨班的量理宝藏论等西藏各大注疏。此外，还听闻了幻网续大疏巴考论、雍氏注疏、尼沃桑格的广疏、桑杰桑瓦的大小道次第、龙钦巴十方除暗、荣松班智达的三宝论疏、敏珠林大译师的密主教言与密主意庄严、文殊上师麦彭仁波切的总义光明藏、多智钦的总义宝藏钥匙等印藏智者的几乎所有注疏论典。其中，密主意庄严论和多智钦幻网总义论的所有词句和内容都能倒背如流，在举行第六世雪谦冉江活佛的升座典礼时，第五世佐钦法王突然要求土念堪布作宣讲，尊者不用法本而滔滔不绝地宣讲幻网总义，博得在场所有大德与智者们的高度赞扬。还在文殊上师麦彭仁波切、拥登嘉措堪布、隐修者根嘎巴登、木雅·阿贝等处，听闻显密总法诸多理论而登上智者顶峰。特别是在不共根本上师第五世佐钦法王、先盘曲吉朗瓦、穆日·白玛德钦桑波、安章珠巴卓德巴沃多杰等座前，听闻遍智龙钦巴师徒的龙钦七宝藏、休息三部、心髓九函、心髓四部、十七续等大圆满续部教言及其窍诀的耳传和直授。

堪布到了三十岁，根据第五世佐钦法王的旨意，担任法台堪布，在头四年，担任日当本寺结夏法会堪布、八大法行法会的金刚上师、寺院传法的讲学堪布。之后的四年，在熙日森佛学院广转显密法轮，培养出许多如博珠·多阿丹贝尼玛等对讲辩著事业无与伦比的智者弟子。如是任满四年的法台堪布以后，在佐钦静处的一修行洞，修行本净观修和任运超越二法，座间没有讲授任何法门而独自隐修多年。有一时，不丹国王派使者邀请佐钦法王到本国传法，说若法王亲自能去最为殊胜，若不能，也请法王派一名代表，能传授遍智法王师徒教言等大圆满法的具相善知识。尊者接到法王“一定要前去”的指示而无法违背，前往不丹。与此同时，安章珠巴仁波切在传法时，以智慧神通知晓了此情后失声道：“啊啊！土念堪布出现了一点违缘。”当众弟子问及原因时说：“也不应说是‘违缘’，如果他在此地能久留一些，定会成就虹身，之后为三千众生指点明智而置于本初果位，可如今未能留下，但他的事业更为广大，能利益更多的众生。”

在前往不丹途中，尊者用书夹板前后夹着自己的身体，到三大寺院等卫藏各大道场游学辩经，因宿慧觉醒而自在于格鲁教派的经典理论，在显宗经藏方面也喜欢主要以格鲁派来讲授，与很多有名的格西在格鲁派经典方面进行辩论，各个都赞颂道：“宁玛派也有如此殊胜的大智者。”并在教法理论上作了广泛的交流。因尊者头上有形似“ཨ”字母的白头发，故称为“头带斑点的康巴智者”而无人不知。在拉萨亲见宗喀巴大师尊容并获得加持随许，平时穿戴格鲁派的黄色法帽和披风，在居室里的供桌上，供放着遍智法王的龙钦七宝藏等法本，称此为前密宁玛派殊胜法，其次，就是宗喀巴三尊的著作，对格鲁观点非常欢喜。不丹王国以极其隆重的仪式将尊者迎接至王宫，国王及其眷属以无比信心依止为上师并封为国师。尊者首先为国王等少数具器弟子传授幻网静猛法、心髓二部、心髓四部等的灌顶，随后，宣讲休息三部、自解脱三部、七宝藏。后来又传授龙钦巴零散文集、上师智慧、上师心滴等深法，圆满了国王的求法心愿。此外，前往龙钦巴道场苯塘塔巴林等寺院，传讲巴珠前行文讲义及修心法、吉美林巴九函口传等法。

回到佐钦寺以后，在纳琼修行处为佐钦本乐和多钦哲转世活佛担任经师多年。后来又应邀再次前往不丹，解除了国王在修心方面的疑难问题，使其得到很大增益。回到寺院以后，将佐钦圣地嘉吉扎嘎作为其道场，广转显密教法直至顶乘大圆满观修直授间的甚深法轮，每日坚持讲授三四种法门，吸引了几百名来自各方的求学者，形成了一座讲修兼备的新道场。根据堪钦先嘎的传统，对于已经完成闻思十三部大论或者修满五加行的弟子，就传授上师智慧的灌顶和讲解，在尊者前接受所有直授后，就传授上师心滴法。在接受此等法门时，闻法者不能超过七位，尊者称这是佐钦祖师的传统而非常谨慎。其间，应弟子们的邀请，前往木雅等地区兴建讲修闻思的道场，断除偷盗、血供等恶俗，使所有结缘者置于具义之地。总之，此圣者的一生是在闻思修、讲辩著的事业中度过，不浪费刹那时光，夜间从不解带宽衣，而是在拂晓的一小坐时间里，头顶盖起披风而稍作休息。不管是昼夜何时，行住之行，恒常处于修行之中。气风趣入中脉之故无有衰老之相，手脚柔软如同少年，尊者虽然年迈七十有余，但仍然担当扎龙导师并亲自示范。有两次因坐骑受到惊吓而掉落马背时，以跏趺坐式稳降在地上，身体没有受到丝毫跌伤。根据其气转节次，被公认为已达到宝瓶气的境界。另外，还有天神等非人到尊者座前闻法，具有无碍知晓隐蔽诸法的智慧等很多殊胜事迹，但此等话语对于登上贤善成就顶峰的此圣者而言，实乃不足为奇，所以，此处未作祥述。

尊者的著作有：《入行论名义注解》《断法摄义·独行八风断惑》《现观庄严论摄义·白莲鬘》《正字法语盏释·青莲鬘》《龙钦七宝藏科判》《声明学大疏》《生圆次第笔记》，以及零散的赞颂与教诲类等著作多部，但因世事变迁而失散了一部分，留存下来可供拜读的有几函。尊者培养的主要弟子有第六世佐钦法王吉扎向秋多杰、怙主上师土登隆多丹毕坚参、多仁波切苏伦杰巴多吉、安章嘉色久美多杰、安章珠巴活佛、博珠·多阿丹贝尼玛、扎嘎活佛、佐钦大堪布阿白才旺、沃鲁、曲察、曲觉等、然郭·土登诺布、阿日白玛才旺大堪布、甲曲活佛、雅色·次局、杰尊玛·达沙旺姆、扎纳·饶嘎、毕绕妥觉、古努·沃色堪布、藏巴·多杰、察瓦·土登等，各个以讲辩著之光明使教法彰显于世，发扬光大。尊者到了七十三岁时，除了留下少许衣食之外，将不丹国王的供养在内的所有财物以净供之式全部供养给熙日森佛学院，作修缮大经堂之用，法器和书籍等也供养佛学院。尊者说：“如果教法能久住，就要接交给下一任法台堪布，若不能，那作为在来世能够到此法林进行讲辩著事业的缘起和发愿吧！”在传法指导时也说：“以后不知能不能继续讲授。”故尽量详细传讲并在结束时，作了甚深回向和发愿。如是作了预知未来的很多教导之后，于藏历第十六绕迴土猪年，正如那隆大成就者曰：“明慧童子飞于七十七，广转法轮圣地香巴拉。”如是在世事变迁之时圆寂，时年七十七岁。

第二十四任法台堪布　雅西·晋美沃色堪布

此尊者诞生在多麦地区的一个牧区，出生于英雄辈出的雅西家族之中。幼年跟随其叔父去朝拜佐钦寺时，以不退转出离心生起了强烈的出家愿望，在道场报名注册而加入僧团。第五世佐钦法王接受其顶发，并非常欢喜地为其赐予建僧房用地。依止上师足莲，接受从出家沙弥戒到别菩密之所有戒律和誓言，以及听闻一切前密经教与伏藏如海法门，此外，以三欢喜之式从依殊胜智者先盘朗瓦、阿卓·索曲堪布、白玛塔确罗丹大堪布等许多善知识，听闻显密教法与各大明处文化。尊者到了三十几岁，以具足无碍于讲辩著的殊胜智慧，成为熙日森佛学院堪布而广转法轮之时，因遇违缘障碍，年寿未得到圆满而圆寂。

第二十五任法台堪布 成就智者阿旺罗布

藏历第十五绕迥火狗年即公元 1886 年，尊者诞生在佐钦寺附近的父亲阿卓·罗珠曲培和母亲巴琼·柔娜家中。俱生智慧，无与伦比，文字读写，稍作指点就能熟记于心，有着得到邬金莲花生大士的亲见等许多殊胜于普通小孩的清净境相。向第五世佐钦法王献顶发而得赐名土登阿旺罗布，在堪钦白玛班札前接受出家沙弥戒。也在此二位大德前听闻前密经教与伏藏法海的灌顶、口传与窍诀，尤其是在恩德无比的顶饰嘉贡·先盘朗瓦大堪布座前，广闻其著作十三部大论注释为主的各大经续论典的注疏、总论与释疑，以及大密上下心髓窍诀等法。为此，尊者经常含泪双手合十道："我的证悟意传根本上师！"此外，在其兄阿卓·索曲大堪布、穆日·白玛德钦桑波、隐修者根嘎巴登、木雅阿白、白玛塔确罗丹大堪布等几十位善知识座前，彻底闻思无数经典论著及窍诀法门，成为无与伦比的大智者。尊者到了二十几岁时，在持戒者根秋扎巴前接受圆满比丘戒，因戒律清净，无有丝毫过犯而成为僧众结夏法会的上座尊者。

三十五岁起担任熙日森佛学院第二十五任法台堪布，宣讲印藏各大经典理论及其注疏，尤其是在俱舍论的讲授方面，突出前所未有的特色而使所有人为之惊叹，成了远近闻名的大智者。四十三岁时，前往雅色寺等分寺传法。水猴年，根据第五世佐钦法王的旨意，前往桑耶寺，新建佛学院并广泛进行讲修事业，恢复重建了一些衰败的三能依。之前，尊者接到法王的指派时，多次请示法王，希望不去卫藏，但未得到开许，法王说："你先走，两三年后我会到拉萨的，之后我们一起回来。"临行时法王准备了一口大铜锅，说是路上烧茶时用的，尊者说："这么大的铜锅不便携带。""说什么？我们回来时不要吗？……"法王说了很多授记未来的法语。尊者在卫藏道场长寿谷、岗日托嘎、钦普等地闭关静修多时，在修行座间，根据当地求法者的意愿，传授从大圆满共同内外前行直至正行上师智慧及其练修法。当时，根据上师本尊的秘密教言，在按照仪轨奉还戒律之后，把来自杂日地区具有空行德相的才让曲珍作为明妃，诞生了第六世佐钦法王吉扎向秋多杰。根据上一世佐钦法王的授记和佐钦志美活佛的认定，从佐钦寺派人将灵童和佛父佛母及眷众接回寺院。

从那以后，父尊携眷依据戒律寺规，常住在离道场二闻距的当坚岗静处，长期为来自各方的弟子们讲法，并潜心致力于本尊念修而居。培养了如卓玛才让上师、木雅堪钦土登曲吉扎巴、阿色堪布曲札等许多进行妙法讲修事业的贤善大成就者。公元 1958 年即尊者七十三岁那年，在佐钦颇章参加七八天的学习，结束后对随同前来的近侍岭嘎·桑丹说：“今天我们务必要到上师道场去一趟。”说罢，来到熙日森佛学院，向大经堂中的堪布法座顶礼祈祷并说：“祈愿来世再到此地一趟。”回到当坚岗后连续四天示现生病之相，最后一天晚上，向近侍桑丹详细传教如何将法体埋地土葬的方法后，在法体直立如箭的姿势中圆寂。

第二十六任法台堪布　齐美益西堪布

此尊者诞生在前密佐钦道场附近的巴柯地区，父名瓦柯·邓岗，母亲为吉本家族之女西贡。八九岁出家为僧，学习文字读写和共同明处，稍微长大后在殊胜智者先盘朗瓦，叔父白玛塔确罗丹等善知识前，全面听闻印藏各大经典理论及其注疏而成为智者顶饰。二十一岁在先盘朗瓦大堪布前接受比丘戒，得名土登格勒朗瓦。三十五岁起，担任熙日森佛学院法台堪布达八年，讲授声明、因明、工巧、医学等共同外明处，中观、般若、俱舍等不共内明学，尤其是对自派绒隆二尊和文殊上师的善言作了彻底圆满的研修和弘扬，智者美名，家喻户晓。培养了麦洼·才旺仁增、麦洼·西绕将参活佛、降央华桑、毕绕妥觉、藏巴多杰等贤善弟子，对教法的传承利益巨大。任期圆满后长期居于佐钦静处长寿谷闭关房，潜心实修，每到中午的座间，为来自四方的几十位弟子们讲授以《龙钦七宝藏》为主的续部及大圆满深法。尊者亲自吹法号，烧茶提水，从不为自己安排侍者而闭关修行。尊者四十八岁时，因一些弟子供奉护法不妥等违缘而突然圆寂。在法体荼毗时，出现了天空晴朗、降下五大舍利和许多小舍利等密意趣入法界的解脱瑞相。

第二十七任法台堪布　经师晋美拥丹贡布大堪布

比马拉大班智达与遍智龙钦巴的悲心智慧融为一体之化身，近代伟大的光明大圆满心髓法持教者，闻名于世的真实大金刚持、经师大堪布晋美拥丹贡布，于藏历第十五绕迥己亥土猪年即公元1899年，诞生在称为雪域二十五雪山圣地日当吉昌山下，父亲为百名成就者之顶萨乐哈化身持明嘉莫曼拉，母亲为智慧空行化身吉本·央琼娜姆。此家有三位化身之子，尊者居中。天生具备悲悯众生的菩提心和对轮回的无伪出离心，内功德总持与辩才智慧旺盛之故，文字读写等大小所有学处一点就通。犹如白昼看事物，以神通无碍知晓隐蔽诸法，自在于生圆次第本尊密咒之三摩地法要，使鬼魔天龙八部置于其誓言之下而听命于他，如是示现无数成就者威仪之故，世人皆称此灵童无疑是殊胜于普通孩童的大圣者转世。

稍微长大后，加入大密教法之源佐钦寺僧团，向第五世佐钦法王献顶发，前后在此上师前闻受经教伏藏如海法门的成熟灌顶和解脱教授，圆满获得上师的证悟加持。在寺院的几年中，熟练掌握各法会的诵经谱、跳金刚舞及佛乐等行持仪轨传承。此后，以三欢喜之式如法依止遍智上师先盘曲吉朗瓦，圆满听闻声明、诗学、医学、历算等共同明处、不共显密教法的教授传承，尤其是以单传之式闻受了美久·囊卡多杰的近传精髓窍诀深法，成为意传受教弟子，此法门由法王传给温波丹增罗布，温波传先盘曲吉朗瓦。总之，从见到此上师的那天起，一直到最后在嘉沃静地圆寂之间的二十多年，以近侍之式依止上师而一刻也没分离过，成为唯一心传弟子。尊者四十岁左右担任佐钦寺法台堪布，广转显密教法与各大明处之法轮。之后，虽然有在上师道场嘉沃静地一生闭关静修大圆满法的意愿，但因寺院堪布活佛们的再三劝请，担任了第六世佐钦法王吉扎向秋多杰的经师。

在此尊者的一生中，不管是行住任何时候，始终不离于二次第与大圆满的境界中，受持四座观修，恒时不变于昼夜境相无别明空法身密意之任运禅定，自在于不动三摩地。总之，即身圆满四相功德，达到法性遍尽之地而与本初怙主无二无别。如尊者道歌中云："龙钦冉江后代我，无有不觉悟之理，长年累月精进故，证悟解脱一时得。""仰仗邬金莲师之恩德，觉受证悟自在善缘我，声相皆显表示与文字，土石伏藏之类由他行……"如是唱起一切声相皆显为表示与文字的本初金刚道歌，无碍赐予明示隐蔽诸法的授记。据传无论何人见闻此圣者的尊容和法语，都将立即中断凡心杂念而自然生起乐空智慧。对别菩密三戒的细微学处也从不放逸，守护如眼，成为所有持戒者之顶饰，所处之地洋溢着妙戒的芳香。除了一些法本和三法衣以外，从不受持少许财物而全部布施给他人。

尊者恒常不畏艰辛，根据求法者根基和意愿，广转从五加行至正行成熟教授等大圆满法轮，使光明大圆满法门发扬光大，所培养的心传弟子主要有第六世佐钦法王邬金吉扎向秋多杰，两位传承持教心子即怙主上师白玛格桑和多丹上师罗珠嘉措，佐钦寺的堪布、活佛等许多高僧大德，多钦哲活佛，多智钦法王，博珠·多阿丹贝尼玛，晋美彭措法王，木雅堪钦土登曲吉扎巴，麦洼江华大堪布，罗布桑波，阿琼大堪布宗珠，格蒙旺堆和旺罗二位堪布，格吉·土登朗嘉堪布，巴塘上师卓玛才让，理塘多杰仁增，麦洼喜昌活佛，阿色堪布曲札，夏萨尔喇嘛，降央堪布，才让尼玛堪布，勒协堪布，降嘉堪布，温珠·诚烈，久美才让堪布，巴普活佛，成就智者希日纳塔等千百位执持教法的大德、获得证悟的瑜伽者、具足贤正功德的堪布和阿阇黎、舍弃此生的隐修者。每一位弟子都以讲修之业使佛陀教法传遍四方。

藏历土猪年尊者六十一岁时，因世事变迁，第六世佐钦法王示现圆寂，在圆满进行法体火化和荼毗仪轨后，尊者书写了认证佐钦仁波切转世活佛的授记文，内容如云："诸佛真身金刚持，大恩至尊莲花生，至诚深心作祈祷，祈愿心事如意成。东方白云之下方，心髓明点精华滴，名为丹札达热家，奇异明点将成熟，悲喜交集觉受中，境相显见时时生，暂时保密于心底，如同印封比日口。"如是将此文交付给其侄子后，尊者坦言其不会住世很久，授记佛法将会复兴并作了诸多教诲。两个月后，尊者用披单蒙住头顶，直身入定，发起三次"嘿"声，以最胜法身颇瓦法之密道登上本净本初王位，此生利他之业暂告圆满，圆寂后的第二天，尊者的法体消失不见，被空行勇士迎请至清静刹土。

第二十八任法台堪布　堪钦白玛才旺嘉措

善巧五明的大班智达，自在智者阿班才旺或名白玛才旺嘉措，乃如"巴之地区绽放诸多金花"之授记，在名为日当巴柯的草原上，于藏历第十五绕迴水虎年即公元 1902 年，在父亲措柯·忠交、母亲岗察·曼迪家中诞生。之前，此夫妻在长时间里未得子女，故向第五世佐钦法王求子，法王说："若诵莲师大传一百遍，依此将得比玛化身子。"如同此无碍智慧所授记之情，此尊者乃有意降临此世间的清净幻化之身，最初诞生之时，在器情界中出现了许多神奇瑞相，从小天生具足殊胜智慧与无缘悲心等圣者种性功德。八九岁时向第五世佐钦法王献顶发并入道场僧团，精通寺院大小法会的所有行持仪轨，是故，长者们都称赞他为"智者小僧"。那时，在许多善知识座前闻受前密如海伏藏经教的灌顶和口传。

之后，入熙日森佛学院，依止遍智上师先盘曲吉朗瓦，主要听闻上师本人所著印传十三部大论的注释及其分支法，在此基础上，听闻荣隆二尊，宗喀巴师徒三尊，雅、绒、郭、夏等各大教派智者的论著，以及此佛学院的所有不共教授传承，对自他一切宗派获得独到的智慧和建树。尊者刚入佛学院时，因年纪尚小，不很精进学习而嬉戏玩耍，是故，有一次，先盘朗瓦上师突然要求尊者试讲所学内容，尊者在不看法本的情况下，轻松自如地传讲了论著注释及其辨析，上师高度评价并为其赐予哈达，使所有听法者为之惊叹。当时尊者说："我虽调皮却无不善业，莫对玩笑如此多口舌。"如是，传闻即使是普通的争论和开玩笑都无有对手。

尊者二十几岁时，前往嘉吉扎嘎静地闭关长达九年，潜心研读印藏各大论著而成就闻波罗密多。尊者曾对晋美拥丹贡布堪布说："当时，我把文殊上师麦彭仁波切的观修对境文殊小石像，作为自己的修行之境，菩萨亲显尊容后融入了此石像。”此后，第五世佐钦法王派遣尊者到雅色、霍柯的等分寺，树立佛法讲修传统，弘扬律经三事仪轨等恩德巨大。回到佐钦寺以后，担任第六世佐钦法王经师多年。随后，居坐道场第二十八任法台堪布法座，行使法台堪布的各种教务，在继承过去传统的基础上，增加了较多的寺纪寺规。在担任八大法行法会的首席上师之时，出现自在于四业的各种成就征相。后四年，在熙日森佛学院传讲显密教法与各大明处文化，那时，不管是讲授各理论的总义还是辨析，都无需法本而轻松自如地作详广阐释，对自他宗派的观点分析彻底，讲辩著功德无与伦比，成为远近闻名的大智者。

其后，前往印度各大圣地朝圣，回寺院的途中来到格吉佐钦寺驻留数月，正值此寺初建佛学院，为其开创讲授传统。尊者离开该寺的时候，给其弟子格吉·土登朗嘉堪布赠送了一幅堪钦先嘎画像，并说：“在未来，将出现此寺院只有你一人的时候，那时，你一定要努力进行利益教法和寺院的事业。”如是作了欲知隐蔽诸法的授记。后来，格吉堪布经常含泪双手合十道：“我的上师是无碍知晓三时的真实佛陀。”回到佐钦寺后，根据伏藏师沃萨多杰的授记，常住长寿谷静地，不间断地为来自各地的求学者传经说法。尤其是根据第六世佐钦法王旨意，担任怙主白玛格桑的经师堪布达四年之久，广转十三部大论、幻网续各大注疏等法轮。

先后在此尊者前饱尝妙法甘露的弟子主要有：第六世佐钦法王吉扎向秋多杰、我等根本上师阿江多丹罗珠嘉措、怙主白玛格桑、伏藏师沃萨多杰、多仁波切苏伦杰巴多吉、自在智者然嘎仁波切、自在智者木雅·曲札、贡觉卡勒活佛、格吉·土登朗嘉堪布、隐修者麦洼·江华、达祥·诚烈朗嘉、雅色·谷钦、汉僧益西、嘉吉·成就者、曲震活佛、波密·绕萨、囊谦·根嘎、邬金堪布、土登降央、白玛郭巴堪布等，本寺有曲觉堪布、益西嘉措转世活佛、根桑活佛、才旺彭措、藏巴多杰、毕绕妥觉、才旺仁增等诸多堪布活佛和善知识。其中有些弟子仍旧住世，正进行着振兴和弘扬大圆满法的神圣事业，此等也无疑是尊者的发心和愿力所成。尊者的著作方面有：先嘎仁波切的十三部大论释的注解、《理聚四小论注疏》、量论和三律仪的注解、中观、般若、律仪、阿毗达摩等论典的疑难汇集、《亲友书注解》《结夏仪轨笔记》《律仪十七事论说》《吉祥铜色山祈祷文注疏》《八大法行广论》《幻网续注解》《十七续赞颂文》《七宝藏论科判及总论》《第五世佐钦法王广传》等许多著作，但因未刻成木刻版而在世事变迁之际失散。

如是广行利益教生事业之后，作了很多关于四际所摄有为法无常的教诫，当时尊者说：“在我的梦境中，佐钦寺的所有上师和僧众骑着驴，赶着驮法器的驴群翻越西山走了，这是不好的兆头。”又对阿江多丹喇嘛罗珠嘉措等来自远方的弟子们授记道："你等如果能回家乡便最好。"尊者和拥丹贡布大堪布还特意安排几天的时间欢聚。也劝慰亲朋好友：虽然在不久的将来会相互别离，但若在此间不往生，必定还会见面。随后，尊者到了五十七岁即藏历土猪年，出现世事变迁，因尊者对生死获得自在，只在狱中驻留一天后，当晚，法体直腰如箭，平等而坐，在根本禅定中示现趣入法界之相。

第二十九任法台堪布　阿卓·沃萨塔耶堪布

尊者诞生在佐钦卓日部落阿卓家族之中，父亲名为噶尔瓦·尼罗，母亲名为布热。从小向第五世佐钦法王土登曲吉多杰献顶发，入寺院僧团学习藏文读写。熟练寺院大小法会所有行持仪轨，以普通僧人身份住寺多年。二十岁时，进入嘉贡大堪布先盘朗瓦讲授显密教法和各大明处的熙日森佛学院，首先接受教法之本圆满比丘戒，然后圆满听闻以十三部大论为主的显密诸法和各种明处。因具足殊胜贤善功德，前往各地分寺进行开创律法三事仪轨等事业无边。尊者在藏·康玛寺时，理塘香根活佛就显密教法的很多疑难问题方面与其辩论，尊者以无碍辩才辩胜对方。香根活佛说："我今日才知道宁玛派也有如此熟悉印传经典并深入研究的智者。"四十岁左右担任熙日森佛学院第二十九任法台堪布，对显密教法和各大明处，尤其是突出中观和般若法门作了广深讲授，培养了许多智者弟子，为佛陀教证二法的传承弘扬贡献巨大。晚年，潜心修行光明大圆满法要，登上见地高深的成就者顶峰，最终，圆满自他利生事业后圆寂。

第三十任法台堪布　根秋益西沃色或名诺央仁波切

此大德于藏历第十五绕迥水龙年即公元1892年，在日当道场附近的商人根秋坚参和母亲康萨·德勒的家中，伴随诸多神奇瑞相而诞生。从小入寺院出家，圆满闻习文字读写、历算和修法仪轨等。随后，由第五世佐钦法王和先盘朗瓦尊者所摄受而一切功德注入心相续。在佐钦法王座前以三段渐传之式接受沙弥戒和比丘戒，随学律藏，听闻如海大密经教与伏藏法的成熟解脱窍诀。长大后，入佐钦熙日森佛学院，在遍智先盘朗瓦座前，听闻以堪钦先嘎本人的十三部大论注释为主的诸论典，幻网根本续大疏和总义等许多显密教法，圆满闻思功德而名扬四方。

尊者三十多岁时，登上法台堪布宝座，担负寺院教务重任四年。此后的四年中，在熙日森佛学院广转显密教法及明处文化法轮，使大圆满法得以弘扬。然后，在纳琼等静地闭关念修三根本，以及光明心髓本净观修和任运超越法要，现前普巴金刚亲显尊容等成就之相。此尊者刚诞生就自在于成就者威仪，比如，对患病者吹口气加持时发出火花，授记隐蔽诸法，能照见中阴之身，担任八大法行法会金刚上师之时，镇魔盒里溢出鲜血，使智赞等护法听命于一切使唤，念修本尊的法器金刚橛被天神作为能依之份而请走，诸如此类，有着无数殊胜事迹。到了晚年，为来自四方的学徒不间断地宣讲显密法宝，尊者对大密心髓法门尤其是对《龙钦七宝藏》的词义，以及疑难问题方面有无人企及的智慧，如同遍智法王再降世间。如是广行教生利乐事业，圆满自他二业之后，于藏历第十六绕迴土狗年，从本净本初基位趣入内明法身之界，时年六十七岁。

第三十一任法台堪布　堪布曲朗

尊者诞生在佐钦寺附件的拉日部落，从小入寺院僧团学习文字读写，言行举止如同成年人稳重如法，使所有人为之随喜赞叹。熟练掌握佐钦寺大小法会行持仪轨传承，以普通僧人身份谨守寺规、勤于寺务而住寺十多年。在第五世佐钦法王土登曲吉多杰座前，以满瓶倾注之式闻受新旧经教伏藏法门的成熟解脱教授与窍诀。此间，在尊者心中产生学习佛经理论的念头，依止众身善知识白玛塔确罗丹大堪布，五明大班智达土登念扎堪布等许多大德，圆满闻受显密教法即各大明处，传闻尊者在夜间利用月光或藏香火光看书学经，精进法行，无与伦比。四十多岁时，获得善巧如海宗派理论的自在智慧，前往许多分寺担任堪布。五十二岁时，担任佐钦寺的法台堪布，随后又居坐熙日森佛学院第三十一任法台堪布法台，广泛进行弘法利生之业，晚年，一直闭关静修，最终，在成就自他二业之后圆寂。

第三十二任法台堪布　堪布丹增曲桑

尊者诞生在多康日当地区，父亲名为才让坚参，母亲叫秋莫措。八岁时，在佐钦寺的叔父前学习文字读写，稍长大后，入寺院僧团学习并精通佐钦寺大小法会行持仪轨传承。二十二岁时，进入熙日森佛学院，在白玛塔确罗丹大和土登念扎等堪布座前，广泛听闻以佐钦印传经典注释为主的显教理论，以及内外续部的窍诀教授。在第五世佐钦法王土登曲吉多杰座前，闻受经教伏藏诸法的灌顶讲授，以及光明大圆满心髓法的开示。三十岁起，尊者被派往许多分寺担任堪布，传授律仪三事以及佐钦寺法会行持仪轨传承，并主持法会，对佐钦寺许多分寺恩德巨大。

尊者到了五十多岁时，由第六世佐钦法王吉扎向秋多杰任命为熙日森佛学院第三十二任法台堪布。当时，尊者因年事较高而视力下降，他开玩笑地说：“我年轻的时候为自己的才智和视力感到骄傲，也有担任堪布的愿望，但那时却没人提及，如今五根衰竭，放下寻思议论而作些修行之时，才叫我做此差事，想必是佐钦寺有意给我惩罚。”此尊者相续充满菩提圣心，平等对待上下贵贱所有众生，在僧众结夏法会期间，如果小喇嘛们违犯寺规，尊者虽然示现愤怒之相而严厉呵斥，但事后会面带微笑，并把他们所受到的点酥油灯的处罚由尊者本人承担，诸如此等解脱于世俗八风的殊胜事迹不胜枚举。如是圆满成就自利闻思修、他利讲辩著事业之后，于藏历第十六绕迥土猪年示寂。

第三十三任法台堪布　自在智者才让曲觉

藏历第十六绕迥土龙年即公元1928年，尊者诞生在扎日神山的贡瓦错嘎湖附近，父名多杰，母亲为曲珍。是第六世佐钦法王吉扎向秋多杰的舅舅。尊者八岁就来到佐钦寺，从文字读写到语法、诗学等共同明处等都一一作了闻习，得到熟练掌握。俱生智慧，无与伦比，不管学那方明处，只要稍作学习，就能熟记所有词句内容。从十六岁起入熙日森佛学院，依止土登念扎大堪布，殊胜智者白玛才旺，诺央堪布等善知识足莲，圆满听闻十三部大论注释、绒隆二贤、敏珠林师徒、文殊上师麦彭等先师的著作，以及宗喀巴师徒、遍智绒敦巴、果然巴文集等其他教派的所有经典教授，从而登上智者顶峰。在白玛塔确罗丹大堪布、经师晋美拥丹贡布大堪布二位尊者前，闻受光明大圆满甚深窍诀法门。

尊者二十五岁时，根据第六世佐钦法王的旨意，前往扎溪卡江玛佛学院，担任白玛格桑仁波切的经师，为期两年多。当时，为一些持藏者辅导般若法门，并撰写了一部总义笔录。二十九岁时，被任命为佐钦寺第三十三代法台堪布法座，当日，尊者前往第六世佐钦法王座前时，白玛格桑仁波切突然间说道：“最后出场的跳金刚舞堪布到了。”后来众人都说此句为应时验证的授记。在任满头四年的寺院堪布以后，因世事变迁，传法事业没有得到圆满，于藏历第十六绕迥土猪年示现因他缘之故而圆寂之相，时年三十二岁。

上述为自在成就智者、如同金山连绵的三十三任法台堪布详广传记，在佛法再弘的当今时期，根据怙主白玛格桑法王的旨意，具足贤正善功德者，为全面振兴佛陀教证妙法而乘愿转世的殊胜活佛邬金仁增仁波切，担任第三十四任法台堪布，后又由阿曲堪布继任第三十五任法台堪布。在熙日森佛学院，正将三乘妙法甘露传承弘扬，祈祷尊者以教法根本之相而住世如海时劫，祈愿在此圣地不断涌现如同历代大德般的自在成就智者，将清净佛陀圣法传遍四方。

诗云：

雪域三区妙法刹土中，多康广袤金色喜苑林，
勇夺吉祥那烂陀美名，日当吉祥道场甚威严。
显密法与明处之理论，讲修无比圆满智慧藏，
历代自在贤者未间断，堪比兜率具百喜法场。
无畏雄狮之顶所抬举，殊胜妙法任运高台上，
放置双足宝王之权势，唯有智者所获非他人。
五明文化广阔土地上，仅跨无比智慧一大步，
能测诸法总持辩才之，持藏历代法座甚美哉。
无阻讲说文殊师利友，无比辩才法称论师兄，
无尽著德十明之宝藏，无数智者遍及此圣地。
从未沾染堕过之污泥，具足吉祥三学胜功德，
犹如金山连绵持戒者，勤于清净律仪善士多。
清净无上发心之黎明，依仗善举时劫风之力，
所引律藏妙法红日轮，光芒照此疆域恩德大。
声明量论工医等明处，中般律俱内明诸理论，
讲辩著之优良传统故，点燃五大文化之明盏。
持戒圣者崭新七农之，法衣璎珞美丽金黄色，
如同波浪翻滚之景象，亦将变换青天之颜色。
具足学处僧众大海中，犹如鹅王至尊长老之，
美妙动听吟诵律经声，陶醉步入解脱善缘者。
多闻云海翻腾龙冠中，发出妙法教理春雷声，
善缘孔雀欢喜而开屏，跳起讲辩著业之舞蹈。
广深智慧梵天发髻中，印传十三大论恒河水，
引入多康日当熙日森，妙法刹土神奇而庄严。
无数论典疑难如疙瘩，片面伺察说理难解开，
智慧锋利宝剑轮之力，无余摧毁意释经典多。
炫耀教理二证之绿鬃，讲说狮子傲岸雄爪下，
镇压敌论群象之头顶，无数奇特传奇说不尽。
妙慧炽然日轮照耀下，印藏理论千瓣花朵中，
所生善说甘甜蜂蜜味，品不餍足智者群兴旺。
奇哉大密圣法如王权，具足六胜了义精法派，

祈愿讲修妙法之善规，永久不衰兴旺而发达。

藏传佛教大圆满传承史·如意宝鬘之执持讲修教法圣者，历任法台堪布传记·摩尼宝鬘之第十四章终。

第十五章 历代佐钦传承大德传记

自在成就者第一世佐钦法王白玛仁增有称为“日月星”般的三大心传弟子。其中，莲花生大师以金刚教言授记，自在于甚深伏藏法之轮，消除浊世黑暗，如太阳般的弟子为大伏藏师持明尼玛札巴；对讲说无边理论具有殊胜智慧者，如星星般的弟子为夏朗冉江巴丹毕坚参；对了义大圆满法获得通达而彻悟的自在大成就者，如同月亮般的弟子为本洛朗卡沃萨。历代佐钦本洛活佛没有另建道场，常住佐钦寺并辅助管理寺院事务等传记，在上文有详广记述。

历代尼札大伏藏师

1. 大伏藏师尼玛札巴嘎旺卓都岭巴

持明圣者嘎旺卓都岭巴或名大伏藏师尼玛札巴，在经过圣观自在菩萨、大译师昆·鲁耶旺波等无数清净化身后，在邬金岭巴的《水晶洞版莲师传》、多吉岭巴的《天铁版莲师传》、白玛岭巴的《秘印版莲师传》、桑吉岭巴的《布日版莲师传》等经典中都以一致的词句授记道：“装束打扮混乱不成套，佛陀教法混杂不规范，格杰所画图纹显迹象，康区尚莫三宗之伏藏，不留掘出之兆此时显，康巴尼玛札巴名者降。”尊者自己所掘伏藏《上师胜乐法》云：“印汉门巴尼泊尔，西藏回讫蒙古等，集聚拉萨法轮城，藏汉蒙古之衣饰，无有定准而混乱，语言受用皆变化，桑耶寺将得维修，卓萨殿画将更换，那时尚莫宗之地，我所伏藏诸藏品，康巴尼札将掘藏。”持明德达岭巴曰：“秘密法主避世二持明……”如是大伏藏师亲自认定为其两位伏藏法主中的阎罗法法主。第五世达赖的《净相秘籍文》亦云：“事业名者出现于东方。”

在许多金刚授记中不止一次地授记赞颂的大德，于藏历十一绕迥之火猪年即公元 1647 年的一个吉祥的日子，在贡德囊钦之分部班日智亚地区，伴随着种种神奇征兆而诞生，父亲为向美温波·噶玛朗杰，母亲名为喇萨·索朗措。诞生后快满三个月时，灵童直身而坐，口中连续三次诵出“邬金钦（意为祈祷莲花生）”。为此，父母也根据过去的梦境，认为此灵童极有可能是个转世活佛，就把他带到当地一位瑜伽师身边说明情况。师父问灵童道：“童子！你是谁？说什么语言？”灵童答道：“我是颇隆巴（迁识成就者）噶玛桑珠。”此时，大家大为惊奇，流下了信心之泪。

两年以后，灵童对自己的前世成就者颇隆巴的事迹记忆犹新，并且能无碍讲说，成为公认的颇隆巴转世，因此，大家都叫他“活佛”。向灵童教授文字读写时，仅念诵两三次基本字母就熟练掌握，使所有人为之惊叹。就在这段时间，一伏藏法标识到了灵童手上，但因尊者年幼而没有在意，在岩石缝隙中取出一个石头自然形成的金刚橛并送给父亲。莲花生大士不止一次地为其显尊容，故对宁玛教派情有独钟。尊者经常抱怨在此地连念诵莲花生大士名号的人都没有。有一次，父亲和哥哥对尊者说：“明天可能有一位宁玛派上师到此地，是否想去拜见他？”尊者回答：“非常想去。”当时，应囊钦王的邀请，佐钦法王白玛仁增来到了囊钦地区，尊者一见到法王，就生起强烈信心，认识到此大德为自己的世世有缘上师。从此以后，以侍者的身份跟随佐钦法王达十八年之久，从未分离过。与此同时，也值遇乔美仁波切和大伏藏师邓都多杰两位大师，闻受许多灌顶深法并获得在未来开启甚深伏藏法门的授记。

阳木龙年，尊者充当佐钦法王近侍前往卫地，拜见很多上师，朝拜圣地，听闻了不少法门。期间，根据佐钦法王的指示，在宁玛派六大祖寺之一的琼结巴日佛学院学习很久，仅在吹一次法螺的时间里，就能背诵如《普贤行愿品》那么多量的经典，成为公认的善智慧者。此后，因考虑到要伺奉佐钦法王，从佛学院请准后，师徒一起前往回蒙地区化缘，随后又回到拉萨，向大小昭寺释迦两尊作了圆满供养，为弘法利生作了广大祈祷、回向。阳土猴年，佐钦法王去扎日圣山朝拜，尊者也作为侍者一同前往，途中出现了无数净相。在扎日营地金刚苑林中，佐钦法王闭关潜修三年，尊者本人也在此地精进修行，在上师佐钦巴处听闻大圆满秘密空行心髓深法。他精进苦修，废寝忘食，故现前了大圆满基道证悟，一切造作隐没于法界之中，自然明智圆满于圣大智慧，一切声像皆现见为法界之游戏。尊者曾说：“仰仗法王无等大宝上师的悲心摄受，亲见自现本净智慧，永断了轮回，回遮了生死，根除了习气，逍遥于普贤法轮大会众之地。”

有一次，佐钦法王对尊者说：“你若去康区尚莫宗修行，必定会获得悉地。”如是不止一次地道出无上智慧如实知晓隐蔽诸法的法语。在得到智慧空行同样明确的授记后，尊者心获定解而到了尚莫宗。在吉祥康厦多杰宁宗闭关静修了三年，起初此地非人设置种种违缘障碍，但尊者修证功德圆满而以无缘见地胜伏。阴水牛年莲花生大师亲显尊容，赐予伏藏标识并以金刚教言指示授记、征兆、时机等。阳木虎年，在尚莫多杰宁宗掘出如标识所示的大圆满三根本秘密心髓法，以及无垢友像等伏藏品，从此以后，有了无碍艰辛、逐步朝拜各大伏藏圣地的意愿，但收到了佐钦法王上师的指令，要求他赶到后藏地区。途中得到许多牛马等供养，尊者将其中的八十多头牲畜供养给桑耶寺，用于该寺的维修。在哲衮萨寺拜见了法王上师，向其供养以一百五十头牛羊为主的大量供品，使上师心生欢喜。

随后，与佐钦法王一同前往香桑布隆地区，得到了掘出桑布隆伏藏的空行秘密授记，出现了时机征兆，故在土年猴月初十的夜晚，将《长寿法·胜伏四魔》和《深法忿怒莲师》作为隐蔽伏藏法而秘密掘出。但是，当地有一位当坚大护法降临于身的人，他说："持明大士夫掘出了甚深伏藏。"就这样公布于众。众人也议论是沃确活佛或者成就者仁波切掘出伏藏。当时，佐钦法王要求他秘密修行一时，但因现前了掘出冈底斯神山伏藏的征兆和时机，故向上师请准后前往冈底斯。途中遇到很多艰辛，但尊者心系教生，排除种种艰难困苦，最后到达雪域神山之王——冈底斯。那天，尊者看见在神山顶部的空中，有一位示现绿身舞姿相的空行母，尊者曾说以此因缘，生起了殊胜的无为觉受。藏历木兔年十月十五日，在胜乐法轮宫殿·胜乐密窟中，与具胜种之友一道掘出《上师胜乐怀柔轮法门及其分部》。

此后，前往米拉日巴曾经修行过的地方，以及尼泊尔满愿塔和帕巴香根塔等圣地，尤其是在莲花生大士的修行处央奈学、阿斯然洞等地各闭关修行一个月。在尼泊尔等地朝圣许久之后，经过定日来到了佐钦法王所在的喀巴桑丹岩山，向其供养了许多珍贵的伏藏物品，佐钦法王向尊者作了"若没有经过念修和保密，掘藏甚深法门将有违缘障碍"等诸多教诲后，向法王立下闭关修行三年的誓言。藏历阳土马年六月，回到尚宗地区，在恰日普纳洞开始闭关潜心修行。大约在此时，值遇五明大班智达霍尔大译师，尊者向其供养了自己的伏藏新法并封为法主。藏历阳水狗年，在那学火焰洞无有障碍地发掘并获得《马头金刚·胜伏威猛》法门，与此同时，向心传授记诸弟子为主的几百位善缘者开启伏藏新法之秘印，作了两次灌顶和口传而结下成熟解脱之缘。

随后，尊者获得"发掘拘尸那城伏藏时机已成熟"的授记，带着三十五位善男信女朝圣者前往印度并为他们提供衣食。藏历阳木鼠年到达印度，根据莲花生秘密授记，在拘尸那城北门哈佐圣地，掘出"圣者二兄弟像"，即龙树菩萨亲手制作的觉沃不动金刚像和法身不动金刚像，以及此能依守护者密护神母的法门等。回到西藏本寺后，生起拜见佐钦法王的意愿，但法王已回多康地区。此时，尊者应蒙古王巴特尔特杰的邀请前往该地，得到了无比的奉养。藏历火兔年，收到佐钦法王的书信而前往多康地区，当时，正赶上佐钦法王新建若章寺并在此寺驻留之际，尊者向法王供养了以千人蒙古包和无数牛马，财宝等供品，以及在岗仁波切所掘藏的大乐莲师像和制作模具（后来世称佐钦红喇嘛）、数张完整的伏藏卷帙、"啊"字和"舍"字印的甘露丸（阿坛和舍坛）等各种伏藏品有一大盆，使法王极为欢喜。法王要求尊者主持日当佐钦寺道场，并说："本来应专门来邀请你，但也莫过于此。"尊者向法王认真叙述了他要根据伏藏授记无方巡游，前往各地进行利生利教事业，故无法主持道场等事由后，得到恩准。

藏历阳铁马年，尊者到了邓隆塘地区，在度母自生岩掘出《药师佛法门·甘露滴》、松赞干布时代的度母像等，得到了岭本·多杰根波等地方官吏的拥戴，他们献上扎堆日古地区的地形图并劝请尊者建一座寺院，但尊者新建了雪谦修行处，暂时在那里驻留。与此同时，在如尊者自己的伏藏文中曰："觉若化身将点佛法盏……"，"雪域自在地区中与东，具缘之地善加观察后，塑造佛像建立法道场，见闻众生悉置解脱地"。如是经德格王桑杰丹巴特意迎请和无比的恭敬侍奉而开启善妙缘起之门，尊者于藏历第十二绕迥阴水鸡年即公元1693年，创建了达摩岗格桑彭措林道场，修建释迦大佛·胜伏诸魔像，并在其下面埋下边军的魂石以抵御其侵扰。以金刚炽然三摩地将德格地区的实有非有的天龙魔众置于其誓言役使之下，故此，为酬谢尊者，德格王作了广大供养。

嗣后，佐钦法王白玛仁增有入涅槃的意愿，尊者知道此情后立即赶到法王座前，与其作了交谈。不久，佐钦仁波切色身庄严收归于童瓶宝身法界之中，尊者在法体前作了无量供养，并每天顶礼膜拜千百遍直到其头顶鲜血直流。以此缘故，后来尊者曾说先后几次亲见了法王上师的智慧宝身。当时，因法王心子冉江巴去卡多罗柯等地而不在法王身边，尊者就协助本乐活佛进行法王的荼毗法会，圆满完成了三层高灵塔的建造并开光加持。本乐活佛再三请求尊者主持道场，但尊者以法王曾经开许过的理由，没有答应而回到了达摩岗。不久，尊者有了去峨眉山朝圣的意愿而来到了康定，以康定贾拉王为主的地方许多官吏在其门下听闻佛法，并作了无量供养。但因时局动荡未能前去峨眉山。那年冬天，尊者驻留木雅日库寺，为日库秋杰活佛为主的所有僧众，传授尊者本人的伏藏法等深法的灌顶、口传和教授。此外，也为嘉帕喇嘛邬金伦珠等木雅道孚地区的僧俗信众传授妙法，进行了很多利生事业之后回到了达摩岗。

随后，尊者准备前往上部尚莫宗地区，德格王请求尊者作为其供养处而定居德格，但尊者因有秘密授记之故未开许并踏上去往尚莫宗之路。如伏藏授记文云："天地半月形之沟，山如王臣聚之前，将建身语意佛殿，修行七众僧伽聚。"藏历第十二绕迥阴水羊年即公元1704年，创建了尚莫宗恰日光明修行院，圆满完成对大殿能依所依的建造。期间，因德格王登巴泽仁派使官霍札牵着坐骑诚请尊者之故，又一次来到多康地区，为他们传授其伏藏法的灌顶、口传，以及根据德格王的意愿作了执政事业兴旺发达的祈愿，在德格王以无量供云恭敬承侍后回到了尚莫宗道场。在道场，根据众化机的根基大转广深法轮，尤其是多次为教言所授记的各法主们赐予自身伏藏法门的传承，以成熟解脱窍诀摄受之。

尊者先后培养的弟子数不胜数，其中主要有：化身伏藏大师仁增嘎旺多杰、第司桑杰嘉措、嘉塘巴·仁增苏伦多杰、阿里沃确活佛、夏仲白玛嘎旺、曲杰仁增志巴、霍大译师降央罗丹、本乐·朗卡沃萨、仁增邬金曲杰、达隆夏仲、木雅堪布释迦沃色等高僧大德，蒙古王巴特尔特杰、康定王、岭王子多杰根波、德格王等王臣官吏。如是示现种种神奇成就者威仪之后，于藏历第十二绕迥铁虎年二月十五年即公元1710年，色身庄严融归大乐法界而趣入莲花光明刹土之中。

2. 第二世尼札活佛塔确丹毕坚参

第二世尼札活佛塔确丹毕坚参或名仁增丹邛嘉措，于藏历第十二绕迥水龙年即公元1712年，在那学地区诞生，父亲拉莫达，母亲阿旺措姆。灵童自开口说话起就自称持明大伏藏师的转世，并清楚地说出上一世是如何掘藏、如何修行以及弟子的名字、所受用的物品和坐骑等。四岁起学习文字读写并轻松掌握，到了五岁即藏历火猴年，由僧众列队迎请到尚宗光明修行院，在那里面见上一世法子，指认了其掘藏的佛像、伏藏品和伏藏黄页，尤其是轻松无碍地念出伏藏黄叶上的表示文，使所有人大为惊奇。藏历阳土狗年即尊者七岁时，应罗珠嘉措上师的邀请来到下部道场达摩岗，遂到了日当佐钦寺，拜见本乐·朗卡沃萨并在其处听闻嘉村宁波《三宝总集》的灌顶等法门。

尊者九岁时，回到尚莫宗进行闻思，因具备天生智慧，无需过多的劳作而开悟，所学显密教法以及明处文化，仅看一次就会得通晓。在共同明处方面，尊者先后学习历算、诗学、工巧明中的唐卡绘画、梵文等印藏各种文字、坛城彩绘、跳金刚舞、佛乐、多玛的制作等，都得到善巧通达。特别是对显密教法的道统和各宗派的观点等方面独具智慧，其教派观点也以遍智龙钦巴见地为准而承许之。少年时代，在尼札法子座前，以满瓶倾注之式闻受其上一世的伏藏法等教授的灌顶和讲解，在闭关念修马头金刚、长寿法·胜伏四魔的心咒时，得到诸多本尊的亲见，出现了无数清净境相。在敏珠林大堪布晋美顿岳座前接受出家沙弥戒，赐名塔确丹毕坚参。两次前往卫藏各大圣地，为利益教生作了广大供养和殊胜祈愿。

期间，尊者来到日当道佐钦寺、嘉绒修行处、达摩岗等康巴地区，拜见第二世佐钦法王、杰温·白玛根卓朗嘉等大德，并相互灌顶传法。后前往卫地，在达赖喇嘛格桑嘉措座前接受圆满比丘戒，赐法名根桑塔确嘉措，从此以后，在所有戒律的大小开遮方面严以律已，成为持戒者典范。撰写恰日修行院的寺规文，根据律经严格持守戒律。从藏历阳火虎年至阴铁蛇年，进行了长达十五年的闭关修行，期间，若有事与其相商，哪怕是翻阅书籍都只利用午餐时间而决不散漫懈怠。藏历龙年，德格王和王妃与达摩岗寺管家都派使者到修行院，尊者出关后应邀前往多康地区，于蛇年十月十五到达沃达伦珠顶。在德格王府等地，德格王和王妃先后多次接受其灌顶，听闻教授并作了丰富的供养。十一月初三到达吉祥达摩岗寺格桑彭措林，阳水羊年来到佐钦寺，举行第三世佐钦仁波切的升座典礼，并接受其顶发而赐名根桑丹毕根波。后来第三世佐钦仁波切又在尊者前接受出家戒，根据此前的法号赐名尼邓丹增桑波。

尊者从小就致力于念修法行，最初在水鼠年闭关一年，此后从火龙到土羊之间的三年，火虎至铁蛇之间十五年，在达岗闭关两年，以及在行住各个时候都从不放逸散漫，只要有闲暇时间，就立即闭关静修，因此，若前后时间相加，大约有三十几年。在这期间，念修各个本尊，将大圆满顿超现明二瑜伽和扎龙等根据时要而修行，使万法加印于诸佛坛城，无碍成就四种事业，清晰显现风脉明点之圆满次第趣入中脉而增长大乐本智的觉受，成熟于本净基圆满不变之界而使轮涅万有解脱于无基无根之中，一切现象与行为皆为无别自现而能所二取清净于法界之中，自在于根本位和后得位无二无别的光明三摩地而登上成就者顶峰。此外，有贤正善的殊胜事迹，具备讲辩著的智者功德和威仪，著书立说两函之多，根据上下不同根基的化机，相应传授灌顶、教授等无量法轮。

饱尝尊者甘露妙法的弟子有温曲当法子嘉色活佛、嘉然·阿旺活佛、达普活佛、拉根活佛、鄂大堪布巴登曲雄、第三世佐钦法王尼邓丹增桑波、夏金刚持仁青美久嘉参、雪谦大班智达、兰洛·慈诚仁青、扎持密者久美丹培、雪谦冉江活佛、嘎陀志美信雄法王、白玉上师噶玛扎西、多吉扎殊胜活佛格桑白玛旺修、杰温·白玛晋美、丹增宁波上师、殊胜智者谷如扎西，且尤大持明者等无数贤善大德，皆被尊者的三藏和多闻功德所折服而恭敬依止。尔后，尊者认为调伏其他刹土众生的时机成熟，并告知不会住世很久，为且尤大持明者和大智者谷如扎西等少数心子传授空行心髓法的灌顶和口传，在灌顶期间，尊者头戴五佛冠，身穿绫珞神衣，作了从化身转入宝身的缘起。多吉扎活佛从多麦地区前往卫地时，尊者到达日当拜见活佛并互传灌顶和教授，随后，尊者示现病痛之相，僧众为其作了广大福寿法事，祈请长久住世，但未得到开许，最终在佐钦颇章色身融入法身大乐之界。

3. 第三世尼札活佛美久攀德嘉措

第三世尼札活佛美久攀德嘉措，于藏历第十三绕迴水龙年即公元1772年，在多麦德格王辖区，司重多杰雍忠神山所护卫的玉龙草原上诞生，其父亲才旺培为岭格萨尔家族的后裔。起初入胎之时，父母都出现了神奇梦境，尤其是在母亲的梦境中，有一位白身人给了一朵白花，她把花吞进了肚子里，顿时自然生起了大乐觉受。灵童诞生几个月以后，佐钦温仁波切白玛根卓朗嘉为其灌顶沐浴，接受顶发并赐名美久攀德嘉措。温仁波切对灵童父母教诲道："这个孩子很不寻常，不要被不净之物沾染，这很重要，到时会有主人前来，必定对你们有利益。"之后，在回去的路上，温仁波切对随从们说："去年化身大护法降临时，对我说将和尼札活佛见面，这会不会是才旺培家的儿子呢？不然，像我这把年纪的人哪有什么见面的机会呢？"就这样，实际上已认定为转世活佛。此外，得到了萨迦法王、多吉札法王大持明者格桑旺修、佐钦法王尼邓丹增桑波等具有无碍智慧众圣者们的一致认定。

尊者到了五岁时，即藏历阳火猴年猴月初十那天，丹增宁波上师从尚莫宗赶到，佐钦法王尼邓丹增桑波、嘉绒活佛、德格王代表等内外僧俗大众，举行隆重的欢迎仪式。在达摩岗寺格桑彭措林大经堂里，灵童升座于大伏藏师尼札法王的金刚宝座之上。佐钦法王为其赐法号"邬金丹贝尼玛美久攀德嘉措"，抛洒吉祥的花朵并撰写了住世祈祷文。夏让巴·白玛旺修经师为灵童讲授文字读写。随后依次在其上一世心子仁增巴沃烈绕杂座前，听闻所有善逝八大法行的灌顶和口传，在法王尼邓丹增桑波座前听闻所有尼札伏藏法的灌顶口传、大圆满空行心髓、嘉村大师的三宝总集等甘露深法。尊者十岁即藏历阴铁牛年，回到上部道场尚莫宗，登上尼札伏藏大师的法座。

藏历阴土鼠年前往卫地，途中在直贡·白玛丹增曲吉坚参座前，听闻热琼巴派系的马头明王法的灌顶口传；在敏珠林大堪布座前接受出家沙弥戒，听闻敏珠林法王的所有伏藏法门、续部普巴金刚、苏派传承真实意法、密主意庄严等许多深法。尤其是前往顿卡才让迥寺，依止大圆满持教者吉美林巴，闻受光明大圆满心髓法的灌顶和引导、口传，续部金刚橛等持明本人的密意伏藏，伏藏师西绕沃色的解脱明点法，第五世达赖的净现秘印二十五部等诸多法门，并封为其法主而取名持明无畏丹毕德。在第八世达赖降白嘉措座前，接受圆满比丘戒。在此期间，为大小昭寺释迦二尊等道场和上师献上无量供云，回到道场后，闭关三年而潜心修行广深妙法。

藏历阳水鼠年，结束闭关修行并前往多康地区，先后到了日当佐钦寺、嘉绒、达摩岗、土登诺布林寺、德格首府等有教法和誓言善缘的寺院和地区，在各大善知识前接受灌顶和讲授传承，根据各自的意愿和根基，为具信僧俗大众广转成熟解脱法轮。藏历阳土马年前往卫地，向各大能依所依及上师们献上供云，原本有亲近吉美林巴尊者的打算，但遭遇上师圆寂之时，尊者向此道场作了圆满的供养，在持明法体前念修长寿甘露妙药七日之久，出现了诸多神奇征兆。尤其是将法体放入木柩并用咸盐无缝而盖时，右脚趾甲“嚓”的一声落到尊者怀中。修法结束后，踏上前往卫地之路，向各大道场和上师作了不可思量的供养，为僧众烧茶献斋。尊者先后在上下部道场建造了无数佛殿及其身语意能依。

此后，尊者的身寿出现了一些违缘，病痛接连不断，桑耶大护法、塔波大伏藏师、根桑沃色仁波切等大德多次劝请尊者要根据授记教言，受持金刚持明威仪而开启伏藏之门，但尊者非常珍视戒律学处之宝，考虑到此为五浊世代教法庄严，没有采纳此等建议。后来，那曲、索地两地头人和僧俗群众不忍心违缘发生，又多次劝请尊者以后，尊者依照律经仪轨将出家法衣献给僧众座前，然后披上金刚持明密衣，但授记教言所示甚深缘起的时机已过，最终，于藏历第十四绕迴火牛年，在尊者四十六岁那年，密意趣入吉祥铜色山莲花光明之界。

4. 第四世尼札活佛晋美曲央多杰

第四世尼札活佛晋美曲央多杰，为塔波大伏藏师多吉杰波法子，由第四世佐钦法王美久·囊卡多杰认定，在上下寺院升座，广行讲修业三法事而圆寂。

5. 第五世尼札活佛丹增诚烈旺修

第五世尼札活佛丹增诚烈旺修，诞生在赤松德赞后代艾拉日家族之中，根据其上一世的授记教言认定并升座，闻思修功德圆满，广行讲修事业而圆寂。

6. 第六世尼札活佛土登沃萨丹贝尼玛

第六世尼札活佛土登沃萨丹贝尼玛，诞生在多康昌都朵珠谷地区的释迦熙日家族中，由第五世佐钦法王土登曲吉多杰认定并升座，在上下部道场多次进行灌顶、讲授妙法，依止第五世佐钦法王为根本上师，接受尼玛扎巴伏藏法的所有传承灌顶口传及续部经教嘎玛、大宝伏藏、上师意集、心滴四部法等的诸多密续的灌顶、口传和窍诀。在第四世格则活佛白美希珠座前再次获得尼玛扎巴伏藏法的灌顶传承，在佐钦寺阿布拉贡、白马塔却罗丹座前接受了大圆满隆钦七宝藏等的窍诀大圆满法门。尊者在佐钦寺求法时，也将尼玛扎巴伏藏法的灌顶和口传传给第六世佐钦法王和珠巴土登尼玛尊者以及尼扎嘉色活佛，后两位尊者传授给佐钦寺和尼扎寺的活佛堪布和僧众，使尼扎伏藏法的口传灌顶传承至今。世与出世二事业得到兴旺而圆寂。

目前，因为大伏藏师后三世活佛的传记资料未能收集而此处无法详说，故笔者深感遗憾，以后如果能提供这方面的资料，哪怕是少许口传，也恳切希望具足慧眼的智者们尽量收集成文。

历代冉江活佛

7. 夏朗冉江巴丹毕坚参

大成就者白玛仁增有称为“日月星”的三大心传弟子，其中，如同启明星的夏朗冉江巴丹毕坚参，乃如同《童子宝珠月演说经》中所说，在此娑婆世界的东南方，有月光世界，此世界导师吉祥无忧佛，是此尊者化身之源，依次或同时转世为圣种五贤中的流星面药叉智信、阎罗法海持教者阿阇黎文殊友、天竺阿育王、王子牟底赞普、玛·仁青确、阿阇黎莲花戒、米拉日巴、遍智绒敦巴、直贡·仁青彭措等许多智者大德以后，于藏历第十一绕迥铁马年即公元1650年，诞生在卫地番域一个显赫的头人家中。

尊者十三岁那年，逃离家乡而来到基耶尔杰察佛学院，在杰察堪布座前出家为僧，完成所有修心课程和经文的背诵，尤其是对因明七论等显密经论作了广泛闻思而得到通达。依止巴柯佛学院、达那妙法林寺、色多坚寺、鄂巴道场等的许多高僧大德，闻受成熟解脱窍诀。在萨迦寺讲授续法而使其名声大振，得到文殊化身萨迦法王的高度赞扬。此后，前往雪域因明学之源桑普寺闻思因明学，得到圆满究竟。在桑普、然堆、基耶尔杰察等佛学院游学辩经时脱颖而出，获得冉江巴学位。将拉萨三大寺院、上下密院等所有新老格西依止为上师，听闻密集金刚、胜乐金刚、大威德为主的格鲁派法脉及仪轨传承。依止遍智第五世达赖喇嘛近侍尊者江央札巴，成为其亲近弟子，在遍智五世达赖和江央札巴尊者师徒座前，听闻许多各派的甚深教法。尊者江央札巴曾对尊者授记道：“你乃阿阇黎文殊友化身，此前，你在后译教法方面很通达，今后必将成为一个执持大圆满前密教派的圣者。”

当时，大圆满成就者白玛仁增在耶巴拉日闭关修行，江央札巴等高僧和第五世达赖喇嘛身边的要员秘密来到这里求授大圆满法，尊者也在其中。尊者在得到心法直授以后，顿时生起无伪证悟，为所有听法者所赞叹，大家都改称尊者“佐钦冉江巴”，获得如日月星辰般的“大圆满博学者”的名号，觉醒了世世愿力所引之善习，对上师生起敬信感恩之心而形影不离。根据五世达赖的授记和劝请，佐钦法王前往康区进行利生事业，尊者也作为法王上师的侍从同赴多康地区。途中，在那学卡瓦桑丹圣山停留了一段时间，随后，来到多麦德格王辖区日当欢喜圣地，协助法王上师创建了佐钦邬金禅法林寺。德格王赤钦桑杰丹巴、大管家拉鲁等对法王师徒恭敬承侍，德格王桑杰丹巴将查·崩扎寺供养给冉江尊者，此寺在过去是佛子崩扎大师的道场，尊者在此地新建修行院并主持几年，但因一些老僧人担心尊者会把这座噶举寺院改为宁玛派，尊者有意回避了这些是非，前往南方拉妥等地无方巡游，度化了许多有缘众生，传承弟子遍及各方。

尔后，尊者经过直贡前往卡多地区的藏绒夏宗修行处，并立誓在此毕生修行时。听到第一世佐钦法王白玛仁增圆寂的消息，不久信使也到达，就立即赶到佐钦寺，与本乐活佛一道主持举行圆满的荼毗法会。之后的几年里，尊者主要以灌顶和讲授之业摄受各方化机，没有承担主持道场的重任。藏历土兔年，佐钦法王的转世活佛晋美塔确丹增诞生在蒙古王根嘎达强辖区的一户人家，尊者在活佛认定和迎请升座等方面任劳任怨，勤恳侍奉。

尊者五十五岁那年，在藏历第十二绕迥木猴年即公元 1704 年示现圆寂之相。在尊者的一生中，除了在根本道场佐钦邬金禅法林弘扬讲修事业以外，没有另建道场。尊者培养的弟子主要有来自霍绒巴岔的白玛旺修、洛格居上师邬金桑丹、拉妥阿嘉上师白玛坚参、鲁色上师达吉、卡多证悟者邬金慈城、岭然达上师邬金格桑等圆满修成大圆满心髓法的二十五位心传弟子，此等弟子为上师建造了灵塔并供奉在佐钦寺。

往昔，藏历第十二绕迥水猴年伏藏大师尼玛札巴在距佐钦寺不远处的雪谦创建名为邬金法林的修行院并在此修行一时，于此附近，在藏历木鸡年即公元 1705 年，第一世冉江巴霍喇嘛白玛旺修和冉江巴的几位弟子一起在这里闭关修行，后来发展成为雪谦寺。藏历水鸡年尼札伏藏师创建了达摩岗寺，故伏藏大师到此地的时间是在之前。这在《谷扎教法源流》等如量历史文献中有详细记载。

8. 第二世冉江活佛晋美根桑朗嘉

第二世冉江活佛晋美根桑朗嘉罗萨嘉措德，于藏历第十二绕迥阴水蛇年在日当佐钦寺山背后阳曲丁诞生，为第二世佐钦法王之弟。灵童在入胎时出现了韵颂六字真言等神奇瑞相，天生宿慧，开口说话时就承认其为冉江转世。根据多吉扎和敏珠林等寺高僧确认，在尊者五岁时就被上一世弟子们迎请到雪谦邬金法林修行院，因世事动荡，敏珠林嘉色仁波切到了康区并被迎请到雪谦寺时，将尊者封为阎罗猛厉法的法主，赐予他敏珠林伏藏大师具加持力的然恰佛珠，传授了敏珠林新派伏藏法门等无数窍诀。除此上师外，加上其兄长佐钦法王晋美塔确丹增、殊胜活佛格桑白玛旺修、晋美格桑培杰堪布及其侄晋美格桑丹培，称为“五位根本上师”。此外，还有鄂大堪布巴丹曲雄、多康巴根嘎丹增、嘎陀嘉色志美信雄等皆以三欢喜之式恭敬依止，听闻三藏四续教法以及共同明处，从而达到闻波罗密多，思维尽所有法而得到抉择。一心修行二次第甚深要道而获得续部所示的见修果位，由三根本与无数本尊摄受加持，尤其是到了二十一岁那年，在藏历九月二十三日黎明，尊者念修文殊猛厉胜伏时，觉受中显现其转世授记文：“我儿你在往世中，东南之方密严刹，成为无忧圣佛陀，普贤佛陀之座前，药叉之王流星面，天竺圣众之顶饰，文殊之友阿阇黎，在此雪域清凉地，直贡仁青彭措尊，辨经无比冉江巴，善缘转世乃汝尔，利益众生时机至，若守如量之誓言，有缘士夫无错乱，守口保密三日许，之后告白于大众。”天龙星曜妖魔等非人皆听命于尊者敕令，无碍知晓隐密诸法等智悲力功德无量无边。

尊者长年为常住和各方弟子传授大圆满空行心髓、大悲善逝总集等深法，此外，广转佛陀教言《甘珠尔》口传等法轮，撰写善言经典九函之多。总之，以智者三风毕生进行了无边利生事业。尊者所化弟子主要有果美当嘉噶久巴·根桑年扎、苏珠活佛根桑白玛旺嘉、自在成就者桑杰绕丹、普康上师白玛仁青、居上师桑阿、协仲·白玛朗达、昌沙·阿旺白玛等，最终，将洛仲曲吉仁波切白玛桑阿丹增封为其补处以后，于藏历第十三绕迥土牛年趣入本初解脱之地，时年五十七岁。

9. 第三世冉江活佛仁增班觉降措

第三世冉江活佛仁增班觉降措土登宁协，于藏历第十三绕迥铁兔年即1771年，在多康玉龙地区诞生，父亲名为达震。灵童诞生三天就开口说话：“我是雪谦活佛，有三座寺院。”有诸多神奇事迹。藏历铁虎年，多札大持明者从康定前往卫地的途中来到雪谦寺，当时的日当上部道场代理主持杰温·白玛朗嘉，大管家根秋达杰上师等所有僧众，请求持明大师认定抉择雪谦活佛，大师授记道：“持明大师无碍金刚者，你所度化执持密教众，此刹化机虽然暂圆满，至此道场而起东南方，有一面向西南之山沟，青草树木葱葱之林间，莲花种性父母之法子，于以兔龙年间将诞生，此乃智慧空行之教言。”如是云云。此外，敏珠林寺赤钦白玛丹增，夏钦鲁当等具有圣智胜慧的大德们一致认定并供奉于上一世的宝座之上，向第三世佐钦法王阿底丹毕坚参献上顶发，依止根本上师嘉曹巴·丹增曲嘉、敏珠林法王·久美诚烈朗嘉、多札夏仲·久美伦珠多杰、嘎陀格则班钦、吉美林巴尊者、多智钦·根桑先盘、成就者晋美果恰等十三位上师足莲，尤其是以闻思修行抉择所有光明大圆满教法，此举并非是粗略的了解，而是在灌顶时播下四身种子使相续成熟，修行生起次第时，使异熟蕴身清净于色身，修行圆满次第时，使万有抉择于本净法界，将一切大小窍诀的修行加印于总持之力，故此，解脱于八风缰绳，消除破立之想，自他利生事业得到任运成就之后，于公元1807年色身融归于法界，时年三十九岁。

10. 第四世冉江活佛嘎旺曲吉坚参

第四世冉江活佛嘎旺曲吉坚参，依止嘉察·丹增曲嘉、第四世佐钦法王美久·囊卡多杰等大德，以满瓶倾注之式听闻经典伏藏教法的灌顶、口传、窍诀并实修，在进行一些本尊的念修之时，根据空行授记降下伏藏标识文，掘出诸多地下伏藏。此后，以秘密瑜伽士之相朝拜巴嘉熙日等成就者圣地，在塔贡娘三地等地广行利生事业之后圆寂。

11. 第五世冉江活佛久美根桑丹毕坚参

第五世冉江活佛久美根桑丹毕坚参，于藏历第十四绕迥木鼠年即公元1864年，伴随着种种瑞相而诞生。由第四世佐钦法王美久·囊卡多杰、第二世嘉察活佛邬金让雄多杰，蒋扬钦哲旺波，大伏藏师秋吉林巴等的无欺金刚教言所认定并升座于上一世法座。从小就显现出圣者风范，遍智上师蒋扬钦哲旺波既是最初以四灌顶智慧成熟相续者，也是中间直指证悟而提升根本定力者，更是最后以智慧宝身摄受而加持的根本上师。此外依止第四世佐钦法王美久·囊卡多杰、文殊化身康珠、金刚持大堪布白玛班札、第二世嘉察邬金让雄多杰、白玉嘉珠活佛、居温波晋美多杰等诸多贤善大德足莲，圆满闻习以前密经藏为主的甚深教法。在雪谦拉章闭关三年，潜心念修总经意集密续，静猛幻网续，八大法行，大悲善逝集为主的三根本主尊，在此期间，出现很多本尊亲见加持等征兆，尤其是念修总经意集密续之时得到智慧方便罗刹化身的授记，在念修敏珠林大伏藏师的阎罗法·威猛胜伏时，清晰生起其为努钦·桑杰益西化身的觉受。蒋扬钦哲旺波曾说："在多康地区的持教者中再没有比雪谦冉江更殊胜的。"如是得到诸多圣者们的赞颂和恭敬。在佛子先盘塔耶的转世先盘曲吉朗瓦或名土登丹贝尼玛座前，接受比丘戒并将戒律传承弘扬，在诸多戒律传承祈祷文有"嘉色先盘曲吉朗瓦尊，无忧佛陀五世冉江巴……"等赞颂祈祷词句，并一直为后人恒常念诵。此尊者先后传授的教法有：《甘珠尔》口传一次，大宝伏藏的灌顶和口传四次，《念修法·如意宝瓶》的灌顶口传三次，《心部·十八子母经》《界部·金刚桥》《窍诀部心髓四部法》《敏珠林伏藏新法》等的讲授，摄受无数多康和卫藏地区的化机，新建了雪谦寺的一些大经堂，开创律经三律仪法统，建立前密经教部、总经意集密续、静猛幻网续、永断地狱、苏派传承真实菩提双运护法等定期法会，建造了诸多精美的供品等，如是以三大轮进行了利教利生事业之后，于藏历土鼠年即尊者四十六岁时，示现色身融入法界之相。

12. 第六世冉江活佛朗札珠比多杰

第六世冉江活佛朗札珠比多杰，于藏历第十五绕迥金猪年即公元 1911 年诞生。由第五世佐钦法王土登曲吉多杰、藏巴大成就者向巴曲震、第二世温珠等具足慧眼的圣者认定并供奉于上一世宝座，依止嘉察·久美白玛朗杰等诸多上师，圆满闻受以前密经教与伏藏为主的成熟解脱法门，在外以守持出家戒律而不染堕过之持戒清净者，在内即是以菩提心滋润心间的菩萨，通达自在于极密金刚乘生圆次第，故此，成为具足三戒的金刚持者。因直击本尊的念修之要而统辖自现、胜伏他现之缘起，得到诸上师与世间官员贵族信众的顶礼恭敬，尤其是为邬金敏珠林法王赤钦兄弟二人、多吉扎持明大活佛、休色杰尊、达隆慈珠活佛为主的印度、尼泊尔、锡金、不丹等地的许多大德与无数化机传授大宝伏藏的灌顶讲授。此外，前往罗柯苏祖庆寺、江札持明空行林寺、青海果美顶嘉寺等地传法。认定第四世嘉察活佛白玛多杰并举行隆重的升座仪式。为了重振教法，向寺院新建能依做供养，为佛学院和闭关院做供养，修建了有二十根柱子的庄严的金灵塔殿，诸如此类，对教法的延续恩德巨大。

根据传统，担任德格王的上师，前往龚垭主持宝瓶修法会，平息调解地区间的争端和纠纷，在世与出世二事业方面有着无与伦比的贡献。因无碍预知未来时局变换之情，将寺院资财分发给僧众，并开玩笑地说：以后不知僧众能不能再会聚。也把自己的财物全部用于布施等行善事业。有人劝请尊者前往国外，但他保持大菩萨风范，慈悲摄受浊世化机，毅然决定闭关静修。藏历第十六绕迥土猪年，因世事变迁，尊者为了教法众生事业而色身趣入法界之中。

如是为历代冉江仁波切。第二世冉江心子第一世嘉察活佛白玛桑阿丹增或名丹增曲嘉，第二世嘉察邬金让雄多杰，第三世晋美白玛朗嘉，第四世白玛多杰。

第一世嘉察弟子大班智达温珠·土多朗嘉的历代转世、大成就者西绕雅培，怙主顶果钦哲法王等大密宁玛派大道场雪谦寺持教大德们的传记，在这里应详细讲述，但因没有得到更多的资料，也考虑到内容繁多，故作为缘起的余留而暂时放置于此。对大密宁玛派的弘扬恩德浩大的贤善大成就者久美土多朗嘉、第三世嘉察白玛朗嘉、钦哲绕萨达瓦的传记在下文有详述，敬请参阅。

13. 第五世达赖喇嘛阿旺罗桑嘉措

第一世佐钦法王白玛仁增的心传弟子，殊胜法王第五世达赖喇嘛阿旺罗桑嘉措，于藏历第十绕迴阴火蛇年即公元 1617 年，在琼结达孜地区诞生，父亲是萨霍王室后裔敦都绕丹，母亲是羊卓万户长之女根嘎拉则，幼时取名根嘎门久多嘉旺格吉波，被许多新旧伏藏教法授记为赞普赤松德赞的事业化身。诞生那年，为了消除违缘障碍，由北藏派持明阿格旺波为其传授延寿法·金刚帐，成为其第一个善缘之法。尊者六岁时，被第四世班禅罗桑曲吉坚参和岭美夏仲根秋曲培认定为第四世达赖喇嘛拥登嘉措的转世活佛，迎请到哲蚌寺大法林，接受其顶发，献名罗桑嘉措并迎奉于黄金宝座之上。在被莲花生大师授记为鄂大译师化身的岭美巴·根秋曲培座前，系统学习从逻辑学、因明到五部大论等学科并轻松掌握，在班禅喇嘛座前接受了许多灌顶、口传和教授法门，在门卓班智达师徒座前学习诗学、声明、声律学、辞藻学等，此外，在苏钦巴和顿博巴·邓珠旺波座前学习历算等无数内外明学，成为通达十明文化的大班智达。

法王二十二岁时，在班禅喇嘛座前接受喇钦传承的比丘戒，在原来的法名上增添了“阿格旺修”，依止帕崩卡巴·昆顿巴觉伦珠、夏鲁·索朗确珠、苏钦·曲央让卓、曼隆巴·罗确多杰、敏珠林法王德达岭巴等前后译各派的诸多上师，闻习以宁玛、萨迦、格鲁为主的各大教派显密经典教授，圆满闻习密宗的灌顶、口传、窍诀的一切传承，记有闻法目录四函之多。法王对康区大圆满成就者白玛仁增的美名早有耳闻，就将其迎请至布达拉宫，以独传方式听闻光明大圆满空行心髓法的成熟灌顶、甚深教授，达赖喇嘛的修证得到了特殊的进益，在其著作中叙述道：“康巴佐钦巴，乃开启无伪证悟之门、显示成就之相的大圣者……”又在写给佐钦法王的《书函·普贤示容》中有如是赞颂妙语：“某些自诩前密教派者，自称修行嘎绕熙日森、莲师比马毗卢索宿努、涅氏等之教授法要义，圆手未分混淆法语多。您却根据心髓精要意，往昔一切精进之修行，皆在圆满无伪清净中，独自显现之情我随喜……”又云：“前密教法茂密森林中，您是前所未有如意树，修证圆满法性遍尽处，于此果位不远之彼岸，无误功德圆满之心性，部主金刚持者永恒住……”如是道出圆满断证功德的法语，登上成就者顶峰。

后来，为珠嘉瓦·罗桑根确等弟子传授大圆满法，出现了诸多有漏清净于虹光身者，尤其是成为宁玛派甚深净现法的持教者，此乃如扎西多嘉的伏藏教言中云：“二十五藏尤其五意藏，现今人中之王尊者您，清净愿力五位来掘藏。”如是法王前往桑耶地区时，出现掘藏缘起，但因时机和地域等关系而没有掘藏。

后来，法王根据亲见诸佛菩萨与三根本尊容，获得授记、灌顶，此等法行撰写成法本，命名为《净现秘印文二十五部》，以及附录法本等共有两函之多，并以灌顶、讲授之式传授给敏珠林法王德达岭巴、持明白玛诚烈等前密派大德们为主的各派圣众，故此法门得到了广泛传扬，传承至今。

在政教方面，法王二十五岁时，蒙古固始汗以权势占领西藏并献给法王掌管。此后，被元朝皇帝迎请到北京，依止为帝师，献名“教法之主金刚持达赖喇嘛”，建立了施供关系。开始扩建举世闻名的布达拉宫。如“在未来五浊世代，圣观自在菩萨和文殊化身赞普赤松德赞以持戒法王之相降临藏区并护佑此净土”的无欺金刚教言，成为整个藏区世与出世二事业之主。在出世教法方面，法王广转无数显密前后译经典与伏藏法轮，从萨迦派师徒，直、达、珠巴等噶举派大德，殊胜活佛班禅喇嘛，甘丹赤巴等当时几乎所有雪域持教大德们都成为其传承弟子。其中不乏像前密宁玛派的大持教者法王德达岭巴、持明白玛诚烈、洛扎法子丹增晋美多杰等这样独树教派旗帜的殊胜大师，对敏珠林寺、多吉扎寺、佐钦寺等宁玛派大寺院的弘法利生事业支持巨大，对前密教法有着直接或间接的无比恩德。此外，从印度恒河流域至东土之间的无数高僧大德和达官显贵为其传承弟子，在多卫康藏区和汉蒙等地新建了许多妙法道场。在多卫康藏区和汉蒙等地新建了许多道场。尊者外现格鲁派大活佛、教派领袖，内修大圆满法，是宁玛派静现法门的掘藏持教者。

法王撰写了以共同外明和不共内明的注疏经典著作达三十多函。如是以三法轮之印圆满内外密无量事业之后，到了六十六岁即藏历水狗年三月二十五日，在布达拉宫以入定于作明佛母三摩地作为未来怀业之缘起而趣入寂静之界。历代达赖喇嘛和历代佐钦仁波切互为师徒，有深厚法缘。

14. 五明大班智达降央霍译师

佐钦法王白玛仁增的弟子五明大班智达降央霍译师，于藏历第十一绕迥初期在北部察玛地区，诞生在霍大家族之中。从小出家为僧，在夏鲁巴·仁青确珠处主要学习萨迦派教法，在哲域吉察闻思因明并成为公认的智者。后来入布达拉学院，在第斯桑杰嘉措等恩师座前，学习声明、诗学、韵律学等共同明处，赐予“五明大班智达”的学位。另外，在色拉、哲蚌等寺的许多格西座前学习般若、因明以及胜乐、密集、大威德、喜金刚等新密法门，在敏珠林大伏藏师前接受大师本人的伏藏法等旧密经教伏藏法灌顶和教授，那时，正值第五世达赖迎请成就者白玛仁增至布达拉宫拜师求法之际，尊者在此前听闻大圆满心髓深法，获得广深证悟。之前与尼札大伏藏师互传灌顶教授，并封为其伏藏法主，大师劝请尊者撰写法本补充其伏藏法门。后来前往娘贡诸地传播弘扬伏藏教法的事迹甚多。

15. 嘎陀嘉色索朗德赞

第一世佐钦法王白玛仁增弟子嘎陀嘉色仁波切索朗德赞，于藏历第十一绕迥木兔年即公元1675年诞生，父亲是掘藏持明隆萨宁波，母亲是在伏藏法中所授记的具相空行母拉杰。有刚诞生就念诵起藏文元辅音字母等诸多神奇事迹，被如量教言和诸多圣者认定为伏藏师持明邓都多杰转世。在父尊伏藏大师座前听闻许多教法，尤其是根据父尊上师临终时的遗嘱，依止佐钦法王白玛仁增为根本上师，听闻大圆满法的灌顶教授，法性证悟得到现前。此外，依止敏珠林大伏藏师、达祥伏藏师、第八世红帽噶玛巴等诸多成就智者，闻思功德得到圆满。尊者有在石板上留下脚印、陶瓷抛向远处却无破损等显示神奇事迹，获得无数本尊的亲见。父尊上师前往达柯巴旺翁莫地区时，嘉色当时年仅八岁，以侍者身份跟随大师，当到了一个叫仲迪的地方时，留下了一个非常清晰的脚印，后来此地就称为“脚印山沟”。尊者虽为持明，但无法继承道场事业，在主持嘎陀寺、培养僧众多年之后，于藏历第十二绕迥水兔年密意趣入法界，时年四十九岁。

16. 尼札喇嘛格桑旺丹

尼札大伏藏师和第二世佐钦法王的弟子尼札喇嘛格桑旺丹，于藏历第十一绕迥水牛年承嗣于索绒地区的喇东家族之中，从小在索培杰林寺出家为僧。长大后在哲蚌寺等道场进行全面的闻思，在多吉扎和敏珠林诸善知识前接受旧密灌顶和教授。尤其是因往昔善愿所敦促而前往色拉扎西顶，以三欢喜之式将来此静地修行的大伏藏师尼玛札巴依止为上师，大师也认定其为伏藏法中所授记的法主，并将自己所掘伏藏法的灌顶、口传和窍诀传给了他。尊者新建了措普静修道场，潜心修行此法门并证得明智如量果位。尊者住世八十五年之久，所转广深法轮无数，特别是与第二世佐钦法王晋美塔确丹增互为师徒，给第二世尼札塔确丹毕坚参、大持明者巴沃烈绕札等诸持教大德传授大圆满窍诀传承法门，此乃如《上师心滴祈祷文·甘露云集》中曰：“大善知识格桑名者前，祈祷请以慈悲摄受我……”此处指的就是尊者。又云：“顶礼加持云集中，依止诸多善知识，以三智慧修妙法，指引解脱之道者，旺杰嘉措前顶礼……”此句在教法源流和史书中未指认是尊者，笔者却认为名字有近似之处，还有待考究。

此外，为了一心想修行的诸瑜伽者指点修行法要，时常召开大小乘八关斋戒法会，将俗家男女弟子置于善法之中。尊者从来不把信财用于不当之处，即使是对人布施一些，也相应地让他们顶礼、念诵经文等严谨取舍因果深法。如是圆满利生事业之后，于藏历第十三绕迥火牛年圆寂，享寿八十五岁。

17. 尼札嘉色邬金丹增

本乐朗卡沃萨和第二世佐钦法王晋美塔确丹增的弟子尼札嘉色邬金丹增或名谷如索朗丹增，在父尊大伏藏师尼玛扎巴法王和母亲具相空行母才让旺姆家中，于藏历阴铁蛇年伴随无数瑞兆而诞生。灵童在住胎期间，母亲的梦境中就出现日月同辉、飞翔于空中、得到水晶佛塔等瑞兆，父尊大师也根据伏藏授记认定为大自在马头金刚的化身，大师为其赐予有相无相的护身加持，作了灌顶、金刚沐浴等法事。稍长大就学习藏文读写并轻松掌握，在少年时代能随念往昔宿住，尤其是经常称自己为塔波桑波多杰转世，众弟子因师父的缘故，怕被别人请走，没有对外宣说而守口如瓶。有一位经师叫多喇伦朵，有一天与尊者外出，小尊者骑着马，而经师的坐骑是一头牦牛，他对尊者说：“今天我们师徒比赛骑术，看谁跑得快谁就骑马。”说罢，扬鞭而去。嘉色仁波切不敢松开辔索而落到后头，急得哭了起来，这时，经师就说：“以后你若说你是塔波人，你的马就归我骑了。”从那以后小尊者再也没有说过这样的话。

直到后来，尊者去上部那学的一牧民家时才说：“请你把我在这里寄放的书拿来。”那位施主说：“我这是第一次见到您，怎么有书放在这里呢？”“我到这里暂住摄受化机时，对你说过我以后来这里就要还给我，你不记得吗？”施主这才想起什么，就说：“过去塔波桑波多杰有此交代。”“就是这样，请拿来。”就这样将经书交到尊者手里时，他非常高兴，当时在场的人都确认他是塔波桑波多杰转世。尊者为塔波转世的另一个原因是，过去，父尊上师认定塔波为其伏藏法主，并向他献上一些法门，但没有传完，后来又劝请塔波接受法门，但塔波仁波切说：“这次只能象征性地接受一些了，但我保证以后接受所有法门，圆满您的心愿。”过后不久塔波圆寂。就此原因，尊者就是塔波有意为受持伏藏教法而再转世为其法子，父尊大师也这样认为。

尊者到了十一岁，父尊圆寂。为父尊的后事和闻思佛法前往卫地，在拉萨桑耶等圣地拜师求学，朝圣供养。尤其朝拜宁玛派多吉扎寺和敏珠林寺，在大敏珠林法王晋美多杰座前接受皈依戒，赐法号邬金晋美丹培嘉措；在法王法子白玛晋美嘉措前，接受所有阿努瑜伽乘总经意集密续的所有灌顶和教授以及伏藏师噶玛岭巴的伏藏法·静猛密意自解脱的灌顶等诸多教法、大译师达玛熙日座前闻受静猛法口传等法。此后来到康区，在佐钦本乐朗卡沃萨前听闻嘉村大师的三宝总集灌顶和口传，在佐钦法王晋美塔确丹增前听闻意乐成就文的灌顶以及敏珠林伏藏法的持明意明点的灌顶口传，在康巴活佛阿旺根嘎丹增前听闻然那岭巴的甚密无上金刚橛法的所有灌顶口传，先后几次在殊胜上师格桑旺丹处听闻许多法门。此外，在共同明处方面，广泛学习医学、历算、诗学以及印度兰札和乌尔都等文字的书法等，在不共内明方面，彻底闻思显密教法的一切经典理论，天生智慧殊胜无比，对于任何一门学科，只要听闻一两次就对其义得到通达而登上智者顶峰。

尊者十八岁时，因在卫地发生“准噶尔事件”，与第二世尼扎活佛一并来到康区德格达摩岗寺格桑彭措林，寺院僧众列队迎接，举行隆重的仪式，供奉在父尊大伏藏师的法座之上。为拜访德格王，前往首府伦珠顶，得到德格王的热情拥戴，供养了无数信财。又前往佐钦寺，拜访本乐·朗卡沃萨和第二世佐钦法王晋美塔确丹增，接受了诸多灌顶教授。此外，尊者巡游农村牧场，为使有缘众生早日解脱于轮回苦海而传法加持。尊者灌顶加持之时，弟子当中出现降临智慧本尊的征兆，如跳跃、起舞、言语、发笑等现象。犹如慈母对独子，以俱生慈悲之心对待众生，时常为贫穷所困的人们进行布施，为利益旁生动物而禁猎放生，敦促乞丐念咒顶礼，转绕能依所依等行善积德并为其布施衣食。

尊者恒常致力于修行持咒，得到无数三根本主尊的亲见、授记和随许，尤其是莲花生大师亲显尊容，为其赐予“谷如索朗丹增”的法号，此后众人都叫他此名号。莲师佛父佛母几乎与他形影不离，始终置身于清净境相之故，造有《长寿仪轨·月精华》《莲师法门》等密意伏藏两函法本。撰写的著作有赞颂类、教诲类、煨桑等常用类达一函之多。最后，考虑到此刹利生之业就此圆满，以遗嘱之式为殊胜活佛仁增丹迥嘉措作了诸多教诲，赐予未来授记，将教生事业交付于他之后，在二十七岁那年示现色身趣入法界之相。

18. 第四代尼札道场主持丹增宁波上师

第二世尼札活佛白玛塔确丹毕坚参和第三世佐钦法王尼邓丹增桑波的弟子，第四代尼札道场主持丹增宁波上师，在索绒上部地区，承嗣于一个名为谷格的世代为持明家族中。因说出许多能随念往昔宿住的话语，被认为是父尊家族谷格上师曲达尔的转世，此上师是伏藏师尼玛札巴很有成就的一位弟子。小时候加入尚宗恰日寺僧团，以三欢喜之式依止第二世尼札白玛塔确丹毕坚参足莲，献顶发并获得丹增宁波的法名。当时，尊者用酥油制作了一个法螺，并能吹出响亮的螺声，尼札仁波切认为这是好缘起，称这是尊者显示道貌而高度赞扬之。

随后，全面闻思经教伏藏法海的灌顶教授，尤其是在尼札仁波切白玛塔确丹增担任戒师堪布兼阿阇黎，嘎居·亚培担当屏教师的如数僧宝座前，依次接受出家沙弥和圆满比丘戒。自那以后，毕生依据妙法毗奈耶经密意，从不逾越开遮戒律而受持坚固禁行，即使是漱口、脱鞋进佛堂等细小的学处也认真取舍，时常坚持过午不食的一坐法行，是故，尊者的清净戒律功德令格鲁派无数大师的敬仰和赞颂。他身体恒常不离坐位而直身而居，即使是夜晚也头不靠枕，始终以跏趺之座一心致力于大圆满立断和顿超双运的观修，尤其是修成扎龙之故，除了为不犯离衣舍堕过而身披单薄法衣以外，不穿厚衣和皮制衣服。

在学习方面，除了听闻一些文字读写、历算数术等以外对名相之法不大执着，但对显密观点了如指掌，能以教言教理无碍无碍地宣讲诸法。除了有必要对具信者传法结缘，从不说无有意义的绮语，尤其是对僧众没有一丝粗言。从依尼札殊胜活佛，第三世佐钦法王尼邓丹增桑波，嘉绒活佛朗卡确珠，成就自在巴沃烈绕札，格桑塔确上师等大德，闻受许多成熟解脱深法。为了修行实践此等法门，尊者以为期三年零一个月十五天的闭关为主，恒常进行年修月修，总之，除了因事外出，始终处于闭关潜修之中。依据金刚持尼札上师的仪轨传统认真念修而从不散漫，完成了所有尼扎伏藏的闭关念修。此外，还念修普巴金刚等本尊，尊者称其觉受得到增益，出现证悟征相。在梦境中出现清净之相，得到本尊亲见等功德，尊者唯恐犯宣密之过而守口如瓶，但他未到德格之前就对此地的景观一清二楚，并且说有可能到此地去一趟。后来，为了举行尼札活佛的升座仪式而的确到了德格，如是有着预见隐秘诸法的功德。另外，有一次为一群弟子传颇瓦法的时候，因升迁其意识之故，出现多人失去知觉等奇特征兆。

尊者到了二十五岁时，尼札活佛来到德格并任命尊者为恰日寺主持，从那以后，为了服务于教生事业而担起重任，即使在教法衰微之时也未停止道场发展的步伐，三能依等未遭破坏，寺规比过去得到完善等对教法恩德巨大。为嘉色活佛邬金巴觉嘉措举行荼毗法会，后又为转世活佛主持升座仪式；来到多麦德格地区，举行第三世尼札活佛的升座典礼等法事；应德格王的邀请，前往首府伦珠顶，为新建的长寿大佛开光加持；前往大密金刚乘道场噶陀寺，参加志美信雄法王的荼毗法会等。如是，尊者无论被迎请到了多堆多麦的任何地区，其神奇的身语意事业使所有众生生起无比信心。在辅佐尼札活佛登上上部道场的宝座之后，在达岗道场住寺七年，于藏历阳铁狗年色身融入莲花光刹土之中。

19. 尼札温波白玛晋美

第二世佐钦法王晋美塔确丹增和第二世尼札活佛白玛塔确丹毕坚参的弟子

尼札温波白玛晋美，诞生在第二世尼札活佛的哥哥索朗根波家中，能清楚地忆念宿世，从小就被带到寺院而进入佛门，尼札活佛亲自接受其顶发并赐名白玛晋美，随后，学习文字读写并轻松掌握，特别是在各种藏文书法方面独树风格。在第七世达赖喇嘛格桑嘉措座前接受比丘戒，赐名嘉措烈协。依止成就者晋美塔确丹增、杰温白玛根卓朗嘉等诸多善知识足莲，听闻无数成熟解脱深法。在根本上师白玛塔确丹毕坚参座前，听闻前密宁玛派法门，尤其是遍智龙钦巴的《如意宝藏》《密法总义·梵音龙声》等窍诀并背诵之，从而对一切显密各派及生圆次第要义无不得到精通，对所有内外密续法的大小仪轨善巧熟练，传承清净无误，教法仪轨从不错乱而成就教法庄严。

尊者法相庄严，声音宏亮，对跳金刚舞、佛乐、彩绘等善巧通达，所以对寺院的寺规寺纪恩德很大。前往桑耶寺向僧人扎仓学习正宗的莲师刹土金刚舞之后，回到佐钦寺上下部道场弘扬此传承。尊者根据律经，严格守持戒条而清净自身，恒常精进于本尊的观修和持咒法行，用生圆次第之解脱成熟深法滋润心间而具足至高证悟功德。尊者秉承尼札活佛的意愿，成为其无比事业的推行者，担任上下部寺院的主持重任。尼札活佛圆寂后，作为祭奠法事，在达摩岗寺开创初十跳金刚舞法会，在尚宗寺造建舍利灵塔，对教生贡献巨大。最后，在藏历阳木马年，在天空布满彩虹网罗的瑞兆中趣入清净刹土。

20. 巴喇扎西嘉措

第二世佐钦法王晋美塔确丹增的弟子巴喇扎西嘉措，于藏历第十二绕迥阳木马年(1714年)十二月十五日，在果洛地区黄河岸边的达吉嘉昌精华宝地之上，父亲奔仓·拉雅和生母噶萨·德亚家中诞生。此年二月三日，持明伏藏师德达岭巴圆寂，佐钦法王晋美塔确丹增用梦境等观察后，认定尊者为伏藏师转世，取白玛晋美化身之名，成就自在吉美·成利沃色为其撰写了转世祈祷文。

尊者从八岁起，开始学习藏文读写并轻松掌握，对仪轨传承也得到善巧熟练。到了十九岁，向烈根上师噶玛益西献顶发，取法号晋美扎西嘉措。次年，前往前密教法之源日当佐钦寺，依止第二世佐钦法王晋美塔确丹增为上师，听闻大圆满空行心髓直指教授。尊者潜心观修，尤其是抉择心性之源而获得法性证悟。二十一岁时，拜见莅临扎溪卡地区的洛康巴仁青阿旺根嘎丹增，生起不退转信心，此年七月十五日出家为僧，法号格勒措培丹巴达吉。同年邀请岗察上师白玛达吉，于其座前听闻总经意集大灌顶并得到上师的交付敏珠林伏藏法、静猛法·密意自解脱、空行心髓等。此年六月份，上师前往卫地时，尊者也随同前去，拜见了第七世达赖喇嘛格桑嘉措。依止札唐大堪布杰仲·根嘎钦哲彭措，在五个月的时间里听闻了所有《甘珠尔》的口传。在大译师噶瓦白则化身敏珠林敦岳巴桑座前接受比丘戒，得法名晋美确珠华巴，在敏珠林法王仁青朗嘉处听闻《二十五部净现秘籍》的所有灌顶和口传等，达到闻思法海彼岸。

后来，在佐钦寺，为第三世佐钦法王尼邓丹增桑波为主的僧众口传甘珠尔法宝，使此传承在多康地区得到发扬光大。尊者以智者三风在此道场弘扬讲修教法的殊胜事迹不胜枚举。培养的弟子主要有：第二世本乐白玛桑阿丹增、多智钦吉美·成利沃色、晋美沃察嘉措、朗卡才旺确珠、桑珠白玛扎西、雪谦玛哈班智达久美土多朗嘉等无数成就智者，如是教生事业得到圆满而圆寂。

21. 多智钦吉美·成利沃色

第三世佐钦法王尼邓丹增桑波和吉美林巴尊者心子多智钦吉美·成利沃色，乃如遍智吉美林巴尊者金刚教言中曰："王子化身开法门……"德钦岭巴伏藏授记中云："王子化身菩提心力足。"如是从王子木茹赞普到伏藏师桑杰岭巴等经过诸多化身之后，根据桑杰岭巴的《上师密意集·授记秘印》中所述，在雪域之东方，多康十八大若钦之一，土地神札拉根波所守护之多若圣地，于藏历第十二绕迥阴木牛年即公元1745年，在一个名为博琼的穆波东氏家族中诞生。从小天生具足慈悲圣心，有忆念宿世、镇伏天神魔众等异象。尊者十五岁时，在善知识西绕仁青座前接受皈依戒，听闻共同道次第法，因对闻思方面有着高超的智慧而使众人为之倾倒。到了二十一岁的木鸡年，因对无方闻思的强烈愿望所促使而前往卫地，依止二十多位贤善成就大德足莲，闻受无边法门，尤其是在塔拉岗波和大成就者当秋旺修前，听闻噶当派道次第和六法等甚深教授并实修。

前往空行守护圣地吉祥杂日扎，潜心修行并获得莲师亲见。当时，尊者撰写"祈请邬金仁波切……"等的《亲见祈祷文》。在扎日吉恰尔圣地，因得到金刚亥母的加持，在长达几个七期中，身心沉浸于无边乐空境界之中。此后又回到康区，在第二世雪谦冉江巴久美根桑朗嘉、巴喇扎西嘉措、杰温白玛根卓朗嘉等处闻受经教伏藏的灌顶与引导，尤其是在第三世佐钦法王尼邓丹增桑波座前，以单传之式闻受《上师心滴》《空行心髓》《心滴四部》的所有灌顶口传和窍诀，而甚深四函法也在此大德一人前听闻之故，此上师的大圆满传承授受即如《上师心滴传承祈祷文》中所记述的传承顺序。而龙钦心髓法门是在吉美林巴尊者前听闻之故，近传上师应如是认知。

在佐钦圣地忿怒文殊洞，闭关念修金刚橛和本尊八大法行多年而证得成就，获得忿怒文殊亲见，是故，此修行洞后来被称为忿怒文殊洞。当时，莲花生大师亲显尊容，以金色甘露水为其灌顶，山洞内的石壁上自然显现出文殊心咒。与此同时，在下部修行处长寿谷，因长期苦修之故断了食粮，长寿佛母显身为其供养野黄牛鲜奶。

就在这个时期，“多智钦”的名号开始传扬各方。在日当佐钦寺住寺七年之久，根据杰温上师和佐钦法王的意愿，在新建的佐钦修行院担任指导上师多年。那时，当尊者拜读《功德藏》的时候，顿时唤醒宿世祈愿，立即前往敦喀达才林迥寺遍智上师持明吉美林巴座前，刚拜见就被认定为法子当震转世，如同父子重逢而密意融为一体。尊者初次见到遍智上师之际，在觉受中见到唐东杰布大师右手以施依手印之式，左手持长寿宝瓶，宝瓶左侧涌出长寿甘露和长寿圣丸，以及长寿法门，又见到一个自称为西绕伏藏师的人，给尊者示现伏藏标识文，文中称将在印度的一座山顶上掘藏一百零八尊莲师法像，还见到在其衣襟上降下许多红檀木佛像等诸多境相，遍智上师称这是获得加持之征兆。在菩提法会接受与发心供养菩萨戒的当晚，尊者梦境中现见一个有五层的塔，塔的一层被熔铁铸合，遍智上师给他了一个凿子，叫他在塔的一层掘出伏藏法。尊者依照上师指令行事，掘出两碗舍利子，在另一个器具里有七世梵志身肉，说舍利是饮光佛舍利，尊者将一碗舍利供养给上师，而另一碗分给在座的很多人，但分之不尽。如是出现梦境之后，遍智上师说：“往昔我成为讫粟积王的太子时，在饮光佛座前获得菩萨戒，此说若为真实，他定能继承法嗣，利益众生。”

在《上师意集》灌顶之时，尊者觉受中清楚地见到遍智上师为法王赤松德赞，而他却成了桑杰岭巴大师的情景，上师说此情真实不虚。此外遍智上师给尊者的教诲中曰：“建造桑耶法轮时，父子誓言牵系情，标识密意宝闸之，清净觉受汝所见，我所依止静处之，修证功德之情景，你于少年清净显，所得伏藏之授记，如今经教伏藏之，灌顶于你在边陲，弘扬教法乃授记。”在《上师意集授记文》中亦云：“王子获证成就之果位，佛之密意愿力威猛故，为利众生辗转显化身，装束不定随顺化机之，示现各种神奇妙法行。”又在《桑杰岭巴转世授记文》中云：“认定地域如是家族中，降诞之时汝之诸余业，无余清净深广祈愿力，在于黑暗笼罩边陲中，化身转世受持出家戒，修行自在观音之法门，此时忆念往昔之嘱托，众生怙主邬金成就者，赐予随许加持而成佛。”如是遍智上师化身为法王赤松德赞之时，此尊者乃王子木茹赞普，对此情毋庸置疑，因为从上述尊者的诸多梦境和觉受，授记文所指的尊者诞生之地，以及见到遍智上师后获得加持等中，清楚地证实这一切。

如是遍智吉美林巴尊者以满瓶倾注之式，将光明大圆满龙钦心髓灌顶解脱深法及其背文，无余传授给尊者并将教法交付于他，封为上师自己的意藏法门的根本法主，取法号吉美·成利沃色。尊者先后四次前往上师座前，以观修和丰富的财物供养上师，恭敬承侍。当时，尼泊尔军队侵扰西藏，尊者前往桑耶白哈宝藏殿，向白哈护法施令嘱托时，神像也应声点头。随后在黑波日山顶烟供，烟雾在天空呈大鹏金翅鸟形状飘荡而回遮了侵略军，此情乃众人现量所见之实事，以此缘故，噶厦地方政府也向尊者提供了充足的供养。卫藏四茹地区发生旱灾，尊者作火供后将灰烬撒入湖中时，顿时下起倾盆大雨；在扎嘎哲宗和蒙古地区的沙漠中掘出泉水；在黄河上游之岸新建阿茹然嘉寺的时候，因第一缘起不善而遇到半数僧众圆寂的违缘障碍，故不得不离开寺院在别处暂住，此地如今称为噶尔垄。尊者以甚深断法仪轨将危害寺院的鬼神作了火供，以便寺院迁回原址。此外，尊者对着遗体入定并发出“啪”声时，可将其迁升空中，还镇伏鬼魅僵尸等自在于禁行威仪显出大神通。

当时的噶厦地方政府要员、德格王、康定王以及嘉绒阿迥等地的许多头人贵族，个个都将尊者足莲依为顶饰，助其广行世与出世二事业。蒙古王阿旺曲嘉依止尊者，听受大圆满隆钦心髓深密教法，经此传承出现了夏嘎措珠让卓等很多得道圣者，利益教生事业遍及各方。藏历铁马年即尊者六十六岁那年，正如绒敦白玛德钦岭巴伏藏授记文中云：“王子化身菩萨具勇气，一批大圆阿底传修者，色达上下建造三道场。”如是第一道场为休钦寺卓敦龙珠林（利生任运），第二道场为札钦雅龙寺白马廓（莲花庄严），第三为藏钦寺悉地林（吉祥成就），尊者说：“我的道场从规模上只有一个富人家的庄园那么大，然而是宁玛派大圆满隆钦心髓教法的根本所在之地，金刚空行母如云而集。”在晚年，尊者在中部道场长期住寺，为来自汉地、蒙古、热贡、德格等地区的无数弟子长转法轮，使之饱尝妙法甘露。特别是方便法为第四世佐钦法王美久·囊卡多杰赐予密意传承加持证悟之故，佐钦法王即生成就了法性遍尽之地。认定了遍智吉美林巴尊者转世活佛钦哲益西多杰，并迎请到上部道场日当佐钦寺，奉于至高金座之上，以满瓶倾注之式为其传授经教伏藏诸法的成熟解脱窍诀，在世与出世二事业等各方面慈悲培育之。

尊者所化弟子主要有：有称为“金刚（多杰）四姓”“殊胜二姓”的弟子。《上师意集授记文》云：“东方出现白螺梵音者，南有如米堆聚宫殿者，西如红黄莲花开放者，北有力如金刚橛圣者。”如是东方的晋美格桑曲央多杰或名多喇晋美格桑、南方的琼隆热巴当楚多杰、西方的让雄如毕多杰或名佛子先盘塔耶、北方的曲央多丹多杰等四位称“授记金刚四姓”。大圆满四相成就圆满者美久·囊卡多杰和黑如嘎钦哲益西多杰称为“金刚殊胜二姓”。此外，有大善知识吉美加卫尼固尊者、巴尔琼·晋美果恰、晋美沃察嘉措、格则·晋美果恰、蒙古王阿旺曲嘉、第三世佐钦本乐、嘎陀司徒、嘎陀格则班智达、修行者阿旺秋觉，以及鄂钦·向巴朗卡齐美、巴钦朗卡晋美等“朗卡”名号者十三人，还有百位金刚上师等持教弟子数不胜数。

为后世化机所留下的净现法宝与著作有：《功德宝藏疑难注解》等密意经典注疏类，《前行课诵》等上下心髓法的窍诀亲训类，《米拉日巴修法》《金翅大鹏修法及灌顶仪轨与消除魔障法》《极密马头金刚修法》《护法神马哈德瓦修法》《忏悔坏失誓言仪轨》《众王怙主修法仪轨及上下业修和镇敌灌顶仪轨》《桑杰岭巴金刚橛密意精华之上下业修及其灌顶仪轨》等清净密意伏藏类，如是撰写了许多甚深著作。藏历第十四绕迥铁龙年秋天，即尊者七十七岁那年，他召集所有弟子，根据各自的意愿赐予很多教诲和授记，用所有财物作了布施并表示不会住世多久，然后进入闭关时期。次年即铁蛇年神变月十三日午夜，尊者在天空出现虹光和降下雪花等瑞相中，以报身装束融入光明法身之界。那时，出现了尊者登上成就高峰的许多征相，如寒冬气温变为夏季般的温暖、智慧空行以秃鹫之相盘旋于法体荼毗的烟雾之上、降下五大舍利和无数细小舍利等，作为福缘留给后世化机，任运成就自他二利之后，示现了此刹事业暂告结束之相。

22. 格则喇嘛晋美沃察嘉措

吉美林巴尊者和第三世佐钦法王弟子格则喇嘛晋美沃察嘉措，于藏历第十二绕迥铁狗年即公元 1730 年，在多康德格王辖区，缓缓流淌的扎曲河岸边，由多杰彭修神山所佑护的圣地格则草原上一个殊胜清净的家族中诞生，父亲为格则部落头人宁本嘉，母亲名为卓玛。尊者从小具足正信和出离之心等圣者风范，在少年时期，有一个冤鬼给当地发起违缘障碍，他观想忿怒莲师之相将冤鬼制伏，并在石头上留下如同泥中踩踏般清晰的脚印。有一次，尊者面朝西南并说："今年雅砻地区会有好收成，我太高兴了。"旁边的长者们问道："那里有好收成，你为何高兴啊？"答道："我生生世世跟随的上师遍智吉美林巴就在那里啊！"那时，当地的百姓为每年要向德格王缴税而怨声载道，小尊者对父亲说："现在你们对这些大官如此惧怕，将来我长大后，会成为德格王的上师，将把我依止为供养之处。"如是自在于神通而示现种种殊胜事迹。

八九岁就无勤掌握文字读写，对佐钦传承课诵仪轨通达无碍。十三岁前往祖寺日当佐钦寺，在善知识桑珠白玛扎西座前剃度出家，在佛子先盘塔耶座前接受菩萨戒，在杰温·白马根珠与佐钦法王尼邓丹增桑波座前，听闻经教伏藏的灌顶窍诀及无数显密经典教授，故此，成为有名的格则上师索朗丹增。尊者到了三十岁左右，因本尊的指引授记，佐钦法王尼邓丹增桑波的指示等现前应时成熟之缘起，前往其世代世根本上师遍智吉美林巴座前，上师以慈悲圣心摄受了他并赐名晋美沃察嘉措，成为其"四大晋美名者心子"中的一员。尊者以三欢喜多年依止上师，以满瓶倾注之式闻受前密经藏诸法，尤其是大圆满隆钦心髓的灌顶口传和窍诀并实修，获得至高见地和证悟。此后，遍智上师对其授记道：“如今，你若去多康地区，在那里创建一个大圆满隆钦心髓修法的道场，建造一座高两层、有十六根柱子的佛殿及其能依所依，必将对佛法众生利益巨大。”上师给将建寺院取名“无上密严持明兴盛洲”，作为其内的能依，还赠送了有一卡许高的藏王后期的响铜普巴金刚佛父佛母像，上师亲笔书写的续部金刚橛笔记，噶当莲花塔，上师贴身佩戴的精致金刚橛，象牙，果仓那措大师的法帽，上师本人的灌顶帽、拐杖、汉式法铃，银镶野人颅碗，三大护法护轮，白檀香木长寿箭，高有一层的玛哈嘎拉九尊以及画有遍智上师本人的唐卡等。绘制此等能依的原料中，集有上师本人的鼻血，诸多印藏成就智者们的舍利子等无数圣物，并且遍智上师亲自绘制唐卡，三大护法等心髓护法为其绷伸唐卡画布，调配颜料等担任助手，此情在《自传·善言如意树枝》有详述。尊者劝请吉美林巴尊者到多康地区，为其新建寺院作净地仪轨和加持祈福该地，上师却说：“如今我年事已高，出远门恐怕水土不服，不仅没有必要，甚至会有违缘，过去，德格王邀请我，只让使者给王带上三能依和回信而没有应邀前去，但是，在你等后学具信弟子的现分中，我会示现如同亲临那方的加持瑞兆的。”如是得到上师的开许。

之后，尊者回到家乡，在多康地区找寻建寺之地，但没有找到上师所指导的地方，他在失意中向上师一心猛力祈祷，是故，有一天晚上的光明梦境中，从东方上空出现三位白衣上师，他们以披单当作翅膀，飞到一个面朝东边的山谷上方，在那里飞来飞去，跳起金刚舞，在一个帐篷般大的磐石上，留下脚印并口诵“班札咕噜”金刚普巴心咒，这样一来，使整个山谷的众生和花草树木，以及山石河水都嗡嗡地发出此咒语之声。第二天，师徒五人根据梦境准确无误地找到山谷和有脚印的磐石，认定此为建寺之地，因此地自然响起“咕噜”咒语声并加持为吉祥金刚橛圣地，故称之为“格龙山谷”。当他们去该地区主妇扎西曲宗家里时，她手里拿着一铜瓢牛奶出门迎接尊者师徒，自然形成了殊胜的缘起。后来所建寺院就称为“格龙寺”。

与此同时，德格王为了给太子消灾祈福，请问遍智吉美林巴尊者和多智钦仁波切要作何法事时，根据二位上师“要迎请德格王管辖格则地区的遍智上师弟子，金刚橛瑜伽师晋美沃察嘉措，进行普巴金刚修持法会和接受长寿灌顶”的授记，特派大臣迎请尊者到王府，圆满了德格王夫妇和王子的愿望。为此，向尊者恭敬承侍，提供了新建寺院的所有条件。在建造完寺院能依所依之后，以成就者吉美·成利沃色和尊者本人为首的数百位僧众作了开光加持。几十位常住僧众以讲修二业执持道场，弘扬教法。尤其是尊者在每年冬夏定期传授大圆满隆钦心髓法门，造就了如持明吉美加卫尼固、巴珠大菩萨、多钦哲等无数堪能传承法脉的大德弟子。当时，大伏藏师尼玛札巴心子、观自在菩萨化显为善知识者的第一世扎穆日活佛隐修者仁增嘉措，在古敦山谷闭关潜心实修的同时，给当地众生指引善恶取舍之道，将大藏经以及无数心咒刻于石板，建造了闻名的“穆日石经城”，给人天一切众生留下了吉祥福泽之田。晋美沃察嘉措迎请此尊者到无上密严持明兴盛洲（简称格龙寺），并将教法重任交付于他之后，大约在六十几岁时，示现此刹利生事业暂告圆满之相而趣入法界。第二世活佛久扎修黎朗嘉，诞生在扎麦缀须地区，由佐钦法王美久·囊卡多杰认定，第三世活佛晋美诚烈多杰诞生在下部格则地区，第四世活佛为协珠尼达沃色等历代转世相继主持格龙寺，将教法发扬光大。

23. 巴尔琼·晋美果恰

吉美林巴尊者和第三世佐钦法王尼邓丹增桑波弟子，康巴晋美名者四弟子之一，巴尔琼·晋美果恰者，在多康德格王之管辖，扎曲河岸边的一个名为巴尔琼的草原上，于藏历第十三绕迥水羊年即公元1763年十二月二十五日诞生，父亲为东·旺修坚参后代宁嘎才让，母亲名为塔莫吉。在其五岁时，第二世尼札白玛塔确丹增亲临巴尔琼牧场，以大悲观音·除暗法作了千佛灌顶，尊者听受了此法门。在少年时期，能无碍看见墙壁以外的事物以及天神魔众显示的种种身相。到了七岁，向第四世佐钦法王尼邓丹增桑波献顶发，赐法号白玛曲巴。不依老师而自学文字读写并熟练掌握，使所有人倍感震惊。稍长大后，在日楚·仁增嘉措上师座前，听闻甚密心髓法门并闭关百日而实修，从而生起无伪厌世出离之心，还闻受以尼札法门的灌顶口传为主的许多深法。

之后，前往日当佐钦寺，在尼邓丹增桑波座前闻受了诸多法门，此情在其自传中有如是记载：“此后不久，我准备前往佐钦寺，当时父亲不太同意，但哥哥旺嘉却不仅没有设置障碍，还为我求学修法提供了所需条件，从而顺利地到了智者之源佐钦寺，在一切教法之主佐钦法王尼邓丹增桑波座前，与百位大小活佛堪布为主的五百多闻法者一起，听闻甚深空行心髓法的大传讲，上师传法广深且解义自如，详略适度而通俗易懂，根据弟子的根基而循序渐进，句句教言直入心要，使所有人感觉即使是佛陀再现，也再无他法宣说而置于不退转信心之地。

“上师善巧于世与出世二事业之故，使听法者不能散漫于修法，他将闻法者们分为很多部分，每部分各委任一位讲师、掌堂喇嘛和领诵师，日夜处于四座修行而舍弃现世之行，我认为如能坚持这样的修行，成佛也为期不远。在闻法者中，有许多人立下誓言，多者立誓毕生修行，其次闭关七年止语修行，少者闭关两三年，也有立誓毕生禁酒肉者，其次禁吃七年，少者三五年，还有闭关念修六字真言一亿遍者等。此外，上师检视学员的修心程度，我也加入了此法行，向上师禀报了自己的觉受，上师提出了一些追寻心要的问题，在回答时，我没有遇到不会回答的情况。此后，上师说证悟者有渐悟者和顿悟者两种，鼓励夸奖我属于利根顿悟者，并以慈悲之心摄受了我。因为我有一串黄菩提念佛珠，上师对其近侍们说：在证悟法性方面，五百位闻法者中，断法修行者根秋扎西和来自格则的持黄佛珠者最为优秀。从此，众人都叫我‘格则黄珠者’。此上师虽然地位显赫，却平易近人，不畏艰辛，行使佛子圣行，始终致力于利益他人心相续的事业。在我结束闻法之后，觉得寺院里人多，容易散漫，认为山间静处是最好的去处，然后，前往寺院上方的林间，在一个巨大的磐石下面挖洞而居。在那里，四季的变更交替，各种鸟儿的鸣叫，山间瀑布震耳的响声，无不是敦促生起厌离心和出离心的善知识，从而增长善念法行。

“在修行院上师班札熙日座前，精进闻受练修扎龙讲授，在本乐·桑阿丹增座前听闻大圆满空行心髓讲授，以及伏藏师尼达桑杰的插草迁识法的讲授，与安孜上师侄子罗丹一起，精进念修扎龙。在林间静处上下，修行者较多，新建闭关房也日渐增多。毕生修行的大成就者丹增巴却上师，结束在寺院的修行而来到山上闭关，在其处听闻尼札的伏藏法猛厉莲师，酿氏的铁鬃黑马法的灌顶，此上师念修了马头金刚心咒一亿遍，有着很大的威力和加持力，他慈悲摄受了我并作了许多教诲。我也念修了马王心咒，获得极好的咒力征相，此乃上师的加持。我将安住本性作为主要的修行，佐钦法王的上师夏希比丘莅临此地，检验闭关者们的禅定修心觉受。我仔细请教了心性方面的疑难问题，此上师赐予了现前法性的觉受教诲，与那些没有实际修行觉受而只是讲述听闻臆想境界者，有着本质的差别，使我倍生信心。上师回寺院时，从修行处带了一位侍从，叫然洛·根桑沃色，他在门外听到佐钦法王向上师问道：‘在修行院的修行者中，谁证悟最高？’答道：‘有一位格则闭关者的年轻侍从，此人最为殊胜。’上师的侍者回到修行处之后，立即将此消息公布于众，并很惊讶地对我说：原来你是一位很殊胜的人。一些闻声附和者显出恭敬之相，要我教授指点心要。我内心生起余生不离此修行院的愿望。

“就在此时，道友白玛根桑（白玛根桑为隐修者吉美加卫尼固）的哥哥去世，家里要求他继承家业，但他没有答应并逃离到佐钦寺修行院，但后来又考虑到此地离家乡较近，可能家人来问询，所以决定前往卫藏。我们向修行院上师曲丹请示，他说：‘法王对你很重视，在他到来之前留在此地，然后请准再走为好。’‘法王不知何时来，如等到那时，恐怕道友的家人追随而来’我们向上师说明此等理由之后，第二天就上路了……”如是云云。

尊者与道友白玛根桑到了拉萨并结束了朝拜之后，到了山南桑耶寺，在那里见到了成就者多智钦吉美·成利沃色，因为是忘年之交，非常欢喜地在其闭关房详细交谈，他说：“此卫地虽然佛法兴盛，但对康巴人信心不足，康巴人即使是示现飞檐走壁的神通，他也不相信，前后藏二地中前藏更贫穷，如同饿鬼道，有一坨糌粑转九次拉萨的传说。我与你们在佐钦法王座前共闻佛法，是同一誓言所系之金刚道友，故应同生死、共命运。如今，对你们最重要的是依止一位殊胜上师，在雅砻琼结上方，有我的上师吉美林巴，他通达一切教派法海，与真实佛陀无二无别，但听说有些凡夫诽谤上师，这些人如牦牛般愚蠢，没有任何道理可言，不要听信他们……”如是作了很多教诲，并给他们赠送了供养上师的长哈达和一大捆上等白布匹，以及上师的亲笔文书。两位尊者带上这些前往琼结，在路上问询一些人，说了“他是外道”等诽谤语。

到了上师座前，才知道他是一位统领教证功德法海、如同佛祖般的自在成就智者。上师以大悲之心传授龙钦持明集根本灌顶和简要前行讲授而摄受了二位尊者。有时候，在接受上师对观修要义的检验时，上师欣慰地说：“这些康巴人很有智慧。”如是在遍智上师座前，详细探寻心性法要，彻底遣除了这方面的疑难障碍，远离愚修伺察意而觉醒于心性本位之上。此情在尊者道歌中有如是云：“拜见吉美林巴之尊容，赐予精华心要窍诀法，供养柔软白布见面礼，上师笑称此乃好缘起，供物虽小然却有吉祥义，赐予法语教言甘露滴：只因贪恋习气堕轮回，教导舍弃生长之故里，只因易生爱憎分别心，教导舍弃寺院依静处，只因终究堕入轮回故，教导莫寻经忏之信财，只因成为修法之障碍，教导远离散漫与放逸，只因引领恶趣向导故，教导莫依不如法恶友，只因永远不会欺诳故，教导信赖上师与三宝，只因苦乐善恶乃分别，教导寻求根本而放下，只因断除歧途与惑乱，教导受持法宝功德藏，一切佛法之本菩提心，归于世俗胜义二圣心，不靠二资无有成佛故，教导依靠六度之胜道，若将平等立为道之用，教导违缘亦可成善友，内心显现离心证悟时，教导本基界中无分别，倘若如法修行此妙意，教导诸愿如意而成就，直指心为自明妙法身。”如是宣说了证悟获得通达之法语。

前往雅砻各个圣地去朝圣拜佛，到了在桑耶寺山上的多智钦仁波切座前，师徒一起前往岗日托嘎神山，在那里精进苦修。又一次，多智钦仁波切说：“听说在江孜地区有一位名叫仁增白玛希宁的自在瑜伽师，他以北传伏藏获得成就，佐钦法王也在其处闻受了诸多法门，所以，很可能是位大圣者，我们也去求法吧。”于是，他们上路赶往江孜。路上历经艰难，因多智钦仁波切的脚染上黄水病，每天都流很多黄水，他全身风肿，有一天夜里险些圆寂，后来他们得到岩羊骨，熬了骨头汤服用以后才转危为安，如是为求得佛法，进行了不可思量的苦难之行。拜见持明白玛希宁后，在其处以金刚亥母的广深灌顶和讲授作为首法，闻受了诸多法门。多智钦仁波切前往拉萨时，吉美加卫尼固为其送行。尊者立誓在此圣地修行一年，在此期间其证悟得到前所未有的增益，此情在其道歌中云："无有法财多康乞丐我，虽然此生没有大名声，仰仗如父具相上师恩，获得修行妙法之要义，现前自心无修本初性，对其不执远离所缘修，分别未染清澈之心性，本来无有戏论而神奇，无涣散禅修者我欢喜，内显法性光明之日轮，愚痴分别清净于本位，本来清净本初自性中，心识惑乱分别即消散，虽无广学显密诸经典，然却通达难证之法性，此乃信心所赐之报酬，一些三世宿业能忆念，想到此为具相上师恩。"如是韵唱了诸多道歌。

尔后，尊者向上师诉说自己有去杂日神山的愿望，上师说："你去杂日山的话，恐怕暂时回不来，我也年事已高，可能今生再也无法重逢。"如是作了预知未来的授记和教授后惜别。经拉萨、耶巴二地后到了桑耶地区，于桑耶钦普洞、札玛格仓洞、雅砻水晶洞、莲师居处谷嘎尔洞等圣地结缘并做会供供养。之后，来到了遁喀达长寿谷，第二次拜见了遍智上师吉美林巴尊者尊容，闻受了龙钦心髓法的根本引导、颇瓦法、扎龙法的讲授和四部大吉祥灌顶，上师说："你乃真实意法的持教者，你要修行此法，将会有成就瑞相出现。"如是赐予耳传窍诀而慈悲摄受之。在其《自传》中云："亲见如空现地者，遍智吉美林巴尊者，授予真实意妙法，直指窍诀大圆满，解开修行之疑难，遍智吉美林巴尊者，照见具信者弟子，意融法界无分别，究竟意乐得善妙。"如是道出满愿之话。此后，依次朝拜涅地各圣地后，来到了杂日神山，在曲桑东、吉恰、拉瓦普、密巴塘、达玛拉、颇章玉措、达仓东仓等修行处作了日修和火施以及会供供养。在深道金刚修行院，以房门泥封之式闭关多时，出现了诸多觉受，此情在其道歌中云："第二空行刹土杂日扎，吉祥深道金刚修行洞，瑜伽者我韵唱觉受歌，上如金刚跏趺坐圣地，吉祥马头金刚之坛城，右方狮子扬威之圣地，云集十万空行之坛城，空行眷属考验定见力，平等作为道用行者我，违缘成为地道之增益。形状犹如头盔神山中，大仙居士护法哲赞希，十万天神眷属做伴随，助我具誓瑜伽者事业。后山形如大象神山中，空行主尊金刚亥母尊，显示清净内脉之坛城，增长大乐智慧之伴侣，示现俱生心性本初智。"又云："依止师父自在智者后，前往杂日神山作修行，念修修部忿怒母之际，照见此为胜乐王宫殿，虔诚信心之中献赞颂，胜道金刚修行院之中，潜心致力法要之修行，亲见圣地内外之庄严，亲见吉祥三根本尊容，空行显示净现表示法，受持禁行在于凶险地。"如是其证悟得到极大增益后回到了拉萨。后来又经过桑耶寺再次拜见遍智吉美林巴尊者，闻受遍智上师全部文集的口传，所有密意伏藏法的灌顶与讲授，在灌顶时仅用项饰金刚橛而未用其他法器，上师说：“因为此为意灌顶，在上师具足见地成就，弟子具有证悟定见之时无需依靠物品，但对其他人，若没有根据完整的经典仪轨实修不能灌顶。”

随后，在邬金林静处潜心修行五年有余，从那时起，开始灌顶传法，摄受来自各方的求法者。一时，收到吉美·成利沃色的紧急书信，信中要求尊者务必赶回康区，尊者只好停止闭关修行，踏上回康之路。途中朝拜洛扎各个圣地和身语意能依所依，对各方求法者，则根据各自的根基相应地传法摄受。在色喀古托寺（意为“九层公子堡”），面见米拉日巴的化身金刚持阿旺曲桑时，觉醒了前世之缘，如同父子重逢，极其欢喜地互传了窍诀深法，并在依依不舍中离别。沿路继续朝拜各大圣地和能依，并作了会供供养。经过千里跋涉，最终到了多智钦吉美·成利沃色座前。尊者曾说：“当时见到上师示现年迈之相，我心中顿时悲喜交集，一时间连上师的问话也答不上来。”尊者在上师座前驻留一个月之久，听闻龙钦七宝藏等法门之后，回了家乡一趟。

继后，尊者前往雪谦寺二教兴盛林，在嘉察·白玛桑阿丹增和殊胜活佛仁增巴觉师徒座前，闻受经教部总经意集密续灌顶、心部阿义十八部、伏藏部的三类八大法行灌顶和口传。尊者也为他们传授了北藏法·本净密意无遮、意修法·心滴明盏、金刚亥母甚深秘籍等的灌顶口传，以及热那岭巴意修·精华全集、第五世达赖喇嘛的净现密印文二十五部、东措热巴的央德法、空行心髓法等的灌顶口传。随后，来到教法讲修之源佐钦寺邬金禅法林，在朗卡才旺确珠尊者座前，听闻经教部幻网静猛法的灌顶，传承极少的忿怒母密续的口传等很多法门的灌顶传承。此后又回到家乡，为舅舅等乡亲传法灌顶，作了甚深祈祷之后踏上前往卫地之路。

快要到桑丹刚桑地区时，出现了山神前来迎接的征兆，在现前殊胜缘起中到了努钦·桑杰益西的修行处库隆。阴土羊年，由当地头人吉雄巴和雍忠达吉林担任施主，新建了修行院·事业兴盛林并在此闭关静修。此时，尊者收到邀请书，请他担任文殊化身萨迦法王的上师。到了萨迦以后，尊者考虑到作为最初缘起，首先为其传授了长寿佛吉祥无死悉地法的灌顶，然后，依次传授东藏法·三宝总集、仁增果登的持明嗣修法灌顶、前译续部集大宝法的口传等法门达四个月之久。当时，在萨迦法王的觉受中亲见尊者显为莲师镇伏三界之像，因此，法王以无比信心向尊者恭敬承侍并躬送之。回到修行院之后继续静心修行，闭关间歇以灌顶讲授摄受化机众生。

如是，尊者著有一函其四十一岁之前的《自传·简要明鉴》，文中道歌传记并茂，笔者根据此书作了此简传，有关其后半生的事迹，因没有相关资料而不敢妄加叙述，若今后有确切的资料和口传，敬请同仁补充完整。

24. 隐修者吉美加卫尼固尊者

吉美林巴尊者和第三世佐钦法王尼邓丹增桑波弟子，隐修者吉美加卫尼固，在藏区多康六岗中的色莫岗地区，德格王所管辖杂曲河沿岸的北方悦意草原，格则牧区的分支翁布贡玛圣地之右方，一个名为曲桑山谷的草原之上，于藏历第十三绕迥阴木鸡年即1765年诞生，取名白玛根桑。父亲名为芒格·邬金扎西，是藏族四大姓氏中的东氏后裔，母亲为慈悲贤惠且对三宝具有无伪信心的扎西吉。出离心和慈悲心等菩萨征相与生而俱，如尊者自传中云："我从会考虑问题之时起，就坚信世俗财产受用无有意义，尤其是始终意识到在家的过患，春季雨雾缭绕、雷声阵阵等景象的缘故，心中向往居住在高山之顶或幽静之处而在他处坐立不安，但是，除了母亲以外，哥哥等其他亲属只注重现世眼前安乐，只要求我成家立业而没人愿意让我走上求法之路，此乃世俗人本性，而母亲一心向佛，尽量给我提供条件，自己也因前世福报而没有被违缘障碍所阻。"

尊者十二岁左右，在一位来自甘孜东郭的经忏喇嘛前学习文字读写，到了十四岁，父亲代表村里前往卫地，向桑耶等寺院能依所依供养朝拜后回到家乡，那时，每当尊者听到米拉日巴的名号或者其道歌的某些词句，顿时消散世俗妄念，情不自禁地流出信心之泪，尊者在其自传中曾说：这肯定是在多世之中享受了其慈悲大树荫凉之乐的原因。在十五岁即藏历阴土猪年，在第二世尼札的心子第一世穆日隐修者仁增嘉措座前，听闻大圆满三根本秘密心髓法的灌顶讲授并实修之，上师曾称赞道："你可以保持现在的观修而无需修正。"十六岁那年，因哥哥的安排，尊者不得不与几个朋友到各地去做买卖，但遵循因果法则而成为所有人最信赖的人。十七岁时，与母亲和几位乡亲一道驮运一百条上品藏茶前往拉萨，在拉萨一客栈安顿驻扎以后，尊者心想：这次以舅舅为主的商队成员都是对家庭事业有责任心的人，不必担心生意亏本，母亲也善解人意、一心向佛，不会担心我走此道路，所以，要想舍弃俗事杂务，云游四方求法，再没有比现在更好的机会了。于是他暗下决心离开商队。第二天，趁母亲等人去寺院礼拜之时，尊者带了少许口粮以后悄悄上路了，但是刚走到一尖路程，伙伴们骑马追赶而到，尊者不得不跟随他们回到扎营地，随后就返回了家乡。

尊者十八岁时，在师尊仁增嘉措座前听闻百日闭关讲授。第二年，因哥哥才让嘉患重病而回到家里，无论看病就医，或者念经祈愿都无济于事，最终与世长辞。随后，格泽头人罗桑曲迥、老头人才塔本等很多亲朋好友，想尽软硬各种办法促使尊者成家继业，并通过上师仁增嘉措劝说尊者。但是，尊者原本就对世俗轮回有着厌离之心，想到父亲和其九个兄弟姐妹中的两个弟弟很早就去世，以及刚刚永别的哥哥等，认为世俗杂务变幻无常，没有意义，为了使自己的暇满人生获得意义，回绝了上述所有人的要求。尊者将此情告诉了母亲。母亲说："我原来就有这个想法，但想到别人不会同意，就没有说，现在如果你待在佐钦等就近的寺院，舅舅头人等可能会设置障碍，所以，你去卫藏地区真正的修行，这样，也满足了我的心愿。"说完，母亲为其准备必需物品，并暗中给了他一秤马蹄银锭，帮助尊者秘密离开。次日早晨，母亲为尊者献上送行茶，祈祷儿子早日实现心中宏愿，然后母子惜别。在尊者的《自传》中如是说："当我走到山顶回头一望，日光刚刚照射家乡的帐篷顶上，我下马向上师三宝顶礼祈祷，决心没有实现愿望之前绝不回乡一步，决心远离故乡妖魔之狱，在无人寂静之处毕生修行善妙教法。当想到母亲时，眼泪夺眶而下，但又想到要利益所有如母众生，就应该像历代噶当大德，不向父亲请教，不与母亲商量，自己痛下决心，抛弃障碍绳索，牢记四金刚、四依附。想到这里，决然踏上征程。"

经过达衮寺码头，又经过一昼夜后，在阳光初照之时到达了佐钦邬金禅法林。尊者在第三世佐钦法王尼邓丹增桑波座前听闻了一些结缘之法，然后对佐钦上师府管家说："我是来接佐钦闭关院里来自楚西的那位修行者，他的父亲病重，得赶快回去。"就这样假装成使者，带着一位带路的小喇嘛，到了在闭关院的原本就有同样求法愿望的挚友巴尔琼·仁增（巴尔琼·晋美果恰）那里。尊者向其叙述了如何离家出走的情况，如今欲云游各方静处等想法之后，仁增也有了与尊者云游的想法。次日，他们去佐钦寺卜卦，仁增有一袋青稞，炒磨成糌粑以作路上食用，还买了一双鞋，就这样一切准备就绪。第二天，他们翻越勒拉山，穿过色柯地区，十一天后到达了昌都。在那里，遇到多吉札大持明者和康定王王子携眷前往拉萨，他们向康定王大臣阿嘉·李楚说明了他们从佐钦寺而来，想去多吉札寺的情况，并请求与他们同行，得到了同意后，就跟随大队人马到了拉萨。随后到甘丹寺、雅玛隆、桑耶寺等地朝圣后又回到拉萨。有一天，一个自称是色拉寺僧人的假比丘谎称可以将银子兑换为银券，骗走了仁增手里的银子，使他们落入连饭钱都没有的境地。后来，他们经过札吉央宗圣地前往桑耶地区，在那里拜见了念修曼达拉的多智钦吉美·成利沃色，他与仁增过去是在佐钦修行院修行时的金刚道友，所以，向他叙述了在路上的艰辛之后，他欣慰地说："你们来得好，特别是白玛根桑系富家之子并很勇敢，本来年轻人修法很难圆满，但看到你们无论从最初离家之情，还是中途虽然丢失银锭，不仅不埋怨和后悔，还相互安慰，到最后直奔钦普圣地等情形，使我对你们有了信心，如今，你们要拜一具相上师而不能干等在这里，我的上师钦哲仁波切（吉美林巴尊者），乃无碍通晓一切法门，并毫不吝惜地根据弟子的根基传授窍诀妙法，所以，在没有比他更殊胜的上师了，我给他写信介绍你们，你们去那里吧。”

第二天，根据大师的指点，沿着雅鲁藏布江而上，依次朝拜各道场能依所依，到了敦喀达地区，再往上行走一段路，就到了塔巴钦布才仁炯寺。向管家门巴•丹增说明来意并递交书信后，当天晚上，管家将他们安排在一僧房住下。第二天，他们拜见了上师吉美林巴尊者，上师身披普通的瑜伽师白衣，法相庄严，看不餍足，使心中自然生起由往昔祈祷和信心所引的加持证悟，一时间此生的境识销声敛迹。上师非常欢喜，语重心长地劝勉并摄受了他们。自那天起，先后传授了从大圆满心髓法的前行直至正行的灌顶与讲授，以及持明集灌顶，上师本人所造《功德藏》等所有续部、教言和窍诀法门，并奉为其真实证悟传承者。

此后，回到在桑耶的成就者多智钦座前，多智钦说：“这次我们师徒一起去朝圣。”就这样，他们依次朝拜了神奇石塔、苏喀鲁耶达樟、妙乘洲道场、札吉央宗、措嘉圣湖、邬金敏珠林寺、札达佛殿等圣地以后，师徒们在遍智龙钦巴修行地岗日托嘎苦修多时。后来，多智钦劝说尊者道：“这次我们暂时回家乡，设法把仁增送回家，然后你去日当佐钦修行处，我会给你提供必需条件，保证不会有违缘影响你的修行。”但尊者称自己对家乡没有任何眷念，没有接受此建议并请求多智钦仁波切开许。多智钦说：“既然这样，再过三年，如果我没有去世，会给你写信，那时，你如果不来我所在地，我们之间的法誓言就会毁坏。”说完准备动身离开时，尊者要求将多智钦仁波切送至拉萨，不然他过意不去，得到了上师的开许。师徒二人经过江孜来到雅卓突地区，大修行者土登答应为丹增道友提供几个月的薪资，就暂住在那里修行。那时尊者师徒除了一团牛油和一小壶清油以外，没有其他任何口粮。因长期苦修，多智钦上师身体非常虚弱，起身时需要别人的搀扶，加之患上黄水病和风疾，生命垂危，在路上，尊者要将他们的行李搬上一段路程后，再回来把多智钦上师背到行李放置处，就这样来来回回，历经了千辛万苦，在尊者《自传》中云：“有时候，因为担心上师在这荒无人烟的地方可能圆寂而偷偷流泪，有时候，想到这是上师在实践‘即使翻越火海与刀口，亦要寻求妙法至临终’的经藏密意而感到欣慰。”

就这样，他们艰难前行，有一天，看到远处的巨大磐石上，一只老鸦在鸣叫，多智钦仁波切说：“昨晚我梦见我们得到口福，你能否去那里看一下？”尊者到了那里，老鸦飞走了，留下一条只剩几根筋的獐子腿，拿回来将骨头打碎后煮了一锅骨头汤，尊者对多智钦说：“我喝汤，您吃筋吧。”第二天，多智钦说：“因昨晚喝了骨头汤，风病得到了一些缓解，睡得也比较好，今天好像能走路。”之后，确实能踉跄行走了，就这样慢慢地到了拉萨。然后，多智钦留在拉萨，而尊者回到大修行者土登座前，与丹增一起修行达三年之久。有一时，心中生起云游四方的想法而去了藏绒钦等地，在吉顶修行处闭黑关修行，出现了游览很多非人的城邑和悦意之地的觉受。自那以后，外境再没有白昼黑夜的分别而清澈明亮。此后，丹增道友前往山南的各圣地朝圣，而尊者来到昆·鲁耶旺波的修行处札耶巴，住在一洞穴里。有一天太阳偏西之际，尊者看到在下方的度母殿旁边，有一位身材高大，面色青如行脚僧，身上穿着打了很多补丁的红氆氇衣裳，头戴高顶红帽，赤脚拄着拐杖的人。顿时，尊者的六识境相暂时中断，情不自禁地流出了信心之泪，他立即赶到其座前磕头行礼。这时，那人以洪亮地声音说道："大修行者，请不要这样。"说着回敬顶礼。尊者问："仁波切从哪里来？""我刚到这里。""到哪里去？""哪里有莲师修洞去哪里。""今晚住哪里？""没有定准。""那可否在我洞中同住？""可以。"就这样，向此大师详细讲述自己生起证悟之情，尊者的疑难问题一一得到遣除，使他觉得即使是龙钦巴再现，也再无他法指点，证悟得到极大增益。

晚上，大师在禅修打坐中度过，天亮时分准备动身离开，尊者向大师献上早茶并问道："以后，修行若要得到圆满，卫地和康区两地哪里更为殊胜？寿命和修法上有无违缘？"大师说："修法上没有违缘，在寿命方面，二十九岁之前有个违缘，不知是否碍事，若能跨过这道坎，在一段时间内平安无事，在你的前半生，无论是在康区或卫地，无法在一处定居，后半生，你会住在一个意想不到的面朝东南的山沟里，在那里能利益众生。"尊者请求赐予摸顶加持时，大师传诵了一遍普贤行愿品并说："你也发个愿吧！"尊者有一袋糌粑和一个银章噶，供养给大师，大师手握供品，做了个向札耶巴方向供养的姿势并说："向三宝供养！"然后还给尊者。当请求一定要接受时，大师说："我已立下誓言不我执，你自己作修行口粮吧。"当准备供养一双鞋时，大师说："我不用穿鞋行走。"说罢，随即消失，不知去向。后来向遍智吉美林巴上师禀报此情时，上师说这是莲花生大师亲显尊容，得到上师加持而生起智慧证悟，达到法性遍尽地的征兆。

此后，尊者依次朝拜堆隆楚普、羊八井、纳木措等各方圣地，这段时间，在境识和梦境相交融的觉受中，见到一位美丽的非人女子授记道："你的化机在琼波六顶山上，去那里吧！"尊者如是前往该地。路上，尊者右脚患上黄水病而不能行走，在一个帐篷般大的白磐石下暂住下来，在手脚两用、艰难地爬行下端水烧茶，晚上，在进行日常修行的同时，还使用胫骨号筒、手鼓和法铃，念修了一个详广的断法以后，才入睡休息。第二天，病情没有好转，尊者一边烧茶一边想：看来没有用完这些口粮之前是走不了。之后，就一心修行而居。离尊者山洞一视距之处的山沟中部，有一户牧人家，从那里走出一个人到了洞里，尊者问："那是谁家呢？"那人说："是玛岳头人家，他派我来问您是谁，从哪里来，并叫我带这些糌粑和茶叶供养您。”“我从康区佐钦寺来，去朝拜圣地，但因脚患重病而留在这里。”那人听后便回去了。不一会儿，又来了两个人说：“头人派我们来请您的。”尊者应邀而去，安章头人和多杰朗嘉兄弟非常恭敬地问尊者：“喇嘛，昨晚没有出什么意外吧？”尊者说：“我也许是太劳累了，一直熟睡到天亮，没有出现任何意外。”“您肯定是一位具德上师，不然，那个磐石叫嘎色磐石，此处凶猛无比，距此一视距以内的地方，不能烧火搭帐篷，只要稍微触怒它，天打雷劈，必死无疑，昨晚我们来说明这些，但听到胫骨号声，就知道您在镇伏凶地，就没有来。”“我是个来自康区佐钦的普通僧人，不是断行师，昨晚因对此地不熟悉而在磐石下借宿，绝不是镇压凶地。”“请您暂时住在我家，小头人认识大夫，治好病以后再走不迟。”就这样，尊者在那里住了几个月以后康复。有一天，尊者准备离开时，头人兄弟随即赶到，并说：“您是个本性殊胜的人，大家对您很有信心，我们最大的希望是请您担当这家的主人，娶一个您满意的妻子，如果不能这样，请您在此地建一个修行院，一辈子住在这里，我们保证提供所有生活条件，如果您实在要离开的话，一定先住上三年再走。”就这样，他们再三请求尊者留下来，但都被婉言谢绝了。

后来，尊者依次朝拜直贡、钦普、帕珠等圣地，经过雅砻地区，再次亲近遍智吉美林巴上师足下，听闻了无数成熟解脱法门。有一天晚上，尊者梦见吉美林巴上师，多智钦仁波切及一些弟子骑马牵驴，正向一个面朝东方的山沟上部走去，而带路者是尊者本人，他骑马吹着系有白哈达的法螺，螺声非常动听，忽然，手中法螺飞到中间的山顶上，尊者也跟着法螺飞到那里，山上遍满了和合的天灵骨，其中有些是快要开启的，有些是合口的，中间有一位身着白衣，面色红润、顶髻褐黄、一只上门牙脱落的妇女。尊者向她要天灵骨，她说：“这些龙树菩萨伏藏以后，任命我等为护法神，虽然其中有些属于你，但目前还不是给你的时候。”说完，给尊者献上一条哈达。到这时，尊者从梦中苏醒过来，将此情禀报了吉美林巴上师，上师传了他大乐佛母灌顶并敦促他去札日圣山，尊者奉命前行，经过塔波地区到了伏藏师桑杰岭巴伏藏圣地普莫切，在此地修行七天，在第三天晚上的梦境中，见到一妇女对她说：“去参加莲花生会供法会。”然后把他带到一个房间里，只见莲花生大师坐在垂帘背后，外面聚集了从没见到过的各种民族的人在分配人肉，其中有些人分到了整个人体，有些得到了腿或者关节部分，尊者分到了一只手和三根肋骨并全部吃完。第二天，尊者还打嗝并闻到浓浓的人肉气味。

此后，尊者一路朝拜途中的各圣地道场，光脚来到札日神山腹心地带，因在雪地里冻伤，脚底坚硬如石，而且因臃肿而变为一尺许长，尊者在雪地里的脚印被路人看见后，误认为是野人的脚印而不敢向前。尊者在此地修行九个月之久，在札日札各圣地驻留时间达三年多。期间，尊者在真实觉受或梦境中出现了很多瑞兆和神变，尤其是自在于以光明大圆满圣道直至法性遍尽地之神奇征相。那时，尊者如同瑜伽自在米拉日巴，精进苦修，此情在其《自传》中有如是讲述：“在深山闭关的九个月里，最初每天有熬三次的青杠树皮汤和一顿糌粑食用，中期每天有一次糌粑汤和一顿糌粑，后来，就用过去会供时的少许剩余多玛渣子烧汤，当作饮食两用。到最后连多玛也用完，身体非常消瘦，手举向空中时连阳光也遮挡不了，山洞周围长有很多荨麻，挖来烧汤后饮用，不料咽喉和口中生疮，身体极度虚弱，后来捡到一块腐烂的羊髋骨，打碎后熬了骨头汤服用后，疮症才逐渐得到好转。结束了九个月的闭关修行后，准备动身离开，刚走到洞口就头晕目眩，好像所有的山都在走动，顿时，又因风疾几乎要昏死过去，我使劲全力，双手紧握拐杖，但还是无法行走，当时我心想：唉唉！我恐怕做错了一件事，修行正法的暇满人身被毁掉，但没办法，只有回洞等待死亡了。但后来又想到我并非患重病，苦修体弱未必会死，想到这里，鼓起勇气，依靠拐杖，吃力地向札日山上走去。途中，每次喝一碗水就能多走一些路，但身体虚弱，疲惫不堪，身体因饥肠粘连脊椎而不能伸直，脖子细长，脊梁肋骨因消瘦而明显可数。就这样，在非生非死犹如中阴的景象中走了四天后，到了塔波喀绒的一穷人家，向他们乞讨时，一位老妈妈给我喝了一碗酪浆，还给了一盘鲜酪。一喝酪浆，全身顿觉轻松舒坦，站立自如。然后就翻过了山头，在那里遇见了两位骑士，其中年少者问我：‘您的身体怎么成这样了？’我说：‘除了苦修的原因以外没有其他任何病。’那人感动得流下了眼泪，并说：‘大修行者您骑我的马到我们家乡去保养身体，不然您恐怕走不动了。’我说：‘施主你能这样，我非常感谢，但我有一些口粮，不会饿死的，就不跟你们走了。’两位骑士没带食物，只有一块茶叶送给了我。我没有闻到茶叶味道有几个月了，所以很高兴，这时已无法走路而爬行向前，就到了一个叫宋巴普的岩隙，在那里生火烧茶以后正想饮茶，但刚闻到茶的气味，就引起风病发作，别说喝茶，闻到气味就几乎昏倒。就这样，当我遇到由于过度地苦修使暇满人身几近毁坏，或者遭遇恶业所系的人群而对生命形成威胁等关键时刻，如云：‘舍命求法精进修瑜伽。’从来没有放松为求法而苦修的勇气，没有贪恋妙欲和修行口粮而认为以后不能这样苦修，也从没有生起珍视现世福报、作俗家经忏而寻求信财的想法，此等乃瑜伽者我的风格。别人可能有很多神奇的成就征相，我只有这个苦修来代替，我只有这个成就征相，这是我的传记的核心，我的后学者们应当了知。”

从此，开始无方云游各大静处，这时，成就者吉美·成利沃色从康区到了吉美林巴上师座前，并来信要求尊者务必到其处，他立刻如约而去，见到前来卫地的多智钦，格则上师索丹，巴丹嘉措等师徒多人。尊者向遍智上师详细汇报证悟体验，上师说：“喔！是这样，真正的证悟是由具相上师向信心、精进和智慧融为一身的弟子灌顶意智慧本尊时获得，或者如量圆满本尊念修之时以悉地引领，或者对上师作真实佛陀思维之故上师密意迁移其心而证悟，或者在凶地的鬼神侵扰之时证悟，除了此四者以外没有其他证悟之法，你乃由上师加持和本尊所赐悉地之力而亲见法性尊容，此情真实无误，以后要如同上师‘我乃独自隐修时，明智无障而显现，居于多人当中时，照见所现之面容’的教言，不要将无有能修所修、明空无碍的本位智慧置入戏论之中，而要涅槃于原始基位。你或许成为当今国师，或许依然在岩洞中保持修行者风范，我宁愿选择后者，这样，我心满意足了。”如是劝慰、教诲和指点了尊者。多智钦仁波切认真地说：“这次你若不跟我去一趟康区，金刚誓言会遭到毁坏。”尊者只好答应。

经过长途跋涉，最终回到了家乡。当时，正值母亲患上涎病，她说：“儿啊！如今你求得正法，成就大业，以后你若能将此法修行彻底，我就再没有什么可担心的了。”此后，尊者在扎溪卡玛木哲嘎的山洞闭关修行，刚开始因鬼神的神变之故，在梦境中出现了一些凶兆。一天晚上，在梦和光明相融的觉受中，来了一位妇女，她说：“多智钦仁波切派我来请您的。”与她一起向玛木山上方走去，到了一个天降花雨、如同清净刹土般的宽阔地方，在其中间，有一个人在布置两座法台，旁边有一张牙爪齐全的虎皮，那人对尊者说：“这是上师坐垫，把它铺在多智钦仁波切法台上吧。”而后，多智钦仁波切到了，他坐在法台上，正准备给僧俗大众灌顶时，东方出现一个光芒照遍三界、前后透明无遮的千幅光轮，多智钦仁波切说：“现在该走了。”于是，师徒二人顺着白光而行，这时，尊者回头一望，看到所有人跟随而来，多智钦问：“下面的人大概有多少呢？”还没来得及回答，眼前出现了一位高大的黑身人说：“下面只有四万人，但无数人会随后而来。”说完就消失了。后来向多智钦问此情时，他说：“我们在发愿方面有相同之处，我也梦见在高山顶上赶着很多牲畜走着，回头一望，看到你也正在山下赶着无数牲畜追随而来，看来你的利生事业比我广大，你在前世是大手印瑜伽者，一开始就修行大手印之故，修道没有障碍，我的意伏藏米拉日巴修行仪轨系你的有缘法，我送给你一幅其师徒三尊的唐卡，以后你要以断法来利益众生。”此后的一段时间里，尊者结束闭关以后，与多智钦仁波切一起在格则、充沙、下札、普康寺等地传法数月。然后，多智钦打算前往五台山，而尊者和温·晋美向秋决定在佐钦寺闭关静修。在佐钦静处长寿谷山洞，以每日一顿糌粑和两次茶的生活进行了长时间的修行。

有一段时间，尊者非常想念遍智吉美林巴上师，生起强烈的恭敬心，于是，就给多智钦仁波切留了一封信之后，跟随尼札活佛携眷经过协吾到了尚宗。此后，与一位来自玉柯的僧人一起，跟随班钦桑杰年巴到了邓喀达长寿谷，又一次在吉美林巴上师座前，听闻大圆满和大手印窍诀达三个月之久，消除了对深法的所有增益等疑难问题。尊者临行时，上师以大悲之心赠送了其著作《心髓法前行二部》《上师智慧》以及在其上留下显有“ཏུ”字的拇指印记等，上师说：“以后，你建很多寺院没有意义，一定要根据莲花生大师的授记，在没有违缘的山洞或者茅屋里，致力于妙法的修行，看来你的家乡像一个边地罗刹洲，我的法门主要是调伏难驯化的众生，若有人求法指点，要大胆地传授，定会使很多众生受益……”如是作了诸多教诲和殊胜祈愿，将其法统交付于尊者以后惜别。

此后，尊者途经拉萨等地回到了家乡，没待上几天就前往佐钦寺，在根波达吉处闭关念修了一年。当时，佐钦颇章要求尊者作为修行院修法会的总管，去曾柯作青稞化缘，但尊者请假并得到开许。随后，在林间的格托·曲丹修行洞静修达两年之久。之后，格则上师晋美沃察嘉措师徒五人参加佐钦嘎玛大法会，特意前来邀请尊者，还声称如果尊者不去，将会违背法的誓言，而本乐·桑阿丹增上师则强烈要求尊者继续担任修行院的指导上师，但尊者对格则上师情面难却，只得跟他回到家乡。在家乡，尊者立誓在三年之内不去人家而自居独修。

藏历第十四绕迥铁马年即尊者四十六岁那年，为了新建休钦寺大经堂，多智钦仁波切到扎溪卡化缘，尊者力助仁波切并将其送回多柯地区。第二年，到了格龙新寺持明兴盛洲，在格则上师和且尤大持明者二位大师前，闻受以尼札法门为主的深法灌顶和口传。藏历阳木鼠年即尊者五十岁之际，根据过去莲花生大师的授记，以及多智钦仁波切和格则上师的旨意，尊者到了岩山和草甸相连的静处，圆满具足吉祥铜色山庄严的扎·察玛隆圣地。在头一天晚上，尊者梦见他坐在高大法台上，为无数大众灌顶传法。在此等吉祥缘起和祥兆中，首次开启了其事业之门。从初期向二十多位弟子灌顶讲授起，连续二十一年在此道场里，转起了光明大圆满龙钦心髓法轮而从未间断过。故此，“扎·察玛喇嘛”的美名享誉整个藏东地区。

尊者先后培养的主要弟子有：第四世佐钦法王美久·囊卡多杰、蒋扬钦哲旺波、佛子先盘塔耶、巴珠·晋美曲吉旺波、堪钦白玛班札、黑如嘎益西多杰、第二世多智钦晋美彭措，嘉绒活佛根桑塔确多杰、诺岭活佛等执持大圆满传承的大德，以及康珠·曲吉尼玛等四大教派的智者，他们将上下心髓法的灌顶与教授传承于藏汉各地，亲传再传弟子遍及印度、尼泊尔、不丹等国。尤其是通过其不共心传弟子即被称为“华钦日月二弟子”的巴珠大菩萨、文殊上师蒋扬钦哲旺波仁波切，使不共传承漂洋过海，传遍东西。同时，在扎溪卡、多柯等地区，为广大在家男女弟子传讲五加行和往生法的念修，进行了禁杀戒偷等劝善事业，以此缘故，传谓此地所有人在临终时，无一人没有亲见上师尊容者。就在此时，接到德格王、王妃和太子的邀请，欲拜其为供养之境，但尊者未开许。多智钦仁波切圆寂后，有一次尊者梦见在吉祥铜色山，自己被放置在莲花生大士、吉美林巴尊者、多智钦仁波切师徒三人座前，他为能得到亲临如此殊胜的持明会众中的缘分而深感欣慰，过一会，吉美林巴上师和多智钦向尊者碰顶并说："儿啊！你的利生事业还未得到圆满，所以你要回去，将来我们定会集聚在这里的。"听到这里，尊者在心中有些失意中醒来，如是出现了许多清净境相。在示现成就者征相方面，非人众生向尊者献上神魂石等诸多悉地圣物，此乃现量所见。

在晚年，尊者住锡扎嘉寺圆满摩尼宝林，过去吉美林巴上师曾赐予其指甲并说："如果将此指甲作为内藏而修建一座我的身像，此像与我无二无别。"根据此授记，尊者建造了铜铸镀金的"如我上师像"。如是任运成就自他无方事业之后，在其七十八岁之际，公元1842年即藏历第十四绕迴铁虎年仲冬月二十一日初分之夜，外显色身游戏摄入本初内界六胜童瓶报身之中。过了数日，即水兔年一月二十五日早上，尊者向第四世佐钦法王美久·囊卡多杰亲显尊容。佐钦法王如是说："藏历水兔年，我措珠让卓为德格王念修长寿法门时，一月二十五日黎明时分，在光明觉受中到了印度德谐孜巴大佛塔前，当我在佛塔宝瓶之中，前方的上空勇士空行会众奏乐器，熏烟香味遍满四周，一空行母对我说，'大持明者吉美加卫尼固离开人间，到邬金空行刹土作主尊去了。'说完，在会众中间四位空行母举起由白绫罗做成、金刚半杵严饰四边的肩舆，其上狮子法台莲花日月座垫上，安坐身着金刚瑜伽士装束的大恩根本上师，威严胜于过去数倍，双手持金刚铃杵而交叉于胸前，四方有白黄红绿空行母，右手各持自身标帜，左手各持绫罗四段的金刚杵，骑着大象、孔雀和香香鸟，在彩云五光之中，勇士空行正以手持宝伞胜幢，弹奏各种乐器，载歌载舞，供养上师。当我祈请上师留在人间利益众生时，上师唱道歌回答道：'我从松赞法王至今日，利益六众事业已圆满，尤其在此人世间，于以一切三界有情众，传讲善恶因果取舍法，及大圆满阿底瑜伽法，利益无量众生而圆满。传于后学弟子之，窍诀他派无此法，持明者我独传法，无误今日传于你。本初清净超越心量界，心性之王自性大圆满，无有舍法超越一切义，所显无执任运智慧界，任放现解越思自解脱，此乃自性切莫作改动。愚痴之者舍弃自性法，于以本初心性设盖障，愈作改动愈加盖自性，无有解脱反而成束缚。何人心中自然而放松，此乃自性无需改变之，现见自净莫用对治染，所断未改本性大圆满，有即无法有无之法边，破除实法空性大圆满。何者认为更改能解脱，常断二边得到解脱否？无根离基原本大圆满，远离现空有无边观修，何者执着见修行之法，此人必有轮回及其苦，何者认为有法有法乘，此人必有烦恼与束缚，离基道断清净果执着，无有丝毫法乘之眈执，此人不染业力与异熟，不住轮回行于虚空性，对境空中明智作游戏，无缘之王显现无执者，有境对境轮回解脱法，住于三时无变界之中，明智之王明空法身性，以此信念本初界中ཨ。’如是作了开示后，刹那显现为吉祥铜色山宫殿中的大持明黑如嘎，身色蓝黑，三面六臂四足，身着寒林装饰，具足舞蹈九姿者，由七百二十五眷众围绕。当时，我祈请上师灌顶之后，生起了得到灌顶的觉受，然后七百二十五眷属融入主尊，大吉祥也化为蓝光而融入莲花生大士心间，顿时，勇士空行们高声齐诵莲师心咒，此声音使我醒来时，发现我还在床上。”

以示现无数变化身来利益众生，直至轮回未空之间，乃诸佛菩萨的本性，故此，无间转世于扎嘉寺者乃根桑德钦多杰，在其上一世即尊者的后半生，听说一色须地区的女人出嫁时，宰杀了很多牛羊，尊者不止一次地说：“哎呀！如果是对生死得自在的菩萨，应转世为她的儿子，不然，利益众生将成为一句空话。”根据此愿力而成为此家的儿子，当入母胎时，所有人都看到一条白光射入这家帐篷，出现了很多祥兆。由成就者第四世佐钦法王美久·囊卡多杰认定并供奉于上一世宝座，在进行升座仪式时，赐予了一白色披单，据说此为其后来成为持明瑜伽掘藏者的授记，圆满教生事业后圆寂。自那以后直至今日，转世活佛从未间断，在扎嘉寺圆满摩尼宝林正以三妙法轮进行神圣事业。

25. 成就者华钦朗卡晋美

多智钦根桑先盘和朗卡才旺确珠的弟子，成就者朗卡晋美，于藏历第十三绕迥阴火牛年即公元 1757 年，伴随瑞相诞生在多麦热贡地区上部，称为八大修行圣地之一的香隆地区。父亲为上师本尊所加持的瑜伽者喇嘛晓，母亲为心性善良、一心向佛并具有空行德相的才雅。根据当地习俗，举行了烟供和汤饼筵，取名贡波嘉。尊者从小对三宝有着强烈的信心，依止诸多经师，轻松掌握文字读写，主修皈依、无缘大悲法和六字明咒。长大后，因英俊勇猛，具备大丈夫九能，所以，有过上山打猎、当山贼强盗等暴行，但诵经持咒等善行也从未间断过，在没有念完一转佛珠的咒语之间，从不对猎物开枪，有时候不使用枪，而是将獐子等追赶捉住，当猎物发出痛苦的声音时，经常因生起悲悯心而放手，也有很多次在瞄准猎物时，因突然生起慈悲心而停止射杀。

尊者十八岁时，因在其父辈达纳部落的很多马匹被安觉部落盗走，于是，他带领一些伙伴前去复仇，到了那里，他叫伙伴们埋伏在山顶上，自己独自前去，在安觉部落帐篷附近，抢来一大群马匹。后来，他去喇卜愣寺的路上，遇上在狭路伺机报仇的人，他毫不畏惧，反而冲向强敌，如同鹞鸟驱散麻雀般使对手四处逃散，虽然对手将他的坐骑击中杀死，但仍旧未能捉住他。有一次，他又盗走了江隆地区一家瑜伽师两兄弟的马匹，他们召集很多咒师来诅咒，但丝毫未能伤及尊者。尊者为了取得回遮猛咒之术，在江隆咒师或名旺修断法师座前，听受尼札大师掘藏的狮面母法门的所有灌顶、口授及窍诀，并且实修此法六个月之后，出现成就征兆，对方咒师及其家人遭到报复，也镇伏了伤害上师的人。后来尊者曾说："对于伤害我的人，我不是很想使用猛厉现行之业，但需要时也不很难，只要本尊的生起次第就足够了，过去针对一些恶人，在本尊我慢和明现中，以自心明光号令护法而施法时，没有不现前征兆的。"

虽然尊者在现行业方面威力巨大，心中却生起强烈的出离心，在其二十五岁那年，砸掉背上的钢枪，立誓修行清净妙法。在一个静处专心修行无缘大悲法和上师瑜伽时，尊者面对一幅莲花生大师的唐卡，从头顶起从背面观修，在接受四灌顶时，从头顶降下甘露丸，身体出现暖相征兆。从那以后，对轮回生起厌离之心，对解脱的欲望和精进心日益增长，了知财物无有实意而上供三宝、下济贫苦、受持斋戒、持咒顶礼等行使有为善法无数。正当此时，尊者听到持明巴丹扎西的转世罗桑慈城朗嘉的大名，就带着一个道友前去拜见。到了上师的道场持明兴盛林时，刚好在路上迎面而遇，认为这是摄受弟子的好缘起，上师慈悲摄受了他，尊者听闻了以大圆满阿底法教授为主的许多灌顶和口传。当时，正值许多热贡瑜伽密修院的瑜伽师在上师前闻受灌顶教授，在每传完一门法之际，上师将法本放在尊者头上说："阿克贡波嘉，请你写下此灌顶仪轨，以后你要为更多的热贡瑜伽密修院的瑜伽师灌顶传教。"如是赐予未来授记。

以后，在热贡八大修行地和色宗扎嘎等圣地静心念修，尤其是在江隆然则宗静地，在一座之上观修大圆满阿底深义达十八个月之久，期间断了两次口粮。第一次，修行房门口落下刚死不久的獐子，此情并未引起尊者惊喜，了知这是护主山神供养的，所以将此作了会供供品。在第二次断粮时，在修行房附近一只鹰叼来死獐子放在了那里，尊者考虑到受用此物会犯邪命过，故将其切割后抛向四处。平时以少许谷物熬汤来作饮食两用，如是以猛励苦行致力于生、圆、大圆满内三续的修行事业。在那时，尊者获得莲花生大士的亲见和摄受，并且证悟了法性正见，清楚地忆念自己为大班智达比玛拉、玛尔巴大师、多札大持明者的转世。藏历阴木羊年即尊者四十三岁那年，为了寻求持明巴丹扎西所授记中的上师和修行处，与一位弟子一同来到康区时见到了多智钦根桑先盘，以无比恭敬心依止此上师足莲而听闻窍诀法，有一次，在尊者觉受中发现多智钦仁波切从远处走来，到了眼前时便成了莲花生，莲师将集一切窍诀的法函置于尊者头顶加持并说："我为你取名邬金丹毕尼美宁波。"说完就消失了。从此，对多智钦仁波切生起了亲见莲花生般的恭敬心。

继后，尊者前往前密宁玛派祖寺噶陀寺和竹庆寺等道场，在格则大班智达、嘉绒朗卡才旺确珠、第三世佐钦法王尼邓丹增桑波等高僧座前，广泛听闻甘珠尔、前译续部集、龙钦七宝藏、休息三部、总经意集密续灌顶、界部金刚桥、敏珠林和尼札等大师的伏藏法、龙钦心髓法、八大法行大灌顶等成熟解脱窍诀深法。在康区尚莫宗，拜见第三世尼札美久攀德嘉措并听闻多法之后到了拉萨，朝拜了大小昭寺释迦二尊像。后又拜见参卓堪布，向他叙述了过去的授记时，仁波切指点道：在喀多禅寺有位名叫曲吉多杰上师的自在成就者。尊者一听到此话，生起了无以言表的欢喜心和恭敬心，极其渴望拜见上师，立即寻道探路后，带上参卓堪布所赐的哈达向山谷上方走去，途中遇到下山的一位扎巴，向其询问上师住处时回答：在上师修行房近处有一个石片，敲击此石片一下，就会来人给你带路，上师已经知道了你要来。尊者根据指点敲石片时，果然来了一位扎巴，他说：今天早上上师座前来了几位官人，上师对他们说将会从安多来一位具缘弟子，是他净现法门的法主，叫他们坐在那里听上师师徒的言谈，这些人正在里面。尊者一到上师前就生起了无比信心，喀多仁波切如同忘年之交般的与尊者亲切交谈，尤其特别强调尊者是其法门的法主，开许他在安多地区传承给更多的化机，将法门交于尊者并作了祈愿交付。上师将了义大圆满方便深道之窍诀无有遗漏地指授给了尊者，尊者经过修行实践后，现前气脉自如、能引四喜的证悟而亲见本初俱生本智，登上自在于气脉明点的大成就者顶峰。此外，在吉美林巴尊者，沃嘎朗扎多杰，敏珠林法王诚烈朗杰等诸多卫藏大德前，听闻显密法门无数。

尊者四十六岁之际回到了故乡，以各大弟子为主的热贡瑜伽密修院瑜伽师们举行了隆重的马队欢迎仪式并依止为顶上之宝。当地有名的色·金刚持，嘉·堪布仁波切，扎耶上师等大德们劝请尊者传授灌顶传法，鉴于此，尊者传授了喀多仁波切所有净现法门的灌顶传承、静猛文武百尊灌顶、龙钦心髓法、敏珠林和尼札伏藏法等各派教法。根据热贡诸多瑜伽师劝请，在江然则地区详广传授大圆满阿底甚深法义，满足了众人的愿望。随后，如持明巴丹扎西授记云：“圣地之东方，措地之近处……”在如同大鹏鸟双角正中的地方，开始建造琼衮寺四道场。藏历阳木鼠年即尊者四十八岁那年，尊者再次前往卫地，带上过去灌顶时的供品去供养具恩诸上师，经过山南来到桑耶与拉萨，依次供养桑耶寺、释迦二尊等能依，拜见供养达赖喇嘛师徒和喀多仁波切并听闻过去余下的法门。到了努钦·桑吉益西修行处时，尊者说：“在如此圣地成就虹身很殊胜。”说完法体突然变小，一名为万德的弟子开始哭泣，尊者又说：“本来出现了我成就虹身的善缘祥兆，但我曾对你等可怜弟子承诺要回去的，所以不能失约。”如是有很多示现神通征相的殊胜事迹。

结束了在诸上师和道场前祈祷回向之后，经过山南来到德格，在那里恭请了《前译密续集》后到了佐钦寺，向很多上师作了供养并闻法后又到了多智钦仁波切座前，向上师供养闻法，临走时上师向尊者赐予很多授记和教诲，作了辗转相会的殊胜祈祷。藏历阴火兔年即尊者五十一岁那年回到了家乡，热贡瑜伽密修院举行了盛大的欢迎仪式，在琼衮寺传授了前译密续集等许多教法的灌顶口传。藏历阴土蛇年，根据大持明上师“转起自在妙法轮，有缘皆引莲花刹，趣入普贤大乐界”的授记，以永断轮回大悲观音法创立六字真言修法会，给热贡三地区和瑜伽师制定了严格的行为规范。比如，开法会时瑜伽师们要垂发顶礼，居坐僧众行列皈依发心时要合掌平等住，接受四灌顶时要垂发示敬，身体直立念咒时在心口持珠念佛，在用斋期间不准交头细语等，沿袭至今。

藏历铁马年，开始修建大经堂并在此年完工，当年就在其内举行六字真言法会，以灌顶传法广泛结缘于十方众生，严禁饮酒和杀生并劝善修德。应热贡雪雍拉卡瑜伽师们邀请，为自在成就者白玛让卓、曲央多丹多杰、成就者嘎丹让卓等僧俗大众传授八大法行灌顶等无数甚深法门。古浪瑜伽师达震邀请尊者并供养所有财产和眷众，劝请在此圣地树立密教胜幢，尊者在此地驻留很久，创开了六字真言法会。此外，在阿琼朗宗、夏充扎康拉卡、坎布拉、果美、迪察、黄河彼岸的绒沃密瑜伽密修院等地，传授八大法行灌顶和大圆满阿底深法讲授，举行六字真言法会，为新建经堂和修行院提供经费等事业广大，成为一千九百持橛瑜伽师的法主。最后，在圆满教生事业之后，于藏历阴铁蛇年六月初八下午，在双手作旋转莲花手印，法体平等持中色身摄入法界。读者若需此尊者详广传记，请拜读其弟子夏嘎巴措珠让卓撰著的《传记·善缘者解脱引领》等经典。

26. 切尤大持明者巴沃烈绕札

第三世佐钦法王尼邓丹增桑波和第二世尼札的心传弟子切尤仁增切莫·巴沃烈绕札，在过去世乃无等导师释迦牟尼佛座前的弟子舍利子，其后，为利益教法众生而有意转世为达玛达居士、希伟果恰、朗卓·根秋迥烈、菩提然札、萨迦上师索朗坚参、噶玛巴让雄多杰、曲嘉然那岭巴、阿卡证悟者噶玛诚烈等圣者。最后，在多康德格地区之分部，一个名为切尤牧场的江噶尔家族中诞生，从小能忆念宿世前生，文字读写未经勤学而自通，在七岁时，能回忆自己为伏藏师然那岭巴并念诵出伏藏表示文。十二岁时前往尼扎寺，由第二世尼札白玛塔确丹毕坚参摄受，传授前后译经教伏藏法门无数，并将其法交付于尊者。上师圆寂后，又多次以智慧身摄受并赐予授记教诲。期间，尊者前往青海，在青海湖中掘藏了一个摩尼宝，为具信众生赐予大圆满灌顶引导等圣法结缘。回到家乡开普巴金刚修法会时，出现坛城上的金刚橛跳动起舞，有些小金刚橛飞向山顶，在多玛上燃火等成就征相。在达地崩钦隆山谷，得到用于压伏魔鬼魂石的莲师脚印等圣物。

此后，根据萨迦法王阿旺衮嘎罗珠的劝请，迎请到德格依止为上师，在镇魔殿埋下魔魂石，由莲师忿怒金刚脚印镇压，其上建造了莲师镇伏万有像并根据授记教言如法开光，承诺在二十年之内没有边人的侵扰，如是为德格王的政教作了大量酬忏法事。尊者在扎溪卡新建土登罗布林寺之际，得到德格王的大力支持，提供了丰厚的供养。后又前往卫藏地区朝圣，在大昭寺，从释迦牟尼像心口降下舍利子于尊者手中，在桑耶钦普洞掘出三根本修法等甚深意藏法，在尚莫宗普纳大乐洞、乌如德卓山依次掘出甘露和然那岭巴伏藏的莲师补处莲花生上师像等伏藏品，降伏当地的十八土地山神等之后回到了故乡多康地区。尊者在雪域各要害之地作诸多酬忏修复、镇伏火施冤鬼邪魔等法事，尤其是向善品山神护法宣诵誓言，嘱咐其行使弘教利生事业。就在此时，往昔祈愿应时成熟，尊者考虑到显密法海精华乃前译密续集，但此法本稀少，即使在原有法本中也有错漏等不足之处，深感不安，捐出价值几千两白银的财物及牛马羊作为资金，并委托德格王妃负责在德格印经院的宁玛续部法宝《前译密续集》的木刻，最终，圆满完成此项伟大的事业。如是广泛利益教法众生之后，此生摄受化机事业暂告结束，于藏历第十四绕迥下叶趣入法界大乐之性。

27. 智者谷如扎西

第三世佐钦法王尼邓丹增桑波和第二世尼札白玛塔确丹毕坚参弟子殊胜智者谷如扎西，于藏历第十三绕迥初期，诞生在藏东多康六岗中的色莫岗分部达摩岗地区。从小出家为僧，法名阿旺罗珠，加入妙法达摩岗寺善缘圆满洲僧团学习文字读写，在大班智达司徒丹毕宁协，善巧五明智者才旺根乔师徒座前，圆满学习声明、因明、诗学明、医方明、历算明等共同学处，获得央金嘎伟罗珠（妙音欢喜慧）的声明学学名。到了二十几岁时，在前密教法之源日当佐钦寺第三世佐钦法王尼邓丹增桑波，贤正尊者朗卡才旺确珠座前，闻受以大圆满空行心髓为主的大量前密经教伏藏法的灌顶讲授，以及注疏论典。尤其是长期依止第二世尼札白玛塔确丹毕坚参，听闻光明大圆满耳传法及其指授，以及诸显密法海的注疏论析经典，成为尊者的根本上师。此外，依止第四世佐钦法王美久·囊卡多杰、第三世尼札美久攀德嘉措、多智钦吉美·成利沃色、格则上师仁增嘉措等二十多位成就者善知识，听闻如海法门，广泛利益众生。总之，尊者在一生中以自利闻思修，他利讲辩著，二利贤正善广弘教生利乐之业，尤其是根据第三世尼札美久攀德嘉措，贤正朗卡才旺确珠二位大德的首次劝请，以及支持其收集参考资料等条件下，撰写了《前密宁玛派教法源流·智者欢喜殊胜善言海》，此书讲述佛法总的源流，尤其是从前密教法源头，直至第四世佐钦法王美久·囊卡多杰之前六代主持的详广历史，对宁玛派与佐钦传承恩德巨大。在日当佐钦寺，嘉绒修行院，达摩岗寺等道场宣讲显密教法及共同学处，培养了桑珠白玛扎西，尼札仁增桑波，智者根桑曲达等众多贤善弟子。晚年，在妙法达摩岗寺善缘圆满洲长期闭关念修并身寿圆满，于藏历第十四绕迥下叶圆寂。

28. 多喇晋美格桑

第三世佐钦法王尼邓丹增桑波和多智钦的弟子多喇晋美格桑，于藏历第十三绕迥中下叶，诞生在多康十八大若钦中的多柯地区，从小就觉醒圣者之性，慈悲之心与生而俱，见到猎人、屠夫、乞丐等众生时生起猛烈的悲悯之心，天生具足畏惧恶业之习性。以三欢喜之式依止尼札格桑旺丹、第三世佐钦法王尼邓丹增桑波、多智钦 吉美·成利沃色、格则晋美沃察、隐修者吉美加卫尼固尊者等大善知识，闻受无数前后译续部的灌顶讲授，尤其是对光明大圆满甚密上下心髓深法作了彻底的闻思修之故，成为彻悟大圆满密意的自在瑜伽大师。具有通晓他人之心、收伏鬼神于誓言之下等息增怀诛四业功德，示现诸多殊胜征相，也有将此尊者列入多智钦的心传弟子“金刚四明”之说。大师毕生摄受各方弟子，在扎溪卡上下、果洛、色达等劝善戒恶，使这一带成为和谐善地。在尊者座前饱尝大圆满成熟解脱甘露的主要弟子有：佛子先盘塔耶、巴珠大菩萨、多钦哲益西多杰等与多智钦仁波切的共同弟子。如是广利教生，身寿得到圆满之后，外显色身庄严趣入本净本初内界。

29. 瑜伽大成就者多钦哲益西多杰

多智钦吉美·成利沃色和美久·囊卡多杰的弟子，“殊胜金刚二明”之一，吉美林巴尊者化身多钦哲益西多杰或名持明嘉利多杰（金刚虹光身），于公元1800年即藏历第十三绕迥铁猴年九月十五日，在多麦果洛的玛柯贡色康多的草地上，以金刚跏趺坐姿，右手持握帐篷光线，口中念诵“阿阿哦哦”等梵音字母情形中诞生。在共同境相中其父亲为念宝玉则护主山神后代曲果·索朗彭，母亲名叫嘎萨·才旺曼，是食肉空行母化身，其每月来经皆为白色而有别于普通妇女。此夫妇俩前往拉萨朝圣拜佛。有一天，母亲到了吉祥天母殿门口时，在境相中出现两个女人，将她从人群中带走，感觉领进了天母殿右门，在隐隐约约中走了很远，不久就到了一个很神奇的宫殿门口，他们把才旺曼放在中间后登上台阶，到了里面，宽大的宫殿中有很多人，有些身为人身而头像各异者翩翩起舞，有些一见到她便回过头去，有些却隐藏起来，她便问道："他们是谁？"两妇女回答说："他们是大王眷众，在玩天龙部游戏，因为龙妖部众的口气有毒，所以才避开你的。"往里走了一会儿之后，她们开了一个小门说："你进去吧。"说罢便坐在那里。进去后由两个童子引领，到了里面，只见宝座锦缎垫上坐着一位英俊的青年，他身上光闪闪，穿着绸缎衣服，头系绫罗头巾并由诸多珍宝镶嵌，他说："姑娘你上来，路上辛苦了！你原本在这里，是我的心上人，因暂时的需要投生到康区，这次相会也有特殊因缘。"说完，让其坐在身边盛情款待。那天夜里出现与他双运之觉受。

第二天早上，这位青年将一根善妙哈达系于其颈并说："我乃五髻之天子，名为海贝顶饰者，过去与你亦有缘，今因莲师事业之，化身游戏入母胎，我乃天神之圣子，你是食肉空行母，游戏双运大乐中，精华红白之种子，现于人身而降世，金刚虹身殊胜身，祈愿一切善吉祥！"随后，过去的两个妇女来到其前说："现在你该走了。"说着把才旺曼引下台阶，走出大门，然后在坐着一个皮船的感觉中刹那间到了门口，进去就到了吉祥天母殿前。丈夫索彭也在此处，那两位女人说："你的夫人在这里。"说完就走了。才旺曼顿时觉得害怕，丈夫对她说："你去哪里了？我找了你三天了，是在吉祥天母殿前走失的，我找遍里里外外，天母殿边有个水井，我怀疑你落入此井，我还想到如果妻子活不见人、死不见尸的话，无脸见乡里乡亲而决定不回家乡呢！你到底去哪里了，这哈达是谁给的？"才旺曼对丈夫说："我被两个女人带到一个地方，那里有很多人，他们给了我食物和这个哈达。"除了这些以外，她没敢说具体情况。从那以后，她觉得身体比过去轻巧，智慧得到增长，山神和护法示现真身保护她等，如是出现诸多神奇征兆中诞生了此尊者。仅仅过了三天，半夜，灵童在母亲的怀中不知去向，父母俩四处寻找也未果，那里有一条猎狗，他们以为小孩被它叼走，在极度痛苦和惭愧中说："叔叔和亲戚们听到此话会恨我们的，在别人面前怎么做人，还不如死了呢！"就这样痛苦难耐、束手无策。

但到了第三天早上，不知从何而来，小孩又突然出现在母亲的枕头上，大家为之感到非常高兴和神奇。之后，在尊者自己的觉受中见到，一个红身女子将自己包在绫罗中飞向空中，最后到了一水晶宫殿，那里有很多善男信女，中间有三座法台，上面端坐着三位上师，中间那位说："此人虽无习气之障碍，却会染上母之胎污垢，犹如清洗晶体之污泥，使其清净发出吉祥光。"说罢，用水晶宝瓶为尊者灌顶沐浴，右边的上师将颅碗中的甘露放于尊者舌头上，左边上师心口发出的黄色光芒照遍尊者之身。两位稍显老相的空行母齐声唱到：

“清净胎障披上金刚甲，示现道貌功德之时机，时机未到隐藏于内心，二十之前要显隐匿相，到了时机我会有表示，啊啦拉吙！”此外，尊者从小时候起，一切外显都是清净之相，有着无数巡游各种刹土的境相，此等在其自传有详述，尤其是在孩提时代，与两位非人童子手牵着手，亲身到了吉祥铜色山净土，置身于莲花生大师和君臣二十五弟子，以及众多勇士空行母的会供法会喜筵之中，因生起猛励的信心和恭敬心而泪流满面，以净现近传之式闻受大密金刚乘续法的传承和窍诀，成为意传教法之法主。

有一次，酿·尼玛沃色摄受了尊者并对他说：“伏藏师桑杰岭巴如今在人间，名叫索朗曲丹，你要找到他。”从那以后，小孩经常说请带我到索朗曲丹上师那里，不见到此人我不回家乡。父亲索彭前往果洛下部根桑上师座前，向他叙述了小孩的情况并打听索朗曲丹上师的居处，但格桑上师不认识此人。有一天，听说多智钦吉美·成利沃色来到果洛下部白玛崩地区，父亲想到如果他是个去过很多地方的上师，就有可能知道索朗曲丹喇嘛的下落，于是就直奔那里。那天早上，多智钦仁波切对侍者们说：“今天若有从东方来的访客，只能对他们讲缘起吉祥的话语，马上带到我这里来。”那天尊者父亲到了多智钦扎营地，多智钦近侍晋美曲扎立刻前去迎接并说：“哦！吉祥吉祥！你是谁？”父亲回答：“我是坝西地区的，叫曲果·索朗彭。”“上师叫你马上去他那里。”到了上师座前，曲扎说：“他叫曲果·索朗彭。”上师向他交代那天不能说缘起不好的话等事情后，索朗彭说：“我没有什么缘起好坏的话要说，只是我有个刚满一岁的孩子，天天嚷着要见什么索朗曲丹喇嘛，我想请教上师，您是否认识这个喇嘛，如果找不到此人有无大碍？”上师向空中注视片刻，然后合掌说：“哦！缘起好啊！我的梦境和你的话语得到吻合，我的愿望将会实现，索朗曲丹这个喇嘛我熟悉，是我的朋友，哈哈！无论如何我要到你那里看一下小孩，你们曲果部落和我们沃琼部落在祖辈世代就关系很好，不用给我准备供养品，要像家里人一样对待。”

过了几天，多智钦上师来到尊者家中，他见到的尊者并非凡夫俗子，而是装束圆满的莲花生大士。多智钦对尊者说：“你认识我吗？”尊者说：“我当然认识你索朗曲丹，你是不是要抛弃我呢？”多智钦顿时泪流满面，抱着小尊者说：“对不起！你怪我，我完全理解，以前我没找到您，今后我要恭敬承侍于您。”说完碰头示敬。然后上师修持吉美林巴掘藏的龙钦心髓上师持明集，赐予秽迹金刚沐浴和长寿灌顶，作了护主三兄妹的护法仪轨并将灵童交付于此护法，上师对灵童父母说：“你们要跟我走，我就是索朗曲丹，这个只有我前世的上师一人知道，如果此灵童与我分开会有违缘障碍的。”父母表示同意，但有位叫孙苯甲的叔叔，生性喜好恶业而厌恶善法，他说：“我侄子不需要当活佛，但愿他不是活佛，我们的家族在过去只有征服敌人的英雄，而没有诞生过活佛和喇嘛，如果有人敢带走侄儿去他方，我用枪杀了他。”就这样暂时未能如愿，但父母商量决定以后去上师道场休钦达果寺。上师临走时，灵童说：“如果在两个月内没到您座前，我就回去了。”上师说：“好的，一定会到的。”又对父母说：“请记住，家乡乃不清净之地，会有风险的，一定要注意。”说完上师就走了。

叔叔对父亲说：“你是个像飘浮的羽毛一样没有头脑的人，此小孩是舅舅达巴家族后代，必定会成为智勇双全的英雄，他即使会成为一个能飞于空中的佛陀，我也宁愿选择他成为一个继承我们传统的英雄，如果死在自家，就没有什么可后悔的，没有什么违缘。”但父亲暗想如果有除掉孩子违缘障碍的办法，一定要想办法争取。于是就直奔多域休钦寺多智钦上师那里去了。怙主上师非常欢喜并慈悲摄受了他，对父亲说：“你不随他缘，下决心到此地，成办了一件大好事，昨晚在我的梦境中见到遍智法王吉美林巴亲临此地，赐予我一尺许高的金塔，塔的宝瓶和各个层面上有很多表示文字，以此估计，灵童将来可能会成一位伏藏师。”有一天开会供法会时，在其觉受中，看到怙主吉美林巴上师端坐在庄严的法台上，示现国王装束并由头巾等严饰，在其心间有如铜镜般的光环中，现见以心性休息坐姿而居观世音，其右边有一位头戴班智达法帽、身色稍显紫色而庄严的人，两手平等住之上托着盛满甘露的颅碗凝视着自己，周围还有很多瑜伽师和戴着骨饰妇女在翩翩起舞，空中布满了彩虹和光芒。从上师心间的观音像发出光芒，在空中化为五股金刚杵后融入上师口中，不一会儿，极大地掀起多智钦大金刚持的法性觉受，唱起道歌，授记了佛法的兴衰等未来预言。

一个半月之后，父母准备回乡之时，上师再三强调说：“对于此小孩是否为活佛方面毋庸置疑，也许还有活佛会诞生在你家，新年到来之前，我会去上部道场日当佐钦寺，你们也务必赶到那里，如果活佛长期驻留果洛地区，肯定会因违缘而圆寂。”父母回到家乡后，在种种奇兆瑞相中生了女儿罗萨旺姆空行母。过了一段时间后，父母根据上师的旨意，准备前往佐钦寺，这时，叔叔和一些亲戚前来使出软硬各种方法阻止此行。叔叔说：“我们如猛虎般的祖先们已相继离世，如果侄子也成这样就没办法，你们夫妻还很年轻，会有后代的，曲果部落优秀的后代从小就像流浪狗一样流浪到沃琼部落，这是对祖先脸上抹黑、对自己引来唾骂的事，你们绝对不能走，如果执意要走，会把你们抓起来的。”父亲索朗彭怒火冲天，说：“你们这些多子之父不要说失去慈悲心的话，我宁愿成为手拿棍棒、流落印汉各地的乞丐，也不让我这独苗留在这里有个三长两短，如果有人前来抓捕，那尽管来好了，我们会有好戏看的。”说完后上路了。经过色柯地区后到了佐钦并在拉隆多暂住下来。第二天，拜见了在佐钦寺的多智钦仁波切，与此同时，还拜见了佐钦法王尼邓丹增桑波、第二世佐钦本乐白玛桑阿丹增二位大德，灵童被认定为无伪转世活佛并广泛闻受灌顶和加持。因在寺院里不能住俗家人，父母就住在附近有莲花生大士脚印的圣地帕旺晓琼。当时，活佛如觉醒宿念能忆念上一世的道场等往事，并说："我们不住这里了，去拉萨吧！那里有我的寺院、儿子、妻子以及侄子。"听到这个，父亲很生气地说："哦！我只有这个下场，原来你只是个老瑜伽师的转世，上师也欺骗了我。"说完把小孩扔到母亲怀里。

当天晚上父亲很郁闷，第二天一早就到了上师座前说："您欺骗了我，我的儿子哪里是活佛，好像只是个瑜伽师的转世啊……"父亲把前一天的事情一五一十地禀报给上师后，又说："如今我在人家面前有点害羞，但不久后还是要回家乡了。"上师对他说："不管怎样，你向本乐活佛说明这个事情吧。"随后，父亲就到了本乐处叙述了同样的事情，本乐勃然大怒，说："遍智吉美林巴尊者转世到像你这样没有福报，业重坏誓者家中是出于什么原因呢？你如果这样说的话，护法会惩罚你的，当坚护法会喝你心血的……"说着用身边的法器等掷击父亲，父亲吓得几乎昏了过去，没敢说一句话。稍后，本乐将两小纸包加持甘露系在小棍上交给父亲并说："你握住棍子的一头，不要说手摸甘露，连口气都不准染上，交给活佛母亲，每天要熏柏香后让活佛吃甘露，你从今以后不要说讲那些持邪见的话与活佛要回去之类的话，就是心中有这念头，当坚护法会使心血流地的。"父亲非常害怕，向上师说："遵命，今后绝对不想这些。"说完后急忙赶回多智钦上师处，他说："您把我害苦了啊，那位疯子喇嘛差点要了我的命。"多智钦上师欢喜得哈哈大笑，说："你嗔恨心强，又自私，我说也听不进去，本乐活佛是大成就者，为了使你相信，才叫你去那里的，那是大师用禁行威仪来回遮活佛的违缘障碍，非常殊胜，要遵照办事，不然会受到护法的惩罚。"

此后，尊者跟随多智钦仁波切前往德格城，在伦珠顶的宫殿为德格王携眷以及雪谦嘉察、噶陀司徒、果察活佛等百余僧众传授龙钦七宝藏、龙钦心髓等吉美林巴尊者所有文集、心髓四部法等的灌顶和口传，还为尊者举行了隆重的活佛升座仪式。此时，在直贡地区，尊者上一世的法子和空行母等人问询卫地的本尊和高僧后，一致认定此尊者为无伪转世活佛，派往康区来迎请活佛的使者到达德格。大家商议后决定尊者前往卫地，怙主多智钦上师为他们加持祈祷。临走时，活佛抱着上师不肯放手，温波晋向将尊者用力拉开后扶上马。依次到了上一世的道场顿卡达和直贡，尊者指认了上一世的眷众和物品，甚至连法本中已讲完和未讲完的界限都清楚地指了出来，所有人为之感到惊讶而流出激动的泪水。在当时，尊者朝拜了许多修行道场，在一些大德座前听闻了上一世遍智法王吉美林巴的著作等法门。

藏历铁羊即尊者十二岁时，从康区来了父亲等一些僧俗眷众，向尊者讲述了多智钦上师年事已高等事，要求他务必回一次上师身边，并呈上上师的亲笔书信。鉴于此，尊者回到多柯地区上师座前。在其后的几年里，闻受了上下遍智法王的所有著作法门，许多经教伏藏法的灌顶和讲授，尤其是上师以单传方式传授所有上下心髓法的灌顶和窍诀，奉为其密意传承人和持教者。随后，尊者前往卫地，途中经过扎溪卡，在上一世遍智法王的心子吉美加卫尼固、格龙•晋美沃察二位大师座前，闻受了前译宁玛续部集等的口传和成熟解脱窍诀之后回到了才仁炯寺。尊者在卫地各大圣地修行并作了广大供养，在那时得到本尊亲见，出现无数清净境相，此等在其自传中有详述。藏历火鼠年又回到康区多智钦上师座前，上师非常欢喜地说："如今我的愿望已实现，今年有很多授记和梦境，蕴身不调和，对寿命有很大的违缘障碍，好在一髻佛母回遮了这次违缘，但眼睛受到一些盖障而不能看书了，您务必完成需要接受的灌顶和学习的法门，将来您可以做一位隐修大德，如果做一个行驶成就者威仪的瑜伽师，过去的缘起就像明镜一样清晰而显，将成为一位自在于虚空宝藏的密意伏藏大师，请记住！如果能像遍智龙钦巴和怙主吉美林巴尊者那样地伏藏成为秘意藏的话，那最为殊胜，如果像您的亲见和授记文中所说那样，成为主宰空行密藏宝库者的话就啊啦啦吙！不管怎样得到开许了，我也会在龙年末走了，所以，夏末你就要示现瑜伽士身相，不然，今后会有人说你没有遵循上师教导……"如是作了内外秘很多教诲。

在尊者的下半生，如同自在成就者萨乐和与夏瓦日一样，以狩猎者之相，能把猎杀之物死而复活等行持瑜伽者威仪，境相中周游世界各地，使见闻念触的有缘众生成为轮回有边者。云游汉藏蒙许多地方达三年之久，在青海湖边、果洛、色达、木雅、嘉绒、康定等地传法，新建了十几座寺院。在朝拜各大圣地和能依所依时，出现从佛像降下甘露、开口说话等瑞相，此外，无碍穿越于岩山，湖泊和房屋，将凶猛威武的人与非人以猛励法行调伏并使其置于誓言之下，与坐骑和近侍沃色一起飞游圣地和净土，加入勇士空行会众，行使明智禁行威仪，获得续部静猛本尊会众、阿阁黎极喜金刚、帕当巴桑杰、唐东杰布等印藏大成就者和班智达们智慧报身的摄受、加持和授记，护法和土地山神现真身而恭敬承侍，在许多真实的觉受中，云游吉祥铜色山等十方净土接受妙法和加持，深入不净地狱之界，亲见阎罗法王为清净上师化身，将地狱众生引向清净刹土等，如是尊者内外密无数殊胜传奇在其自传和秘传中有详细记载，敬请同仁拜读。

总之，此大德乃从孩提时代起，能清晰忆念过去诸世而丝毫未染母胎之障，许多贤善大德不止一次地赞叹道：在此雪域圣地，如同天竺大成就者那样在众人面前无碍显示神通的，唯有此尊者！尊者培养的主要弟子有巴珠大菩萨、白玛班札大堪布、近侍沃色塔耶等，与明久郎卡多杰和佛子先盘塔耶的共同弟子遍及印藏汉各地。德格、嘉绒、康定等官员将其依止为上师，在各自管辖的地区使上师事业得到发扬。所造经典伏藏著作有断法·执著自解脱法门、实修·五大要义等十多部法宝流传至今，其灌顶、口传和讲授的传承与加持力殊胜于别的法门，家族传承仍旧兴盛，我等也获此法缘福德。最后，此生利生事业暂告圆满，于藏历第十四绕迴火虎年二月二十日黎明时分，在康定王府中示现圆寂之相，终年六十七岁。关于尊者的弘法利生、境相神通等殊胜事迹在尊者的外、内、密传记中有详广记述，敬请读者参阅。

30. 琼隆热巴当楚多杰

多智钦吉美·成利沃色和明久郎卡多杰的弟子琼隆热巴当楚多杰，乃如《上师意集授记秘印文》中云："如米堆城堡，将在南方现。"称为"金刚多杰四明弟子"之一和扎龙拙火的成就者，诞生在多康德格的琼隆，从小学习大圆满尼札派法门。前往佐钦寺，在美久·囊卡多杰、桑珠·白玛扎西等堪布与活佛座前闻受无量法部，尤其是将驻留在此道场的多智钦仁波切依止为根本上师，听闻了心性指导法门。后又跟随多智钦上师，听闻了所有上下心髓法等金刚妙乘续部的口传和窍诀，此外，听闻遍智吉美林巴尊者的《上师智慧》及其附文法部之后获证无上悉地。上师为他传授龙钦心髓的扎龙拙火和总义法，尊者如法实践修行之后，觉醒对此法的缘分而获得自在，如疾风般无碍行走于悬崖和江河之上等示现自在于扎龙的成就征相。以气的入、住、融三次第现前十相空色的成就征相，现前乐空四喜智慧，获得暖乐功德之故，在冬季仅穿单薄布衣而不畏严寒，此等法行乃世人现量目睹，故称之为"瑜伽士热巴当楚多杰"。此外，在甘孜哲霍附近的巴普修行处修行许久而利益众生，新建了巴普寺。后来又长期驻留在果洛地区，利益北部众化机，在此处新建了一个修行寺院，后来由伏藏师索嘉仁波切修复。尊者造有道歌等很多大小著作，但因时劫而失传。从古至今，尊者的扎龙窍诀教授在多康北部地区传承弘扬，利益教生事业得到圆满，其历代转世活佛在甘孜哲霍巴普寺依旧进行着利生利教之伟业蓝图。

31. 曲央多丹多杰

多智钦吉美·成利沃色和美久·囊卡多杰的弟子，猛咒法自在成就者曲央多丹多杰，藏历第十三绕迥中叶，在多麦热贡休雄地区的欧智卓玛家中，伴随着许多奇妙瑞相征相而诞生。从小天生具足正信和慈悲等圣者本性，以殊胜智慧无勤掌握文字读写和文法知识，加入当地的动珠华巴林（吉祥成就兴盛林寺）僧团，法号拥登嘉措。在诸多善知识前学习语法、诗学、逻辑学等共同学处。不久，因觉醒宿世善愿习气之力，来到大密教法之源佐钦邬金禅法林求学拜师，依止佐钦如意宝美久·囊卡多杰、杰温·白玛根卓朗嘉等许多成就智者，广闻显密如海教法，以及经教伏藏的灌顶引导，精勤闻思修，从而登上智慧成就顶峰。尤其是在佐钦忿怒文殊洞的多智钦吉美·成利沃色座前，以满瓶倾注之式闻受大圆满心髓法门，授记中云："威力如插橛，将在北方出。"如是成为心传"金刚（多杰）四明弟子"之一。

后来，在多智钦上师晚年时期，多次前往拜见，听闻大圆满生圆次第、大幻化网续、休息三部法、大圆满觉受讲义·上师智慧等窍诀并精进实修，获证明乐法性密意。上师考虑到尊者的有缘本尊，以及成为未来化机的法缘，为其传授了普巴金刚四直入法深要，文殊四轮法等阎罗敌法门，召遣非人的能回遮恶兆等猛咒窍诀，以伏、烧、抛等三业使瑜伽师成就的窍诀并让其修行实践，自相续得到解脱。此后，上师授记道："如今到了你慈悲度化他人相续的时候了，若回到家乡培养弟子的话，利益教生事业将得到圆满。"尊者根据上师旨意回到故乡，新建了许多密教道场而度化众生，蓄发白衣瑜伽师僧团兴盛于各地，示现以猛咒诅詈摧毁冒犯大密精华圣法怨敌的成就征相，是故，"猛咒法海之主"的美誉传遍四方。为善缘众弟子广转光明甚密心髓法轮，使一切结缘者置于善法之地。尊者培养弟子无数，主要有：郭仓比丘、夏活佛晋美、夏达巴冉江、欧杰·多杰西绕、念那谷洛、阿泽活佛、翁达·玛柔门色、旺·才让东珠、持明吽那美巴、阿措喇嘛烈措、阿措·塔却丹增等称为"二十一大圆满师"的弟子，等等。为延续教法，留给后人的法宝有大论注疏类、仪轨赞颂类等总共十四函之多。如是事业法号吹响三界之后，尊者大约在藏历第十四绕迥土猴年圆寂。

32. 然尼嘉色

第四世佐钦仁波切美久·囊卡多杰和多钦哲益西多杰弟子然尼嘉色，于藏历第十四绕迥水龙年即公元 1842 年四月十四日诞生在多康囊谦然秀地区，其父亲为证悟自在然尼大成就者，母亲名为鲁莫。当时，父亲多次嘱咐母亲说："此孩子长大后，会成为像我一样的疯子，但与我不同的是他能利益广大众生，所以，不能让他染上不净之物。"从小就有着殊胜证相和奇特行为而与一般小孩不同。稍长大后，父尊为他教授文字读写，但没有学完就以疯行者之威仪周游各地，传谓拜见第四世佐钦法王美久·囊卡多杰，听闻了一些灌顶和法门之后得到顿悟。一时，在扎溪卡值遇多钦哲益西多杰，二师互相比试神通，其证悟智慧得到很大的增益，此情在多钦哲益西多杰《自传》中如是记载："有一天，我在杂嘉彭秀神山上以打猎者之相转山，在山上遇到一位威武的陌生人，在没有任何原因的情况下，使出各种兵器相互厮杀，但无论开枪还是刀砍都无法伤及对方，就走到山顶上载歌载舞，最后，因觉醒宿忆而成为不可分开的挚友，相互切磋交流证悟和觉受方面的功德达一日之久，次日早晨，在依依不舍中分别。出现这种情况是因为本地的土地神被驱逐，而有一些新生的魔王魑魅占领了该地。最后，驱赶了这些妖魔，使土地神回到了本地。此事在秘密中进行而没有公开，山顶上有三个不同的脚印，但无人知晓，那威武的人是然尼大成就者的小儿子，是位秘行大成就者。"如是云云。

尊者到了三十岁左右，得到了"其有缘化机在卫地"的空行授记，于是，以朝圣者之相经过康类乌齐前往卫地，途中接纳白玛德措和益西措为明妃。在卫地朝拜了所有圣地，在各大修行处潜心进行时间长短不同的静修。当时，尊者驻留的附近有一座寺院，僧人们认为尊者行为很不如法，就愤怒地痛打了他，并强行剪断他的头发，之后出现了有些僧人口吐鲜血，有些人像塑像一样不能动弹、不能说话等现象，为此，当地的僧俗群众向他顶礼忏悔，并不得不立誓在该寺院修建一尊莲花生大士像，每年开一次莲花生心咒修法会。有一次，在甘丹寺附近静修时，尊者杀了一头牛，并把它的内脏取出后，就在牛头上用烟枪一敲，手指一弹立即将其复活，放回原处。此外，人人都听到尊者所在地区的花草树木中，自然响起莲师心咒的法音。一些有教派偏见的僧人想抓住尊者，他当即把两位明妃夹在左右腋下而横跨雅鲁藏布江，众人亲眼看到当时尊者的双脚没有触及水面，如是以无数成就者法行使众化机置于恭敬信心之地。

尊者到了四十岁左右，前往冈底斯神山朝拜并在此地驻留了很久，尊者的子女们就在那时诞生，其中生小儿子然尼巴珠的时候，父亲说："不论观察觉受还是梦境，各方面都证实此童肯定是一位大德转世，如果他的寿命得到圆满，定会利益教法众生，但是会有很多障碍，要多作酬忏仪轨。"于是，就向孜玛护法和智赞护法嘱托事业，并闭关念修马头金刚本尊，当时，在觉受中听到"若去康巴佐钦地区最为殊胜"话语，他立即结束闭关前往康区并到了佐钦寺。尊者一家人拜见了第五世佐钦法王土登曲吉多杰，佐钦法王对他说："您的大女儿应在家中传宗接代为好，小女儿是食肉空行母化身，所以出家最为殊胜，大儿子是夏果活佛的转世，会有主人前来认领，而小儿子是杂·华格或名佐钦巴珠仁波切转世，此小孩我要。"如是作了活佛认定事宜。

当时，佐钦颇章的马群遭遇瘟疫，佐钦法王吩咐属下去请然尼大成就者，很多僧人觉得很奇怪，心想明明有这么多如同佛菩萨以凡人之相降临世间的贤善大成就者，为什么不请他们而去请一个由女人小孩所围绕的老瑜伽师呢？侍从们请来尊者并叙述此事后，尊者叫他们把所有马群赶到跳金刚舞的大院里。当侍从们刚把马群赶到院子里，尊者顿时用枪将佐钦法王的坐骑等重要的马匹击倒在地，其余的都驱赶了出去。在场的人都惊恐地说："看此人干的，这下糟了！"尊者却不以为然地说："修行密法的人能将活的变成死的，也可将死的转为活的。"说罢，从腰间取出烟枪在死马的头上一一敲打，一一弹指，结果，所有的马匹死而复生，脱离瘟疫，使所有人为之感到神奇。几年后，因冤鬼当道祸害，康玛寺内部出现僧众不和等违缘，佐钦法王称如果然尼大成就者前去，定能利益众生。就这样尊者被派遣到康玛寺。此情在康玛·本乐传记中有如是记载：佐钦法王派遣然尼成就者到了此寺，这是一位具足成就的瑜伽者、行使得道者威仪的大师，在康玛寺住寺七八年，广行弘法利生之业。之后，尊者示现照见他刹化机之相，在圆寂之际以留下如是授记：如果能将佐钦本乐的一位活佛请赐于康玛寺中，利益教法事业必将得到兴旺。如是以天竺大成就者们的法行，将见闻念触之一切化机都种下解脱种子。在他七十七岁即公元1909年，藏历第十五绕迥土鸡年二月二十五日色身庄严趣入法界。

33. 古浪·那措让卓

第四世佐钦法王美久·囊卡多杰和夏嘎巴措珠让卓的弟子古浪·那措让卓，于藏历第十四绕迥水马年即公元1822年诞生，父亲是热贡瑜伽师阿克巴索，母亲鲁莫香空行母。关于此空行母，持明巴丹扎西如是授记曰："猛励玛哈嘎拉法，藏于头顶蓄发中，云游无方修行处，将遇莲花手印者。"鲁莫香在前半生是成就者华钦朗卡晋美的空行母，大师圆寂之际，就许配给阿克巴索当方便法友。众生怙主夏嘎巴有"热贡一千九百持橛瑜伽师的阿阇黎，华钦朗卡晋美有身、语、意三大转世活佛"的教言，身化身乔达隆央诞生在琼衮寺；语化身永登才让诞生在阿达尔恰噶；意化身诞生在古久白玛绒地区，即认定为此尊者。又在多智钦吉美·成利沃色授记文中云："古浪名末让卓者，身相威猛具怀业，脐间现有痣明点，于此传授上师部，以及深义窍诀法。"如是明确授记其诞生地和法名等，并且赞颂为有缘法主。

尊者从小跟随父亲学习文字读写和仪轨传承，并精进于本尊念修，因天生的慈悲和智慧之力，对显密教法和共同明处得到无碍通达。尊者在二十一岁时撰写了偈颂体《夏嘎巴祈祷文》，在文辞和意义各方面都堪称绝作。从小依止夏嘎措珠让卓，圆满听闻显密新旧诸法，尤其是从内外前行修心直至正行大圆满深法，成为其指点法性证悟的第一上师。后来，听到佐钦法王美久·囊卡多杰的美名，故以大精进心多次前往康区，在此大德前听闻所有大圆满窍诀的甚深讲授，使其在证悟上得到极大增益。尊者毕生致力于教法闻思修和讲辩著事业，始终精进于外别解脱戒、内菩提心、密生圆次第的修行而广开证悟之门。回到家乡后，继承其上一世的伟业，在瑜伽密修院常转灌顶、讲解和窍诀的法轮。在各地区间发生纠纷或者瘟疫等违缘时，尊者不顾个人安危，千方百计地消除灾难。在因果取舍方面，哪怕是极其细微之处也严以律己等，如是利生之业遍及各方。尊者培养了如持明隐修者曲央让卓、喀刚·扎嘎大成就者、玛贡巴仁波切等无数堪能传承证悟实法的弟子，最后，于藏历木狗年即公元1872年示现圆寂，时年五十二岁。

34. 雪谦大班智达久美土多朗嘉

美久·囊卡多杰和佛子先盘塔耶弟子雪谦大班智达久美土多朗嘉，其化身之源从观世音以雪域祖先行者猕猴王之相降世，到后来的雪域文明之灯吞弥桑布扎、嘉莫·玉扎宁波、猛咒成就者东嘉翔充、苏琼·西绕扎巴、那措译师、萨东贡协、伏藏师志美根嘎、泽勒·那措让卓、大译师达玛熙日、俄志亚大堪布等大德，智慧总集为一身，此情在教言中有授记。而尊者的前一世，为自在成就者白玛坚参的侄子，第二世冉江活佛的心传弟子，毕生修行妙法的证悟者桑杰饶丹。

尊者于藏历阴火羊年在多康南部诞生，刚生下来就念诵起大悲观音十字明咒，在还没有学习文字读写前，就指着一个长元音字说："这个要发长音。"等有很多殊胜事迹。到了四岁时被迎请到前一世道场祥那修行处，不久，到了雪谦显密兴盛林寺，依止嘉察·丹增曲嘉。此后，根据此大德的劝请，在噶陀金刚座依止大班智达久美才旺确珠达五年之久，对十明文化获得通达并成为授教弟子。

此外，还依止多智钦、第四世佐钦法王美久·囊卡多杰、佛子先盘塔耶、敏珠林法王白玛旺嘉等五十多位善知识而闻思圆满。但是，尊者并未仅仅停留在闻法上，而是在邬金敏珠林寺用三年、在雪谦寺用六年之久，以思修抉择所闻法门，从而登上成就者顶峰。能预知三时之事而无碍于隐秘之法，能呼使具誓护法为其成办各种事业，但从不对他人进行猛咒之法，如同狮王无畏于群兽，虽然具足丰富教证辩才，但从不评说其他教派，五大寺院均将其拜为上师，然而从没有傲气自满之心，清净世俗八风执着而不求名闻利养，一切教言现为窍诀而无有宗派偏袒之见等圣者殊胜事迹不胜枚举。第十四世噶玛巴塔确多杰为其赐名马哈班智达（大班智达）名号。尊者十九岁时，嘉察活佛将教法托付于他，使雪谦本寺及其分部弘法事业达到鼎盛。尊者著有《明点大空明续详释一切法乘道次第·甘蜜精华》等善言专著达六函之多。培养的弟子有蒋扬钦哲旺波、康珠拥登嘉措、巴珠晋美曲吉旺波、第五世康珠志杰尼玛、察隅香根诺木罕、哲霍根萨曲杰、噶陀司徒、苏卡活佛等对教法贡献巨大的成就智者无数，传承弟子及其事业之光遍及四方。

35. 第二世多智钦晋美彭措迥烈

第四世佐钦法王美久·囊卡多杰的弟子第二世多智钦晋美彭措迥烈，在其上一世的沃琼家族中，伴随着无数祥瑞而诞生。由第四世佐钦法王美久·囊卡多杰、多钦哲等如量大德授记认定，并举行了盛大的升座仪式。轻松掌握文字读写、仪轨修法等学处，也掘出一些伏藏，但后来只留下天珠宝箧而其余基本遗失。在多钦哲益西多杰、第四世佐钦法王、巴珠仁波切等上师处闻受其上一世的所有窍诀深法，依托自性大圆满圣道而获证悉地成就。当时，在果洛地区有一个叫嘉莫森让的凶猛鬼魔，尊者知晓对此没有其他调伏之法，就作了如是授记：“在安多阿坝柯达地区有嘉莫活佛，是安朗·杰瓦却央的真实化身，长有象征马头明王的五根绿头发，他是此鬼魔的镇伏者。”后来，嘉莫活佛将嘉莫森让和玛地古德鬼魔都从邪道中超度了。是故，尊者是以神通知晓隐秘诸法进行利生利教大业的殊胜自在成就者，与多钦哲益西多杰一道持瑜伽禁行，无碍于任何成就征相而与天竺圣者无二无别乃现量所见。其间，因违缘障碍而将道场搬迁到别处，那时经康定贾拉王的劝请，与多钦哲益西多杰一起成为贾拉王上师，在康定驻留很久。尊者三十岁左右，康定发生天花瘟疫，他为了回遮灾害，示现患上此染病并在床上圆寂之相，多钦哲益西多杰为其作临终指点并说：“彭措迥烈，你死了！”说完朝他连踢三脚，这时，尊者猛然起身，以金刚跏趺坐姿稳坐七日，天空布满彩虹等出现无数瑞相奇兆而使众化机置于信心之地。

36. 七大传承持教者蒋扬钦哲旺波

吉美加卫尼固尊者和堪钦白玛班札弟子，七大应机法受教者蒋扬钦哲旺波，乃如伏藏大师酿·尼玛沃色伏藏授记文中云：“名为则岗山脚下，磐石龙王盘旋上，降临文殊化身者，十三受用伏藏法。”如是在许多新旧伏藏法中多次授记，其前世转世分别为：在圣地印度有大阿阇黎文殊友、比马拉米扎、泽沃巴、无量门智慧、那杰仁青；在雪域藏地有法王赤松德赞、嘉色拉杰、那措大译师、仲顿巴、热琼多扎、塔波拉杰、杰尊扎坚、罗珠将参、龙钦冉江、更登珠、钦绕曲杰、唐东杰布、钦哲旺修、朗卡曲美、吉美林巴尊者，以及帕当巴、阿莫嘎杂、聂多·唐千钦巴等；尤其是有大法王的身化身法主酿·尼玛沃色、语化身谷如却旺、意化身阿里班智达、功德化身扎西多嘉、事业化身第五世达赖喇嘛等；此外，从嘉色拉杰化身伏藏师桑杰喇嘛到曲杰岭巴之间，连续十二代转世为伏藏大师，而第十三世乃此尊者。如是以同时或者依次示现随顺众生之化身，进行无边教生事业。在五浊恶时的世代，本性为众佛之智慧总集的文殊菩萨，是如何以善知识之相降临于世呢？由多康二十四圣地之一、事业度众化身圣地旺熙山等大小圣地所围绕，以许多大小伏藏所庄严的德隆圣地，其后山则岗山之前，有一座形似巨蟒盘旋的岩山，山顶名为顶果。藏历第十四绕迴铁龙年即公元1820年六月六日，尊者在头发绀青如蜂王并能覆盖双耳，胎盘像法衣一样披身等祥瑞征兆中诞生于此地，父亲是传谓光明天神下凡的纽氏种族之分支，祥岗家族的仲钦·仁青旺嘉，母亲是索莫萨·索朗措。灵童得到六臂智慧怙主和密护一髻佛母的慈悲佑护，能忆念很多过去世，因智慧和辩才超群而轻松掌握文字读写，所学法本仅需看一次就能通晓所有文辞和意义。

尊者十二岁时，被认定为塔孜堪钦香巴根噶丹增或名朗卡曲美尊者的转世并升座。之前没有经过专门学习，就撰写了诗歌、赞文和道歌，词义深奥优美，得到许多智者的赞叹。

十六岁时，如果能根据授记前往梅岭雪山地区，就会在帮拉圣山前遇上一位益西措嘉的化身空行母，以她为助友能掘出十三大伏藏，在卫藏边地建立寺院作为大密金刚乘圣地，能在一百年之内回遮边军的侵扰，在晚年开启玉罗雪山的圣地之门，在那里将成就彩虹大宝身，但是，此缘起因故未能实现。

尊者十七岁时，那位空行母圆寂，因此而出现尊者大病等空行震怒的征兆。从那以后，尊者就像又转世了一样需要重新学习文字读写，尊者说这时的智慧只有过去的四分之一。

十八岁时，前往雪谦修行处，依止五明大班智达土多朗嘉，学习声明学、辞藻学、诗学明鉴、辞藻学·无死宝库本颂即注疏等学科，在极短的时间获得通达，接受了幻网续静猛灌顶。在佐钦寺佛子先盘塔耶处，广泛接受前密经教法的灌顶口传等内外续部的成熟灌顶法门。其世世有缘上师为吉美加卫尼固尊者，此大德以佐钦法王代表上师身份前往达莫岗寺等分寺，在德隆地区扎营驻留时，正当少年的尊者值遇了上师，因前世的习气，师徒一见面就像父子重逢一样非常欢喜，被上师认定为其根本上师吉美林巴尊者的转世，在较短的时间里以简要方式传授了从龙钦心髓法从前行直至立断和顿超之间的法门，现前了大圆满自现无别密意而四相得到圆满。当时，所有在场弟子都亲眼看到从传法开始到结束，白色虹光一直照射到帐房顶上。上师将尊者奉为其真实补处，成为不共心传弟子“巴钦日月二心子”之一。后来吉美加卫尼固上师在传法时经常赞叹道：大圆满法还没到末法时代，还有在听闻前行法时，就能领悟正行法的人。巴珠仁波切说上师指的就是蒋扬钦哲。

此外，依止大堪布白玛班札为上师，把过去在吉美加卫尼固处以证悟义传之式听闻的大圆满龙钦心髓密法的传承一字不漏地重新作了闻思，还听闻了佐钦法王白玛仁增的空行心髓不共传承、美久·囊卡多杰的心髓经伏远近传承相融的所有窍诀，所以在佐钦心髓法传承上师祈祷文等文中，就依次写有堪钦白玛班札、钦哲旺波、文殊上师麦彭巴等。尊者在三十八岁即藏历火蛇年，又在此上师处听授前密经伏各法灌顶和密法的很多讲义。当时，在接受总经意集灌顶正行法时，现前坛城的所有清净境相，当天夜里，尊者梦见索·益西旺修对他说你获得了总经意集的所有灌顶和教授，此等在《嘉察佛教源流》中有叙述。

尊者到了二十岁，前往上部卫藏各道场依次朝拜，后来到了鄂塔则拉章。

二十一岁时，在邬金敏珠林寺仁增桑波堪布座前接受比丘戒；在萨迦巴仁青多杰等处接受二轨辙师传承的菩萨戒；在敏珠林法王桑杰根嘎座前听闻中观派发心、苏派真实义、持明意明点等法；在空行母诚烈曲珍座前，听闻许多新旧心髓法的窍诀和讲；总之，以大精进心先后依止前后藏和康区的一百五十多位上师金刚持，善知识和五明智者，对显密教法以及共同明处作了全面闻思并获得通晓。如尊者偈颂体自传中云：“先后卫藏康三地，求学拜师十三年，金刚持与善知识，善巧明处智者等，依师一百五十位，工医声量及分支，律藏中观般若法，新旧金刚法乘之，灌顶加持随许等，经伏噶当萨迦派，直达楚与丹珠派，一切未失之传承，成熟解脱窍诀法，喜乐密时诸金刚，密续精华幻网法，后附续部之讲义，殊胜经典之教言，听闻七百多部法。”如是听闻了在雪域称为“十大讲授传乘”的所有法门，无一遗漏。

尊者在所闻全部显密经典和灌顶讲授及其附法中，大部分都串讲了好几次，最少者也传过一次。在传法时，从大圣大德到凡夫俗人，都根据各自所求，满足愿望。从不以利生化机等名义，游走施主家中收取信财，因其“三聚集”“三炽燃”之功德自然外现，信财源源不断而来，但尊者从不虚耗，而是用于教生事业上，建造了两千多尊纯金铜铸造的佛像，刻制了近四百函的各种经典木刻印刷板，加上书写本和印刷本有两千函之多，修建了德格伦珠顶金铜大佛塔等意能依几百座，还修建了供奉此等能依的大小佛殿十三座，座座都极为庄严并建立恒常供养之规。此外，根据受损程度给遭到衰败的各寺院作了广大资金供养，使其恢复了昔日的风采等，尊者共同外事迹数不胜数。

有关不共秘密事迹方面，尊者从小就不需依靠次第法乘，而是现前圣道法性真谛大圆满自现无别之密意，一切现行始终沉浸于智慧自性之清净境相，是故，虽然其境相的一刹那微量部分也超越了思量，但尊者的共现成就者威仪有：在齐乌日山长寿水洞、雅砻宝瓶长寿水洞二地，尊者亲自掘出了加持长寿泉水；从五种天成觉沃像中促降舍利子；在威猛黑母的灌顶时，灌顶所依颅骨炽热烫手；在三年的长寿法修行时，长期放置的长寿水夏不腐败，冬不结冰，浓稠而色现紫黄，从中向上喷涌而味香无比等。巴珠仁波切在杂玛莫塘建造石经墙时，藏历十五那天劝请尊者摆设供品，他按吩咐摆设供养时，天降花雨，洒落在众人手中。有一次藏历初十会供时，尊者在觉受兴奋之余，把手鼓法铃放置于空中，很多具有信心的人，将尊者现见为唐东杰布和圣度母法身。

比上述事迹更为殊胜者，是尊者成为雪域八大传承的各派近传受教者。

第一，在前密宁玛派方面，尊者二十四岁即藏历水兔年四月初六，将香多尚巴修行殿的大吉祥像，亲见为真实吉祥玛哈嘎拉。在觉受中还很清晰而稳固地见到，苏巴师徒在佛殿门口微笑而坐，尊者在其处获得茹鲁密咒的灌顶、班扎萨埵密咒的续讲义、种子字“ཧཱུྃ”的窍诀等，获得了幻网续的近传。藏历火蛇年，在安朗·杰瓦却央化身堪钦白玛班札座前接受总经意集灌顶，在灌顶正行之时获得所有坛城的稳固明现。当晚，在梦中亲见苏·益西旺修，获得总经意集的整个灌顶教授的近传。尊者十六岁时，在那年的四月初八晚上，梦见在天竺金刚座九层石窟的第八层里，拜见祈祷了文殊友阿阇黎，上师密意对着尊者从左边取出般若摄颂法函放在头上说：“你已经获得了所有显宗教法的传承了。”又从右边取出金刚萨埵心镜续放在头上说：“你在大密金刚乘总法尤其是大圆满三部法的一切词义加持方面均得到圆满。”如是作了一些授记后化光融入尊者之身，之后顷刻间沉浸在无分别的三摩地境界中。回程经过下面几层时，在大圆满心部二十一智者前接受加持，当走出大殿门口，看到熊熊燃烧的火堆，就进入了火堆，顿时觉得身体内外全部燃尽，平日境相全都消失，只觉得自己是光身比马拉米扎，沉浸于离边乐空无漏智慧而获得大圆满心部法的近传。藏历水鼠年十月里，梦见在瓦桑扎修行洞拜见祈祷麦彭贡波大师，得到上师表示指点，生起了获得所有大圆满界部法灌顶教授的信念，成为界部法的持教者。二十一日，在西堆德卓地区获得莲师佛父佛母所传空行心髓法，在岗日托嘎遍智龙钦巴座前，接受空行精髓法的加持上师修法灌顶和讲义，从而成为窍诀部的持教者。

藏历水兔年四月十三日，在前往沃尤当玛的路上，马背上的尊者觉受中出现外境遍及金黄光芒，平日的心识分别消失等现象，后来到了贡杂然瓦时，加入了杰尊·森格旺修由许多空行围绕的行列中，尊者能忆念上师以遗嘱之式为其传授了杰尊心髓法，因得到空行母巴吉罗珠的加持，在长时间里不忘词义而清晰记得，成为大圆满窍诀部比马拉派的持教者。

第二，在噶当派方面，尊者前往北方热振寺，先后在拜见觉沃文殊金刚像，扎塘歪脖佛像的时候，出现见到真实身相的清净境相。此外，出现在柏林中亲见仲顿巴师徒，并交付他所有噶当教授理论及其窍诀的觉受境相。

第三，在道果方面，在芒喀获得察钦的加持，此外，在觉受境相中见到在尼谷隆译场印度窟，卓米译师将一法函放在尊者头上说：续部讲授已圆满，窍诀部分将来会出现。后来，在尊者四十一岁时，清楚地见到萨钦以虹光显身，在心间有一个形似蓝晶佛塔的光芒，其上方现真实义九本尊，中间有喜金刚九尊，下方是单身普巴金刚，如是在上师本尊无别座前，闻受真实义和普巴金刚事业法，道果生圆次第精华特殊法等法门。

第四，在玛尔巴噶举派方面，在拜见洛扎色喀殿的玛尔巴圣像时，出现拜见其真实身的觉受，当晚，在梦中听闻智慧空行的金刚偈句讲授。在前往休地区的途中，马背上的尊者亲见稍显老相的玛尔巴，为其赐予了续法和窍诀精华，顷刻间尊者感觉自己成为鄂·曲多上师。此外，先后在楚普拜见杜松钦巴像，帕竹茅庵像、直贡觉巴的金殿像、达隆巴居室的唐巴像、然龙嘉热的身像三界镇伏等能依时，因当时具足猛励信心，如同见到各自的真实身相，获得巨大加持，先后几次隐隐约约感觉自己是热琼多吉扎。

第五，在香巴法方面，尊者十五岁时在觉受境相中，在唐东杰布前听闻宝盒大手印，其促成法尼谷六法。后来在象雄拜见琼波像时，头顶上出现形如宝伞的蓝光，其内续部本尊会众清晰可见，然后就融入佛像中，佛像口中响起“哎旺玛雅吠”的密法表示咒，心口发出光芒融入尊者，从此明确觉醒香巴法的习性。

第六，在希杰派方面，在则柯地区帕当巴的修行洞作会供时，在觉受境相中亲见修行洞化为光明，其前帕当巴桑杰示现晒太阳的姿势而坐。上师以意传方式将希杰法的窍诀赐予尊者，最后，化为莲花生大师传授耳传部法门，此情形在后来还记忆犹新。在桑日红殿拜见玛吉拉准像时，法像发出笑声并移动起来，使在场的所有人有大地震动般的感觉，获得窍诀精华法和巨大加持力。

第七，在金刚瑜伽方面，过去在夏巴·杰尊罗珠塔耶，夏鲁·罗萨丹迥处听闻觉派和布派法门时，依次获得巨大加持力，尤其是去朝拜觉囊万像塔时，得到空行母的引领，这时，尊者感觉身上受到一股湿气，就生起无边乐空觉受，周围环境成为清净刹土，亲见香巴拉法王及其传承弟子，从空中响起“ཨེ་ཝཾ”（哎昂）咒语声，从此，续部与窍诀精华在密意中自然显现。

第八，在近修法方面，尊者在觉受境相中，感觉自己是成就者邬金巴时代的证悟者达瓦桑格，此习性非常清晰之故，始终希望得到邬金近修法的传承，有一次做了个梦，梦中见到的刚开始是让雄多杰，后来又好像成为成就者邬金巴，他手持法函放在尊者头上赐予加持，不久，在第十四世噶玛巴座前获得此法门的所有传承。

此外，在大圆满三部法授记文中云："教言传承未间断，真实深法意伏藏，再藏随念伏藏法，净现法与耳传法，七大应机之法流，主尊师徒得法缘，作为浊世大礼法，广深法日极灿烂。"如是在无欺金刚教言中所授记的七大传承依次为：

第一，获得称为新旧密法教言传承授教方面，尊者十六岁那年的四月初十黎明，在其清净觉受中到了邬金刹土，在白云飘飞的雄壮岩洞里，拜见莲师海生金刚由无数空行围绕的庄严景象，得到密意加持和灌顶表示，并授记尊者将会成为七种传承的持教者，然后凝视尊者说："不为所取所污染，亦无能取所左右，安住明空境界中，此乃诸佛之密意。"说罢莲师携眷融入尊者，出现与上师密意无二无别的觉受，对实相法性获得定见，尊者对此非常欢喜，反复猛励祈祷，获得显密新旧经教伏藏法的灌顶讲授以及稀有附法传承，如同余火再次点燃，使教法传承得到全面恢复和振兴。读者欲知详情，请拜读尊者广传。

第二，地伏藏：主要是指在后藏也如地区泽吉佛殿的《三根本教言大集》，但因故没有得到。此外，在桑耶扎马贞桑圣地得大悲观音心性休息法，在当学宁仲地区得上师四身修法，桑鄂玉措湖得密意修法·金刚威力和丹扎十八部法之本集三根本幻化网，在静猛洞得解脱精华三部法，在琼苍札岩山得三根本颂集的分支法君臣二十五修法，在莲花水晶山得三根本总集，在泽格诺布本桑地区得密意修法·如意宝等诸多法门，但是因藏区共同的福报和根本缘起之故，除了密意修法·如意宝之外，其余未能圆满抉择而大部分成为了再伏伏藏法。

第三，由地伏藏延伸的再伏伏藏法：藏历土羊年，莲花生大士以伏藏师桑杰岭巴相现身，赐予法函和加持力，开启特殊净相法门，尊者密意能回忆各大伏藏师的传记，以及伏藏所处的位置并获得成为此等法持教者的授记。由智慧空行向其献上过去伏藏师们所掘伏藏的黄页，并且将其表示文翻译，有些表示文现于眼前，有些在密意中自然显现而抉择之。那时，以真实莲花生或者各大伏藏师之相，向其圆满赐予成熟解脱深法，此等传奇殊胜无比，多数都得到抉择。此外，旧派稀有伏藏法也以加持近传法之式作了抉择。

第四，甚深意伏藏：尊者十五岁时，依靠成就者唐东杰布加持获得成就者密意精华法。二十二岁因莲师海生金刚的加持，获得上师修三部的秘密修法·海生心髓法门。三十五岁时，圣度母如意轮亲显尊容，由证得无死悉地的三阿阇黎加持，获得圣度母心髓法门。

第五，由意伏藏延伸的随念法：如同上述，尊者如实忆念杰尊大师成就光身的时空，获得杰尊心髓法。在忆念朗卓·贡却迥烈宿住之时，获得毗卢心髓法，白狮面母摄生法。

第六，净相法传承：有无死密意精髓之长寿宝瓶瞻札勒窍诀法门，龙钦心髓上师修法·明点秘印文，秋吉林巴的上师修法·三身部集为主的许多法门。

第七，与之相应的耳传法：在尊者八岁时由莲师佛父佛母加持，措嘉空行母赐予真实意和普巴金刚事业耳传。尤其是火兔年三月份即尊者八岁那年，在宗雪善逝集修行处驻留时，清净觉受中到了能乐累叠塔前，在此地的四面八方以及中间，显现莲师八相和总集莲花生大士等九法相，在各自前听闻了静猛幻网法，八大法行的经典窍诀等法门。莲师赐予了教部阿努瑜伽，大圆满阿底窍诀，后来，抉择了出世五法行和召遣非人世法。

如是尊者的殊胜利众利教事业暂告圆满，于藏历阳水龙年二月初六，天降花雨，尊者作了许多吉祥颂词后，在平等住坐姿中色身趣入比马拉大师密意之中。尊者的弟子和法脉传承遍及印汉藏各地，数不胜数，其中前密宁玛派传承持教主要弟子有：第五世佐钦法王土登曲吉多杰，文殊上师麦彭朗嘉，大伏藏师秋吉德钦岭巴，多智钦丹贝尼玛，安章珠巴·卓都巴沃多杰，雪谦嘉察·白玛晋美朗嘉，普康·久美尼邓旺波等，时至今日，其再传弟子遍布大地，其中最有名的心髓法第一主要传承是安章珠巴·卓都巴沃多杰的传承弟子，即在安章法子久美多杰及其再传弟子，第二世钦哲确吉罗珠一直到顶果钦哲法王及其再传弟子等不胜枚举。第二主要传承是杂普康·久美尼邓旺波，此尊者传怙主顿珠·晋扎益西多杰及其再传弟子无数。此外，还有玉柯夏扎隐修者及传承弟子等，法脉传承流传兴盛。以后，当知此所有传承的源头乃大成就者吉美加卫尼固，堪钦白玛班札，敏珠林空行母诚烈曲珍法统等总集合一的自派传承，祈请十方大德将此圣法传播于一切方隅，千秋万代。

37. 纽修·隆多丹毕坚参

美久·囊卡多杰和巴珠·晋美曲吉旺波的弟子纽修·隆多丹毕坚参或名嘉色向秋多杰，是巴珠仁波切“超胜于自己四弟子”中的见地超胜于自己者，于藏历第十四绕迥铁虎年即公元 1830 年，诞生在多麦德格王辖区的纽修牧区。从小具足慈悲心，恒常念修大悲观音心咒之故相续具足无量悲心。在拉堆·嘉瓦向秋座前听闻大圆满法而获得顿悟，被称赞为大悲观音化身。尊者曾说：“后来向玉隆上师绕嘎讲述证悟觉受时，我成了渐悟者”。蒋扬钦哲旺波赞颂其为贡宁隐修瑜伽者和佐钦寺杰温白玛的转世。因觉醒宿世习性而前往日当佐钦寺邬金禅法林，当他第一次去拜见佛子先盘塔耶时，出现殊胜缘起祥瑞，恰好遇到嘉色享用酸奶之时，嘉色说：“请吃酸奶。”尊者回答道“我没有碗。”“为何不用自然颅碗？”尊者忙伸手掌心时，嘉色欢喜地说：“有智慧。”尊者在此上师处接受比丘戒，赐名隆多丹贝尼玛，后来巴珠仁波切说赐名稍短而加了“坚参吉祥贤”，故名隆多丹贝尼玛坚参吉祥贤。尊者毕生以比丘金刚持金身而居，未染丝毫犯戒之垢，所以，大伏藏师烈绕岭巴授记赞颂其为菩提萨埵大堪布化身。

依止佐钦法王美久·囊卡多杰，听闻第二世佐钦法王晋美塔确旦增所造前行法·善解脱道讲义，受教于第一世佐钦法王白玛仁增传承的大圆满空行心髓，上师心滴之密行金刚道指等深法。在堪钦白玛班札座前听闻佛子先盘塔耶所编前密经教九部的所有灌顶口传。在多钦哲益西多杰处闻受大乐金刚母灌顶，在麦彭上师处听闻其本人所造的秘密幻网法总义·光明藏，在岭喇活佛·土登宁协处听闻大藏经口传等，总之，在佐钦寺的所有成就智者座前，对显密法门作了全面而彻底的闻思。尤其是长期依止熙日森佛学院第五任法台堪布巴珠晋美曲吉旺波作为其不共内根本上师，在佐钦寺第一次见面时，刚好遇到上师念诵至《文殊真实名经》中的“殊胜上师应顶礼”之处，上师非常欢喜地说：“缘起好啊！”并复诵此偈句。在此后的二十八年里，如同父子之情，形影不离，慈悲摄受了尊者，所以，在杂多地区有“若无纽修隆多，华格无有后人”的说法。在巴珠座前以满瓶倾注之式闻受无数法门的词义讲授和窍诀指点，仅仅《入菩萨行论》，尊者和木雅·根索就听闻了八十次。宝性论，经庄严论，秘密幻网本颂及其注疏等法的词义均能倒背如流，通晓自在于无量深法。尤其是以大圆满极密心髓深道直指心性，尊者曾说：“在佐钦那琼修行处时，阿布（巴珠的爱称）每晚都要做一次三虚空观修，当时，每天晚上都梦见缠绕一个黑色线团，有一天晚上又梦见阿布把黑色线团扯开，从中取出金刚萨埵像交于我手中，我想如果当时就知道这样，不必这么劳作。又一晚上，阿布说：‘隆吉（尊者爱称），你是不是说不会大圆满的禅定啊？’我说：‘是的。’‘你就像我这样做的话没什么不会的，你看得到虚空吗？你听得到佐钦寺的狗叫吗？你听得到我们说话吗？这就是大圆满啊！’这时，我顿时从是非分别的束缚中解脱，从内心得到抉择，证悟了明空赤裸本智，后来分析此情，就如同说眼识耳识根识一样没有什么，但是如同‘上师加持融入谁心中，好比观见掌心之伏藏’之教言，此乃值遇成就者上师而义传密意融入心中，此传承的要义在于恭敬信心解脱。”

尊者曾说：“在佐钦忿怒文殊洞传《上师智慧》，修种子字‘吽’时，万有皆现为无有遮蔽之性，在修‘轮涅区分’修法时，巴青多杰用腰带把我拴在木橛上，并把我当成小牛来骑跨，这对修心有了很大助益”。师徒俩在此修行处时，对大幻化网密续，法界宝藏等无数深法，不仅仅停留在言辞的戏论上，而是作了将真实窍诀要义抉择于觉受的彻底闻思。此后，我们师徒在多柯阿日地区时，作了休息三部法的同步闻修，在听闻《幻化休息》时，现相实执显现为无实幻化之游戏。当时，因生活条件艰苦，早上熬杜鹃树根茶，中午在剩茶里再加水，茶味和颜色不如早上，晚上就成了白开水了，阿布开玩笑地说：'这是大圆满三身茶，早茶颜色味道好，是化身茶，中午加水后比早上稍逊，是报身茶，而晚上就无色无味之故，是法身茶'。在食物方面，茶里面撒点糌粑作为早餐，中午也有少量糌粑食用，过午不食。而到后来，糌粑也用尽，就用死牛的骨头熬汤喝。又一次，根据阿布的旨意，为了祈请佐钦法王美久·囊卡多杰长久住世，在佐钦雪山脚下第三圣湖边进行三年的闭关时，获得无量本尊的亲见，现前了大圆满自现无别之密意，四相达到如量之境界。在那时进行了不可思议的苦修，有关此情尊者对其心子阿琼堪布阿格旺波曾经如是说："我为了祈请佐钦法王美久·囊卡多杰长久住世，在佐钦雪山里修行三年，生活条件比较艰苦，佐钦喇章不如现在，并不宽裕，阿布恩师也没有补给什么，在饥寒交迫中度过了三年，衣服只有一件旧背心和三法衣，以一块平石板作为床垫。完成了三年的誓言闭关之后去拜见阿布，阿布问：'你在生活上遇到困难没有？'我回答：'生活再艰苦，想到这是阿布的旨意和美久·囊卡多杰的经忏时，心中依然快乐'阿布说：'常言说修行者不失其誓言，口粮自有魔天供，指的就是你这样的人。'我心里想，除了一次有只獐子死在附近的岩石下，我没有其他魔天供应。在果沃山居住时，有母亲寄来的她在奶中提炼酥油时，每次都取一块而累积成的酥油裹团。阿布仁波切在吃饭时，我在糌粑里加此酥油请他享用，阿布看着糌粑静了一会后问道：'你的酥油怎么像大黄的果实一样一层一层啊？'告诉阿布说，家里只有一头牛，每天提炼酥油时都很少，这是妈妈每天一点一点加上去的痕迹。说明情况后，他说：'哦！那我不敢吃。'说完就没有吃。有一天问我：'你想母亲吗？'当我回答不怎么想时，阿布说：'哦！是因为你还没有修好慈悲心。你去那树林间，修七天的知母、报恩等因果七诀法'，我如实修行后生起了无伪慈悲心，像上师禀报此情时说：'哦！就应该这样，我平日教你不要受用信财，这次有人供养，有多少就收多少，然后去看一下母亲吧！'此后，我从扎溪卡化缘到玉隆地区，得到了一些砖茶和几头牛，就给了母亲，后来阿布开玩笑地说：'这个坏信财不需要的时候接踵而来，要的时候却偏偏得不到。'"

总之，尊者将巴珠仁波切当成自己的眼和心一样珍惜，以三欢喜依止为无上根本上师，听闻龙钦七宝藏，心髓四部法，休息三部，上师智慧等遍智师徒善言教法，尤其是从吉美加卫尼固尊者传承的不共窍诀亲训等，所有光明秘密心髓深法都传授给尊者并奉为其证悟补处。尊者曾说："恩师阿布曾经要求我没上五十岁不能传大圆满法，五十以后若能传就可以传，但是，在没到五十之前，邬金丹增诺布说无论如何也要传给他，就不得不稍传了一点，除此之外，没有一次违背过阿布的教诲。”一次，尊者和邬金丹增诺布、根秋沃色堪布、木雅根索、那塔尔活佛等道友们一致商定去囊谦类乌齐地区，过隐修化缘者生活，树立修行胜幢，他们把此想法向阿布仁波切请示，但未得到开许，阿布说：“根秋沃色要担任佐钦寺的堪布，你们三位回各自的家乡隐居修行处，邬金丹增诺布要在格蒙寺尽量传经说法。”

尊者在四十几岁时，有一天，巴珠说：“隆吉，现在是你回家乡在修行处培养弟子的时候了。”根据此教言，尊者回到家乡，前后在纽修君巴隆山谷，宗嘎那，嘉都修行处等地，以野兽和山鸟为伴侣，以岩洞和树荫为居处，巡游无人空旷的山谷，如同米拉日巴尊者精进苦修。有一时，前往蒋扬钦哲旺波座前，听闻心髓四部法等许多深法，蒋扬钦哲赐予尊者龙钦巴的唐卡和顶骨，吉美林巴尊者的头发并将大圆满秘密心髓圣法交付于尊者。后来，尊者依靠此唐卡观修上师，获得遍智龙钦巴的亲见，生起义传密意证悟。在此道场，尊者为文殊上师麦彭和蒋扬罗德旺波等大德传授阿布传承的上师智慧讲义，文殊上师曾多次赞颂道：在佛子先盘塔耶圆寂后，宁玛派方面悟性殊胜者属纽修隆多。后来，在心髓法和上师智慧方面，二师多次互致书信，探讨交流疑难问题。罗德旺波实修此法门并撰写了耳传文集，如实讲述自己在觉受上的体验。在此圣者处由钦哲活佛确吉罗珠听闻，如其自传中云：“蒋扬罗德旺波处，听闻隆多丹尼之，窍诀心髓体验法。”如是以窍诀体验特授传承之称而非常重视。期间有一时，前往噶陀菩提洞驻留三年，但没有求法者前来。后来尊者对大堪布阿嘎教诲道：虽然阿布叫我去噶陀，但我在菩提洞除了闭关静修几年外，未能作利生事业，今后有人请你，你若去的话，有先哲们的发愿和无欺真谛之力，定能利益一些众生。

继后，前往家乡的格休东边，修行《入菩萨行论》长达十年，修行《休息三部》三年，尊者曾开玩笑地说：“我在格休东用十三年的时间只是集散分别心而使之不增长，如果最初就单修大圆满的话，如今可能有较高的见修了。”有一段时间，应新龙成就者白玛邓都的邀请前往其道场，为成就者亲传弟子新龙上师让柔多杰、益西多杰、沃色多杰、梅隆多杰以及嘎绕多杰等称为“百位多杰（金刚）”为主的成就者白玛多杰师徒，以及培察，格龙，香隆扎嘎等地的千百僧众传经说法长达九年，那时所得到的供养信财，先后作了七次净供。尊者常说：如果是合格的宁玛派，那要以前密经教法部为中轴，以伏藏法部作严饰。所以，传授了很多以经教部为主的大圆满心髓深法。尊者到了六十几岁时回到故乡，根据阿布的旨意，在昌柯莲花山为无数善缘弟子，开启心髓妙法之门，因此，即使是在家男女信众，也无一人不懂得三殊胜修法之道和三宝的功德等法义，使整个地区成为善妙清净刹土。

为此，佐钦仁波切土登曲吉多杰曾说：“在巴珠仁波切圆寂后，多康地区正确指导大圆满法要者非您莫属。”并特意邀请尊者前往佐钦寺，但尊者说：“巴珠仁波切要求我去家乡受持修行处，并授记将见到一位比马拉化身者，上师意旨不能违背啊！”故未能前去。后来在此圣地摄受比马拉化身阿格旺波（堪布阿琼）大堪布，传授交付所有大圆满甚密心髓法的讲授、口传和窍诀，并任命为其补处法子。后来经过多次劝请，不得不前往佐钦熙日森佛学院。尊者不管在什么地方，这个地方如果发生瘟疫，降霜冰雹等自然灾害，只要他稍作意念就会得到化解，如是有着许多自在成就者事迹。尊者恒常不离于四座瑜伽观修，任何人只要到了其道场，立即消失平时的分别杂念而心性自然住于等持之中，甚至野兽和飞禽也悠闲自在地游戏而居，道场之前有一条名为宜勒曲河，在方圆一里地之内不发声响而静静流淌，当地的人有“在纽修隆多道场，河水都会止语修行入定”的说法。

尊者亲传弟子主要有：称为“教法二中轴”的那塔尔·索朗确珠、比马拉化身阿格旺波（堪布阿琼）大堪布；称为“日月二伏藏师的列绕岭巴和土多岭巴；以及多杰桑珠堪布、坚参沃色堪布、丹培桑波堪布、色多活佛、让柔多杰活佛、丹增桑波活佛、岭达·罗克、仁增画师、达柯上师白玛罗萨、培察·白玛多杰等对教法有卓越贡献者。此外，尊者为官吏、僧人、瑜伽师、禅师以及无数在家男女善缘弟子，根据各自所愿而赐予妙法甘露，对上根弟子传授耳传大窍诀的觉受讲义，使之获得无伪法性证悟，各个都成为具足定见者，产生了“若能在纽修隆多处闻受大圆满法，没有一人不开悟者”的说法。

如是将一切有缘者置于具义之地后，在尊者七十二岁即藏历第十五绕迥铁牛年夏天，示现患病之相，弟子们为其作经忏祝寿，但尊者说：“作经忏无法回遮，若能找到清净人体则可以借尸还魂。”但是因时机未能找到，藏历五月十七日上午旭日初升之际，尊者留下道歌教言：“解脱行者如同初升日，此乃法身境相唉玛吙！”随后，密意摄入本初法界之中。留下的遗物除了一小袋糌粑以外，没有其他任何东西。在法体荼毗时，在湛蓝的天空里布满多种虹光之帘，四周降下伴随花朵的甘雨，众人现量见闻善品天神供养的瑞相和乐曲，留下无数象征超越四大危害的舍利和小舍利子而使众生置于正信之地。

38. 杰温大智者邬金丹增诺布

佐钦法王美久·囊卡多杰和佛子先盘塔耶的弟子，吉祥莲花生大士为了传播弘扬前译大密教法而以善知识相降临者，杰温大智者邬金丹增诺布，在多康杂域地区的一名为格蒙岗的草原上，于藏历第十四绕迴铁牛年即公元1841年诞生，父亲为格则阿邓后裔，佛子先盘塔耶之兄索朗达杰。尊者自小就具足正信正念、精进智慧等圣者习性之故，佛子先盘塔耶非常器重并将其留在身边，尊者在佐钦寺逐渐长大。十三岁时，在其叔怙主上师土登白玛宁谢堪布（佛子先盘塔耶），业规范师土登宁谢坚参吉祥贤座前剃度出家，使相续约束于一切功德之基的戒律学处。叔父佛子先盘塔耶在尊者十五岁时圆寂，在其处闻受了显教《沙弥五十颂》，密教大圆满龙钦心髓之从前行到正行的所有传承和窍诀。嘉色圆寂后，尊者在极度悲伤中猛励祈祷时，嘉色以班智达装束在白云虹光中现身，为其作了逝后授记，并安慰道："侄儿你莫要悲伤，即使是我长久住世，也再没有他法可传了。"此窍诀跟过去嘉色传给根波多杰的持明耳传法无二无别，此法如同刻章印书铭记在尊者相续中。此外，在四相获得圆满者佐钦法王美久·囊卡多杰前听闻隆钦七宝藏，心髓母子灌顶和口传，印藏四智者的密意觉受八大法行，普巴金刚大黑疏，酿氏师徒和敏珠林尼札等的伏藏深法，尤其是大遍智龙钦巴为佐钦法王显尊容而摄受他时，所赐的极为近传上师心滴灌顶讲授传于尊者并将此法交付于他，奉为其传承弟子。佐钦法王圆寂后亲见摄受的逝后授记也降于此尊者。

在堪钦白玛班札，岭喇活佛·土登坚参座前听闻甘珠尔，宁玛续部法，丹珠尔中有传承部分，上师密意集，荣松文集等口传。在无等根本上师巴珠仁波切座前，听闻入行论、集学论、中观理聚论、经庄严论、现观庄严论、宝性论、俱舍论、戒论等印藏智者的经典讲授，此外还有贤愚经、宝箧经、福德力传、功德藏、显密祈祷文、三律仪论等，如是在熙日森佛学院圆满听闻无数法门，成为巴珠称为"胜于自己四弟子"中的传法胜于自己者邬金丹增诺布。还在此巴珠上师处听闻五部地论等天竺各大注疏，大幻化网密续部，时轮金刚，龙钦七宝藏，心髓四部法，吉美林巴尊者文集的讲授等并在其前遣除疑难问题。尊者经常激动得流着眼泪，双手合十说："我的上师们在功德方面没有差别，都是登地菩萨，而在恩德方面，像阿布上师这样大恩者在整个三界都找不到，我无论修学显密何法，能集中于上师瑜伽和菩提心之中，是大恩阿布仁波切的加持啊！"另外，在蒋扬钦哲旺波座前听闻龙钦心髓法的讲授、灌顶及其附文补充法，功德藏注疏二车辙论，中观唯识二派的发心仪轨，普巴金刚大黑疏的灌顶和口传，嘎绕心髓的灌顶口传。大伏藏师秋吉林巴到佐钦寺时，接受了大圆满金液法灌顶等多法，苍珠·根桑塔确多杰处听闻心髓前行等法，在大成就者索朗巴格处听闻心髓扎龙法直指，在格蒙断法修行者晋美涛格前听闻希觉断法内外窍诀诸法，殊胜上师纽修·隆多丹贝尼玛前听闻心性休息讲义。此外，还与麦彭仁波切，格则大召格西，向巴彭措格西，罗朗堪布等殊胜智者们在理论法义上，相互交流探讨，遣除疑问，互为颂扬智者美名。

总之，先后以三欢喜法从依二十五位成就智者上师，其中有十三位具三恩上师，如日月二上师，一位无比大圣者上师，一位恩德殊胜金刚持上师等很多持明成就者，达到闻波罗密多彼岸而成为整个教法之主。根据历代先师的修行传统，尊者将一切所闻教法付诸实践，尤其是利用十二年的时间，将菩提心作为根本，以大圆满立断和顿超作为中轴而修行实践之后，四相本智获得圆满，智慧自然明盏得到究竟，密意中涌现出无尽的妙法宝藏，获得莲花生等无数本尊的亲见而现前成就妙果暖相。尊者根据妙法律藏所示的开遮法统而身体力行，成为守持清净戒律的典范。巴珠仁波切师徒在佐钦寺修行处闭关时，巴珠说："像吾等导师释迦佛祖住世时，守头陀行的众罗汉夏住安居，我们也要学习他们。"根据此教言，尊者担任堪布，众弟子在树下等地结夏安居。因怙主佛子先盘塔耶的道场是熙日森佛学院，白玛班札堪布等弟子劝请尊者主持道场，但他不喜好世间人情之法和道场事务，而是巴珠仁波切身处何地，他就在此地附近专心修行。

在晚年，尊者应第五世佐钦法王土登曲吉多杰邀请，前往熙日森佛学院，传讲入行论，中观根本轮，入中论，三律仪论，如意宝藏等经典理论，向佐钦法王和佛子先盘塔耶转世活佛等上师们传授龙钦师徒的甚深窍诀，尊者经常双手合十说："像第五世佐钦法王这样的教生事业在污浊世代非常稀有，他肯定是位登地大圣者。"尊者毕生居住在佐钦修行处，扎加寺二修行处，察玛隆，江玛修行处，阿格修行处，格蒙修行处等地，不喜好驻留在村庄或寺院内，五十八岁之前自己亲自下厨而身边没有一位侍从，如是始终行使隐修者威仪。

关于尊者弘法利生方面，向上至卫藏地区，下至蒙汉各地的求法者每天坚持传讲五堂课，孜孜不倦，废寝忘食，先后讲授入行论达两百多次、中观根本轮二十五次、入中论十九次、经庄严论三十九次、现观庄严论十六次、宝性论三十八次、二辩论各七八次、律经根本轮一次、三律仪论三十八次、俱舍论五次、量理宝藏论一次、如意宝藏论九次、心性休息十三次、宗派宝藏论一次、秘密幻网经二十次、功德藏四十次，此外，随念三宝经、沙弥五十颂、戒律二十颂、皈依七十论、乔美极乐愿文、各宗派论典、六善巧学处、三主要道、离四耽著、大手印五法、律经赞颂文、普贤行愿品、祈祷七十颂、集智论要义颂、亲友书，以及声明论、诗学明、医学、历算术数、文法、坛城和佛塔的度量和制作等。在不共解脱教授方面，心髓法的前行及其大讲授文、修心七颂、生起次第·通向密严刹阶梯、扎龙法、上师智慧及其所有背文附法、心本续、中阴六教授、各种希觉断法等，多次传授此等法门并敦促弟子实修，使修证教法如日中天，得到传播弘扬。

如是以讲修贤善之业继承、保护和弘扬教证法宝，如同鲜花吸引蜂群一样云集无数三藏弟子，其中有四大心传弟子，即：先嘎和勇嘎，根索和根巴。此四位弟子恒常协助上师同时辅导众弟子，以讲辩著伟业使道场成为第二天竺圣地那烂陀。正知正信者应当了知，当今属于宁玛派教法传承讲修二业弘扬至今、经久不衰，乃仰仗此等师徒传承和再传的恩德。尊者所造经典著作有中观根本轮和入中论注解、慈氏五论注解、心性休息、三律仪、亲友书、随念三宝经等法的详明注脚，极乐愿文概说及科判，大小戒律赞，遍智龙钦巴赞，圣度母赞颂文，晋美曲吉旺波赞，以及教诲道歌等甚多，但如今有些法本很难求得。此外，饱尝尊者法语甘露的弟子中，有传法受教者先盘曲吉朗瓦等无与伦比四大弟子，实修成就者根嘎巴登，第五世佐钦法王土登曲吉多杰，噶陀司徒，都嘉·札央等许多执持宁玛派精华教法的持教大圣者。

如是任运二利事业留于世间之后，于藏历第十五绕迴铁鸡即尊者六十岁那年示现患病之相，当时，穆日·白玛德钦桑波立誓放生几万头牛为尊者经忏祈寿，并劝请尊者道："巴珠仁波切住世八十年，您才六十岁，还要为教生长久住世啊！"尊者微笑回答："放生几万条生命自然殊胜，愿成为您长久住世之因，如您去利益众生，我好像十三天之内死不了，轮回未空之前必定利益教生"。过了几天尊者说："我对现在的病痛可以不做任何近取，后学者要修行遍智师徒的窍诀法，这样，在临终之时很有利益，正法和上师不会欺骗你们。"有一次又说："如今，照见任何外相，皆不离于佛像和明点，很稀奇，不知是何因！"又说："昨晚梦见一个装扮善妙之人，他说从吉祥铜色山来接我的，但对此等幻觉不必认真。"此后的有一天，弟子们都在场时，尊者凝视天空，右手以期克手印，左手结定印并说："邬金莲花生者我，超越生死之佛陀，菩提圣心无偏袒，远离繁多之名目。"如是留下遗嘱教言而趣入吉祥铜色刹土。

39. 嘉绒丹增札巴

巴珠大菩萨和堪钦白玛班札的弟子热巴丹增札巴，诞生在大译师毗卢遮那亲临之疆域，嘉莫·玉扎宁波和邦·麦彭贡波等许多持明成就者降生之地，多智钦吉美·成利沃色、钦哲益西多杰、佛子先盘塔耶等圣者的事业之力，宁玛派大密前译教法尤其是大圆满心髓深法光明遍照之圣地——嘉莫察瓦绒。尊者天生具备殊胜智慧之故，所学大小明处一点就通。二十岁左右，听到佛子先盘塔耶的名声而到了日当佐钦寺，最初在嘉色座前闻思教法，但不久嘉色圆寂。此后，依止巴珠晋美曲吉旺波足莲，听闻显密教法及各大明处，登上无碍于讲辩著的大智者顶峰，成为巴珠大菩萨'胜于自己四弟子'中的因明胜于自己者嘉绒丹增札巴。此外，在美久·囊卡多杰和白玛班札堪布前，闻思以上下心髓法的灌顶教授为主，大密内外续部的所有讲义并如法如量地修行，成为证悟高超的成就者。尊者在佐钦寺时就开始为四方众弟子讲授显密妙法，当时，蒋贡康楚活佛编集《大宝伏藏》时，加了一些苯教伏藏法，尊者为此撰写了批驳文等著作。

晚年，前往卫地，在各大圣地和道场闭关静修多年，当时，第十三世达赖喇嘛听到尊者的美名后，将其迎请到布达拉宫，秘密听闻大圆满窍诀深法，达赖向上师作了黄色丝绸帐篷等无上供养，但尊者始终受持隐修者威仪，没有丝毫世俗八风之傲气。尊者身材高大，常着蓄发瑜伽士装束，有一次，佐钦·土登曲吉多杰在前往卫地的路上，认定白玛班札堪布和蒋扬钦哲转世活佛，并将迎请者贝绕斯都等眷众遣回佐钦寺，他们根据佐钦仁波切的指点踏上回寺之路，第二天黄昏，到了一个荒无人烟的山沟，此地无法留宿而继续前行，不一会儿看到了火光，大家以为是有户人家可以借宿而高兴，但到了近处却看到几位闭关僧人扶着一位高大的老瑜伽士，原来是嘉绒丹增札巴以神童获知后，前来迎接他们的，尊者把他们迎请到修行处并高兴地说："我有幸见到了根本上师的转世活佛。"说完，把白玛班札堪布的转世灵童德确多杰放在自己头顶发髻上，让钦哲活佛谷嘎仁波切的转世灵童放在怀中，当问及尊者的侍从怎么知道他们会经过这里时，回答说："是因为尊者照见隐秘诸法的智慧力，他早上就说上师活佛要来并作了准备，但在此之前的十年里，从来没有出过闭关房门。"众人听后无不为之惊叹不已，如是成就者殊胜事迹甚多。尊者先后撰写著作多部，在多比·格西西绕嘉措撰写的驳论文中提到佐钦丹增札巴，至今在格西著作中可拜读。大约有三函多的尊者著作，珍藏在布达拉宫十三世达赖的图书馆，笔者拜读了其目录并正积极想方设法得到尊者著作。如是，以贤善成就之功德圆满自他二业之后，大约在七十几岁时密意趣入法界之中。

40. 第二世措休格珠活佛才旺巴吉多杰

佐钦法王美久·囊卡多杰和佛子先盘塔耶的弟子，第二世格珠活佛才旺巴吉多杰，其第一世乃格则上师仁增嘉措，诞生在多康扎溪卡，依止第三世佐钦法王尼邓丹增桑波，第三世尼札活佛美久攀德嘉措，杰温·白玛根卓朗嘉等诸多圣者足莲，以外德清净行为比丘之身，内德修学愿行菩提二心，密德守持持明誓言等具足无边功德，圆满利生事业之后圆寂。第二世活佛才旺巴吉多杰，诞生在杂宁多杰哲嘎神山所佑护之圣地，格彭九部落中智勇双全的人中豪杰赤妥丹巴家里。根据上师本尊授记，认定为大善知识仁增嘉措的转世，并迎请到前世道场缀须寺举行了隆重的升座仪式。不久，家乡的部落之间发生纷争而失散，尊者携眷到了色达，在那里驻留了九年，期间，由于没有经师等条件，小尊者先后几次准备离家流浪，示现诸多无有定准行为之相，但没有丝毫违犯四根本戒等不如法的行为，而且仅仅依靠佛珠占卜而无障授记隐秘诸法，如是自然示现各种殊胜威仪而赢得众人的顶礼膜拜。后来，部落间的纷争得到和解而回到家乡。

当时，尊者前往前密教法之源佐钦寺去求学，依止第四世佐钦法王美久·囊卡多杰，佛子先盘塔耶，杰仲白玛卓德札，岭喇活佛仁波切土登宁协坚参，第四世尼札晋美曲阳多杰等大德，听闻以尼札法门为主的如海前密经伏教法，尤其是在佐钦寺闭关院担任导师的吉美加卫尼固尊者座前，以满瓶倾注之式听闻大圆满龙钦心髓法的所有灌顶讲授，因尊者是吉美加卫尼固的上师转世活佛，得到吉美加卫尼固的慈悲摄受并提供了衣食。多智钦吉美·成利沃色和第四世佐钦法王美久·囊卡多杰认定尊者为成就者嘎玛岭巴的化身，劝请尊者前往塔波地区，并授记如果念修文武百尊能广利众生，为此，尊者以隐修者威仪徒步巡游卫藏各大圣地，但只完成了大概的朝拜，后来，又两次想根据上师旨意再去朝拜，但遭到各施主和老乡的劝阻而未能如愿，尊者的身寿和利生事业因此而遭受了违缘障碍。

尊者毕生未受用信财而将之用于三能依的建造上，尤其是念修了一亿遍六字真言，《莲花生本生传》一千遍等，在大修法会上飞出甘露丸等出现诸多奇妙缘起。有一时，发生了一些在家乡不便留驻的违缘，与三位僧人侍从一道前往卫藏，在拉萨作了膜拜和供养以后决定去桑耶地区，到了那里以后，在马头金刚修行洞闭关修行了很久。尊者曾说："那时，我每当想起上师们的功德，想起兄弟姐妹时，心中有些失落感，但由此使我亲见无常法的本性，证悟功德得到极大增益。"当时，尊者生活艰苦，又患上风湿，经受了很多的苦行。后来，尼札活佛晋美曲阳多杰来到桑耶，对尊者说："自家人应回自己的家，去那学地区吧！"他送给尊者坐骑和口粮，就这样到了恰日光明修行院，在普那修行洞闭关修行并为僧众讲经说法。最后，尊者示现患病之相，并在出现光明、响声四起等象征获得殊胜果位的神变中圆寂。

41. 第三世穆日白玛德钦桑波

堪钦白玛班札和巴珠晋美曲吉旺波的弟子，观音菩萨化身，众生大善知识第三世穆日白玛德钦桑波，其化身之源在往昔是本师释迦佛座前的大菩萨圣观自在，十六罗汉中的迦里迦尊者；在雪域藏区，是莲花生大士心子君臣二十五中的且琼罗扎瓦，涅·杂纳古麻热，大伏藏师达祥多杰等依次或同时示现化身游戏、广泛利益教法众生之后，第一世穆日活佛日楚·仁增嘉措诞生在那学地区，在大伏藏师尼札等诸多善知识座前作了圆满闻思。此后，因往昔利益化机的愿力应时成熟而来到多康扎溪卡，在谷隆古东修行处闭关多年，当时，与格则上师晋美沃察嘉措互为师徒，共同建立格龙寺，主持寺院，还建造了称为“穆日玛尼”的石经墙，为整个雪域留下吉祥福缘，至今可以朝圣膜拜。格则上师圆寂后，由尊者一人主持寺院，传经布道，培养了无数弟子，使讲修妙法得到极大的发展后圆寂。

第二世活佛久美曲达诞生在格则部落的果察章根家中，由第四世佐钦法王认定并在格龙寺升座。长大成人后，除了潜心修行妙法以外，对繁杂的寺院事务没有喜好，密意充满了菩提圣心之故，即使是恶业习气很重的难化之人，若见闻尊者尊容和法语，就自然受持慈悲见行，其所处附近地区的猛兽，也不会伤害其他动物等，自在于佛子菩萨的功德事迹。在寿命修行和利生事业皆得圆满后圆寂。

第三世穆日白玛德钦，乃如同上述，根据众生根基和意愿，以同时或依次、时而一人，时而众人之相示现化身游戏之后，又以众生善知识三金刚之相，于藏历第十四绕迴下叶，诞生在多康扎溪卡格则本地的一个圣者家族之中。灵童自开口说话就念修六字真言，无量慈悲之心滋润其心间，示现不同于凡夫的圣者风范。被佐钦法王美久·囊卡多杰认定为其穆日活佛的转世，并在格龙寺举行升座仪式。前往成就智者之源佐钦寺，依止佐钦法王，佛子先盘塔耶，巴珠晋美曲吉旺波，大堪布白玛班札等诸多善知识，接受了别菩密三戒，听闻了显密经典的讲授，以及新旧经教伏藏法的灌顶引导教授，大圆满甚密心髓法的窍诀，为此，成为自在于闻思修功德的成就智者。尤其是将白玛班札大堪布依止为根本上师，即使在上师圆寂之后，也以智慧身摄受和加持尊者，并发愿在世世转世中互不分离，此殊胜发愿，历经几次转世，一直实现至今。尊者示现以手握石如同捏泥一般留下手印，无碍知晓隐蔽之法等证悟空性的成就象征，使无数众生向其顶礼膜拜。

尊者在其道场格龙寺和佐钦熙日森佛学院，广转经教伏藏法的成熟解脱法轮，尤其是定时传授大圆满甚密心髓讲授文·上师智慧、圆满次第法·中阴六教授和实修。尊者培养的传承弟子主要有：第五世佐钦法王土登曲吉多杰、堪祖·德嘎、隐修者根嘎巴登、文殊上师麦彭仁波切、阿布喇嘉或名白玛塔确罗丹、索曲堪布、晋美云登根波、齐美堪布等成就者和佐钦寺的诸持教大德，邬金丹增诺布、雪谦嘉察白玛朗嘉、拥登嘉措大堪布、达喇根秋坚参、根桑巴登大堪布、堪钦托噶仁波切、大堪布阿格旺波（堪布阿琼）或名阿琼、麦洼大堪布才旺仁增、顶果钦哲等许多众生善知识。当今的中阴六教授的传承几乎都源于尊者，尊者毕生专修和讲授大圆满心髓法门，所以，在宁玛派心髓传承上师祈祷文中有记载，成为无与伦比的宁玛派大密教法佐钦传承的持教者。尊者劝诫上下杂域，以及果洛地区的众生弃恶扬善，广转六字真言和极乐法轮，使整个地区成为法喜充满之境。大规模扩建了上一世尊者的石经墙，周围新建了佛塔等能依，如是自他事业任运圆满并长留于世之后，色身暂时融入内界普贤密意之中。

42. 新龙白玛邓都大师

第四世佐钦法王美久·囊卡多杰和多钦哲益西多杰弟子，新龙大师白玛邓都，乃如邬金桑杰岭巴的《大圣地志》中云："雪域净土犹如莲花苑，朗朗圣地如同优昙花，如此善妙圣地净土中，悲心加持尤为甚广大，成就两种悉地之圣地……"尊者本人的授记文中亦云："神奇南洲雪域之东方，隐地深谷第二波尔岗，水晶白岩直插虚空界，箭岩或名朗宗扎嘎山，名朗朗摩尼如意宝山，集聚无量智慧圣会众，三怙主与第二佛陀等，无数持明圣者亲临地，示现诸多神奇道貌相，见闻念触圆满地道德，成就虹身空行之圣地。"如是在多种授记文中大加称赞的新龙朗扎神山脚下，于藏历阳火鼠年即公元1816年九月初十诞生，父亲康则·根波，为种性殊胜的达喇上师后裔，母亲名叫索朗吉。在灵童入母胎之时起，母亲就梦见太阳融入自己的头顶，父亲梦见一水晶佛塔降于怀中，佛塔在阳光下闪闪发光，照亮十方世界，帐房上空出现五色彩虹，遍地散发出妙香，出现了许多瑞相。

诞生后的第三天早上，小尊者盘腿而坐，念诵"阿弥陀佛"三遍并说："我乃邬金意化身。"第六天，家里请来嘉都喇嘛朗达为其加持时，小尊者做出翩翩起舞的姿势，念诵莲花生心咒七遍，看到此情，嘉都喇嘛非常欢喜并说："此童子无疑是转世活佛。"二十一天之后，噶陀信雄活佛仁增晋美贡波来到新龙，家里请来此上师接受灌顶加持，上师授记道："妙龄金瓶红日自在者，能赐成熟解脱之甘露。"并书写此授记赐给了尊者。九个月后，其叔根桑喇嘛说："我的侄子会成为一个贤德的出家人。"并做了一个将金刚杵和法铃交给灵童的姿势，小孩高兴地准备接受杵铃，为此，根桑喇嘛为其取名扎西顿珠。尊者到了两岁时，家里的帐房搭建在诺布岩圣山脚下的唐桑草地上，那时，以一位系着头巾的白身人为主的许多勇士空行母陪伴尊者嬉戏玩耍。又一次，跟随父母亲转绕神山，作烟供时，在神山正面的德佐塘出现了千百勇士空行聚集迎接尊者的境相，尊者为随从人员指点此景，但谁也没能看见。总之，从小就作灌顶、传法、修建佛殿以及在山洞和树下打坐等姿势游戏玩耍，与普通的小孩有着很大区别。七岁时，前往白玛上师座前学习文字读写，因天生聪慧，师父一点就通。九岁在叔父达喇上师道场，迎请嘉色多杰曲旺接受了一些灌顶，嘉色授记道："小师父，你是隆萨宁波等许多圣者的化身，故能利益教法和众生。"

一时，父亲康则根波去世，家里的财产大部分用于作法事和处理后事上，剩下的少许家产连同房子被几位叔叔霸占，尊者、母亲和两个弟弟经历了如同米拉日巴一样的艰难困苦。当时，一些亲戚给了他们一只山羊，还有瓷壶、皮袋、酥油盒、盘子等物品，对他们母子起到了很大帮助。尊者从此事件中领悟到了如梦如幻的轮回本性，没有生起怨恨心，并对母亲唱了很多安慰的道歌。不久，二弟去世，尊者自己也患上天花病，村里的人将尊者和一个叫嘉措的护理人送到一个很远的地方，每当母亲得到一些食物，就放在离尊者他们较近的地方，并向他们传递信息。后来，尊者的病情得到好转，但因食物断绝，不得不偷来一点糌粑和荞麦充饥。有一天，尊者上山去放他们唯一的那只羊，不料遇到两位强盗，他们往尊者眼里撒了土灰，抢走了羊、衣服、牛毛毯、帽子等物品。之后，小弟阿罗也因饥饿而去世，母亲为之伤痛欲绝，尊者安慰母亲并唱了许多讲述无常本性的道歌。

有一次，布阿拉仓家念经做法事，尊者加入僧众，但来了一位主人家的人对他说："你这闲坐观天的乞丐，不要坐在这里，出去。"说着将他赶出了家门，小尊者边哭边回头，依依不舍地离开了。此后，又在嘉学布鲁和鲁修等家的经忏法事上，也没有让尊者加入僧众中。又一次，举行地区总法会，根据惯例，僧人每人都要带糌粑参加法会，而尊者却没有糌粑，于是在一位叫阿牛的口袋里偷了三碗糌粑，但被主人发现后，不仅挨了几拳头，还把法会期间的所有供养赔了进去。后来，在以嘉都喇嘛朗达为主的很多僧人开法会时，嘉都喇嘛想把尊者安排在僧众行列，就对施主才旺达吉说了此事，但才旺极力推诿，尊者就在乞丐中呆了一天。第二天，嘉都喇嘛从房顶上看到尊者以后，就对才旺说："具信施主你听着，现就在你门口的康则家小孩，他诞生后的第六天，我去了他家，亲眼见到他对我显出极为欢喜的态度，并作了许多静猛本尊的手印，口中七次发出金刚之声，如此具备不可思议功德的殊胜活佛，我从来没有见过，这次，你一定要让他加入僧众。"才旺虽然不愿意，但也只好让尊者坐在僧众边上，看到尊者坐在下座，嘉都喇嘛朗达难过得流出了眼泪，在法会上收集一点糌粑装入尊者的口袋里，嘉都喇嘛晋美根桑也给尊者上好的食物。

到了十三岁时，尊者能够忆念往昔转世过的一些印度成就者，莲花生大师座前的成就者拉色丹真，开启伏藏法门者桑杰岭巴，成就自在曲杰那措让卓等，尤其是能忆念莲花生大士为君臣眷众传授甚深窍诀法的情景。十五岁时，在大持明者卓都沃萨多杰或名根桑杜炯前，闻受持明者本人的度母心髓伏藏法所有灌顶传承，上师称赞道："'新龙将出邓都名号者，若遇此人将获七功德。'此授记文中指的人原来是你啊！"十八岁时，在觉受和梦境相融中看到地狱众生的无量痛苦，尊者生起无比慈悲之心并猛励祈祷三宝时，大悲观音面带微笑，手持转经轮向右转动而出现在他的上空，菩萨携眷齐声梵唱六字真言，将说转经轮放在尊者头上后交于他手中，并说："儿啊！祝愿你如同此经轮，广转法轮，度化众生！"第二天，尊者向母亲请求可否根据观音授记转经轮时，母亲说："这个非常好，我昨晚梦见从东方升起有无量光芒的太阳，天空布满了彩虹，里面有说是邬金莲花生和圣观自在的很多上师，手上都拿着转经轮，最后都交给你，当你转动经轮时，从转经论发出光芒照遍了整个地区。"此后，母子俩准备了一个月的经轮材料并一切得到就绪后，前往其叔父根桑索朗上师那里，请他为转经轮开光加持，上师也说："昨晚我梦见在一个鲜花盛开的草原上，搭着一顶白绫罗宝伞，其下有一座高高的法台，你坐在上面讲法等梦到很多神奇征兆，此经轮定能利益众生。"说完，作了开光和祈愿。

此后，尊者前往上下祥朗希巴村落、昌柯等地区，边转动经轮，边吟唱四厌离、皈依教授等法门，使所有僧俗大众心向善法，念修了几亿遍六字真言和莲师心咒，刻了很多六字真言石板等，利生事业得到发展。尊者二十一岁时，正值上下部新龙发生战乱，新龙头人的部队到了尊者家乡，杀了两三个人并把他的兄弟罗布抓去坐牢，根据日囊头人的命令，尊者也不得不前往新龙中部当兵。当时，多钦哲益西多杰来到新龙上下部调解战争，尊者拜见了多钦哲并在其处闻受了心髓三根本的灌顶口传，龙钦心髓法的前行和正行上师智慧，以及其他诸多殊胜窍诀法，钦哲对尊者说："儿啊！如果你能专心修行，定能广泛利益教法众生。"经过钦哲仁波切的游说，尊者兄弟等七人获得释放。之后，措色嘉色·仁增格桑德赞到祥希和朗朗地区朝圣，尊者在其处听闻普巴金刚等法的灌顶口传，嘉色说："儿啊！你是个具有善缘福报的人，请精进修行，将来必定能利益众生。"那时，在尊者的清净觉受中到了吉祥铜色山，拜见了莲花生和君臣海会众，得到法语随许和加持。

到了二十五岁，听说大成就者白玛久美来到昌柯地区，尊者前去拜见，当时正值上师给大众传法之时，上师亲切地说："小僧，你很有善缘福报，是无量劫前积累资粮，清净业障的很多圣者的化身，昨晚我梦见一个自称为阿底峡尊者、米拉日巴、则勒·那措让卓化身的瑜伽者，在有一条白色道路的巍峨水晶山上，将数亿众生超度到善趣之界。"在此上师处听闻龙钦心髓法门等灌顶口传，上师还作了很多未来授记，赐名白玛邓都，并说如果在祥朗扎圣山潜心修行，利生事业将广大无边。藏历阳火马年即尊者三十一岁时，与几位道友前往祥果岗吉然瓦，去拜见措普大成就者久美曲阳，当一见到上师尊容就如同亲见金刚手菩萨，生起不退转信心，上师首先为尊者作了灌顶，使其心续成熟，然后，传授了从隆萨多杰宁波的共不共前行，直至立断和顿超深法的讲授，在讲授颇瓦法和扎龙法等时候，出现了很多殊胜征兆，成为众人共睹之事。此外，就在此圣地依止众多善知识，听闻心髓子母法、敏珠林伏藏大师兄弟的法门、果登法门、邓都法门、隆萨法门等无数灌顶口传。尊者在觉受和梦境中出现了很多清净业障的征兆，尤其是无勤生起证悟与觉受而得到抉择，多次向上师禀报了经过实修的证悟体验。有一时，尊者对上师请示道："为了使修行得到增益，我想去朝拜从印度到五台山之间的各大圣地。"上师显得很生气，对他说："儿呀！再没有比此更殊胜的法性修行方法了，我很早就听说你是位种性殊胜、天生聪明、从小就心想善法的活佛，如今你得到传法后不好好修行，而是想到处游走，是被邪魔所扰，对流浪感兴趣是诱惑，你若听我的话，就请回家乡，在莲花生大师的隐修圣地朗朗扎嘎作专心修行，将会成就自他两种事业，这是老僧我的希望。"

就这样，尊者根据上师的教诲回到故乡进行修行后，于藏历阳水鼠年，在大成就者巴吉多杰修行洞获得伏藏表示文，开启了甚深伏藏法的坛城，因未得到空行的广传开许而暂时保密。当时，尊者在觉受中兴奋地以禁行威仪在石头上留下了很多足迹。在尊者本人的伏藏标识文中云："如我伏魔金刚尊，将出楚休岭名者，胜义意出法之界，表示岩中请深法。"如是在阴火蛇年十月初十黎明，在其梦境与光明相融之余，降下了此等伏藏表示文："梦境光明相融之现象，五种珍宝而成黄纸上，琉璃汁液书写二法函，尤为普巴金刚法门与，身意能依一百二十五，解脱圣丸七世梵志身，莲师法杖蛇心檀香木……"当时，尊者心想："我一生行持禁行威仪，不从外界寻求佛道而追求妙乘见地，虽无有比此更殊胜的悉地，但因往昔善缘所得之伏藏深法也不能放之不管。"于是，他召集众弟子，将在光明境界中所见到的情形，得到伏藏表示文的情况等告诉他们。师徒们举行了会供法会后来到了大圣山脚下，尊者觉受兴奋，心境法性融为一体而无碍行走于岩山之上，如同过去在表示文中所述，在伏藏门上有清楚的标记，尊者向护法作了如是嘱托："吽吽吽！如同往昔伏魔金刚者，立下誓言佑护圣教法，内外密之护法海会众，莫忘嘱托誓言与承诺，父财自承时机已来临，甚密伏藏悉地赐予我。"说完，尊者开启了所有上下伏藏之门，掘出身语意能依等诸多伏藏品而回到弟子们的身边，这时，天降花雨，妙香飘满四方等出现了很多神奇瑞相。然后，尊者亲自拿着绳子，将众弟子带到下伏藏岩门口，在形如白牛的磐石脚下，将法杖往地上一插，就涌出了如甘露般的泉水，所有弟子和朝圣者都对尊者生起了亲见佛陀般的信心，齐声赞叹：在如此干旱之地引出了清凉泉水，实在稀有！

此后，尊者师徒一行六十几人去拜见第四世佐钦法王美久·囊卡多杰，供养了珍宝类、绸缎类、法器类，还有茶叶、牛马等丰厚的曼达拉，佐钦法王为他们详细传授了龙钦心髓法的共同前行和解脱善道法，法王和嘎丹堪布共同宣讲了上师智慧和扎龙拙火法要，另外，传授了持明总集、大乐空行母、马鹏炽燃、三宝总集，以及上师本人的伏藏法然恰颅鬘莲师净现法门等的灌顶口传，为满足佐钦法王的愿望，尊者为他们传授了其伏藏法的一些口传。当时，尊者拜见巴珠仁波切，巴珠说："尊者您的事迹我早有耳闻，在五浊恶时的当今，实属名副其实的菩萨，您宣讲《入菩萨行论》是再合适不过了。"说完，赠送了十五本入行论，并赐予了《文殊真实名经》口传。

尊者前往日当雪山的上下圣湖，为在将来掘出伏藏法而在岩山上画了伏藏表示图案。此外，在佐钦寺见到了无数清净境相。尊者回新龙之时，佐钦法王将自己的法帽和法衣，以及身语意能依等赐给了尊者并说："殊胜尊者，您和我将在清净刹土永不分离。"就这样，两位大德的密意融为了一体。

此后，尊者回到其道场格桑寺，重建了大雄宝殿并开光，以静猛法·密意自解脱和自己掘藏的伏藏法·遍虚空自解脱举行宝瓶念修法会，出现了甘露圣丸满地飘飞的奇特征兆，邀请沃根寺西绕坚参上师到格桑寺，传授大幻化网续，让雄多杰尊者的甚深法门等，后来又从佐钦寺邀请佐钦堪布西绕塔钦，包括尊者本人在内的所有人听闻了宁玛续部集的口传，以及入行论，佛子先盘塔耶的善巧六处法等的讲授。有一次，道场上空出现了许多五色大小明点，一个大的光环由四个小光环围绕等，所有僧众都看到过去从没看见过的殊胜征兆，尊者和格丹塔耶等有些弟子见到了善劫千佛尊容。那时，尊者拜见了上下昌格活佛，扎珠活佛根桑朗嘉，安章活佛叔侄等，结下了密意相融的情谊。此外，贤善成就自在纽修隆多上师莅临该寺，为尊者传授了随念三宝经的义讲授，寂天菩萨的入行论等法的简略讲授。后来在卡尔柯修行处纽修隆多上师前，听闻了上师智慧略义讲授。

其后，尊者示现患重病之相，一连二十一天未进食，尊者对众弟子说："我将要入寂静之界，在我的觉受中，现见邬金空行刹等清净刹土的勇士和瑜伽母会众接引我。"当证悟者巴丹等众弟子祈请尊者不入涅槃，继续利益教生，不舍弃众弟子时，尊者说："你等莫要悲伤，我可以再住世一两年吧。"此后，尊者先后为弟子们传授了上师智慧等甚深讲授，期间有时候给金刚弟子们说："我圆寂也好，住世也好，只要你们将无有意义的世俗错乱行为，讲究世俗八风的行善之相，只有耳闻口说的见地，以及相续不具慈悲的利生事业统统舍弃，老者我的愿望就实现了。"又对新弟子们每人给了一根棍棒并教诲道："你们莫要让六根追随对境而惑乱，如果自心没有被正念所摄持，你们想走的时候就用这根棒打脚，想做事的时候打手，想说话的时候打嘴，见修不要留于对境而精进修行。”

藏历水猴年即尊者五十七岁那年的四月三十日，当时，尊者住在单人帐房里，他将众弟子叫到身边，将圣物盒放在每人头上并作了广深祈愿之后，尊者说：“现在你们可以回去，把我的帐篷门缝好，在七天之内不准进来。”弟子们不得不照办，便忧心忡忡地回去了。七天后，弟子们在上师帐房外面顶礼后开门一看，上师在床上留下的除了法衣，头发和手脚指甲以外，色身早已趣入虹光宝身之中。

43. 措休格则活佛巴美希卓

堪钦白玛班札和成就者根桑泰秋多杰的弟子，措休格则活佛巴美希卓，乃如第四世佐钦法王美久·囊卡多杰的金刚预言中云：“祈祷三宝能依前观察，往昔持明尼玛札巴尊，亲临加持圣地尚莫宗，持明家族智慧与方便，日月天龙之湖美景中，显现天空三根本坛城，兔年或者鼠年诞生者，若未染上轮回之过患，将会照射千万道光芒，遣除世间一切之黑暗，显密教法白莲花盛开，务必勤供昔修护法众，二十岁后藏区教生业，圆满吉祥功德将示现，邬金钦秋说此而善哉。”如是于藏历第十五绕迥阴火兔年即公元 1867 年，在康区尚莫宗北部伏魔密修院诞生。父亲名为仁增欧珠，其祖先是瑜伽成就者那波托彭的后代，其有一子名丹珍巴，丹珍巴后代中出了一个名为吉绒释迦的除障盖菩萨化身者，从此，家族中接连不断地涌现成就者，一直到第五十代持明仁增欧珠。尊者的母亲名为尼萨·向秋卓玛，出身塔波仁波切家族。到了六岁时，其属鼠的二哥被上师本尊一致认定为岭·杰仲白玛卓都的转世活佛，属蛇的大哥被佐钦法王和尼玛扎巴二位大德一致认定为且尤大持明者巴沃列绕扎转世活佛，并将活佛连同家眷迎请到多麦德格。当时，尊者梦见一位头发花白、穿戴布帽布鞋的老喇嘛，他说：“我是楚休喇嘛晋嘎，是来接你的。”在路上，小尊者就像本地人一样清楚地说出有些所经地方的情况，但父母以“不要乱说”制止他，尊者从此就再没有这样的话语了。

到了扎溪卡时，正值巴珠仁波切传授普贤行愿品讲义，获得慈悲摄受和法缘，在郭莫沃道场驻留了几天。随后，在一个吉日，参加了土登罗布林寺为其哥哥举行的升座仪式，此年冬天，参加了土登罗布林寺的普巴金刚宝瓶修法会。尊者到了八岁即藏历木狗年，根据过去第四世佐钦法王的授记，以及尼札活佛晋美曲阳多杰“持明仁增欧珠有位属兔的儿子，是能利益尼玛扎巴传承的活佛……”等授记如出一辙，认定为楚休上师仁增的转世活佛。苍珠仁波切根桑塔确多杰为其赐予持明集长寿灌顶，苍珠说："他是阿弥陀佛的化身。"说罢，为尊者穿上法衣，更名根桑曲吉尼玛。次年春天到了嘉绒寺，在朗珠仁波切前听闻极密金刚橛等一些法的灌顶口传，仁波切为尊者造写了永久住世祈请文，并赐名邬金德钦白玛夏比华。路上朝拜了日当佐钦寺之后到了楚休地区，当地僧俗大众以无比信心举行了盛大的迎接和升座仪式。从此，尊者开始在岭喇嘛郎卡处学习文字读写并熟练掌握。九岁时在钦哲阿布活佛前接受持明集长寿灌顶，在喇嘛白玛丹增前听闻龙钦七宝藏的本颂和注疏。火鼠年在叔父上师晋美塔确处闻受与莲师心咒双运的三宝总集修法灌顶，尼札法门，忿怒莲师·火风炽旋等法的灌顶口传。十一岁时，又一次前往嘉绒寺，在朗珠活佛根桑塔确多杰座前闻受了尼札三根本秘密心髓法的解脱讲授及其分支法，列绕扎的金刚萨埵心髓法讲授，敏珠林深道善逝集的讲授及其气脉法，杰仲·白玛卓堆札的所有净现法耳传等许多法门的灌顶口传，在修炼颇瓦法时，无勤显现气脉融入中脉的觉受，在念修秘密心髓特殊前行时，对认知明觉智慧方面没有一点障碍而使上师非常欢喜，并赐予巴美希卓的密名。

藏历土虎年即尊者十二岁那年再次前往嘉绒寺，在朗珠活佛前听闻龙钦心髓法，空行心髓的讲授，然那大师的意修法，玛宁法部，邓都多杰的金刚手，酿氏的黑马头明王，观音密集，杰温所造火供法，活佛本人造写的药师佛等无数法门的灌顶口传。随后，温珠仁波切前往日当佐钦寺灌顶传法，尊者也随同而去，听闻了前译经教部的总经意集密续、上师意集、嘎玛岭巴的静猛法、三宝总集、北藏八法行、大悲观音精华集、深道善逝集、所有尼札法门的灌顶口传、所有列绕扎的净现耳传法灌顶口传、心髓四部的灌顶、比玛心髓、空行心髓、桑吉岭巴普巴修法、上一世佐钦法王的长寿修法·金刚结、尼札课诵法行等诸多法门。尊者在十三岁到十七岁之间，在家乡等地对信众劝善止恶或者闭关念修，那时，在觉受或梦境中出现了本尊显尊容并加持，山神土地协助进行利生事业等有着许多殊胜事迹。十七岁那年，前往日当佐钦寺，在本乐活佛座前听闻大藏经口传，在第三世岭喇活佛前听闻桑林本《莲花遗教》的口传；并获得了上一世的袈裟。此年春天三月二十五日上午升起八分日一士夫影量之时，在成就者圣地白玛唐吉祥殿·光明胜乘林，于大堪布白玛当秋沃色或名白玛班札座前，接受沙弥戒，取法号白玛曲阳沃萨，并在此大德前听闻光明大圆满心髓法的窍诀讲授，获得殊胜的证悟和觉受。此外，先后与第五世佐钦法王、文殊上师麦彭仁波切、苍珠仁波切、雪谦嘉察久美白玛朗嘉、安章珠巴那措让卓、格贡根巴堪布、江玛堪钦土登曲培、格蒙堪布索朗多杰、喇嘛丹增达吉、喇嘛白玛邓岳等互传深法，切磋交流。如是，尊者在年轻时代，一心精进于闻思修，开启了殊胜的天生习成二智慧，登上地道见功德之顶而成为成就智者，所以，多次得到蒋扬钦哲旺波等许多圣者大德们的称赞。

藏历木猴年即尊者十八岁那年，在诺林寺传授尼札伏藏法门，列绕扎净现法门的灌顶讲授，从此，毕生广转前密经教伏藏法的灌顶传承法轮，尤其是前后到达莫岗寺善缘圆满洲，嘉绒寺闭关院等道场弘扬尼札法门传承，如同上述授记对此法门的传播恩德巨大。尊者的一生大多处于闭关静修之中，期间，前往吉祥莲花光刹土拜见邬金莲花生，在清净觉受中获得遍智龙钦巴的亲见和摄受等有很多秘密殊胜事迹，此等在尊者自传中有详说，故在这里没有复述。尊者经常在上下杂域等地主持进行八关斋法会和极乐法会，劝善止恶，广转法轮，使一切结缘者置于具义之地。

尊者所造著作有：《金刚萨埵心髓法概述·善说日月光明》《三律仪注疏等》。如是广弘利益教生事业之后，于藏历土蛇年即尊者六十三岁那年，说了一些表示不会长久住世的话语，此后，对亲近弟子们开启了一些深法的秘印并传授，以此作为最后利生事业而密意趣入法身之界。

44. 智者木雅·根桑索朗

巴珠晋美曲吉旺波和邬金丹增罗布的弟子，巴珠仁波切的“胜于自己四弟子”之行为胜于自己者木雅根桑索朗，被许多大德多次授记为十六罗汉中的瓦古拉尊者的化身，俱生智慧无人能及，在许多不同教派的寺院，彻底闻思了显密如海法门，对格鲁派教法和见地获得通晓自在而获得格西学位。依止邬金丹增罗布足莲，听闻了诸多宁玛派见地的论点，尤其是将巴珠晋美曲吉旺波依止为根本上师，仅听闻《入行论》就多达八十次，以及印藏各大经典，续王幻网续，大圆满心髓的讲授等无数不共深法并实修，登上了殊胜证悟的顶峰。尊者曾说：“在大恩上师巴珠座前，我在脊梁骨上所画的三种标记，永远也不会消失。”如是道出妙法充满心间的法语。当尊者打算云游四海、隐世修行精华法门时，阿布（巴珠）却说：“你们不要云游，你和隆多回各自的家乡建修行处，定能利益众生。”为此，遵照上师教诲，尊者决定回到木雅。

尊者如同保护眼睛一样毕生严守戒律清规，如法取舍因果法则，成为巴珠仁波切著名的弟子，行为胜于自身者木雅·根桑索朗。在临行前，阿布仁波切赐给尊者一本《入行论》和一块砖茶，于是，尊者回到家乡木雅地区。在巴夏扎嘎和贝罗修行处等静地，广转大藏经口传、入行论、般若、律藏、俱舍论等法轮，尊者在见地方面，显教以格鲁派、密宗以宁玛派为主而修持，写有现观庄严论和俱舍论的疑难探析等著作，尤其是根据阿布“你要以格鲁派见地而写一部入行论大疏”的劝请，造写了印藏两地前所未有、以一当百的《入行论大疏》，全文多达一千页。尊者将阿布所赐的砖茶包在绸缎里，并挂在自己所处的上方，他说：“当我要回家时，阿布将此茶和入行论法本用双手赠送于我，并用扎溪卡口语为我祈祷说：根索！祝你长命百岁！你知道了吗？”每当尊者看到此砖茶，就留下眼泪，合掌祈祷：“大恩阿布请垂念！”每当新年伊始，就砌下少许茶来烧上一壶，然后叫来所有弟子一起享用，并说：“此茶是阿布所赐融入菩提心的加持甘露。”

尊者培养的弟子众多，其中，心传弟子木雅阿白，被第五世佐钦法王邀请到熙日森佛学院，弘扬俱舍论讲授传承，如是传承弟子遍及木雅、道孚、炉霍等地。在尊者即将圆寂之时对近侍说：“今天要将法衣拿到门外挥舞一下，并且以三十三天界以下都能够听到的声音大喊‘木雅根索持戒清静圆满了’。”最后，尊者穿好法衣，以法身坐式中现前基界无上菩提王位。

45. 安章珠巴卓都巴沃多杰

堪钦白玛班札和巴珠晋美曲吉旺波的弟子，安章珠巴卓都巴沃多杰，乃如持明邓都多杰甚深伏藏中云：“现今然那昔日者，未来噶陀之东方，阿名者将利众生。”第四世佐钦法王美久·囊卡多杰的《授记文·银镜》中云：“莲师事业化身千百尊，五浊世代事业尤迅猛，昌之地区圣者‘珠’名者，见闻者皆往生乌仗那，二众相聚美名响三界。” 在持明桑阿岭巴授记文中云：“玛托化身龙名者，从东或南而降临。”又在秋吉德钦岭巴的日当圣地（授记文）中云：“具缘龙之名号者，从南开启意伏藏，行使自他之密行。”如是清楚授记了尊者诞生之地与时机。

公元 1842 年即藏历第十四绕迥水虎年六月十五日，尊者诞生在多康昌柯地区，父亲是持明索朗嘉措，母亲为安子阿朵家族之女阿嘎。莫成就者朗卡曲旺的心子安章大持明者桑杰扎西，在圆寂时曾留下遗嘱说会转世在自己的家里，故此，由噶陀志美信雄曲吉多杰认定为其转世，昌成就者嘉瓦向秋认定为珠巴噶举派的高僧珠·白玛嘎波化身，故称安章珠巴。断法成就者秋华上师为小尊者作长寿灌顶后，梦见从帐篷里升起了太阳，光芒照遍山河大地，为此，成就者再三嘱咐要保持尊者衣食起居的清净并赐予金刚结。尊者到了四五岁，就在雪谦温珠活佛久美土多朗嘉座前接受皈依戒，赐法号白玛多阿伦珠桑波，温珠梦见有大小两个法螺，当吹响小法螺时，其声音传遍拉萨以下的整个藏区，鉴于此，成就者说尊者是位种性殊胜者。十二岁时，与叔父和兄弟一道前往噶陀司徒确吉罗珠尼邓丹毕坚参座前，听闻隆萨宁波掘藏的金刚心引导讲授，在第一天，上师广讲了此法及其疑难探析，尊者虽然没有记住所有词义，但掌握了大部分要义。在讲授死亡无常讲义时，因尊者对“死亡无有定时”之义生起感悟，出现改变脸色，日夜哭泣等现象。在多次拜见司徒仁波切之后，司徒为尊者赐予了许多殊胜佛像、经书、佛塔的身语意能依，并劝勉尊者在未来要以灌顶、口传、讲授之法来摄受化机众生。从十三岁起，尊者对离戏论之义的修行尤为精进，出现了诸多清净境相，唱诵了许多金刚道歌。

尊者从小对出家与别解脱戒有强烈的希求心，虽然没有正式接受戒律，但恒常将三法衣带在身边，始终强调别解脱戒是佛法的根本，并对行持三律威仪者合掌示敬而随喜。在蒋扬钦哲旺波座前接受广行派传承菩萨戒，稍长大后，前往佐钦寺，学习中观根本论、入中论、四百论、俱舍论等显宗大部分经论而成为堪能讲解的法师。在白玉嘉珠活佛多阿丹增、根珠活佛让卓座前，闻受天法·掌中觉悟、然岭掘藏的意修法门、玛德掘藏的狮面佛母法门、静猛法密意自解脱、中阴六教授等教法和灌顶。格鲁派成就者扎巴顿珠来到扎嘎修行地时，尊者在其处听闻入行论四品、密集金刚诸本尊、哲若巴传承胜乐法、青白玛哈嘎啦护法等灌顶，上师非常欢喜，劝勉尊者道：“你属最后有菩萨的种性，要多修菩提圣心啊！”

尊者在昌色柯地区朝拜新龙成就者白玛邓都上师，根据大师的旨意，为其在传授总经意集密续的灌顶时提供法本，大师为尊者授记道：“如果你以蓄发报身装束的瑜伽师身份受用五妙欲，根据大圆满法缘而宣扬之，教法将会像阳光普照大地，兴旺发达。”但尊者从小就向往当一位托钵乞食、临终无悔的出家比丘，故向大师再三请求开许他不用成家从俗。大师说：“将来你会遇到一个不得不蓄发的时候，那时就知道是怎么回事。”说完，就以满瓶倾注之式向尊者赐予遍布虚空自解脱法的灌顶、讲授和口传。如授记法主标识文中云：“开启广深教法门之际，玛陀仁青大师化身者，伏藏之主将临昌地区，遇此众有缘者得解脱。”但是，因善缘未能应时和合，未能编撰仪轨和传讲。

前往霍堆地区之时，在阿拉曲休家中，拜读了附有注解的阿底峡尊者菩提道炬论，大圆满道次第论，大手印道次第论等论典，对宗喀巴大师的疑虑和邪见全然消失，并且生起了猛烈的信心，念诵了十万遍宗喀巴大师的《无缘大悲祈祷文》，对佛苯一切教派生起了清净之观。往昔，司徒仁波切曾对尊者说：“如今在康巴地区，会手持宝瓶者只有文殊上师钦哲仁波切了，你尽量要在他座前接受详广的灌顶。”故此，尊者先后二十七次拜依钦哲旺波，上师极为欢喜，为其赐予了诸多灌顶，尤其是以满瓶倾注之式，将所有心髓母子法等大圆满经续窍诀传给尊者，奉为其密意证悟之补处。此外，还赐予北藏法“密意无遮”，拉尊大师的持明命修法，嘉村上师的静猛狮三法，噶陀·郎卡嘉措的大圆满讲义，那若巴空行加持讲义，修法仪轨总集大灌顶，成就者密意心滴法的见修行讲义，金刚甘露法部，所有耳传法部，无死圣母心髓法，密意除一切障，莲师意乐成就祈祷文，度母甚深心滴法等的灌顶，尤其是将尊者奉为空行密法全集的法主，赐予一切根本和支分灌顶讲授法门，尊者身着空行密咒灌顶法衣而击打咒靶时，清晰出现了摧毁许多边陲邪魔城邑的征兆。结束灌顶讲授之后，进行了会供仪轨，那时，上师十分欢喜，笑声不断。

根据此上师的劝请，尊者在康珠活佛座前听闻大宝伏藏法，噶举密教宝库。在佐钦堪钦白玛班札或名白玛多杰座前听闻上师心滴法的详广灌顶教授，并授记尊者要像拉尊·朗卡晋美一样以瑜伽士之相利益众生。先后七次依止巴珠仁波切，无余闻受光明大圆满传承教授，当时，尊者携眷前往扎溪卡地区云游化缘，因拜读了阿布（巴珠）的一些著作后，生起了信心，便叫一位向导将他引到巴珠仁波切所居的扎嘎修行洞，一到那里，看到一位挑水的高个子喇嘛，向导说此人就是。尊者师徒当即下马，尊者担心上师不欢喜而叫眷属在远处等候，自己独自走上前去，在修行洞门外顶礼膜拜，并在洞门口等了很久，这时，上师才问道："你是谁？"尊者答道："是一个昌台人。""听说安章珠巴到此地化缘，是不是他的一位弟子？""此人就是我。"

上师拿出一个藏垫并说："这是果洛的一个老头给我的，坐这上面吧，"尊者没有坐垫子上，而是手肘支地而坐。上师在片刻中无语而烧茶，此后又说："本来我有沾酥油的薄饼，可作美味佳肴，我们可以一起享用，但你们大活佛们是否让侍从背碗具而自己没带在身上呢？"尊者急忙答道："没有这个讲究，就在怀里。"说罢，从怀里取出碗来。上师特别欢喜，为尊者倒茶并说："俗话说：度父者为父，度母者为母，今天母亲到我这里了。"尊者心想："过去，上师母亲往生时，我为她念过颇瓦法作超度，上师指的应该是这个。"这时，洞口的草堆上飞来一只鸽子，并开屏嬉戏，上师说："今天连旁生都很高兴。"说罢，在愉快的气氛中与尊者畅谈。当尊者向上师请求传心髓扎龙方面的法门时，上师说："我很久前听闻过扎龙法，但现在可能忘记了，我想一下吧。"

第二天一早，上师来到尊者帐篷中并说："我过去从未坐过大活佛们像大日如来坛城一样的藏毯，今天要坐坐，也许很好玩。"说罢，从怀里取出一条修扎龙用的短裙，又说："如今密宗虽然兴盛，但不是所有人有这法缘，几位格鲁的智者格西问我扎龙短裙是什么样的，我只作了大概的讲述而没有把深密部分泄露，我在很早前就得了严重的风病，为对治此病而修行扎龙，修破了九条扎龙短裙，以此加持力，如今我的病得到痊愈，再也不用担心伤及自他身体了，你看此修轮易记易修，我和你的亲戚孟珠可以做修轮。"说完作了详广扎龙教授讲解。在修吽嘎然修轮时，出现了上师现为此本尊的特殊景象。有一次，尊者去看上师顶礼的方式，上师看过来问："你想说什么？"尊者答道："没有什么说的，想看看阿布的顶礼方式。”上师高兴地说：“很好啊，如今除了高攀所谓的生圆大圆满法之外，对真正需要的此等法要却无人问津，其实顶礼非常关键，在显宗中所讲的五体顶礼和《大象度续》中所讲的长头顶礼都应这样做，合掌于心口是大圆满龙钦心髓遍智法王派的传统。”如是以教证来详细讲解。此外，还听闻了前行文普贤上师言教、上师智慧的详广讲义、普贤行愿品详广讲义、极乐愿文详解等无数深法。总之，先后七次前往此大德处，在光明大圆满法的基道果要义方面，遣除了疑虑，获得证悟助益。故此，尊者称巴珠仁波切是他闻受大圆满远传窍诀的唯一上师。

尊者在都嘉温波晋美前听闻扎龙和旺扎嘉措断法灌顶和教授，在纽修上师纽修隆多仁波切前听闻休息三部法、七宝藏、心髓四部、入行论讲义两遍等，在文殊上师麦彭前听闻萨乐哈道歌、如来藏开示笔记、般若摄颂注疏、定解宝灯论、意乐速成祈祷文讲义等。在吉美加卫尼固尊者的化身苍珠活佛根桑德钦多杰前，闻受空行心髓法的灌顶、普贤上师言教，在木雅堪布诺布丹增前听闻阿毗达摩集论、堪布所编大悲观音和长寿法汇集的灌顶讲解。在多钦哲法子多扎寺堪布嘉色朗杰前，听闻北藏伏藏法的灌顶，在噶陀司徒曲吉嘉措前，听闻钦哲仁波切意伏藏三根本光明心髓法的灌顶口传，杰温白玛朗嘉前听闻前密续部，格则班智达文集口传，在鄂康萨索郎坚参堪布前，听闻空行三部及其附法讲义，在木雅堪布前听闻功德藏自释和多智钦疑难注释，岭仓堪布慈城嘉措前听闻大藏经甘珠尔口传，在噶陀格桑旺修堪布前听闻大藏经丹珠尔口传，大伏藏师邬金仁青岭巴所有伏藏法，师徒密意融为一体，并奉为其根本法主。

尊者精进实修所闻之法，成为无可争辩的大成就者，因此，先后有很多人请求尊者主持寺院、管理僧众，但都被推辞，他向往过不堕二边的清净生活而不愿建立阔气的活佛府。尊者到了三十二岁之际，被吉美林巴尊者智慧身亲显尊容摄受加持，证悟得到极大的提升。尊者在彭措苑居住时，有一个十五的晚上，正面上空现量见到吉美林巴尊者尊容并高声发笑，尊者暂时感觉失去了知觉，当他醒来时，对现象的实执全然消失，成为在法乘和教派见地等方面无求于他方的自在大瑜伽者。尊者曾说：“对我来说，现世显为世人上师们的恩德不可估量，但吉美林巴尊者现量摄持我并获得基道果无二无别的定解，所以，恩德无与伦比的上师就是遍智吉美林巴上师了。”故此，将遍智吉美林巴尊者依止为大圆满不共近传根本上师。此外，还获得莲花生等很多上师和本尊的加持，后来，根据应时授记，促使尊者改变衣着装束，即系白头巾，佩戴玛瑙、珊瑚等项链和噶乌盒，身穿羔羊皮衣，称这是名为“国王游戏”的国王装束。当时出现了伏藏法的标识文和清静景象，但尊者只掘出愤怒莲师和金刚萨埵修法，安章莲师遗教等少数法门。

根据遍智噶陀司徒班智达曲吉嘉措和毕玛拉化身佐钦仁波切土登曲吉多杰的邀请，前者在自己的道场，听闻心髓四部法的所有灌顶和讲授，后者也在其道场听闻大圆满前行正行及其讲义。尊者在这些道场的活佛堪布前也闻受了一些灌顶讲授。根据噶陀司徒确吉罗珠，遍智钦哲仁波切，巴珠仁波切为主的大德们共同授记，尊者在安章道场恒常传授大圆满经教和伏藏法的成熟灌顶和解脱讲解，当时，来自前后藏、康巴安多、印度、阿里库鲁、不丹、汉地等不同地方、不同语言的上至官吏贵族，下至贫民百姓等无数弟子如云而集，尊者根据各自的根基和所愿，广转法轮，使一切结缘者获得利益。

如是此刹利生事业圆满之际，以遗嘱之式对众弟子说："我虽为伏藏深法的受教者，但毕生一心一意信奉于光明大圆满法，从而在经教和伏藏妙法的近传远传各方面，获得不依他方的境界，你等也可修行大圆满法，此乃无欺之法，所有与我在财、法、愿各方面结缘者以及仅闻我名号者，我都祈愿他们成为我在净土中的第一批眷众，这是我从小至今从没忘记过的。在我们当中，没有一个毁坏誓言的人，可以说放心地走了，如今，老者我走比留好，要在中阴期间引度三亿众生，这是莲花生的授记。"

尊者圆寂的时候，透露了少许有幻网静猛本尊，金刚橛坛城会众，以及空行们接引等的觉受之情。在夜半时分，从尊者的鼻腔中涓涓涌出许多如豌豆般大的光团，最终，于藏历第十五绕迥木猪年密意摄入法界，享寿八十二岁。从圆寂的当天起，出现了太阳失去光泽，响起巨大震音，在法体荼毗时心舌眼不畏烈火而留世，降下无数舍利子等成就征兆。饱尝尊者妙法甘露的高徒甚多，主要有：钦哲确吉罗珠、嘉色久美多杰、库鲁上师丹增嘉灿、堪钦土登念扎、玉柯隐修者曲阳让卓、锡金土登雪尼、鄂塔则大堪布、德雄活佛江央丹增、雍仲苯教的丁青喇珠活佛、曼杰活佛等，其中，尊者身语意补处弟子为嘉色久美多杰、钦哲确吉罗珠、佐钦堪钦土登念扎、玉柯隐修者曲阳让卓，这四大弟子传承法脉，至今经久不衰，遍及四方。

46. 隐修者根嘎巴登

邬金丹增罗布和持戒者贡确扎巴的弟子隐修者根嘎巴登，于藏历第十五绕迥土虎年即公元 1878 年，在德格首府近郊柯洛洞诞生。从小跟随父亲和几位叔叔，从事农耕、经商等世俗劳动，还经常上山打猎。有一次，在司昌湖附近的一山沟里，年轻的尊者正举枪瞄准一只獐子的时候，忽然出现了许多神奇的景象，以此因缘，圣者之性得以觉醒，对世俗轮回生起不退转出离心，尊者当机砸断猎枪，立下即生成佛宏愿，前往讲修妙法之源日当佐钦寺。在大智者杰温邬金丹增罗布座前接受圆满比丘戒，全面听闻从大圆满内外前行直至正行立断和超越法的甚深窍诀，并且实修其要义，使法性深义未仅仅留于伺察意之上而现量证悟本来面目，成为见修地道和证悟功德圆满的大成就者。此外，在罗萨丹炯大堪布和堪钦先嘎仁波切等许多同时代的善知识座前，听闻七宝藏，休息三部法等遍智法王师徒传承法宝，以及无数上下心髓的附法部分，使修行境界得到助益。

尊者自从进入佛门以后，毕生守持隐修者威仪，常年居住在嘉沃修行处和佐钦长寿谷，潜心致力于妙乘瑜伽的修行，所以，隐修者根嘎巴登之名由此而来，极其秘密地摄受了少数具足殊胜法缘的弟子，传授上下心髓窍诀法门，所以，在佐钦传承的《龙钦心髓传承上师祈祷文》中云："隐修深法寿满瑜伽者，觉悟实义二取愚痴灭，蕴身之中获证妙法身，祈祷根嘎巴登隐修者。"如是位列持明传承会众。有许多大德多次一致认定，尊者是印度大成就者黑行者和岭格萨尔王大将嘎德秋炯贝纳的化身，尊者也有此等圣者的觉受，有时候，他以觉受道歌之式唱起格萨尔传记，当唱到战场决出胜负情景之时，顿时显出紧张神色，有些时候也露出忧伤表情而流下眼泪，经常在身边放着一个小火炮，在每月的二十九日等特殊时间放炮作游戏，他力大无比…… 如是清楚地示现上一世的习气、出现许多神奇事迹。

藏历第十六绕迥木猴年即尊者七十二岁那年，他亲自担任施主，在熙日森佛学院召集寺院和讲修两院的僧众几千人，举行猴月初十会供大法会，当时，应尊者的劝请，毕生在忿怒文殊洞闭关修行的阿布拉贡或名大堪布白玛塔确仁波切，也亲临佛学院参加法会并作了殊胜祈愿。次年，即木鸡年春天，在没有任何病痛的情况下，尊者身着三法衣，以跏趺平等坐式示现趣入具足六殊胜的原始法界之相。

47. 噶陀·司徒确吉罗珠

巴珠晋美曲吉旺波弟子噶陀司徒确吉罗珠，在无数祥瑞中诞生在德格中部，从小就被认定为噶陀怙主司徒仁波切的传世活佛，在噶陀寺的数千僧众中，举行了盛大升座典礼。之后，先后依止许多具相善知识，从文字读写到五明文化作了系统学习，俱生和后学智慧无与伦比，尤其是对大般若经、慈氏五论、律藏、俱舍论等许多佛经及其注疏，以及幻网续等前密经、幻、心续部深法作了圆满闻思修行，成为无数智者之顶饰。如是依止众多善知识足莲之时，值遇巴珠仁波切来到噶陀寺，尊者将其依止为自己的不共上师，全面听闻从入行论到显密总的次第法，以及大圆满窍诀的一切法要，从而，使法性未留于伺察之上，自然真实密义融入心间而自在于本净法身密意。其后，舍弃主持管理道场和僧众的事务，随学阿吾仁波切的风范，前往祥果雪山，梅岭雪山等圣地而闭关静修，最终登上任运持明王位而圆满自他二业。

48. 第三世多智钦晋美丹贝尼玛

巴珠仁波切和白玛班扎共同弟子，第三世多智钦晋美丹贝尼玛，乃如美久·囊卡多杰授记文中云："善妙容器甚美丽。"如是清楚授记其种性为嘉贡，以及父母姓名等。藏历第十四绕迥木牛年，在父亲顿珠卓罗扎和空行化身母亲四朗措家中，伴随着祥瑞而诞生，脚掌上天生凸显法螺之形，直到长大时仍清晰可见，取名"根桑晋美丹贝尼玛诚烈根乔"。自小就有善法习气，到七岁时就掌握了文字读写和语法知识，专程前往大菩萨巴珠仁波切座前听闻入菩萨行论，但没有能够理解其深层次的词义内容，小尊者非常伤心，每到晚上睡觉时独自流泪而浸湿枕头。有一天，尊者对经师说："昨天晚上，我梦见在一座佛殿里，有三位身着黑如嘎装扮的上师，中间的上师手上拿着一函法本，我问他：'您是谁，这是什么法本？'他说：'我是多钦哲晋美益西多杰，此法函能帮助世上闻思能力弱的求学者增长智慧。''那么请赐给我吧。'当他给我法本时，我顿时心生欢喜，看来今天我能掌握所讲的法义，我很有信心。"的确，从那以后获得钦哲仁波切的摄受加持，开启了密意智慧之门，过了几天，就无需辅导堪布而将上师所传诸法词句和意义像印经一样，一字不漏地传讲出来。

尊者八岁时，在扎嘉寺巴珠仁波切亲自向小尊者供养曼达拉，要求他讲解了入菩萨行论，结果使在场所有人猛生信心，感动落泪。巴珠仁波切欢喜地称赞道："能这样传法是本尊加持的缘故，并非常人所能，从多智钦活佛才八岁就这样能转法轮来看，估计佛陀教法住世的时代还没有到尽头。"此外，先后依止第四世佐钦法王美久·囊卡多杰、巴珠仁波切、堪钦白玛班扎、文殊上师麦彭、嘉绒活佛根桑塔确多杰、康珠拥登嘉措、雪谦晋美土多朗杰、新龙伏藏师索嘉、嘉巴活佛多阿等众多善知识，尤其是从依世世有缘根本上师——具足七种持教者蒋扬钦哲旺波，闻受经幻心三部法、八大法行、密意集、金刚橛，以及上下心髓等前密经教伏藏如海法门的灌顶教授，无有分别地闻思中观、般若、律仪、俱舍论等经典理论，无碍通达了各个宗派的见修观点。文殊上师麦彭仁波切曾赞叹道："我掌握了《大藏经》的意义，但多智钦却掌握了意义和词句两个方面。"如是成为了无与伦比的贤善智者。

在此后的一段时间，因临时因缘而不便留于原地，尊者受到果洛白玛本八大部落的邀请，在多柯地区向尊者供养了一个称为"赤"的地方，成为善妙缘起而将道场迁移到多柯地区，建立了藏钦乌卓班巴岭寺（悉地吉祥岭寺）。蒋扬钦哲旺波曾授记如果尊者去卫地，将会促成更大的利生利教事业，也能消除尊者的违缘障碍，但未能应时前往而缘起失坏，以此因缘，南部泥柯地区一个发恶愿的邪魔恶毒攻击尊者。有一天，尊者正在为大众讲法，忽然刮起了狂风，自从这股风触及了身体以后，尊者在一生中体弱多病，从未能去其他地方。在寺院右方的孜美扎勒贡玛山上，有一座称为唐东杰布神殿的修行处，在此处静心修行之后，得到了本尊的亲见和授记，现前了成就者征相。先后建造了珍贵的佛身能依，法器，大量收集大藏经、前译续部集、新旧经教伏藏以及无数文集类经典，并且修建了藏经殿。那时，一髻佛母、拉呼拉、当坚三护法以凡人之相，亲自向尊者供养了几函珍贵的法本。尊者心传弟子有：与尊者见修境界相等并在《秘印授记文》中所授记的嘎卫堪布晋沃、色须堪布、当秋堪布、鲁秀堪布四大堪布，此等弟子辅佐尊者，大兴讲修传统，使无数弟子眷属慕名前来，如云而集。

尊者恒常不离于三学法行，以隐士威仪而居，他持戒严格清needed，有着“他的门坎没有被女人跨过”的说法，他的法衣和房舍弥漫着清静戒香，尊者远离世俗散漫事务，密意深沉无比，言谈敦肃文雅，有着自在于现有一切的缘起之故，使所有自诩地位高贵之人也屈尊示敬。尊者为后世留下的法缘之宝有：《大幻化网密续概论·宝库钥匙》《陀罗尼广析》等在意义和词句各方面都无与伦比的论著，此外，还有教言集、赞颂集、道歌集，以及大圆满法部等著作达数函之多。后来，在撰写《窍诀见地之鬘》的注疏时，尊者说：“现今就到此为止吧，此书要捆扎好，将来有一位我的真实化身会写完的。”此话成为尊者的最后遗言授记，随后示现患病之相，藏历第十五绕迥之末阳火虎年即尊者六十二岁那年，色身庄严趣入法身之界。

49. 格蒙大堪布拥登嘉措

巴珠大菩萨和邬金丹增罗布的弟子大堪布拥登嘉措，诞生在佛子先盘塔耶家乡——多康扎溪卡格蒙地区，从小加入格蒙寺僧团。他智慧超群，文字读写一点就通，前往日当佐钦寺，依止佛子先盘塔耶、巴珠晋美曲吉旺波、堪钦白玛班扎等大德，圆满闻思显密教法和五明文化。出家受戒以后，秉承天竺尊者风格，丝毫未逾越妙法律经开遮戒律，因此，尊者所处周围环境洋溢妙戒律芳香。得到巴珠仁波切摄受，传授了续部窍诀法要，尤其是无余赐予大幻化网密续及其疑难解析，使其心开意解，对续部获得善巧通达，为此，巴珠仁波切曾欢喜地多次赞叹道：“虽然我们师徒俩在世间法方面势单力薄，但在出世间法方面，说我们是大幻化网续的持教者，也不言过其实啊！”此后，尊者在格蒙等道场创立以离书传讲《幻网续广释·十方除暗》的传统时，遇到了一些违缘，经过遵从麦彭仁波切“要在头十天里作完整的概述，然后以辅导形式作详细的讲解”的指导，这方面的违缘就消除了。如今在许多佐钦传承寺院里，依次讲修续法的传统如同日轮普照，经久不衰，实为仰仗此等大德师徒的恩德。在杰温丹增罗布座前，闻受美久·囊卡多杰近传《上师心滴·如意宝》的窍诀讲授及印授，成为其不共依止上师。

尊者的智慧宝库中所出经典法宝有：《三律仪注解·持明入道》《功德藏广释·日月二论》等，堪称照见教法之慧眼。在下半生，根据巴珠仁波切的旨意常住格蒙修行处，弘扬一切显密诸法，尤其是讲授、抉择七宝藏、功德藏等上下遍智法王的法门，使窍诀精华妙法得以传承不断。尊者培养的重要弟子有雪谦嘉察白玛朗嘉、根桑巴登大堪布、江玛托噶大堪布、麦洼·才旺仁增、嘎·桑杰年巴、鲁秀活佛、果洛堪布仁增等无数成就智者。此外，对该地在家弟子传讲大圆满前行、六字大明咒、极乐修法等，引导大众弃恶扬善，将整个上下扎溪卡，果洛地区的刚强难化众生引入妙法之道。很多凶狠的人与非人一见到尊者面容，恶毒之心立刻消失，甚至尊者所用的微小用具也能回遮违缘障碍和刀枪之害。尊者成为一切结缘者皆得意义的自在大菩萨，毕生仅仅受用三法衣和日用生活资具而不索取丝毫钱财，圆满行持隐修者威仪，如是利生事业犹如虚空遍及四方之后，在佐钦修行静地圆寂，示现登上本初法身王位之相。

50. 大智者邦达格勒嘉措

普察大堪布阿根的大弟子，大智者邦达格勒嘉措，在雪域东方十八大若域之分支，紫格拉姆达唐附近一称为邦达的地方，于藏历第十四绕迥阳木龙年即公元1844年诞生，父亲名为扎拉嘉罗，母亲吉果玛，家中有五子女，尊者为长子。当地相传尊者为文殊菩萨化身。二弟达瓦扎巴为观音菩萨的化身，在家的三弟才桑为金刚手菩萨化身，许多大德在其教言授记中多次赞叹尊者为文殊智慧化身，比如，自在成就者多智钦根桑贤彭的授记文中云：“吉祥那若化身之圣者……”如是认定为印度大班智达那若巴转世，而根据尊者本人的觉受，认为自己是格鲁派高僧遍智降央协巴的转世。从小远离孩童习气，天生具足妙观察智慧，在学习各种语言文字和历算等明处时，老师刚讲到开头，尊者就已经知道了中间和结尾部分了，使所有人为之惊叹，恒常念诵《文殊名号经》和文殊心咒，视文殊勇士为自己的唯一本尊。

尊者到了十几岁，就在家乡进行仪轨传承的学习和闻思佛法，十八岁即铁鸡年，前往多麦佐钦熙日森佛学院开始系统闻思，依止自在智者佐钦法王美久·囊卡多杰、巴珠大菩萨、堪钦白玛班扎等善知识足莲，闻受新旧密续法的灌顶、教授和窍诀，尤其在时任法台堪布的普察阿根堪布座前，全面闻思各种共同学处、十三部大论，尤其是精通般若，断除了增益疑虑。此外在很多卸任堪布和善知识前，对其余经典论著作了彻底闻思抉择，成了远近闻名的大智者。故此，文殊上师麦彭仁波切曾赞叹道："我接触过很多智者，但像壤塘格勒一样的智者很少有。"在八邦寺康珠活佛座前，闻受那若六法生圆次第等密宗深法窍诀的灌顶、口传和窍诀引导，并且付诸实修直至现前成就征相。此后，尊者小弟从家乡专程前来劝请他务必回乡。当晚，尊者梦见自己刚弹奏一个乐器，却又立即把乐器放回套子里。第二天他说："本来这次我不应该回家，因为留在这里更能利益众生，但还是满足你们的愿望吧。"说完就回了家乡一趟。

其后，尊者在壤塘金刚持上师曲培嘉措座前闻受金刚持灌顶、金刚萨埵口传、时轮俱生法口传、唐东杰布传承的长寿灌顶、萨迦传承大日如来灌顶、不动佛灌顶、萨迦传承黄文殊随许法、般若八千颂口传、吉祥时轮金刚最上四灌顶等许多经教法门。同时，为藏巴金刚上师阿旺曲觉等众弟子，传讲了《五蕴解析》等法和各种明处文化。尊者到了三十二岁之际，在壤塘藏瓦寺阿旺曲吉帕巴座前，闻受《时轮金刚生圆次第深解·见者具义》的引导文根本颂，以及其补充法《千光明》和《极明双运》的讲解等共同前行法门，不共法生圆次第的所有甚深要义，六支法前后中三殊胜，大译师然那班扎六支法，六支法修轮等所有分支法，香巴法部的所有灌顶、口传和窍诀，三士夫道次第修心七要等。从康区回到家乡后，主要居住在壤塘曲杰康萨，前后用十二年的时间，对显教各经典大论，尤其是般若论部的格鲁派宗喀巴师徒著作，遍智龙钦巴上师论著等方面作了彻底的温习。此外，对密宗各个续部经典也一样作了详尽的研习，并深入掌握了密意法要。那时，尊者因精进过度常年患上风疾，不得不戴上双层帽子。与此同时的各个间歇，也作了一些为他人传讲各类共同明处文化等利生事业。尊者到了五十多岁以后，除了个别时期以外，远离喧嚣，常住在格培静地等修行处，为众弟子广泛传讲共同明处文化、不共明处中观、般若、量论、对法等显宗各大论典，以及道次第大论等密宗必修论著。

尊者为解析此等显密各大经典而撰写的著作有：在显宗五部大论方面般若大疏六函、般若略释一函、俱舍论意疏、五蕴讲义、宇宙形成广说、以俱舍论和量论密意为主而造写的摄类论概述及其附属法，堪称无与伦比的空前之作。沙弥比丘还净仪轨等必需律仪法、第三转法轮密意注疏中观理聚论，由月称论师详解广传，尊者依照此论根据格鲁派而造写了中观论著达两函。根据觉囊遍智师徒第三转法轮不退转了义大中观的密意注疏，造写了显宗道次第广释，对密宗续部灌顶仪轨概述·金刚鬘浩瀚、胜乐、时轮大灌顶仪轨等作了详细讲解，造写了时轮金刚前行引导法生圆次第大论两部、观修次第法、时轮心咒法、上师瑜伽法注解，坛城海会绘制文等新密法的著作。此外，还造写了噶举派甚密大手印妙乘明盏那若六法的观修次第总论及附法、前密宁玛派噶岭静猛法的引导文、坛城绘制法论说、各种引导文和颂词、共同学处黑白历算等的各种必需法类，甚至俗家经忏仪轨等专著达二十一函之多，尊者曾立誓每日不间断地撰写作品三十页和作一千水供。造写此等作品时，文殊菩萨和妙音天女时常显现尊容，为尊者作教法密意的疑难解答。期间，与降央协巴、噶桑国师、土根活佛等智者先师互访，以清静之观彼此敬重进行交流、辩论和抉择妙法深义。

尊者接近五十岁之时，因患上一种不能说话的病，暂时驻留在拉则怙主曲扎嘉措身边。有一天晚上，拉则上师拿着断法法器突然来到尊者身边，随后，他们一起前往对面的一口泉水并反复跨越此泉水数次，拉则活佛在此地以甚深断法作了驱除妖魔仪轨，尊者恭敬听受此法之后二人回到住处。第二天早上，尊者示意弟弟拿一个写字的粉盘，尊者在此上写了一个赞颂文，内容是因拉则上师的三密加持威力无比，对驱除其病魔有极大助益等。从那以后，尊者的违缘障碍得到无余消除，并在拉则上师处暂住，互传甚深法门，密意融为一体，在极其欢喜的气氛中，建造了大伏藏师然那岭巴的极密普巴金刚坛城。

此后，根据成就者多智钦的授记，在宇托寺担任金刚上师，新建了那若六法修行院，当时，从德格派人来迎请尊者担任大司徒旺确杰布的经师，但他婉言谢绝。尊者毕生念修六亿遍文殊心咒和一亿遍时轮心咒等本尊心咒多达十三亿遍。他有极高的成就征相，比如，以游戏之式与文殊上师麦彭朗嘉比试神通，麦彭以甚深密咒降下猛力冰雹时，尊者立即拍掌施法，使天气顿时转晴，烈日当空。此外，在其母亲往生时念修骨骸仪轨时，将具圣物的宝瓶放置于坛城中，瓶水自然沸腾，骨骸小塔发出光芒等，示现很多殊胜征相乃现量共睹。

饱享此大智者法语甘露的贤善成就弟子无数，主要有普察喇嘛罗江、日鹏喇嘛阿丹、藏欧喇嘛阿旺、果洛喇嘛措江、穆日喇嘛土扎、拉果喇嘛根桑、曲休喇嘛向巴、噶陀喇嘛晋卓、昂巴喇嘛阿丹、加措喇嘛扎央、绒瓦喇嘛饶丹、曲吉龙克、益沃活佛罗桑、色达东噶温波等。如是此利众事业即将圆满之时，如过去文殊菩萨显身而明确授记之教言云："虽然你在此世的利生事业没有那么广大，但来世会立即前往香巴拉刹土，事业与香巴拉教主妙吉祥没有差别。"此授记应时而至，尊者到了六十一岁之际，心性发生极大变化，比过去祥和平静。此后，因尊者身体有不适，与几位内传弟子一道秘密迁住修行静地。当时，他对几位看望他的弟子说："如今不管是死是活，从自身来讲，算是毕生修行佛法，没有什么畏惧感，也没有什么自他事情未完成，但是，如果还能呆上几年，有一些过去没有讲过的法门，可以传给阿旺和措江等几位具慧弟子，除此之外别无未了之事。”又一次，尊者说：“到现在不管打卦的人如何说好，我是必死无疑，如果能知晓断气的那个时辰，我虽没有什么大的能力，却也可以称为上等修心者，那时应该有一些办法的。”听到此等话语，众弟子确定尊者不会住世多久，于是，师徒们前往多柯宇托寺住了几天。

此年十月二十五日，按照常规，尊者每日都要整齐穿上法衣，但在那天一大早，他就叫弟子作其床铺的梳理清洁，将法裙放在腰间坐了一整天，晚上，尊者按时享用晚饭之后，叫近侍们回自己的住处。尊者就以毗卢七法之式而坐，睁大双眼凝视虚空，以极为悦耳的声音念诵诸佛名号和传承先师祈祷文为前行，作了正行详广的颇瓦仪轨，然后发出三个高中低音“拍”声，最后以一个极其清亮的“嘿”声，在色身无有动摇之中密意趣入法身之界，众弟子极度悲痛。几天后，将法体迎请至孜苏寺，在此道场进行了法体荼毗等善后仪轨，从圆寂到做灵骨泥塔期间，天空彩虹密布，尤其是在一片顶骨上清晰显现文殊身相，其他灵骨上显现很多咒语文字等无数瑞兆。

51. 第三世雪谦嘉察久美白玛朗嘉

堪钦白玛班扎和文殊上师麦彭朗嘉等上师的弟子久美白玛朗嘉，于公元1871年即藏历第十五绕迥铁羊年二月十九日，在德格拉托措龙地区诞生，父亲名为西绕，为阿卓家族的后代，母亲是仲巴头人家的女儿朗卡卓玛。往昔，其上一世邬金让雄多杰即将圆寂之时曾说：“如今我要舍弃这个衰老痛苦的身体，转生为一个活泼健康的小孩。”又说：“我吃了一辈子的肉，此异熟果报非常严重，恐怕很难得到解脱，如果未来还要投生的话，转世为一个不需要吃肉的人该多好啊！”说罢，尊者显出悲伤的表情，对其侍者说：“你不必留在此地，去洛柯地区的大译师比扎亚身边，多学一些明处文化，我们不久会见面的。”如是留下了最后遗言。

此后，向具足无障慧眼的第四世佐钦法王美久·囊卡多杰询问尊者转世灵童之授记时，法王道：“圣者嘉察转世于西方，方便智慧日月龙居海，天鹅之年诞生善缘照。”“献上金翅天鹅宝马故，受觉午马之年由此来。”如是法王照见尊者在马年入住母胎。蒋扬钦哲旺波授记道：“经过在莲花生大师圣像前观察，尊者正确无误的转世要降临，并且于羊年之前，可能在南方出现。”根据此等清楚的授记而确定正确无误之后，认定了转世活佛。

尊者到了五岁时，被第五世冉江仁波切为主的上师活佛们迎请到吉祥雪谦二法兴盛林，举行了升座典礼，接受了其顶发并献法号——邬金门久根桑丹毕坚参晋扎确烈朗嘉。在其叔父吉央或名白玛旺青前，轻松掌握文字读写和书法等知识。此后，前往上部道场日当佐钦寺，在大密续法遍主堪钦白玛班扎或名白玛当秋沃色座前，接受出家沙弥戒，戴上久美白玛朗嘉之法名宝冠。尊者始终将此大德作为大恩根本上师，在其著作《呼唤上师》中云："初领佛门传戒之堪布，中传菩萨戒之大圣者，后赐灌顶引导密乘师，恩泽无比白玛班札知。"如是有绝妙赞颂。在佐钦第五任法台堪布巴珠晋美曲吉旺波座前，听闻其著作现观庄严论总义和注解、三律仪论、功德藏、宝性论和二辩论的荣师注疏等显宗论典。

在遍智上师麦彭座前，上师在闭关念修完寿主文殊出关时赐予了悉地、文殊大圆满法部、八大法行总义、入智论等其著作的讲解口传。此外，显密诸论疑难解答、真实义密疏等未完成讲解口传的作了加持交付仪轨，故作了与文殊二师同等的敬奉。在大善知识格蒙堪布拥登嘉措座前接受圆满比丘戒，从此，守持清静戒律，没有逾越丝毫律仪界限而被誉为持戒者典范。另外，依止了第五世雪谦冉江、噶陀司徒大班智达、白玉嘉珠活佛、大堪布扎西沃色、根多活佛、巴琼活佛土登格勒、楚休堪布等几十位善知识，听闻了以甘珠尔法宝为主的各种法门。特别是依止了不共根本上师钦贡二师，即在钦哲仁波切白玛沃萨多阿岭巴座前，听闻了以前译伏藏经教的成熟解脱法为主的八大传承教法，以及十大柱讲授传承的无数窍诀教授。与蒋扬钦哲一起在文殊化身康珠·罗珠塔耶座前，听闻了康珠本师编著的共同知识宝库、广大经教宝库、甚深伏藏宝库、窍诀宝库、不共大密宝库中的大部分，达到闻思圆满。

尊者没有将所闻诸法放置于无思无修的空口白言，而是实践于一切行住坐卧之时，尤其是从铁鸡年到圆寂的火虎年之间，毕生在莲花光静地闭关修行，使本尊的念修和大圆满生圆次第的观修达到如量如法，现前了成就共同和殊胜悉地的一切法相征兆，比如，其近侍有一块坚石，尊者在其上留下的脚印，如同踩在泥土里一样，至今供奉于雪谦寺。在念修金刚橛时，清晰而稳固地显见金刚童子的所有坛城等，自在于不共秘密成就，此等殊胜事迹在其他广传中有详细记载。尤其是以光明大圆满密道证得无为自然密意，清静意造执著，开启密意伏藏之故，留给后人的经典专著有：第一部法门乃前行殊胜为使善行得到圆满的供养仪轨类，第二部为使所撰之作具有意义的赞颂类，第三部为使二业如愿成就的祈请住世等祈祷类，第四部为正行殊胜为使法义清晰明了、引生信心的历史源流类，第五部是明示声明、诗学、历算等学处的共同明处文化类，第六部是开示伦理取舍方面的教诲格言类，第七部为共同讲经引导类，第八部为生起次第和圆满次第的不共修法以及诸多论著，第九部为各种零散随笔类，第十部为回向祈愿类，如是象征菩萨十地的十部法门达十三函之多。

尊者始终根据求法者的愿望和根基，从世间学问论著到显密大论的讲授、经教伏藏法的灌顶口传以及顶乘大圆满的觉受引导等，长期广转法轮，培养了无数成就智者弟子，主要有宗萨钦哲确吉罗珠、第六世雪谦冉江根桑丹贝尼玛、蒋扬罗德旺波、顶果钦哲绕萨达瓦、康珠活佛巴丹曲吉旺修、雪谦康珠白玛志美烈比罗珠、佐钦岭喇活佛、索秋堪布、阿布拉贡、噶陀堪布尼丹等，出现了许多无与伦比的执持宁玛派大密精华教法的大善知识。如是以自利闻思修、他利讲辩著、二利贤正善来广行利益教法和众生的殊胜事业之后，尊者到了五十五岁之时，即藏历第十五绕迥末期火虎年五月初三早上，以赤身而坐，双手作了各种现前四灌顶的表示之后，身体稍微依后，左手握金刚拳于心间，右手金刚拳依靠左侧，口中清晰发出三声“阿”音的当下，趣入原始内界六殊胜之源三身大任运之中。

52. 大伏藏师顿珠若巴扎

堪钦白玛班扎弟子伏藏师顿珠若巴扎，在安多热贡吉阔地区，父亲卡本嘉、母亲卡莫拉家中诞生。刚降生之时，围绕着小尊者的白色光环，顷刻间收集于一处而消失在头顶，家中芳香四溢，光芒遍照，出现了许多瑞相。四岁时，因身染不净而患病之故，离开家里送往拉卜楞寺的叔父处。到了七岁时，在此道场的大善知识土登丹毕宁协座前，接受居士戒并学习文字读写。九岁时被认定为隐修瑜伽者克塔上师的转世活佛，迎请到组甘丹法林寺，举行了升座仪式。阿克西拉为经师，学习并背诵格鲁派的常念课诵文。十二岁时，在格当仁波切洛桑江央座前接受出家沙弥戒。以后，前往一些地方为前世拉章府的延续而化缘，使他对寺院杂事彻底生起了厌离心，在自己的寺院闭关进行本尊的念修。尊者在梦境中显见自己到了日当雪山修行静处，但当时没能确定此地在何方，此外，出现了各种莲花生大师加持的觉受征兆。在其经师格西座前，闻思了般若等法门。前往拉卜楞寺，闻受时轮、密集、胜乐、大威德等法的灌顶教授并修行之。到了二十五岁，对闹市和寺院生起了厌离心，始终向往寂静之地，心中充满了无伪的慈悲和出离心，并有了云游四海的念头。当时，祈请本地的高僧就此想法打卦，尤其是向一生闭关静修的第四世佐钦法王美久·囊卡多杰弟子措桑大师说明缘由，请求授记时，大师说：“活佛们的所想所做我很难知晓，如果因我使你远走他乡，恐怕我等会受到惩罚和驱逐，你的事情自己都不清楚，那谁会知道啊？”经过再三请求，大师终于应允，叫他们几天后再来。

此后应时再访，大师说：“我祈祷三宝，观察明灯、梦境和骰点之后，出现了圆满祥瑞征兆，如实来讲，你是莲花生大师‘君臣二十五弟子’化身之一，往昔的发心祈愿应时成熟，理应如是行持，不然寿命有违缘，所以，一生中要将修行作为重点，这很关键。你的世世有缘上师为佐钦堪钦白玛班扎仁波切，如果尽快追随其后，圆满听受灌顶窍诀，并根据上师的教言精进修行，就会现前成就之果，然后再回到此北部地区，有很多众生等待度化，利生事业将会得到圆满，如果不是这样，那我闭关者措桑所说的全部是大妄语了。”如是无障无碍地作了授记，大师又说：“我和佐钦堪钦是同门师兄，可以写封引荐信。”又讲了过去他在佐钦寺苦行求法的经历，最后在上师的美好祈祷中道别。

此后，尊者向拉卜楞的几位眷众谎称自己去卫地，为了寻求妙法而独自逃离家乡，依次经过安觉、如仓、桑察农牧区、达仓拉姆、若尔盖、多柯、色达、泥柯、东萨、扎柯等地区，历经长途跋涉，耗时两月七天之后到了雪谦寺。在那里，遇见参加嘉察活佛圆寂荼毗法会的佐钦法王弟弟温波晋美，晋美对他说：“堪钦此时不在佐钦，但很快就回来。”第二天，与温波师徒一道前往佐钦寺，当他们到了嘉莫扎嘎看见司昌雪山之时，尊者顿时想起了过去的梦境授记。在随后的几天里，朝拜了佐钦寺，熙日森佛学院等圣地并在此地暂住。

当听到怙主上师回到道场消息时，尊者立即前去白玛唐拜见上师，说明来意并呈上书信。上师非常慈悲，详细询问尊者的家乡和路途的情况，此后，上师说：“你暂住几天熟悉一下这里，然后就会知晓是去是留。”过了几天，为使自己得到摄受，尊者再次前去拜见顶礼上师，上师开示道：“总的来讲，修行人有各自根器业力的差别，而所修法门除了前译后译不同以外，在八大传承中不管修行哪一派，都同样是解脱法门，就好比品尝红糖和蜂蜜，味道同样甜蜜。”说完，为尊者传授了前译三内续的简略源流，经教、伏藏、净现三法窍诀总集龙钦心髓的传承等深法后，又说：“你虽然为了此生能趣入正道，不远万里而来，但对我来说，虽然获得成就智者们的法语甘露，能讲解词句之义，却没有自在于意义觉受的讲授，故不能使他人心相续得到成熟。在德格宗萨寺，有吉美林巴尊者真实化身蒋扬钦哲仁波切，如果能拜他为师，就会以他无障无碍的智慧，根据化机的意愿和根基传授窍诀法门。我们曾互相传过萨、格、宁各派的灌顶、口传和引导，互为师徒。我可以写封介绍信并把你托付给他，再过几天，这里要举行嘎玛法会，参拜此法会为好，那时可能有朝圣者或商人来往，就可以托付一些人。”依照上师的指示，参拜了嘎玛法会及其金刚舞之后，尊者心想：上师所说是了义教言，应该去拜依蒋扬钦哲仁波切，但此前应在上师前听闻法缘。于是，带上少许曼扎去拜见上师，上师呵斥尊者道：“我仔细考虑后认为，你所说的都不是真话，历代修行人都是因为一些因缘而趣入法门，却很少有无缘无故而修法的，你身为甘丹教派活佛，在世与出世二法方面都有极好的条件，却流落到这里，也许是因为违犯寺院的规定或者酒色戒律，也可能是害怕受地方法规的约束而逃离，也许是从家乡被驱逐，你是不是认为宁玛派属成就者传承，对外在相貌和行为不太注重，认为可以为所欲为就到这里了？很久没有到过一位具法器弟子了，即使是有接受灌顶者，也拥挤到去接受最殊胜的心髓四部和如意宝瓶等灌顶之中，同饮灌顶誓言甘露水，但连道友之间说错一句话都不能容忍而毁坏誓言，使金刚上师金刚兄弟之间统统带入恶趣中……”如是作了许久的呵斥之后，又说：“不管如何，我曾经朝拜嘉绒墨尔多山，黑水，格仓桑格央宗等圣地，在颇章阿泽时，一个德高望重的上师接受了心髓法门的灌顶，但因为气候炎热，只作了一些窍诀的讲授而没有完成灌顶和口传，这次，一些求学者从蒋扬钦哲处来到这里，正在接受大圆满龙钦心髓法的所有灌顶，你先与他们一起接受，然后再看要不要去蒋扬钦哲那里。”

几天后，白玛班扎上师完成了龙钦心髓所有三根本静猛法的灌顶，以及甚深二函法的口传，然后，根据吉美加卫尼固的引导文，在五天的时间里，以自身觉受经验来直授共不共前行法的要义。此后，尊者依照上师的教言，在多智仁波切根据其觉受而开启并修行的长寿洞里，潜心实修前行法达一个半月。其后，前往大堪布上师座前，刚拜见时，上师无语而坐，过了许久之后问道：“你突然到来，有什么要事？”尊者回答：“静修时问已满，所以才来的。”上师示现很生气之相并说：“我过去不是说了吗？如今你的缺点都暴露出来了，这全靠上师本尊无欺加持的谛实力，你假装修行者，而我自诩为上师，将窍诀甘露倒入非妙法之器，使我们俩都堕入恶趣而别无去处，你过去装出的一副具备厌离心和出离心的样子，如今去哪里了？不把转心窍诀观修为邪见迷惑之对治而使意念处于平庸之地，这是你自己学会的还是别人教的？不要说如法的见行修行，连五加行的念诵也不做，让三时分别念束缚于耽执之中而求获得解脱，这种道理在哪一个佛经续部中说过呢？或者你是活佛才能看到、听到？所有圣者贤人的口传和理论之中我都没听说过，如今，你仅仅修了几天的生圆大圆满法缘，如果今后仍是这样，我在三宝前发誓，定叫你不在我的耳闻视线范围之内。”如是遭到了严厉的调伏叱责，尊者陷入极度的痛苦中，眼泪顿时涌出，但因上师威严无比而不敢在其处哭泣，当他一出门外，就情不自禁，泪如雨下。但尊者又想到：“过去我任意享用了很多生死信财而造了三门恶业，现在又扰乱如同真实佛陀般上师的密意，我真是罪大恶极啊！”尊者想到这里，就前往道友堪布罗布身边哭诉，罗布安慰道：“上师的用意肯定是调伏摄受的方便法，他经常含泪对我们说，这位安多活佛多可怜啊！对老僧我有真实佛陀般的清静心。”

晚上，尊者回到修行洞伤心而坐，没有胃口吃东西，他暗自下定决心以后不离开上师一步。第二天，上师派人请他去，尊者在紧张害怕中前去拜见，上师面带微笑并亲切地说："你从远方赶来拜见我，但因为我的坏脾气，对你出言不逊，让你伤心失望了，我对此感到内疚，可是，这个比较过去印度的持明，藏地玛尔巴和米拉日巴等上师成就者们对具器弟子的调伏摄受之情，还相差很远呢！根据我们的情况可以作些相似的调伏摄受，虽然要圆满传授五现觉生起次第、三金刚生起次第、刹那念圆满等窍诀，但我们就算是上师悟道者和弟子具器者，作一个修行化身的利根者生起次第刹那念圆满——上师持明总集观修次第。"

从此以后，上师慈悲摄受了尊者，以满瓶倾注之式赐予大圆满生圆次第窍诀讲授，尤其是大圆满龙钦心髓的扎龙直授等所有内部密法。在长寿洞和白玛唐等静地观修彻却托噶，实修扎龙，现前了许多成就圆满的法相瑞兆。在梦境光明中莲花生大师及师臣眷属显尊容，获得伏藏宝匣等出现许多清静净现，开启了未来的缘起之门。此后，怙主上师说："如今已圆满传授了能够自立门户的灌顶、教授和窍诀，能否获得解脱果位全靠自己，如果能够云游各地、毕生修行，此生来世就会有意义。"如是劝勉尊者进行有意义的妙法实修．尊者回答："那我就向您保证前往拉萨的修行静地潜心观修。"上师说："虽然拉萨觉沃仁波切像是佛祖释迦摩尼真实补处，但是有些如同冤鬼以人相出现般的人，扰乱僧众和合，相互争斗，无法无天，在这样的时代，走破鞋的相似朝圣只是让人受累而无有实意，如果有的话，那一生流浪的乞丐也会解脱，所以，以坐破垫的毕生修行精进，亲见自明三身觉沃佛乃最为殊胜，如果自身能保持修行之风，有加持的圣地在哪里都不缺。"如是赐予很多语重心长的教诲之后，尊者作了几个月的本尊念修。过了几天，又前去拜见上师，上师说："再过几天要相继举行莲师法会、普巴金刚大法会与初十金刚舞等，你要参拜此等殊胜的传承仪轨，那时可能有很多来自各地的游客，当他们返回的时候，你也一同回家乡比较方便。今后，在进行无为自然观修之时，无论贪执、伺察、空觉、对缘等的执着如何是好，都不外乎误、错、失三种，故要做到解脱于此三法，明识能守持自地而不为他缘所压之时，可以依止提升觉悟境界的事业伴侣，对顿超法有宿世缘分之故要主修此法。如果身着'白衣六装'，就有'缘起饰于身，觉悟现于心'的必要，代表智慧方便的铃杵是我专门在佐钦寺给你找的，此智悲双运的秘密精华红白甘露颅碗是密教内誓言法器，缘起密意很深……"如是作了无碍预示未来的授记，并且赐予了开启缘起之门的教言和圣物所依。

几天后，尊者前往上师处顶礼道别并请求佑护祈祷，当想到是否有再见上师的机缘而过度悲伤，不禁落泪时，上师用智慧神通知晓并安慰说："可怜！不要伤心，我们还会重逢一次的。"离别上师后，经过长途跋涉，到了多智钦寺，在成就者多智钦丹贝尼玛座前听闻了心髓耳传法。之后，经过孜柯壤塘等地，来到扎玛山林修行处，此处有传说是拉隆·白吉多杰的修行洞，在那里遇上以前的一些道友，故在那里停留修行了一段时间。此外，在卓斯甲观音桥、白勒扎嘎、毗卢遮那三根本修行洞等圣地闭关念修十多年，有时候，为当地的僧俗大众以讲授前行与正行、祈福加持来摄受度化，使与其结缘者具有人生意义。期间，为开启甚深伏藏法门而摄受明妃作为方便挚友，首先掘出了上师瑜伽·极深心法、祈愿文·三身界解脱、前行文·深义心法、三根本修行事业法等，自在于如同虚空宝藏的密意伏藏法部。此外还掘出释迦佛像、莲花生大师的荆木佛珠、代表法界三角形的水晶卷纸等很多殊胜的伏藏品。继后，为了遣除神圣密意伏藏法的疑难深义，前往怙主上师白玛塔确若毕多杰（白玛班札）座前，在佐钦驻留达几个月，向上师叙述请教了自己的觉受证悟方面的疑难问题，并把新掘出的几部法函呈给上师过目时，上师非常欢喜，大加赞赏，在解答疑难问题、提升觉悟境界方面满足了尊者的愿望之后，依依不舍地离别上师而回到故乡。从此，根据上师的言教，在家乡寺院附近的措桑修行处、小圣地欧巴隆山沟、驻、卡嘉、若尔盖、热贡、霍仓等圣地无方云游，进行了毕生修行的自利利他事业，为无数来自各地的僧俗信众以及贤正智者们，传授大圆满窍诀法的前行讲修，正行成熟解脱教授，将利他教生事业发扬光大，遍布四方之后，示现趣入寂静法界之相。

53. 化身伏藏大师烈绕岭巴

堪钦白玛班扎心传弟子，化身伏藏大师烈绕岭巴，诞生在多康新龙上部地区的一个名为希瓦的富裕家庭中，值遇新龙上师白玛邓都和其心子迥丹多杰，获得灌顶成熟之法。小时候，如同凡夫居家而住，因胆识过人，从事过打仗、抢劫等俗业，但尊者天生具足善妙习气，如在上山打猎时，出现了因枪口被空行母表示文阻塞而未能猎杀动物等神奇现象。后来，逐渐觉醒圣者之性，对世俗轮回心生厌烦，以无伪出离心将家室和三兵器等资具全部抛弃，只穿了一身单薄的衣裳，加入了塔耶上师的道场。在上师处圆满听闻遍空解脱法的前行和正行教授。此后，前往纽修君巴龙地区，依止巴珠仁波切心子隆多丹毕坚参，闻受上下心髓法的所有甚深教授并以苦修。在修轮涅区分法之时，出现盛水器无碍而穿，实物成为无障之法等奇相，所有顽固的实执迷乱分别念自然泯灭而现前了法性密意。尊者将此情禀报于上师时，上师回答道："会有这种现象的，过去美久·囊卡多杰作'吽'观修时，佐钦寺的所有盛水器都盛不住水了。"前往佐钦寺大圆满寺邬金禅法林，在堪钦白玛班扎座前闻受以大幻化网密续为主的无数经续窍诀法门，并将此大德认定为自己的伏藏法主之一。另外，也在麦彭仁波切、多智钦丹毕尼玛等圣者座前闻受了许多密续与大圆满窍诀密法。因前世愿力成熟，亲见诸多本尊，掘取了极密忿怒金刚橛、违缘遣除法等很多法宝圣物的伏藏。尊者在其后半生，担任雪域政教之主第十三世达赖喇嘛土登嘉措的上师，进行了遍及虚空的在世与出世二事业之后，示现了密意趣入法界之相。

54. 古浪呼图克图邬金晋扎曲阳多杰

第五世佐钦法王土登曲吉多杰和文殊上师麦彭朗嘉弟子古浪呼图克图邬金晋扎曲阳多杰，于公元 1875 年即藏历第十五绕迴木猪年箕宿月上旬，在雪域多麦骏马之地的分支，安多尖扎四大谷之一的谷久白玛绒(九瓣莲花)之地诞生。父亲名为降华扎西，是拉隆白吉多杰亲传弟子古浪成就者嘎瓦美朵恰白的后裔，母亲名为奇莫塔，对三宝具有信心，远离普通妇女的过患。那时，当地有一个称为“古浪老咒师”的瑜伽师，他推算出小尊者将会成为弘扬佛法的大德，并且献名邬金丹增。有一次，有一个老妇人头中飞石，但不知是谁干的，当地部落就举行烟供仪轨，将孩子们作为立誓的所依叫家长发誓，当轮到尊者父亲时，突然，各种彩虹弥漫空中，使在场所有人惊叹不已，心中的贪嗔烦恼烟消云散，一致同意今后不再将孩子们作为立誓所依。如是尊者从诞生起，就出现很多不同于其他孩童的瑞相。

尊者到了九岁时，被列为古浪那措让卓转世活佛的候选灵童之一，其上一世心传大弟子谷当活佛和兄弟仁真喇嘛率队前往康区佐钦寺，向佐钦本乐活佛和多智钦活佛请求认证、赐予授记，在几位灵童中一致认定尊者为那措让卓的无伪转世，并献名晋扎曲阳多杰。此后，上一世心子谷当活佛、夏仲、囊然活佛格登洛桑坚参、莫色、弥觉等高僧大德，那然大头人等当地的官吏，八镇瑜伽众，热贡瑜伽众，以及黄河两岸的上一世传承弟子们都汇集在一起，于藏历火牛年九月十二日在古浪玛尼塘为尊者升座。尊者的坐姿和讲话的方式延续与前世一样的大德风范，并认出前世的弟子，神奇无比，使在场的僧俗大众生起敬信欢喜之心，举行了隆重的欢庆仪式。随后尊者就常驻在阿达恰嘎的卡嘉·永登才让转世晋美活佛身边。藏历铁蛇年即尊者七岁时，在以众生怙主措珠让卓为主、谷当活佛、尼玛活佛等大德的关心下，迎请到后弘教法之源阿琼朗宗寺密乘兴盛林。此道场曾经是华钦朗卡晋美、佐钦玛柔门色、佐钦曲阳多丹多杰、夏嘎晋美塔确丹毕坚参等圣者长期降下甘露法雨的圣地。当时，霍莫卡、多嘉、嘎普等地区的僧众、瑜伽师以及信众们在措甘库等地以马队迎接尊者，还有十三大拉章府，坎布拉瑜伽修行众，赤嘎、果美等地的瑜伽修行众，多嘉头人多杰朗嘉，坎布拉头人等无数高僧和官吏来迎接，怙主夏嘎仁波切的转世活佛作了殊妙的曼达拉演讲，并祈祷尊者长久住世，如是举行了隆重的仪式。尊者住在古浪玛尼塘期间，众人亲眼目睹他将一块白石头像糌粑团一样捏于手中。住在朗卡宗顶上时，一个人对小尊者开玩笑地说："如果你是那措让卓的转世，那么在经堂屋檐上跑一下吧。"顿时，小尊者在岩山顶上高达十多层的屋顶蹦蹦跳跳，来回跑动了三次，使所有在场的人拍手称奇、虚惊一场。传说为了此事，还惩罚了那位开玩笑的人。

六岁时，依止大善知识热贡曲玛仁波切达七年，学习藏文楷书和行书的读写、日常课颂文、坛城和佛塔的度量、梵文兰札瓦杜文字、藏文各种新体书法，以及藏文语法等。十三岁时即藏历火猪年，与第二世夏嘎活佛、阿拉嘎丹活佛、阿拉本波活佛等师徒众人携眷属前往卫地，朝拜所有具有加持的圣地所依并作了圆满供养。在多扎堪布座前听受了宁玛派内三续甚深传承，显密教法和明处文化的各种疑难讲授。值遇从佐钦寺来的格蒙活佛和嘎丹嘉措堪布，结了法缘。拜见班禅大师并与其交流，大师称赞尊者是位具有智慧的灵童，赐予长寿灌顶和文殊随许法。随后，经过羊卓雍措湖来到了拉萨，根据噶厦地方政府"要作回遮外地军队的仪轨"的指示，尊者以达仓金刚橛法做了七天多的严格念修法事，并在嘉本佛塔下面埋下厌胜猛咒，那时，在场的人都亲眼见到出现天摇地动、佛塔摇摇晃晃的征相。

达赖喇嘛和德莫摄执政王给尊者极高礼遇，颁发了敕令通行证，派遣侍卫陪同，前往雅砻水晶洞、札吉央宗的措嘉圣湖、桑耶三顶、黑波日圣山等朝拜，作了广大供养和迎请沐浴仪轨之后，回到了本寺道场。十五岁时即藏历土牛年，根据第十三世达赖喇嘛和其哥哥敦珠多杰的旨意，尊者被光绪皇帝册封为"呼图克图"。尊者到了十六岁即藏历铁虎年，前往夏琼寺大乘林道场，顶依夏玛班智达足莲，连续三年与上师形影不离，听受了声明学、诗学、教派论说、菩提道次第广论法部的详细讲授，黄文殊的随许法等许多法门。此后，上师向其赠予"古浪克珠（智慧童子小子）"名号。在那段时间，尊者前往阿琼朗宗、古浪玛尼塘、扎西秋、雪昂阔慈密咒道场瑜伽修行院等地，传授了许多灌顶法宝。

尊者十九岁即藏历水蛇年，在没有他人劝请的情况下，觉醒宿世缘分，前往康区佐钦寺道场求学。当时，他的弟子们和八寨修行院的密咒瑜伽众、三部落修行院的密咒瑜伽众准备组织庞大的送行队伍，但尊者没有接受，并背着包袱步行经过果洛地区后到了多智钦寺道场，在那里接受了第三世遍智多智钦仁波切龙钦心髓的三根本灌顶和长寿灌顶，妙吉祥真实名经的口传等法缘。然后经过霍甘孜地区，来到前密教法之源佐钦寺。起初，拜见本乐活佛，听闻心髓法前行遍智妙道等众多法门的口传。在怙主格蒙活佛座前接受如意宝瓶、静猛幻网法、苦难自解脱、静猛法大灌顶、续部文殊等法门的灌顶，以及口传、讲授和窍诀。此后，在堪钦贤者之王罗萨旺波座前，全面听闻入行论、三律仪决定论、功德藏等的广讲。尤其是以心行如法依止成就智者嘎丹嘉措堪布，听闻普贤上师言教、引导文·深道末尼摩尼宝库、巴珠功德藏疑难注解和密宗祈祷文难解、文殊祈祷文讲义、所有巴珠文集、麦彭智慧品注释及其答辩、幻网续总义·密主教言和注解·密主意庄严、荣松三宝注解、真实名经注释、生起次第·步入密严刹之阶梯、大译师断法讲义、所有扎龙之除障增益面教耳传法门、不共引导文上师智慧和三句击要法等法门。在安章珠巴仁波切卓都巴沃多杰莅临佐钦时，听闻了以心髓二函法为主的诸多深法。此后，前往八邦寺和宗萨寺，在康珠拥登嘉措座前，听闻许多显密深法的口传，尤其是对噶赞央三声明学、辞藻学、诗学、《青史》等传承历史宗教源流，以及时轮金刚的疑难要义作了详细闻思、除疑和交流，使其不共智慧威力得到增强，还获得三根本等诸法的传承。前往嘎莫达仓修行圣地的麦彭仁波切座前，恰遇上师闭关静修，但得到闭关结束后接见的开许。之后，从德格根钦寺回到佐钦大圆满寺邬金禅法林，在佐钦嘎丹堪布座前，与多钦哲法子嘉色然智一道听闻许多窍诀教授。那时，受到德格王和嘉绒松岗土司等邀请并供奉为上师。

最后，尊者依依不舍地离开上师和道友回到了故乡。当时，下热贡、古浪、八寨等地区的僧俗大众一片欢腾，举行了隆重的设灶郊迎和马队欢迎仪式，尊者非常欢喜，在古浪玛尼塘作了详广的入行论传讲。此后，在嘎普、沃色、坎布拉等地瑜伽师众的欢迎仪式中到了朗宗，在静处朗卡宗山顶传授共同明处，尤其是与多尔秀阿旺加措等具智慧者们一道，以分析和交流之式对天文历算学总的理论和三种日理论进行了研习。此年夏天，拜见了在青海湖的夏嘎活佛和成就者多瓦大师，二师非常欢喜，在其处闻习本初心部等密法。冬天在朗卡宗顶静处闭关静修。

尊者二十二岁即藏历火蛇新年之际，在嘎普本札贡玛的密宗经堂瑜伽众修院主持玛尼法会，对多嘉头人旺扎交和嘎普头人都嘎交之间建立良好关系方面作了语重心长的教诲。邀请佐钦维那师才诺尔，让所有尖扎地区的维那师和领诵供祭师学习佛乐的吹奏、唱诵音调、课修手印、坛城绘制等仪轨传承。到了二十三岁即藏历土狗年，根据第五世佐钦法王如意宝的旨意，将合作格达成就者的法子认定为巴珠仁波切金刚持的转世活佛。专程迎请自在贤者多茹益西若毕多杰前往朗宗，在其处听闻普贤上师言教等宁玛派传承教法理论经典，并以除疑和交流之式作了研习。此外，还接受了善逝集八法行、马鹏炽燃、苦难自解脱、空行大乐王母、尼札狮面母等深法灌顶。藏历土猪年即尊者二十五岁时，在琼衮寺活佛根桑晋美嘉措座前，听闻整个夏嘎措珠让卓文集的口传，并在此年于朗卡宗顶静处闭关。

藏历铁鼠年即尊者二十六岁那年，与执持了义修行妙法的合作曲阳让卓大师和其心传弟子多让晋美让卓一道，前往青海湖海心山朝圣，在那里修行的同时，进行会供、供灯等广大供养，积累了广大资粮。此年箕宿月，再次回到多康佐钦寺，顶依文殊上师麦彭仁波切确烈朗嘉足莲，在四年多的时间里，以满瓶倾注之式听闻天文历算占星经注释三处、外时轮金刚历算的所有疑难要义，四部医典深义、窍诀和实践，以及声明、因明、诗学等共同学处，不共内明学显密百论的详广讲授和除疑解难，前译深密耳传窍诀之所有法门。与此同时，在堪钦先嘎座前闻受所有十三部大论等大量论典。当时，根据第五世佐钦法王的旨意，尊者担任佐钦熙日森佛学院历算学堪布，他精简缩短普氏《历算学·日光》的积年，撰写了从藏历绕迥铁鼠年起头的《历算学·善辩智者项饰》，传说此论著定为当时学院的教材。如是依止了第五世佐钦法王、杂嘉仓珠活佛、阿根堪布、达龙仁波切、萨迦杰尊玛欧哲旺姆、坚阿瓦·沃萨仁波切、邬金温波丹增罗布亲传弟子木雅·索朗华丹等五十多位成就智者，对显密教法和共同明处作了广泛闻思，智者美名响遍雪域大地远扬，成为灌顶、口传和窍诀的宝库。此后，根据同乡弟子曲阳让卓的再三劝请，准备返回本寺道场之时，麦彭仁波切给尊者赐予了全套荣松班智达的文集，并降下金刚语道："从今以后，要以要义灌顶、口传和讲授来摄受弟子。"

藏历木龙年星宿月神变节日之际，在圣地青海湖海心山，为曲阳让卓等一百多位各方大德和头人传授深密大圆满法见地方面的直指并作了供灯等广大会供。此时，具相空行母宗吉作为方便之友应时而至。当时，尊者欲前往卫藏朝圣，但恰逢第五世佐钦法王土登曲吉多杰莅临青海地区。尊者、阿拉嘎丹活佛以及密咒瑜伽众们进行了隆重的欢迎仪式，根据各方施主的意愿游走一段时间之后，来到萨陀寺高地扎西曲岗。在那里尊者等接受了诸多灌顶、口传教法。根据尊者的劝请，第五世佐钦法王在三个多月的时间里，圆满完成《大宝伏藏集》的灌顶。在长寿箭增长灌顶之时，考虑到殊胜缘起，多瓦仁波切要求把长寿箭赐予古浪活佛，如是赐给尊者时，现量出现长寿箭加长的加持和瑞相。在后续仪轨中，举行广大会供，作了一百多秤藏银曼达拉的供养之后欢送了法王。尊者取消了前往卫藏的计划，划拨大量金银财宝创建了一座生产法器的小厂，邀请德格王所器重的一批工匠，铸造了八座白银佛塔、大小噶乌盒、法螺唢呐、螺贝谷盒、灯器、多玛饰品等供品法器。还刻制了龙钦七宝藏、引导文普贤上师言教、心髓二部、麦彭文集中的若干法本，常用课诵等诸多法本的精致木刻版。此年七月尊者的法子麦彭罗珠诞生。当时，近侍苍巴活佛前往康区拜见文殊上师麦彭仁波切，麦彭上师和杂嘉仓珠活佛要求尊者在来年与空行母一起到他们座下。

藏历土猴年即尊者三十四岁那年，与其空行母、阿克苍巴叔父、夏仲活佛等诸多眷众一道，经果洛地区到了杂嘉寺，当时正值杂仓巴白玛德钦多杰上师的灵塔被盗，尊者发布文告，派人追索，最后让盗贼发露忏悔，赔偿白银三千两。此后，前往佐钦寺日当邬金禅法林和德格伦珠顶官邸，经德格王派人相送，尊者到了宗果修行处拜见麦彭上师，师徒重逢，大为欢喜。尊者听闻了许多教授、口传和窍诀，并彻底遣除了见地方面的疑惑。

麦彭师徒回到佐钦寺日当道场，收集整理了麦彭仁波切著作。尊者向德格王作了广大供养，向其劝请将麦彭仁波切的文集刻成木刻版，并且担任了此项工程的施主。当时，尊者再三劝请上师继续撰写《入智论》，因此，在《入智论》的跋文里如是写道："回到佐钦后，因具慧者古浪活佛欲刻成木刻版，劝请完成对暂时搁浅法本的撰写，如今圆满完成。"

在师徒分别之际，上师对尊者赐予了以宁玛续部法为主的珍贵法本，常佩文殊像等许多具加持的所依，对空行母赐予度母像、项佩护身噶乌盒、红宝石镶嵌的佛珠等，之后，尊者依依不舍地踏上返回多麦的路程。遂到了滕钦青海天全地区，受到多瓦成就者、夏嘎活佛等迎接。此后，对嘎普、沃色尔、夏仓、囊柯、八寨、六部落、雅莫、拉萨、萨嘎贡瓦、多嘉、嘉佳、坎布拉、格巴等地的诸多瑜伽师求学者，以及其他来自各方的无数瑜伽师广传龙钦七宝藏，心髓二部，敏珠林传承法门等的灌顶、口传。对拉萨大瑜伽师拉本坚参、华日夏仲活佛、雅瑜伽师白玛仁增和才让交等具誓弟子传授禁相执四要、引导文上师智慧、见地·大鹏展翅、麦彭八法行论释、上师心精滴法、立断顿超法背文·乐空风圆满次第等深法的义讲授。藏历水鼠年四月即尊者三十八岁之际，心子大瑜伽师曲阳让卓在杂措多杰林修行处金刚林示现圆寂之相，尊者前往多杰林金刚林主持荼毗法会的所有法事，经心子晋美朗卓的劝请，撰写了《转世活佛速降祈祷文》。

就在那时，尊者召集众眷属后说道："昨晚，在我的梦境中，麦彭仁波切对我说他要去吉祥铜色山刹土，当我请求上师带我一同前往时，他说你不用去，我不久会回来的。"说罢，尊者立即派遣几位使者前往康区，并安排众弟子举行盛大的会供法会。此后，果然如同尊者梦境，骇闻麦彭仁波切文殊上师圆寂的消息。此年冬天，伏藏师烈绕岭巴或名新龙上师索嘉仁波切莅临阿琼朗宗，在静处朗卡宗，尊者师徒听闻幻网静猛法的灌顶，续王大幻化网秘密精华法，麦彭仁波切的如来藏笔录，文殊大圆满基道果引导、玛（乌）尔巴金刚道歌及和萨乐和金刚道歌等的口传，尊者也向大师传授了麦彭仁波切金刚持一些著作的口传。藏历十二月初八，尊者的第四个法子嘉色罗珠在许多奇兆瑞相中诞生，伏藏师烈绕岭巴索嘉认定法子为文殊上师麦彭的转世并以大悲心赐予灌顶。

藏历火蛇年即尊者四十三岁之际，尊者计划建造具三恩上师麦彭确烈朗嘉仁波切的大灵塔并准备前往五台山之时，东纳镇派遣八位士兵，西宁主席也派遣十二名士兵担任尊者的侍卫，以西宁主席为主的市镇官员护送尊者至孝夏，此外，朗宗上师府，古浪、坎布拉、囊拉的各村镇，多嘉、赤嘎、果美、卡岗、瓦严等的几百位弟子护送尊者，用了六天的路程即到达兰州。兰州总督为尊者和护送队伍举行了盛大的欢迎仪式，对护送人员赠送了高规格的礼品。此后，护送队伍返回青海。总督为尊者颁发了通关佚文，派遣四名侍卫以及车夫等随行护送。随后到了平凉府，平凉总管举行了隆重的欢迎仪式，总管根据兰州总督的命令，计划派兵护送尊者到北京，但没有得到尊者的开许。经陕西唐紫燕站乘坐火车到了北京，先后参观和朝拜雍和宫、万寿山、北海白塔等当地大部分能依所依，接受章嘉仁波切、青海拉旺仁增、皇家译师益西妥美、哈青根桑罗布、嘉萨土旺、夏旺活佛、卓尼德瓦仓等来自家乡的上师活佛和官员的款待，畅聊家乡的情况等话题，使所有在场人员无比欢喜，亲密无间。

继后，前往圣地五台山，在菩萨顶上殿右方的小山沟里，买了一块宝地后，开始修建麦彭大灵塔。起初，尊者在去建塔的路上遇到手持鲜花者，向其供养文殊真实名经者等，出现了诸多美好缘起。经过三百多位工匠一个多月的劳作，建成了工艺精致、庄严神奇的大白塔。然可仁波切等常住在此地的藏族僧众、格西德协尼玛等蒙古僧众、菩萨顶的汉族和尚僧众、根据佐钦曲杰降央巴桑的旨意建造的宁玛续部佛殿的僧众，尊者本人及其众弟子徒弟等藏汉蒙五百多位僧众为灵塔开光加持，并举行了广大的会供仪轨。当时，出现了彩虹弥漫等象征善妙缘起的奇兆瑞相，最后在美好的祈祷和回向中得到圆满。随后，尊者在北京参观巡礼。在一年多的时间里，与然可呼图克图、苏热格西尼勒尼玛、嘉措格西、蒙古格西德协尼玛、五台堪布喇嘛等诸多成就智者，在医学、历算等共同明处和中观唯识等内明教派等方面进行了探讨和交流，名声大振。根据此地政教领袖嘉萨上师坚参桑波的劝请，给当地官吏们作了长寿仪轨、沐浴仪轨以及禳解诅咒仪轨等的灌顶和口传，为此，当地称尊者为“古浪大佛爷”，利生事业得以广大。

尊者先后三次与当时的北洋政府总统黎元洪会晤，每次都利用一整天的时间探讨藏汉民族和宗教事务，使黎元洪总统为尊者的智慧和利众勇气所折服。故此，藏历火龙午九月十三日，黎元洪总统为尊者颁发了册封匾，其上用五色金线缝制“前密宁玛派总教主古浪呼图克图大金刚持”的汉藏满蒙对照文字，以及金印、黄色轿子、宝顶冠、全套服装及其饰件，并下指令在尊者回藏时由列车专人护送尊者到观音塘。十月十二日，当尊者启程回家乡之际，受到总统特使、五台上师和嘉萨特使、雍和宫人员、卫勒·拉旺仁增等青海官员的送行。四月一日，经兰州总督张国健的邀请，尊者一行到了兰州府。根据总督的指示，计划派遣由北洋政府甘肃军部顾问李忠兰、宁玛派政教领袖古浪呼图克图、甘肃军部司令特使周朽贺、拉怙主上师等率领的甘肃政务代表团前往拉萨协商，总督签署了“此大事要尽快办理”的批文，并多次劝请尊者务必前往，为汉藏和睦相处献计出力，尊者欣然同意了。

藏历第十五绕迴土羊年七月二十九日，在青海藏汉蒙各族高僧、官员、贵族，以及众弟子的欢送中，尊者踏上前往卫藏的征程。遂经过嘎堆地区，八月十三日到了竹结寺，尊者参拜了此地的麦彭修行处，并作了详广的会供仪轨，为司徒活佛、智曲宇札活佛根桑诚烈旺嘉、然珠活佛、南部囊谦活佛、苏芒寺上师德钦巴卫多杰、巴沃多丹多杰林巴法子诚烈华桑、其兄郭金根桑曲旺等弟子，赐予麦彭文集中有些法门的口传、窍诀等法缘。随后，在央根活佛和结古地区僧俗大众隆重的欢迎仪式中来到了结古镇。初六，朝拜嘉纳玛尼石经城，为乞讨者作了价值十五匹骏马的大布施。九月初七，文殊上师麦彭的近侍沃萨仁波切来到此地，出于对美好缘起的考虑，沃萨向尊者和罗珠法子敬献了麦彭仁波切的衣物、法器、法本、甘露药丸、宝匣等诸多圣物。初九，赐予了有些麦彭法门的口传，到了初十，沃萨仁波切作了烟供仪轨，他举起麦彭上师的彩箭，韵颂了象征美好缘起的吉祥祝福之词。

之后，尊者继续前行，在初三恰遇佐钦堪布索秋和穆日活佛，在欢喜的气氛中与他们畅聊佐钦德格等的近况，还就在世与出世二事业方面进行了广泛交流。初五以后继续上路，但两位汉族官员认为经过昌都有诸多不妥之处，便从格萨尔射箭山向上行进，到了萨钦雄之时，受到中部格杰的百户长等人的迎接。藏历第十五绕迴土羊年十一月二十四日，噶厦地方政府派遣色拉嘉荣瓦、泽仲洛桑曲觉等多人前来迎接，于二十五日礼拜四到达西藏拉萨。德格王阿甲仁波切、佐钦堪布索秋、噶伦雪康巴、噶伦萨旺察荣瓦、噶伦大臣赤门罗布旺青、大臣噶伦根桑泽仲曲觉、大臣噶伦察瓦、大召格西喜西绕嘉错等鲁本康村康灿人员先后前来拜访。

几天后，在罗布林卡夏宫拜面见了第十三世达赖喇嘛。达赖喇嘛在右侧为尊者设高座，左侧汉族官员依次就坐，设宴款待，赐予诸多甘露法语，雪康瓦和噶厦大臣，以及专职翻译等陪同会见。尊者向以达赖喇嘛为主的在场政教领袖们，坦诚而详细地阐述藏汉友好关系的重要性和表达对这次会晤所寄予的希望，使达赖喇嘛非常欢喜，作了很多指示，赐予尊者一匹绸缎和一根镇日吉祥哈达，对其他每位汉族官员赐予了哈达。雪康巴也作了重要发言。初六上午十时，在布达拉宫会晤拜见头戴珍珠宝顶官王帽的达赖喇嘛，在藏汉关系大事方面进行了坦诚交谈。此外，拜见班禅大师之时，得到慈悲摄受和高度重视。此后，在大昭寺楼顶参加噶厦大臣们的会议，在藏汉关系方面作了商讨交流，尊者和汉族官员检阅了在江孜发送电报和向萨迦法王发信方面的工作。回到拉萨后，详细阅读了大召格西喜西绕嘉错运用修饰手法撰写的书函，量达二十一偈颂之多。当时，拉怙主仁波切也到达拉萨。

初七，以私人身份拜见达赖喇嘛，供养了身、语、意所依和曼达拉之后，达赖喇嘛以传授菩萨戒等妙法而摄受了尊者。十四日，尊者和拉怙主上师，两位汉族官员等前往罗布林卡，参加了藏汉关系交流会议，尊者在有关藏汉事务方面作了详细的表述，使达赖喇嘛土登嘉措颇为满意，作了诸多重要指示，并赐予尊者签有“赠藏汉大中证师”字样的照片。二十九日，尊者被邀请到布达拉宫观看金刚法舞。在藏历铁猴新年到来之际，尊者专程前往布达拉，向达赖喇嘛拜年献礼，欢度新年佳节。达赖喇嘛也向尊者赐予了长寿佛像一尊、各种彩绸、食品等新年贺礼。尊者还向以释迦牟尼佛像为主的佛像，献上彩绸法衣等，作了广大供养。在拉萨期间，先后会晤佐钦堪布索秋、拉怙主上师、噶陀司徒仁波切、哲蚌格西喜西绕嘉错、拉萨藏医历算研究所总管钦绕罗布大智者等，在内外文化等各方面作了广泛交流，尤其是针对格西喜西绕嘉措的《电文·百道光芒》撰写了《辨析文·白莲花》，并在密宗的疑难问题方面作了交流，使格西大加赞赏，颇为重视，向尊者敬献了洁白的哈达并说：“你是位名副其实的持明密乘智者。”从此，尊者名声大振。

藏历铁猴年二月十五日，在噶厦大会议上达成了藏汉和睦协议。第二天，所有与会人员聚集在一起，用藏汉双语起草了和谈协议。在向大总统呈送的文书上盖印了尊者大印，还有拉怙主上师、两位汉族官员的印章之后呈献给达赖喇嘛土登嘉措，达赖喇嘛盖上金印之后，计划在此日下午五时派专人护送，预计十一日内到达结古，此后三天内到达西宁，一天到达兰州，再用一天就到达北京大总统座前。如是，尊者先后与第十三世达赖土登嘉措、班禅曲吉尼玛、雪康瓦、萨旺喇嘛迦法王、噶伦噶厦大臣赤门罗布旺钦、三大寺庙的堪布等在拉萨的政教领袖们进行了多次接触和商讨，先后五次利用书信和电文，与兰州总督和北洋政府商讨等一系列活动之后，拉萨之行取得成功。为此，第十三世达赖向尊者赠予了有一肘许高的响铜长寿佛和莲花生大师像、大藏经一套、彩绸、氆氇和哈达，还赠送了签有“藏汉和睦大事业者古浪活佛”的赞颂文，并在上面盖有其双手印。另外，以哲蚌鲁本康村康灿为主的三大寺，来自各方的大德、噶厦地方政府以及诸多官员献上馈赆并欢送尊者。四月初二，尊者在依依不舍中踏上返回家乡的路程。

七月初七，尊者顺利到达西宁，当地各界举行了盛大欢迎仪式，尊者也为他们赠送了去藏礼品。十八日到达兰州，以总督张国健为主的藏汉官员举行隆重的欢迎仪式，向尊者和其兄弟旺青分别敬献了“甘宁亲和”和“青海百户长”的封号，并再三请求尊者常驻兰州，但尊者没有接受。八月十五日，在兰州总督派人护送下，到达尊者道场曼达苑。

到了四十七岁即藏历铁鸡新年之后，尊者闭关静修一年之久。尊者四十八岁时，为吉朗塔确多杰活佛等来自各地的高僧和瑜伽密咒大众传授达仓金刚橛的所有灌顶教言，为杂楚多杰金刚林的修行人传授了从正字法、文法到窍诀法之间的甚深讲义。应康区上层的邀请，尊者五十岁即藏历木鸡年四月二十三日，携麦彭金刚持化身谷嘉色等眷众前往多康地区。尊者父子到了佐钦静地白玛极乐塘唐以后，那年冬天就在此地闭关修行。闭关刚结束之时，岭仓王旺王钦丹增曲嘉携眷前来拜见，与尊者畅谈交流，亲密无间。根据岭仓王的劝请，为在场五百多位僧俗大众赐予了极密马头明王金刚法灌顶口传的法缘。

当时，宿喀活佛、雪谦冉江活佛、麦彭心子雪谦嘉察等大德不间断地拜访尊者，文殊上师麦彭的近侍多阿沃萨上师为谷嘉色活佛赠予了几十本珍贵的麦彭文集、诸佛名号木刻版和长寿经木刻版等极具加持力的印经木板，并驻留半个多月，将麦彭文集中的大部分传承和许多重要口传赐予尊者父子。此后，在藏历火虎年正月初一之良辰吉日，在佐钦日当拉康塘举行盛大的马队和设灶欢迎仪式，以第五世佐钦法王为主，大堪布白玛班扎的活佛，佐钦的钦、贡二师等八十多位上师活佛，以及广大僧俗群众在佐钦寺附近，陈设丰富的供品，吹螺奏乐，列队迎接尊者，将谷嘉色仁波切供奉于佐钦大雄宝殿的无畏狮子宝座之上，佐钦仁波切作了词句优美、意义深奥的曼达拉演说，并作了广大供养，怙主格蒙仁波切等高僧也向其供养了大量金银财宝。一月初八，尊者父子向僧众供养了茶叶、大量绸缎和银元，向第五世佐钦法王如意宝供养了黄金二百两、白银三千七百两，并求受了时轮金刚大灌顶。谷嘉色仁波切在莲师千僧宝瓶修法会上担任金刚副法座而雄居中央，之后，还观看了金刚法舞并向表演者布施了丰富的奖品。当时，正值迎请堪钦根华堪布到那琼修行处之时，谷嘉色法子在其处学习佛法听受传法达四个月之久。根据堪钦根华堪布等再三劝请，尊者为五十多位求学者讲解时轮金刚历算学的诸多疑难问题。

继后，尊者父子被迎请到德格王官，达本泽仲等上层官员相继来拜访，尊者在政教各方面为他们作了精心指导、传法布施。为正在建造的蒋扬钦哲仁波切灵塔多康庄严金檐捐赠了黄金百两，也接受了以宁玛续部法为主的佛语所依，量达十五牦牛驮子之多。回到佐钦以后，观看了普巴金刚大修法会的金刚舞。五月初，当尊者准备起程返回家乡时，第五世佐钦法王为其赠送了旱獭镶边绸缎上衣、六饰坎肩衣、披单法裙、长耳法帽、遍智吉美林巴尊者的双颅手鼓、金杵顶法铃、碰铃、金宝瓶一对、银质绸饰长寿箭、金银三根本多玛碟盘及其严饰、具饰静猛神馐、银质金镶甘露盒一对、内供器等无数法器财宝。德格首版大藏经甘珠尔和丹珠尔各一套两套等三所依及其如海供品，并且在全寺上下僧俗大众的送行中依依不舍地踏上回程。

遂到了东柯地区，家乡的上师、官员以及众弟子到了那里迎接尊者，拉德、果美、青海湖等地区列队设灶欢迎。七月初三，在青海天全滕钦前方设营驻扎数日。尊者到了五十岁即藏历铁羊新年伊始，向各地发布讯息之后，各方弟子如云而集。根据众弟子的愿望，在本寺曼达大殿里给诸位活佛上师、修行者、持褐红胜幢的僧众和瑜伽众几千人，赐予了所有敏珠林法部和金刚萨埵法、酿师善逝集八法行、莲师怀业法、忿怒莲师、文殊伏猛法、心髓持明集、吉祥集、苦难自解脱、威猛马鹏、大乐佛母、狮面佛母、伏魔普巴金刚、北藏持明莲师修法、香派马头金刚密修等，龙钦心髓本尊护法的命明修灌顶二十法，莲师七句祈祷文注释口传等法的灌顶、传承和讲解。尊者撰写了《无死祈祷文》并始终传讲诸法无常的本性，使在场所有人潸然泪下，祈请尊者长久住世，并要求为其作祝寿法事，但尊者说："那么尽量念诵莲师意乐成就文，其他就不要什么了，你们要依照'世界充满恶业时，违缘转为菩提道'的教言和睦相处……"如是作了诸多相似于永别的嘱托。

尊者到了五十八岁即藏历水猴新年之际，在瓦尔丹举行盛大的欢庆仪式，向扎那黑帐三部落、阿日、伊瓦尔等地的上层喇嘛和头人，以及各方信众赠予了节日礼物，在世与出世二事业方面作了谆谆教诲，并传法布道，满足了众愿。从佐钦寺邀请维那师和领诵师却本，根据佐钦传承给雅那寺和休诺寺传授仪轨念诵音谱、佛乐的吹奏，多玛制作和火供的仪轨、坛城的度量、手印绘制等。四月，以马队和供云等象征吉祥缘起的仪式迎接夏嘎活佛，利用吉祥苑寺版夏嘎文集传授了所有夏嘎文集的传承。尊者为谷嘉色法子和夏嘎活佛等在场弟子恩赐了极密马头明王灌顶及其仪轨·悉地祥降、金刚马王亥母仪轨法、简略狮面母法、一髻佛母、拉呼拉星耀、当坚等诸多法部的口传，以及文殊礼赞的讲解等法缘。至于嘉色幻化法函和神奇幻化法函，尊者指令谷嘉色活佛道："你要传授此法。"谷嘉色也如是传了此等法门。随后，尊者父子和眷众去那甘，尊者非常欢喜，指导了断法的乐谱等窍诀。当时，对法子两兄弟和众心传弟子作了政教各个方面的安排，尤其是对其首席弟子罗珠教诲道："如同玛尔巴大译师'我老父的使命已完成，如今该轮到你等弟子了'的教言，从今以后就奉为补处了……"如是作了最后的嘱托而确定了不会住世很久。这时，谷嘉色活佛和其兄旺青嘉等眷众弟子们强烈要求尊者返回家乡，但尊者却说："如果此修法会未能建立圆满，我肯定不走，修法会能在上午圆满建立，下午就可以走。"

根据此旨意，在莲花生大师趣往莲花光刹土的殊胜节日七月初十，依靠彩粉绘制的坛城，圆满建立了如量的大悲观音苦难自解脱修法会。随后，依次经过拉桑塘、迪索、木日、瓦勒玛等地区后，于八月初八到达日月山，刚到那里，尊者就说道：“呀！现在到了！”就没有更多的话语而入住于一座广深禅定之中。过了几天，尊者说道：“不住此地前往香巴拉，欲依勇武轮王之足莲。”最后，以法身坐姿狮子傲岸之式中，示现密意趣入法界之相。

55. 安多白衣隐修者曲吉桑格

第五世佐钦法王土登曲吉多杰和堪钦先嘎的弟子安多白衣隐修者曲吉桑格，诞生在安多古浪地区，小时候，随顺世俗之风，作了古浪拉章府的马夫。此后，尊者对众生生起慈悲之心，对轮回产生了无伪出离心，在古浪活佛郭金晋扎曲阳多杰前，开始听闻共不共修心前行法等深法。活佛对他说：“你的世世有缘上师是文殊化身麦彭仁波切，应尽快前往康区，即使没有见到麦彭仁波切文殊上师，也会有获得加持的征兆。”根据此授记尊者徒步前往康巴地区，但在路途就听闻了麦彭仁波切文殊上师圆寂的消息，他在极度悲痛的心情中到了日当佐钦道场佐钦寺。当时，正值堪钦先嘎在熙日森佛学院传讲秘密幻网续，尊者加入了听法者行列，在此大德和第五世佐钦法王座前接受闻受经教伏藏的成熟解脱法门灌顶，尤其是听闻了光明大圆满秘密心髓甚深窍诀。期间有一时，尊者前往雪谦寺朝拜麦彭仁波切文殊上师的灵塔，他在路上休息了一会儿，不知不觉地睡着了。他梦见在一座水晶佛塔宝瓶门口，文殊上师以班智达装束示现尊容并对他说：“我是麦彭朗嘉。”说完，佛塔融入尊者心间。从此以后，尊者密意得到开悟，虽然过去没有作过闻思，但是对说唱道歌、指导心法等通达无碍。

在雪谦寺向灵塔供养了广深会供之轮以后，前往安章珠巴卓堆巴沃多杰门下，请求大师以顶乘大圆满窍诀来摄受时，大师说：“在我摄受弟子的传统中，如果没有修完如量的共同内外前行法之前，就不会传授正行窍诀深法，如果你是一位舍弃此生的求法者，首先要从有相无相的寂止开始，直到正行依次念修，所以，至少要有在这里呆九年的决心。”过一会又说道：“你是从佐钦协佐雪谦二寺来到这里的，很有可能依止值遇了证悟殊胜的上师，首先请你跟我分享一下说说证悟体验吧。”尊者立即向大师详细讲述了自己的真实觉受体验，大师非常欢喜地说：“噢！你已经掌握了所有该掌握的东西，即使你在这里呆上十八年，我也没有比这个更多的法要讲，所以，你不必留在这里，我给你祈祷，传一些法缘后就可以走了，你以后对真实法义需修行要有串习熟练。”

此后，尊者前往噶陀朝圣，在司徒仁波切和格则活佛座前听闻了诸多法缘以后，尊者根据“如果去下部地区，将会觉醒宿世愿力而能够利益教生”的授记，前往多钦地区。过去多钦哲益西多杰圆寂之时曾授记道：“如果有人携带众多弟子眷属并自称为我的活佛者来临，此人不是我的转世化身，如果身着白衣的云游者来临，此人就是我。”多智钦甘仁波切授记文中云：“安之地区白玛欧哲尊，与其结缘悉度持明刹。”尊者的到来与此等授记不谋而合，就确定了他是多钦哲的转世活佛。根据“将在形如人全皮的地基上建立道场”的上师本尊的授记，在名为卡焦多的地方创建了玛哈莫斯卡吉龙寺。起初，尊者在寻找寺址地基的时候，看到一头野猪在拱地，尊者称这是金刚亥母在作镇地仪轨，并把自己的房屋建在此地。尊者无碍自在于神通和成就道貌，比如在多钦传法的同时到了莫斯卡玛哈地区，日出时分明是在玛哈莫斯卡，却刚好在此时出现在玉柯地区等神奇法行数不胜数。给显密男女僧众赐予了以大圆满为主的甚深窍诀深法，根据各自的意愿和根基，为多钦和玉柯等的善男信女广转法轮，使所有与其结缘者置于具义之地。

56. 堪钦根桑华丹

巴珠晋美曲吉旺波和文殊上师麦彭的弟子堪钦根桑华丹曲吉扎巴，诞生在众生善知识菩萨三怙主化身不间断降临的圣地，多康扎溪卡扎域格则贡玛草原。自小天生具足出离心，慈悲圣心滋润相续等觉醒大乘菩提种性，故在没有任何劝请的情况下进入佛门，自然出家，依止邬金丹增罗布或名温波丹嘎仁波切作为启蒙上师，深入闻习了显密教法以及共同明处。当时，没有酥油来作酥油灯，尊者就整夜顺着月光的移动看书学习，天亮月落时，他已经在山顶了，就再回到佛学院继续听闻佛法。道友们开玩笑地说：“白天世人与太阳一起上山放牧，而晚上根华和月亮一道上山放书。”尊者还在第五世佐钦法王土登曲吉多杰、巴珠晋美曲吉旺波、堪钦白玛班扎、蒋扬钦哲旺波、文殊上师麦彭仁波切、多智钦丹毕尼玛等高僧大德座前，听闻前密经教伏藏法的灌顶与讲授，尤其是巴珠大菩萨在其下半生在扎堆江玛修行处，格贡等树立修行胜幢之时，尊者常年跟随其后，依止为不共根本上师并获得慈悲摄受。那时，尊者只有一件破烂的衣服，没有鞋帽穿戴，到了冬天，因经常赤脚走在雪地上，脚被冻得裂开口子并流血。阿布（巴珠仁波切）看在眼里，痛在心里，给尊者伤口念咒吹气并说：“根华，你要继续努力，将来不会有困难。”如是作了许多语重心长的教诲。

有一天，有人向阿布（巴珠仁波切）供养了一个响铜曼达拉，尊者说：“阿布拉！我正在修五加行，可不可以把这个曼达拉赐给我？”阿布稍作思考后回答：“哦！完全可以。常言说世上无奇不有，也许有一天，有可能你手持我的曼达拉，改变衣衫简陋的现状，坐在成千上万僧众的上方，念着‘遍地敷香……’等供养词，如果你努力的话，不会有问题的。”后来尊者在噶陀寺千僧法会上传授菩萨戒，在念诵七支供曼达拉的时候，尊者合掌祈祷上师并含着热泪道：“当时上师说的是真实授记，我的上师是无碍知晓三世时的佛陀，想起阿布的大恩大德，即使是我用黄金盛满三千世界来供养他，也难报答他一毛孔许的恩德。”在平日里，以面见真实佛陀般的不共信心和恭敬心来依止上师，使阿布很欢喜，传授尊者许多显密论典，尤其是入行论、大秘密幻化网续、大圆满龙钦心髓法的耳传没有文字部分等甚深法门的口传和窍诀。虽然如此，尊者没有仅仅停留在闻法上，而是专心将其付诸实修践，专心修炼，直至获得觉悟正果。

在尊者的后半生，根据噶陀司徒曲吉嘉措的邀请前往噶陀寺道场，担任了如意宝山佛学院或名续部佛学院的首任法台堪布，任期为三年。开创了素有“噶陀百论”之称的一百多部印藏智者论著每五年讲授一轮完毕的传统，给教法的传承与弘扬以新的活力。其后，比玛拉化身堪钦阿格旺波（堪布阿琼），那喇曲珠上师等先嘎传承弟子继承闻思传统，使东方噶陀法脉传承之处也遍及了佐钦寺显宗论点讲授的传承的法统。回到家乡以后，尊者说：“我在阿布座前学习时，曾经承诺过，如果我学成并有传法的机会，即使是没有一个闻法人，对着寺庙柱子我也要传法到底。”从那以后，毕生坚持讲经说法，每天多者传法十几座课时，少者也有一座课时，一直到圆寂为止。尊者在每传一门法之时，就有详细讲一遍等起和现行，并在开始和结束时作一次祈请和回向的详广圆满课颂法事的传统，在传授正行法时，以菩提心为总纲，以实修经验为要义而阐释法义，将阿布和麦彭仁波切的口传作为核心而弘扬之。

饱尝尊者妙法甘露的弟子主要有：尊者亲自认证的巴珠转世活佛博珠·多阿丹毕尼玛、噶陀司徒、雪谦嘉察·白玛朗嘉、钦哲确吉罗珠、穆日白玛诺布、江玛大堪布托图嘎、扎嘉晋旺、谷嘉色、多智钦诚烈华巴、噶陀堪钦大堪布阿琼和堪钦努尼丹、麦瓦堪钦大堪布才旺仁增等许多传承教法的登地菩萨。尊者著有巴珠仁波切无余口传《入行论广释》、文殊上师麦彭所造定解宝灯论注释、别解脱律仪因缘集等，收集、编撰文殊上师麦彭的文集等作了诸多利益弘扬自派教法的事业。尊者到了八十三岁时，因一个名为索华的寻思者扰乱密意，毁坏誓言之故，示现圆满此刹利生事业之相，当时，在藏历二十四日，托图嘎、穆日活佛、博珠三位在其座前时说：“果佐两方的纠纷调解为好。”“这次，我会离世，无法挽回，但你们莫要急着火化荼毗，所有人都接受四灌顶吧，然后依据金刚萨埵和大悲观音仪轨来作火供，用骨灰塑造小泥像放在后山沟中部，这样，对扎溪卡地区的福祉地力有好处，也是佐钦大德门派的仪轨传统。如果我在明天即二十五日离世，是周六吉星当空，对贫僧我没有损失损害，但有损于宁玛派，所以不妥，二十六日为周日也不好。”说完，以法身坐式趣入内界具足六种殊胜的本净本初解脱之位。

57. 热哈曲吉扎巴吉祥贤

热哈曲扎，堪钦先嘎的弟子“曲扎二贤”之一，于藏历第十五绕迴中下叶，在多康热哈地区宗塔草原诞生。小时候，进入佐钦寺巴传承道场热哈寺僧团，对法事仪轨和法会的坛城和多玛等的塑造、佛乐的吹奏等作了闻习并获得善巧，使寺庙上下对他赞叹有加。二十岁左右，在本地一位善知识座前听闻巴珠大圆满前行文的讲授和口传，并进行五加行和龙钦心髓三根本的详广念修。依靠觉醒宿世习气和本尊的授记等因缘，在尊者心中产生了前往一所大佛学院的坚定信念。于是，向本寺住持上师立誓舍弃此生而毕生求法修行，并叙述自己的想法后获得上师的恩准。随后，尊者前往佐钦熙日森佛学院，顶依堪钦先嘎足莲。尊者初到之时，口粮等生活条件非常艰苦，为求法而行苦行的经历数不胜数，在接受比丘戒的时候，连法衣都没有因而在堪钦先嘎处暂时借用。尊者在先后十六年的时间里，以大精进闻思显密教法及其各种学处，成为无与伦比的自在贤者，为此，先嘎仁波切曾说：“曲扎乃如行云流水般不间断地的修行瑜伽师，故别人没法与其相比。”如是作了很多特别的赞颂。先嘎有如同群星般的无数弟子，其中称为“曲扎二贤”的两位心传弟子久负盛名，智者热哈曲扎更是独树一帜，无人不晓。

有一次，嘉瓦格西多昂阿来到佐钦熙日森佛学院，恰好遇到尊者辅导《俱舍论》。格西装成一位普通的云游者喇嘛，向尊者提出了有关俱舍论中的不相应行法等疑难问题，尊者对答如流，辩才非凡，使格西打消了辩论念头。当堪钦先嘎前往宗萨和八邦道场时，尊者以近侍身份随行，并担任辅导师。有一时，根据上师的旨意，尊者回到家乡，在热哈寺新建佛学院，为众多具缘弟子转起显密教法和明处文化法轮，出现无数成就智者弟子。此后，再次回到上师座前，在嘉沃修行处以近侍者身份而居，无余听闻光明大圆满甚深教授并实修。此时，噶厦地方政府军部统帅琼然达本依止堪钦先嘎为上师并邀请他前往卫藏，但上师说：“我已经立誓在此圣地毕生修行，故不能前去，但可以派曲扎作为我的补处。”上师将自己的三法衣和法帽赐给尊者并说：“徒儿啊！你去卫藏拉萨作琼然巴的上师，你的有缘化机在直贡地区，在那里让事业圆满而不要回来，我虽然不会住世很久，但我们师徒在莲师花光明宫殿相见吧！”如是作了广深祈祷之后惜别。到了卫藏之后，尊者依次朝拜了西藏和不丹等的各个圣地，致力于树立具义实修胜幢。后来，在直贡尼玛江雅佛学院附近的曲隆修行处常驻，犹如隐世成就者顶饰米拉日巴尊者，夜以继日地进行妙法修行，使见闻念触者置于解脱之道等殊胜事迹无量无边，主修三根本静猛本尊并出现圆满之相，尤其是念修了四亿遍吉祥普巴金刚心咒及其补遗。进入后半生以后，先后两次传授静猛幻网法的灌顶和秘密精华续的讲授等广转显密法轮。尊者敦促其不丹弟子和施主们在宿喀五塔旁边，建立了一所寺院佛学院，取名珠巴不丹寺。

如是，在事业和身寿得到圆满之后，从藏历铁鼠年十二月三十日到铁牛年一月十九日之间，尊者始终直身安住于光明境界等神奇瑞相中色身庄严趣入法身之界。在法体荼毗时，降下舍利和灵骨之雨，使有缘者置于信心之地。传承讲修传承法统的弟子数不胜数，其中丹增沃色上师和索朗顿珠堪布二位大德在龙钦巴道场解脱林，讲修传统有者重振、无者新建来进行利益教法众生，心子白玛朗嘉也担任不丹圣多卡朗瓦佛学院住持，连续多年每日不间断开讲不少于四五种法门，刻制十三部大论本颂、注释、科判，以及各明处理论的印书木刻版，在仓卡尔邬金讲修林，以广大发心开创讲修双运传统及其道场能依所依，教法传承事业无量无边。

58. 色卡曲吉扎巴

堪钦先嘎弟子“曲扎二贤”之一色卡曲吉扎巴，于藏历第十五绕迥中叶诞生在东方木雅地区，从小远离普通小孩的习气而具足严谨威仪，俱生智慧无与伦比，无论是学习文字读写到大小明处文化，都无勤而轻松掌握。少年时期就逃离家乡，来到佐钦熙日森佛学院，以三欢喜之式如法依从先嘎仁波切足莲，先后多次听闻了以堪钦先嘎本人所编纂造各印度大论注释为主的显密教法，以及各大明处文化的讲授，并以闻思抉择之。在先嘎仁波切的千百位弟子中，成为津津乐道的成就智者。在第五世成就者佐钦法王土登曲吉多杰座前，闻受许多伏藏经教、新旧密法等宁玛派系的灌顶、教授。当时，有一些汉地的大官员想邀请先嘎仁波切作为他们的上师，但是上师未能前去并说：“色卡曲扎跟我没什么区别。”就将其作为补处派往汉地。尊者在五台山等圣地朝拜之后，广传从大圆满龙钦心髓法前行到正行的灌顶教授，利益了汉地无量众生。

尊者密意富于贤正善之功德，菩提二心滋润心间，使所有人一见到他就顿生欢喜信心。后半生，尊者在木雅地区的许多寺院，兴建讲修执持前密教法派的佛学院，弘扬律仪三事仪轨，教育普通民众禁猎止盗，断除杀生恶业，举行观音法会、极乐法会，广转妙法之轮。如是利益教生的广大发心和事业得到圆满之后，伴随着续部所讲的解脱之相而圆寂。

59. 八邦司徒白玛旺确嘉布

殊胜智者先盘塔耶弟子八邦司徒白玛旺确嘉布，于藏历第十五绕迥火狗年即公元1886年在多麦理塘地区诞生，被第十五世噶玛巴和钦贡二师一致认定为司徒仁波切的转世活佛，迎请到八邦寺开始了教法的闻思，并在堪钦扎西沃色座前剃度出家，在琼波噶玛沃色前听闻律仪根本论，在赞布拉嘉座前听闻了甘珠尔口传，文殊化身康珠活佛座前听闻噶举密法宝库。二十五岁时，在堪钦扎西沃色座前接受圆满比丘戒，在蒋扬曲杰处学习文法、正字法、旃陀罗波字经、声律学、诗学等共同明处文化。在格桑堪布前听闻因明，在先嘎仁波切前听闻大小沙弥偈论、律仪根本论、别解脱经、中观根本论、入中论、中观四百论以及其他中观理聚论、入行论、慈氏五论（弥勒五论）、秘密精华续、从龙钦七宝藏直至大圆满窍诀的觉受直指法要等。尊者曾说过："别人不管怎么说，我的相续得以成熟、能使他人相续解脱，都是仰仗先嘎上师的恩德。"

前往卫藏地区，在第十五世噶玛巴座前听闻岗仓派系法的灌顶、口传和讲授，总之，一直不间断闻思直到三十二岁之间。此后，因一顿恶食而患上严重疾病，以此因缘，尊者在修行院禅法林闭关修行三年，修成白度母心咒一亿遍。根据诸上师们的旨意，为尊者祈寿法事建造了百字明咒转经筒及其外部建筑。先嘎仁波切在嘉沃修行处常住时，尊者向其供养饮食衣物等生活条件，上师圆寂时，尊者为其举行如量荼毗法事，并在八邦寺大经堂为上师建造了一层高的金灵塔。此后，尊者新建了八邦大雄宝殿，其内建造了两层高的金铜弥勒大佛、释迦像、觉沃像、文殊菩萨、无量光佛、观世音菩萨、莲花生大师等均有一层之高，还有无与伦比的壁画、精美的法器和供养品，以及僧众座垫等。扩建了大殿顶部金檐，用金铜铸造了八胜幢、六黑绳幢，此外，在传经殿中造了有常人身高的长寿三尊和莲花生大师金像，屋顶造了屋脊宝瓶金顶，建了十二柽柳女墙等，重新修建了佛学院和闭关院大殿，其上也造了屋脊宝瓶金顶、柽柳女墙，所造身能依无数，画有佛祖本生传·如意宝树、弥勒本生传、普巴金刚十忿怒护法等壁画和唐卡，语能依有全套大藏经、新刻木板有堪钦先嘎编纂著作十三部大论注释及本颂、第五世噶玛巴文集中的律仪本颂三函、别解脱颂一函、入中论一函、般若两函等，此外还有因明论·理论海二函、风心无别法门等二百多法函，如是广行三轮利生事业之后圆寂。

60. 第二世蒋扬钦哲确吉罗珠

第五世佐钦法王土登曲吉多杰和堪钦先嘎的弟子第二世蒋扬钦哲确吉罗

珠，根据其上一世遍智蒋扬钦哲旺波“我将融入的下一世将由大班智达比玛拉之意作为部主，然后出现身语意功德事业五个再化身”的授记，其中，身化身为佐钦钦哲谷如才旺，由第五世佐钦如意宝法王认定并于佐钦寺升座；语化身为霍白如土司王之子，由蒋贡康楚仁波切康珠活佛认定并在八邦寺常住升座；意化身为怙主顶果钦哲仁波切，由雪谦嘉察仁波切认定；功德化身为阿旺土多朗嘉，诞生在萨迦法王家中；事业化身则是一切教法之主蒋扬钦哲确吉罗珠。此尊者于藏历第十五绕迥水蛇年即公元 1893 年秋季诞生，其父是伏藏家族之子久美才旺嘉波，母亲慈城措。父亲为其取名蒋扬确吉罗珠。因其上一世侄子再三请求噶陀司徒仁波切在噶陀寺认定一位钦哲活佛转世而被认定。

尊者六岁时前往噶陀道场，那天刚好降下大雪，被称为是美好缘起。司徒仁波切在大雄宝殿大神吉祥佛像前为其作了削发出家仪轨，献法号蒋扬罗珠嘉措。此后，又在司徒和经师土登仁增嘉措堪布为主的五众僧宝前接受沙弥戒，在前法名上再增名“卓宙拉龙日玛卫森格（教理妙法语狮子）”。当时，正值堪钦根桑华丹来到噶陀新建续部佛学院之时，尊者在其处听闻三律仪论本颂及其注释、功德藏、如意宝藏、上下对法俱舍论、弥勒五论慈氏无论、中观庄严论、入中论、文殊上师麦彭仁波切的许多著作等。在仁增经师座前学习从文字读写到文法、正字法、声明学、诗学、历算学等所有共同明处并获得熟练掌握。十五岁时，在宗萨道场的钦哲活佛身寿出现违缘，其上一世侄子等人经过诚心祈请司徒仁波切并得到开许之后，尊者来到宗萨寺主持住持道场。二十岁左右，先后两次前往佐钦，在第五世佐钦法王土登曲吉多杰前，无余闻受前密经教法部和上师智慧的明慧游戏灌顶等伏藏经教的灌顶与传承。同时，依止大智者先盘朗瓦为上师，闻受以其编纂著十三部大论注释为主的显密无数法门讲授。

藏历第十五绕迥土马年，在康协玛塘地区创办康协佛学院讲修兴盛林之时，尊者特邀堪钦先嘎担任第一任法台堪布，任教时间达四年之久。此外，在蒋扬罗德旺波前闻受续部集论、道果教学法、喜金刚续讲授等所有吉祥萨迦派的灌顶教授。在讲授道果根基法时，密意中生起灌顶义证悟。在父尊才旺嘉波座前闻受大宝伏藏法、秋林伏藏法等诸多甚深伏藏法。另外，在雪谦嘉察仁波切、夏仲扎西嘉措、桑丹罗布大堪布、八邦智者扎西曲培、阿格旺波（堪布阿琼）大堪布等许多善知识座前，闻受窍诀宝藏、修法集等无数法门的灌顶口传。尤其是在安章珠巴卓都巴沃多杰座前，听闻北藏法密意无遮、上师心精滴法、龙钦心髓法的灌顶和讲授，上师本人的所有意伏藏法，立断法解说增益等所有从钦哲上师传承的大圆满心髓法部，并且奉为其真实证悟补处。在第三世多智钦丹毕尼玛座前，听闻持明集法，极密上师修法，上师智慧无上智慧明慧游戏灌顶，上师本人所著秘密精华法总论，从其上一世所传大圆满心髓续法的所有口传窍诀，并且将此等传承交付于尊者。因此，此二位上师和第五世佐钦法王是尊者的主要大圆满传承上师，故被依止为不共根本上师。尊者先后在八十多位具相善知识座前作了广泛闻思，达到闻般若密多之彼岸。尊者通达一切教派的见修行之法要，随顺各类化机的缘分，以广转法轮之式摄受众生。当时，在多麦地区的几乎所有上师活佛等持教大德们依从尊者，闻受了深法灌顶口传，利益教生事业广大无边。

尊者先后所传之法有：传授前密经教嘎玛法的所有灌顶口传三遍，大幻化网续四遍秘密精华法三遍，总经密意集总经意集密续和普巴金刚根本颂讲授五遍，大宝伏藏法一遍，道果会众释和教学释五三遍，窍诀宝藏两遍，修法仪轨总集四遍，鄂派七坛城灌顶四遍，乐喜威三金刚、大威德空行母、时轮金刚各传八遍，喜金刚续玛沃师讲授法五遍，宝帐怙主和桑布智续法三遍，八大法行大灌顶、密意集大灌顶两遍，心髓四部法五遍，萨迦五尊法王和鄂钦大师文集一遍，所有钦哲文集口传两遍等。每年春夏秋三个季节里，每日坚持至少进行两三次灌顶的传法事业。尊者自始至终致力于妙法的实修而无有散漫，在后半生，每年的冬季都处于闭关静修之中，在此期间，有获得本尊的亲见和摄受、出现成就悉地的瑞相等传奇数不胜数，但此处因恐文字繁多，故不赘述，若想详细了解，可参看其他广传。

尊者的主要弟子有第六世佐钦法王吉扎向秋多杰、雪谦冉江、噶陀司徒仁波切、顶果钦哲、我等怙主仁波切遍主法王白玛格桑、格蒙活佛、雪谦嘉察和康珠活佛、敏珠林堪布兄弟、多扎大持明者等自派宁玛派持教大德。此外，第十六世噶玛巴、萨迦法王父子、司徒白玛旺确、宿芒和德仲二师、八邦康珠等康巴卫藏地区的高僧大德，以及培养了四大教派的堪布、阿阇黎、修行者、瑜伽师等弟子数不胜数。尊者六十三岁时，根据秘密授记，经过囊谦地区前往卫藏各大圣地进行朝圣拜佛，作了广大酬忏供养之后到达锡金国，在那里定居以后，遂前往印度、尼泊尔、不丹等国的各大圣地作了详广圆满酬补仪轨和丰富的会供供养。最后，于六十六岁那年的五月六日初夜刚过之时示现圆寂之相。

61. 麦瓦·索朗贡波大堪布

殊胜智者先盘朗瓦弟子麦瓦·索朗贡波大堪布，于藏历第十五绕迥木羊年即公元1895年，在瓦希麦域麦瓦地区的父亲阿嘎郎金和母亲绕萨·嘎托家中诞生。因天生具有非凡智慧，轻松掌握文字读写，从小就被自在智者那喇曲珠所摄受，长大后根据那喇的旨意，前往佐钦熙日森佛学院，依止殊胜智者先盘朗瓦等具相善知识，闻思以十三大论为主的显教诸法并获得通达善巧，圆满闻受内外续部法的灌顶、口传和讲授之后回到了故乡。获得根本上师先盘曲吉朗瓦和阿阇黎比玛拉智慧身的摄受，一生主要致力于修行实践，现前成就道貌，有时候也对一些具器弟子赐予深法讲授的恩德，如是成为真实持教大德高僧。最后，尊者在七十三岁那年的十二月十八日，以仙人端坐之式现前了寂静法身之果位。

62. 麦瓦·罗吾丹增堪布

第五世佐钦法王和堪钦先嘎的弟子，殊胜善知识麦瓦·罗吾丹增堪布，于藏历第十五绕迥土狗年即公元1898年，在多麦麦柯地区诞生，父亲卡休·才珠，母亲琼萨·阿措。具足智慧法眼的佐钦堪布其美和才旺仁增二上师称尊者是本初怙主化现为凡人之相。自小觉醒慈悲、信心、智慧等大乘种性，在无需勤作中轻松掌握文字读写。小尊者力大无比，在游戏中战胜了所有伙伴，伙伴们因此怀恨在心，合伙拿起刀子和斧头等凶器围住小尊者，准备杀死他，但不管他们怎么砍杀，尊者如同飞鸟腾空，根本触及不了他的身体。当地有一位叫琼托的护法经师至今仍说："当时我们不知怎么回事，没有想到这是尊者的成就道貌。"此外，还在嬉戏当中捡到一把金柄宝剑、掘出伏藏等，示现了许多超越凡夫成就之相。长大后，在才旺仁增大堪布座前出家为僧并在其处听闻入行论。之后，根据此上师的旨意前往佐钦寺求学，在第五世佐钦法王土登曲吉多杰为戒师堪布，大智者先盘朗瓦作为阿阇黎座前，与自在智者阿加交华一起接受圆满比丘戒，取法名贡确钦绕华桑波。

进入佐钦熙日森佛学院，在先盘朗瓦尊者座前听闻中观论、嘎勒晋美注释文、布达巴勒论释、慧灯论、推理炽燃论、入行论各种注释、比玛拉修行次第、噶玛拉喜拉前正后修行次第、现观庄严论大疏日光庄严、义明疏、词明疏、中观庄严论自疏、因明理论拉旺罗和释迦罗等印度智者的诸多善言，西藏论释方面有玛夏大师的中观根本慧论大疏、入中论密意极明、果然巴的遣除恶见和甚深隐义、大小钦氏俱舍论释、大小措氏律仪论释、量理宝藏论自释等雪域所有显宗经典法相论释，以及遍智荣隆二尊和吉美林巴尊者文集等一切宁玛自派论著，达到闻般若密多彼岸。尤其是在隐修者根嘎巴登座前，听闻了上师心精滴法的所有法部并现前了离思无为之密意。

尊者先后在佐钦日当忿怒文殊洞、嘉沃洞等具加持力修行地专心念修，登上圣者地道高峰，获得圣者成就。在嘉沃修行处先嘎上师座前闭关打坐时，有一日上午，从南方涌起白云，云间彩虹密布中出现一位身色黄绿、头戴长耳法帽的班智达，自称是比玛拉木扎，赐予尊者所有比玛心髓法的灌顶、讲授和窍诀。

又一次，在进行普巴金刚少年的念修时，由金刚橛十二护法在诸多声响中将他托向空中，并引领其观赏七金山和七游戏海。在嘉沃修行处居住时，牧人们亲眼看到尊者从司昌雪山顶部起飞降临到佐钦日当山里，如是有着无数成就法相。为慈悲摄受后学者而造写了许多论著，培养了无数传承弟子。最后，尊者在年满五十九岁之时，示现利益此刹化机事业暂告圆满而趣入其他刹土之相。此刻出现了大地震动、发出剧烈声响、光芒遍照等大圣者登上更高地道成就的奇兆瑞相，使众生置于神奇而欢喜之地。

63. 那喇索朗曲珠

第五世佐钦法王土登曲吉多杰和堪钦索秋的弟子，自在智者旺修土登协珠坚参或者共许为那喇索朗曲珠尊者。根据蒋贡康楚拥登嘉措和第五世佐钦法王土登曲吉多杰等大德的金刚授记，以及尊者本人的光明清静觉受，在往昔化身为印度因明庄严法称论师，在雪域先后化身为莲花生大师心子多杰哲琼，阿里班智达、噶陀向秋本巴、第一世佐钦法王白玛仁增等诸多成就智者，广行利益教生事业之后，尊者于藏历第十四绕迴水狗年即公元 1862 年，在多麦新龙上部一个名为安自那木朗的十善福地诞生，父名泽翁朗嘉，母名白玛曲措。尊者八岁开始学习认字书写并一点就通，与此同时，坛城彩绘、佛乐弹奏、仪轨手印以及文法历算等共同明处也在嬉戏中就轻松掌握。到了十六岁时，尊者心中生起无伪出离心，在格鲁派格西罗桑慈城座前剃度出家，取法号罗桑曲吉扎巴，并在其处作了大量佛学闻思和律仪三事仪轨的实修。

藏历阳铁龙年即尊者十九岁时，根据藏历闰月的计算可计为二十岁，当时，正值持律藏者格仓金刚上师在炉霍寿灵寺居住，在其座前根据卡契克什米尔戒律传承接受圆满比丘戒，并且听闻了诸多格鲁派法门。后来，因考虑到弘扬前密自派的律藏传承，又在具足贤善坚固双德的堪布土登格桑仁波切座前，改派接受下部律藏菩提萨埵堪布戒律传承，并取法名土登协珠丹毕坚参。从此以后，依据律藏法宝所示，丝毫没有逾越开遮界限，如同群星中的月亮，在受持律藏圣者中极为明亮庄严。在让夏堪布根桑索朗座前接受大乘中观派菩萨戒，自那以后，以行持佛子菩萨圣行，始终利益教法众生。到了二十二岁即藏历水羊年，以强烈的求学心敦促他来到前密教法之源日当佐钦熙日森佛学院，在语狮子麦彭朗嘉、自在智者岭喇活佛活佛土登林协坚参、索朗曲培大堪布等座前，对显密教法作了长期而无偏的闻思，使其智者美名遍及四方。先后依止第五世佐钦法王土登曲吉多杰、邬金丹增诺布、荣塔嘉色白玛晋美等十几位前后译新旧教派的上师，闻受经教伏藏的灌顶与教授、窍诀的直授、理论的讲解等，使法语甘露充满了其密意宝瓶。此后，尊者欲返回家乡之时，佐钦法王如意宝对他说：“你若在佐钦祖寺担任轮值堪布而讲经说法，将会成就广大的利生事业。”但尊者向如意宝详述了自己不喜好僧众事务，而是欲求在静处树立修行胜幢的愿望并请求上师开许之后，佐钦法王巴对他说：“既然这样，为了不违背缘起，你就造写一个《文殊礼赞》的注释并传讲此法就可以。”于是，尊者撰写了有五十多页的注疏文并且传讲此法多日。

此后，尊者回到札拉宗寺妙法讲修兴盛林，根据自派佐钦寺巴的传承传统，开创了律仪三事仪轨的实践，连续十三年亲自担任僧众结夏法会堪布，每次传讲三律仪法和《清净戒律经》，对无数求法者不间断赐予以入行论和大幻化网秘密精华续为主的显密教法，尤其是在中观和般若的疑难深要方面，根据佐钦熙日森佛学院的讲授观点不共讲风即巴珠晋美曲吉旺波、堪钦白玛班扎、文殊上师麦彭仁波切等所倡导的前密宁玛自派见地，尊者以驳立之法细致分析而抉择之，以讲辩之法弘扬之。考虑到为后世者留下法缘，撰写了中观宝鬘论大疏教言能明、入行论教言集和智慧品难释、般若总义、阿若入大乘论、吉祥秘密精华法的摄义和疑难遣除、入中论与宝性论辩析、答辩文·雷电之箭、问答篇·教理雷声等文集五函之多，分为显密理论注疏类、遣除法要疑难类、事业修法仪轨类、觉受道歌教诲类、常用必需杂文类。此等著作不像世间凡夫书，而是自派他派见地分析透彻明晰，所有言词和意义以三伺察正量抉择而清净无误，文字优美，意义深奥，立宗印结谨严无缝，教证之基稳若泰山，理证火焰猛烈炽热的善说妙法，如此传世之作在当今依然可拜读，实乃善缘，所以，祈请后学者们，应当以智者三风之式传播其著作，让其事业经久不衰，传遍四方。

尊者到了五十岁左右，为利益各方众生，前往康区德格、新龙上下部、木雅等地区，劝导在家弟子弃恶扬善，创立八关斋戒、六字真言和极乐法会等法会，杜绝了盗窃狩猎杀生等恶业。前往贝洛修行处、让夏寺、格日寺、麦秀宝殿等静处道场，传讲了从佛学入门的四出离心法到能置于法身密意的顶乘阿底深道之教授，使善缘者获证成熟解脱之地。尊者六十五岁那年，受持隐修者威仪，前往卡岗无死静处，舍弃三门九业，连续七年闭门谢客，日夜探究抉择本净立断见地，保持处于任运超越的观修境界之故，获证了极顶成就者果位。总之，尊者毕生以他利讲辩著，自利闻思修，双利讲修业的圣者九风来行使利教利生事业。最后，在八十三岁那年即藏历阳木猴年的十一月二十五日，尊者穿上洁净的法衣，以狮子卧式暂休之相而密意朝向法界，此后，起身示现诸多神奇威仪，于十二月初八旭日初升之际，以欢喜自在发笑之相示现喜死之信念而密意趣入寂静本初内界。

欲知详广传记，请参阅尊者心子慈城嘉措所造的《外传·后学者引生欢喜之鏈》。

64. 堪钦阿旺华桑或名昂琼仁波切

纽修·隆多丹毕坚参和佐钦珠巴珠·曲阳若毕多杰的弟子，堪钦阿旺华桑或名昂琼仁波切（堪布阿琼），于公元1879年即藏历第十五绕迥阴土兔年十月初十上午，伴随着神奇征兆诞生在多康二十五大圣地之一，事业圣地噶陀香波荣格然瓦地区，往昔历代大德亲临过的岭莫白玛扎嘎神山附近。藏区穆波东氏分大中小三部，小部姓氏中有称为岭子阿扎之繁衍下来的纽修部落，是尊者父亲朗嘉的氏族，母亲名为白玛措，为扎溪卡多智钦曲康巴家族的居氏后裔。诞生后的第三天，在具足身要中念诵金刚橛心咒，并说其为一个金刚瑜伽士的转世。超越普通小孩的心性，宿念和授记等成就者威仪无遮而现。七岁时，跟随叔父学习文字读写，所学知识一点就通，不仅吐字清晰，而且内容也能够理解许多，使所有人感到神奇。

当时，冉江活佛来到此地，说小尊者是一位雪谦的活佛，要认领迎请他，并取法号丹巴绕培。此后，尊者八岁时，第五世佐钦法王土登曲多夏游到此地，尊者向其献顶发，赐名旭努白玛烈珠。后来，第十八世祖普夏仲又取名昂旺华桑并作了未来的授记。有一次，小尊者去放牧，在一个无人山谷里，印度月称论师亲显尊容，向其赐予黄色班智达法帽和入中论释文法函，并作了加持和随许仪轨。十五岁时，在戒师堪布堪钦坚参沃色、业规范师格龙堪布慈城和顶果噶玛沃色、告时师噶玛沃色、辅助师才旺仁增以及业规范师敏珠林金刚持朗杰嘉措等圆满如数应信僧众座前接受出家沙弥戒。此后，尊者觉醒往昔的宿业，一心向往拜见一位一切功德和证悟之源的具相善知识。当时，在此地有具足智悲能之功德、树立修行胜幢的大善知识隆多丹毕尼玛，大师在巴珠晋美曲吉旺波如同群星般的弟子中好比十五的圆月一样杰出。尊者前去投师，大师非常欢喜地说："恩重的阿布对我说过，你回家乡等着，会有一位比玛拉化身者前来与你会面，应该就是这昂嘎（阿昂琼）了。"于是，被摄受为其心传弟子。从此，常住那里达六年之久，以满瓶倾注之式闻受从心髓前行法直到正行之间的所有甚深耳传窍诀教授。此外，闻受七宝藏、心髓四部、十七续等所有大圆满光明心髓续部和教言，成为真实证悟法主，以法性不偏于伺察而修行于心，弥漫于遍尽虚空密意而圆满四相之瑜伽。

尊者在修前行曼达拉的时候，遍智龙钦巴亲显尊容并将一个羊心般大的水晶放在其头上说："阿心性自然菩提啊！阿大悟普贤之界啊！阿无遮明智法之身啊！阿具五声中任意显啊！阿超越见修明智性啊！阿祈愿今日住于心啊！”说罢，赐予了三部大圆满之词义句灌顶。在作正行讲授的当晚，上师要求他观察梦境，尊者在前半夜梦见措嘉空行母为其赐予了一名为三传承持明上师密意宝库的法函，在下半夜梦见往昔阿育王所建造的泽雅佛塔从顶部毁坏，并如洪水般涌向西方的大海，西方大海顿变红色，这时空中响起“有一千万海中生灵将会见真谛”，此梦成为西藏教法毁坏之后传到西方国家的征兆。到了二十岁时，根据上师的旨意，在坚参沃色堪布等具相如数僧众座前接受了圆满比丘戒。有一时，上师对尊者说：“近侍沃萨来信说，明年的新年麦彭上师将会到佐钦，并准备在几年里传讲以上师本人著作为主的教法，你要到佐钦去。”尊者回答：“上师，闻受麦彭仁波切的所转法轮虽然好，但我作为初学者，不知道能不能领会大智者的法语，上师您年事已高，在您住世之间我想留在您身边，如果您还可以传一些修行要义自然感恩无比，若不能，仅过去所传的法门就足够了。所以，我希望就留在此地修行，将来想无方云游他乡、在深山静处安度晚年，哪一个更好呢？”上师说：“你说什么？俗话说，舍乡者失羞愧心，修行多者集财多。无方云游他乡，说不定会跟一个女人走在一起。若在此地修行，仅仅成办自利倒足够了，但如今讲修双运的佛陀教法如夕阳将要沉落，故此，不闻思就不能成办利他事业，我希望你能进行利他事业，不能在这里等我死，你一定要去，不管我是病是死，你若求学不成就不能回来。”听到上师的发话，尊者不敢再上言，就流下了眼泪，上师又说：“你没有理由哭，若没有值遇善知识应该哭，即使遇上但没有得到窍诀也应该哭，得到窍诀但没有遣除疑惑也应该哭，但你值遇了光明心髓法的殊胜传承上师，以满瓶倾注之式获得了口耳相传的甚深窍诀，有自身观修体验之故无余遣除疑惑，修行方面已经达到自立的程度，如今到了我将心髓教法交付于你的时候，你的利他事业就此开始了，所以你必须去。”尊者向上师说：“如果麦彭上师没来，那怎么办？”上师说：“即使没来，我保证在佐钦寺有你学习的地方，你去准备吧。”于是，尊者不敢违背师命，就决定前往。

尊者回到家里片刻，口粮和衣物等条件差不多准备就绪之时，得到叫他去上师身边的口信。尊者中午就赶到了，但上师要他天黑了才去他那里。到了晚上，尊者前去拜见访，上师在念课诵时有句间观察缘起的习惯，尊者到上师身边时刚好念到帕当巴大师的《祈祷文三十颂》末尾的“以化身圆满利他事业”那一句，上师把这句重复念了几次并反复说道：“以化身圆满利他事业，已经是佛的境界了，你是不是登得太高了一点呢？”尊者说：“既然成佛了，那再高也没办法呀！”“开玩笑，观察句间的缘起，你的一生中在利生事业方面没有任何障碍，如今我年事已高，病痛不断，不知我们能否再见面。大恩阿布曾对我说过五十岁之前不要传大圆满法，但是，以后如果有人欲求前行或者正行法，可以根据各自的相续，广略适度地传讲，若去佐钦，求学就能成功，但此后不要久留。噶陀寺是宁玛教法的发源地，本来佛子先盘塔耶计划前去，但不幸圆寂。此后，阿布仁波切去过，但事业等同上一世司徒仁波切，利生事业未能广弘开来。阿布叫我前去，我除了在菩提洞修行处闭关修行几年以外，没有一人前来拜师求法。如果有人请你，将能够利益他人。历代祖师的发心之力是无欺的，佛子先盘塔耶和蒋扬钦哲的中等缘起道场在噶陀，但缘起未能和合，这是教法的违缘损失。到了佐钦，不要空手去拜见各位上师，不论大小如何都要献上曼达拉，指导精神的发心上师和赐予身体的父母恩德巨大，恒常不忘上师而恭敬祈祷，就不会与我分离，为什么呢？上师慈悲摄受和弟子恭敬结缘这两者很重要，我们师徒与其他的区别就在这里。以后，父母在世之前就在家乡的静处随意而居，之后就自己看，从今以后鼻绳系在你自己头上了，走吧！”说完，把供养的银子回赠给尊者，并赐予二十多章喀藏银和五十条索达哈达。尊者到了门口向上师行告别礼时，上师叫他回来，到了身边时上师说：“你把手放在这里，我为你祈祷。”于是，上师用上师心滴祈祷文来祈祷发愿后说：“走吧！”尊者在门外行礼时，上师又叫他回来，进去后上师说：“从今以后，我们师徒父子不会再见了，不要让我的耳传法门中断衰败，而要尽力尽量弘扬。虽然堪能法器者难找，但如今不要说得到灌顶，仅闻名号者都将成为祥慧空行母的化机，将会在生死中阴某个时期解脱。这个是在《阿底庄严续》中清楚地宣说，是不欺的教言，在作直授时，最好要大圆满心髓母子法灌顶，即使没有得到也要有具印明点灌顶，否则就不能为其传大圆满此法。即使自己没能灌顶，也要让其他上师灌这个顶，我把你奉为十三金刚持地者来劝勉赞颂。”说完，上师赐予尊者三十银元和镇日吉祥哈达，并作了一次详广的圆满吉祥祈祷仪轨，尊者也作了“无论生于何处……”等甚深祈祷，最后依依不舍地与上师道别。第二天，心中几次生起不走的念头，但又害怕违背师命忍痛上路。

藏历第十五绕迥铁鼠年九月二十九日，二十二岁的尊者到达前密讲修教法之源佐钦熙日森佛学院。第一天晚上，尊者梦见法轮护法大夜叉穿戴绸缎衣帽向他恭敬顶礼并铺垫锦缎，尊者问他：“你为什么要这样？”护法答道：“是因为过去的誓言，过去您是阿里班智达时被封为萨迦法王的上师，在罗桑嘉措时代，被封为蒙古王的国师，您记得吗？”尊者答：“不记得。”“嘿嘿！这是胎障所致，今后我会继续辅助事业。”说完就消失了。当得知文殊上师麦彭仁波切因病而次年才能到佐钦时，尊者在阿旺丹增上师座前听闻其本人所造的麦彭的中观庄严论注疏，又在依止麦彭仁波切长达十三年之久著名学者木雅仁增多杰座前听闻麦彭仁波切的中观庄严论注疏、量理宝藏论注释、义抉择论证悟者多丹拉桑注释。在格色上师旺青前听闻八大法行论说、大幻化网总义·光明之心、秘密精华续总义、真实立论密疏义摄。在佛学院法台堪布罗萨丹迥前听闻三律仪注疏如意苗、定解宝灯论略释、大幻化网秘密精华续讲义·十方除暗、三宝论释、雍氏注疏庄严论花饰、荣松的入大乘论和现相抉择为本尊论、大昭格西丹达的功德藏注疏和多智钦功德藏注疏、巴珠功德藏难释、心性修行三部及其义讲授、静猛幻网灌顶、经庄严论、二辩论荣顿注疏、宝性论朵氏注疏等，尊者称其为具恩上师之一。在其后的法台堪布索朗曲培或名协珠曲吉朗瓦前，听闻巴珠仁波切的现观庄严论注解、总义以及修行次第，宗喀巴大师的善言金鬘论，妥美的入行论释和修行次第，麦彭智慧品注疏，根索的智慧品总义，还获得了为少数人传授的大幻化网密续之密主意庄严和教言二法广讲，称这是杰温·邬金丹增罗布所创的讲授之风。

此后，上师堪布索朗曲培闭关念修八大法行，尊者担当其近侍，在闭关的各个座间，听闻了中观根本慧论、其注疏嘎勒无畏、月称的句义词句明了、玛夏注疏、入中论自疏、邬金丹增罗布注解、智慧明灯注疏·观音威仪、吉祥月称和阿阇黎曲炯的中观四百论注疏。结束闭关后，闻受了如意宝藏论本颂注疏及其义讲授、麦彭仁波切教派略论和十八品难释、前正后善言、见闻大乘经义功德、静处之言·天鼓妙音、十七事笔录、大乘中观见地讲授、噶当语集的讲授和大部分零散类的口传、龙钦心髓扎龙法的直授等，之后又听闻律仪根本颂、温仁波切的注解、律仪疏·大宝鬘、措那大师的注疏、根登珠巴律仪缘起论、宗喀巴在朗则当殿所造沙弥比丘学处论、别解脱经夹注、律仪注疏·花鬘、释迦熙宁的律仪注疏、比玛拉律仪注疏等，前后听闻了无数法门。此大师堪布索朗曲培被称为第二个具大恩上师。在嘎丹嘉措活佛前听闻诗镜论第二品。蕃克巴和康珠诗学论释，在曼拉上师前听闻历算五曜和五要素、妙音声明论、阿布的声律论、协仲的辞藻论。在东萨上师多阿前听闻麦彭的般若摄颂和现观庄严论的集经注疏合集经纶、二辩论注疏、文殊供养和赞修仪轨、司徒语法文法大疏等。穆日活佛白玛德钦桑波到佐钦时，在其处听闻佐钦自派根本传承静猛法密意自解脱的详广灌顶·一切结缘者自解脱、适中灌顶·六道自解脱、简略灌顶·接触者具义、六中阴教授、实相无遮明见等两法函多的口传，上师智慧讲授，尼登丹增桑波所造空行心髓讲义·善解脱道，在熙日森佛学院大殿听受巴珠传承入行论四品讲授和深观派菩萨戒，在索秋堪布住处听受广行派菩萨戒。堪仁波切根秋罗布，曾在巴珠仁波切座前听闻入行论十三遍，毕生专修特练菩提心，尊者在其处修学巴珠仁波切口传教授及其窍诀长达一个月之久。

当时，佐钦法王特邀木雅根桑索朗的近侍阿华，建立俱舍论讲坛，选派十多位来自各地的具足智慧僧众听闻此法。尊者加入了此行列，听闻了俱舍论自疏、王子论释、岗贝大师论释、钦氏大小论释等。大师在无需法本的情形中将此等论释结合而讲，因此，尊者连词义都未能理解，他灰心丧气地来到熙日森山腰巴珠仁波切过去传俱舍论时所坐过的形如法台的大磐石下面，诵读了几遍俱舍论本颂并如是祈祷："愿我如同作者本人的密意一样领悟法义。"之后，尊者稍睡了一会儿，梦境中获得世亲论师的摄受，而后，无碍通达词义。此外，在阿华格西座前听闻修行法·善言集、典故·大宝集、根索的修行祈祷文、噶当法要集等。有一次，麦彭上师经过邓柯地区来到佐钦，佐钦道场举行隆重的欢迎仪式，僧众列队将上师迎请到熙日森大殿之内上居住，那天尊者只能稍见上师一面。第二天，在喇嘛近侍沃萨的引领下获得详拜机会，当向上师祈请赐予法缘时，上师说暂时不能。一个月之后，上师迁住那琼修行处，开始造写《入智论》。五月，尊者前去拜见，上师说："今日为鬼宿星与木曜和合的吉日，又恰逢法本造写圆满之日，你的缘起很好。"说罢，就从法本的书名之义开始讲解，以及内容中的部分一直讲解到结尾后，将法本放置于尊者头上，说："此法交付于你，虽然未能完整地传授，但是作者我亲自开许，故以后可以宣讲，你依靠此法本宣讲，必定能涌现很多智者。隆吉几次写信要求我给你讲法，但这个白脉病一直困扰着我，加上年事已高，对讲经说法有点厌倦了，留下一些论著，希望能对宁玛教派有些益处，但在这个时代比较难，如果佛子先盘塔耶能住世久一些，正在开创宁玛自派教法的立足之风，但因众生的福报和缘分浅薄而示现圆寂。以前我前去噶陀道场，为司徒活佛传讲了以弥勒五论为主的论著，当时，希望能建立一所佛学院，但时机未能和合。这次司徒又派专人来送函邀请，希望建一所佛学院，但看来不能前去，今后如果他的发心应时成熟，你一定要帮助他。"说完，赐予尊者一本文殊真实名经及其包书布，文殊甘露丸七颗。

有一天，麦彭仁波切说："这次要完成万盏供灯，过来帮忙。"于是，尊者在上师处呆上几天，期间，听闻了心义·佛果手系法中四十多页的口传，经过喇嘛近侍沃萨，劝请上师传授文殊礼赞的随许后，赐予了文殊礼赞·九光明的随许和赞修并说："我的续部文殊传承在过去是秘印法，加持力大于其他法门，你要抄写的话，可以把原文借给你，但不要给任何人看。"在抄写完以后归还之时，尊者说："如果有灌顶法，请恩赐！"上师说："那就作个口传吧。"就将酬补修法、长寿修法、红白多玛修法以及羯摩仪轨传授于他，并说："以后，如果没有如量念修完咒语就不要传人。"在佐钦寺的莲师宝瓶修法会上进行接受悉地仪轨时，听受第五世佐钦法王土登曲吉多杰所传三宝总集法灌顶。在大珠巴谷钦活佛曲阳若毕多杰座前，接受伏藏密意集根本大灌顶及其意灌顶。

在虎年尊者将要返回家乡之际，珠巴上师发函叫他带着削发刀去珠钦白玛唐修行处削发，尊者拿着刀到那里时，上师笑着说：“今天想作一个空行心髓法的灌顶，但知道的人多了会蜂拥而来，现在你和布鲁奇塔做好房屋的清洁，要具备丰富的装饰和物品法器，摆设广大的会供多玛，在这些没有圆满前我到外面去等待。”说完，就在院子里铺位而坐。到了下午，一切准备就绪，上师说：“所谓成就者佐钦巴，乃法名取于人名之上，这就是空行心髓法的因缘所致，此法为独传秘法，美久·囊卡多杰交付于我，如今我想传授给你，札达嘎玛对我授记道，从今年起，如果能到雪山静处去修行三年，修行和身寿都将得到圆满，如未能去的话，四十四岁时有大的障碍。在我自己的授记中有如是记载，如果今年不死而能够住世久一些的话，此后可直接去往莲师花刹土，如果今年死去，就要经过转世到雅砻地区一次，才能去莲师花刹土。”当他们向上师劝请为教生长久住世，无论要作多久的禳灾祈福法事，都保证做到圆满为止时，上师说：“说什么？谁愿意死啊？但今年出现了很多死亡征兆和空行接引的觉受，故此灌顶需要传给你。”“那么，多勒喇嘛上师能接受吗？”“不告于其他人的话可以。”于是，奇塔在上师灌顶修持时之前到熙日森将多勒叫来并作了准备。第二天，在开始进行灌顶正行时上师说：“现在，如果你们没有供养一些立誓的曼达拉，就不敢传灌顶了。”于是，奇塔立誓闭关百日，修持上师瑜伽，念修具印明点咒语。多勒上师立誓观修顿超法托噶百日。上师问尊者：“你立什么誓言？”尊者答道：“请您决定。”“那么你就将此空行心髓法传讲十三次，但不能随意传，要经过自己修行并得到上师空行的开许之后才能传授弘扬。”说完，上师为他们赐予了详广的成熟灌顶。

如是，尊者在雪域智者之源佐钦熙日森的三年时间里，依止了诸多贤善成就大德，听闻了共同显密教法和明处文化、不共前后译经教伏藏的成熟灌顶，以及心髓窍诀的解脱讲授等，使其闻思得到圆满而成为无可争辩的智者。回到家乡后，在上师的道场纽修君巴龙等地树立修行胜幢，长期为一些具器弟子传授相应妙法。根据噶陀司徒仁波切的旨意，担任噶陀续部佛学院堪布达十三年之久，传播了佐钦寺的讲授传统，培养了许多具足贤善二德的持教圣者。与此同时，前往前密六大祖寺之一的白玉寺，新建了佛学院，首先为三十多位僧众开讲胜出天神赞、殊胜赞、文殊上师麦彭仁波切的随念三宝经注疏、入行论等法，使邬金桑杰岭巴的“白玉修行地之上兴讲院，往昔未有显宗将兴盛”的授记应时成熟。此外，在扎拉寺新建佛学院，大兴讲修妙法。尊者在一生中前后三次传授大宝伏藏法及其成熟解脱附法，金刚精华法灌顶口传三次，心髓母子法二十七次，七宝藏十三次，前密经教法部多次等，进行了弘扬前密宁玛传承总法的广大事业。

在进行传法之时，远离只顾外向的空谈，居高不下的阔论，咬文嚼字的伺察的说法，而是将教法之要与实修实证结合起来进行宣讲，使四方成就智者们为之倾倒，称赞大圆满佐钦讲授之风为史无前例，并争先恐后地接受大圆满教法口耳传承。尊者被尊称为“昌台的比玛拉”而名声大振。

尊者始终处于实修之境地，致力于生圆次第瑜伽而获得上师三根本海会的亲见和摄受，每到良辰吉日，能现量共睹尊者没有身影而无遮而居，法体上自然显现五部佛的手印，鼻梁上显现自生“阿”字等神奇法相，在其光明清静觉受中莲师佛父佛母亲显尊容并将耳传金刚橛法注疏大黑函作为耳传法赐予尊者，成为吉祥胜乐法的持教者。在密严清静刹土闻受大圆满空行秘密心髓法，取秘密法名为沃萨仁青白玛勒追扎，持明谷玛然扎亲显尊容并传授窍诀心髓法，遍智龙钦巴亲见时赐名岗夏若扎，文成公主亲显尊容并赐予所有度母事业续法的口传和窍诀。在门域巴卓达仓造写了莲师愤怒金刚大修法。尊者获得了具缘匝国王、大班智达班钦比玛拉、遍智龙钦巴、吉美林巴尊者、宗喀巴、努钦桑杰益西、至尊巴珠、蒋贡康楚罗珠塔耶等无数圣者智慧宝身的摄受、密意义传印于其心。尊者进行八法行甘露妙药修行时，使所有妙药自然成为大吉祥宝身，在坛城上自然盛开有一卡多高的白花，妙药甘露沸腾，宝瓶之水化为甘露。念修上师密意集、八大法行、吉祥金刚橛、薄伽梵阎罗敌等心咒，得到此等本尊的亲见等有诸多登上成就者之地的不共传奇。

如是作为教生吉祥怙主住世了六十二年后密意融入法界。隆珠活佛丹毕尼玛、殊胜活佛安章嘉瑟久美多杰等弟子荼毗尊者法体之时，接连不断地降下甘露，烟雾所飘之处遍满舍利，每隔七日响起剧烈声响，大地剧烈震动，四周红光遍照等，现量出现续部中所说的奇兆瑞相，使所有人置于惊奇之地。饱尝尊者妙法甘露的弟子主要有：白玉贝诺活佛、噶陀夏察活佛、昌格阿日活佛、隆珠丹毕尼玛这“四大心传受教弟子”，贤善成就之顶安章嘉色久美多杰、上新龙大堪布根登嘉措、噶陀大堪布勒协觉丹、后坚参沃色大堪布、博勒大堪布多杰、果洛大堪布门色、贡觉大堪布嘎玛扎西、嘉然大堪布根波等三十七位教法之魂的大堪布，此外，伏藏法之子邬金塔确确秋活佛、隐修者岳茹嘉波、隐修者卓玛才让、隐修者邬金仁增、隐修者桑杰多杰、希钦贝若、证悟者云登上师、拉噶证悟者，以及从北部果洛到南部察瓦绒地区，上至贡觉，下至萨安等来自四面八方的无数高僧大德，将尊者窍诀耳传妙法传遍世界各地。其中心传大弟子隐修者桑杰多杰和果洛门色大堪布，在教法再弘时期的当今仍旧住世，前者在锡金、不丹、尼泊尔等国的各大圣地，创建许多修行妙法的道场，广转光明秘密心髓法轮；后者于藏历第十六绕迥阳木鼠年，在果洛尼柯地区创建离修光明道场，为来自各地的善缘求法者降下甚深大圆满法雨，涌现了诸多致力于实修精华妙法的瑜伽大师。此外，隆珠活佛丹毕尼玛的弟子白玉成就自在贝玛诺布法王和纽修寺第六任纽修堪布降央多杰，在印藏各地培养无数弟子，正在进行弘扬宁玛自派传承教法的神圣事业。

65. 玉隆虹身成就者索南朗嘉

第五世佐钦法王土登曲吉多杰和雅色伏藏师弟子玉隆虹身成就者索南朗嘉，于藏历第十五绕迥铁蛇年即公元 1881 年，在多康岭国之地玉隆下部的绒察牧区诞生，父亲为岭国达绒部落后裔才让旺修，母亲名为旺青措。年轻时代成家立业，从事伐木刻石等诸多世俗之业，并且作了许多打渔狩猎、杀鸟宰牛等杀生之业。但与此同时，尊者也每日不间断地进行莲师七品祈祷文的课诵。有一天，为建造甘孜大金寺佛殿，他与伙伴普尔罗一起上山砍伐木材，但他们只有两把断柄缺牙的斧头。那天普尔罗烧茶做饭，尊者去砍伐木材，但因工具简陋，只砍到了几根木头。晚上，两人心事重重地睡觉时，突然，周围的大树纷纷倒在了他们的左右。到了三十岁，尊者心中自然生起出离和慈悲心，觉醒圣者之性，开始在一些大德高僧座前听闻窍诀讲授，首先在堪钦白玛班扎传承弟子雅色喇嘛巴贤的弟子伏藏大师嘎旺塔秋确前，听受所有大圆满内外前行和正行教授灌顶。往昔多钦哲益西多杰给雅色喇嘛上师巴贤授记道：“你的传承法脉中会出现七位虹身成就者。”尊者就是其中之一。在尊者的修行处附近的岩石上，至今能清楚看到尊者用手指写的“祈祷白玛塔秋林巴”的字样，在他圆寂之时也道出“祈祷白玛塔秋林巴”的话语，以此推知此圣者为尊者的不共根本上师。

此外成就自在隐修者桑吉多杰前往瓦吉修行处时，与成就虹身的尊者相见。尊者向隐修者分享大圆满见修的证悟体验，使其大为惊叹并说：“你一个凡夫俗家相者达到如此高的见地境界，依止的上师是何人？”尊者答道：“我的上师是第五世佐钦法王土登曲吉多杰，仰仗此大德的恩德，他强力让我认证了智慧觉悟。”隐修者桑吉多杰多次将此经过讲予雅色堪布索朗仁青。如是在第五世佐钦法王和白玛塔秋林巴两位自在成就者具相善知识前，听闻了少许大圆满觉受窍诀以后，明智获得证悟，地道同时获得超越，见修立即得到本来圆满，登上本净见地王位，如量成就任运四现观修，最终即身现前了虹光法界宝身。但尊者以次第修行地道者之相在玉隆瓦吉摩尼山，以泥封房门之式潜心闭关实修达三年之久。那时，其子堪布才久急切请求拜见尊者，得到开许后尊者对其说：“最初所见所闻皆显现为佛身和智慧游戏一直到静猛海会众，期间显现为五部佛陀，此后是普贤父母，最后是单体佛父普贤王如来，现在，所现能现却悉皆消失了，这是为什么呢？”如是四相次第获得圆满而达到法性遍尽之处。在恩东修行洞恒常致力于具足甚深二次第等持要义的修行，直至念修圆满一亿遍龙钦心髓红马王的心咒，获得本尊亲见，闻到马鸣之声等无碍成就殊胜与共同悉地，用手指在修行洞上方刻写马头明王的身像，在周围多处岩石上刻写了“心勿散漫”字样，至今依旧清晰可见。另外，在玉隆神湖修行洞、瓦吉石经堆、玛尼干戈等地，不间断地进行四座瑜伽的观修，在入座间歇不离于细水长流般的甚深等持中，刻写了很多佛像和咒语。就在此时，尊者掘出有一肘长的黑石，其上自然现有酿师黑马王之像，听说此伏藏品如今珍藏在达绒·其美旺修家中。

修行者到了七十岁左右，在观自在菩萨所加持的圣地，因自然显有六字真言而得名的玛尼干戈地区，与妻子才让康珠和法子多喇才让格一起，搭着一顶小帐篷驻留较长时间。尊者刻了一尊莲花生身像并以此为修行对境，念修了十万遍莲师意乐成就文。此后，虽然示现刻写一些咒语之相，但几天时间都刻不出一个字母，这是因为尊者日夜处于光明觉受之中，如果别人没有呼唤，始终处于一座等持境界而无有动摇。修行者到了七十四岁那年即公元1954年，根据伏藏师白玛丹培、嘎旺塔秋林巴、新龙德林伏藏师等一致授记云：“玛尼干戈大圣地，达绒之王得虹身。”如此成就了法身彩虹之躯。当时，尊者在起初稍现患病之相，不断地说着“祈祷嘎旺塔秋林巴”。当有人进来时，尊者起身跳起舞蹈并说：“你们认为我是人还是佛？”过了几天，当尊者圆寂时，大家不仅不知道他成就虹身，连一个普通僧人的法体存放仪轨也未做，只是用一个牛毛毯子将法体盖住。三天后，请来了欧格寺活佛。他没有做超度仪轨，而是作了一个详广会供仪轨后说：“今天有一位瑜伽者要成佛。”从那以后毯子好像变低了一些，但无人留意。此后，又请来拉嘉寺的翁子桑上师，作了一个沐浴仪轨。过了七天之后，帐房里弥漫了红黄蓝绿白各色彩虹，尊者法体从上午到下午不停地缩小，最后只剩下了头发和指甲。到了此时，听到修行者成就虹身的消息传到夏果多丹头人那里，他带着几位眷众赶来，将修行者所有发甲装入宝瓶，用五彩哈达封口并盖章印封，供奉在佛龛上。雅色寺、嘉绒寺、欧格寺、扎须寺等寺庙作了广大的会供供养。夏果头人向佐钦寺和宗萨寺派人请教是否真的成就虹身之后，确定了这是现量而无可争辩的事实。佐钦法王吉扎向秋多杰、谷夏格蒙活佛、成就智者阿旺罗布等此道场的堪布活佛专程前去观察确认，并作了会供和祈祷。此后，将余下的发甲分为五个部分，其中，一份供养给了宗萨钦哲确吉罗珠，一份供养给佐钦寺，一份留给夏果头人自己，一份供养给其子才让上师，一份留给妻子才让康珠。到后来，其中的第五份到了雅色堪布索朗仁青手中，为了给众生留下福德之境，建造了一座如量如相的佛塔，将此圣物供奉在佛塔之中。

66. 江玛大堪布土登曲培

邬金丹增罗布和拥登嘉措大堪布等的弟子扎多江玛大堪布土登曲培，扎多地区俗称托嘎如意宝的众生大善知识者，于公元1886年即藏历阳火猪年神变月初一拂晓，诞生在扎曲河静静流淌的上游，多杰攀秀神山所护佑之圣地，鲜花盛开的悦意草原巴特部落。尊者父亲为格则姓氏后裔巴特尼玛邓珠，母亲为色须萨·琼嘎。犹如旃檀本来具有妙香，天生具足信心、出离心、智慧等圣者功德与风范。从十一岁起，在扎嘉寺圆满如意宝林初入佛门，开始学习文字读写，在大智者邬金丹增罗布座前接受出家沙弥戒。二十四岁时，在殊胜智者拥登嘉措为戒师的如量僧众座前接受圆满比丘戒，得法名土登曲培。从此以后，一生没有染上丝毫细微犯戒之垢，如同优婆离尊者再来，在无数持律圣者群山中好比须弥山王。在格蒙寺任运大乐洲静处，依止殊胜智者拥登嘉措、堪钦先嘎、根桑曲吉扎巴等众多善知识，圆满闻思显密教法和共同明处文化。在仓珠·根桑德钦多杰、穆日·白玛德钦桑波等金刚上师座前，闻受前密经教伏藏总法，尤其是大圆满龙钦心髓的解脱灌顶窍诀讲授并实修之，登上了成就者高地。

尊者到了四十七岁即藏历第十六绕迥阳水猴年一月，在往昔巴珠晋美曲吉旺波、其心子邬金丹增罗布、纽修·隆多丹毕坚参、隐修者根嘎华丹等亲临并加持的圣地扎溪卡江玛静处，创建了江玛修行处禅法兴盛林道场。从此，根据各自的根基为来自多卫康各个地区、不同教派的几百位求法者，传授从律仪沙弥偈颂到大幻化网密续之间的显密如海法门，尤其是根据巴珠仁波切的讲修传统，着重闻思讲述菩提道次第的入行论和九乘深要的秘密幻网续，获得十方智者们的高度赞颂。尊者教诲道：清净的教法可归纳到学习佛理和守持戒律之中，除此以外别无他法。如是以讲修之式将弘扬佛陀教证二法的事业发扬光大。尊者随学巴珠仁波切法行，恒常不逾越十二头陀之行，受持隐修者威仪，使其所有传承弟子都具有知足少欲的传统。为当地的民众广转极乐净土法轮，倡导念修六字真言和莲师心咒，杜绝偷盗狩猎等恶行，使所有与之结缘的众生行善积德、人生具有意义。

尊者培养的传承弟子主要有：第六世佐钦法王吉扎向秋多杰、堪钦拥丹贡布、慈城罗珠堪布、穆日白玛诺布、布吉拉瓦活佛、却仓嘉措堪布、库努喇嘛丹增将参、顶果钦哲绕色达瓦、色达晋美彭措堪布、阿日白玛才旺堪布、扎嘉土卫堪布、麦瓦降华、仓珠·土登多杰、本塔堪布、噶陀上师扎西、果察尼玛嘉洛堪布、噶陀莫扎、巴特堪布慈城丹增等无数具足贤正二德的圣者。如今，其法脉传承遍及雪域西藏、不丹、锡金等世界各地，这实为尊者殊胜发心和不可思议的谛实语威力所致。如是，无偏行使任运二利事业之后，于藏历第十六绕迥阳火猴年即尊者七十一岁那年六月四日晚上，在伴随者天空自然发出响声等征兆中，以狮子睡卧之式将密意融入光明本初之界。在色身荼毗时，出现天空布满彩虹、顶骨弹飞、降下细雨等奇兆瑞相，使见闻此情的有缘者们置于信心和随喜之地。

67. 玉柯隐修者曲阳让卓

安章珠巴活佛卓都巴沃多杰弟子，玉柯隐修者曲阳让卓，在众多授记文中认定为比玛拉和玉扎宁波化身，尊者本人也承认其为多喇晋美格桑转世。尊者于藏历第十五绕迥水猴年即公元1872年，在多麦地区嘉莫沃曲河上游一名为玉柯的美丽草原上诞生，此部落为佐钦传承所属部众。霍喇先盘沃色在尊者小时候教授文字读写而成为其具恩经师，赐名根桑先盘塔耶。到了十一岁，根据经师的旨意，前往下部色柯地区拉寨江康静处拜见桑杰巴丹上师，上师为其直授法性大空本净见地并亲见证悟本来面目。此后，小尊者对道场的僧人辩论道："你们在修什么？什么是空性？"并且唱起如是道歌："非寺非镇之地方，厚重处觉温床上，贪执觉受味道者，无义劳作修行者，顽固实执之绳索，束缚相续可知否……"

有一次，尊者为了化缘一些修行时的口粮而前往多柯地区，在乘木筏渡过多曲河之时，突然刮起大风，狂浪四起。木筏快要掀翻的时候，尊者一心祈祷霍喇上师之后，顿时风平浪静，平安无事。

又一次，在经过一名为多扎拉山的悬崖峭壁时，恰遇三只雪豹母子追赶，尊者猛力祈祷上师之后又化险为夷。上师还为尊者亲显尊容，赐予五部佛法器并授记此时为前往玛尔巴译师道场洛卓沃隆地区的时候，所以，尊者将此上师视为对其恩德巨大的上师之一。此后，尊者拜读米拉日巴传记时，在五天的时间里，出现六识所现境相成为无缘幻化游戏之觉受，证悟境界得到提升。有一次，尊者经过色达上部前往嘉贡大伏藏师道场，但在那里等待了很久也未能接近上师身边，致使尊者非常沮丧。有一天，看到伏藏大师在一个草地上休息，尊者立刻亲近其身，大师问："你是哪里的？"尊者将自己及家乡等情况介绍之后，大师又问："你会什么呢？"尊者答："我知道什么是空性。""空性是谁？在哪里？""一切法都是空性。"这时，大师将佩刀拿在手中往刀鞘里一推表示愤怒并呵斥了尊者，接着说："你不要坐在我身边。"随后思索了一会儿又说："你的世世有缘上师是安章珠巴，去他那里吧！"说完，赐予尊者了一些口粮，一听到安章珠巴的名字，尊者心中顿时生起无伪信心和恭敬心。经过了长途跋涉，历经艰辛，到了安章珠巴大师的道场，一见到上师就生起无比信心和恭敬心，相续中获得证悟功德和觉受。上师将自性大圆满秘密心髓续部和言教抉择于现量要义，以经验直授之式传授给尊者。根据上师的旨意，尊者致力于大圆满龙钦心髓法的修行，精进投入明智独修之道，现前了自性大圆满证悟境界，上师说："这是从吉美加卫尼固尊者传至蒋扬钦哲旺波窍诀传承从未中断，法界空行口气从未消失的无数持明成就者密意精华，你一定要尽量修行和弘扬。"如是将尊者奉为其真实补处。

此后，尊者前往色柯下部的一名为热朗的静处，行持米拉日巴大师般的苦行，长期树立修行胜幢，最后圆满了成就者果位。复又前往安章珠巴上师座前，向其报告修行证悟体验。上师非常欢喜并劝勉称赞他说："现在，你已经到了回家乡教授弟子的时候了。"根据上师"在形如白螺的圣地建立道场"的授记，在离家乡不远的色达下部色柯地区的雅耶岗山上，创建了自己的道场并且毕生在此居住。尊者曾向新龙伏藏师烈绕岭巴劝请道："你要在多智钦丹贝尼玛座前详细听闻窍诀心要和生圆次第深法，之后就传给我。"此后就在新龙伏藏师前听闻了所有多智钦的传承法门。至此，从北部果洛地区到东方汉地之间的弟子如云而集，纷纷拜于其门下，尊者恒常转起甚深窍诀法轮，根据弟子各自的相续而指点法要，使不同根基的各个弟子心中生起了与之相应的证悟功德。

传承尊者法脉的主要弟子有：称为"二位殊胜证悟者"的然果志美沃色和多瓦确丹、博珠·多阿丹贝尼玛、伏藏师烈绕岭巴、多智钦诚烈华巴、堪钦曲恰、噶陀·努丹大堪布、曲尼东萨堪布、嘉绒宗珠、虹身者仲多普巴等诸多执持教法的大德。尊者所撰著作方面有《前行摄集》《普贤上师言教》和《上师智慧笔录》等大圆满法部以及道歌教诲类等。最后，在藏历第十六绕迥水龙年一月二十二日，密意融入法界，享寿八十一岁。

68. 安章嘉色久美多杰

安章珠巴卓都巴沃多杰和堪钦土登念扎的心子安章嘉色久美多杰，于藏历第十五绕迥火猴年即公元 1896 年，伴随着神奇征兆在父尊安章珠巴卓都巴沃多杰和空行母扎西娜姆家中诞生。被很多具足法眼的大德授记认定为持明德达岭巴转世，取法号久美多杰。尊者能忆念遍智荣松巴、大伏藏师西绕沃色、白玉根桑西绕等大师的宿世。恒常不离父尊大持明者身边，在其处以满瓶倾注之式听闻了龙钦心髓的共同内外前行和正行立断顿超的觉受直指，以及杰尊心髓法，大师本人的甚深伏藏法《二十五净现耳传明点》等所有窍诀密库，使其心中生起了不共顶乘证悟。佐钦大堪布土登念扎前来父尊上师座前，听闻大圆满窍诀教授法部时，尊者在其处详细听闻了十方除暗、密主教言和密主意庄严等大幻化网续部，彻底断除了疑难障碍，成为善巧续部尤其是幻网续部法的大智者。此外，在第五世佐钦法王土登曲吉多杰、噶陀司徒曲吉嘉措、堪钦阿格旺波（堪布阿琼）、堪钦根桑华丹等与父尊上师有甚深法缘的高僧大德座前，广泛听闻新旧经教伏藏法的灌顶教授等显密教法和明处文化，使其在后来成为灌顶和教授的宝库。在父尊上师圆寂之时，封尊者为其补处并将义传深法交付于他。尊者以殊胜贤正善功德和讲辩著之风行使利他事业之故，印度、尼泊尔与西藏等地的成千上万的求学者慕名而来，集聚其处。尊者除了恒常传授显密窍诀的正课之外，同时还给大堪布们不间断地讲授律仪、对法、中观、因明、慈氏论著等佛学理论，其讲修事业超越父尊上师时期，使安章道场名声大振，无人不晓。

在所作羯摩罗方面，尊者新建了父尊上师的灵塔殿、大雄宝殿、印经院、喇章金堂等，并在此等佛殿内建造了无数珍贵的身语意所依，各种各样金银镶嵌的法器和供品，以及柱面幡和伞盖绫罗等内外受用器具。大量收集遍智荣隆二尊的文集、吉美林巴尊者九函文集、父尊上师的新派伏藏法部等前密教派的珍贵法本并刻制了木刻印刷版。尊者所造写的著作有《幻网道次第注疏文》《密意集合经注疏》《普贤行愿品注疏》等多部法宝。另外还有莲花生大师为其亲显尊容而降下的甚深伏藏文，但他着重受持旧派伏藏法，而对新降伏藏没有作大的推广。

尊者所培养的亲传心子主要有父尊珠巴仁波切转世土登白玛诚烈、贡觉卡勒活佛、阿日堪钦白玛才旺、然果活佛、堪钦华日、当秋堪布、罗珠堪布、钦绕森格堪布、嘎玛多杰堪布等无数成就智者善知识。如是，在圆满了利益教生事业之后，在其六十三岁之际示现圆寂。

69. 多仁波切康桑苏伦杰巴多吉

第五世佐钦法王土登曲吉多杰心传弟子多仁波切康桑苏伦杰杰巴多吉，于公元 1890 年即藏历第十五绕迥铁虎年四月的一吉日，诞生在多康塔公地区的吉朗部落，父尊为嘉色然智，母亲叫白玛谷如谷勒。起初在入胎之时，母亲梦见大吉祥的坛城，金刚翅声惊醒了她，日夜沉浸在本尊咒语和等持的境相中，感觉身体比过去轻盈许多等，出现了许多殊胜征兆。小尊者一诞生，拉呼拉等护法形影不离，护佑承侍。从小就觉醒宿世善业，恒常处于本尊和明点等无数光明境相，因天生具足慈悲和正信等功德，故从不享用血肉之食，自在于忆念宿世、授记未来等总持和神通，圣观自在菩萨与遍智法王师徒多次为其示现尊容，赐予加持并摄受。到了五岁时，父尊自在成就者为其作了大密金刚乘灌顶，首先使其相续趋于成熟，尤其是在七岁时，将多钦哲伏藏法三意明点和新旧心髓法交付于他。九岁时，在晋美丹贝尼玛座前闻受幻网续的灌顶和讲授，以及净现空行表示法等成熟解脱法门。从十一岁起，在许多善知识前学习入行论等显宗的理论。十三岁前往大密教法之源成就者佐钦寺求学，依止第五世佐钦法王土登曲吉多杰、大堪布先盘朗瓦、麦彭降央朗杰嘉措（麦彭仁波切）、当时的法台堪布根秋罗萨等许多成就智者，对律仪、俱舍论、中观理聚论、功德藏、续王秘密幻网等显密诸法的理论讲授，以及前密经教伏藏法成熟灌顶和解脱教授等如海法门作了圆满闻思，使其密意宝瓶充满妙法甘露。

从十六岁起，为行使利益化机事业，转起秘密心髓等法轮。弟子们在觉受中出现了尊者在空中跏趺而坐，口说梵语和空行语言，自身的证悟境界提升而显见上师身着各种装扮等获得上师加持的征相。此外，尊者在岩石上留下身体印迹，镇伏僵尸，为许多逝者和健在的人念诵颇瓦法时，出现得受验相等成就者威仪现量所见。在帕翁金普洞百日闭关修行时，其清净觉受中见到万物皆为红色光明，愤怒莲师圣众在虹光帐环中显现尊容，赐予他一个盛满鲜血的紫色颅碗，尊者将其受用并涂在身上时，圣众融入其身成为一体，心中生起乐空智慧。

尊者在十八岁至十九岁之间，为利益其上一世未度化机，前往东方木雅雅拉神山附近，三次转起龙钦心髓窍诀法轮，使所有结缘者置于具义之地。但因某些方面的缘起错乱，故根据伏藏中的授记，经过色达前往热贡地区，途中受到玛沁神山等地方护法们的迎接，具誓护法和罗刹鬼女为其恭敬承侍。依次到了青海地区，摄受了人、非人等一切众生，随行上一世尊者的传奇。尊者曾说当时他地位显赫，名声非凡，但从未生起过傲慢之心。他朝拜热贡各大圣地，给札那三部落等各地降下甘露法雨，受到其亲见并加持的有缘弟子成千上万，其中获得证悟境界的有八十多位。三十二岁时，拜见到安章珠巴仁波切，闻受了从共同内外前行到耳传窍诀的所有法门。三十五岁时前往玛沁神山，在尊者觉受中出现无量清净境相，所有弟子们也共同见到降下药王阿如然之雨，首开此圣地之门并在其中见到那若巴班智达法体和弥勒菩萨的修行洞。在拜见十万度母洞等圣地时，获得圣度母的三次亲见。到了四十岁时，回到家乡康定，出现雅拉神山低头示敬的瑞相，使所有与之结缘者趣入善法境地。此后，又回到玛多地区，为该地的僧众和善男信女赐予各自相应的法布施，在多钦哲益西多杰诞生的圣地贡色康多建造了一座吉祥佛塔。

藏历第十六绕迥土虎年，将寺址搬迁到哈柯地区并命名为麦洼万象大慈法轮寺，新建了佛殿及其内一切所依。当时，尊者本人和各大堪布善知识们广转显密法轮，使僧众数量达到近两千人，教法得到极大的弘扬。尤其是在藏历第十六绕迥水马年正月上旬吉祥之日，建立了慈悲总集智者林佛学院，并根据佐钦熙日森佛学院的教材，以宣讲之式抉择显密教法和共同明处文化，种下讲修教法永不衰败的种子。

尊者弟子主要有宗萨钦哲确吉罗珠、第三世佐钦格蒙、白玉活佛降巴吉巴多杰、麦洼堪钦才旺仁增等许多持教大德。此后，尊者开始示现利益此刹化机的事业暂告圆满而趣入清静刹土之相，即在五十岁那年藏历十二月十三日，从座床上起身并往前走了三步，将怙主益西多杰的度母祈祷文后面那句“祈祷事业等同佛母您”念诵了三遍之后，回到座床上刚入座，密意趣入了法界之中。

70. 麦洼大堪布才旺仁增

堪钦白玛塔确罗丹心传弟子，成就虹身者麦洼堪钦才旺仁增，于藏历第十五绕迥水羊年即公元1883年秋，在多麦地区一名为瓦西麦洼的精华宝地诞生，是父亲波布阿萨和母亲西朗·索南措七个子女中的长子。尊者住母胎的时间只有五个月，天生具足信心、出离心、慈悲心等大乘胜性。藏历第十五绕迥水猪年即公元1892年，十岁的尊者加入索吉祥妙法兴盛林僧团，此道场后来被多仁波切更名为万象大慈法轮寺。在卡珠活佛丹贝尼玛、麦秀格桑、攀德格西等具相上师座前闻受许多灌顶教法，学习仪轨的念诵和韵唱、佛乐的吹奏、坛城的绘制以及法会跳金刚舞等并熟练掌握。到了十五岁，前往众生善知识、称为第二优婆离的持藏者、木雅根桑索朗或名土登曲吉扎巴座前，在以此上师为主的如数僧宝中剃度出家，取法号土登降华嘉措。随后前往大密教法之源日当佐钦寺邬金禅法林，在成就智者之源熙日森佛学院驻留多年，依止雪域善说自在堪钦先盘曲吉朗瓦，从共同法乘的修心次第开始，依次闻思中观根本慧论等理聚诸论，入中观论、四百论、现观庄严论、入行论、上下俱舍论、慈氏五论、律仪和律仪根本颂等十三部大论及其附法。此等大论均在印度注疏上作了详广而多次闻思，听闻大幻化网密续精华上师精滴法如意宝讲授等无数显密教法。在第五世佐钦法王土登曲吉多杰前闻受总经意集灌顶、如意宝瓶、心髓四部法的灌顶讲授，在接受灌顶时心中生起义智慧而师徒密意成为无二无别。此外，在隐修者根嘎巴登、大堪布白玛塔确罗丹或名阿布拉贡、晋美罗珠大堪布等如金山连绵般的诸多堪布座前，闻受无数显密教授和解脱修行直指。在闻思期间，因缺少灯油，每月上旬的夜晚在月光下看书，到了下旬就用柴烬当作灯，就这样，日夜处于精进之中。尊者每天能够背诵四十页偈颂。当时人都称他为“麦洼黑披单堪布”，寺院内外无人不晓。

总之，此尊者在辩才智慧、证悟功德、行为风范等各方面都无与伦比，十方大德无不向其抛洒赞美之花。此外，在日当雪山、白玛唐等圣地，犹如遍智法王龙钦巴、米拉日巴尊者的传奇，多年行持苦行，树立修行胜幢，静修深法妙意。尊者曾说："起初我在佐钦雪山修行时，每天依靠一顿食物维持体力，有时候几天也吃不上一餐，但依然精进苦修，晚上若出现睡意和昏沉时，下身就只穿一件单薄的法裙并赤脚站在冰地上修行，以此造成现在腿脚不便的后果。你们如此仅以吃住行卧来消磨时间的话，什么法也修不成，如果是一位随学三世佛菩萨者，就必须从世俗八风的散漫中回归。"在佐钦白玛央宗居住时，尊者双脚罹患严重的象皮病，而且口粮也完全断尽了。正在此时的一天晚上，有人在修行洞里放了一小块酥油和一桶酸奶，尊者享用以后恢复了健康。传说这是长寿五姊妹护法供养尊者的修行口粮。如是，以无有弛张的恭敬、恒常、加行三精进之力，修学内外加行的修心，生圆二次第的瑜伽，止观双运的三摩地等共与不共秘密总修，尤其是潜心修学所有九乘之顶光明大圆满捷道彻却和托噶，从而使四相和解脱之四自信获得圆满，如同比玛拉大班智达、莲花生大师一样，此生成就了大虹身果位。

期间，与道友持戒者亚西·根秋一道前往卫藏妙法净地，圆满朝拜卫藏各个圣地和殊胜能依所依之后回到佐钦。先后依止许多善知识足莲，其中，尊者前往纽修君巴龙地区，在大密教法之主纽修隆多丹贝尼玛座前，闻受法主巴珠仁波切耳传大圆满、大幻化网密续大疏·十方除暗、幻网续概述·密主教言和密主意庄严。为此，上师曾称赞道："在两百多位堪布和活佛当中，再没有比此尊者的智慧辩才更殊胜的了。"在前往文殊上师麦彭仁波切座前时，虽然上师只从窗户里给尊者赐予文书礼赞的口传而没有亲见尊容，但在当时，其所有境行寂止于无分别明乐之中，自现境相弥漫于妙身和智慧游戏。从此，尊者的智慧有了前所未有的提升。在杂多大智者拥登嘉措和根桑华登二位大堪布座前，听闻上下遍智上师，文殊上师麦彭仁波切的所有著作。此外，于雪谦嘉察、那喇曲珠、阿琼堪布、霍德喇嘛益西丹增、朱倭扎嘎活佛、多勒堪布等诸多成就智者座前听受法门并获得密意欢喜摄受。

此后，尊者披上利益教生的发心盔甲，为准备返回家乡而念修长寿仪轨·宝瓶甘露。过了几天，现前出现了一卡长的长寿箭，甘露妙药沸腾等成就征兆。同时，获得莲花生大师和十六罗汉的亲见、加持和劝慰，因没有逾越丝毫妙法律经所规定的开遮之法，所以，连其坐垫和腰带都洋溢着妙戒的芳香。在香持寺驻留时，近侍阿罗要出门办事，将尊者锁在房里，但后来却看到尊者坐在外面。又一次，近侍华丹为尊者系腰带时，因衣服无法触及其身之故，腰带瞬间回落到手中，华丹又再次试着系腰带打结，但仍然只是腰带打了个结而已，他就确信上师已成就虹身了。另外，授记未来诸事，无碍知晓弟子相续中的念头等成就者传奇数不胜数。

到了四十一岁即在藏历第十五绕迴水猪年，回到家乡麦洼，在第四世佐钦法王尼邓丹增桑波时代就已成为佐钦分寺的索吉祥法轮寺，根据佐钦寺的传承进行讲修业弘法事业，尤其是恢复无垢律仪真实教法，使出家僧众遍及整个地区。与此同时，为老中青善男信女开示善恶取舍之理，传授八关斋戒等，使与之结缘者皆趣入解脱之道。藏历第十六绕迴土虎年，根据麦洼头人南罗的请求，与多仁波切康桑苏伦杰巴多吉商议之后，将寺址迁移到哈根塘并改名万象大慈法轮寺。在此道场为西绕坚参活佛、贡确仁青堪布、曲尼东多、阿罗堪布等一百多位求学者传授了无量显密法门长达九年之久。藏历火猪年，根据授记，前往被誉为母续胜乐轮圣地下东日神山（黄龙），潜心修行精华妙法达三年之久。当时，第三世宗恩活佛晋美德钦多杰来到佐钦寺，经过长期求学闻思之后，到了学成返乡之时，第六世佐钦法王吉扎向秋多杰对他说：“如今在多麦热贡地区的宁玛教法犹如油尽的残灯般趋于衰微，所以你要在那里建立一所前密宁玛派的佛学院。”活佛表示接受上师之命并说：“那么，请上师每年从佐钦熙日森佛学院派遣堪布。”“你可以聘请在东日神山的麦洼大堪布才旺仁增，他是完全有资格列为佐钦法台堪布的大善知识，特别是与你们地区有宿缘并成就发愿之力，所以他会应邀而来的。”随后，上师和堪钦阿布拉贡书写劝请尊者的书函。有一天，堪钦才旺仁增非常高兴地对近侍韦仓喇嘛曲珠说：“明天要来一位很重要的客人，你好好准备一下。”第二天，宗恩活佛如期而至。活佛将书信呈上并详细说明来意后，尊者开许了前往巴域（青海同德）的请求。

藏历第十六绕迴铁兔年即尊者六十九那年前往多麦巴域地区，正如晋美白玛旺嘉未来授记文中云：“六香池中建造水晶塔，天子面向右旋法螺声。”新建佛学院，将显密八万四千法门的右旋法螺吹响四面八方，弘扬讲辩著事业，尤其是相传尊者造写了大幻化网密续难释、幻网续注疏十方除暗注解·巴珠教言、明示功德藏词义的注解、大幻化网密续注疏密主教言和意庄严疑难解答、入行论摄义等著作，但如今却无缘拜读此等法宝。尊者培养的弟子主要有堪布罗吾丹增、益西达吉、多仁波切康桑苏伦杰巴多吉、多珠活佛向秋坚参、西绕坚参活佛、贡确仁青堪布、索朗旺嘉、阿江堪布、雅砻珠钦活佛、罗嘉活佛、隐修者嘎绕、宗恩活佛等许多堪能以讲修利益教法的大德高僧。此后一段时间，尊者说：“现在不是呆在这里的时候了，如果不去远方的话，这里会有兵马来。”有一天，尊者说：“如果将来我们需要坐在前面只放得下水壶的一个洞里，敢不敢坐呢？”尊者一生行持隐修者威仪，除了三尊铜制小佛像以外别无他物。有一次，他对弟子们说：“把佛像拿来，从今日起要作一个圆满的净舍，不然会出现很难保管这些的时候”，说完，就把所有佛像赐给弟子们，如是，以无碍智慧授记了一切隐秘之法。

公元 1958 年，尊者对弟子们说："从今年起，将会有大变化，此乃如云，'佛说教法有兴衰，众生苦乐为自业'，因此，岂能有立刻化解的办法。"此年四月，因腿脚不便，尊者坐担架前往下部巴域杰普杂日宗时，突然被包围。在场所有人惊恐万分，而尊者却稳若泰山，面带微笑地说："若现前大圆满窍诀自然智慧，不要说凡间小小的刀兵之劫，就是所有三界轮回都毁坏无余，也没有丝毫畏惧之心，这是传承上师的恩德和大圆满修行者的特色。"尊者在世事变迁的时期遭遇了诸多苦难。最后，尊者在示现了飞升空中等神通后，从虚空中色身无余地趋入清静空行刹土。

71. 麦洼大堪布益西达吉

大堪布白玛塔确罗丹的亲传弟子，称为吉美加卫尼固尊者化身的大堪布益西达吉，于藏历第十五绕迥铁狗年即公元 1910 年，在多麦麦洼地区诞生，父亲名为拉嘉，母亲叫才吉。从小就成熟宿世的善妙习气之故，没有经过多少勤作而轻松掌握文字读写。在才旺仁增堪布前听闻了中观庄严论等诸多论典，并根据此上师的旨意前往佐钦寺，依止龙钦心髓教法之主大堪布白玛塔确罗丹等许多成就智者，接受了别解脱、菩萨、密乘三戒，全面闻思显密教法和共同明处并登上智者顶峰。此后，回到家乡麦洼地区创建慈悲总集智者林佛学院，广行闻思事业多年，培养了许多智者弟子，使教法以讲修之式得以兴盛。最后，于三十六岁那年即藏历第十六绕迥木鸡年二月二十五日，双脚以跏趺坐，双手以心性休息之式示现密意融入法界之相。

72. 贡嘎活佛

堪钦先嘎仁波切的大弟子贡嘎活佛，于藏历第十五绕迥阴水蛇年即公元 1893 年九月十五的日出时分，在多康木雅岗萨德地区诞生，父名札那诚烈，母亲叫札那卓玛。从小就有在石头上留下脚印等神奇道貌瑞相。三岁时，根据其上一世的遗嘱，由第十五世噶玛巴认定为第八世贡嘎活佛嘎玛才让旺波的转世。藏历火鸡年即尊者五岁时，在寺院正式登上金座并开始学习文字读写，因具足天生智慧，迅速掌握了经文的读写、坛城和供品的绘制和塑造、佛乐的吹奏以及法会跳金刚舞等仪轨传承。在七岁时就自然撰写出殊胜的莲花生祈祷偈颂文。在伏藏师卓都岭巴的伏藏授记文中称尊者为君臣二十五尊中的秀布·巴吉桑格的化身，尊者对前密宁玛教法有着殊胜缘分和定解，其主修之法也是大圆满法要，对此派的发心和祈祷极为深厚。

到了十八岁时，前往八邦寺求学，拜见司徒白玛旺确嘉布。上师非常欢喜，对其传授了六字真言口传并劝勉他说："贡嘎活佛，你要好好学习知识，一定要做一个贤善和成就兼备的大德。"在堪钦嘎玛德钦·尼邓丹增绕杰座前接受出家沙弥戒。后来，尊者到了二十一岁时，又在此上师前接受圆满比丘戒，毕生守持清净戒律，成为持藏者教法庄严。最初，尊者在大堪布才旺巴觉前听闻沙弥五十颂等一些律藏经论，此后，弥勒化身司徒仁波切聘请佐钦堪钦先嘎为自己的上师和八邦佛学院的堪布，尊者连续两年在其处听闻所有十三部大论注疏，因俱生智慧无与伦比，上师所传法门的词义及其辨析如同刻印文字般无碍无余地圆满掌握，使先嘎仁波切非常欢喜并在众弟子前称赞道："以你的天生智慧来看，将会成为如萨迦班智达、遍智龙钦巴一样的大智者。"

不久，尊者成为通达显密教法和明处文化的智者顶饰，在当时所有噶举教派中，再没有比尊者的智慧更殊胜者。他将先嘎仁波切依止为不共根本上师，在嘉沃修行处等地长期亲近其身，闻受龙钦七宝藏、休息三部、心髓母子法、引导文无上智慧等光明大圆满甚深教授并实修。此外，于司徒白玛旺确嘉波、成就者温根仁波切、才旺巴觉大堪布、五明大班智达扎西培等二十多位上师座前，圆满闻思所有噶举派深法理论、觉囊派的诸多法门。期间，担任八邦寺僧众结夏法会的堪布并作了广泛传讲。在八邦修行院担任了三年三月的修行上师和住持，如此，尊者先后在八邦寺驻留十二年之久。随后，前往卫藏、拉萨地区，在三大寺院、桑耶古寺等游学辩经，使智者名声大振；朝拜释迦二尊像和各大圣地并作了广大供养；尤其是前往修行传承大道场楚普寺，在噶玛瓦卡恰多杰座前听闻噶举派深法那若六法、解脱道光明大手印的讲授口传，金刚瑜伽母生起次第·俱生加行、圆满次第·界心无二等法的讲授和口传，从米拉日巴传承的密集，胜乐，金刚四座等无上续部无数坛城的灌顶和窍诀，之后，回到多康地区。三十岁左右，回到贡嘎寺，僧俗大众举行隆重的马队欢迎仪式迎接尊者。从此，重建了其上一世道场玛色寺的能依所依，开创了律仪三法的仪轨和讲修传统。此外，在木雅、雅江上游、颇章阿泽等地区新建或维修十多座寺院，使噶举教法在此等地区如日中天，兴旺发达。与此同时，在木雅日库寺、扎卡寺、吉朗寺、塔公寺、生根寺等道场，以传授深法理论和成熟灌顶来广行利生事业。

尊者三十八岁即藏历铁马年，前往楚普寺担任第十六世大宝法王柔比森格的经师，为噶玛巴、列囊巴沃活佛、嘉察活佛等噶举派大师们赐予胜乐、马哈玛雅、金刚四座等大续部、大手印那若六法、噶当修心七要等法的讲授。给楚普寺和列囊寺的僧众作了多次灌顶。在拉萨三大寺与甘丹赤巴阿米仁波切、木雅辅导师洛桑云登等许多格西，在五部大论的疑难问题方面作了探讨交流之后，使大师们为其智慧惊叹不已，大加赞赏。在尊者先后所造的论著方面，有由先嘎仁波切劝请而造写的殊胜赞注疏、中观辩析·开启见地慧眼、答嘉绒格西嘎玛尼邓疑问·智者颈饰、现观庄严论之法轮辩析、经论论述、弥勒是否为佛陀之辨析、八事和七十义概述、入行论注疏、三十颂与音势论摄义·智慧之灯、贡嘎神山志，以及诸多赞颂文等。

到了四十三岁时回到康区，诺那上师或者嘎瓦上师成为尊者的弟子，根据他的邀请，尊者前后几次前往汉地，汉地许多大师和官员依止尊者为上师，广结善缘，修行噶举和宁玛教法的弟子发展到几万人，其传承法脉至今依然经久不衰。当时，很多军政要员会见尊者，并向其作了广大供养。回到家乡后，新建了许多身语意所依，向各方道场寺院作了无数供养和布施，进行了利益教生的神圣事业。也曾任教于中央民族学院，培养了王尧等汉地藏学家。藏历火猴年即公元 1957 年，出现了许多时局变更的征兆时，六十四岁的尊者对弟子们作了诸多授记、教诲和劝勉，并表示将不会住世很久。此年十月二十八日，尊者以毗卢七法坐式密意趣入法界。

73. 库努喇嘛丹增将参

堪钦先嘎仁波切的弟子库努喇嘛丹增将参，于藏历第十五绕迴木羊年即公元 1895 年，诞生在印度西部的库努秀朗地区。从小出家为僧，学习各种语言文字并无需勤作而轻松掌握。长大以后，强烈的求知心敦促他来到了多康地区求法寻师。当他听到堪钦先嘎的大名时，就前往嘉沃修行处拜见上师，一见到上师尊容，其平常的意识和境相消失了片刻，自然认证了明空无生的心性，证悟智慧在相续中获得顿生。当向上师请求摄受为其弟子时，上师说："我没有宣讲显宗理论多年了，在此处静心修行中等待往生，故无法传授理论的讲授，你还不如去日当熙日森佛学院，那里有我的很多善巧弟子在讲经说法，我的一切知识他们都掌握了。"尊者心想：如今我遇见真实佛陀般的上师，虽然不能学习显宗理论，但在没有获得一门窍诀法之前不能离开上师。就这样暗下决心以后，在上师附近的一个修行洞住了下来。过了几天，上师派人将尊者叫到身边并亲切地问："你为什么这样辛辛苦苦地来到这个不同语言、不同国度的地方呢？"尊者详细说明来意后，上师说："既然你远道而来，在未来能利益教生就有意义，老僧我尽量给你宣讲一些法门。"就这样，讲授了上师本人所编纂十三部大论的大部分内容，并赠与了一整套法本，并赐予教法加持。与此同时，上师给一些主要弟子们教授了大圆满引导文无上智慧，以及胜乘宝藏、法界宝藏等龙钦巴的密法大圆满窍诀，尊者也一并获得此等法门。当时，尊者还与上师弟子堪钦吉美·拥丹贡布、麦洼堪钦益西达吉等自在智者们一起，听闻中观、般若、因明、对法等经典理论和遣除疑难的广泛讲授，从而登上了智者顶峰。

堪钦先嘎圆寂以后，在佐钦忿怒文殊洞、熙日森佛学院等地驻留多年，依止隐修者根嘎巴登、第五世佐钦法王土登曲吉多杰、堪钦阿布拉贡等大德，闻受以大圆满幻网续为主的灌顶和口传。此外，在蒋扬钦哲确吉罗珠、噶陀司徒、治·降央扎巴、堪钦觉丹、阿格旺波（堪布阿琼）大堪布等座前，听闻了诸多灌顶和讲授。尤其是前往扎溪卡地区，在巴珠仁波切亲传弟子堪钦根桑华丹前，听闻阿布传承菩提心窍诀入行论广讲。如是，为了获取妙法而勤学苦修达十二年并学成之后回到家乡。在那里，承接祖师大德的传统，树立修行胜幢，成为相续充满菩提圣心、毕生受持隐修者威仪的一代高僧。此后，应印度瓦拉纳西高级佛学院的邀请，担任教授职务，以谦卑之心传授声明学、诗学、历算等共同明处，使整个地区开始认识到尊者为无碍于各大明处学问的自在智者，当地所有活佛和堪布们将其供奉为顶饰，根据各自意愿，以供云之式为萨格噶宁四大教派的智者们传讲教法理论和明处文化，观音尊者也将其依止为重要上师，听闻和实修入行论讲授等深法传承并宣讲之。此上师把佐钦巴珠仁波切的入行论传承在格鲁教派中宣讲弘扬，并弘扬至欧美乃至世界各地。尊者还造写了赞菩提圣心等多部著作，最终，在利教利生事业得到圆满之后示现圆寂。

74. 第四世穆日活佛白玛诺布

堪钦白玛塔确罗丹弟子第四世穆日活佛白玛诺布，于藏历第十五绕迥土马年即公元 1918 年，在多康日当夏琼山沟，伴随着无数神奇的征兆而诞生。父亲阿卓·索朗曲培，是尊者上一世的弟子，为具足三戒的金刚瑜伽士。母亲是还魂空行母巴珍，是第二世白玛班扎康珠德确多杰的妹妹，是一位能处于几天几夜的光明境界中前往地狱，无余引度亿万众生，具有自在使唤本尊、勇士和空行，无碍知晓并授记隐秘诸法等非凡功德的空行母。尊者天生具备无与伦比的智慧，文字读写在没有勤学中轻松掌握。被第五世佐钦法王土登曲吉多杰认定为穆日白玛德钦桑波的转世，献法号白玛诺布。尊者在此上师和殊胜智者先盘朗瓦、隐修者根嘎巴登、舅舅德确多杰等佐钦寺的成就智者座前，广泛听受经教伏藏的成熟灌顶和解脱教授、显密经典理论的讲授等，从而达到闻波罗蜜多彼岸。尤其是将众生大善知识阿布拉贡或命白玛塔确罗丹依止为根本上师，在佐钦上忿怒文殊洞或者如今称为穆日修行洞的圣地居住十多年，以单传之式圆满闻受遍智师徒著作、心髓母子法门及其附法的灌顶、讲授和窍诀传承。从起初的前行修行到最后的顿超与立断究竟见地之间，作了有次第而全面的修行实践并登上成就者顶峰。尊者三十三岁时，应格则部落各大头领和格龙寺所有僧众的强烈要求，前往格龙寺或名持明兴盛林担任住持上师，重建了曾一度处于衰败境地的寺院及其能依所依。尊者善巧四摄法等方便法门，自在于佛子传奇圣行，是故，在世与出世二事业如日中天，得到许多部落首领等上层的赞赏并恭敬承侍。尊者调解了上下扎溪卡各部落与其他部落之间的矛盾纠纷，将众生置于平安和谐的境地，如是，以殊胜利他事业成为一方百姓的政教领袖。

因尊者与第六世佐钦法王吉扎向秋多杰是堂兄弟，故有时候去日当道场为佐钦巴出谋划策，辅佐事业，对佐钦寺恩德巨大。去了扎多以后，在根桑华丹堪布和托噶仁波切座前，听闻了各种不共窍诀讲授，二位善知识视其为心子。尊者在扎溪卡修持大圆满龙钦心髓的宁提五寺，以及果洛、竹结、曲麻莱等很多地区和道场，以传讲成熟解脱窍诀法门来广结善缘，成为所有众生所推崇的顶饰上师。在成就者佐钦寺、嘉绒寺、玉隆扎须寺等地传授甘珠尔口传，当时，因尊者具足（一目六行）的功德，每天能完成六大法函的口传而超越凡夫人的行境。

尊者座前接法的主要弟子有：遍主法王白玛格桑、阿江多丹罗珠嘉措尊者、博巴活佛多阿丹贝尼玛、布吉喇珠活佛、杂嘉土伟、大堪布晋美彭措、格吉堪布土登朗嘉、麦洼大堪布降华和贡确仁青等。此道场和江玛佛学院等道场的持藏大师们都在其处接法，闻受灌顶教授，尤其是在中阴闻教得度法，当时几乎所有人都在尊者座前听受。

到了四十一岁时，尊者说和部落僧俗群众一起向西迁移，几个月以后到达那曲拉如岗地区。此地是其母亲和舅舅德确多杰诞生之地，在那里驻留了一个多月。有一天，尊者召集了所有眷众并安慰大家说：“要不了多久，就会到我们死亡的时候，但你们不必害怕，如果心中不忘上师而恭敬祈祷，我敢保证我们师徒将共同汇聚在莲师光明刹土。”然后，就从自己的噶乌盒里取出加持圣物，在大锅里煮开后像喝茶一样让所有人享用。过了几天，果然遭受袭击。尊者的智慧虹身刀枪不入，在众目睽睽之下如同飞鸟一样飞到对面的玛泽瓦章山顶。当时，当地如萨波噶仓家放牧的人亲眼目睹此情此景。上千人上山搜寻了几天几夜，但是，不要说尊者的法体，就连他的一点衣服碎片都未能找到。

这一时期，在多卫康三大藏区中，此尊者和麦洼大堪布才旺仁增，现量示现成就大虹身者之相。才旺仁增是与尊者一起在佐钦忿怒文殊洞依止阿布拉贡的同门师兄，被后人尊称为大堪布白玛塔确罗丹门下的“成就虹身二弟子”。

75. 博珠活佛多阿丹贝尼玛

第五世佐钦法王土登曲吉多杰和根华大堪布等的弟子，博珠活佛多阿丹贝尼玛，于藏历第十五绕迥水虎年即公元1902年，在塔波地区诞生。从小就在真实觉受和梦境中出现一位白人黑马手持黑杖者经常围绕和保护自己，尊者曾说："我后来才知道那是扎溪卡山神多杰攀修。"他自然觉醒知宿住随念等诸多功德习气，尤其是当他听到大密教法之源多康佐钦寺的圣名之后，情不自禁地流下信心之泪，在心中立下前往那里的坚定决心，但是，因为年纪太小而暂时无法如愿。尊者曾说："当时，我每天神情惆怅地遥望东方的云朵，心想自己向往的圣地是否就在那朵云下面，每天晚上也念念不忘，因经常在睡梦中流下忧愁的眼泪，到第二天早上一看，枕头都被泪水浸湿了。"

到了七八岁时，在其父亲座前学习文字读写、语法、诗学、历算等共同学处，因智慧超群而轻松掌握。藏历羊年即尊者十八岁那年，有一些康巴商人和朝圣者从卫藏返回家乡，尊者就随同他们踏上前往日当佐钦寺的路程。当他到达离佐钦寺有几闻距的日当嘉莫关时，正好遇上第五世佐钦法王土登曲吉多杰及其眷属百余僧众骑马列队，手持胜幢旗幡上山烟供，因无法堪受法王携眷的威严声势而躲藏到柏树林中偷看，当佐钦如意宝快到尊者对面时，以无障智慧知晓了这一切后，勒马而停并说："上面林中的扎巴，请下来。"当尊者来到身边时，法王就像遇到忘年之交一般欢喜并慈悲地说："从这里往下走一段路，就到了达桑塘，晚上我们会在那里驻扎，你到那里来吧。"当天晚上，尊者应时而去，正好是法王携眷在大帐房享用晚餐之时，法王说："缘起非常好，他是一位活佛。"就让尊者坐在右排位置之首，从此以后，世人就称其为"博巴活佛"了。法王慈悲照料尊者，并在尊者外出时派人随侍。尊者先后在第五世佐钦法王座前，听闻无数前密经教和伏藏的灌顶教授，成为其不共根本上师。在雪域智者之源熙日森佛学院，依止当时的法台堪布白玛塔确罗丹、堪钦土登念扎等上师，广泛闻思以十三部大论为主的显密教法和明处文化，成为堪能传承佐钦教法的大智者。起初，尊者刚入佛学院时正好遇到学习入行论，过了几天，轮到他作试讲，因为是初学者和方言的差别，成了大家的笑柄而没有通过考试，有些人还嘲笑他，这使他非常失望和伤心，从此猛力祈祷本尊文殊菩萨，精进学习，到后来讲授智慧品之时，尊者的智慧增长到令堪布和道友惊叹的地步了。

有一时，尊者根据佐钦法王的旨意并带着法王书函前往扎溪卡格贡寺的根桑华丹大堪布座前。拜见堪布的当天，正好赶上开春降霰，听到第一次雷声之时，堪布非常欢喜并说缘起瑞相非常殊胜。往昔，巴珠晋美曲吉旺波圆寂时，根华堪布问上师的转世活佛诞生在哪里，巴珠说："你们不必刻意去寻找，总有一天会有一位背上的包袱和胸前的绳结一样大的人来到你门前，那时就不要含糊。"根据此授记，就认定为巴珠大菩萨的转世活佛。在根华处听闻以文殊上师麦彭仁波切和巴珠大菩萨著作的讲授与口传，窍诀面授等显密诸法，以闻思之式无余断除增益，对大密旧译教派生起了殊胜的定解，尤其是依靠文殊菩萨的加持之力，造写了集文殊上师麦彭仁波切所有善说精华为一体的论著《见地教派辨析本颂与注疏》《了不了义之钥》《笔录要义集》《入中论释·月称意庄严》《中观四百论注疏》等法本，将甚深而颇具特色的宁玛派现空双运的离边中观善道依据龙树菩萨和月称菩萨的密意，以宁玛派不共见地作了明示宣说。此外，获得双手持明镜的补处弥勒菩萨亲见，造写了将抉择隐义现证次第的现观庄严论根本密意宣说为究竟中观应成派之观点的《弥勒言教》和《弥勒意庄严》，以此把弥勒菩萨和龙树菩萨的密意抉择为互不相违，圆融无二，但因世事变迁法本失传而今无缘拜读。

根华堪布圆寂之后，根据上师的旨意担任佛学院住持并广转法轮，如同群蜂云集花园般引来无数弟子。期间，康珠活佛白玛志美勒比罗珠为了新建雪谦佛学院而邀请尊者，尊者在那里传法讲学达一年之久。此后，前去拜见世世有缘上师玉柯隐修者曲阳让卓，隐修者上师以智慧法眼知晓后说："今天有一位菩萨化身者到来，要做好准备。"于是，上师亲自前去迎接尊者，并欢喜地认定尊者为巴珠仁波切转世，称自己也有多喇·晋美格桑的习气，赞扬博珠活佛倡立宁玛派清静见地和其无与伦比的辩才智慧，师徒密意相融，互传精华窍诀教授之后回到扎溪卡。尊者先后在众生大善知识、隐修者者根嘎巴登、吉美·拥丹贡布、江玛大堪布托噶、穆日白玛诺布等上师处，听闻了龙钦七宝藏、心髓四法灌顶讲授等无数光明大圆满法门并弘扬各地。

尊者培养了无数传承弟子，在佛教再弘的当今，将讲修教证法宝在印藏各地全面振兴之情在下文各个传记中有详述，此处例举主要弟子之名：怙主上师多丹罗珠嘉措、堪布曲恰、佐钦增珠大堪布、晋美彭措法王、白玛才旺伦珠大堪布、麦洼土登堪布、热哈堪布达色和土登、察隅钦绕森格、雪谦堪布岗夏等许多贤善成就大德，事业遍及印藏各地。在尊者的后半生即世事变迁之时，回到家乡塔波地区，在直贡尼玛江雅佛学院讲经说法有一年多。之后，在教证妙法之日暂落雪山之背的动荡时期来临之际，尊者对近侍仁增多杰说："从今以后的几十年中，将失去佛法的光明，我的法本就没有用处了，要把这些分成三部分，一份送到直贡去，一份放在白贺寺，另一份在我的身体荼毗时一同焚烧。"又说："从康区带来的金银法器和供品，在佛法再弘时想办法送到敏珠林寺。"如是，作了诸多授记和嘱咐之后，到了五十九岁即藏历铁鼠年九月，开始在白贺寺稍显患病之相，最终以最胜法身颇瓦密道趣入本初法界。近侍仁增多杰根据尊者的嘱托办理后事，在法体荼毗时，降下了五大舍利和无数小舍利子，给众生留下了供养之处，自他二利事业得到任运圆满。

76. 怙主顶果钦哲法王

大堪布先盘朗瓦和钦哲确吉罗珠的弟子，怙主顶果钦哲法王，如大伏藏师秋吉林巴的《甚深伏藏大乐佛母心滴》中云：“文殊菩萨大王者，饮血嘎旺多阿岭，邬金我所摄受之，善缘顿悟种性者，生于铁鸡铁狗年，广深秘法之法门，自身受用传他人。”在尊者本人所造《伏藏文·莲花世袭》中云：“比玛木扎班智达，法王叔侄智慧身，圆满自然密意力，自在勇士之游戏，多阿岭巴法之主，沃萨珠毕多杰名，属铁勇士具法相。”如是在无欺金刚教言文中作了多次授记。

雪域多康四水六岗中的金沙大江缓缓流淌之岸边，镇节寺院隆塘卓玛寺所建之地，第四世佐钦法王美久·囊卡多杰、直贡觉巴仁波切三界怙主、噶玛巴柔毕多杰等大德相继转世的丹域圣地是尊者诞生之地。尊者的父亲是天神种性努氏顶果家族后裔，德格王大管家顶果·扎西才让，母亲名叫温托拉措，于公元1910年即藏历第十五绕迴铁狗年四月三十日月曜和牛宿星和合之吉祥时刻，在文殊上师麦彭仁波切圆满完成时轮金刚摄续大疏的传讲后进行会供之际诞生。当时，麦彭仁波切赐予文殊甘露和妙音甘露并根据上师旨意在灵童没有吃母乳之前对其舌头用“舍”“德”咒语作印持。一个月后，就见到了麦彭仁波切尊容并为其做了文殊灌顶，还根据印度的祝贺方式为其赐予妙衣和具甘露宝瓶，赐名扎西巴觉。

尊者稍长大以后，开始学习文字读写并熟练掌握，到了十岁，在雪谦嘉察久美白玛朗嘉座前接受出家沙弥戒，法号久美拉桑坚参。先后在此上师处听闻幻网静猛、总经意集、永断轮回、真实意等，以及嘎玛经教的灌顶、伏藏仪轨总集·如意宝、酿氏伏藏八大法行、心髓四部法等的口传与讲授，麦彭仁波切文集和窍诀宝藏。上师认定尊者为蒋扬钦哲旺波的化身并赐法名久美塔确丹毕坚参，是故，被称为尊者不共大恩上师之一。长大成人之后，在佐钦嘉沃修行处，将堪钦先嘎依止为上师，连续多年亲近其身，听闻入行论、入中论、中观根本慧论及其他理聚论、中观四百论等上师本人所编纂十三部大论注疏为主的无量显密法门，并获得绕萨达瓦的法号。与此同时，在佐钦堪布白玛罗萨或名阿布罗阔座前，听闻心髓二部的口传讲授、自解脱三部法口传讲授。在穆日·白玛德钦桑波前听闻嘎岭静猛法中阴六引导中阴闻教得度。在安章珠巴那措让卓前听闻心髓法前行甚深教授。在江玛巴特大堪布托噶座前听闻慈氏五论、大幻化网大疏·十方除暗的广讲达三次。

在不共根本上师蒋扬钦哲确吉罗珠前闻受大宝伏藏法的灌顶口传，修法仪轨总集的灌顶、口传和讲授，萨迦派道果教学释所有灌顶口传，鄂派坛城大灌顶，夏鲁派和觉囊派的时轮金刚大灌顶，知识总汇根本颂讲授，心髓四部法、龙钦心髓二部法的灌顶、口传和讲授等。上师将所有大圆满心髓法的续部、教言和窍诀交付于尊者，奉为其真实传承者。此外，在几十位善知识座前，听闻八大传承和十大传讲流派的一切法脉，成为无碍通达显密诸法的大智者。尊者以闭关二十年来潜心修行妙法，获得莲花生大士、大班智达比玛拉、天竺大阿阇黎则达日等上师本尊智慧身的摄受，成为上师、大圆满、观音三法等甚深伏藏法的持教者。藏历第十六绕迥火猪年二月初，尊者在宗萨时，在其伏藏文中云："为了五百行众生，无二智慧游戏身，父尊赞普之转世，行受光明持明，佑护藏地之祖先，多康之间于狗年，有意转世游戏者，真实内之瑜伽师，觉醒宿世所学业。"又云："那时那刻之缘分，清静脉界由智慧，风所驱使之缘故，得此金刚之秘言，开启甚深意伏藏。"尊者曾说："那时我风华正茂，风力智慧旺盛，在欢喜中所命名的第一部伏藏是文殊心滴四续的修法、灌顶及生圆次第，将其法供养给根本上师确吉罗珠、噶陀司徒·向钦曲吉尼玛、雪谦嘉察，使第一缘起成为善妙圆满。"如是，在其上一世居室中，以拜见五照见唐卡和黑如噶集法的根本颂笔录作为因缘，在其明智中觉醒了意伏藏吉祥黑如噶心髓法。

在首开莲花吉祥圣地之门时，尊者在其前的色沃海修行长寿法，出现了白色海面上显现青绿色方形四门坛城，此乃所有人现量共睹之情。尊者曾说："当时，我心中显现莲花寿精华修法。有一天晚上，有一位相似措嘉空行母的人给了我黄纸，以此为因缘获得此所有法部，供养给噶玛巴、敏珠林堪迥、萨迦彭措法子，自己也修行此法并感觉获益不小。向达赖喇嘛供养了内外密集修法的灌顶口传，使其非常欢喜，赐予了许多法语。"尊者的意伏藏主要有意心滴法·自然莲花心髓，吉祥智慧怙主亲自献上卷纸的甚深伏藏法，与涅氏派金刚橛四直穿密意的修法等甚深伏藏法部，不共净现法部，不共专著等超过二十五函之多。品尝尊者妙法的弟子有：萨格噶宁四大教派的无数高僧大德和智者，遍及四界各地。

尊者时时刻刻以灌顶、口传和讲授之式长转法轮，废寝忘食，弘扬教法，先后所传法门大致有：大藏经甘珠尔口传两次，宁玛续部法多次，宁玛经教部三次，大宝伏藏法部五次，窍诀宝库法四次，修法仪轨总集三次，龙钦七宝藏和自解脱三部法、休息三部法多次，吉美林巴尊者文集九函法多次，广大法藏一次，巴珠文集多次，麦彭文集三次，钦哲文集一次，噶举密法宝库三次，知识宝库多次，白岭和秋林新伏藏法部多次，嘉察文集一次，大幻化网密续讲授六十多次，心髓四部法和龙钦二部二十多次，八大法行大灌顶多次，功德藏讲授多次等，进行了广泛的弘法事业。在所作羯摩轮建造身语意能依所依方面，在尼泊尔满愿塔附近，建造雪谦显密兴盛林寺，在不丹建造了雪谦邬金法宗修行院，并且对藏区雪谦寺的恢复给予高度的重视和支持，在佛法后弘的当今，对雪谦寺全面振兴恩德尤为巨大。此外，先后三次回到藏区，亲临桑耶寺等多卫康三区的几百座道场，作了维修和开光加持，为广大的具信僧俗大众赐予灌顶口传，使所有结缘者置于具义之地。

最后，在尊者八十二岁即藏历铁羊年八月在不丹示现患病之相。十六日，尊者写下遗嘱表示住世不会超过十九日。当时，尊者起身向东方走了几步，作了从修宝瓶中接受灌顶之式并叫侍者们念诵护法祈祷文，为护法的能依多玛作了回归仪轨。当十九日午夜刚过之时，尊者直身而坐，双腿以国王游戏之式，头向右稍倾作狮子傲居之姿，左右手以镇地和心性休息手印之状，身相比过去更为庄严中示现趣入内明本净法界之相。尊者荼毗法会由楚休仁波切、贝诺法王、雪谦冉江仁波切、宗萨钦哲仁波切等弟子们根据其遗嘱在不丹巴卓达仓圣地妙乘院道场进行，出现了许多内外神奇征兆。

77. 堪钦土登增珠

白玛塔确罗丹大堪布和阿布堪布晋美罗珠的弟子，堪钦土登增珠，于藏历第十五绕迥铁猴年即公元1920年诞生，父亲名为宁巴·丹巴培杰，母亲名为嘉萨才珍。八岁时就在其父尊处学习文字读写并轻松掌握，赢得所有人的赞叹，被称为“色拉智者小扎巴”。尊者从小就对轮回有着无伪出离之心，自觉趣入佛门，在格鲁和宁玛教派的日常课诵及护法仪轨方面通过了背诵考试。因具足天生智慧，学习大小各种明处文化时一点就通。当时，白玉达唐寺上师柔罗来到此地化缘，尊者在其处学习了五行算和书法，白玉斯嘎活佛来到此地进行利生事业，尊者就在其处接受了出家沙弥戒，并听闻了然那金刚橛法和嘎岭静猛法的口传。此后，在佐钦堪布曲察来到布吉时，听闻了前行文·解脱善道、前行文·普贤上师言教、文法、医学、历算、敏珠林金刚萨埵法的灌顶和口传，以及在经文的仪轨、韵颂、佛乐等方面获得通达并闻受了心性直授。

在雪谦堪布智多坚来到布吉时，听闻了敏珠林课颂、当坚护法仪轨、结夏课颂文等的口传。在佐钦康珠活佛来到布吉时，尊者父亲对他说：“我这个儿子要供养给您。”活佛非常欢喜并说：“太好了，要尽快去佐钦寺。”第二年，尊者与几位僧人一同到了佐钦寺。康珠活佛非常关心尊者，以特许之式将其列入熙日森五十位正式学僧之中。在当时的轮值堪布其美益西座前，听闻学院教材十三部大论注解及其分支法的讲授，在瑜伽大师阿昂诺布座前，听闻上师智慧等许多灌顶教授，俱舍论自疏和钦氏大疏等论典。在晋罗堪布座前听闻文殊上师麦彭仁波切的释量论大疏和入智论等，在政教两方面都得到无比的关怀，所以，以上两师被称为恩德巨大二上师。此外，在堪钦阿布拉贡座前接受了圆满比丘戒和菩萨戒，并且立誓毕生不受用肉食。在熙日森佛学院时，顺着月光看书学习，当月亮落山时，有两次因看不清回家的路而不得不露宿山上。尊者经常大声练习不掺杂土话的简明清晰的讲话风格，故有些道友担心他的精神是否出了问题。尊者每天至少十次复习上师所讲课程，为寻求佛法进行了不可思议的精进。另外，在堪钦土登念扎、堪钦白玛才旺、岭喇活佛活佛土登诚烈嘉措座前，听闻了新旧经教伏藏法的很多灌顶和口传。

期间，去家乡驻留了一年以后，在返回佐钦的路上，尊者有一坨酥油不慎掉入扎曲河。到了佐钦后继续学习了几个月。那年夏天，前往德格根钦寺，购买了许多经典注疏等法本后回到佐钦。在堪钦吉美·拥丹贡布前听闻心髓四部法的灌顶和口传等许多深法的讲授。在佐钦寺维纳师前学习佛乐的韵唱和弹奏、多玛的制作等并熟练掌握。在此段时间，收到雪谦堪布智多坚的书信，信中说："你的情况向康珠活佛反映过，如果你到这里来，必定会得到心性指点教授，来不来你自己决定，若来的话，住处等条件由我来提供……"当时，尊者很想前去，但因故未能如愿而暂时搁浅。有一天，听到几位佐钦寺的僧人要去雪谦拜见康珠活佛，尊者顾不上携带任何东西匆忙前去，但未能赶上他们。

到了雪谦康珠活佛那里，刚好遇到活佛要给一些僧人灌顶，尊者向其顶礼献哈达，智多坚堪布也在那里，他向康珠介绍说："我过去所说的智者扎巴就是这位。"康珠说："那就请这位新来的扎巴担任却本吧。"于是，尊者就担任了灌顶仪轨的却本。结束灌顶之后，因所有人都散去，尊者未能得到与上师说话的机会，正当他朝门外走的时候，一个扎巴跑来对他说："上师叫你去他那里。"到了那儿，上师详细询问了尊者的学习等情况，尊者一一作了回答以后，又说："希望这次在仁波切座前得到心性直点，请您恩准！"上师如是开许了，尊者又问："心性直点的法本要什么呢？"上师答道："不要任何法本。"第二天，尊者回到佐钦，向晋罗堪布叙述了自己要去康珠那里听闻心性直点的情况后，堪布欢喜地说："非常好，他是位成就智者大德。"

此后，尊者很快就到了雪谦，听闻心性直点和灌顶口传达六个月之久。此后有一天，康珠活佛突然到了尊者房中，他上看下看，左顾右盼并说："啊！很好，你很像米拉日巴。"又欢喜地说了许多神奇的话语，尊者说从那以后他就认识了心的本来面目。回到佐钦驻留几个月以后，尊者踏上回乡的征程，途中经过扎多江玛佛学院和格贡佛学院时，拜见大堪布托噶仁波切和博珠多阿丹贝尼玛，听闻了诸多法门。到了家乡后，尊者没有去作俗家经忏等仪轨，而是在自家旁边搭起一顶小帐篷，长期住在里面看书学习，为一些求知者传讲前行文·普贤上师言教、入行论等法门。

尊者三十三岁时，以舍弃一切的隐修者身份前往卫藏朝圣拜佛，不久，回到家乡进入严格的闭关状态，修行龙钦心髓大悲观音自解脱法。此后，又前往卫藏地区，加入色拉色须夏扎康灿，依止扎西本格西近三年，解除了各大经典理论方面的疑难问题。此时，雪谦康珠活佛来到卫藏，派遣尊者作为其补处，前往莲师隐修圣地贡布扎桑湖，尊者在那里驻留了一年。1957 年，与道友晋才上师一起前往以雅砻三圣地和三所依为主，以及桑耶、泽当、才仁炯、藏王墓、琼结巴日寺、扎囊嘉陵措巴、札喜敏珠林寺、宿喀石塔、札达措嘉圣湖、札央宗、多吉扎寺、休色、岗日托嘎神山、邬金宗、桑普列托等所有大小寺院和圣地朝拜巡游，之后回到色拉寺。

藏历第十六绕迥土猪年二月，与康灿同班学友阿旺扎巴一道前往印度，途中朝拜米拉日巴修行处尤莫岗然，尼泊尔三大佛塔等，到了印度嘎朗崩。在那里，于顶果钦哲法王和多智钦仁波切座前，听闻心髓四部、龙钦心髓、文殊上师麦彭仁波切文集等的灌顶和口传。1962 年，不丹政府建立佛学院时，尊者辅佐顶果钦哲仁波切，担任教职。在森多卡或名桑萨曲宗的两年期间，为一百多位僧俗学员教授文法、正字法、诗学以及入行论等学科，培养了众多弟子，那时，尊者撰写了《简略毗奈耶法相论》。此后，前往印度四大圣地，作了详细朝拜巡游，在莲师圣地莲花湖居住了几年，为诸多初学者教授文法、正字法、沙弥五十论、三律仪等学处与法门，造写了《沙弥学处注疏》《文殊上师祈祷文》等论著。之后，姆色贝志或名殊胜智者巴姆在印度扎拉哈斯地区建立了一所佛学院，招收各大教派的年轻活佛们，主要学习外语以及藏族内外学处文化，尊者在此学院担任教员数年。

1966 年，尊者与五十多位藏区知名学者前往库努上师丹增坚参座前，进修学习共同学处与不共学处达六个月之久，尊者撰写了《诗境》第二品的例举诗文。在巴珠降巴罗珠仁波切和敏珠林廓珠仁波切多玖嘉措创建的宁玛派道场了义喜苑林，为诸多初学者传授断除词句增益的声明学、断除意义增益的因明学，佛子菩萨实修法门入行论、般若、中观、入智论等不共内明学经典理论达五年之久，此时，尊者造写了文法三十颂的注疏，因类学论述。此后，在波罗奈斯的高级佛学院，担任教授职务两年之久，期间，撰写了藏语词性学注疏。

1978 年，贝玛诺布法王在印度南部创建了白玉寺的宁玛派高级佛学院·显密文化源林，尊者应邀前往担任堪布，连续多年传授以堪钦先嘎十三部大论注解为主，以及释量论、休息三部法、功德藏、如意宝藏等显密教法及明处文化，培养的弟子主要有白玛西绕堪布、朗卓堪布、嘉色活佛、塔波活佛、久美诚烈堪布、德钦多杰堪布、仁增堪布、阿里堪布益西桑波、根秋沃色堪布、诺布堪布等许多堪能继承法脉的智者，为此，佐钦传承的显密讲修教法在印度的各个宁玛派道场得到日新月异的发展。

尊者六十岁那年，致信给故友晋才，信中说：“明年是我们的本命年，违缘障碍比较大，本人的健康状况也不太好，其实，我认为在这种时代住世很久也没有多大意义，本来想闭关静修，但未能如愿，请师兄多多祈祷保佑我。”此年藏历十二月初八即法王龙钦巴圆寂纪念之日，尊者突然示现色身庄严摄入法界之相。

78. 多志活佛土登向秋坚参

第六世佐钦法王吉扎向秋多杰弟子多智钦活佛土登向秋坚参，根据其上一世多仁波切康桑杰巴多吉住世之时“我的转世将诞生在阿字者家中”的授记，于藏历第十六绕迥水羊年即公元 1943 年，在父尊阿邦伏藏师曲阳多杰，母亲当慈家中，伴随着种种瑞相而诞生。第四世多智钦土华仁波切认定其为多仁波切康桑杰巴多杰转世活佛，赐名土登向秋坚参。白玛杰布活佛等五十多位师徒向转世灵童献法衣，佐钦寺代表和阿炯贡拉等许多头人、本寺上师活佛以及所有僧俗大众在万象大慈法轮寺为转世活佛举行了隆重的坐床仪式，推选索朗尼玛堪布为其经师，开始学习文字读写。在堪布才旺仁增和罗吾丹增座前，听闻了佛学理论和灌顶等诸多教法。

此后，根据祖上传统，前往多康佐钦寺求学拜师，在上师吉美·拥丹贡布前接受圆满比丘戒，依止第六世佐钦法王吉扎向秋多杰、大堪布土登念扎、殊胜智者白玛才旺等大德高僧，全面闻思显密论典的讲授、经教伏藏的灌顶口传，以及甚深窍诀等无数法门。在钦哲确吉罗珠、多智钦土华仁波切、安章嘉色久美多杰等大师前，也听受了部分灌顶和口传。然而，尊者正当进行无比贤正善智者事业之时，由于遭遇世事变迁，其利生事业没有得到圆满而圆寂。

79. 卡勒活佛白玛根桑让卓

堪钦白玛塔确罗丹和土登念扎，嘉色久美多杰等大师的亲传弟子卡勒活佛白玛根桑让卓，于藏历第十五绕迥火龙年即公元 1916 年，在西藏江达县岗托格达地区的嘎仓家族中诞生。四五岁就被认定为卡勒堪布白玛的转世活佛并迎请到卡勒修行处，依止岭祥上师白玛为经师，学习文字读写和历算医学等学处。稍长大以后，因佐钦康珠活佛是其舅舅，前往佐钦熙日森佛学院，依止大堪布白玛塔确罗丹或名阿布拉贡、土登念扎堪布、堪钦拥丹贡布、白玛才旺堪布等许多成就智者，在长达十一年时间里，全面闻思显密教法和其他学处文化。此外，还前往多敏两寺、噶白两寺、雪谦、八邦、宗萨、木桑等寺院，在敏珠林琼仁波切阿旺曲扎、宗萨钦哲仁波切蒋扬确吉罗珠、雪谦康珠白玛志美勒毕罗珠、噶陀堪布勒协觉丹、勒丹堪布等大德座前，接受各个法门的灌顶传承，听闻了法宝大藏经、前密教法的所有教法口传、前密经教法部、大宝伏藏法部、八大传承之窍诀法部，以及遍智法王师徒、荣松、敏珠林师徒、第五世达赖、觉囊达拉纳塔、钦贡二师、麦彭仁波切、巴珠等成就智者们的著作文集，无有遗漏。尊者记录的所闻之法目录就有一部四五百页的大法函，后来被誉为在灌顶、口传、教授等方面传承最多的上师。

尤其是将安章嘉色久美多杰依止为不共根本上师，听闻大圆满十七续、心髓四部法等诸多成熟解脱窍诀并实修，获得认知明心、证悟圆满、事业兴盛，为敏珠林大堪布、炯仁波切、多札仁增切莫等大德传授窍诀宝藏等法的灌顶、口传、教授，出资建造了敏卓林寺大雄宝殿金顶，将莲花生大师的真实密大疏、幻网支法部、努氏经部注疏、广疏论·旭日光明，以及敏珠林兄弟和荣松等的文集刻成木刻版。世事变迁时代，尊者始终坚持修行实践、念咒诵经等法行，从未间断过，对一些有缘弟子，从文字的读写到教法的讲修，进行了传授知识、弘扬佛法的事业。

在教法再弘的贤善时代初期，应怙主白玛格桑法王的邀请，来到佐钦熙日森原址，担任新建的四川省藏文学校全体师生的导师，为各种根基的求学者，因材施教，使所有人对在如今的末法时代能有如此大智者而赞不绝口。此后，回到其家乡贡觉地区，在两年多的时间里，广泛传授显密教法及明处文化。最后，于藏历第十六绕迥木鸡年即公元1984年，在嘎玛拉顶示现圆寂，享寿六十九岁。尊者所造法宝专著有普贤愿文注疏，酬忏文·金刚颂歌注疏，宗派无别之教法源流，嘉色久美多杰传记等。

80. 察隅钦绕森格

堪钦土登念扎弟子，自在智者察隅钦绕森格，于藏历第十五绕迥铁鸡年，诞生在雪域多康察隅地区的一名为德卡的村落，从小觉醒圣者之性，具备正信和慈悲等大乘功德。稍长大之后，进入藏根寺僧团，在阿旺根嘎坚参活佛座前接受沙弥戒，学习文字读写等明处文化，从小就有念修大日如来圣咒等殊胜大德风范，成为藏珠活佛的首席心传弟子。到了十六岁，尊者不请自愿地前往贡觉然寺讲修大宝林，依止宗萨卸任堪布罗珠嘉措，闻思无数显密甚深法门。当时，尊者挖了一个洞当作住房，因没有点灯的条件，晚上利用月光或者点香光来精进闻思学习。在然珠仁波切座前闻受光明大圆满前行法，以及正行成熟灌顶和解脱教授之深法。

此后，前往宗萨康雪佛学院，在几任堪布座前圆满闻思显密诸法，使钦珠仁波切大为欢喜，将尊者任命为传法的辅导讲师。到了二十二岁，在钦哲确吉罗珠座前接受圆满比丘戒，从此，称为持戒者的典范、教法之庄严。后来，钦珠仁波切对尊者说："我的戒律属东律传承，是清静无误的传承，你务必要担起传播之重任。"尊者在钦珠仁波切前闻受许多经教伏藏教法的灌顶教授、杰尊心髓法的灌顶讲授等前密教派的法门并获得圆满，听闻了以道果法和修法集要为主的萨迦派传承法门，以及雪域传讲十大柱、八大传承的所有法门，都作了圆满闻受。此外，依止安章嘉色久美多杰，听闻秘密心髓法门。依止佐钦堪钦土登念扎，利用半年的时间听闻苏派讲风的大幻化网密续注疏·密主意庄严。与此同时，在中观、般若、因明、对法等理论的疑难问题方面，作了彻底的除疑和抉择。大堪布大加称赞，在众人共聚之时说："要是多有几位像他一样的语自在智者该多好！"

随后，继续为寻求妙法前往扎溪卡江玛佛学院，在大堪布托噶仁波切前听闻十日讲授式幻网续，先后无别依止了各大教派的善知识作为其顶饰。尊者在三十几岁时，就被文殊上师确吉罗珠任命为宗萨佛学院第十三任堪布。尊者传讲以十三部大论为主的显密教法和共同学处，广转法轮，培养了许多无碍于讲辩著的智者弟子。到了晚年，在贡觉和察隅地区，根据众化机的根基和意愿，作了成熟灌顶、解脱教授、续意传讲以及口耳传承等广大法布施，一心致力于大圆满生圆次第的瑜伽观修并登上至高成就者顶峰。如是，在利益教生事业获得圆满之后，于藏历阴铁鸡年十一月初九，伴随着许多成佛于报身之征兆中示现圆寂之相，时年六十一岁。

81. 麦洼堪布江华

第六世佐钦法王吉扎向秋多杰和堪钦拥丹贡布弟子，五明自在智者麦洼堪布江华或称霍姆·江央华丹，是木雅堪钦根桑索朗的转世，尊者于藏历第十五绕迥土羊年即 1919 年，诞生在瓦西麦洼，父亲名为霍姆·才让，母名才让娜姆。小尊者具备无与伦比的天生智慧，未经老师的指点就掌握了文字读写，从十三岁起，每日坚持念诵文殊真实名经、般若摄颂、普贤行愿品，每年念修十万遍莲师七句祈祷文。长大后，根据才旺仁增堪布的旨意，前往佐钦佛学院求学，依止堪钦阿布拉贡、堪钦吉美·拥丹贡布、堪钦土登念扎、堪布晋洛、堪钦白玛才旺、父尊阿旺罗布等大德，对显密教法和明处文化作了长达十多年的闻思，成为五明自在智者。尊者背诵了十三部大论根本颂、幻网疏·十方除暗、钦氏俱舍论大疏、麦彭释量论大疏。在熙日森佛学院求学时，因没有时间磨青稞面和烧茶做饭，在石板上炒一点青稞充饥，饮用冷水，夜以继日地看书学习，被誉为最具精进之人。

在世事变迁时代，回到家乡，放下一切三门九业，日夜潜心静修，后来在教法复兴之时，尊者多次接到去本地区寺院转法轮的邀请，但唯恐成为散漫之业而没有开许，继续在静处专心修行。最后，在年迈七十四岁之时，于藏历十二月初十，色身融入法身之界。

82. 然柯尔堪布土登诺布

堪钦吉美·拥丹贡布和堪钦白玛才旺等的弟子，然柯尔堪布土登诺布，于藏历第十五绕迴木牛年即公元1924年，在多康德格所属上然柯尔牧区，伴随诸多吉祥的征兆而诞生。父亲为普巴金刚瑜伽持明师确仓·根丹，母亲名梅朵，是且尤上师的妹妹。少年时代，扎拉夏察活佛白玛诚烈嘉措来到此地时，被认定为扎拉喇嘛梅隆多杰的转世活佛。夏察活佛将小尊者迎请到扎拉寺举行升座仪式，在专门安排的经师前学习文字读写并轻松掌握。十八岁时，进入该寺佛学院，在志美堪布座前听闻三律仪论，入行论等论典，俱生智慧优胜于所有其他道友。

此后回到家乡，根据其叔父等的旨意，前往讲修教法之源佐钦寺，得到佐钦颇章特别重视和关心，将其安排在熙日森佛学院正式学僧之列。在当时的法台堪布白玛才旺座前，听闻十三部大论，对遍智荣隆二师、吉美林巴尊者、文殊上师麦彭仁波切等的各大法相论典注疏，续部幻网续的印藏各大注疏，作了圆满闻思。与此同时，在堪钦土登念扎、成就智者阿旺罗布等该道场的其他五明智者前，学习声明、诗学、天文历算等共同明处文化，成为无碍通达所有内外明处文化的自在智者。之后，开始担任熙日森佛学院辅导师，“然柯尔·土诺”的名声随之而扬。在第六世佐钦法王吉扎向秋多杰，格蒙谷夏活佛两位大德座前，闻受如海新旧经教伏藏法门的成熟灌顶，谷夏活佛还给尊者亲传医学及其实践并对他说：“将来会有用得着的时候。”尊者称后来确实应验了这一点。在堪钦白玛塔确罗丹和隐修者根嘎巴登座前，以法缘之式听闻了三句击要。在堪钦吉美·拥丹贡布座前接受近圆比丘戒，尤其是闻受引导文·无上智慧、上师心滴·如意宝、休息三部、七宝藏之大部分等的讲授，得到明空本净见地的直指，成为其根本上师。

回到家乡之后，担任了几年的本寺堪布，传承律法三事仪轨，宣讲三律仪等弘扬讲修教法。到了三十五岁左右，因世事变迁，以隐修者之式专心念修法要，证得大圆满法生圆次第的高深境界。当时，根据各自的意愿和根基，适当给一些有缘亲近弟子秘密传授了显密经论，大圆满内外前行法及其正行甚深教授。教法再弘时代的初期，在佐钦熙日森原址建立了四川省藏文学校，尊者应怙主白玛格桑法王的邀请，担任了该校教师，教授因明等学科，培养了许多藏族善言智者弟子。此后，再次回到家乡，为几十位求学者传讲以内明学为主的各大经典理论。藏历火土年即公元1987年，尊者略显病相并表示不会住世很久，随后，密意趣入法界之中，享寿六十三岁。

83. 堪钦达维沃色

堪钦土登念扎和博巴活佛多昂丹贝尼玛的弟子堪钦达维沃色，于藏历第十六绕迥水狗年即公元1922年，在多麦宗塔草原诞生，父名希周，母名朗罗。稍长大后，在八岁左右入热哈寺吉祥教理喜苑林僧团，开始学习文字读写、诵经仪轨。因对轮回生起无伪出离之心而接受了出家沙弥戒，使一切功德的基础戒律之宝稳固于心相续。依止扎穆日活佛德钦桑波和堪钦拥登嘉措的弟子热哈堪布格确、白玛久美堪布、朗措堪布丹增等上师，听闻以十三部大论为主的前密宁玛派经典论著。进入热哈佛学院。另外，在向巴确珠格西，札氏格西土丹等座前，学习以降央协巴著作为主的格鲁派经典理论。此后，尊者的母亲过世，他带着母亲的灵牌前往玉柯隐修者座前献给上师之后，向其讲述热哈寺的情况，并表示对该寺的佛学院教材改成格鲁派而感到失望。上师对他说："在扎多地区有博珠多昂丹贝尼玛，他秉持文殊上师麦彭仁波切的传承教法，你如果去那里，将来定能利益教法众生。"

不久，与道友热哈堪布土登一道踏上求学之路。起初，他们前往宗萨道场朝圣拜佛，听闻了一些法缘，遂到了佐钦寺，拜见了第六世佐钦法王吉扎向秋多杰，法王非常欢喜，根据他们的意愿传了相应的法门，并且表示考虑将他们安置在正式学僧之列，但当时佛学院正式学僧已招满，所以，他们暂时前往嘉莫修行处，在堪钦土登念扎座前，听闻了诸多显密教法和明处文化。此后，前往扎多格贡寺教理莲花喜苑，以清静心行如法依止博珠活佛多昂丹贝尼玛，长时间听闻麦彭仁波切的著作，尤其是突出宁玛派观点的经典讲授。有一年夏天的僧众结夏安住法会之时，根据博珠活佛的旨意，前往江玛修行处，在大堪布托托噶座前听闻律藏法门并在那里进行结夏安住，学习律法三事仪轨并熟练掌握。第二年，与晋美彭措法王等道友徒步前往果洛地区，拜见玛尼上师白玛斯德，在此大德座前接受比丘戒，在回来的途中遭遇特大降雪，经历了生死磨难。

回到格贡后，又继续闻思了四年之久。博珠仁波切前往卫藏之时，以侍者身份与几位道友一起随同前去，朝拜卫藏各大圣地道场，尤其是对桑耶钦普修行洞和岗日托嘎圣山作了详细的参拜。在敏珠林堪钦阿旺钦哲前听闻三律仪疏·如意苗等法门，利用整个冬季时间，对仪轨传承作了详广修行。尊者途经洛扎前往不丹国，到了印度。第二年，闻受了顿珠法王在噶伦布传授大宝伏藏法的灌顶口传，并前往莲花湖等印度各个圣地巡游朝拜。应孜噶土色上师的邀请，在多杰林附近担任堪布一年。后来又被邀请到锡金首府岗托，讲经说法达两年之久。此后，在不丹苯塘塔巴林寺后山上，新建了一座修行处并在此地闭关静修了几年，每年的冬天都在这里居住修行，而其他时间以隐修者身份无方云游。之后应贝诺法王的邀请，担任白玉朗卓林佛学院堪布，在一年多的时间里，广转法轮、答疑解惑。

如是，在印度近三十年，始终保持无为隐修者风范，舍弃名闻利养等世俗八风。此后，在藏区佛法再弘初期，怙主白玛格桑前往印度之时，遇见了堪布，当劝请他回藏区担任熙日森佛学院堪布时，因堪布热衷于弘扬宁玛派教法传承，欣然接受了邀请。藏历第十六绕迥木鼠年从印度到了拉萨，次年，来到佐钦寺并驻留了几个月。随后，前往家乡的热哈寺，恢复了僧众结夏安居法会和极乐法会等。当时，堪布听说其道友堪钦曲恰和晋美彭措法王还健在并在色达弘法利生的消息后，立即前往那里拜会故友。

藏历第十七绕迥土龙年，仰仗怙主白玛格桑法王的发心，开始重建熙日森佛学院。与此同时，尊者来到佛学院，根据各自的根基和意愿，对三百多位学僧传讲从文法、正字法等共同学处文化，到博巴活佛的宗派明辨、麦彭仁波切智慧品注疏·澄清宝珠论、入智论、入行论、入中论等无数甚深法门，我等也有缘享受了此甘露法雨。尊者对成就者佐钦巴传承教法无比关心，他曾多次说：“即使千座小寺消亡也无有大碍，但佐钦寺不能衰败，我和增珠堪布以自身属佐钦师法脉传承弟子，在印度为佐钦寺传承教法的弘扬，虽然以增上意乐竭尽全力地辅佐，但因违缘障碍未能如愿。今后，如果在藏区的佐钦寺未能树立起佐钦传承教法之根本，那就真正要遭衰败，所以，我回藏区的主要原因就是这个。”又一次曾说：“即使我死去，若能将骨灰洒在佐钦熙日森就放心了。”尊者有一尊文殊菩萨金像，其内有文殊上师麦彭仁波切牙舍利的装藏，极具加持力，在他将要圆寂之时要求弟子们把此佛像献给熙日森佛学院，并作了许多预知未来的嘱托。

当时，因尊者在过去长期驻留印度国，习惯了温暖的气候，所以，冬季在玉隆地区的堪布才久修行处附近，新建了一座修行处并在那里居住静修。当地信众对尊者信心满怀，恭敬承侍，他们说：“在往昔堪布才久住世时，曾授记在未来将会来一位玉扎宁波的化身者住持其道场，如今此授记得到验证了。”

尊者每日为集聚该道场的弟子们赐予法恩，为当地信众传讲极乐法门等甚深教法，使与之结缘者相续中播下解脱种子。

藏历铁马年即尊者六十九岁时示现患病之相并前往成都治病，此后，病情有了一定好转。此年三月十八日晚，尊者在护法供颂之后作了送圣仪轨，最后又作了详广的回向和祈祷。十九日上午，他突然直身而坐，在发出“啪”声的同时，示现此刹利生事业暂告圆满之相。尊者的法体被迎请到玉隆修行处，在七日内安住于禅定后，给法体装束而安放于会供之境达二十一日之久，法体明显缩小了很多。在佐钦寺，怙主白玛格桑携眷前来作会供供养，在法体荼毗时，出现天空晴朗、降下舍利子等奇兆瑞相，尊者心子白玛日扎等始终承担了荼毗法会的主要法务，并建造了如量灵塔供奉在热哈寺中。

84. 格蒙大堪布仁增旺嘉

隐修者根嘎巴登和堪钦托噶的心传弟子，格蒙大堪布仁增旺嘉或名旺地仁波切，于藏历第十五绕迥木鼠年，在多康扎溪卡格蒙部落的瓦西仓家族中诞生。从小天生具足信心、出离心、慈悲心等功德，进入格蒙寺，此道场先后出现过大智者杰温·邬金丹增罗布等诸多成就智者。在降央丹增堪布座前接受出家沙弥戒，取法号白玛沃色。长大后，在扎溪卡江玛佛学院的大善知识堪钦土登曲培座前，接受圆满比丘戒。从此，清静戒律未染上丝毫堕罪之泥，自在于十二头陀功德，行持如同饮光尊者般的风范。遂在此上师座前广泛听闻无数显密窍诀妙法，成为上师心传弟子。此后，以无方闻思的心愿和为妙法安忍苦行的决心，前往噶陀、白玉、宗萨等寺院朝圣拜师，遂到了上部道场佐钦寺，依止隐修者根嘎巴登，堪钦阿布拉贡，堪钦吉美·拥丹贡布等上师足莲，无余闻受大圆满经续窍诀法的灌顶讲授并实修之，现前证悟妙乘光明藏之甚深见地，在阿布拉贡座前对大圆满生圆次第要义作了反复抉择，使其证悟境界大为提升。在先嘎仁波切的道场嘉沃普大圣地，念修普巴金刚达三年之久，获得成就。

此尊者在外现上是一位没有丝毫逾越二百五十三戒律之边的持戒者之王，是具有十二头陀功德的隐修者；在内现上是如同慈母般将一切众生视为独子的二菩提心滋润密意之大菩萨；在密义中是一位自在于大圆满生圆次第见地的大成就者，是有缘者一见到其尊容就中断平常境识、认识明空本来智慧的大觉者。许多如量大师不约而同地如是赞颂：“在佛法再弘的末法时代，多康地区再没有如此具足稳固贤善兼备的大善知识。”在《文殊根本续》和上一世顿珠法王伏藏教言中点名指姓地授记道：“在浊世末法时代，将有振兴教法的持戒大德出现。”鉴于此，在佛法再弘初期，怙主白玛格桑法王将尊者迎请到佐钦熙日森佛学院，传承和弘扬妙法律藏之宝。怙主白玛格桑本人也在此尊者前接受圆满比丘戒，与此同时，也促使了大部分堪布活佛受了比丘戒。

当时，我等所有佛学院学僧也有缘闻受甚深见地派的菩萨戒，以及大圆满三句要义法广讲等法恩。此外，讲修教法之源雪谦寺、格蒙寺等附近诸多寺院的上千僧众，在尊者座前接受沙弥戒或者比丘戒，使律藏教法如日中天，普照大地。到了晚年，常驻格蒙修行静处，为几十位有缘弟子传讲甚密大圆满法门，摄受化机事业得到圆满之后，示现圆寂之相。

85. 格吉堪布土登朗嘉

堪钦吉美·拥丹贡布和白玛才旺大堪布的弟子，浊世第二优婆离，殊胜持戒者土登朗嘉大堪布，于藏历第十五绕迥水狗年即公元1922年八月十五日，诞生在多康格吉地区。在许多圣者的教言中授记其为从玉扎宁波到大译师曲巴嘉措等不间断转世而来的圣者。八岁时，加入佐钦法王白玛仁增的第一道场格吉佐钦寺，此年四月初一在其舅舅扎嘎堪布降华嘉措前，学习文字读写并一点就通、轻松掌握。十月十六日在白玛仁增圆寂纪念法会上，与其他几位善巧读写的学友，成为能够诵经文、做仪轨者之一。此后，在嘉喇仁波切涛格曲吉尼玛座前，闻受善逝八大法行、三宝总集、噶岭静猛法等法会仪轨的灌顶口传，还学习了坛城彩绘、跳金刚舞、佛乐等事业修法的仪轨传承并熟练掌握。期间，两次精进念修热那岭巴普巴金刚，三次念修敏珠林伏藏金刚萨埵法。

到了十一岁，在白玛丹增堪布前听闻普贤上师言教广讲，作了详广的五加行念修。十七岁时，第六世尼札活佛当拉仓到此地时，尊者前去参拜并在其处闻受金刚萨埵灌顶口传等法门，在尼札堪布阿旺朗嘉座前闻受三根本密集法的直授并实修。此年，在本寺善知识邬金丹增前听闻历算，在其舅舅觉喇上师前听闻五行算及数术，在白玛丹增堪布前听闻入行论、中阴六引导、龙钦心髓扎龙法并对此等法作了深入的实践和念修。就在那时，尊者闭关念修了一千多万遍莲师心咒，出现了许多成就瑞相。藏历铁龙年即十九岁那年，在其舅舅降华嘉措座前接受了出家戒，取法号慈城罗珠。第二年，在持戒者佐钦堪布根秋扎巴弟子，有着清静戒律风范的善知识土登攀德尼玛，又名佐钦堪布罗柯担任戒师堪布，第五世嘉喇活佛涛格曲吉尼玛担任业轨范师，以及在如数僧伽座前接受比丘戒。尊者曾说："当时我非常欢喜，心想，现在只要我自己能守持戒律的话，这与在佛陀本人座前接受戒律是没有差别的。"

与此同时，在嘉喇仁波切前听闻心髓二部、吉美林巴尊者的显密祈祷文注疏、博克巴诗镜论注疏、一些本尊修法仪轨的灌顶口传等无数法门。在首次拜见善知识白玛诚烈宁波或名觉嘉丹巴桑杰之时，闻受广行派菩萨戒、三律仪注疏·如意苗、秋林和钦哲的道次第·智慧精华的广讲。当时，上师说："在我的感觉中，你是真实玉扎宁波的化身，你要弘扬此等法的传承。"并撰写偈颂诗大加赞颂尊者。此外，还听闻荣松的三宝讲释、安立现象为本尊、密主教言和密主意庄严、上师本人所写见地鬘注释、生起次第笔录、语法·语门利器等法。尊者将此上师视为其最具恩德的上师之一，他曾说："上师博学多闻、戒律清静、品性优秀，具足一切功德，我感觉他就是大译师毗卢遮那。"在此上师的弟弟座前听闻如意宝藏、宗派宝藏、多智钦的大幻化网续概论、麦彭仁波切的八大法行论述、那喇曲珠的极乐愿文注疏等。

此后，经过长途跋涉，到了多康佐钦寺邬金禅法林，在第六世佐钦法王吉扎向秋多杰座前，听闻龙钦心髓三根本，根据持明总集法的君臣二十五尊灌顶，嘉村大师的三宝总集长寿灌顶，法界宝藏口传等法。在佐钦康珠活佛座前听闻如意宝瓶、心髓四部的灌顶。在大珠巴谷钦座前听闻幻网静猛法、续部金刚橛、一些护法的命修灌顶。加入熙日森佛学院成为正式学僧，在法台堪布白玛才旺座前，听闻十三部大论及其附法的详细讲授、三律仪注释、密主言教和意庄严、堪钦先嘎的大幻化网密续注解、麦彭仁波切中观庄严论注疏、释量论大疏、各大论疑难解义、笔录·狮子吼、本初心性三部法、大幻化网密续总论、大圆满法部，以及遍智郭然巴的中观总论、入中论释·除劣见地、般若甚深隐义等，宗喀巴大师的入中论释·密意极明，克珠杰的辨析·精华庄严等其他教派的各大论著。

在堪布喇嘉座前听闻自解脱三部法、秘密幻网释·除暗三部、莲师七句祈祷文注疏。在晋美罗萨座前听闻入行论、前行文普贤上师言教、窍诀宝藏。在罗央堪布前听闻阿阇黎嘎毕多杰的大幻化网密续注疏、日光狮子广疏、三律仪释·如意苗、永嘎的三律仪注解、大神变经、遍智龙钦巴杂文集等。在堪钦土登念扎座前听闻荣松的三宝论释、麦岭巴幻网续大疏、幻网续疏·钦普玛、休息三部法注疏三车辙论，永嘎的功德藏注疏、中阴六引导等法。在父尊阿旺罗布座前听闻多智钦大幻化网密续总论、胜乘宝藏、宗派宝藏、法界宝藏等。在白玛曲巴座前听闻入行论智慧品释·澄清宝珠论、中观根本论、宝性论、十七续等。在其美堪布座前听闻幻网续注疏·十方除暗等。在穆日·白玛诺布座前听闻续部文殊口传等。在安多活佛宗恩座前听闻总经意集释·暗夜披甲等法。总之，在此讲修教法之源大道场的所有高僧大德处，圆满闻受了显密深法和明处文化，登上智者顶峰。尤其是在本初怙主化现为人身的光明大圆满心髓法大车辙师，经师吉美·拥丹贡布座前，以满瓶倾注之式闻受甚深见地派菩萨戒、先嘎上师的教诲道歌、词义宝藏、自解脱三部法、修行法部问答、上师智慧讲修、上师心滴如意宝所有法部等，并且实修此等法门，成为自在大证悟者。

藏历土牛年即二十八岁那年，尊者打算返回家乡之时，佐钦法王和经师拥丹贡布向其赐予身语意所依和三学法帽，在弘扬讲修教法方面作了诸多教诲，并为其授予堪布学位。回到家乡后，尊者受持隐修者风范，在本寺后山上的静处搭起一顶小帐篷，专心修行大圆满秘密光明心髓法，使其断除二取分别幻象，在事业方面得到威猛天魔神众恭敬承侍，密意充满菩提圣心，以此殊胜加持力，即使是凶猛的野兽也不伤害其他动物，此等自在成就者传奇不胜枚举。之后，根据第五世嘉喇活佛多次劝请，担任格吉寺堪布，在寺院右方新建了佛学院，开启了讲修教法之门。与此同时，在色扎寺等周围同一传承的道场，开创律经三事仪轨和讲法传统。

多年间，尊者无方云游圣地静处，佛法的念修和本尊瑜伽从未间断，未受违缘的影响。尤其是在教法日轮重新升起之时，因家乡僧俗大众的诚恳劝请不能推辞，尤其是过去佐钦大堪布白玛才旺印度朝圣归来路过格吉，离开时赐予尊者一张堪钦先嘎的照片并授记道：“在未来，此道场将会遇到除了你以外别无他人的时候，那时一定要努力啊！”考虑到此教言应时而至，尊者毅然回到故乡，为全面恢复讲修事业的传统和仪轨，尽心尽力，恩德巨大。在怙主白玛格桑法王重振佐钦寺的讲修教法之时，致信邀请尊者来到吉祥熙日森佛学院，广转二派菩萨戒传承、三律仪注疏·如意苗、现观庄严论等无数法轮，我等弟子也有缘受用了此妙法甘露。如是，以讲修事业大力弘扬佛陀教证法宝之后，于藏历猪年示现密意趣入法界之相，时年七十四岁。

86. 格蒙大堪布诚烈旺嘉

大堪布土登曲培和堪钦吉美·拥丹贡布的弟子，格蒙大堪布诚烈旺嘉或名旺罗仁波切，于藏历第十六绕迥火兔年即公元 1927 年，在格蒙阿东仓家族中诞生。从小就进入本寺，在降央丹增堪布座前接受出家沙弥戒，长大后，在扎溪卡江玛佛学院，以三欢喜之式依止大堪布土登曲培或名托噶如意宝足莲，听闻从律仪沙弥五十颂到续王大幻化网密续之间的所有显密理论讲授，尤其是根据巴珠仁波切和邬金丹增罗布等历代先师的传统，听闻了每年一度的幻网续大疏·十方除暗传讲，背诵了此法所有词义并在僧众前通过了背考。在此大德前接受了比丘戒，从此以后，没有染上细微犯戒之垢，成为持戒者教法庄严。此外，布吉拉瓦活佛、扎嘉土伟、果察尼玛嘉洛等此道场的自在智者前，闻受许多共不共各大学处的论著讲授。

此后，根据托噶如意宝的旨意，前往佐钦堪钦吉美·拥丹贡布座前，全面听闻光明大圆满龙钦心髓法的灌顶讲授，尤其是听闻了佐钦寺甚深特法空行心髓、遍智龙钦巴以近传之式赐予美久·囊卡多杰的上师心滴·如意宝的所有窍诀要义，使其顿悟了本净本初明智，自在于任运四现智慧，现前了无为大圆满见地。为此，上师仁波切对尊者说：“现在你要向康珠活佛汇报一下证悟体验。”于是，尊者就向佐钦康珠活佛禀告了证悟体验，康珠称赞他说：“哦！你是顿悟者，无需经过观修。”此外，在成就者第六世佐钦法王吉扎向秋多杰、穆日·白玛诺布、怙主顶果钦哲法王等高僧座前，听闻无数新旧经教伏藏法的成熟灌顶和解脱教授，后来应怙主钦哲仁波切的邀请，前往尼泊尔雪谦寺二法兴盛林，给钦哲仁波切、楚休仁波切、雪谦冉江活佛、白玉确珠活佛等四十多位上师活佛为主的僧众，宣讲托噶如意宝口传幻网续大疏·十方除暗、功德宝藏、密主意庄严等法。

此后，前往印度、不丹、锡金等国朝圣拜佛，不久回到藏区格蒙寺。尊者轮流前往江玛寺和格蒙寺，广讲十三部大论、遍智法王师徒著作、巴珠文集、文殊上师麦彭论著等法的讲授和传承，尤其是根据巴珠仁波切和托噶如意宝的传讲传统恢复了秘密幻网法的无伪传讲仪轨，并劝请一些年轻的三藏法师背诵幻网续大疏·十方除暗，使教法慧命得以延续。应怙主白玛格桑法王的邀请，来到熙日森佛学院，进行幻网续大疏·十方除暗的详广讲授达三个月之久，我等获得了此法缘，在讲法圆满后的会供法会上，尊者高声说：“这次在此殊胜道场，我等师徒共聚，结下了甚深殊胜的法缘。希望你等持藏弟子们以讲修之式继承、弘扬前密宁玛教法，尤其是佐钦寺传承法脉，至于老者我，不管观察内外征兆或者各方面的缘起，都预示不会住世很久，所以，我们要一起念诵吉祥铜色山祈祷文。”第二年，尊者来到格蒙寺，为一些心传弟子圆满传讲大幻化网密续论释之后，示现此刹利生事业获得圆满而密意趣入法界之相。

87. 隐修者上师堪钦曲央恰达

博巴活佛多阿丹贝尼玛弟子，笔者怙主上师隐修者堪钦曲央恰达，乃如《大臣遗教》云：“嘉瓦确央大译师，转生印度之东方，外道德瓦贊札地，教法五十破损时，曲央名者将来临。”多智钦授记文中曰：“玉札化身将在多康现，曲央之名大圆满行者。”如在此等教言中所授记那样，于藏历第十五绕迥铁猴年即公元1920年，在藏区多康色莫岗所属之地，色曲河流淌之右岸一名为那多勒之地，伴随着彩虹密布，即使是冬天也开出了鲜花等神奇征兆中诞生，父亲名为玛·多罗，母亲叫同萨·罗吾吉。自小就具足知晓隐秘之法、无量慈悲之心等大乘圣者证悟之性，在其叔父索朗华丹前学习文字读写，跳金刚舞、佛乐、坛城绘制等各种法会行持仪轨并熟练掌握。在修琼活佛慈城桑波前听闻北藏派大圆满前行文并修完五加行及其补遗，使其证悟了心性无有生住灭之明空离言深义。当尊者向上师报告证悟体验时，获得上师的称赞和劝勉并取法名白玛曲央恰达。此外，在康东寺伏藏师其美仁增、玉柯活佛曲吉坚参等处闻受北藏派法的诸多灌顶教授。当时，尊者对莲花生大师生起了强烈信心，念修了《莲花生本生传》一百遍、大小《莲师祈祷文·意乐成就》无数遍，直到后来，尊者经常说："如今我能够对宁玛教法作一些事情，就是仰仗获得莲花生大师加持力的恩德。"与此同时，在稳固贤善二德兼备的多瓦堪布柔多座前，接受沙弥戒并取法号土登罗桑宗珠。此后，进入康东寺佛学院，依止柔多、益达、钦绕等堪布，听闻普贤上师言教、中观庄严论、入行论、律仪根本论等法门。藏历第十六绕迴水马年即尊者二十三岁那年，前往大圆满瑜伽大师玉柯曲阳让卓座前，听闻从共同前行皈依发心到佛子行，定解宝灯论，尤其是以单传之式获得极密大圆满的所有口传窍诀法，奉为证悟义传补处。

有一时，至尊上师对他授记道："你要到扎溪卡格贡地区的博珠活佛丹贝尼玛座前，这样，就能成为一个能受持自派前密教法的人。"当尊者临行时，上师赐予他一个砖茶和几块银元，说道："为了使你的修学圆满，要祈祷文殊菩萨，为了消除路途中的怖畏，要念修圣度母，时时不能忘记莲花生大士。"说完，上师以一勺酸奶作为送行酒放入尊者碗里时，变成了快要溢出来的满碗酸奶，上师称这是善妙缘起。之后，尊者以隐世瑜伽者威仪徒步前往扎溪卡地区，一路上，在梦境中获得博珠仁波切的显容授记。遂到了格贡寺，拜见了根本上师遍智博珠活佛多阿丹贝尼玛，获得慈悲摄受并授记尊者为荣松曲桑的化身。从此，在长达十几年的时间里，以三欢喜之式顶依上师足莲，广泛听闻显密诸法，以及遍智荣隆二尊的善说论著，文殊上师麦彭仁波切的所有论著，大堪布根华的所有著作，上师本人的中观、般若方面的所有著作的讲授和口传窍诀，闻思通达。

在雪谦佛学院初建之际，雪谦康珠活佛邀请博珠活佛，尊者以侍从身份一同前去，在康珠白玛勒毕罗珠，岗夏堪布等此道场的智者座前，听闻了无数甚深法门。此后，现前了时劫乌云笼罩佛法明日的种种不祥之兆，尤其是在其梦境中出现汹涌澎湃、势不可挡的大河等诸多征兆，故此，尊者回到家乡色柯地区，为家乡的人们宣讲聚际必散，合际必分的法理，劝导上供下舍、积累广大资粮，使各自的财富具有实义，舍弃此生世俗杂务，尽早精进于佛法的念修，并主持了很多场极乐法会，授记了诸多未来之法。从此以后，不要说看到以教奉行的修行者，就连三宝名称也听不到的二十多年岁月里，尊者依靠观修上师心滴法摩尼三部中的风摄生窍诀法，在不食任何食物的同时，仅仅以柽柳树枝做铺垫，以毡子做被子，日夜处于睡觉的状态，使别人无法分辨他是病人还是疯子，最终，其他人也无可奈何，只好让他随心所欲了。

就在此时，尊者或念修上师本尊，或思考显密教法的疑难问题，或安住于大圆满见地之境界等，恒常处于念修之中，从而获得成就。那时，因当地闹饥荒，人们个个都骨瘦如柴、面无血色，但尊者却比平时更显富态，庄严无比，而且初十和二十五的会供供养仪轨也不间断进行。后来，被一些人发觉后，对他严厉责骂，处处刁难，尊者以嬉戏之式即兴作诗道：“只有拇指般的供神馐，却说酥油装饰大多玛，如若告于整个地区间，岂不成为哲达部如（恶鬼）也。”此后，仰仗佛菩萨的利生事业永无逾时之谛实力，以及雪域众生福祉的牵引下，教法旭日开始重新升起，尊者的重振大密教法之愿力应时成熟，在色达隆多建立了显密了义法轮佛学院。自那以后，从1979年到1997年十九年当中，一直驻留道场，就连其住房外的栅栏墙也没有出过，广转显密法轮，尤其是根据博珠·多阿丹贝尼玛的口传窍诀，在遍智法王师徒、文殊上师麦彭仁波切等的自派见地方面，作了全面的讲解和抉择。当时，如同蜂群云集花园，来自各方的有缘弟子齐聚佛学院，笔者也不仅有缘加入此圣众之列，而且经过向上师祈请，特意传讲了宗派抉择论和无上智慧，并以欢喜慈悲之心赐予了劝勉和授记，其宏恩浩德，永世难忘。

尊者一生住在只能容下一个人的小土房里，如果有人拜访，就在窗户边加持和谈话。屋内只有一个简单的铺位，旁边有一座很小的土灶，其上有老式的小锅和茶壶各一个，除此之外，没有其他任何财物。每当有人供养钱财，就立刻赐予在场的弟子等人，或者在每月的初十和二十五日，所有僧众念修完麦彭简略会供仪轨后共同享用。如果有人供养佛像等身语意所依，尊者便会说：“我不需要外在佛像，不管对什么，只要有执着还是执着。”就这样，只要有人想要，便立即赐予此人。尊者直接或间接地驳斥那些希求名闻利养、深陷世俗八风、喜好自诩的浊世持教者。故此，很多人没有勇气随意前去拜访。即使在寒冷的冬季，除了毡子做成的衣服之外，从来不穿皮毛衣服，除了临终阶段之外，身边从不安排烧茶做饭的侍者。总之，行持隐修者威仪，与至尊米拉日巴无二无别，不像如今有些修行者虽冠有隐修者名号，但没有放下自我吹嘘的私心和世俗八风的习气，而是名副其实的大成就者。其有着神奇的不共殊胜事迹，特别是本尊亲显尊容、无碍知晓隐秘诸法、自在于成就者威仪等秘密传奇乃现量公认、数不胜数，此处考虑到文字过于繁多，故没有一一细说，敬请参阅其他详广传记。

如是，自他任运事业遍及四方之后，于藏历第十六绕迥火牛年即尊者七十七岁那年，开始示现此刹利生事业暂告圆满、色身庄严摄入本初法界之相：从二月初二起，初显患病之相，但仍旧坚持讲授经庄严论释·甘露喜宴。期间，尊者不止一次地说：“如果你们想做一名真正的修行者，就要遵照往昔噶当巴先祖们所说的‘居于闹市中，如坐监狱想’，‘无有不死地，必死亦早死，无法能避死，无暇请修法。’所以，要做到能够放下此生，又曰：‘喜好排场修行者，实乃象形无实义。’因此，要压住世俗八风之头，又如莲师第二佛曰：‘从外根据经藏而实践，细微取舍因果之需要，从内根据密法而实践，生圆次第具义之需要，从密根据极密阿底法，即生成就光身之需要。’因此，只要是一个出家人，就要根据此等教言如法行持，这就是我的教言。”尊者还嘱咐道：“在根华堪布圆寂遗址上有一座白色的小灵塔，如果给我也能建一座这样的塔，就非常好，除此之外，绝不需要更多的了。”

近侍弟子们请了很多藏汉医生，为尊者治病，所有僧众念修十六尊者供养仪轨，会供酬补等许多延寿法事。平时，尊者不喜欢为他作法事或者求医寻药，但那时他对弟子们说：“为了满足你们的愿望，你们做任何法事或者为我治病，我都接受，像我这样不会有什么空行来迎接我的，但是，你们也不要念修回遮空行迎接仪轨，如果作一次持明集会供仪轨最好，在以后的三天中，我们师徒要欢聚一堂，吃好喝足，尽情欢乐。”于是，上师示现病情好转，满怀喜悦之相。到了第三天即藏历初三，尊者对旁边的弟子问道：“今天就满了三天吧？”弟子们回答说：“没有，今天是第二天。”上师说：“说什么呀？我还没有糊涂到这个地步。”说罢，就以法身坐姿和照见之式融入内明本净之界。表示密意解脱于法界的外相有：天空晴朗，彩虹密布，天气顿时转暖，盛开各种花朵等；内兆有：法体不失色泽，散发旃檀和龙脑之芳香，在法体荼毗时，空中布满彩虹和光环，荼毗炉中发出白色光芒，心舌眼不畏火烧而显出蓝紫宝石之色，等等。如是，在出现续部里所说的一切解脱征兆的同时，成就解脱于本初法界之中。

88. 麦洼堪布土登沃色

博珠活佛多阿丹贝尼玛亲传弟子麦洼堪布土登沃色，于藏历第十六绕迥阳土龙年即公元1928年，在父亲才让旺修和母亲卡萨·拉吉家中诞生。从五岁起，在其叔才旺仁增大堪布和舅舅索朗尼玛堪布座前，开始学习文字读写。九岁时，入万象大慈法轮寺僧团，学习坛城绘制、佛乐和跳金刚舞等寺院仪轨传承并熟练掌握。到了十三岁，入多仁波切苏伦杰巴多吉和才旺仁增大堪布创建的智悲聚贤佛学院，在第一任堪布益西达吉座前接受出家沙弥戒，取法号土登沃色。在此上师处听闻入行论、如意宝藏、中观庄严论等法。与此同时，在叔父才旺仁增堪布前，听闻功德藏、中观庄严论、吉美林巴尊者文集的灌顶传承及其窍诀讲授。此上师在后来去黄龙山修行时，尊者也随同前去，听闻前行文并念修五加行，以及修行三部法、中阴六引导、法界宝藏等诸多深法并以实修抉择之。二十一岁时，父亲因故去世，为了处理其后事，做超度等法事，尊者在家中驻留了一年左右。

此后，前往上部道场佐钦寺邬金禅法林，在熙日森法台堪布诺央座前听闻部分十三部大论的注释，在堪钦土登念扎座前听闻俱舍论注释，在堪钦阿布拉贡前听闻三句要义，在堪钦白玛才旺座前听闻入行论等，历时两年之久。到了二十五岁左右，前往扎溪卡地区，在堪布托噶如意宝、博珠活佛座前，听闻遍智上师师徒和麦彭仁波切所有著作的讲授和传承，尤其是将博珠活佛多阿丹贝尼玛依止为根本上师并获得慈悲摄受。在世事变迁之时，与博珠活佛、土曲堪布、热哈堪布达色和土丹等师徒一同前往卫藏地区。当时，博珠活佛被邀请到直贡道场，尊者与其他道友前往拉萨朝圣拜佛，他们依次朝拜桑耶寺、敏珠林寺、钦普、雅玛隆、雅砻水晶洞、岗日托嘎神山等圣地去朝拜修行。

后来，他们经过门域和不丹等地后到了印度，在那里拜见了很多大德，广闻前密经教伏藏的成熟解脱法门。在执持下部戒律传承的大持戒者达龙则珠活佛为戒师的十多余僧众座前，接受比丘戒。为了使浊世律藏教法的余火得到复燃，尊者始终保持第二优婆离尊者的风范，没有丝毫逾越律法开遮之界限并弘扬了无数沙弥和比丘戒律传承，毕生行持舍弃一切的隐修者威仪，潜心致力于妙法的念修，从而证悟二次第大圆满至高境界。此外，前往印度南部的佐钦寺、东部的敏珠林寺、金刚座和尼泊尔等地的前密宁玛派各大道场，传讲龙钦心髓法前行、律藏、俱舍论、中观、般若、大幻化网密续、心髓四部等，以讲修事业弘扬佛陀妙法。与此同时，前往嘎夏、吉德、库努、拉达克等地区，为广大僧众，瑜伽师及民众等具缘弟子广转法轮，使所有具缘者置于解脱成佛之道。

到了晚年，尊者在被誉为二十四圣地之一的印度西部咕噜地区，建立了一座名为帮岗修行处的道场，广转以极密大圆满为主的甚深法轮，如是，自他任运事业遍及四方之后，于藏历第十七绕迥水马年即尊者七十三岁那年，示现圆寂之相。此年九月十二日，尊者以患病之相对心传弟子们作了很多教诲，十九日，他在双手以雄鹰展翅的姿势中，将莲花生心咒以觉受道歌之式韵唱，之后，双手合十作了回向祈祷和收摄次第仪轨，接着又入定而坐。到了晚上，尊者身着三法衣，在铺好敷具的床上跏趺而坐并示现趣入法界之相。

89. 安章珠巴活佛土登白玛诚烈

嘉色久美多杰和堪钦土登念扎弟子安章珠巴活佛土登白玛诚烈，于藏历第十五绕迥火虎年即公元 1926 年，在四德十善兴盛之地，玉隆拉日头人之管辖一名为多库的地方，伴随着种种奇兆瑞相而诞生，父亲为拉日头人的内臣后裔索郎朗嘉，母亲是刚察家族的德喜。在尊者诞生之际，当地人亲眼目睹在其家帐篷之上彩虹密布等很多瑞相，这是善品神众示现欢喜之情、三根本及护法加持护佑的象征。在孩提时代，有外来寺院的活佛寻访人员到来时，尊者说："我不是你们的活佛，而是其他寺院的活佛。"又一时，在沃果上部地区，有一位盲人老者到了尊者家里，他是尊者上一世的弟子，老人说："不管是观察昨晚的梦境还是今天的缘起，我都有见到上师珠巴仁波切的感觉，你是不是安章珠巴？"小尊者以极其慈悲之相为他作了摸顶加持，使在场的人都充满好奇，顿生信心。藏历火兔年，嘉色久美多杰专程来到第五世佐钦法王土登曲吉多杰座前，向法王问询其父尊大持明者将转世何地等事宜，法王以无碍智慧向其清晰地指出了灵童诞生的地形、父母名称、灵童的属相等线索。之后，在极其保密的情况下，派遣两位僧人去炉霍以上的各个地区。当他俩经过玉隆地区时，就到了一个与法王授记文中所指内容相似的地方和牧民家中，那家的小孩非常高兴地说："他们俩是我家的师父。"两位僧人也说："真是个神奇的小孩。"除此之外，他们也没有多说什么就回到安章道场。此后，派人向钦哲确吉罗珠和藏瓦成就者座前请教时，与佐钦法王所指如出一辙。后来，嘉色师徒三人再次前往佐钦寺，向佐钦法王报告此事后，就认定其为真实转世活佛，取法名土登白玛诚烈吉祥贤并撰写了长久住世祈祷文。

在回来的途中，当嘉色师徒到那牧民家中时，灵童非常欢喜，对他们表现得极为热情，毫不犹豫地扑到嘉色怀中，因 "热情" 在藏语中称"嘎嘎"，故嘉色为他取名"阿布嘎嘎"，并为其献法衣。尊者到了三岁时即藏历土龙年二月，被迎请到其上一世道场安章寺进行了座床仪式。五岁时，嘉色久美多杰接受其法新，赐予皈依戒。从此，依经师土登为师，从文字读写开始，进行了两年的勤奋学习。依止经师根桑朗嘉达二十年之久，学习文字读写、语法、正字法、诗镜论，以及从声明学拼合论到整个妙音声明论、旃陀罗波字经等。在喇嘛德钦座前全面学习声明集分论以及辞藻论，并通过了此论本颂的背考。在十岁左右，专程前往前密教法之源白当佐钦圣地，在自在大威德宫殿或名忿怒文殊洞，堪钦阿布拉贡担任戒师堪布，堪钦土登念扎担任业规范师，堪钦吉美•拥丹贡布担任屏教师，都果瓦晋美罗珠堪布担任告时师和堪钦白玛才旺担任增补师，在此等稳固贤善二德兼备的大善知识座前接受了出家沙弥戒。后来，世事变迁时，根据律藏本论的仪轨舍戒，继承上一世传统行持瑜伽师威仪，但对行使教法根本别解脱之三律仪事业常怀随喜和敬仰之心，对具戒持藏者情有独钟、慈悲呵护。在十五岁时，在佐钦寺特意邀请的堪钦先嘎仁波切亲传弟子都巴嘉措堪布座前，听闻入行论、三律仪论、中观根本慧论、入中论、四百论、以现观庄严论为主的慈氏法门、别解脱经、律仪根本论、上下俱舍论等无数论典。在贤正善自在佐钦堪布土登念扎仁波切座前，与嘉色仁波切一道听闻大幻化网密续疏·十方除暗等幻网续法部。

以三欢喜之式顶依根本上师嘉色久美多杰足莲，首先听闻大圆满龙钦心髓前行引导文·普贤上师言教和解脱道明盏，以前行修行使自心得到成熟，从不共有相和无相寂止起，直到独传道用二十五明点得到圆满之间，作了获得真实觉受的闻修。此外，听闻了无上智慧引导文、心髓大乐佛母的扎龙，隆萨宁波伏藏的扎龙，摄生法、黑关引导，心髓四部法及甚深上师心滴法的灌顶口传，七宝藏的讲授与口传，休息三部法和自解脱三部法的讲授与口传，零散文集类口传，吉美林巴尊者的意伏藏二函的灌顶口传，卓都巴沃多杰甚深伏藏秘法库的所有灌顶口传，邬金仁青岭巴三十二法门的灌顶口传，蒋扬钦哲旺波甚深伏藏法杰尊心髓的所有灌顶口传，持明果吉登赤以净现近传之式赐予蒋扬钦哲旺波的北藏密意径直法的灌顶口传，钦哲益西多杰甚深伏藏法意明点·执著自解脱的灌顶、讲授和口传，大伏藏师然那岭巴法门的灌顶、讲授和口传，持明隆萨宁波和伏藏师邓都多杰所有法门的灌顶口传，拉尊朗卡晋美的持明命修法灌顶口传，巴珠晋美曲吉旺波文集六函的口传，幻网续灌顶。先后七次闻受幻网总论·遣除意黑暗、概述·光明精华论、幻网续疏·十方除暗等法的讲授，印传注释有日光狮子的广疏、嘎毕多杰的幻网续大疏、莲花生大师的窍诀见地鬘、桑杰桑瓦的大小道次第，藏传注释有荣松的三宝注疏、敏珠林大译师的总论·密主言教和注疏·密主意庄严、邬金曲扎的总论·宝鬘、多智钦的总论·宝库钥匙、格则的总论、嘉色的大小道疏等法的详尽讲授。

顶依第三世噶陀格则久美丹巴朗嘉足莲，听闻前密经教法、密意集、普巴金刚等法的灌顶口传，修法仪轨·如意宝瓶的灌顶口传，前译续部集宝法二十六函的口传，上师叫尊者以白衣蓄发者形象接受灌顶，并赐密咒法号“塔确珠毕多杰隆多丹毕坚参吉祥贤”。在具足贤善二德的热果活佛土登协珠嘉措座前，听闻经幻心三法的灌顶口传，在小热果活佛扎西朗嘉座前，听闻蒋扬钦哲旺波和文殊上师麦彭仁波切文集的口传，在贡觉卡勒活佛白玛根桑让卓仁波切座前，听闻所有吉美林巴尊者文集的口传，在敏珠林夏仲仁波切座前听闻多智钦幻网续总论，在敏珠林迥仁波切座前听闻幻网续注疏密主意庄严和阿底深义法的所有灌顶口传。如是，尊者没有仅仅满足于闻法之上，而是持之以恒，精进念修，成为自在于见行瑜伽的大成就者而圆满自利事业。在利他事业方面，不以闻法者的地位高低和数量多少，而是根据其意愿和根基，将自己所闻灌顶、口传和讲授之法，作了无数地传承弘扬。从三十三岁起，遭遇世事变迁。尊者曾说，当时，他虽然历经千辛万苦，但从未中断过妙法的修行。在佛法再弘之贤劫来临之际，尊者来到安章寺光明妙乘林，开始进行重振教法的事业，尤其是在寺院上方新建了佛学院的所有能依所依，并由拉章府为上百位学僧广弘闻思修法提供各种条件。根据上一世的传统，尊者在每年冬夏两次宣讲前行普贤上师言教和正行无上智慧，来自汉藏各地的堪布活佛和僧俗大众，如云而集，将无数化机众生置于成熟解脱之地。藏历第十七绕迥火龙年，因内外缘起应时成熟，笔者也获得拜见尊者的善缘，并赐予了安章耳传大圆满甚深讲授等光明深密心髓窍诀甘露，以及视土为金的劝勉鼓励。当我们临别之时，尊者表示不会住世长久并教导笔者：要铭记弘扬大密宁玛教法，尤其是传承佐钦和安章两寺的讲修之轨。次年即藏历铁蛇年十二月初三，示现此生教生事业暂告圆满而色身庄严趣入法界之相。

90. 堪钦白玛才旺伦珠

堪钦土登念扎弟子，堪钦白玛才旺伦珠，在雪域藏区之东方，多康四水六岗之分支，德格王辖区有南北两个牧区中，北方部落扎溪卡的格则阿日杂草原上，于藏历第十六绕迥阴铁羊年即公元1931年六月四日的旭日初生之际诞生。父亲是自在瑜伽成就者持明扎巴坚参，母亲是具有殊胜种性的嘎多拉姆。从小就觉醒善业习气，如同比丘老尊者，以谨慎调柔的行为替代普通小孩的哭闹、跑动、争吵等行为，周围所有人无不为其调柔不放逸的善行赞叹不已。从八岁起，在贡确丹增处学习文字读写，仅用一个月的时间就熟练掌握。到了九岁，在圆满学成文字读写之后加入了扎普康寺大乐法轮洲僧团，尊者背诵了多部寺院仪轨经文，被称为最具精进的僧人。在十岁时，雪谦康珠活佛来到普康寺，在长达半年的时间里，作了前密经教部，敏珠林兄弟上师所有文集的灌顶和口传，以及雪谦嘉察活佛文集的讲授和口传，尊者听闻了此所有法门。到了十一岁时，在具足稳固贤善如海功德的普康寺老堪布格勒扎巴座前，接受了出家沙弥戒，取法名格勒曲培。

从此以后，一生根据律藏如法修行实践，没有逾越细微别解脱戒律的开遮界限，始终行持舍弃一切的隐修者威仪，除了经中开许的三法衣和一些智慧所依的书籍以外，没有受持其他任何财物。尊者举止温和，谦虚低调，内外密功德深藏不露，行持如同噶当格西般的优良风范等，圣者殊胜事迹数不胜数。十二岁时，在舅舅西绕堪布座前听闻龙钦心髓法的内外前行并依照次第圆满实修。十三岁后的几年里，在普康寺的维那师等老法师们处，学习仪轨传承并熟练掌握。此年，在晋美丹增堪布座前学习历算法·日光论和五行算·月光论，在隆那堪布前听闻日光论中韵律算的粉算法，尤其是在自在智者嘎拉嘉确座前，听闻历算三日五曜的疑难要义和星耀轨道图、历算广论·白琉璃及附法的意义和窍诀、作用派和体系派相结合的历算实践指导，并从此年起，连续八年撰著了两派结合的历书，获得许多智者的赞誉。十五岁时，从普康寺前往巴珠朗卡晋美尊者座前，听闻所有光明秘密心髓法部的成熟灌顶、解脱引导和依附教言。当时，在传法期间尊者因患病而请假几日时，巴珠朗卡晋美尊者在大众面前称赞道："对于像他那样具有菩萨种性的圣者来说，我无需用有相的声音来传法，而是以表示法作意就必定能得到所有教法的传承。"从十六岁起，在自在智者嘎拉嘉确前，利用数年精进学习格则大班智达所造妙音声明论大疏为主的妙音声明论、旃陀罗波声明论、声明集分论等三大论著。后来，根据多杰占堆活佛等的劝请，撰写了妙音声明论大疏并在德格印经院刻制了木刻版。在书法家昌陀阿白座前，学习从大班智达雪谦温珠活佛传承的梵文兰札和乌尔都等印度各种书法。

在喇嘛克尊座前学习前后译续部的坛城度量和彩绘法亲训，得到熟练掌握并付诸实践。在曲多大堪布等上师座前，学习各种佛塔和佛像的度量，以及唐卡的绘画等工巧明处文化并付诸实践，在佛法再弘时期的今日，为新建幻网静猛立体坛城、八大佛塔、无垢二佛塔等能依所依作了宝贵的讲授指导。在十七岁时，因扎普康寺佛学院的成立，从那时到二十五岁之间，除了一些特殊法会以外，长期驻留佛学院达八年之久，依止曲多大堪布、白玛涛克堪布、久美钦绕堪布、晋美丹增堪布等诸多具足贤善稳固二德的大善知识，全面闻思明示遍智荣隆二尊殊胜法统密意的麦彭仁波切的各大论著、佐钦堪钦先嘎所造的十三部大论注释等经典论说，通达了自他如海宗法，对一切教派的教证二法之宝生起了无偏清静之心。尊者十八岁时，雪谦康珠活佛来到普康寺，从初春正月初十到季秋月初十，进行大宝伏藏的详广灌顶。与此同时，吉吾比丘作了大宝伏藏的所有口传，尊者以无比求知欲望圆满听受了此法。十九岁时，在扎玛静处的巴珠朗卡晋美尊者前，听闻无上智慧等许多大圆满法的成熟灌顶和甚深窍诀讲授，并且一生行持秘法的修行实践。二十一岁时，在舍弃一切的隐修者阿克朗卡益西座前，听闻麦彭仁波切所造的智慧品注疏·澄清宝珠论、三大驳论、五剑论、五莲论等的讲授。从二十岁到二十五之间，每年冬天进行百日闭关，念修各大本尊达五次之多。到了二十五岁，尊者前往执持佐钦法脉传承的江玛佛学院，在名副其实的成就智者托噶如意宝座前，以耳传十日传承之式，听闻根据顶乘阿底派论述的根本续秘密幻网大疏·十方除暗及其附法，从巴珠仁波切传承的入行论窍诀讲授并实修之。故此，不但对有情众生，而且对一片树叶以上的无情，也从不生起嗔心而平等对待，利他菩提之心滋润于密意相续，此乃如尊者道歌中曰："没有冒充外现修者相，却以卑微谨慎之威仪，从内调伏自心之修行，若有此行实乃法根本。”如此，自己也以此要义而付诸实修。

此外，在托噶如意宝前听闻巴珠仁波切根据显密仪轨的极乐法会窍诀讲授。从此，每年为成千上万信众广转极乐净土法轮，仅此传承的法恩也不可估量。在托噶如意宝心子自在智者喇珠活佛阿旺罗珠嘉措座前，对上下俱舍论的各大注疏，以及中观、般若方面的疑难要义、流年算等历算窍诀和辩析方面，作了彻底的闻思。在因明论师慈嘎大堪布座前听闻文殊上师麦彭仁波切的释量论大疏、量理宝藏论注疏等因明论著，并在因明学方面作了详广的辩析和探讨。在大智者扎嘉堪布图卫座前听闻藏文文法论·珍珠妙鬘的所有疑难要义，并撰写了整个例举、对诗镜论的详广讲授，撰写了所有三章内容的例举并呈于上师批阅。上师非常欢喜，为其赐予声明学名号“央金嘎伟果恰晋扎玛卫桑格”。二十七岁时，前往扎溪卡格贡寺，在遍智博巴活佛多阿丹贝尼玛前，听闻活佛本人所造现观庄严论注疏·弥勒教言、中观四百论注疏、宗派见地辩析论、笔录要义集等的讲授及其疑难要义，使他对文殊上师麦彭的善言论著获得无比的辩才自给。二十八岁时，前往世世有缘上师安章嘉色久美多杰座前。当师徒二人初次见面时，如同父子重见，密意融为一体，以满瓶倾注之式根据安章耳传听闻光明大圆满秘密心髓法无上智慧的讲授及其附法。当时，嘉色仁波切对尊者授记道：“你回去的途中，在佐钦堪钦土登念扎座前接受比丘戒吧！因为在那个道场有出现七位菩提萨埵大堪布化身的善妙缘起，将对佛陀法宝有很大的利益。”

尊者根据上师旨意前往嘉吉扎嘎道场，在堪钦土登念扎等如数僧众座前接受了圆满比丘戒，成为如同在金山群中的须弥山王，在无数持戒者大德中犹如优婆离尊者一样独占鳌头。在以堪钦土登念扎为主的诸多智者前，听闻了幻网续概述·宝库钥匙等许多注疏论著。此后，前往雪谦寺巡游朝圣时，第六世冉江活佛朗杂珠毕多杰以欢喜之情要求尊者留在雪谦佛学院，他遵照活佛旨意留在学院，在法台堪布勒协觉丹座前听闻本初心性三部法等法门，但没过多久，就遭遇世事变迁而不得不回到故乡。在此后的二十多年里，教法之基僧伽圣众遭遇根本性的毁坏，各种运动相继发起，但因尊者低调隐居，没有遭到任何人的批斗，极其秘密地念修了几十万遍文殊真实名经，对显密教法及明处文化作了精进地闻思修行，使违缘障碍转为道用善友。

此后，雪域教法再弘的旭日初升之际，殊胜活佛土登尼玛仁波切等善知识为了重振藏传十明文化，在佐钦熙日森佛学院原址创建了四川省藏文学校。当时，然果堪布土登诺布对怙主白玛格桑法王说：“如今在阿日杂有一位无人知晓的大智者，如果能请到他就最为殊胜。”如是，所有违缘障碍得到化解，一切善妙缘起应时成熟，尊者来到佐钦的四川省藏文学校，为来自各地的几百位学员教授十明文化达五年之久。在其后几年的夏季，尊者以极高的热情多次专程前往雪谦寺二法兴盛林，恢复僧众结夏安住法会，主持新建雪谦佛学院事业并传讲了许多经论注疏。公元 1987 年，由烈毕罗珠活佛发心资助，新建了阿日杂五明佛学院·了义讲修兴盛林，尊者住持此道场，为来自四面八方的二百多位求学者，广转显密妙法及明处文化法轮多年。与此同时，正值怙主白玛格桑法王重建熙日森佛学院之时，历经艰难劝请尊者之后，每年定时驻留熙日森几个月，系统传讲了五部大论等甚深法门，我等也获得此殊胜法缘。

尤其是在藏历第十七绕迥铁猪年七月上旬的吉祥日，在数百位三学持藏僧伽中，将尊者供奉于法台上，任命其为雪域智者之源佐钦熙日森佛学院东护门的班智达和佛学院大堪布，如怙主白玛格桑法王诗曰：“超越片面理论之学识，达到所知大海之彼岸，无碍通达五明班智达，当今雪域圣地唯有您。广深佛陀法蕴善言之，密意注疏印藏诸论说，予以清静三察解说者，前译车辙大师唯有您。源自少年时代所串习，殊胜寂静威仪之善缘，树立褐黄吉祥宝幢者，持戒大德世间极难见。无数圣者赞叹之刹土，无量智者安住之圣地，无边多闻共聚之乐园，无比正道导引唯有您。三密不坏金刚之本性，熙日森之神圣法座上，祈愿莲足不动永安住。”如是，为了使尊者长久住世而以梵音赞颂诗歌开启缘起之门，但未能如愿而遭遇违缘障碍。此后，尊者前往印度各大圣地朝拜，并根据诸多大德的邀请先后到了该地的敏珠林寺、佐钦寺、白玉寺，以及尼泊尔雪谦寺等宁玛派道场，传讲了各自相应的甚深法门。与此同时，还前往不丹、锡金、欧洲、俄罗斯、美国、加拿大、日本、斯里兰卡、新加坡等国家和中国港台地区，将应时有缘化机以见闻念触之式置于安乐吉祥之地。回到道场之后，广转吉祥时轮金刚甚深法轮，摄受了成千上万的僧俗弟子，广行利益众生事业。

藏历铁龙年即尊者七十岁那年，示现轻微患病之相，于是，尊者停止了显宗理论方面的传讲，以提升密意境界之式进入了严格的闭关静修。后来，根据所有弟子们的再三请求，前往大医院治病，但对身边的弟子们表示不会住世长久。到了七十二岁即藏历水马年一月上旬，根据尊者去桑耶钦普圣地的意愿，从成都乘坐飞机到了桑耶寺，受到桑耶寺僧众的隆重欢迎并在此驻留。几天之后，示现病情好转、法体轻盈之相，为大众赐予了宣讲菩提心功德等法缘。第二天上午，在进行了初十会供之后，表示要在此日圆寂，但经过弟子们的诚恳劝请，虽然尊者的寿行已尽，但加持延寿而多住世了十五日之久。最后在神变月下旬二十五日空行会集节日上午，以毗卢七法坐式示现色身庄严暂入法界之相。藏历二月十五日，在钦普扎玛格仓附近的吉祥铜色山颈，多敏桑耶等道场的僧众以四业火供之式荼毗法体时，从南到北升起五色彩虹，自东向西延伸有别于天蓝色的网状蓝光，所有在场拜别法体的人都亲眼目睹了此等瑞相。顶骨不畏烈火而留于未来化机的福缘所依，其上自然显现玛哈嘎拉本尊像等，仅其最后的事业法行，亦让见闻者安置于解脱之地。

91. 麦彭仁波切转世活佛谷嘉色确吉罗珠

第五世佐钦法王土登曲吉多杰弟子，麦彭仁波切转世活佛谷嘉色仁波切，于公元1912年，即藏历第十五绕迥水鸡年十二月的日星成合之吉祥之时，诞生在佛法后弘之发源地多麦丹迪附近，往昔智者三人和拉隆白吉多杰亲临之地，以光明顶乘密道成就持明果位的大觉者不断涌现之圣地，具足四缘功德的谷久白玛绒（九瓣莲花谷）或名古浪地区。父亲为古浪呼图克图邬金晋扎曲央多杰，他曾经求学于佐钦寺，顶依文殊上师麦彭仁波切足莲达七年之久，广泛闻思显密教法及明处文化并登上成就智者顶峰，成为文殊上师的心传弟子，为在德格印经院刻制麦彭仁波切文集的木刻版提供资金等进行了无边教生事业。母亲是嘎居千户头人的女儿宗吉，她种性清静、美丽贤惠，具足信心、智慧等功德。在尊者诞生那天，恰遇大伏藏师烈绕岭巴开启续王幻网坛城，准备赐予成熟灌顶和解脱引导之时，大师在小尊者还没有享用母乳之前，为其舌头上作了“舍”和“德”的种子字印，并赐予了文殊甘露丸。

七天之后，父尊古浪仓和伏藏师列绕岭巴一起以文殊智慧勇士坛城来使其相续成熟并作了详广的长寿仪轨，取法号嘉色罗珠。第二年，伏藏师列绕岭巴再次来到古浪颇章府，极其慈悲地将小尊者抱在怀中，认定其为麦彭仁波切的转世活佛。第五世佐钦法王土登曲吉多杰为其献上盖有印章的丝绸哈达，以及黄页授记文，以上师持明集长寿灌顶使其三密加持于金刚之性。往昔，在麦彭仁波切到了六十岁之际，致函给古浪仓，表示师徒要见一次面，于是，父尊古浪仓和母亲宗吉携眷于藏历土猴年专程前往多康地区，拜见了在宗果静处闭关的麦彭仁波切，上师极其欢喜地与他们共处多日，赐予了许多秘籍深法的讲授传承，并许诺摄受他们直到获证菩提之间。在临别之时，上师给古浪仓赐予了以宁玛续部集为主的诸多珍贵法本、自己神奇的常佩文殊本尊像，给母亲宗吉赐予了具加持力的白度母唐卡、金噶乌盒、红宝石装饰的念珠等，并嘱托要爱惜此等宝贝，以极具意趣的法语作了劝慰。后来，麦彭仁波切在康区圆寂的第二天早晨，古浪仓召集眷属们说道：“昨晚在我的梦境中，麦彭仁波切对我说他要去莲师光明宫刹土，当我强烈要求上师带上我一同前去时，上师微笑着对我说他会很快回来，叫我不要去，观察此梦境，想必是圆寂了。”说完，古浪仓决定派遣几位眷属前往康区，在那里与无数僧俗大众一道进行了隆重的荼毗会供法会，并现前了内外密授记密意的缘起，此情乃在场所有大众所公认。

尊者在伏藏师列绕岭巴座前先后听闻大幻化网密续，成就者萨乐和与乌瓦巴的金刚道歌，甚深见地派和广大行派的菩萨戒传承等，称其为引入显密大乘妙道的启蒙恩师并顶依为根本上师。到了五岁时，母亲宗吉担任其经师，熟练掌握了文字读写，并学习了历算常识、绘画及其度量法、佛经的念诵、乐谱等共同学处。八岁时，特意聘请苏龙智者罗桑根登作为经师，学习藏文楷书和草书，司徒大疏等文法类，诗学三十五意义修饰法例举的详授。与此同时，在父尊古浪仁波切前听闻麦彭文集、巴珠文集、夏嘎文集、那措让卓尊者文集等的传承。藏历水猪年即尊者十二岁那年，第五世佐钦法王曲吉多杰莅临多麦之时，再一次认定尊者为文殊上师麦彭仁波切的转世活佛并为其戴上哈达。法王要求其前往上一世道场佐钦寺升座，尊者决定遵命前去。法王在该地区传承佐钦法脉的各大道场，进行了幻网静猛法、如意宝瓶、敏珠林伏藏法金刚萨埵、酿氏八法行善逝集、心髓四部法、龙钦心髓本颂函等法的灌顶和口传，尊者听受了所有此等法门。第二年，前往大密教法之源佐钦寺邬金禅法林，途中根据许多部落和道场的邀请，广行成熟灌顶、讲法劝善，使所有结缘者置于具义之地，将大量的供养品全部留于该地建造佛殿和身语意所依之基金。遂到了修行处莲花大乐林，在那里接见雪谦冉江、嘉察白玛朗嘉、苏卡活佛等其上一世的大德弟子。麦彭仁波切近侍多昂向谷嘉色献上麦彭仁波切全套法衣、大部分身语意所依、法铃、手鼓、大多数珍贵法本、具加持力的木刻版、许多珍贵药材等。多昂说："如今，我把父辈的遗产交到了子孙手里了。"多昂尊者在那里驻留了半个月之久，赐予大部分麦彭仁波切文集的口传和文集大圆满部分的甚深讲授，此后，在依依不舍地情形中道别。

藏历火虎年一月初一，尊者到达佐钦寺。以钦、康、德等八十多位活佛堪布为主的千余僧众手持胜幢宝伞等无量供品，将其迎请到大雄宝殿，供奉在第五世佐钦法王的右侧宝座上，并以长寿灌顶加持其宝身，再结行供养曼达拉时，钦哲活佛谷如才旺根据八大传承源流作了殊胜的会众宣讲，使所有人都为之称奇叫绝。谷嘉色父子也向僧众供斋供资等积累了无量福报资粮，开启了事业之门。根据古浪父子的劝请，在第五世佐钦法王座前听闻了时轮金刚大灌顶、前密经教部九函法的灌顶口传、大宝伏藏、修法总集、密意集大灌顶、善逝集大灌顶、嘎岭静猛法成熟灌顶、吉美林巴尊者九函法口传、护法命修灌顶等深法。在谷夏格蒙活佛座前听闻七宝藏的口传。在康珠德确多杰座前听闻敏珠林伏藏大师的所有著作，以及窍诀宝藏的口传。在佐钦康珠活佛座前听闻知识总汇的本颂讲授、钦哲仁波切文集的口传。此外，特意将麦彭仁波切心子堪钦根华仁波切请到上一世修行洞那琼静地，在长达半年的时间里，听闻大部分麦彭仁波切的著作、堪布本人的入行论注释、敏珠林大译师的三律仪疏·如意树枝等的讲授，宁玛续部、十七续、多智钦丹贝尼玛文集的口传，麦彭仁波切静猛文殊的念修窍诀法等无数广深法门。

此外，前往各大道场听闻了诸多灌顶和讲授：在宗萨钦哲确吉罗珠座前听闻萨迦道果教学释、鄂派七坛城的大灌顶、秋林法门的所有灌顶口传。在第五世雪谦冉江座前听闻文殊法门、功德藏注疏二谛车辙论。在嘉察白玛朗嘉座前听闻弥陀经、文殊真实名经、文殊寿主法的灌顶、麦彭上师的甚深修法传承部等，总之，在佐钦寺两年多的时间里，无论是讲授经典之河注疏笔录类，还是加持灌顶之河传法指导类，不管是耳传窍诀之河直指亲授类，还是业修仪轨之河护法猛咒类等称为前密四大清静传承之河，圆满注入密意宝瓶而成为自在大成就者。之后，回到家乡多麦地区。尊者从十八岁时起，特意邀请曾经在多康佐钦寺拜师求学过的智者善知识华锐·玛夏仲仓到其古浪颇章府常驻，闻思大智者先盘朗瓦的十三部大论的注释、麦彭因明论著、龙钦心髓前行文讲修、圆满次第中阴六引导等许多甚深法部。

与此同时，在父尊晋扎曲央多杰座前，听闻龙钦心髓三根本和长寿灌顶，续派金刚橛灌顶口传，从佛子先盘塔耶传承的如意宝瓶，鄂派、夏派和觉派的时轮大灌顶，扎龙和拙火耳传面授部。大幻化网密续概述密主教言和意庄严，生起次第·趣入密严刹之阶梯，前行文·普贤言教，三律仪论，巴珠、麦彭和伏藏师列绕岭巴的所有文集口传，噶举续法宝库和窍诀宝库的灌顶口传等无数法门。在多智钦活佛柔罗座前听闻多智钦丹贝尼玛所有文集口传。藏历木马年即尊者四十三岁那年，顿珠法王晋扎益西多杰莅临青海时，将其迎请到颇章府，听闻了八法行大灌顶、噶岭静猛法附法，以及诸多经教伏藏法的稀有传承。尊者也给顿珠法王传讲了部分麦彭甚深法门。在顶果钦哲法王座前听闻吉美林巴尊者文集九函法口传、大圆满明智游戏灌顶、麦彭心性直授法部等，对顶果钦哲法王也赐予了一些麦彭窍诀法的传承，故彼此互为师徒。

尊者到了八十多岁时，在我等怙主上师白玛格桑仁法王座前，听闻巴珠三句击要法、如意宝瓶灌顶等许多灌顶口传。此外，还特意将堪钦白玛才旺迎请至札康那古浪寺，与僧侣大众一道听闻幻网秘密续、引导文无上智慧以及附法，对大堪布也传授了麦彭仁波切的文殊法门的灌顶口传。如是，尊者一生致力于闻思修法之事业，也时常教诲青海地区的所有上师活佛，要以讲修之式弘扬佛陀教证二法。尊者没有将所闻思之法停留在法本之上，而是恒常修行于行为之中，他曾说："我在昼夜六时任何阶段，不管行使世间出世间任何事业，在开始阶段没有离开过前行发心殊胜，在中间阶段没有忘记正行无缘殊胜来印持，在收尾阶段没有离开过结行回向殊胜。"正如此说，尊者的一切法行从不偏离于行愿菩提二心的善道。尊者少年时代在青海瓦当央日进行严格的闭关修持大圆满五加行，在念修上师瑜伽时，梦境光明境界中获得列绕岭巴尊者的亲见，使其身心充满超越言语的乐空觉受，证悟智慧得到提升。从十九岁起，先后多次严格闭关静修，对龙钦心髓三根本法、麦彭静猛文殊法、列绕岭巴伏藏法、大圆满彻却托噶等法作了直击要义的实修。

在修行期间，出现了自在于四种事业的征兆，修行所得证悟智慧如同夏日海潮，日益增长，此情如尊者道歌中云："唉玛吙！父尊殊胜上师笑容前，供养庸者欢喜之歌谣，内外心之无量宫殿中，心性光明三座皆圆满，明观静猛会众之座前，供养觉受游戏之歌谣，现空本尊宝身之游戏，响空真实六咒音之歌，明空文殊童子界中解脱，摄于本性无有分别界，自性无碍神像耽执灭，老者欢喜生起次第歌，身相空性圣身彩虹中，脉瓣之轮盖于五彩中，界慧父母明现之空中，起风界慧金刚诵体性，本义妙印母之大界中，秘密莲花虽无二取根，无量安乐陶醉游戏显，是乃老者欢喜风脉歌，无作自生心性三身戏，轮涅大等大净一味中，界慧不变大明点之中，光明觉受直对空性义，法身意界本初境界中，练修法性不离之游戏，老者欢喜修行之歌谣，前行发心点金剂装饰，正行无缘日月极明亮，结行回向金刚印加盖，三门行为三殊胜摄持，上师真实佛陀所摄受，饱尝即生解脱之深法，二业任运寿法皆圆满，老者韵唱心声之歌谣。"

此外，尊者是如何以成熟解脱妙法甘露来摄受有缘化机众生呢？在其十二岁时，为嘎吉千户头人为主的瑜伽众赐予八法行大灌顶来首次开启传法之门，从那时到现今，以执持佐钦巴和古浪师徒传承法脉的朗宗寺及其附属道场为主，坎布拉瑜伽众修院、占仓瑜伽众修院、沃色瑜伽众修院、扎康古浪寺、夏仓瑜伽众修院、多嘉瑜伽众修院、嘉杰瑜伽众修院、曲仓玛道场、措珠瑜伽众修院、仲嘉瑜伽众修院、热贡瑜伽众修院，瓦严地区的卡岗瑜伽众修院、才旦吾吉瑜伽众修院、扎嘎嘉瑜伽众修院、瓦严达仓瑜伽众修院、廓瓦尔瑜伽众修院、柯嘎塘和玉察瑜伽众修院、瓦严廓策瑜伽众修院、多秀瑜伽众修院、涛嘉瑜伽众修院、嘎察瑜伽众修院、杜嘉芒瑜伽众修院、廓嘎嘉瑜伽众修院等、青海刚察地区的雅那寺、修诺寺、萨陀寺、扎嘎札察寺、索札寺、卡苏仓寺，青海南部地区的果美顶嘉寺、玉隆寺、瓦沃寺、德庆寺和土旦寺等，赤嘎地区的下部七镇瑜伽众修院、赤嘎弥甘寺、东曲瓦嘉喇萨瑜伽众修院、达柔朗卓瑜伽众修院、觉美嘉瑜伽众修院、麦巴雄毕瑜伽众修院、格瓦瑜伽众修院、色嘉瑜伽众修院，果若地区尚休和霍嘉瑜伽众修院、德瑞仓瑜伽众修院、多瑞宗果瑜伽众修院、果美佐那瑜伽众修院、果美类乌那瑜伽众修院、果美拉康塘瑜伽众修院、色嘉瑜伽众修院等、果美嘉然瑜伽众修院、特嘉哲那索扎寺，海西腾钦地区的卡苏仓寺、那萨舟琼吉祥源寺、翁达札察的扎玛寺、海西的瓦当央日瑜伽众修院，华锐地区的瓦萨甘琼衮寺、松多瑜伽众修院等，在多麦地区的宁玛传承的各寺院和瑜伽众修院，为僧俗信众，从因果取舍等劝善法门、宁玛佐钦传承仪轨课诵类的灌顶口传、共同修心法部，直至不共深法的窍诀等方面，因材施教，广转法轮，还给具足殊胜缘分的弟子们赐予了大圆满心性直指法门，使所有与其结缘者安置于具义解脱和遍智之位。与此同时，以所作羯磨轮为广利教法众生方面，从二十二岁起，继任清政府为其父尊册封的西宁市和青海省“前密宁玛派政教总管古浪大喇嘛”职位，先后担任西宁马步芳顾问、马步芳政府副秘书长、国民政府代表。新中国成立后，担任青海省政协副秘书长、青海省人民政府副秘书长、西北军政委员会青海巡访团副团长、全国佛教协会理事、青海省佛教协会副会长、青海果洛工作委员会副会长、青海甘肃边界调解领导小组名誉组长等职务。尊者根据国家的安排部署，非常关心、支持社会事业和人民生活，为诸多学校和寺院捐助资金，弘扬民族和宗教文化，直接或间接地进行了利益教法众生的神圣事业。

如是，在事业和寿命获得圆满之后，在藏历第十七绕迥水马年即尊者九十岁那年，密意趣入法身之界。当时，怙主白玛格桑法王前往谷久白玛绒地区，与几千僧俗大众一道进行了荼毗法会，在开启大密仪轨之坛城而荼毗法体之宝时，现量共睹了续部中所说的所有内外解脱之兆，尤其是在其一些灵骨上清晰地显现了文殊心咒等，仅仅以最后的法行也使众化机安置于解脱之道。

92. 大成就者阿江多丹·罗珠嘉措

堪钦吉美·拥丹贡布和堪钦白玛才旺心传大弟子，大成就者阿江多丹·罗珠嘉措，于藏历第十六绕迥阳铁马年即公元1930年，在雪域东方阿尼玛沁山神所佑护之地，犹如苍龙嬉戏的黄河之水婉转流淌之处，果洛阿琼地区的一个名为阿江东嘉的部落里诞生，父亲名为白尼嘉多，母亲叫嘎萨·阿措吉。尊者诞生之时，天降雪花，彩虹密布，灵童双手合十，口中念诵“南无布达达玛僧伽雅”等咒语，此等瑞相为众人亲睹。一个月之后，经常念诵文殊心咒，天生具足信心、慈悲和出离心等大乘种性的所有功德。此至尊上师乃大译师毗卢遮那和阿阇黎比玛拉之化身，此生前一世是前密教法日轮堪钦佛子先盘塔耶。正如多智钦吉美·成利沃色授记文中云：“佛子先盘塔耶语化身，将在阿琼开启安乐苗…… 与之结缘皆引大乐林。”此义所指为尊者之情在《莲师教诲文·如意之宝》中云：“毗卢化身罗珠名，无量讲著持教者。”如是，大译师毗卢遮那是公认的佛子先盘塔耶化身之源，而“罗珠名”清楚地指示了尊者的名号。

此外，在白玛岭巴授记文中云：“铁马之年边军涌藏地，我之化身比丘罗珠降，生于沉积金沙河之岸，发愿之力回遮时劫争，铁羊之年将临幸福日。”如是，清楚地指出尊者属相为铁马，诞生地为黄河岸边，其身份是名为“罗珠”的持藏者大比丘。尊者曾对自己的心传弟子果洛活佛丹波或名温珠活佛说：“你是否记得？当我是毗卢遮那的时候，你是嘉莫玉扎宁波，当我是佛子先盘塔耶的时候，你是邬金丹增罗布，我们师徒在许多世都没有分离过啊！”在教法再弘的当今，尊者亲临其上一世道场日当熙日森佛学院，全面振兴光明大圆满圣法。仅凭这一点，也是其发心和祈祷之力应时成熟的事业所致，而不是侥幸发生。多仁波切康桑苏伦杰巴多吉也表示其为毗卢遮那化身，并勉励说：“本来应该取活佛法号，但因为有一些寿障，暂时取名多杰贡波吧！这样寿命和法业都会得到圆满。”另外，邬金卡觉岭巴的伏藏教言中云：“比玛化身将临玛多地，心髓精华教法护化机。”如是，在尊者鼻尖上自然清晰显现种子字“阿”的比玛拉印证，此乃众人所现量共睹。在持明尼玛札巴授记文中云：“功德持明比玛拉，降临东方下多康，白玛名者威仪者，如眼黑痣饰右腿。”如是，尊者的右大腿上有一颗形如眼珠的黑痣，此乃其为比玛拉真实化身的标志，尊者本人也承认在他的历代历世中从未离开过此标记。总之，同时或先后示现无数化身游戏，乃诸佛菩萨不可思量的法性。

尊者八岁时，在没有任何人的敦促下，开始自觉地学习文字读写，并且无需勤作而熟练掌握。此后，得到了夏嘎巴·措珠让卓尊者造写的一本《殊胜化身》法函。他唱诵此法本，使其凡境俗识中断，相续中生起乐空智慧和无伪慈悲。到了十八岁，彻底对世俗轮回生起厌离之心，如同脱网之兽，连一日所需的衣钵都没有带上而前往阿尼玛沁神山的拉日果村秀莫静地潜行修行达一年多之久。尊者曾说：“当时，常以喝凉水充饥，日夜安住于实相见地之中，虽然衣食条件极其艰苦，但心中很快乐。”那时，尊者因自在于境心二法，在修行洞附近的岩石上留下的脚印至今仍清楚可见。二十岁在大持戒者卓巴堪布座前接受沙弥戒，取法号罗珠嘉措，也在此堪布前听闻吉美林巴尊者的龙钦心髓前行念住文和实修法、入行论本颂等，并圆满念修了五加行及其补遗。此后，在查堆朗宗休莫地区的查确修行洞静心念修。尊者因镇伏一切他现外境，天龙非人为其供养了饮食等生活用品。之后，前往达吉年莫寺的自在智者松绕活佛座前，听闻引导文普贤上师言教、念住文、实修文、简略道次第、新龙上师列绕岭巴的三根本秘密合修灌顶口传。在二十二岁时，因往昔的甚深发心和祈祷之力所促，为求法而逃离家乡，前往佐钦寺。途中经过扎溪卡地区时，拜见巴珠朗卡晋美，听受了千佛灌顶、菩提双运法的注疏、荣松的现象抉择本尊法、文殊真实名经、窍诀见地鬘注疏、誓言注疏等深法。到了佐钦以后，正值多钦堪布索朗多杰被任命为尊者家乡阿琼地区的堪布，从家乡专程前来迎接堪布的霍居扎西头人，再三劝请尊者与他们同回，故不得不回到家乡阿琼地区。当时，尊者在佐钦寺的各大活佛堪布座前，只求得一些法缘而未能做更多的闻思，所以，尊者下决心再次回来。

在堪布索朗多杰座前听闻了先嘎入行论注释、根华入行论注疏、三律仪论注释、如意宝藏、密教总论·梵音雷声、心髓四部口传、实相宝藏等法达半年之久，堪布称赞尊者是一个“有智慧的年轻人”。此后，在措瓦上师座前听闻《殊胜赞》、巴珠现观庄严论词句疏和总论、二十僧伽法笔录、莲苑歌舞、龙钦巴教言集等。在达根寺活佛座前听闻三身仪轨灌顶和口传等，还在该地其他一些善知识前接受了诸多法缘。到了二十四岁时的一天夜里，尊者再次逃离家乡前往佐钦寺，听闻了索朗多杰堪布在佐钦修行处所传的如意宝藏注疏。此后，堪布将其托付给五明班智达阿白或名白玛才旺嘉措大堪布，尊者以极大的精进驻留佐钦才林炯（长寿谷）达六年之久，以三欢喜之式如法依止阿白上师足莲。当时，正值上师传授钦氏俱舍论大疏，尊者以此作为起点开始全面闻思，依次听闻了律仪根本颂注释、永嘎的功德藏注疏、休息三部法广讲以及摄义等。第二年，听闻了沙弥五十颂、律仪根本颂、别解脱经、入行论、入中论、中观四百论、迴辩论、中观根本慧论、七十空性论以及其他中观理聚论注释、中观庄严论自疏和噶玛拉希拉注疏、现观庄严论注解、俱舍论注解、俱舍论注释、阿毗达磨集论注释、经庄严论、宝性论、二辩论等十三部大论及其附法和讲授法注释，三律仪论·持明捷道和如意树枝、麦彭的释量论大疏、如意宝藏注疏、嘎毕多杰幻网续注疏和尼沃森格广疏、桑杰桑瓦的幻网大小道次第、先盘朗瓦的幻网注释、幻网续注疏·十方除暗和总论·驱除意黑暗，以及略论·除无明黑暗、荣松的三宝注疏、密主意庄严和密主教言、麦彭的幻网总论·光明精华、多智钦的总论·宝库钥匙、大堪布白玛才旺本人的十七事注疏和迴辩论注疏，另外，听闻了诸多藏地的五部大论注疏及其总论的详广讲授。故此，尊者说：“此堪布在衣食法各个方面，都对我赐予无微不至的关怀，是我具足三恩的上师。”

与此同时，在成就智者阿旺罗布座前，听闻功德藏根本颂，如意宝藏自疏及其义讲义的讲授，扎龙，夏嘎巴的大鹏展翅，幻网续的一些重要印藏注疏的讲授传承。在堪钦阿布拉贡座前听闻大圆满基道果祈祷文，与莲师七句祈祷文相连的上师瑜伽讲授。在智者囊谦根嘎座前听闻天文行算法、司徒文法大疏等共同明处文化、酬忏文·金刚歌谣注疏、随念三宝经注疏、佛子行注疏、亲友书、入行论无碍菩萨注疏等法。在佐钦岭喇活佛前听闻幻网静猛法灌顶。在诺央堪布座前听闻中阴六引导、闻解脱口传。在吉扎向秋多杰座前听闻心髓二函法、上师心滴等四部法灌顶、三宝总集灌顶，在谷夏活佛前接受红黑阎罗敌灌顶。在扎穆日活佛白玛诺布座前听闻执着自解脱的灌顶口传和三引导文。在博珠多阿丹贝尼玛前听闻定解宝灯论和宗派抉择轮。在新龙堪布慈城座前听闻荣松的入大乘论、见地备忘录、宗派备忘录等法。总之，先后在许多成就智者座前广泛听闻显密教法和明处文化，使其达到闻海彼岸，成为无碍通达一切内外宗派的成就智者。

在本初怙主以凡人之相降临于世的根本上师吉美·拥丹贡布座前，接受了圆满比丘戒，从此，如同优婆离尊者毕生没有沾染丝毫犯戒之过。尊者以文殊真实名经注疏随许法开启闻法之门，听闻了龙钦七宝藏甚深讲授，休息三部法注疏及其义讲授，引导文无上智慧及其附法等上下心髓法部，尤其是遍智法王为美久·囊卡多杰示现尊容时以直授之式所传的上师心滴·如意宝，大智者邬金丹增罗布和堪钦先盘曲吉朗瓦以单传之式依次听闻此法，先盘朗瓦又以持教者交付式传给经师吉美·拥丹贡布堪布，经师以大慈悲之心先后两次赐予尊者并奉为证悟意传补处。尊者曾说："众所周知，我没有什么功德，但我有缘见到如同普贤王如来亲临般的上师尊容，并获得慈悲摄受，饱尝窍诀妙法甘露，自身虽没有多大满上师愿望的能力，却丝毫没有做过让上师不满意的事情，如同金绳般的传承没有沾染过毁誓的锈垢，所以，我仅仅以此作为理由来弘扬一些大圆满讲授传承。"后来尊者在狱中时，经师吉美·拥丹贡布在真实觉受或者梦境中多次亲显尊容并加持。如是，尊者将无等堪钦吉美·拥丹贡布视为最初以四灌顶成熟心相续者，中间以直指心性提升入定证悟者，后期以智慧之身多次摄受和加持的根本上师。尊者在多年的闻思时光里，夏季仅在白开水里煮点野菜充饥，如果得到一点粮食就将其存储起来，以备在冬季学习期间食用，一年四季都穿一个破烂的无袖皮衣而没有其他衣物，即使在冬天的雪地里也无鞋可穿而光脚行走。有时候，在才林炯（长寿谷）的讲课一结束，就立刻穿过一条陡峭的林间小道，去当坚岗听闻成就智者阿旺罗布的讲法。然后，在路上用冷水拌一点糌粑食用之后，又前往佐钦颇章顶楼，听闻堪钦吉美·拥丹贡布的密教大圆满窍诀讲授，到了黄昏时刻才回到佐钦静处才林炯修行洞，夜间也只休息一座的时间等，为修行妙法精进苦行的传奇事迹不可胜数，不胜枚举。

在此期间，多次在真实觉受或者梦境中得到本尊与传承上师的亲见和加持随许。在堪钦吉美·拥丹贡布座前听闻上师精滴法之后，去熙日森佛学院后山上的麦彭修行洞上方作轮涅分别修行时，他进入了一种入睡的状态，这时感觉身边有嘎绕多杰、文殊友、熙日森哈、加那色扎、比玛木扎等成就持明，当他想到何时可以见到阿布根日仓（吉美·拥丹贡布）时就醒了过来。他记得加那色扎赐给他宝瓶甘露，但不记得到底喝了没有，于是，将此情禀报了上师，上师说："非常好，这是获得持明传承上师义传加持的象征，但暂时不要告诉别人。"又一次，在梦境中现见从佐钦静处的闭关院上方滚下帐篷般大的磐石，击毁了自己的身体，顿时感觉现世的一切分别念消失殆尽，尊者曾说："在那时，做梦的第二天觉得自己已死，处于中阴的状态中。"在进行如意宝藏义讲授实践修行时，出现了风心趣入中脉，中脉之结得到解脱的许多殊胜征兆。

尊者经历了十多年的求学之路以后，时局开始动荡，大堪布白玛才旺认真地对尊者说："这次，你回家乡的好。"第六世佐钦法王吉扎向秋多杰和上师吉美·拥丹贡布密意一致地为尊者赐予秘密授记，并取法号"伦念夏扎（平等自在隐修者）"而劝勉之。然后，在依依不舍中带着一牦牛驮子经书告别根本上师们前往家乡果洛地区。

后来，尊者被关入格尔木监狱二十年左右，有关当时的尊者内外密传奇，其心子丹贝旺旭活佛有很深的了解，这里将他的手稿引用如下：

"尊者从没中断过遍智法王龙钦巴的圆寂纪念法会，以无与伦比的大悲心摄受了我，在长达七年的时间里，为我讲授了五部大论义摄、彻却和托噶深法、七宝藏义摄、上师心滴义摄等法，是在没有法本的情况下传授，因此，其大恩大德无法言表。在讲授龙钦七宝藏的每一宝藏略义时记录下来的内容集要，在今日看来都非常稀有，所有的内容都涵盖了。此外，在讲授九乘次第法时，每一乘各自的见修行果方面都作了广略适中的传讲，也作了笔记。尤其是我再三劝请尊者根据我的根基，撰写一部集所有大圆满窍诀妙道的著作，并向其献上善妙缘起供品。有一天晚上，在我的梦境中出现一位穿短裙的红身女人，自称是比玛拉大班智达从五台山派来的，她递给我一个盛满红白脑浆的颅碗，当时我想这个必须得喝完，就一饮而尽。第二天是我们的休息日，狱友们都外出了，当我独自在房间里时，尊者突然进来了，他手里拿着一支笔，表情严肃地对我说：'丹波，你昨晚梦见了什么，要说实话，快说快说。'我紧紧张张地将头一天晚上所梦见的都说了一遍，只见尊者连说两句'哦！哦！'就回去了。没过多久，他把已撰写好的《见地论·离云虚空》法本赐给了我并说：'我原以为在此窍诀后面应该有一个密护母的嘱托祈祷文，就写了'密宗护母艾嘎一髻母，刹那无别请护圣教法'。写的时候，我的心脏和身体颤抖了三次，我有点怀疑是否能写，就到你这里来了，但观察你的梦境，我认为确实好，这是密护母护佑我们和事业迅猛的征兆。过去我在家乡的玛多县监狱里时，戴着手铐脚镣，在有一天晚上的梦境里，根本上师拥丹贡布来到我身边，双手放在我头上说道，如是所现一切所知法，认知此为法性之游戏，请勿取舍安放此境中，无有迹象乃称解脱法，莫让心识成为猛狂象。我认为此等法语极具加持力，除了最后一句之外都引用到文中了。'

"尊者具有无伪的宿住随念智慧，有一次休息日，我们师徒一起打坐修行时，尊者在觉受中兴奋起来，他说：'我想起往昔我是毗卢遮那大师时与你共处的情形，你是否记得呢？’当时，我心中生起无比恭敬心，因流下激动的眼泪而未能说出话来。众所周知，上师身为比丘尊者，毕生没有染上一丝犯戒之垢，具足不可思量的梵行功德，但从了义上讲他是位如多智钦根桑先盘一样无碍于密意伏藏的大伏藏师。一次休息日，我去拜访尊者，他独自坐在房间里，上师在觉受中兴奋地对我说：‘也许是过去世作了一些印付加持，我今生以密意之式在明智中无论造写什么都无碍。’又有一天，他说：‘我梦见一位棕发女人摧毁了监狱的门，叫我离开并指路给我，所以我很快会获得释放，在不久的将来，弟子你也会回到家乡的。’在犯人当中有个传统，就是获释人员如果在临走时不流泪告别狱友们的话，别人会笑话他的，而留下的人为获释狱友送行时如果流泪的话，更会遭到耻笑，因为在我的梦境中也出现与尊者分别的景象，我禁不住痛哭流泪，就不敢到尊者那里去。

“有一天，尊者对我说：‘儿啊！你莫要悲伤，我敢发誓，将来会有相聚在一起并尽情享受密法的时候。’这时，我已经泪流满面，再三向上师劝请道：‘您无碍于密意伏藏，您一定要造写一个明示我过去的历生历世，此生的苦乐和寿命长短，未来世何去何从的三时授记文。’于是，上师对密意伏藏中所现的境相未做任何改动而造写了一部三时授记文。此文中清楚地描述我在过去很多世中成为上师侍者的情形，在未来世将要面临的苦乐，以及获得释放的时间，回到故乡后如何建立道场，并在建道场的初期，因一些人的教派偏袒等原因出现违缘障碍，但后来违缘转化为善友的经过。比如，授记我此生道场云：‘萨子山上建立根据地，传承弟子遍布于四方，分享父尊莲师之深法，弟子福祉兴旺将来临，度化无数众生与眷属……’文中藏语‘萨’意为雪豹，传说是老虎之父，老虎在藏语中称为‘达’，而如今的我的寺院所在地称为‘达龙’（意为虎谷），文中所授记的正是此地。当时，上师的弟子中有两位特别突出，他们是竹结寺的根桑活佛和仁青嘉。根桑是上师在外监时期所摄受的弟子，尊者对他传授过许多共与不共窍诀，但在不久后圆寂了。我听说圆寂时出现了许多内外密瑞相，鉴于此，他的觉受已经达到增上的程度了。而仁青嘉虽然是一位普通的在家人，但传说他获得上师的密意证悟加持，此后，成了一位无方云游的殊胜隐修者。”

以上内容摘自丹贝旺旭活佛所记录的关于尊者在监狱中的传记。获得释放以后，尊者前往一个无有人烟的静地闭关修行达数年，在佛法再弘的旭日初升之际，往昔的善妙发愿和不变誓言应时成熟，建立了显密双修的显密讲修法林道场阿江多丹寺，以三轮事业尤其是根据各自的意愿以甚深法轮进行了摄受上中下各个化机众生的事业，来自多卫康三大区域的弟子如云而集，在长达十多年的岁月里，前后四次传讲了十三部大论，龙钦巴法王的七宝藏传讲达十多次，其中法界宝藏和窍诀宝藏的传讲达二十多次，休息三部法的广讲达三次，中阴六引导十多次，心性休息达七次，功德藏注疏达四五次，前行普贤上师言教达十多次，根华入行论注疏达七次，麦彭入智论两次，中观庄严论疏两次，幻网续疏十方除暗及其总论三次，荣松的三宝注释三次，敏珠林大译师的密主意庄严广疏达两次等显密各大理论经典，以及尊者本人造写的彻却·离云虚空及其附法、托噶·虚空日月、三要辨析、成就者白玛仁增的掌中修行文、夏嘎巴的大鹏展翅和托噶言教、巴珠仁波切的三句击要法、麦彭的心性直指窍诀法等无数次。特别是根据历代祖师的传统，对修完心髓法内外五加行或者对十三部大论作了入于心相续而彻底闻思的有缘具誓弟子们，赐予无上智慧法缘。每年夏天不间断地作一次无上智慧法的讲修，故前后作了十六次之多，每年冬天，师徒们不间断地在日夜六坐瑜伽中进行百日闭关扎龙念修。尊者每天坚持进行三四门法的讲授，并且只要是一位具器弟子，就为远道而来的求法者根据其意愿作心法指导。尊者在行住任何时候都不离于四坐瑜伽，即使是夜间也从不宽衣解带，而是恒常以跏趺座之式入定而住。有时候，如果周围村落里的人有突然发病或者遇到死亡等现象而需要请示上师时，即使是在深更半夜，他也是处于入定坐禅的状态之中。在百日闭关期间，所有的师徒们一道日夜处于彻却托噶深法见地的境界。为我等弟子传授上师心滴广讲时，即使在深夜三四点拜见尊者时，也仍然以心性休息之式端直而坐，刹那不离于瑜伽观修之界。

总之，不是仅仅以偏袒或者清静观的角度阿谀赞颂而已，而确实是一位具足自利闻思修、他利讲辩著、二利讲修业各种功德的无上成就智者。在外相上是丝毫没有逾越二百五十三种别解脱清静戒律的大尊者，在内相上是将一切众生视为独子、自在于菩提二心的大菩萨，在密相上是无碍于生圆次第瑜伽、清晰照见三时诸法的大成就者。是故，具誓护法如影随形，为其恭敬承侍，对极密大圆满任运光明景象达到如量境界，清静了世俗八风的执着而安住于轮涅任运平等之中，先后三次获得遍智法王龙钦巴智慧身的摄受，以此缘起，证悟获得自在通达，喉间受用脉结得到解开之故所现境相皆为表示和法宝，所造经典著作的所有词义与遍智法王龙钦巴的善说无二无别等，圣者殊胜事迹数不胜数。在后得位智慧如同幻象境界中也进行了积累资粮、建造能依所依等广大事业，在尊者本人的道场里建造了石经城、大经堂、闭关院经堂、佛学院和闭关院僧房、吉祥铜色山坛城等外能依、释迦三尊、师君三尊、八大菩萨、大吉祥（玛哈嘎拉）、大乐佛母、金刚橛、遍智法王师徒像等诸多内所依。在法会方面，根据佐钦传承仪轨，创办了极乐法会、金刚萨埵修法会、菩提会供法会、莲师法会、结夏安住法会等见闻业修法会。

尊者先后所造写的密意论著有《彻却·离云虚空》《托噶·虚空日月及附

法·广大虚空》《九乘论说·大宝阶梯》《极乐讲义疏·解脱道明盏》《吉祥铜色山祈祷文·大宝阶梯》《二十一度母祈祷文疏·悦意青莲鬘》《三根本灌顶仪轨·赐殊胜悉地》《吉美林巴尊者的上师瑜伽仪轨》《上师修法·加持光明》《本尊修法·大乐捷径》《空行密修法·乐空游戏海》《作明佛母修法·所欲怀柔》《法界宝藏义摄》《颇瓦法不修成佛讲义·通往极乐刹土之捷道》《离云虚空疏义摄·离垢明镜》《妙法律经缘起说·大宝善瓶》《大圆满心髓传承上师祈祷文·加持雨降》《三大护法供修仪轨·如愿成就》《瑜伽疯行者之歌》《三传承上师祈祷文·加持雨降》《信愿之歌·三身清静之歌》《亲见三身尊容道歌·具七种殊胜》《静处教言·修行妙法之劝勉》《修行忠言三十颂》《龙钦心髓法之上师呼唤·加持云集》《上师瑜伽·加持光明》等大小一百多部著作。

因尊者往昔发心誓言应时成熟，应怙主白玛格桑法王的邀请，从藏历土兔年即尊者七十岁起，连续几年的夏季来到雪域第二那烂陀熙日森佛学院，为学院的堪布活佛及所有僧众，转起了七宝藏、休息三部、幻网续印藏大部分注释、十七续、无上智慧、中阴六引导、夏嘎巴和尊者本人的彻却托噶著作等甚深法轮，全面振兴了大圆满精华妙法的讲修事业。尤其是为我等七位堪布活佛，以内传密法之式赐予了上师心滴法，对笔者也视土为金，作了劝勉和鼓励。尊者到了七十二岁即藏历铁蛇年秋天，在其道场的吉祥铜色山坛城及能依所依圆满竣工，举行了一天的开光法会，那天，出现了从多玛流出甘露、天空彩虹密布、降下夹杂舍利的雪花等很多殊胜征相。此年冬天，对所有闻法者传讲如意宝藏并表示不会住世很久，新年前后只讲授一门法而利用所有其余时间作了严格的闭关静修。

藏历水马年，尊者示现患病之相，所有弟子们都劝请上师去医院诊治，但尊者没有接受，他说：“诸法无常的自然规律无法回避，尤其是对于已年迈七十的老者我来说，或病或死没什么奇怪的，去医院不如留在这里。”于是，弟子们将此情通过电话报告给怙主白玛格桑法王，仁波切当即指示他们必须将尊者送往医院，弟子们如实将此事禀报给尊者后，尊者说：“就上师和弟子的誓言而言，再没有比怙主白玛格桑法王更甚深的了，所以，我无法违背其意愿。”说完，结束闭关修行前往成都。在白玛格桑法王的安排和帮助下，尊者住了半个多月的医院，病情也得到了好转。此后的一天，白玛格桑法王来到医院时，两位上师请所有近侍携眷暂时回避，他们在房内商讨了半个多小时之后，近侍们回到病房时，白玛格桑法王说：“以前，尊者在一生中，连火灸许的治疗也没有接受过，在今后，他也将病痛等违缘转为道用而不愿意接受治疗，虽然经过我的劝请来到医院，但现在我们决定，再过几天，根据尊者自己的意愿返回道场闭关静养。”第二天，以白玛格桑法王为主的佐钦寺数位堪布活佛们，作了与持明集长寿灌顶结合的住世仪轨，并祈请尊者长久住世，尊者说："为了善妙缘起，我应该说'好的'。"过了几天，笔者和珠巴活佛以及三位佐钦寺弟子护送尊者前往阿江寺。自那以后，尊者一直闭关静修，直至藏历三月中旬。在那段时期，尊者示现病情完全康复之相，但身体比过去消瘦了一些。

此后，接见了来自各地的弟子们，并为他们作了广深的世世摄受祈祷仪轨。从二十五日起，对前来参礼的弟子们说："我们可以欢欢喜喜地度过未来七天。"为此，几位主要弟子去拜见尊者，他说："你们在大圆满方面如果有什么疑问，现在该提了，本来遍智法王如同人人对话时对我亲显尊容，但最近却没有见到。"如是作了达到法性遍尽境界的表示后，又说："今后，只要是我的弟子，就要努力在心相续中生起菩提心，近日我在后得位境界中想到三恶趣众生的痛苦时，生起了如同遭到粉身碎骨般不能忍受的悲心，但是进入无为本净见地的境界时，又如同水的波纹无迹消失在本位。"三十日那天，土登活佛在尊者身边，他后来说："当时，尊者突然唱起'啊！本净本净……'等许多道歌偈颂，但我没能记下来。"那天，尊者说："离期限还有两天。"就这样，尊者虽然已舍弃寿行，但仍然加持生行而住世，一直到本师释迦牟尼佛诞生和圆寂之月——藏历四月份。

在藏历四月初一晚上，当尊者的近侍阿克玛洛和两位尼姑不停地哭泣时，他说："你们不必伤心，我们不久就会见面的，我首先会往生到极乐世界，所以，你们要尽量念诵极乐愿文和阿弥陀佛名号，我的转世有许多世代都不会认错的标记，故下一世也不会认错，在我身体右面有一个形似密护母艾嘎杂德（一髻佛母）眼睛的标记，关于此情，有许多历史渊源，但此处不必详述。"如是作了此等教诲和祈祷。到了午夜时分，尊者叫近侍们把自己的床铺移开，然后洗脸洗手并嘱咐道："从现在起一直到第七日，关紧房门，不要任何人入内，那时，想办法电话联系怙主白玛格桑法王，他会有安排的。"说完，身上只披三法衣，以跏趺坐式和心性休息手印端坐在坐垫上，随即以三身照见之式向左右上下看了三次之后，在凝望前空的同时色身融入法界。

在此后的几天里，天空无比晴朗，在尊者居室的周围，洋溢着普通味道无法比拟的妙香味。在第七天的早上，怙主白玛格桑法王进入尊者卧室时，法相依然如同过去一样庄严无比，安住于平等跏趺座之中，当作了祈请出定仪轨之时，尊者这才垂头闭上眼睛，此等景象乃所有在场人员现量共睹。四月十五日，以怙主白玛格桑法王为主的堪布活佛及僧众以四业仪轨将法体之宝作了火供。当时，虽然尊者圆寂才过了十多天，但法体变小变轻了许多，一个人可以轻易抱走。起初，法体请入荼毗塔时，从北方传来动听而威严的声音，持久而响亮，此乃如《金刚萨埵明镜续》云："声音有二，声音响而持续而至，是在七日内现前圆满成佛之征兆，短而接踵而来，则在十四日内成就佛果。”又云：“此二种声音中的响而持续之音，如果以缓慢、持久、平和之式而来，是成佛于四业中金刚部或者莲花部的征兆。”《舍利炽燃续》云：“续响接踵与累叠，持久平和与寂静，各种声音之体性，实乃静猛之差别，如是具足此等声，是乃圆满报身之，殊胜果位成就相，此等于报身量，如是获得报身后，能够示现佛化身。”这些声音乃现场所有人皆有听闻，普通人都认为这是新年的第一个雷声，无不为之拍手称绝。此外，还出现在万里晴空中，清晰见到太阳由五色彩虹环绕一整天之现象。下午，在天空中长时间出现各种直立或横状的彩云，此乃如《金刚萨埵心境续》云：“光有两种，一为光环之式而现，一为直立阶梯之状而现，以光环之式而现者，则在第五天获得定果而成等正觉，以阶梯之状而现者，则在第七天获得圆满等正觉果位。”如是云云。

《舍利炽燃续》曰：“光分三种类，周边围轮相，若现于此迹，为第一中阴，将获决定果。”如是，尊者具备了在诸多大密续部中叙述的光芒和声音等一切圆满成佛的征兆。又如《舍利炽燃续》云：“圣者趣入涅槃时，降下诸佛之舍利，依据佛陀之部种，舍利各自有五种，善逝舍利夏如让，如是所谓巴如让，金刚部种之舍利，曲如让乃宝性部，色如让为莲花部，如是所谓酿如让，乃为事业部舍利。”《自现续》云：“夏如让获无生果，曲如让乃得具义，巴如让获报身果，酿如让获化身位，班扎让乃金刚部。”《金刚萨埵明镜续》云：“舍利亦有五种，若是蓝色，则成佛于大日如来刹土，若是白色，乃成佛于金刚萨埵如来刹土，若是黄色，乃成佛于宝生如来刹土，若是红色，则成佛于无量光如来刹土，若是绿色，则成佛于不空成就如来刹土，若是各色都具足，则是达到五身任运之地。”如是，在烟雾所飘方向都降下了无数各种颜色的大舍利，其中最多的是白色和蓝色。鉴于此，怙主白玛格桑法王说：“无论观察光芒还是声音，理应去往大日如来刹土，但尊者本人称自己会往生极乐世界，所以，应该是成佛于莲花部种了。”此外，如《舍利炽燃续》云：“于此相同者，细微舍利子，芥子尘粒许，大种能销毁，此乃化身刹。”如是，在当时形同芥子和小豆般的舍利如雨而降，在场所有参拜者开始争抢舍利，一位老年人没有得到舍利而急得哭喊起来，顿时，在他的袖子上降下了一颗舍利，等等。总之，现量出现了在续部中所示的无数内外解脱征兆，即使是对佛教和上师没有信仰的人，也对此等现象称奇叫绝。至于对尊者有着亲见真实佛陀般坚定信心的弟子们来说，生起了更深的信心和定解，各个都流下了激动的泪水，使所有见闻尊者最后事业者的相续中播下了解脱的种子。后来，尊者的灵塔建成并装藏之时，在灵堂的地板上降下了无数形如芥子的白色舍利和黄色舍利，在供台上降下了续部中所说金粉般的舍利，其量之多，可用手掌抓取，有些不明真相的人认为是在向灵塔装藏财宝库时，因为作了招福仪轨之故财神降下的金粉。

如是，无等大悲之源至尊阿江多丹上师，在究竟了义上是本初之时就已成就了圆满菩提，但在凡夫眼中，乃与普贤王如来无二无别、具足圣者九风的自在证悟者之相将临于世，使一切见闻念触者安置于解脱和遍智果位之后，示现此刹利生事业暂告圆满之相。

93. 晋美彭措法王

大堪布托噶如意宝和晋美永登贡布弟子，晋美彭措法王，其化身之源在金刚持如来座前是益西宁波菩萨，在光明化身刹土是童子导师，在三十三天之界是光明大圆满导师贤护天子，在南瞻部洲是释迦牟尼佛养母摩诃波阇波提夫人，持明嘎绕多杰母亲智慧空行母具乐佛母，将巴西念的亲传弟子阿阇黎如意贤，恩札部达法王座下大臣珠那增，邬金第二佛在印度八大尸陀林转密教法轮时的弟子释迦木扎，在雪域西藏转果法密乘法轮时的心子二十五成就者之一那囊•多杰邓迥，在教法后弘期克什米尔大班智达亲传弟子措普译师向巴白，莲师意伏藏之主持明果吉登赤坚，持明的第二世阿里活佛勒丹多杰，第三世阿格旺波，第四世持明白玛诚烈，其转世新龙嘉度地区的伏藏师白玛旺修，其转世大伏藏师烈绕岭巴或名索嘉仁波切。此外，在一些伏藏教言中也有其他历代转世之说，如是，以前后或者同时示现无数化身游戏乃诸佛菩萨之共性。

此处讲述尊者为大伏藏师烈绕岭巴的无间转世之情：烈绕岭巴大师本人授记了认定其转世活佛“七大不变征兆”，如云，“圣地不变法界之源中，颜色不变碧玉湖水里，种性不变莲花茎干上，密师那囊化身之灵童，时机不变飞鸟年诞生，法体不变掌中空行纹，法语不变经藏海严饰，密意不变证悟法身义，若在二十六七岁之时，执持甘露妙药法界母，予以祈祷方便来调伏，开启甚深五伏藏之门，时劫诤斗灭于法界中，雪域安乐之日将升起。”如是，尊者于公元1933年，即藏历第十六绕迥水鸡年神变月初三诞生，父名为百德，母名玉措，诞生地为多柯足美曲吉迥烈地区，掌心有空行坛城六角法基的手纹等，出现了在授记文中所说的一切瑞兆。在诞生之际，尊者直身而坐，凝视虚空，以法衣之式将胎膜穿在身上，口中连续念诵了文殊心咒“嗡阿日巴匝那德”七遍，在场所有人亲眼目睹了这一切，无不为之感到神奇。

尊者到了七岁时，开始学习文字读写，但感觉很难掌握，于是，在连续几天的时间里，以猛力信愿修行文殊师利菩萨，获得加持的验相之后，尊者不仅轻松掌握文字读写，而且对所有佛经及其意疏之义有了笼统的理解。十四岁时，对轮回的出离之心促使他在扎宗寺堪布索朗仁青座前剃度出家，献法号土登勒协吉祥贤。从此，依止多位善知识进行了全面闻思。因获得了殊胜的智慧辩才和不忘陀罗尼，每天可以背诵十五页箭等长的法函。十五岁时，尊者对光明大圆满法和遍智上师麦彭仁波切生起了无比的恭敬心，以“现空文殊童子”的偈颂一心祈祷，每次作了一百遍祈祷之时就结合一门直指心性的窍诀颂，在圆满念修前者一百万遍和后者一万遍之时，现量照见了义传密意现空本初佛普贤王如来，登上了无为妙果王座。

尊者十八岁时，前往扎溪卡江玛佛学院，以三欢喜之式顶依执持佐钦寺无伪传承法脉者、大善知识土登曲培或名托噶如意宝足莲，以满瓶倾注之式闻思显密总法以及甚深生圆大圆满窍诀教授。二十二岁时，在此上师座前接受比丘戒，毕生守持清静戒律之宝，没有丝毫逾越开遮戒条之界限。上师以大悲之心摄受尊者并在几百位弟子中称赞其为“我的活佛嘉贡玛”，经常赐予不共教授。此外在佐钦堪钦吉美·拥丹贡布前听受了杰尊心髓法，在博珠活佛多阿丹贝尼玛前听受龙钦心髓四部、时轮金刚大灌顶，在朗卡晋美活佛座前听闻上师心滴、静猛法灌顶，在玛尼上师白玛斯德座前听闻彻却托噶的窍诀法、中阴法门，在布吉拉瓦活佛前听闻般若和因明以及历算等明处文化，在嘉措堪布座前听闻中观法门，在慈嘎上师前听闻了俱舍论讲授、大藏经口传，在邬金贡波堪布座前听闻律仪疏日轮光明，在贝诺活佛、喇嘛嘎曲、喇嘛达沃、善知识格登达吉等前也听闻了诸多法门，成为达到闻海彼岸的多闻智者。二十四岁时，在家乡的努索寺被推举为佛学院堪布，广泛宣讲五部大论等教法，以及文法、诗学等共同明处文化。

此后，在二十年的世事变迁时代里，尊者隐居静处，在自利方面，以念修实践妙法来提升自身的证悟境界，在他利方面，为有些有缘具器弟子每日传讲以遍智法王的七宝藏、休息三部法、麦彭文集为主的深法妙论。尤其是在佛法再弘的旭日重升之际，如多智钦·根桑先盘的《未来授记文》中云：“色地阿当神圣喇荣谷，吉祥邬金化身晋美号，四种弟子菩萨海会众，显密教法犹如日轮照，利生事业如登山王顶，清静化机眷属遍十方，与之结缘皆登极乐刹。”如是，往昔的发愿祈祷应时成熟，于公元1980年，即藏历第十六绕迥铁猴年六月初十，在察同顿珠多杰前半生道场色达喇荣地区，创建了喇荣五明佛学院，广转显密成熟解脱法轮。从藏历木牛年即公元1985年起，以显密经续法义作为凭证，调伏和清理了违誓破戒者，使教法得以整顿，还原其清静圣洁之本性。藏历第十六绕迥火虎年，为三千多僧众赐予时轮金刚大灌顶，学院僧团得到极大发展。

藏历第十七绕迥火土年，带领无数具信僧俗眷众前往五台山圣地，弘扬普贤行愿品等甚深法门，广行利生事业，使有缘眷众安置于持明宝座。后来前往多康上下各地的诸多宁玛派道场，为广大僧尼和信众赐予甚深妙法之缘，作了弃恶从善的谆谆教诲，使地区置于安乐之道。此外，前后在色达、木雅等地区广转极乐法轮，使所有与之结缘者安置于解脱之地。

尤其是在本道场以讲修之式大力弘扬教证二法，培养了无数具有智者三风的弟子，主要有慈城罗珠堪布、木雅堪布谷如、麦洼堪布其美仁增、堪布索达吉、玉柯堪布诺吾、扎修堪布西绕绒波、果洛堪布根桑、益西彭措堪布、麦洼活佛丹增嘉措、休琼活佛隆多、瓦烈活佛曲吉尼玛等传承教法的诸多弟子，其事业不空绢索自然摄受教生利益之后，于尊者七十一岁那年，即藏历水羊年十一月十五日，示现此刹利生事业暂告圆满而密意趣入法界之相。

94. 第四世多智钦活佛晋美诚烈华巴

第六世佐钦法王吉扎向秋多杰和大堪布根桑华丹亲传弟子，第四世多智钦活佛晋美诚烈华巴，如第五世佐钦法王曲吉多杰授记文中云："遍及部主金刚阿阇黎，化身之源吉祥铜色山，以及中央报身刹土中，身语意和功德四化身，尤其事业化身游戏者，于此道场南部之方向，珍宝树木岩山汇集地，方便智慧"ཀ""ད"名号者，善姓童子火兔属相者，利益教生之兆将出现，如是根据具信者劝请，五世佐钦达玛班扎者，撰写迷心所现之情形，祈愿吉祥光芒照大地。"如同此等清楚授记，于公元1927年即藏历第十六绕迥之首火兔年的善月吉日，在多麦色柯珠钦寺的南方，色曲河岸边的札村庄诞生，父名吉嘎·扎拉，母名嘎喜。当时，出现了屋内光芒普照，屋顶上自然长起了一朵花，当地被称为"哲钦乌鸦亚罗"的断嘴大乌鸦也经常飞来等殊胜征相。根据第五世佐钦法王的"从哲钦寺往南方找寻，一直到罗宗地区之间"的嘱托，派遣许多僧人前往各个地方寻访，当向玉柯隐修者曲阳让卓请问二规教授时，隐修者说："观察我昨晚的梦境，哲钦活佛肯定已转世，我梦见一位骑着棕红色马、手持红幡枪的人对我说，'曲阳让卓！我有事情要办，你看能否办成呢？'我答道，'这里一只狗的脚印，顺着此脚印走的话，会办成的。'这是孜玛护法神，如果念修其仪轨并祈祷，就会找到。"

后来，收集了所有的属兔小孩的名字献于佐钦法王座前，法王从中取出了一个小孩的名字说"就是他"，并取法号"土登诚烈"。尊者到了四岁即藏历铁马年，师徒们欢聚一堂，尊者于其上一世道场多智钦寺大密悉地炽燃林的升座。从此，依止本寺的鲁修大堪布、嘉喇堪布秋确、沃琼让柔等众多善知识，从学习文字读写开始，对亲友书、入行论、功德藏等经论也作了闻思。

十一岁时，根据阿邦伏藏师的授记，前往扎多格贡寺，在大堪布根桑华丹座前闻受上下心髓的灌顶之后，大堪布非常欢喜并劝慰尊者说：“我的传承为近传法，其加持力不同于他法，如今，把祖辈遗产交到子孙手里了。”从十岁到十八岁之间，在曲果堪布岗朗、嘉喇堪布秋确、学瓦堪布西扎、土松堪布等座前，听闻了因明、中观、律仪、幻网续、修心法门等。十九岁时，第一次前往卫藏地区，向各大圣地道场作了广大供养和顶礼。回到本寺后，担起了寺院的重任。藏历铁兔即尊者二十九岁那年，出现了诸多觉受和授记。鉴于此，前往佐钦寺，依止第六世佐钦法王吉扎向秋多杰、堪钦吉美·拥丹贡布、堪钦土登念扎等善知识，听闻了无数成熟解脱深法。此外，前往嘉绒、雪谦、宗萨等寺院，在蒋扬钦哲确吉罗珠、嘉绒朗珠活佛、雪谦康珠活佛等上师座前，接受了新旧经教伏藏法的所有灌顶。在回道场的同时，请来了以大藏经为主的所有显密经论的法本，并新建了工艺精美的经堂，用于安放此等法宝。广传经部、密意集、金刚橛等成熟解脱法门，进行了利益教生的各种事业。

藏历火猴年即尊者三十岁之际，尊者于 1957 年 5 月 15 日到达锡金岗托。在巡游参礼印度各大圣地之后，于藏历火狗年，在锡金隐地居住，自那以后到如今，为有缘化机恒常降下前密经教部、大宝伏藏、七宝藏、心髓四部、吉美林巴九函法、嘉村宁波六部等甘露法雨，将宁玛派大密深法传播到世界各地。在未来，笔者祈愿尊者法体坚如金刚，永久住世。

95. 僧嘎仁波切土登尼玛

第六世佐钦法王吉扎向秋多杰和堪钦白玛才旺等的弟子——僧嘎仁波切土登尼玛，于藏历第十六绕迥水羊年即公元 1943 年，在多康木雅地区的塔公寺附近诞生，父亲名为尼玛沃色，母亲是来自嘉绒松岗的仁青娜姆。尊者从小就有别于一般的孩童，具足殊胜智慧，密意充满慈悲之心，菩提圣行和神通道貌俱生而来。往昔，尊者的第一世多钦哲益西多杰给了塔公寺的一位喇嘛一个奇石并说：“这是个很殊胜的圣物。”但喇嘛却说：“一个石头没什么可稀奇的。”就这样，因为缘起没有得到好的呈现，大士就把奇石扔在塔公寺附近的一座石经堆里并说：“在未来，我的第三转世将找出此石头。”

后来，此世尊者在三岁左右，经常在此石经堆旁边嬉戏玩耍。有一天，小尊者从石堆中拿出一个圆石头叫父亲劈开它，结果，里面出了一尊大鹏像，此事在当地广泛流传，人人皆知。不久，塔公寺和执持佐钦寺传承教法的玛哈吉龙寺，将尊者认定为多钦哲化身阿拉僧嘎的转世活佛。为了选择尊者经师，在嘉贡先嘎仁波切亲传弟子贡嘎活佛等十三位上师中，经打卦，邬金让卓上师成为担此重任者。从五岁起，尊者将此毕生致力于潜心修行的大善知识依止为经师，开始学习文字读写并在七岁时得到全面掌握，因其非凡的智慧和精进赢得了众人的赞扬。此后，前往前密讲修教法之源佐钦寺，在第六世佐钦法王吉扎向秋多杰、佐钦大珠巴活佛等上师座前，听闻了诸多宁玛派经教伏藏法的灌顶和口传。

当时，殊胜智者白玛才旺大堪布在佐钦才林炯居住，尊者在其处学习入行论、因明等佛学及明处文化达一年之久。随后，前往宗萨道场，在钦哲确吉罗珠座前听闻萨迦派法门的灌顶口传达八个月之久。十二岁时，前往多智钦寺，在第四世多智钦活佛座前，利用四个月的时间，听闻大宝伏藏法的灌顶口传之后，又回到佐钦寺，学习以内明学为主的显密教法和明处文化。在堪钦吉美·拥丹贡布座前接受出家沙弥戒。从此，无论在任何恶劣环境和时期中，如同眼珠般守护着清净戒律。在成就智者阿旺罗布前听闻了许多显密深法以及共同明处文化，在仅仅听闻了诗学的口传以后，就以汇报成绩之式作了难做体修饰法的回文诗。此外，在大堪布土登念扎、格蒙谷夏活佛等佐钦寺的诸多堪布活佛前，对以佐钦传承为主的成熟解脱深法，以及印藏各大论典作了彻底的闻思。

尊者天生具足殊胜智慧，如同蜂群云集花园，毕生无有餍足地学习各大内外文化，使其密意相续充满了功德宝藏，却没有丝毫我慢、贪嗔以及世俗八风等习气，而是以谦逊隐修者威仪而居。从十五岁起，到后来的二十年之内，尊者在丹巴县、塔公地区、康定县等地经历了无数的艰辛和磨练。公元1981年，为顺应恢复和发展藏族优秀文化的大好形势，四川省民族事务委员会在德格佐钦熙日森佛学院原址建立了四川省藏文学校，尊者被委任为副校长并主持学校工作。1984年担任四川省民族研究所格萨尔办公室主任。此外，先后进行了对大藏经、前密经教伏藏法、藏族十明文化各大论著、格萨尔丛书等珍贵古典古籍的收集、整理、对勘、出版工作。在从事编著藏汉大辞典、格萨尔词典、藏汉佛学词典、藏汉对照词典等工作时，承担总编或者校勘重任等，进行了无数具有远见的利生事业。总之，为雪域文化和佛陀教法的恢复和发展贡献巨大，恩德无量。公元1989年前往英国，在学习英语的同时，与英国人久美多杰合作，将藏汉大辞典翻译成英语。在这里，笔者真诚祈愿尊者足莲坚如金刚七法，利益教生的一切宏愿任运成就！

96. 木雅扎然堪钦土登曲吉扎巴

堪钦吉美·拥丹贡布和堪钦白玛才旺大堪布弟子，殊胜智者木雅扎然堪钦土登曲吉扎巴的诞生在木雅雅拉神山的前方，朗果格珠松多草原。尊者父亲名为格勒，母亲名为扎然多杰桑姆。于公元1916年即藏历第十五绕迥火龙年六月初十诞生。当地有称为“华日七湖”“华日七山”的神山圣湖。尊者诞生那天，出现了七条苍龙从措喜丹玛湖里同时腾空而飞，天空彩虹密布等许多殊胜，此等景象乃众人现量共睹。

尊者从小就不同于普通孩童，对众生常怀慈悲之心，天生具足殊胜智慧，即使在玩耍时也做出一些建造经堂、闻思修法、念诵佛经等行为举止，显示出多世培积的善业习气。小尊者经常在一个名为尼库的山沟里放牧，这里有个巨大的磐石，每当看到此磐石，尊者就生起这是五部大论法函累叠而放的觉受。尊者曾说：“当时，我就给其他牧童一一介绍，这是俱舍论，这是中观……，但没人理解。”如是，有着具足很多清静境相的殊胜事迹。有一天，尊者和几位僧人去一个名为扎夏巴的家里做超度亡灵仪轨，到了吃饭时间，一位叫才让多杰的喇嘛讲起他曾经前往佐钦求学，在堪钦先嘎仁波切座前听闻中观等法的经过，当尊者一听到“中观”这个词时，顿时觉醒了往世的习气，不由自主地留下了激动的泪水，看到此景，有些僧人取笑说：“看那个小喇嘛，无缘无故地哭什么呀？”

尊者到了七岁，就在木雅根桑索朗近侍、大智者阿华座前学习文字读写并得到轻松掌握。此大德对尊者赐予了木雅根桑索朗的法器和法门，这样，实际上就是被认定为其上师的转世活佛。十岁时，进入佐钦分寺木雅扎卡寺，霍尔上师阿秋对其提供了衣食等生活条件。尊者学习了雕塑、佛乐、弹奏等法会行持寺院仪轨，很快就熟练掌握，获得了寺院上下的欢喜和赞颂。十三岁时，多仁波切康桑苏伦杰巴多吉来到扎卡寺，传讲了引导文普贤上师言教，以及正行见地教授无上智慧，尊者无余听受此等法门，对多仁波切生起坚定的不退转信心，因对上师作了诚心祈祷。有一天，在居室的墙壁上现量见到戴着班智达法帽的多仁波切法相。十五岁时，在赤甘喇嘛才让多杰座前接受了出家沙弥戒，献法号土登扎巴沃色。有一时，瓦烈谷钦活佛巴沃尼玛沃色和谷琼活佛仁增久美一致认定尊者为察那喇嘛西绕的转世，将尊者迎请到瓦烈寺。

到了二十岁，前往佐钦熙日森佛学院，对显密教法以及共同明处文化作了彻底闻思。起初，在堪钦白玛塔确罗丹或名阿布拉贡担任戒师堪布，堪钦土登念扎大堪布担任业规范师，堪钦吉美·拥丹贡布担任屏教师，殊胜智者白玛才旺担任告时师，晋美桑丹堪布担任增补师，如是在众持戒尊者如数僧伽座前接受了圆满比丘戒。从此以后，犹如保护眼珠般毕生守持外别解脱戒律，没有染上细微犯戒之垢而成为持戒尊者；在堪钦吉美·拥丹贡布座前接受了广行派传承菩萨戒，在成就智者阿旺罗布座前接受了深见派传承菩萨戒，以菩提清静学处庄严心续，自在于佛陀心子的行为风范；在第五世佐钦法王土登曲吉多杰等大师座前，闻受前密经教伏藏法的诸多成熟灌顶，现前灌顶智慧，成为具足生圆大圆满见地密意的密乘行者。

此外，在此道场的其他诸成就智者座前，听闻了显密深法和明处文化，尤其是对以大圆满窍诀为主的灌顶和窍诀，作了无余闻受。尊者初入熙日森佛学院时，正值堪钦土登念扎仁波切担任法台堪布，就在此大德座前以佛子行本颂与注疏开始，听闻了入行论注解、克珠杰的笔录·善缘开眼、三律仪论注疏等许多经典注疏。尊者曾说："学习入行论时，在词句或者意义各方面都没有感觉到不能理解的，当看到道友们说入行论很难懂，纷纷再三复习时，我就感觉有点奇怪，他们到底有什么不懂的呢？"有一时，堪钦土登念扎说："那个'嘉托小子'很聪明，叫他当辅导员吧！"（"嘉托"在藏语里是灰白的意思，当时的小尊者脸色较白，故称）于是，学友都赞叹"木雅曲扎的智慧"。

此外，在堪钦阿旺罗布座前听闻现观庄严论略释·义明了、先嘎的俱舍论和现观庄严论的注解、钦氏大小俱舍论注疏、巴珠的现观庄严论总论等般若和俱舍论的诸多论著，并且作了彻底的辨析。还听闻了龙钦巴第二佛的如意宝藏本颂及其注疏、幻网续大疏·十方除暗等除暗三部，敏珠林大译师的两大幻网续注疏等密宗诸多续部的讲授，尊者称此大德是其大恩上师之一。在堪钦白玛才旺座前听闻郭然巴的现观庄严论隐秘深义·开启宝藏之门、现观庄严论辩析·般若密意极明、二十僧伽论说、缘起论说、色无色界等至论说，木雅根索的法轮概述，文殊上师麦彭的释量论大疏等般若和因明方面的经典论著，对诸论总义、疑难、法相等获得了无碍通达，故尊者称此大德也是其殊胜大恩上师之一。

在索朗旺嘉堪布前听闻中观理聚诸论，入中论注释等甚深中观法门，在麦洼堪布益西达吉座前听闻中观庄严论注疏、答扎嘎书、答绕萨书等文殊上师麦彭的大部分著作的讲授与口传。在堪钦吉美·拥丹贡布座前听闻执着自解脱的灌顶、口传和讲授，乔美断法等深法的灌顶口传，尤其是得到大圆满本净明智的指授而视为不共根本上师。在堪钦白玛塔确罗丹前听闻龙钦七宝藏、休息三部法、自解脱三部法、前行文普贤上师言教、前行文解脱道明示等诸多大圆满法部，因此，将此二位上师视为直指心性的根本上师。此外，在隐修者根嘎巴登、第六世佐钦法王吉扎向秋多杰、雪谦康珠活佛白玛志美勒毕罗珠等前听闻诸多金刚乘灌顶解脱深法，故此等上师被视为具有殊胜加持的上师。

总之，尊者在佐钦熙日森佛学院驻留长达十六年，期间，除了去了家乡一趟之外，其余所有时光都在闻思讲辩的法行中度过。那时，尊者的生活条件极其艰苦，为寻求妙法而受持苦行的传奇不胜枚举：堪钦阿旺罗布在当坚岗静处传讲俱舍论时，因对一个疑难问题没有断除增益，就当即暂停传法，派尊者徒步前往嘉莫扎嘎静处，向堪钦土登念扎请教。尊者平时在晚上顺着月光看书学习，如果没有月亮，就用供香的微弱火光一行一行地看书学习等。如是，以恭敬和恒常二精进之心对如海显密经典论著作了闻思修行，成为无与伦比的讲辩著智者顶饰。三十岁左右，回到家乡的扎卡寺承担堪布重任。期间，应康东活佛久美多杰的邀请前往该寺，被认定为西绕美巴活佛的转世。尊者在此道场建立了僧众结夏安居法会，为一百多位僧众传授出家沙弥戒，根据各自的意乐和根基，广泛传讲中观、般若等经典理论，以及修心和心法的指导。

此后，应玉柯喇嘛多杰的邀请，前往玉柯寺进行教法的讲闻事业。正当此时，世事变迁，尊者被管制在道孚和康定等地的监狱里，经历了很多艰难困苦，但他以极其宽广的胸怀对狱友们传讲“诸法无常”等修心窍诀教授。当时，在尊者梦境光明景象中出现一个悦意草甸，他在那里见到了绿度母，从度母的无名指尖显现种子字“༧”，种子字顿时变成数字“七”，复又化为此等文字：“猴年猴月来临时，教法兴盛期初现，经过二十八年后，教法余火中土燃。”尊者毕生将度母作为主修本尊，在真实觉受或在梦境中获得亲见加持：过去在熙日森佛学院求学时，有一次尊者去化缘，途中在洛须一个农民家借宿睡在顶层，到了半夜，只听到一位女人高声地喊了一声“曲扎”，尊者惊醒过来，立即答应并起身时，这家的麦穗堆上压有一块大石头，此时刚好滑落在尊者枕头上。就这样，除了一场虚惊以外，丝毫未伤及到尊者，此等秘传佳话甚多，不胜枚举。

在世事变迁的年代里，尊者大多居住在家乡劳动改造。同时，始终没有中断对教法的讲授和修行。教法再弘的善妙时光到来之后，尊者先后驻留扎卡静处、多桑静处、塔公寺等道场、广转妙法之轮，尤其是在1987年的藏历四月初八，在塔公文殊山的右侧摩尼宝山下创建了扎卡寺佛学院，传讲显密教法和明处文化，培养了心传大弟子图登年扎活佛、塔尔本堪布、多吉扎珠扎嘉措活佛、扎西顿珠堪布、嘉绒活佛降央、理塘索嘉、桑桑念扎、古浪西绕嘉措、嘉绒根桑等许多殊胜智者弟子。其中的每一位弟子以讲修业三法来弘扬教证妙法的事迹也数不胜数。期间，前往四川省藏语系佛学院、四川省藏文学校、北京高级佛学院，以及弟子们建立的各个佛学院，广转妙法之轮。

公元1988年，应怙主白玛格桑法王的邀请前往佐钦熙日森佛学院，对般若中的难点“二十种僧伽”做了详广的讲授。佛学院授予尊者为北方护门班智达称号，并且作了长久住世的美好祈祷，尊者也非常欢喜，为了圆满历代根本祖师们的密意等原因，将本人及其弟子们所创建的十多所讲修道场供养为佐钦寺的分寺。此后，尊者回到塔公扎卡寺佛学院常驻，根据众化机的意愿和根基，不间断广转妙法之轮。此外，进行了新建闭关院，建造大量身语意所依等以讲修业三法将佛陀教法传遍四面八方。尊者于公元2005年5月8日圆寂，享寿九十岁。怙主白玛格桑法王主持荼毗法会。

97. 堪布贡确仁青

堪钦白玛塔确罗丹和才旺仁增弟子堪布仁波切贡确仁青，于藏历第十五绕迥阳水狗年即公元1922年，在雪域多麦之分部阿坝孜嘎地区诞生，父名怒苏·桑巴东珠，母亲叫尼萨·桑阿卓玛。七岁就觉醒圣者之性，生起无伪的信心和出离心，穿上僧衣进入佛门。在麦珠活佛大管家、叔父仁青扎巴前学习文字读写和宁玛派日常仪轨课诵。十二岁时，入万象大慈法轮寺僧团。藏历火鼠年即尊者十五岁那年，大堪布白玛班扎的转世活佛德确多杰莅临麦洼地区时，在德嘎活佛担任戒师堪布，堪钦才旺仁增担任规范师的五众僧伽座前接受出家沙弥戒，取法号贡确仁青。从此，以三欢喜之式顶依才旺仁增上师足莲，获得慈悲摄受而成为心传弟子，以心髓下部法的成熟灌顶开启传法之门之后，依次赐予了许多灌顶、口传和教授。

到了二十二岁时，在本寺的智悲聚贤林佛学院堪布益西达吉座前，听闻了入行论、中观根本颂论和入中论、弥勒五论、如意宝藏、三律仪论为主的无数经典论著。藏历木鸡年，益西达吉堪布圆寂，尊者回到上师座前，听闻了遍智龙钦巴师徒文集、麦彭仁波切文集等宁玛派经典为主的显密各大理论讲授。藏历火猪年，才旺仁增上师前往东日圣山时，尊者也以侍者身份一同前去。当时，根据上师的要前往嘎、白、佐三大寺院等前密宁玛派道场求学的旨意，尊者首先到了多康佐钦寺，在堪钦白玛塔确罗丹或名阿布拉贡、堪钦拥丹贡布、堪布齐美仁波切、晋美罗珠堪布、白玛才旺堪布、诺央堪布，曲丹堪布等如同金山般庄严的如数僧伽座前，接受圆满比丘戒并犹如眼珠般守护戒律之宝。此外，在第六世佐钦法王吉扎向秋多杰、大珠巴活佛、穆日白玛诺布活佛、岭喇谷钦等堪布活佛座前，听闻了诸多灌顶、口传和讲授。尤其是在堪钦齐美座前，广泛闻思宗派宝藏、窍诀宝藏、功德藏注疏二车辙论、根本续秘密幻网、休息三部、自解脱三部、心本续义讲授等以内外密续为主的无数法门，从而达到闻海彼岸。

随后，前往扎溪卡江玛佛学院，在众生善知识托噶如意宝座前，听闻吉祥幻网王续总义和注疏等无数法部，使其成为不需法本而能背诵并传讲幻网续大疏·十方除暗的智者，上师非常欢喜，多次在众弟子中称赞其为名副其实的大德。此外，前往噶陀、安章、格贡、扎嘉寺等道场，在遍智博巴活佛、嘉色久美多杰、勒协觉丹堪布、多仁波切康桑苏伦杰巴多吉、多智钦活佛、雅龙丹贝尼玛、罗布丹增堪布等活佛堪布座前，听闻了前密宁玛派如海经教伏藏法的灌顶口传。学成后回到家乡，根据第六世佐钦法王和堪钦拥丹贡布的指示，应宗恩活佛晋美德钦多杰的邀请，才旺仁增大堪布前往多麦巴域地区，根据上师的旨意，尊者作为近侍一同前去，在传法的同时，于上师座前对觉受证悟方面做了抉择，被奉为真实义传继承者。并于此地修建了香池寺。

藏历土狗年，在世事变迁的前夕，根据上师的授记回到故乡。那时，有些出家人相继还俗，有些造作各种恶业，但尊者从未放松对别、菩、密三戒和誓言的守护而如法行持，即使在夜间也秘密地念修无数本尊的心咒，尤其是对大圆满彻却和托噶作了潜心观修，从而现前了自现无别的密意。因为尊者自在于菩提圣心，无论是怎样的作恶多端、刚强难化之人，一到尊者座前，害人之心立即消失，情不自禁地立誓不再作恶等，有着现量可见的殊胜加持。教法再弘的旭日到来之时，尊者根据才旺仁增大堪布的授记和嘱托，恢复了巴域香池寺。如今，讲修事业蒸蒸日上，遍及各方。笔者也在尊者座前闻受了堪钦才旺仁增大圆满耳传法门。在此刹化生事业暂告圆满而示现往生清静刹土。

98. 麦洼协昌活佛伽央喜喇坚赞

第六世佐钦法王吉扎向秋多杰和晋罗大堪布等的弟子麦洼协昌活佛伽央喜喇坚赞，于公元 1930 年即藏历尊胜铁马年一月初一，在沃柯德隆地区伴随着天空雷声轰鸣，大地被雪粒变成银白色等内外善妙的缘起瑞相中诞生，父亲是巴协昌的秋翁永增，母亲名为阿嘎萨·沃嘎尔，在六兄妹中尊者最小。三岁时就被安确仁波切伽央喜喇坚赞认定为麦彭仁波切的转世活佛，并取法号伽央喜喇坚赞。八岁时，多仁波切苏伦杰巴多吉回到父家时，又被认定为康珠拥登嘉措转世并赐予了金刚铃杵。根据此上师的旨意，十岁时进入麦洼万象大慈法轮寺佛学院，在才旺仁增大堪布、益西达吉堪布、西绕沃色堪布、索朗尼玛堪布、阿江堪布等座前接受沙弥戒，开始闻思佐钦熙日森佛学院的教材十三部大论，尤其是见到尊者自己的世世有缘上师罗吾丹增大堪布时，此生分别念顿时中断而证悟义传智慧。

到了十七岁，经至尊上师们的指派，根据先祖们的传统前往日当熙日森道场求学，在白玛塔确罗丹大堪布或名阿布拉贡仁波切座前，听闻了三句击要本颂三遍、其注疏两遍，以及法界宝藏讲授等诸多深法。在第六世佐钦法王吉扎向秋多杰座前听受三宝总集灌顶，在格蒙谷夏活佛座前听受三宝总集、忿怒莲师、狮面母等灌顶，在大珠巴活佛座前听受然那大师的金刚橛和幻网静猛法的灌顶，在穆日活佛白玛诺布座前听闻吉美林巴尊者九函法和麦彭密法集的口传，在堪布齐美座前听闻现观庄严论、宝性论、大圆满心性休息、禅定休息、如幻休息、法界宝藏、胜乘宝藏、实相宝藏、宗派宝藏、词义宝藏等法的讲授。此外，尊者没有仅仅停留在听闻之上，而是在佐钦才林炯等静处，将所闻深法以猛力苦行作了彻底的修行实践。

尊者满二十岁时，在大堪布其美益西担任堪布，经师拥丹贡布担任业规范师，以及白玛才旺堪布、晋罗堪布、诺央堪布、曲朗堪布等如数僧伽座前，接受了圆满比丘戒，取法号土登烈协迥烈。二十一岁那年，尊者准备起程返回家乡麦洼地区。临行时，阿布拉贡仁波切叮嘱他说：“我以后要听候你的佳音，为了教法和众生的利益而发大愿，精进修行乃至关重要……”如是作了许多教诲。到麦洼寺以后，根据上师们的教言，连续九年担任了善逝八大法行法会的首座金刚上师。与此同时，在麦洼寺堪布才旺仁增，罗吾丹增，索朗旺嘉等座前，对四大教派的灌顶、窍诀教授，以及经续论典等如海法门作了圆满闻思。

在世事变迁之时，虽然尊者遭到了磨难，但从未中断对教法众生的宏大发心，以贤正善之德坚强住世。在教法再弘的善劫到来之际，尊者重建麦洼寺，从原址搬迁到阿木卡柯。尊者根据历代祖师金刚教言的授记和劝勉，从开启秘密光明心髓法灌顶口传法门之日起，在麦洼寺万象大慈法轮林行使着无比讲修业法行。利生事业暂告圆满，尊者于2014年12月4日圆寂。

诗曰：

皑皑白雪环绕疆域中，一切教法兴盛之源泉，
无畏大密教法之王位，无等六种特色而殊胜。
在这教法后弘之时代，自派贤善成就圣者中，
未成妙法之源佐钦巴，法脉传承弟子有何人。
哎玛东西瞻部大洲中，无伪清静历代先祖之，
优良传统日轮光芒下，开启安乐之花无边际。
才华犹如龙脑之妙药，点滴亦具遍智智慧力，
通达内外明处文化之，善说月王五明智者多。
能仁教法自规别解脱，二百五十戒条精华法，
丝毫未越开遮界限之，尊者之王持戒者无数。
殊胜方便金刚顶乘道，生圆次第大圆瑜伽中，
登上殊胜悉地四身之，王座持明成就者兴旺。
贤善成就者之千幅光，照耀佛陀教法之林园，
成熟讲授修行之莲花，开启教证妙法之花瓣。
教法源泉清凉水晶洞，经教伏藏窍诀甘露水，
于此大地无余引领者，传承再传弟子遍十方。
殊胜事业百幅妙宝伞，在此三界树立之善举，
美名圣号神奇白螺声，祈愿永恒响彻人世间。

藏传佛教大圆满传承史·如意宝鬘之历代传承弟子诸贤善成就大德传记之第十五章终。

第十六章　前密宁玛派六大祖寺略说

第一节　概述

根据前辈智者及历史传统说法“上有多敏巴，下有噶白佐”，在雪域教法后弘时期，大密前译宁玛派六大祖寺中，上部有土登多吉扎寺哎昂久嘎（金刚乐空，简称多吉扎寺）、第二密严刹土邬金敏珠林寺（成熟解脱林，简称敏珠林寺）、琼结巴日泰秋林（吉祥山胜乘林，简称琼结寺）三大道场；下部多康地区有噶陀多杰丹寺（意为金刚座，简称噶陀寺）、白玉寺南杰向秋林（白玉尊胜菩提林，简称白玉寺）、佐钦邬金桑丹曲林（大圆满邬金禅法林，简称佐钦寺）三大道场。古代凡属多康德格王管辖地区的宁玛派大小寺院，都属于噶陀寺和佐钦寺法脉传承，此情在大智者谷如扎西所造写的《前密宁玛派源流·殊胜善说海》中云：“在多麦地区，如法治理其广袤疆域，其他部落永远无法恶意侵扰的转轮法王乃德格王，其美名胜幢飘扬三界，以严密十善法治理所属地区和臣民，大密金刚乘教法得到兴盛，仅宁玛派大小寺院就有百余座，此等寺院皆是噶陀寺和佐钦寺法脉继承者，是故，在此略说噶陀金刚座寺和成就者佐钦寺的历史……”同样，遍智蒋扬钦哲旺波白玛沃色多阿岭巴撰写的《寺院住持传·莲花苑》中云：“以威力统辖雪域藏区精华之地、护持佛法之德格王，在其所属区域内，前密宁玛教派最为兴盛，大小寺院众多，所有寺院都是噶陀金刚座寺和成就者佐钦寺的传承，因此，在此略说此情……”在多智钦晋美丹贝尼玛的《善说训词》中亦云：“在康区，最早建立的前密宁玛派寺院者，乃夏尔巴喇嘛博巴塔耶或名噶·当巴德协，被大成就者木扎佐格认定为寂天菩萨的化身，当巴德协的上师为藏顿卓伟贡布，藏顿是苏·桑达卓普巴的亲传弟子。当巴德协在康崩波地区创建了噶陀金刚座寺。此后，从其补处藏顿多杰坚参和向巴本到十三代上师住持，十三代仲上师等通达显密一切教法，尤其是执持宁玛派经幻心特法的历代传承上师如同摩尼宝鬘，接连不断。据说在此寺院曾同时云集八万僧众，也涌现了不少成就虹身的大瑜伽师。后来，在噶陀成就者向秋嘉措或名伏藏师邓都多杰时代，莲师补处仁增明久多杰诞生在翁地，从小就觉醒宿世智慧，获得证悟自在，三根本圣尊亲显尊容，开启称为天法意伏藏的法门，也值遇了持明邓都多杰，密意互融一体。黑帽噶玛巴旺修多杰和红帽噶玛巴曲吉旺修的亲传弟子嘎玛乔美仁波切见到明久多杰后，了知其为具相伏藏师而以三欢喜依止之，饱尝教法甘露，对天法意伏藏造写了能明仪轨、补充、边饰、笔录等多个论著，并以传讲和修行事业弘扬之。以此发展了白玉尊胜菩提法林（白玉寺）和木桑寺等诸多执持白玉传承的道场。在悲心加持、利生事业、授教法主等各方面都得到圆满，传承法脉遍及德格南部、霍尔、果洛、色达、热贡、嘉绒等地区，出现了无数堪能传承灌顶教言，观修大圆满和大手印深法，毕生精进于实修的传承弟子。另外，乔美仁波切的大弟子白玛仁增，依止许多上师，听闻了无数法门，尤其是对大圆满空性心髓窍诀作了彻底的闻思，并在康区和卫地各大静处潜心修行，证悟之力得到圆满，获得第五世达赖喇嘛赞扬和劝勉。到了六十岁时，前往康巴日当地区，建立了佐钦邬金禅法林寺（佐钦寺）并培养传承弟子，一时云集五百多位弟子，依次发展了那雪尚宗（尼玛扎巴）寺、雪谦寺二法兴盛林、嘉绒永盛修行林等许多大小分寺，出现成就智者弟子如群鸟四飞，遍及四面八方，使成就者佐钦巴在多卫康三大区域中盛名广播。此等道场称为'噶白佐三大寺'，乃多康地区前密宁玛派所有道场之根本，至今仍然兴盛不衰……"如是，有着清楚的记载。综上所述，白玉菩提法林（白玉寺）的开山祖师成就者根桑西绕，从小就在噶陀上师嘎杰曲迥嘉措座前剃度入佛门，学习噶陀派仪轨传承，背诵经文，先后依止仲·曲尼嘉措、色洛顿巴等诸多执持此派法脉大德足莲，听闻甚深窍诀之法，因此，属于此传承系列。此外，雪谦寺住持夏朗冉江巴丹毕坚参，乃成就者第一世佐钦法王白玛仁增的"日月星三大弟子"之一，第一世冉江巴没有另建寺院而在佐钦寺护持道场直至圆寂。第二世冉江久美根桑朗嘉为第二世佐钦法王的弟弟，五岁时就被其上一世弟子们迎请到雪谦邬金曲宗道场（今雪谦寺），此道场最初由大伏藏师尼玛扎巴创建并主持，被命名为"雪谦邬金曲宗"。此后，于藏历第十二绕迥木鸡年，夏朗冉江巴心传大弟子霍尔喇嘛白玛旺修等在此树立修行胜幢，迎请了第二世冉江活佛，此等在谷如扎西的《教法源流》等如量历史文献中有详细记载。在成就智者雪谦嘉察活佛久美白玛朗嘉的《八大传承源流》中云："成就者佐钦巴内传心子夏朗冉江丹毕坚参……"如是清楚地叙述为属于佐钦法脉传承者。后来，琼结巴日寺因当时噶厦地方政府的压制而逐渐衰败，雪谦寺却不断涌现了无数贤善成就大德，其讲修事业堪比其他祖寺道场，得到极大的发展。因此，近代有了"上有多敏，中有协佐，下有噶白"之称，也有"上有多敏巴三法林，下有噶白佐协四道场"之称，但此处根据史书和教派源流，讲述前密六大祖寺（除佐钦寺已于前文详细介绍）简史如下。

第二节 详说各大祖寺历史

一、多吉扎寺乐空法林简史

1. 简述寺院历史

在“上有多敏巴三林”之一的土登多吉扎寺哎昂久嘎（意为金刚乐空，简称多吉扎寺），是莲花生大士亲临并于此修行之地，开掘了极具加持力的修行洞。后来，逐渐形成了乐空法林，以北藏派为主的前密经教伏藏法门得到发展，涌现了大伏藏师持明郭杰登赤坚欧哲坚参，之后依次为其子朗嘉贡波、瑜伽师多杰白、多杰贡波、具德向巴西念、阿昂扎巴、曲杰桑吉巴、瑜伽师曲嘉索朗、心子朗卡坚参、持明岳莫巴释迦桑波伏藏师、其弟子阿里大班智达白玛旺嘉，阿里大班智达弟弟郭登巴第二世持明勒登多杰、其心子北藏教主扎西多嘉、其法子郭登第三世持明阿格旺波等。尤其是于藏历第十一绕迥铁狗年即公元1610年，在此地正式建立了多吉扎寺。随后，其心传大弟子岳莫活佛丹增诺布担任补处，历代郭登活佛住持道场。

其中，第四世郭登持明根桑白玛诚烈，诞生在桑耶寺附近的门卡尔朗色岭，依止宿钦·曲阳让卓和第五世达赖喇嘛，具足无量贤正成就功德。在此大德时代发展的传承分寺道场超过以往任何时候，仅在祖寺道场常驻僧众就达到了两千多，毕生常驻本寺主持道场，后来，在蒙古进入西藏之时示寂。

第五世郭登持明格桑白玛旺修，诞生在多康崩波岗的新龙嘉杜地区，因全面恢复多吉扎寺之故而恩德巨大，成为前密教法的大明盏，开启了许多密意伏藏净现法门。

第六世郭登持明根桑久美伦珠多杰，诞生在康定土司管辖的色多地区，以三轮殊胜事业将教法之宝发扬光大，造写了诸多净现授记法部，但身寿没有得到圆满而入寂。

第七世郭登阿旺降白门久伦珠多杰，诞生在门卡尔朗色岭，行使三轮广大事业之后密意趣入法界。

第八世郭登持明白玛旺杰，于藏历第十四绕迥诞生在洛扎拉雅堆地区，被认定后迎请到本寺，在诸多上师座前听闻了显密经教伏藏深法，并以实修获得证悟，行使广大三轮事业，尤其是在威猛伏魔事业方面有着极其殊胜的功德，作了回遮边军等许多利益教生事业，现前了殊胜验相而名声大振，被噶厦地方政府封为“呼图克图”。如是，在继承、护持和发扬佛陀教法的事业得到圆满之后，于藏历第十五绕迴中期圆寂。

第九世郭登土登曲旺良烈多杰，于藏历第十五绕迴木猴年即公元1884年，诞生在拉萨地区并在寺院升座。闻思得到圆满以后，因利生时机已至而来到康区弘扬北传伏藏法门，广行三轮利他事业，于藏历第十六绕迴水猴年，即尊者四十九岁那年圆寂。

第十世郭登全名为多吉扎·仁增钦摩·江白洛桑晋美南卓嘉措，乃当今住世的大持明者，于藏历第十六绕迴火鼠年即公元1937年诞生在拉萨察那雪地区，向热振嘉察仁波切献顶发并在多吉扎寺升座，在其上一世弟子果察大堪布塔确丹增前，听闻了绝大部分北藏派伏藏的灌顶口传。顶依敏珠林堪仁波切、顿珠法王等许多成就智者足莲，全面闻习共同明处文化、显密经典论著，以及经教法部。

如是，在历代多吉扎大持明者的三轮事业中，传承分寺道场上至阿里地区，下至木雅康定地区，讲修妙法得到发扬光大。在教法再弘的当今时代，第十世大持明者多吉扎·仁增钦摩作为教生庄严而住世并在其事业发心之下，经过具足广大发心的老僧维那师曲觉等广大僧众的努力，因世事变迁而遭遇毁坏的寺院和传承仪轨逐渐得到恢复。在藏历第十七绕迴木猪即1995年，怙主白玛格桑法王亲临此道场，广转幻网静猛等前密经部的成熟灌顶法轮，弘扬出家沙弥和圆满比丘戒律传承，并承诺从此以后熙日森佛学院定期为多吉扎寺派堪布，建立了闻思教法之规。如今，正以讲修业三法将别总教法发扬光大。

此外，其分寺雅卓达隆寺泽珠活佛前往印度，于公元1984年在印度诃玛嘉的司玛拉地区创建了多吉扎寺乐空法轮尊胜林，在印度南部建立了前密多吉扎寺显密法轮院，以讲修之式将佛陀教法传向世界各地。

2. 祖师多吉扎大持明者阿格旺波简传

多吉扎寺创建者第三世郭登大持明者阿格旺波，生于藏历第十一绕迴铁龙年，父尊为北藏法主扎西多杰，母亲为琼结萨霍尔家族的拉江玉珍旺姆。从小觉醒前世持明勒丹多杰的习性，显示其行为和言语。依据其上一世圆寂时的遗教，被父尊认定为其上师的转世活佛，故此，被称为“夏仲上师”，有着认识其上一世的眷属，认定上一世物品等许多殊胜事迹。尊者向直贡巴曲嘉彭措献顶发，取法号阿旺仁增多杰曲嘉丹毕坚参，在其处接受了菩萨戒。在其父尊前闻受了一百零八伏藏师的大部分伏藏法门，对此等法门没有仅仅停留在听闻上，而是以认真思维和修行抉择之。在雅砻水晶洞，琼结雅嘉朗卡宗等圣地进行了多次长达五六个月的念修，获得了诸多本尊的亲见和授记。对于被邪魔所伤害而极难调伏的众生，只要得到尊者的加持就立刻获得解脱，显示了种种成就者征相。作为父尊法王的侍者前往汉地，以身语意事业利益了从上下多康到中原地区的一切有缘众生之后，与父尊一道回到卫藏地区，常驻在琼结雅嘉等地。利生事业得到圆满之后，父尊法王示现圆寂之相。

从此，尊者担当父尊补处之重任，广行善业，前往莲花生大师曾经降伏众魔的郎朗玛岩石和其上一世新开启的康布隆等圣地。当时，康布隆地区没有水源，尊者为此做了加持法事之后，涌出了源源不断的圣水。应怙主旺修绕丹的邀请，前往雅砻扎西泽寺，成为亲密无间的师徒。尊者向旺修绕丹传授了北藏法长寿灌顶等许多法门，而旺修向尊者传讲多吉扎持明兄弟的新伏藏法部，并在桑耶黑波日山掘藏了一尊佛像。此后，前往直贡地区，为夏仲兄弟传授了诸多法门。尊者前往康区的第一站是贡波地区。当时，尊者遇到一位瑜伽师手拿一个另有标示的新伏藏法，他接到此伏藏法时正值太阳升起。又在贡波尼地掘出了一个大悲观音法门的伏藏。那时，朱拉寺建造了一尊宗喀巴大师像，因没有卷好装藏品而在装藏时倒立放置，导致寺院发生许多不祥之事。大家焦虑不安，束手无策，就将尊者请至道场并将事由如是禀报，尊者说："装藏品颠倒了，要重新装藏。"大家立刻根据尊者指点检查佛像装藏，果真如是。所有人对尊者信心倍增。在贡波地区，尊者大力劝修六字真言，念修圆满了十八亿遍真言。

后来到康区。当时，在波密地区发生战乱恶业，尊者前去调解，但是，其中有一个村庄不听劝告，结果遭到雷劈死伤了很多人畜，最后战乱得到顺利解决。前往巴嘎寺途中，在休瓦桑巴山脚宿营驻留时，发生了大地震，从山上滚下了一个房子般大的巨石和许多小石，正当快要落在帐篷群中时，尊者作了一个期克印，乱石就立刻往帐篷群左右两边绕开了，见此情景，人们无不赞叹："北藏教主连礌石都能回遮。"在前往上部贝日静地时，一个囊谦人和仲巴人之间产生极大的矛盾，尊者以无上菩提之心来劝导两人，结果，他们心中的怨恨得到解除，成为亲密无间的朋友。仲巴多杰有阿日、白玛旺扎、喇嘛根三子，其中喇嘛根突然罹患重病而死亡，家人就请尊者为他超度。尊者将死者灵魂招引回来并为其作了清净六道仪轨灌顶和之后，喇嘛根开始呼吸并转动眼珠，身体也动了起来，在场的人以为是起尸而心惊胆战，尊者安慰大家不用惧怕并加持之后，喇嘛根开始开口说话了，然后，为其作了长寿灌顶和威猛莲师的灌顶，喇嘛根奇迹般的复活了。

此后，前往前密宁玛派教法之源噶陀寺，受到了当地僧俗大众的广大供养和恭敬承侍。在前往康定地区时，正值汉区哈嘎和朗泽二地之间发生战乱，尊者以悲心和神通使纷争得以和解，为此，当地所有官民无不对尊者感恩和恭敬。回藏途中经过木雅地区，遇见了红帽噶玛巴，到了然玛岗时遇上前来迎接的弟弟持明诚烈朗嘉师徒，兄弟二人相聚在多吉扎寺。当时，第五世达赖喇嘛诞生在琼结德巴府，尊者为其献上无死铁面母和上部伏藏红猛法的灌顶，此举使其成为修持前密宁玛法门的缘起，并作了有相无相护轮等诸多养育孩童的仪轨。应德巴扎卡府的邀请前往桑耶，住在桑耶寺的三界铜色林院，与一些弟子一起在桑耶钦普修行洞闭关静修了七天之后，掘出了一部伏藏法。本来此法首先要传给东嘎热巴法主，但他因忙于其他事而未能如愿，故缘起没有得到圆满。

在后半生，尊者常驻在多吉扎本寺，广行讲修事业，培养了如约莫活佛丹增诺布、苏钦·曲阳让卓等众多弟子，萨迦、直贡、乃东等卫藏各大官吏恭敬依止。在去康区之前，应绒德迥巴的邀请而前往府上。当尊者下马时，在所踩的石头上清楚留下了脚印。此外，在多吉扎寺的后门石板上也留下了清晰的脚印。当一些眷属向尊者说明此事的时候，他说："不是我的脚印，也许是约莫活佛留下的。"就这样，尊者隐瞒了此情。除了这些以外，在其他地方也有很多尊者的脚印。有一次，尊者前往托杰地区，对勒丹多杰的一位老瑜伽师弟子说："过去我给你的小螺和系绳金刚杵现在还有吗？"当时，尊者年事已高，所有人无不感叹他的殊胜知宿住随念智力。当向尊者问询亡灵的苦乐时，即使是他没有见过，也能正确无误说出此人的长相和生世。在蒙军入西藏时，因尊者作了回遮仪轨，已经兵临城下的军队就地遣返，此等现量共睹的殊胜事业不胜枚举。

尊者在圆寂之前的两三年前就对约莫活佛说："你要收藏好这些加印伏藏品，未来会要修建经堂等许多能依所依，我将会被称为'祖师'而更加受到尊敬。"从土兔年三月初十起，虽没有示现明显的病相，但对弟子作了许多针对暂时和长久的教诲，出乎常规地将忏悔续见地界忏品单列而举行法会并回向于无上正等正觉。此后，回到自己居室，色身趣入法界。在法体荼毗时，彩虹密布，光明普照，降下白色花雨。持明约莫活佛担负重任，为尊者举行了隆重的荼毗法会，建造了释迦大佛像，并以三个修部法会为其开光加持。如是，进行了圆寂后的一切法事之后，约莫活佛丹增诺布多丹秀卓札主持道场，圆满了四方众化机的愿望。

持明阿格旺波乃多吉扎寺的创建者和第一代住持，以上只是其简略传记，若想了知广传和其他历代住持的事迹，请参阅《前密宁玛派教法源流·善言游戏海》等史书。

二、第二密严宝刹邬金敏珠林寺简史

1. 简述寺院历史

前密经教伏藏法之源第二密严刹土邬金敏珠林寺（意为成熟解脱林，简称敏珠林寺），于藏历第十一绕迥火龙年即公元1676年，根据第五世达赖喇嘛阿旺洛桑嘉措的旨意，由大伏藏师久美多杰法王创建。此寺院最初法脉之源，当属大伏藏师然那岭巴的化身那措让卓。他诞生在洛扎曼塘地区，闻思修行达到了究竟，四十九岁时创建了扎囊达吉法林修行处，七十九岁圆寂。此后，白玛岭巴转世活佛丹增扎巴、纽顿成就智者多阿丹增、其子持明诚烈伦珠等常驻达吉法林，广弘三内续法，持明仁增诚烈大法子大伏藏师久美多杰或名卓都德达岭巴，创建了札喜邬金敏珠林寺，六十九岁圆寂，其传记在下文有广述。

大伏藏上师时代的第一任堪布，乃二法子嘉色丹贝尼玛，于藏历土鼠年诞生在达吉法林的父尊诚烈伦珠家中，依止其兄伏藏大师德达岭巴等善知识，广闻显密经教伏藏法门，通晓大小明处，尤其是在共同明处方面堪称泰斗，居于第一任堪布法座，但因违缘而没有长久住世，于二十七岁时圆寂。

第二任堪布是弟弟大译师曲巴嘉措，其传记在上述戒律传承大师中已有详述。

第二代住持嘉色白玛久美嘉措，诞生在父尊持明德达岭巴和母亲云登卓玛家中，在父尊和迥仁波切嘉色丹贝尼玛前，听闻了所有经教伏藏法的灌顶讲授，尤其是到了二十岁时，在其叔大译师曲巴嘉措座前接受比丘戒，三十岁担任住持，继承先祖事业，三十三岁圆寂。嘉色益迅勒珠诞生在父尊大伏藏师德达岭巴和母亲彭措白珍家中，在父尊大伏藏师等座前广闻灌顶口传和讲授，并熟练掌握明处文化，在大译师曲巴嘉措前接受比丘戒，具足贤正善殊胜功德，但遭遇了一些恶缘者的毒害。

第三代住持嘉色仁青朗嘉，于藏历木狗年在父尊德达岭巴和母亲彭措白珍家中，以满瓶倾注之式在父尊和叔父座前听闻了诸多灌顶口传和教授，对共与不共一切明处作了彻底闻思。蒙古入侵时，尊者经过门域来到康区新龙嘉都地区，使恶缘者未能伤及于他。后来，回到卫地重建敏珠林寺，对弘法事业恩德巨大，最后于藏历土虎年即六十五岁时圆寂。其妹杰尊玛门久白珍，于藏历土兔年诞生在父尊久美多杰和母亲白珍家中，在父辈们座前听闻了许多深法的灌顶口传和讲授，从小就立誓不离驻地吉祥光明静处而潜心修行，蒙人入藏时前往锡金，故没有遭遇违缘障碍。之后，回到寺院并在空行大乐林静地始终处于闭关静修之中，藏历土牛年即七十一岁那年七月初十，伴随着奇兆瑞相而圆寂。

第三任堪布是久美顿月大堪布，担任几年堪布后，因法体欠佳而不能行使律经所有大小仪轨，所以，念诵布萨经文，传授沙弥比丘戒律等由冉江巴堪布邬金曲扎等来进行。

第四代住持法子久美白玛丹增，诞生在父尊嘉色仁增朗嘉和母亲才旺白珍家中，在父尊座前以满瓶倾注之式听闻显密经教伏藏法的灌顶讲授和窍诀仪轨。

二十一岁时，父尊大持明者圆寂，为其进行了隆重的荼毗法会，建造了大量的能依所依，登上第四代住持宝座，以智者三风点燃讲修教法明盏之后圆寂。

第四任堪布迥·邬金丹增多杰，于藏历水狗年在父尊嘉色仁青朗嘉和母亲才旺白珍家中。从小就入沙门听闻了诸多灌顶口传和甚深教授，通晓内外明处文化而达到智者顶峰。十五岁时，在冉江巴久美曲培座前接受近事沙弥戒，到了二十岁即藏历铁蛇年，在冉江巴久美曲丹等如数僧众座前接受比丘戒，成为殊胜持戒者，以智者三风利教利生的事业得到圆满之后示寂。

第五代住持久美诚烈朗嘉，诞生在父尊赤钦久美白玛丹增家中，天生具足殊胜智慧，对灌顶口传和窍诀教授，以及大小事业仪轨获得精通。在叔父邬金丹增多杰座前以满瓶倾注之式听闻了所有经教伏藏法门，登上第五代住持宝座，以四种事业广泛利益教生而圆寂。

第五任堪布迥·久美桑昂丹增诞生在父尊赤钦久美白玛丹增家中，依止邬金丹增多杰大堪布等众多善知识，圆满闻思显密教法和明处文化，成为贤正大德顶饰，担任第五任堪布，以讲辩著三业广弘佛陀教法之后圆寂。

第六代住持久美白玛旺嘉，诞生在父尊赤钦诚烈朗嘉家中，从小学习并掌握了自派敏珠林法脉传承和事业仪轨，相续成熟之后，在众叔父座前以满瓶倾注之式听闻了以前密三部瑜伽为主的内外续部法门、新旧伏藏及其附法，登上第六代住持宝座，根据父辈的传统弘扬讲修教法，圆满二利事业后圆寂。

第六任堪布迥·邬金曲培，诞生在父尊赤钦诚烈朗嘉的家中，登上第六任堪布宝座以后，以智者三风行使无与伦比的事业而圆寂。

杰尊玛诚烈曲珍诞生在父尊赤钦诚烈朗嘉的家中，从小学习文字读写等外明文化并获得精通，在父辈们和冉江巴邬金白根等座前听闻显密教法，在父尊上师前听闻了以敏珠林新伏藏法为主的无数经教伏藏法的灌顶讲授，潜心致力于深法念修，现前证悟境界，圆满四相智慧，广传成熟灌顶和窍诀讲授法轮，涌现了如蒋扬钦哲旺波等遍及整个藏区的无数传承和再传弟子，二利事业获得圆满而圆寂。

第七任堪布仁增桑波，承嗣于吉祥纽氏家族之中，从小就在诸多善知识座前作了广泛闻思。二十一岁时，在大堪布邬金丹增多杰座前接受比丘戒，闻习三律仪等显教法部，尤其是以满瓶倾注之式闻受了宁玛派经教伏藏法的灌顶讲授及其附法，担任敏珠林寺堪布，以讲修二轮长久护持佛陀教法。

此后，依次涌现的第八任堪布根嘎赤诚多杰、第九任堪布阿旺钦泽罗布等具足贤正二德的圣者如同金山连绵，传承不断，使教法之根本律藏宁玛下部传承仪轨弘扬于整个藏区的宁玛派道场。此外，冉江巴邬金曲扎、冉江巴丹增嘎旺、冉江巴阿旺白桑、冉江巴诚烈让卓、冉江巴图道朗嘉、冉江巴邬金曲嘎、冉江巴邬金白根、大密冉江巴久美曲丹等相继将讲修教法发扬光大。

第七代住持久美桑杰根嘎，诞生在赤钦久美白玛旺嘉的家中，二利事业获得任运成就之后圆寂。

第八代住持久美易迅旺嘉，赤钦桑杰根嘎之子，获得极高的贤善成就功德而圆寂。

第九代住持久美德钦确珠，赤钦易迅旺嘉之子，起初担任堪布，法号根嘎赤诚多杰。后来，因需要而受用手印母，登上赤钦宝座，虽没有法子，但诞生了女儿齐美德丹卓玛。后来，德达岭巴化身，康新龙伏藏师让柔多杰法子白玛旺青娶杰尊玛德丹卓玛为明妃，使其家族后代得以延续并担任补处住持。

第十代住持久美顿珠旺嘉，诞生在父尊补处住持白玛旺青和母亲杰尊玛德丹卓玛家中，登上第十代住持宝座，圆满进行了二规事业之后圆寂。

第十一代住持久美根桑旺嘉，于藏历第十六绕迥铁羊年，诞生在父尊久美顿珠旺嘉和母亲达瓦卓玛家中，在父尊和哥哥堪琼座前听闻了以敏珠林传承为主的新旧经教伏藏法的灌顶和讲授传承。此外，在第六世雪谦冉江等诸多康区大德座前，听闻了无数经教法门。在西藏时局发生变迁后的第二年，经过藏南到达印度。在嘎崩吉祥铜色山驻留较长时间之后，根据巴珠降白罗珠和廓钦活佛的邀请，前往印度德然登地区的邬金敏珠林道场。从那以后到如今，三轮教法事业如同上玄之月，日日增长，雄踞住持法座，转起妙法之轮后而圆寂。

在佛法再弘时期的当今，仰仗老僧降白等留守僧众们的广大发心，藏区敏珠林寺的能依所依也逐步重建，敏珠林的传承仪轨得以恢复。藏历第十七绕迥木猪年即公元 1995 年，怙主白玛格桑法王应邀莅临敏珠林寺，传授了总经意集灌顶、幻网静猛等前密经教伏藏灌顶，传授了宁玛下部戒律传承，并由佐钦熙日森佛学院协助创办了敏珠林佛学院，并派送传法堪布等。如是，以讲修之式将佛陀教法传遍四面八方。

2. 祖师敏珠林伏藏大师持明久美多杰略传

大密教法之主敏珠林伏藏大师持明久美多杰，如《秘印授记文》中云：“毗卢你是一来圣菩萨，你所经历往昔之生世，不可思量智慧精华义，众生佛陀法性虽平等，然显三界导师金刚性，释迦近侍阿难达尊者，国王札与贤当噶尔巴，在此藏地桑波札尊者，示现此等清净之转世，不净之世亦然乃无数，如是此等清净转世中，对于众生尤为悲悯者，实乃当今毗卢遮那你，顶依熙日森哈益西多、莲师我等上师之足莲，抉择诸多窍诀之要义，现前照见法身本性故，余业不会转为不净世，然而殊胜发心祈祷故，众生面前示现无数身，旺修巴与然夏多杰岭、根迥岭与多阿岭巴等、成为莲师我之伏藏主，以及各种大小乘之中，示现与此相应十三世，神奇殊胜佛化之身后……”如是，此尊者乃密主金刚持为了弘扬大密精华之法，有意降临于此五浊世代，于藏历第十一绕迥火狗年二月初十伴随着诸多祥兆在达吉法林修行处诞生，父亲为光明天神后裔瑜伽师纽顿·桑达诚烈伦珠，母亲是协嘎多杰措化身，贵族后裔拉珍央金卓玛。尊者有着殊胜的记忆力，到后来也清楚记得自己的诞生之地、行为方式，以及直到三岁前有一位有顶髻的蓝身瑜伽士和两位美丽的女人始终护佑他，为其恭敬承侍等景象。四岁时，在父尊座前听受了八大法行，秘密大圆满法的灌顶，使其一切行境受盖坛城轮之印，照见本尊与上师无二无别，相续获得四灌顶的种子。

十岁时，听闻了善逝集灌顶，在光明觉受中得到莲花生大师的灌顶加持，以此威力，将宝瓶灌顶经验之景象抉择于如梦如幻。从此成为父尊的补处而担当大业。十一岁时，向哲蚌寺的第五世达赖贡献法新，赐法号阿旺白玛丹增。当时，正值拉萨吉仲的自显圣观音像首次到来之际，上师第五世达赖喇嘛欢喜并劝勉他说：“缘起善妙啊！”这时，从慈眉善目的自显圣观音像心间发出光芒照射到尊者身上。十七岁时，在桑耶寺拜见第五世达赖喇嘛时将其显见为圣观音菩萨。尊者常说，遍智第五世达赖喇嘛和其父尊是亲身摄受他的上师，后来又得到智慧身的加持，所以，是恩德无比的两位根本上师。此外，依止传授甚深灌顶的十六位大持教者，传授各种深法的三十五位上师，听闻了三藏，四续部以及共同明处文化，尤其是听闻了经幻心三部、双运、真实义、金刚橛、阎罗等所有有传承的前密经教法部，以及上师、大圆满、密义等总分伏藏修部法为主的一切成熟解脱新旧密法，以及此等法门的根本《大藏经》甘珠尔口传等无数法门，此等所闻法门在其《闻法记录》中有详述。

从十三岁起，开始背诵幻网根本续、宝性论、心性休息、如意宝藏本颂及注疏等法并在父尊座前依次听闻讲解，后来又相继掌握努钦桑杰益西、苏·释迦迥尼尊者和荣松班智达著作，萨迦班智达的三律仪广论，迥丹然智的续部总论，让雄的甚深妙义等法，尤其是对遍智法王龙钦巴的文集作了彻底的闻思，使其获得无碍智慧与辩才，对所有诸法作了如量抉择。在达顿曲嘉丹增座前，以总经意集灌顶仪轨·大宝之鬘来开启四十五坛城，听受所有四河传承灌顶，印付法长寿灌顶以及窍诀讲授和口传，以灌顶仪轨·甘露之水开启布绘二十一坛城，听闻灌顶、口传和窍诀，在多札大持明者转世活佛座前依靠绘有二十七坛城的唐卡和彩绘，以灌顶仪轨·大宝之鬘来听受灌顶、窍诀、讲授和口传，两位上师都为其取秘密法号久美多吉扎。

尊者因宿愿成为伏藏法持教者，十八岁那年，即藏历水兔年五月初十，在雅玛隆闻受持明意明点法。二十二岁即火羊年八月初八，以神变之力在水晶洞掘出伏猛阎罗法。三十一岁即火龙年正月十五日，在沃嘎岩石掘出忿怒莲师、金刚萨埵和阿底法部。三十五岁即铁猴年六月二十九日，在夏欧达果，集聚门藏两族几百人之中，以众观伏藏之式掘出大悲观音善逝集法部。从二十一岁起，被第五世达赖喇嘛和德司桑杰嘉措依止为上师，每年为他们作祈福法事，传授诸多经教伏藏法门。

尊者到了三十一岁即藏历火龙年，为了使所得供养资材具有意义，如《甚深伏藏授记文》云："尤其约如清净地，聚于一处之圣众，未来教业将兴盛，藏区幸福如天界。"尊者创建了密严刹土邬金敏珠林寺，召集了近三百位以三戒律严饰心相续、以讲修之业为已任的僧众，为他们提供日常起居、饮食等生活条件，四季定期法会的器具和三所依供品法器等数不胜数。此外，建造了诸多唐卡、佛像，金银书写的大藏经等五百多法函，刻制了前密宁玛派论典注疏的木刻版，修建了大佛塔·见者解脱等众多意所依。如是，尊者毕生致力于佛陀教法的弘扬，树立了大密教法之胜幢。

与此同时，前后在很多静处致力于潜心修行，念修了三十五种新旧教派的坛城，因直击生圆大圆满捷径要义之故，对生起次第获得定解，因而无论进行何种事业都得以无碍成就；圆满次第气脉明点清净于中脉而现前寂乐智慧，生起了大圆满自现无别密意之故解脱于二取之相，断除了对轮涅的实执，自在于出入定无别智慧的光明境地，现行照见于智慧游戏之故获得莲师、比玛拉、宏嘎然、桑杰桑瓦、毗卢、措嘉、酿然、曲旺、遍智法王等诸多印藏大成就者们智慧身的摄受，对尊者本人伏藏法门为主的诸多经教法予以授权灌顶，自在演示其甚深窍诀要义，获得金刚童子、金刚萨埵、真实义、大悲观音、静猛圣众、瑜伽母等众多本尊的的亲见、灌顶和加持，游访极乐世界，吉祥铜色山等诸多清净刹土之故，对圆满观修刹土之三摩地获得自在，空行和护法对其进行授记和恭敬承侍等，有着无数殊胜的境相。

尊者具有无碍神通，他所授记的未来世事变迁等在后来无不一一现前。在三十一岁以前，以宝瓶灌顶之经验将外境抉择于如梦如幻，主要是以色身行使利众生事业之故，前往很多地区，在无数化机的心相续中播下解脱之种子。三十二岁即藏历火蛇年二月起，以秘密灌顶之经验现前乐空之境相而将二取解脱于法界之中。所以，主要是以法语来行使利众事业之故，恒常转起广大甚深法轮。三十八岁即水猪年八月起，获证了依使者道之寂乐譬喻智慧所表示的明空大乐义智慧之自然恒久四欢喜，此经验依次增长，乃是主要以密意来行使利众事业之时际。从那以后虽然不间断地的传法讲经，但主要是以直授甚深窍诀来成熟化机的心相续，使善缘者照见自然智慧之本来面目，从此，与诸佛三金刚无二无别，到了以事业利益众生之时际。故此，尊者一切行为解脱于自利作意之耽执，而是以大勇气心系教生利益，致力于教法的讲修业之善业。为使圣法长久住世，以分散者集中、弯曲者取直、隐蔽者现前之式将一切经续的密意集于一体，开创了善缘者随学之殊胜道，撰写了许多以旧密经教伏藏法的修行坛城、灌顶仪轨、窍诀讲授等方面的经典论著。若想了知著作的详细情况，请参阅法子白玛久美嘉措所造写的《目录》和内外密各大传记。

尊者培养的传承弟子主要有：第五和第六世达赖喇嘛、德司桑杰嘉措、弟弟大译师秋白桑波、法子白玛久美嘉措、法子易迅勒珠、法子仁青朗嘉、第二世佐钦法王久美塔确丹增、噶陀法子索朗德赞、琼结巴日活佛、萨迦法王根嘎扎西、昌都嘉瓦帕巴拉、贡布唐卓活佛等诸多无与伦比的智者大德。如《伏藏授记文》云："具信法主之弟子，当今主尊师徒等，得地君臣一来者，利生弟子三十五，利己弟子一百余，具法缘者两千众，发愿所系有五万，业力所系六十七，七宝伞者抬足莲，三大官吏促事业。"

尊者到了六十九岁时，即藏历木马年一月，示现患病之相，尤其是从二十五日起对侄孙们作了教诲和遗嘱。从此以后，经常从西方传来如同唢呐般动听的声音，居室内外洋溢着龙脑般的香味。尊者说："我要向东方走七步。"当他迈了七步之后跏趺而坐，以遗教之式唱诵："现象音响皆为咒身中……"次月初二那天，尊者说："如今空行来迎接我了。"说完，以手摇法铃手鼓之式，凝视天空，刹那之间趣入空行之界。如《授记文》云："圆寂之时出现诸舍利，何者受用皆登空行地。"如是出现了天降花雨、彩云密布、大地震动等许多殊胜征兆。尤其是在法体荼毗时，心脏和顶骨不畏烈火，诸多舍利和液滴凝块上显现了精美庄严的无量游戏怙主身像。

三、琼结巴日妙乘法林寺简史

1. 简述寺院历史

前密六大祖寺之一，琼结巴日寺胜乘法林，于藏历第十绕迥铁羊年即公元1571年，由大伏藏师西绕沃色创建。此后，相继出现嘉色噶玛根桑、措嘉化身持明诚烈朗嘉、阿旺白玛根桑、阿旺罗桑白玛、白玛秋觉嘉措、丹增曲吉尼玛等成就智者，以解脱心滴为主的前密经伏教法得到了极大兴盛，传承弟子遍及整个藏区。后期，第一世佐钦法王白玛仁增，吉美林巴尊者等前密宁玛派的成就智者大德，在此道场闻思修行，以讲修二法进行了广大利生事业，僧众数量曾经一度达到三千多，成为"上有多敏巴三寺"之一。期间，由于经历了诸多岁月沧桑而遭遇衰败。为此，公元1957年，第六世佐钦法王吉扎向秋多杰前往卫藏地区时，专程来到此寺院，赐予了灌顶法恩。法王非常关心此寺院，并向噶厦地方政府报告了寺院的情况后，获得了庄园等特批的补贴，为寺院的振兴创造了诸多条件，但是，由于世事变迁，重振愿望未能得到实现。

在教法再弘的当今，当地僧俗群众开始重建。藏历土猪年即公元 1995 年，怙主白玛格桑法王亲赴该道场，赐予了灌顶教授。此后，从佐钦熙日森佛学院为此寺院选派过讲法堪布。读者若想了道场的详广历史，请参阅吉美林巴尊者造写的《巴日妙乘林法言》和《宁玛续部》等经典论著。

2. 创寺祖师昌波大伏藏师西绕沃色简传

大译师毗卢遮那有意示现为教生吉祥怙主者、创寺祖师昌波大伏藏师西绕沃色，于公元 1518 年即藏历第九绕迥阳土虎年六月初十之日，诞生在北部昂钦地区的赤桑家族中。在尊者入胎之时，母亲梦见一位水晶般透明、身带宝石装饰的人将一个盛满甘露的水晶宝瓶从她的头顶射入体内。从此，每月初十那天，帐房内外彩虹密布，芳香四溢。尊者从小就具足无伪正信、出离心和智慧等大乘菩萨圣行，经常获得文殊、红阎罗等本尊的亲见，被直贡法王仁青彭措认定为雅德班智达的化身。尊者在见到此法王之前，就在觉受中见到一位相貌如法王的人指着他的胸口说："你胸口的自身'阿'字该示现了吧？"说罢，尊者顿生不可思议觉受而获得开悟。后来，尊者说他见到的法王跟觉受中的一模一样。

尊者八岁时，在艾旺岭麦和宁当的具足贤正二德者慈城沃色座前接受居士戒。那天，因小尊者指认了佛龛上的大部分佛像，上师说他是位智慧顿超者，就为他取法号西绕沃色。在色多坚上师的大弟子大班智达多嘉瓦座前接受沙弥戒，从此，开始闻思。在甘丹赤巴座前听闻深见派和广行派的发心传承、集学论、入行论、集经论、菩萨地、二十戒论、龙树派胜义菩提心等法门，在长达六年的时间里，日夜努力闻思显宗诸论。此外，在一些善知识座前广泛听闻了慈氏五论、五地论、二戒论、中观理聚论、教言集、赞颂集、菩提心疏、五次第、格鲁派显宗道次第二论、密宗道次第广论等印藏各大论典，并一一得以抉择。巡游各大学院进行辩论，在辩驳、探讨、逻辑三方面完胜所有辩论对手，为此，多闻者岭麦阿阇黎说："您虽然像是个初学者，但有如此辩才实在稀有！过去，博东巴的一位资深格西对遍智荣巴说，'您通晓什么？'荣巴答，'我通晓般若法。''那么，通晓律仪吗？''当然，那是般若的行为。''那中观呢？''当然，那是般若的见地。''因明呢？''那是般若的逻辑。'同样，如今您依靠中观般若来寻求教法结构，以逻辑来执持教派，鉴于此，你可称为格西了。"

如是，上师在众人前大加赞赏尊者，从此以后，人们称尊者为格西西绕沃色。

十八岁时，尊者听说直贡仁青彭措来到藏南并在离乐空法林不远的地方驻留，就前去朝拜法王。正值法王为驻地的三百多位僧众传讲入行论之时，法王以著名的觉氏注疏讲解“胜义非心之行境”等三个偈颂，根据噶举派的修行并以逻辑推理作严饰，使尊者为之倾倒并希望跟随此上师，但被一位精通医学的道友阻止，从此，始终向往身居静处。有一时，他逃离故居，行至番域时，遇到直贡央日巴证悟者等四十多位僧众化缘，尊者与他们一道前往仁青彭措法王座前，尊者曾说：“当见到上师圆满慈祥的面容时，生起了不退转信心，不禁流下了激动的泪水，心想我的今生来世就要依靠此上师了。”法王慈悲摄受了尊者，为其赐予了胜乐法铃五本尊灌顶、大手印俱生双运法的讲授、噶举金鬘一意、五具法等法门，师徒二人多次在显密教法的疑难问题和如何诠释新旧密法各派的密意方面，作了广泛交流之后，彼此间生起信心，上师称赞尊者是为名副其实的格西。

有一次，上师直贡法王说：“明天你要在众格西前讲解一意法。”尊者心想：虽然以前没有这个传统，但应该有特殊的缘起，不能违背上师的旨意。于是，尊者在僧众会聚座前，以五具法为根本，将一百五十金刚法分成章节，执持一意三派的窍诀，以显密圆融之式传讲。其中，对萨迦班智达所驳斥的内容以正理加以辩解。是故，使所有人称赞其说前所未有。第二天，尊者前去上师座前，上师抚摸着他的头说：“你的讲解使五具法成为显密二宗的修行根本，一意法是其附法，对萨迦派原立者的破立也切合实际，正中要害，我很满意，你已经超出了我所祈望的。”当时，传谓尊者还造写了一本论著，但因一位康巴僧人借去做笔记而失传。

从此，上师赐予了噶举九大法统、甘露修行法仪轨、宁玛派经教法的五部阎罗、甚深密意法、殊胜的空行心髓法传承、北藏五宝藏法、白岭法部等，在直贡派方面的噶举文集、噶玛噶举文集等的诸多灌顶、讲授和口传，尤其是在此上师处听闻了生起次第玛哈瑜伽丹札十七续之根本幻网法注疏·十方除暗、教言阿努瑜伽集经大注疏的密意、以上师直贡法王独特见地所解释的大圆满阿底瑜伽心本续等窍诀。此外，新旧两派的续部、龙钦巴的休息三部、七宝藏、心髓四部、甚深精滴法、十七续、比玛拉注疏、窍诀一百九十等法，尊者对此等各大论典以思维智慧加以辨析之后，发现教法甚深要义尽在宁玛巴法门，尤其在心髓法里面并对此生起了定解。

此后，尊者前往卓日仁青邦圣山的莲师修行洞，除了三法衣，钵盂和勺以外没有受持任何东西，连续三年安住于十二头陀之行，潜心修行空行心髓窍诀生圆次第及扎龙的直授。此法是往昔直贡巴在五大上师前听闻之后，以窍诀单传之式圆满赐予了尊者，故尊者于修持时出现了不可思议的觉受和征兆，获得无数三摩地之门。之后，寺院多次邀请尊者担任要职，但他考虑到这或许成为散漫之因没有开许，坚持在静处修行达八年之久。在三十岁时，一位身着曼母装束的空行母对尊者说："您以学处行持隐世法行乃实在稀有，请喝下此甘露。"说罢，向尊者敬酒一碗。以此因缘，于藏历阴火羊年六月初十，由白色光芒所牵引的光团中，获得身着国王装束者莲花生大师的亲见和窍诀传授。在卓日仁青邦伏藏地，掘出了莲师解脱教言心滴·密意自解，此法写在浅绿色瞻部树树皮上，树皮纸非常坚硬，利器也难穿破，还掘出了身语意能依所依等无数伏藏品。

在桑巴达果山修伏藏法时，有一天晚上，尊者的觉受处于灰蒙蒙的景象，这时，出现一位女人对他说："今晚，莲花生大师在进行初十会供，你喝下这碗酒，还有这肉里有七世梵志的大肉，享用此有无量的功效，你可以飞起来。"尊者享用了酒肉之后，女人又说："现在去见莲花生大师。"顿时，依靠大肉的加持，她把尊者带向弯曲的空中之路，照见了吉祥铜色山和罗刹国的殊胜景象。在觉受中出现莲师佛父佛母以大乐莲师之式为其灌顶、传授窍诀和教言达一个月之久。尊者曾说："当时，众空行劝诫我从此以后要记住度化雪域众生，此后，就像梦醒一样清醒了过来。"

尊者在多吉扎静地闭关静修达三年之久。期间，获得身着国王装束、骑着狮子的莲花生大师亲见并对他说："如今，能够抉择正确见地者只有你，你务必要清楚开示这密意。"鉴于此，尊者造写了言简意赅的《二谛论·明盏》；在直贡法王的荼毗法会时，也造写了《显密祈祷文》，这是一部义词殊胜、集一切教法于一处的殊胜论著。后来，应夏仲霍索朗达吉的邀请前往琼结地区。一到那里，就如同父子重逢，非常欢喜，将尊者供奉为上师。尊者以解脱心滴窍诀法摄受之。此外，与门久根嘎巴桑、达娃活佛、休波嘎杰旺修等大德密意融为一体，互赠妙法之礼。拜见北藏法主扎西多嘉，法师非常欢喜赞叹尊者的殊胜智慧和辩才。因有如量教言文授记琼结夏仲霍索巴是拉色巴吉迥烈的转世，他以无比的信心之力劝请尊者建立一座前密宁玛派僧众道场，但尊者考虑到在五浊世代可能出现因大道场而带来许多琐事的过患，故暂时没有开许。随后，夏仲巴去世。夏仲巴之子霍尔索朗多杰为实现父亲的愿望，经再三劝请尊者，于藏历第十绕迥铁羊年即公元1571年，创建了琼结巴日寺胜乘林大道场。夏仲巴在建造、物资、场地等各方面提供了丰富的条件。

推举都顶仁波切阿旺罗桑担任寺院堪布，以实践三律仪仪轨等行持外现妙法律藏净行，以内在密法金刚乘成熟解脱总法和遍智龙钦巴窍诀法要作为修行之中轴，以上下部伏藏法和父子伏藏法集作为密修之法，执持不共教派的僧众得到兴盛。但是，因当地头人之间的争斗，致使尊者罹患重病并有意趣入涅槃。

他说："如果我的身体安放在土塔里，虽然将来会变成如意珍宝，有着藏区幸福、回遮边军的甚深缘起，但由于时劫，不知会有如何变化，所以，不如将其切分放入雅鲁藏布江，就能够利益贡波嘉拉山以上的众生，今后，由于时劫原因，佛法很难兴盛，僧众们务必要在各自的道场使教法不入衰败，主要致力于闻思修法，不染三律仪犯戒之污垢，不畏违缘障碍，视一切众生皆为再生父母，若想值遇我，就要修行解脱精滴法·密意自解和教言荟萃的窍诀法……"如是，作了诸多遗嘱教诲。

此后，在尊者的觉受中出现无数清净光明境相，特别是有一天，在圆满现前时轮金刚的坛城之后进行灌顶传法，尊者说："今天，在我的觉受中现前很多北方香巴拉的境相，所以，就依照此景来做祈祷发愿。如今，在觉受中除了在诸多刹土灌顶和加持的境相之外，没有其他平常的景象，此次的病痛好像要清净业障。"有一次，在众人齐聚时出现了一位孩童，有人问："这是什么？"尊者答道："直贡阿希和护法母等藏区鬼神专程从曲瓦来会面的，鬼神们情深义重，他们很难过啊！"随后，尊者在藏历水猴年六月初十准备圆寂时，受到被教言文授记为涅·嘉纳谷玛然化身的嘉色噶玛根桑母子不入涅槃的祈请，尊者说："那就暂住三日吧！"于是，尊者虽然已舍弃了寿命之行，但延长了生存之行。到了十三日清晨，尊者在天空彩虹密布，大地颤抖并发出剧烈声响的征兆中圆寂。头人索朗多杰为了实现父尊的愿望，为了让前密教法之宝得到弘扬，积极护持致力于三轮的僧众，为其补给生活资具，使讲修三轮教法得以兴盛。

四、东方金刚座噶陀寺简史

1. 简述寺院历史

"下有噶白佐三道场"之首座，千百成就智者之源，东方金刚座噶陀寺，于藏历第三绕迥土兔年即公元 1159 年，由噶陀巴德协·西绕森格或名波巴塔耶尊者创建，以弘扬前密经幻心三法行使利生事业。此尊者的传承弟子主要有藏顿多杰坚参、向巴本、扎耶堪布；成就光身的弟子有毗卢修行洞本顿喇嘛、杂日喇嘛根嘉、卫巴云登本、木雅降央云登、岭·比丘西绕五位大师，从此，开启了"十万虹身者"的先河。此外，还出现"殊胜十弟子""获得忍道三弟子""百位宝伞弟子""八万持戒比丘"等，使佛陀教法在下部多康得以振兴，事业遍及四面八方。从尊者起出现了"十三代上师""十三仲上师""十三莫上师"等历代传承和再传上师，统称为"噶陀前期传承上师"。

藏历第十绕迥木牛年即公元 1625 年，化身伏藏师持明隆萨宁波诞生。此尊者重振正趋衰败的寺院，重建了寺院能依所依。此后，嘉色索朗德赞化身祥迥活佛的历代转世，坚阿巴向巴本化身格则大班智达的历代转世，噶当巴仁波切化身历代司徒活佛，大密主化身历代莫札活佛等相继涌现，统称为“噶陀后期传承上师”。

总之，先后涌现百代上师、八十代住持等贤善成就大德，从东西印中两国到南北蒙滇两地，都被夏日海潮般兴盛的噶陀教派三轮事业所覆盖，欲知此寺院详情，请参看寺院详广历史文献。

2. 创寺祖师噶当巴德协西绕森格简传

创寺祖师噶陀法王德协西绕森格，被诸多经教授记为印度尊者巴然达扎、阿阇黎贤达德瓦、空行母益西措嘉、涅译师益西迅怒等大德的化身。尊者于藏历第二绕迥阳水虎年即公元1122年，在多康四水六岗之玛札岗，金沙河与德隆布曲河流淌于两侧的折协雪山之园贝莫圣地，当今称为色康的地区，伴随着种种瑞相而诞生，父亲是密乘瑜伽师藏巴华扎，母亲名为藏莫仁青坚。尊者父母育有四子一女，长子是帕莫竹巴·多杰嘉布，尊者排行老二。在一些历史文献中说尊者母亲与帕莫竹巴母亲是姐妹，故称表兄弟。父亲为其取名格瓦培，从小英俊善言，对轮回有着厌离之心，行为清净，天生不食酒肉，喜好闻思修行等具足圣者风范。

从六岁到九岁之间，学习文字读写，佛像的绘制和度量衡、新旧医学、天文历算、文法、世俗伦理学、国王法规论等，将般若八千颂作为日常课诵并背诵，在巴真上师座前接受居士戒。九岁以后，根据父尊的旨意，前往岭吉祥法轮寺的帕莫竹巴座前，听闻律藏、经藏、般若、续部以及经典论著，接受了菩萨戒，听闻三摩地王经、密意决定疏经、楞伽经、般若八千颂等并通过讲考，深得上师的欢喜；听闻金刚猛厉母和胜乐灌顶并生起殊胜证悟；闻受了吉祥天母灌顶，未经观修就获得天母的亲见。与帕竹上师一道进行猛力现行事业，将教敌木雅魔王降伏。十六岁时，前往冈波圣地拜见向巴朗达格西，在其处听闻了各种经典注疏，续部讲授及灌顶窍诀。十九岁时，前往卫藏各地，在多妥特巴坚参格西、嘉玛瓦格西等善知识座前，听闻诸多经教论典、时轮金刚等续部的讲授和灌顶。二十一岁时，在热振寺噶当巴智者森格桑波座前听闻菩提道炬论、般若、中观、因明、续部的讲授以及在灌顶窍诀方面作了广泛闻思。在萨迦索朗则莫、根嘎勒巴等座前听闻喜金刚、道果、金刚帐、萨迦派普巴以及谷派、鄂派、努派的阎罗法灌顶口传和窍诀讲授。

尊者于净现中前往兜率内院，在补处佛弥勒座前听闻妙法，出现了一切疑虑无余遣除的清净境相。在然译师弟子岗译师座前听闻胜乐法，在觉若译师前听闻亥母法，在瓦日译师前听闻幻化文等法的诸多灌顶窍诀。二十二岁时，在阿阇黎然那森格前听闻胜乐与四座法灌顶讲授，并且以摄生法来行持苦行。二十四岁时，在彭域交地区的向秋森格座前接受沙弥戒，取法号西绕森格，在此大德前听闻前密宁玛派深法并实修，对生起次第和扎龙获得自在，无碍照见了自身俱有的本尊。从那时起，尊者的贤善成就美名在卫藏各地传开，不断得到诸多圣者的赞誉。二十五岁时，在岗拉西地区值遇热琼巴尊者，听闻了蓝胜乐法和无身空行法部。在热巴西瓦沃座前听闻拙火法部。前往吉祥那塘佛学院，在鲁密大师传承弟子德巴那吉大堪布座前接受比丘戒，如同持戒者优婆离尊者般行清净威仪，并在此堪布座前听闻了诸多前密经教伏藏法门。尤其是在苏巴祖孙三尊之苏·释迦森格亲传弟子藏敦·卓卫贡波座前，听闻了幻网续，总经意集四传承的讲授和、灌顶以及心要窍诀的一切深法要义。

尊者到了二十九岁时，仲敦巴上师对他授记道："你若在冈波圣地修行的话，会成为光身成就者，若前往康区噶陀，因此地是毗卢遮那大译师的修行地，莲花生大师会在此地驻留二十五天作加持，有教法住世千年的缘起。"于是前往桑日康玛圣地，在玛吉拉准之子陀宁上师和成就者顿丹等座前，听闻了希觉和断法的诸多窍诀。此后，前往塔波地区拜见无等塔波仁波切，听闻了大手印俱生双运等诸多噶举派法门的灌顶讲授。在杂日圣山修行四个月之后，出现了成就征相。此后，根据上师"以后要回到父亲我的身边"的旨意，回到塔波座前并向其报告证悟体验，出现了自在于风脉、响起六字真言法音，彩虹密布等很多殊胜征相。上师赐予尊者法衣和加持圣物，并作了如同过去仲敦巴一样的授记，尊者心想："根据仲敦巴和塔波仁波切的密意，为了自利而成就光身不如教法长久住世利益大。"所以，前往康区找寻康噶陀圣地。

途中拜见噶玛巴都松钦巴并在证悟方面与其交流，两位大师的密意融为一体，听闻了许多灌顶和讲授，成为此上师"百位宝伞弟子"中的首座弟子。如是，尊者在卫康各地依止了百余位如量上师，圆满闻思了一切大小乘的法门。在三十三岁至三十五岁之间，前往木雅、丽江、岭域等地，与当地头人成为施供关系，根据各自的意愿赐予灌顶、口传和讲授，仅沙弥戒就传授了九百多戒传弟子。三十六岁时，回到家乡进行修行，东方冈波圣地的土地神前来迎接，尊者为其赐予了法缘并称有余缘而令其回归。

随后，尊者带上慈城仁青和多杰坚参作为近侍，前去寻找噶陀圣地。当他们到了霍波雍肿塘时，吉祥天母在苯教寺庙房顶为尊者显尊容并说："请您去上方，我会辅助事业。"到了噶地中央时，遇到十三位牧童，尊者向他们问道："噶陀在哪里？"牧童指着上方答道："就在上面。"到了牧童所指地后，在狮子岩和玉措湖上方见到了自生字“ཨ”和“ཀ”，于是，在毗卢山洞修行并出现了祥瑞征兆。霍波地区四千户头人格勒虽然目睹尊者的法相和神通，但当时此地的人们都信苯教，所以，起初不太愿意接受佛法，后来缘分逐渐成熟，成为尊者的功德主，霍波地区一百多人在尊者座前出家为僧，前来闻法的弟子日益增多。

尊者到了三十八岁即藏历第三绕迥土兔年，创建了东方金刚座噶陀寺，格勒头人也被尊者的善举所折服，成为建造大经堂的施主，并请求尊者常驻大道场。当时，闻法者达到一千多位，所有人在白天修建大经堂，晚上听闻佛法，有时候，闻法和清净业障之修建同时进行。石匠、画匠等都各行其职，大经堂内外部分和法会大院圆满竣工。由尊者带领，在经堂里面建造了三世佛、八大菩萨、护门神、护法等佛像，其内装藏的圣物有：出自桑耶寺的莲花生大师和比玛拉法本、五部幻网法本、卓普巴的法衣、苏钦巴的牙舍利、阿底峡法帽、桑杰益西的金刚橛、如来舍利等诸多殊胜内所依。此外，供奉了金汁书写的大藏经甘珠尔、金汁书写般若经、银汁书写般若经等一千三百多函经文法本。

在开光时，晴朗的天空中彩虹密布，降下花雨，响起无形的各种乐器之音，出现了智慧本尊降临的征相，使所有目睹者为之惊叹。尊者为来自木雅、岭巴、康南、藏嘎巴、丽江、吉丹巴等地的四千多位僧众传授出家沙弥戒，建立了经部、幻网、胜乐、时轮、喜金刚等法的共修法会。在前往岭王扎拉圆寂的圣地时，得到了岭·嘉察的铠甲和头盔的供养。当时，有八位苯教喇嘛嫉妒难忍，在修行洞施法诅咒，这时，吉祥天母现身，摧毁了他们的山洞，尊者在其上画了金刚十字架，如今，此地称为“八蝙蝠地”。如是，从藏历土兔到铁龙的两年之间，圆满完成了大经堂内外能依所依。此外，在道场的阴面山上建立佛学院，在阳面的山上建立闭关院，为几千名僧众传授了比丘戒，在结夏安居法会期间，九百位比丘和两百位沙弥领取了木筹。

尊者在夏季为僧众讲授显密经典论著，冬季为僧众进行灌顶、开示窍诀。法会时，僧众规模达近八万之多。根据律经仪轨，有六十多位犯戒僧人在响木声中被逐出寺院。获得了格勒头人、木雅达金、丽江王、岭扎拉达吉、冈波嘎勒、东方宗喀、嘉莫绒等卫藏康三大区域众多头人的恭敬承侍。尊者培养了如群星般的无数弟子，其中宗顿·多杰坚参、扎耶堪布称为“月二弟子”；毗卢洞的本顿喇嘛、杂日喇嘛根嘉、卫巴·云登、木雅·降央云登、岭比丘西绕等称为“成就光身五弟子”；此外，还有称为“嘉绒多闻三比丘”“近圣十弟子”“得法忍三弟子”“百位宝伞弟子”等。

尊者为了摄受后学者化机而造写的论著有：森格桑波般若注疏·义明辨析、律仪比丘别解脱经注疏·银镜、俱舍论总析·摩尼宝库、中观根本论注解、入行论总纲·大宝明盏及其摄义、发心仪轨、教诲笔录、道次第注疏、真实名义经注解、大手印直授笔录·金苗芽、阿阇黎嘎比多杰幻网疏巴考本注解、道次第注解及摄义、幻化海注解、方便绢索窍诀笔录、修行理论、总经意集大疏二十五品、总义、摄义总纲、大圆满道总纲、广中略三摩地明盏总疏、地道笔录、毒蛇论笔录、宝剑论笔录、广中略续部分类、灌顶笔录、心本续大疏、了相识决定论·金刚誓言、总断法·庄严花朵法乘总纲等论典注疏以及引导文、修法、净现法、教诲、道歌等十九函，但如今大部分都已失传。

尊者到了七十岁，为七万多信众传授发心仪轨和灌顶加持，对众弟子作了教诲。作为任命其继承人的表示，将法帽和旧披风赐给心子宗顿·多杰坚参，尊者说："讲院由耶嘉堪布主持，修行院由贡波喇嘛布琼主持。"如是，作了任命仪式。七十一岁时，尊者对心传弟子们教诲道："无论你们的证悟有多高，佛教的精髓是律藏，因此，行为一定要细致如法，无论对词句如何通达也只是外壳，修行实践其内容才是根本，而且要修到要害，无论是大小任何法乘，最重要的是调伏自心，要身居低位，专心修行，我的上师中虹身者层出不穷，就是靠修行而得，我如果去冈波圣地，会成就虹身，但为了利益佛法而进行闻思事业，培养弟子……"此后，举行了隆重的会供法会。众弟子祈请尊者长久住世，尊者唱起了道歌："如今前往具义极乐界，走向无量光佛之座前……""祈祷佛陀教法永昌盛……"如是，作了诸多谛实语祈祷之后，于藏历第三绕迥水鼠年四月十五日，在传法欢喜园面朝西方，以心性休息的坐姿和手印圆寂。顿时，大地震动，听到剧烈响声达九次，从西方出现彩虹，彩虹的一端照射到尊者房前，晴朗的天空中飘下雪花等，出现了很多殊胜征兆，使所有见闻念触者生起信心，在相续中种下了解脱种子。

宗顿·多杰坚参等三百多位比丘作了法体荼毗仪轨，仪轨进行时，在荼毗塔右边盛开了一朵大黄花，出现了在经续中所说的地道圆满之瑞相，尤其是在尊者的顶骨上自然凸显了如下佛像：正中为十一面观世音和不空绢索五部观音，右边是五部佛，四边为四护门神，上面是十部黑如噶普贤王如来，左边是果桑二佛母，里面是文殊，后边为金刚橛。此外，有释迦牟尼师徒等栩栩如生、精美而殊胜的佛像，据说至今仍然保存完好，以供朝拜。

五、白玉寺尊胜菩提法林

1. 简述寺院历史

前密讲修教法之源，白玉寺尊胜菩提法林，于藏历第十一绕迥木蛇年即公元1665年，由大持明者根桑西绕创建。之后，由大师亲自任命的继承人、索波·拉白化身白玛伦珠嘉措住持。其后，持明嘉村宁波化身珠旺·白玛诺布、休布·白吉森格化身成就智者噶玛扎西、成就智者噶玛拉旺、成就者噶玛东丹、温活佛晋美罗珠、成就者巴钦都巴、噶玛塔确宁波，一直到近代的第三世贝诺法王勒协曲吉扎央、蒋康活佛土登巴桑等历代祖师大德相继住持寺院，三轮事业遍及四方，尤其是将宁玛派三大瑜伽之大密精华妙法弘扬到大洋东西两岸。若想详细了解寺院之情，请参阅与寺院有关的历史文献。

2. 创寺祖师白玉持明者根桑西绕简传

寺院创立者持明根桑西绕，此圣者在往昔依次或同时化身为释迦牟尼座前的法子罗睺罗、优婆塞达玛达、大圆满导师嘎绕多杰、后恩札布德国王、汉地一成就者大和尚等。莲花生大师在雪域圣地广传法轮时，化身为“预试七人”中嘉瓦向秋或名根登桑波尊者、苏钦释迦迥烈、蓝·释迦桑波、波多瓦仁青沙、大成就者梅隆多杰、多措热巴·西绕坚参等无数贤善成就大德。此后，如《意集授记密秘文》云：“当今尊者根登桑波者，仰仗主恩具足誓言库，为了弘扬密集意之法，占嘉名者行持深义法。”又如嘉绒伏藏师的《隆萨空行心髓》云：“法臣衮转世噶陀西，根桑名者圣菩萨降临，促使修行妙法得昌盛。”《天法法主授记文》云：“依此东方或南方，乔美慈城桑名者，后脑有痣者降临，此法交此有缘者。”如此等诸多新旧伏藏法中无欺教言所授记，尊者于藏历第十一绕迥阳火鼠年，在多康崩波岗分支白玉阿确卓勒地区诞生，父亲为穆察噶种姓后裔多杰，母亲名谷如措。

小时候，学习并背诵了噶陀课诵仪轨，此后，向执持噶陀耳传者嘎杰曲迥嘉措献顶发，接受居士戒并取法号慈城嘉措，在其处听闻了大手印指导和牟札六讲授等很多深法。

在边巴热克寺，将仲·曲尼嘉措依止为宝顶上师，听闻了大手印俱生双运甚深讲授等诸多法门，并以无与伦比的精进苦修此等法门长达五年之久。曲尼嘉措上师圆寂以后，依止色洛·敦巴坚参大师，听闻大圆满自生自解脱等很多直授深法，接受了总经意集等经伏大灌顶及窍诀密法，使其现前诸法实相、获得证悟自在。此外，在贤善成就者白马罗珠等许多上师前听闻了无数法门，从而在闻思方面达到断除疑惑之境地。

此外，在成就智者白玛罗珠等许多上师座前，闻思了无数甚深法门并作了抉择。此后，行持隐修者威仪并前往卫藏朝拜各大圣地和上师，但在途中听到大持明者门久多杰美名，就放弃了去卫藏之心而转向昂多地区。见到大持明者时，生起了强烈的信心，上师也将其视为近身心传弟子之一，赐名根桑西绕，获得上师的所有净现天法意伏藏的灌顶、口传和讲授，成为其伏藏法主。当时，成就智者噶玛乔美来到大持明者座前，尊者在其处接受了沙弥接并听闻了其著作等诸多深法。

此后，大持明者前往德格和芒康，尊者作为随行弟子一同前去，在噶陀转法轮时尊者担任了金刚上师补处。当时，值德格王征服很多地区为其管辖之时，在名为白玉朗嘉则（尊胜顶）的风水宝地新建了大经堂，召集五百位修行者于一处，为道场取名尊胜菩提林寺，欲迎请楚休·顿巴嘉措担任僧众上师，但楚休说："我是舍弃一切的隐修者，加之年事已高，不能胜任导师，如果你们迎请长江岸边的我弟子根桑西绕，道场就能兴盛起来。"如此授记，身在木桑的尊者收到邀请信函，他就请求大伏藏师门久多杰授记指点，上师说："利益化机事业应时而致，如应邀前去，在不远的将来，弘扬教法事业必定成就。"尊者临行时，上师说："此等大圆满甚深教授和殊胜伏藏品是莲花生大师赐给我的，我就送给你了，望你为教法众生发广大之心。"说完，将尊者封为其补处并作了殊胜祈愿。藏历木蛇年即尊者三十岁那年，来到白玉朗嘉则，接受了修行者们的顶发并赐予了居士戒之后，回到木桑主持大伏藏师门久多杰荼毗法会，建造了能依所依。

前往列多地区的乔美仁波切座前，接受了圆满比丘戒，在原有的法号前增加了"持明"，称持明根桑西绕。在回来的路上，打算去拜见伏藏师邓都多杰，但遇上地区争斗而未能满愿，就派使者送去了信函。回到道场，制定了寺院的规制，对僧众在戒律学处方面做了诸多教诲，为了让他们全面掌握律仪学处，还进行了考试。邀请伏藏大师隆萨宁波到道场，作了广大供养和承侍，被大师封为其伏藏法主。根据德格王的旨意，请佐钦法王白玛仁增在其管辖地进行佛教见修方面的整顿。尊者将佐钦法王迎请到道场，相互传授教法。从三十五岁起，尊者立下誓言，决定毕生闭关静修，吃一座食，不享用肉食，不粘一滴酒及含酒物品。依此因缘，在此地区涌现了一大批立誓毕生闭关静修、执持一座威仪、终身戒掉酒肉者，制定了在大经堂里除了会供用酒以外不能有其他供酒的寺规。尊者利用闭关出座间歇，进行讲经说法、观修指点，根据各自意愿而摄受化机，培养了很多具有觉受和成就征相的弟子。

后来，因尊者对道场人多嘈杂的状况生起了厌离心，带着两位徒弟，秘密地前往拉日沃萨岗静处，居住在草房闭关修行。此后，修行处逐渐发展壮大，从而使道场和修行处都兴盛起来，向僧众传授了从居士到比丘的戒律，使所有僧众成为具足三戒的持戒者。尊者著作有三律仪论说、酒与女人的过患、依止上师法等有三法函之多。如是，以讲修之式进行弘扬佛法事业之故，来自贡觉、芒康、萨安、绒夏、昌台、新龙嘉都、果洛多色、上下霍地、东方嘉绒以及汉地札果以上的弟子如云而集，并且得到此等地区头人的恭敬承侍，在各地建立了许多分寺和道场。继后，将其弟白玛益西嘉措封为然恰寺住持，主寺交付于温波白玛伦珠嘉措，封其为补处上师并作了很多教诲。最后，于藏历第十二绕迥虎年一月初十，在诸多瑞相中色身庄严趣入法界之中，时年六十三岁。如今，尊者转世活佛历代白玉法王嘎玛谷钦转世至今，正在进行着弘扬前密教法，尤其是宁玛派白玉清净传承的神圣事业。

藏传佛教大圆满传承史·如意宝鬘之附说前密宁玛派六大祖寺历史而第十六章终。

又曰：

无比殊胜名号白哈达，业力大风所飘之游戏，
显于三界之顶佐钦法王，政教威力福泽无边际。
弘扬佛陀教法发心力，应时成熟犹如时劫火，
殊胜方便幻化之游戏，丰功伟绩日月及明亮。
无尽显密妙法之大海，讲修二法犹如海浪涛，
无数贤善成就龙王群，游戏圣地玛旁法之海。
清净无比善业大海中，所生增上胜心之月轮，
殊胜智慧坛城极圆满，放射善言妙语之光明。
身处平庸之地而度生，平凡求学之子多闻者，
无有众人欢喜之伟绩，统辖政教之力亦微弱，
然而宿愿谛实之威力，应时成熟之风所敦促，
心中长久所存之话语，流露欢喜洋溢在相续。
奇哉成就圣者师徒之，弘扬佛陀讲修妙法业，
二规兴盛圆劫之佳话，在此末劫传讲为己任。
虽无满足智者耳根之，美妙言词意义甘露水，
然而叙述具义圣者传，望成居心正直者耳饰。
殊胜成就智者伟业，殊胜事迹犹如天神鼓，
智慧壮士臂力猛敲击，所传妙音响彻于三界。
以此所摄善业之精华，白业福泽圆满之月轮，
祈愿成为教法青莲园，讲修千瓣开启之因缘。
一切教法本初前密派，六种殊胜著称圣道场，
妙法之源成就佐钦法王，二规事业不衰永昌盛。

祈愿居于寂静法界中，祖师贤者众生之怙主，
具足清净智慧法眼者，无漏密意一切皆圆满。
祈愿我于生生世世中，系于善缘种性美花朵，
弘扬历代成就祖师之，自派教法花瓣永不谢。
祈愿十方持教诸大德，雄踞不动金刚宝座上，
恒久住世如海之时劫，殊胜事业光明遍大地。
祈愿雪域乃至全世界，消除恶劫衰败之因果，
无尽享用圆满善劫之，吉祥安乐幸福之喜宴。

如是，藏传佛教大圆满传承史，前密宁玛佐钦大圆满寺法脉及历代传承上师传·如意宝鬘，乃由因殊胜善愿获得佐钦大圆满传承法缘，莲花生大师和自在成就者第五世佐钦法王土登曲吉多杰之摄受加持心相续，在浊世教法明盏、贤善自在成就者、遍主法王土登隆多丹毕坚参，普贤王如来显为人身的大圆满成就者、无等根本上师阿江多丹罗珠嘉措，大密坛城遍主金刚上师珠巴尊者土登多阿协珠曲吉尼玛，五明班智达堪钦白玛才旺伦珠，隐修者当代米拉日巴堪钦曲恰，成就智者堪钦热哈·达卫沃色等诸多贤善成就上师座前，有福缘闻思显密经典，饱尝前密经教伏藏和无上大圆满如海法门的灌顶、口传、讲授以及耳传窍诀之甘露妙法，对佛陀教证胜法尤其是前密宁玛派基道果见地树立正信，根本上师阿江多丹罗珠嘉措尊者赐法号“白玛嘎旺沃萨柔毕多杰”，从而戴上了第七世佐钦法王名义冠冕。然而，自相续却还在资粮道徘徊的释迦比丘土登阿旺罗珠协珠丹毕坚参，于本师释迦牟尼佛涅槃两千五百四十七年，自在成就者佐钦白玛仁增在多康日当地区建立前密讲修道场佐钦邬金禅法林之后的第三百一十八年，藏历第七绕迴的《初品释》称为巴尼年即日轮年，农历阴水羊年七月初三，在三乘法音缭绕之道场、雪域智者之源佐钦熙日森佛学院群书堆积的笔者居室中撰写圆满，回向此功德成为佛法永驻，众生离苦得乐之善缘！

吉祥！善哉！

附录1 别解脱戒、菩萨戒、密乘戒传承上师名录

（1）别解脱戒传承

1 本师释迦牟尼
2 舍利子尊者
3 罗睺罗尊者
4 婆罗门罗睺罗贤尊者
5 龙树菩萨
6 清辨论师
7 隐贤论师
8 智慧藏论师
9 菩提萨埵堪布
10 巴然那
11 藏绕萨
12 喇钦贡巴绕萨
13 鲁弥慈城西绕
14 嘎曲瓦·苏多杰坚参
15 烈沃扎巴坚参
16 哲钦西绕巴
17 夏都瓦尊珠巴
18 泽都瓦迅怒桑格
19 卓敦德泽扎
20 钦青朗卡扎
21 色吾扎巴西绕
22 钦青罗桑扎巴
23 根嘎坚参
24 珠巴西绕
25 大班智达根敦珠
26 烈宁巴根嘎德勒
27 嘉瓦根登嘉措
28 德瓦坚格勒巴桑
29 嘉康泽瓦华觉嘉措
30 降央根秋曲培
31 堪钦根秋丹增
32 大译师达玛熙日
33 冉江巴邬金曲扎
34 敏珠林金刚上师久美曲丹
35 邬金丹增多杰
36 嘉色仁增桑波
37 堪钦桑珠白玛扎西
38 佛子先盘塔耶
39 土登宁协坚参
40 堪钦白玛班扎或名白玛当秋沃色
41 嘉色先盘曲吉朗瓦
42 冉江巴久美丹毕坚参
43 堪布西绕彭措
44 堪布拥登嘉措
45 堪钦土登曲培
46 堪钦仁增旺嘉
47 土登隆多丹毕坚参

（2）广行派菩萨戒传承

1 本师释迦牟尼
2 文殊菩萨
3 寂天菩萨
4 埃拉达日

5 玛哈熙日
6 然那
7 巴瓦班扎
8 达玛谷德
9 德邦嘎然
10 斯玛德
11 大译师罗丹西绕
12 慈邦巴曲吉喇嘛
13 恰瓦曲吉森格
14 丹帕巴达玛扎西
15 西绕罗珠
16 西绕旺修
17 桑杰尊珠
18 温格瓦释迦森格
19 喇章曲巴坚参
20 龙钦冉江尊者
21 仁增吉美林巴
22 多智钦吉美·成利沃色
23 参巴吉美加卫尼固
24 格则晋美沃察嘉措
25 美久·囊卡多杰
26 佛子先盘塔耶
27 巴珠晋美曲吉旺波
28 堪钦白玛班扎
29 杰温丹增罗布
30 堪钦先盘朗瓦
31 吉美·拥丹贡布
32 土登隆多丹毕坚参

(3)深见派菩萨戒传承

1 本师释迦牟尼
2 文殊菩萨
3 龙树菩萨
4 月称论师
5 柔毕库秀
6 大谷萨拉
7 小谷萨拉
8 觉沃杰阿底峡
9 觉沃唐巴扎
10 阿阇黎晋美迥烈
11 向森达瓦坚参
12 大卓洛巴
13 向秋沃或名吉沃勒巴
14 玛尔释迦森格
15 钦朗卡扎
16 堪布门朗慈城
17 阿阇黎向秋珠
18 阿阇黎迅怒多杰
19 龙钦巴尊者
20 仁增吉美林巴
21 多智钦吉美·成利沃色
22 参巴吉美加卫尼固
23 格则晋美沃察嘉措
24 美久·囊卡多杰
25 佛子先盘塔耶
26 巴珠晋美曲吉旺波
27 堪钦白玛班扎
28 杰温丹增罗布
29 堪钦先盘朗瓦
30 吉美·拥丹贡布吉美·拥丹贡布
31 土登隆多丹毕坚参

(4) 广深派菩萨戒传承

1 本师释迦牟尼
2 弥勒菩萨
3 无著菩萨
4 世亲菩萨
5 圣解脱军
6 持戒者解脱军
7 殊胜军论师
8 解脱军论师
9 阿阇黎毗卢遮那
10 狮子贤
11 桑杰益西
12 比玛木札
13 然那巴尔塔
14 本察宋巴
15 罗丹西绕
16 哲西绕巴
17 阿尔向秋益西
18 克西绕尊珠
19 噶琼让莫巴
20 向耶巴
21 那修
22 嘉羌如巴
23 曲木森格巴
24 罗扎巴
25 温格瓦释迦森格
26 喇章秋华坚参
27 遍智龙钦巴
28 仁增吉美林巴
29 多智钦吉美·成利沃色
30 参巴吉美加卫尼固
31 格则晋美沃察嘉措
32 美久·囊卡多杰
33 佛子先盘塔耶
34 巴珠晋美曲吉旺波
35 堪钦白玛班扎
36 杰温丹增罗布
37 堪钦先盘朗瓦
38 吉美·拥丹贡布
39 土登隆多丹毕坚参

(5) 成就者白玛仁增所传菩萨戒传承

1 本师释迦牟尼
2 文殊菩萨
3 寂天菩萨
4 哲达日
5 小月称
6 觉沃谷那熙日
7 嘎纳噶熙日
8 苏玛德格尔德
9 罗丹西绕
10 阿阇黎杰尊巴
11 布敦大智者
12 大译师仁青朗嘉
13 雅楚桑杰白
14 桑杰培
15 诚烈密觉
16 根秋迥烈
17 噶玛乔美
18 成就者白玛仁增
19 阿阇黎朗卡沃萨
20 久美塔确丹增
21 巴尔喇扎西嘉措
22 尼札仁增桑波

23 桑珠白玛扎西
24 佛子先盘塔耶
25 晋美沃察嘉措
26 巴珠晋美曲吉旺波
27 堪钦白玛班扎
28 杰温丹增罗布
29 堪钦先盘朗瓦
30 吉美·拥丹贡布
31 土登隆多丹毕坚参

（6）生起次第玛哈瑜伽传承

1 法身导师普贤王如来
2 密主金刚持
3 离遮毗无垢称
4 具缘札国王
5 阿阇黎古谷然札
6 小恩札布德
7 桑哈然札
8 鄂巴然札
9 空行母果玛德布
10 谷古然札国王
11 若朗德瓦
12 多杰协巴札
13 阿阇黎扎巴赫德
14 莲花生大师
15 嘎巴多杰
16 桑杰桑瓦
17 大班智达比玛木札
18 玛陀仁青译师
19 邹日仁青迅怒
20 杰热确迥
21 祥嘉卫云登
22 努钦桑杰益西
23 努拥登嘉措
24 努益西嘉措
25 酿钦西绕确
26 酿益西迥烈
27 苏钦释迦迥烈
28 苏琼西绕扎巴
29 朗释迦桑波
30 桑达卓普巴
31 烈敦曲吉桑格
32 藏那沃巴
33 弥敦根波
34 西绕慈城
35 达那邓都
36 达释迦培
37 苏向巴森格
38 卓敦桑珠
39 卓钦桑杰
40 谷译师迅怒白
41 夏玛巴益西巴桑
42 直贡仁青彭措
43 让卓尼达桑杰
44 昆柔才旺诺吉
45 昆敦巴觉伦珠
46 扎西根嘎
47 桑达诚烈伦珠
48 大伏藏师久美多杰
49 大译师曲白桑波
50 白玛久美嘉措
51 嘉色仁青朗嘉
52 堪钦白玛丹增
53 邬金丹增多杰
54 冉江巴曲吉扎巴
55 格则晋美沃察
56 桑珠白玛扎西
57 佛子先盘塔耶
58 堪钦白玛班扎
59 麦彭仁波切
60 邬金丹增罗布
61 堪钦先盘朗瓦
62 堪钦白玛才旺
63 阿江多丹罗珠嘉措

（7）教言阿努瑜伽传承

1 法身导师普贤王如来
2 密主金刚持
3 离遮毗无垢称
4 札国王
5 邬巴然札
6 夏扎布札
7 那噶布札
8 谷嘿布志

9 谷古然札
10 若朗德瓦
11 阿阇黎多杰协巴
12 扎巴赫德
13 释迦森格
14 阿阇黎达那然柯达
15 阿阇黎多杰宏则
16 阿阇黎萨特然玛德
17 阿阇黎德瓦萨则
18 达玛菩提
19 堪布曲嘉迥
20 巴苏达拉
21 阿阇黎且赞吉
22 怒钦桑杰益西
23 库隆巴拥登嘉措
24 吉恩益西嘉措
25 嘉敦罗珠向秋
26 托噶尔朗卡德
27 拉杰苏钦释迦迥烈
28 苏琼西绕扎巴
29 央切喇嘛
30 桑达卓普巴
31 拉杰嘎敦巴
32 色敦多杰坚参
33 朗敦多杰沃
34 朗遵珠森格
35 拉杰拉本巴
36 朗曲吉森格
37 朗敦桑杰白
38 朗敦索朗根波
39 卓钦桑珠多杰
40 桑杰仁青坚参
41 向顿朗卡多杰
42 夏密多杰坚参
43 持明玉珠多杰
44 索多巴罗珠坚参
45 大译师先盘多杰
46 桑达诚烈伦珠
47 大译师曲嘉丹增
48 法子白玛久美嘉措
49 邬金丹增多杰
50 嘉色仁增桑波
51 桑珠白玛扎西
52 佛子先盘塔耶
53 堪钦白玛班扎
54 土登曲吉多杰
55 岭珠土登成黎将措
56 吉扎向秋多杰
57 土登隆多丹毕坚参

（8）大圆满阿底瑜伽心部传承

1 法身导师普贤王如来
2 报身金刚萨埵
3 化身极喜金刚
4 阿阇黎将巴西念
5 持明熙日桑哈
6 大译师毗卢遮那
7 嘉莫玉札宁波
8 那嘉那谷玛然
9 索波白吉益西
10 努钦桑杰益西
11 努拥登嘉措
12 良西绕确丹
13 良益西迥烈
14 苏释迦迥烈

15 苏琼西绕扎巴
16 觉敦释迦益西
17 拉杰卓普巴释迦森格
18 杰敦嘉那
19 珠钦卫巴休波
20 休波德泽
21 达敦耶觉
22 达敦色吉
23 当巴桑杰
24 良麦祖古
25 苏向巴森格
26 玛杰苏莫
27 克尊桑杰白
28 卓钦桑珠多杰
29 曲杰桑杰仁青
30 祥迪嘉色
31 珠秋扎巴华觉
32 达那堪布罗珠绕阳
33 喇嘛珠钦巴
34 索多巴罗珠坚参
35 大译师先盘多杰
36 持明诚烈伦珠
37 大伏藏师久美多杰
38 阿旺曲白嘉措
39 嘉色仁青朗嘉
40 白玛丹增
41 邬金隆央
42 仁增吉美林巴
43 多智钦根桑先盘
44 美久·囊卡多杰
45 佛子先盘塔耶
46 堪钦白玛班扎
47 邬金丹增罗布
48 堪钦先盘朗瓦
49 克珠阿旺罗布
50 土登隆多丹毕坚参

（9）大圆满阿底瑜伽界部传承

1 法身普贤王如来
2 报身金刚萨埵
3 化身极喜金刚
4 阿阇黎将巴西念
5 持明熙日森哈
6 大译师毗卢遮那
7 邦根麦彭贡波
8 安朗向秋坚参
9 萨当仁青尤
10 库久萨瓦
11 良向秋札
12 良西绕迥烈
13 巴贡益西向秋
14 藏达玛菩提
15 藏觉色
16 杰赤益西旺修
17 赛益西旺波
18 堪钦鄂尔巴
19 都敦班扎雪然
20 堪钦索朗坚参
21 堪钦迅怒西绕
22 阿阇黎迅怒扎巴
23 堪钦桑杰桑波
24 喇嘛尊珠旺修
25 塔西扎巴仁青
26 阿阇黎释迦杰波
27 谷译师迅怒白
28 坚阿巴曲吉扎巴

29 协扎巴确吉罗珠
30 琼仓巴罗珠白登
31 邦敦噶玛谷如巴
32 邦敦曲旺伦珠
33 曲旺根桑
34 邦敦根桑曲嘉
35 持明德达岭巴
36 嘉色仁青朗嘉
37 赤钦久美白玛丹增
38 邬金丹增多杰
39 堪钦仁增桑波
40 堪钦白玛扎西
41 佛子先盘塔耶
42 堪钦白玛班扎
43 邬金丹增罗布
44 堪钦拥登嘉措
45 堪钦根桑华丹
46 克珠阿旺罗布
47 土登隆多丹毕坚参

（10）大圆满比玛心髓传承

1 法身普贤王如来
2 报身金刚萨埵
3 化身极喜金刚
4 阿阇黎将巴西念
5 持明熙日森哈
6 阿阇黎嘉那斯札
7 大班智达比玛拉
8 酿本丁增桑波
9 贝罗珠旺修
10 仲仁青巴
11 当玛伦珠坚参
12 杰尊森格旺修
13 嘉瓦祥敦巴
14 克巴谷如尼本
15 曲达谷如觉贝
16 楚休森格交巴
17 珠钦梅隆多杰
18 仁增谷玛然札
19 遍智龙钦巴
20 仁增吉美林巴
21 多智钦吉美·成利沃色
22 美久·囊卡多杰
23 邬金丹增罗布
24 堪钦先盘曲吉朗瓦
25 堪钦吉美·拥丹贡布
26 土登隆多丹毕坚参

（11）大圆满空行心髓传承

1 法身普贤如王来
2 报身金刚萨埵
3 化身极喜金刚
4 阿阇黎将巴西念
5 持明熙日桑哈
6 莲花生大师
7 赞普赤松德赞
8 空行母益西措嘉
9 公主白玛萨
10 伏藏师白玛烈志札
11 雪本嘉色烈丹
12 遍智龙钦巴

13 嘉瓦益西冉江
14 楚休桑丹桑波
15 珠钦欣巴桑波
16 佐钦巴释迦名者
17 佐钦巴索朗仁青
18 夏琼巴遍智阿旺白玛
19 佐钦巴索朗旺波
20 仁增曲吉嘉措
21 佐钦巴白玛仁增
22 阿阇黎朗卡沃萨
23 久美塔确丹增
24 杰温白玛根卓朗嘉
25 美久·囊卡多杰
26 邬金丹增罗布
27 堪钦先盘朗瓦
28 堪钦吉美·拥丹贡布
29 土登隆多丹毕坚参

(12)大圆满上师心滴传承

1 法身普贤王如来
2 报身金刚萨埵
3 化身极喜金刚
4 阿阇黎将巴西念
5 持明熙日森哈
6 阿阇黎嘉那斯札
7 大班智达比玛木札
8 莲花生大师
9 赞普赤松德赞
10 酿本丁增桑波
11 当玛伦珠坚参
12 杰尊森格旺修
13 嘉瓦祥敦巴
14 克巴谷如尼本
15 曲达谷如觉贝
16 楚休森格骄巴
17 珠钦梅隆多杰
18 仁增谷玛然札
19 遍智龙钦巴
20 曲杰夏扎扎西迥烈
21 谷如先盘多杰
22 嘉色朗卡多杰
23 嘉色沃萨隆央
24 佐钦巴索朗仁青
25 夏琼巴阿旺白玛
26 佐钦巴索朗旺波
27 拉尊根桑晋美
28 佐钦巴隆佐塔札
29 佐钦巴白玛仁增
30 阿阇黎朗卡沃萨
31 杰温白玛根卓朗嘉
32 西念格桑旺丹
33 白玛塔确丹毕坚参
34 尼邓丹增桑波
35 多智钦吉美·成利沃色
36 美久·囊卡多杰
37 邬金丹增罗布
38 堪钦先盘朗瓦
39 堪钦吉美·拥丹贡布
40 阿江多丹罗珠嘉措

附录2 多康日当圣地志

（1）第四世佐钦法王美久·囊卡多杰所撰《日当圣地志》

密严坛城迁转极乐刹，隐地莲花庄严圣地之，
分支日当欢喜之山谷，山形犹如莲花盛开放，
前后两山相连如白幔，东方草地如马岩石上，
显现五部莲师自生像，东北形如初八月之岩，
是乃夜叉七兄弟宫殿，此前红色林木枝叶密，
夏季殷红犹如血之海，弥漫龙妖现身之气味，
南方巍峨雪山岩壁上，自然显现度母之圣像，
东南之方忿怒文殊洞，宫殿之檐雪山甘露水，
汹涌澎湃涛声似奉诵，忿怒文殊德支布支与，
亚麻然札亚麻然恰咒，禅定地貌之处修行院，
其下空行曼尊之宫殿；西边形如兔耳岩山上，
自显观音白度母圣像，及与观音心咒六真言，
阿雅达瑞心咒自然显；西北风天居处七磐石，
此乃多闻赞巴拉宫殿，其上清晰自然而显现，
当坚以及五部护法王，其下溪流发出财神咒；
正中座落邬金禅法林，上方云集殊胜三根本，
空中一切悉地如雨降，下有具誓护法行如电，
显密妙法唱诵声缭绕，如是殊胜圣地之功德，
不可思议此处略说之。顶礼转绕圣地之功德，
虔诚发心转绕一千遍，增为一亿清净诸业障，
如同拂去银镜之灰尘，往生现前三身之刹土，
转绕此寺功德应当知，时值吉日外绕三百圈，
有如以上功德应了知，若转经堂两千增一亿，
每遇十五三十与初八，神变吉日之时三百遍，
等同转绕德沃果札山，为除浊世罪障与违缘，
能以清净誓言与戒律，若修除秽金刚烟供等，
将获暂时究竟之吉祥。此乃为满信者之祈愿，
邬金切秋巴吉多杰撰（第四世佐钦法王），
至诚祈愿结缘之善士，清静业障成就三身果。
吉祥！善哉！

（2）大伏藏师秋吉林巴的日当圣地简志

顶礼上师！阳水猴年猴月初十，邬金莲花生大士携清净眷众，于日当雪围山中间的青草之地，搭起白绸帐房，居于珍宝法座，身披彩绸大氅，将诸多供养品加持为智慧甘露，无数具相智慧空行母汇聚，进行殊胜善逝总集坛城会供时，众眷属同声向莲师祈请道：“啃！三世诸佛总集莲师尊，具足智慧法眼请垂念，亲临加持作为修行地，如是吉祥圆满圣地之，历史由来以及诸功德，未来之时情景又如何，为使今世未来修行者，获得定解生起欢喜心，具五神通师尊请开示。”如是祈请之后，莲师赐予教言道：有缘眷众请聆听，持明善男与善女，圆满悉地之修行，修于圆满之圣地，圆满成就之圣果，源于五圆满之因。其中修地之圆满，佛陀首先予宣说，如若修地不圆满，一切修行不成果；若在圆满地修行，自然获得诸悉地；若于平常地修行，圆满修地胜万倍，殊胜圆满之修地，犹如美丽优昙花，世所罕见极稀少，此乃殊胜圆满地，首先叙述其源流，法身圣地圣法界，远离边际与偏袒，报身圆满密严刹，智慧形相本尊之，装束标帜分支中，化身刹土千万亿，三千大千之世界，风依空及水依风，形成金轮地基上，须弥山王及七海，形成六道众生处，以及马口火等，皆为不净凡夫见，实为圣者智慧戏，五部佛母之自性，释迦圣者之刹土，瞻部洲之六大洲，吉祥之地之中央，众圣汇集廿四地，以及八大尸陀林，尤其山高地严净，雪域吐蕃之疆域，虽然佛祖未亲临，然有观世音加持，二十一座雪山上，观音诸眷居住地，一切圣地之根本，为师邬金莲花生，多修深法于此地，迎请诸佛与菩萨，以及上师与本尊，无数圣众居此地，嘱托事业于空行，封具誓者为护法，埋藏诸多伏藏法，撰写地志作标识，开掘伏藏有缘者，后续授记皆圆满。普贤王如来加持故，法界庄严于虚空，圆满报身所加持，聚集四大之精华，虚空精华幻化相，清静蔚蓝大遍及，广深清净之光明，地之精华雪岩山，水之精华长久海，火之精华炽燃暖，盛夏不化雪山中，严冬地眼不冰冻，风之精华果树林，生长诸多妙草药，此乃圣地之由来。萨玛雅！

再说圣地之功德，雪山不变法界身，碧湖圆满妙报身，岩山草地与森林，丰美如愿所化身，尤为身之圣地故，普贤佛父与佛母，金刚萨埵大日佛，五部佛之身圣地，如同五顶水晶帐，明显佛父佛母身，菩萨三怙主之身，清晰显现三雪山，顶尖如同立神馐，二十大谷八小谷，猛静百尊之坛城，隐匿暗藏十山谷。蛮恶人众侵扰时，此为隐修欢喜地。正中日当之山谷，持明上师如云集，自在马明王山谷，密宗教法之来源，具降日扎魔地貌。北面空行山谷中，五部金刚亥母居，勇士空行集聚洲。东面威猛山谷中，忿怒金刚守护门，八大本尊诸明王，傲居其中戏九舞。见即能变心绪湖，于此修行能生慧，湖岸莲生大师我，享用大乐之会供，神通临此踏足印。如此空行聚集湖，龙王宫殿之上方，不变之兆立磐石，形如宝盆山谷中，有着水晶宝磐石，大圆满法之根基，菩提胜树之园林，出现如意妙果实，猛尊幻现之山谷，甘露净水乳白湖，享用沐浴除烦恼，威猛尊母幻现谷，从中流淌血色河，发出“吽拍”之声音，能除内外诸障碍。南方秘密山谷中，雪山犹如挂白幔，如同长寿宝瓶山，仙林境中长寿谷，精华寿湖常碧蓝，树木笔直长寿箭，地之精华吉祥山。西面怙主秀纳谷，狮面护法之护地，此外四方雪山中，有我莲师四修洞，各有莲师我手印，空行集聚之圣湖，各有本尊之坛城，极为殊胜之伏藏，不能发掘四师藏，任人开掘八支藏，坚固巍峨雪山中，如若修行易证悟，河流发出妙鼓声，若修密咒速成就，山谷宽广林茂密，讲者开慧获辩才。清凉湖泊与河水，饮此增长妙智慧，河流汹涌而澎湃，灌顶传承兴旺兆。空行母居大湖中，善逝寂静之坛城，众多崖巢岩之穴，修行顿超现觉受。猛尊幻化之宫殿，坚硬岩石宫殿中，生起次第观修明，林中树下石窟中，修行之士生信心，空行集聚法源中，空行神母聚会供，林间隐秘岩洞中，会供升起大乐受，坏誓怨鬼日札魔，红黑心血汇成海，具誓护法如云聚，若于咒石洞修行，可断十恶怨敌命，能伏一切恶魔敌，积累资粮反复修，能断邪魔之来路，雪域一切胜吉祥。坚固众雪山环绕，天空晴朗而高远，恒久湖水广而深，显现觉受证悟地，速成殊胜之悉地。巍峨岩山云雾绕，急流雪河骇声响，雷声隆隆闪电光，无比威猛而恐怖，致使邪魔畏惧逃。圣地护法诸空行，惩罚恶人之邪行，若是具誓修行者，初时生起畏惧心，中时发起大勇气，后时身安意清静。生起出离厌离心，觉受证悟得增长，成就征兆缘起具，瑜伽之士行此地。地之精华恒雪山，水之精华不退湖，火风精华草木盛，成就摄生术圣地。山脉巍峨摩尼宝，土地滋润又肥沃，易获丰厚之财物。外在极具妙庄严，内为圆满佛坛城，秘密五部智慧刹。极密黑如噶坛城，此乃上师供养处，以身顶礼而转绕，以语赞颂念心咒，以意恭敬发信心，真实意幻作供养，行持广大之事业，如是依法恭敬者，暂时消除诸病魔，获得福泽而长寿，一切愿望皆现前，究竟清净诸罪障，增长无上妙智慧。另说圣地之情境，东方文殊幻身地，智慧密意之圣地，东南神女幻化地，南方甘露幻化地，西南持明幻化地，东北猛咒修持地，依次显现妙法轮。金刚颅骨建神殿，宝瓶颅骨咔章鼓，神殿金刚十字形，如同珍奇武器立，九大成就阿阇黎，诸多受教持明，都以神变降于此，若修各自获悉地，此乃圣地之功德。萨玛雅！

第三讲述在未来，诸多莲师我化身，赞颂此地之功德，作为雍仲苯修地，行持东方伏藏之，有缘士夫度众生，多吉名者将掘取，悉地湖中掘猛咒。获得主修空行之，法部伏藏之标帜，开掘许多意伏藏，之后作为修行地。此后有缘者南来，获得标帜疾如电，促使佛教久住世，朗卡名者修行士，诸多大德具缘者，行修加持雪域安。另外此地之四方，执持教法四圣者，及其化身再化现，四位化身大法王，恒现圣地之四方，护持教法悯众生，自在掘藏四圣者，多吉仁青与白玛，成黎如是名者降。圣地周边之地区，集诸男女持明，尤其成就大圆满，阿底四现智慧法，觉受证悟者无数。获证明智如量之，数十圣者将涌现，获证法遍不思议，成就圣者不间断。此外圣地之周遭，成就智者不胜数，善信男女具法相，乐善好施有无数，对于无上佛教法，有着无比敬信之，国王臣民亦不断，显密教法之源泉，修行及于传讲院，讲堂宝殿诸多建，享誉雪域大藏区，庄严圣地极殊胜。未来末法之时代，将现具缘“珠”名者，赐予教生诸安乐，从南开掘深伏藏。持明“宁波”名者降，莲师意藏从南掘，弘扬阿底心髓法，北方密法拉巴名，掘出大小意伏藏，回遮外来之边军，具足猛力之国王，暂时降伏野蛮众，弘扬显密之教法，比丘“萨维”名号者，胜伏邪恶行为者，树立弘扬清净教，此乃教法之授记。萨玛雅！

由此引申讲述诸教言，雪域殊胜之庄严圣地，二十一座吉祥之雪山，巍然屹立雪域神圣地，上部阿里三部七雪山，中部卫藏四茹七雪山，下部多康六岗七雪山，每座又有三处之分支，二一雪山二一隐雪山，二一雪域共计六十三，加之山王冈底有六四，有境殊胜智慧具足轮，因之十地与果之十地，加上无上地为二一地，内续阿努瑜伽如是说，外之身与内之金刚身，不是他法是乃妙智慧，手印身大吉祥廿一面，又加秘密眼共六十四，化身饮血六十四尊之，六十四种誓言之坛城，外之气与红白明点中，六十四位饮血父母尊，眷众所依无量之神殿，智慧炽燃猛尊六十四，誓言之海坛城皆圆满。如是内与秘密之法性，犹如金之金光照外界。如是能够详细讲解之，阿努教言说于瑜伽者，觉知内外身体之本性，无需生起坛城任运成，气之起降自然密咒音，五毒恶念解脱大乐界，驾驭五欲智慧之庄严，轮回苦乐现为大安乐。如是普贤之行瑜伽者，威仪道用游历于圣地，见闻念想皆现尊咒慧，阿努瑜伽圆满成就者。无有任何毁坏誓言过，究竟关要誓言三门净，外内见闻清净现本尊，无碍无害化显善利益，因之三门戒律皆清静，师及金刚兄妹显本尊，成就佛与佛子身誓言，手印观想密咒不间断，成就妙欲大乐密悉地，见地法界智慧无分别，具足无勤密意之誓言，如是戒律誓言任运故，一座能增十万倍功德，无勤之中现前佛陀果，大教阿努瑜伽之密意，圣地功德窍诀此专说，此乃根据马哈嘎拉之，殊胜赞颂教言我讲述，有缘修者请记于心中，获得悉地男女瑜伽者，标帜书于文字作伏藏，若修教证妙法长住世，祈愿密法利生业圆满。萨玛雅！封印封印封印！

此乃由邬金秋吉德钦休波岭巴者（秋吉林巴），于藏历第十五绕迥之首火兔年孟春吉日，根据佐钦仁波切及诸堪布阿阇黎之请，因现前了诸多内外密善妙缘起之故，与岭喇仁波切和二子以及许多有缘者一道，从日当雪山岩石之中迎请三个石函，从中掘出圣地志标帜和甘露法药，桑杰才让在雪山大乐岩洞中作了广大会供供养，嘉绒朗珠仁波切供养金曼茶罗并作劝请之故，在开启之地措秀玉措湖圣地门的吉祥时际从伏藏黄页翻译成书，并由来自南方仓巴的五明智者仁青朗嘉尊者书写。吉祥！善哉！”

（3）大圣地白玛央宗史志·见解脱青莲之鬘

三世佛化行使利生业，菩萨埵第二佛陀尊，今世乃至获证菩提间，三门恭敬顶礼不分离。三世一切如来身语意功德事业之总集，玛哈谷如仁波切即莲花生大师降于此雪域大地，进行了无量利生事业，亲临并加持一百零八主圣地和上千个分圣地，埋藏了无数伏藏品。此等圣地之一，乃日当山谷当孜白玛央宗，下述为此圣地史志空行秘印文·见解脱青莲之鬘，萨玛雅！

圣地状貌邬金空行刹，左边山谷现为红黄色，犹如红色若玛脉之状，右边所现白色之山谷，犹如白色江玛脉之状，正中山谷展开之形貌，阿瓦杜德中脉展智慧，东方犹如莲花庄严刹，南方犹如清凉尸陀林，北乃邬金空行庄严刹，东南邬金黑云齐集聚，西南具足央列秀庄严，西北有如喜林苑庄严，东北血海沸腾尸陀林。于此背后同样三山谷，红色岩山如立金刚杵，从北往上行走七步地，莲师手印自生“阿”字现，神母心血所写之文字，又有橛意精滴业窍诀，此下白石形如母牛卧，此有马头明王之法部，此乃属猪圣者之伏藏。于此东方天物斑札勒，赤松德赞大氅藏于此，有着藏王无数财伏藏，又有殊胜随欲祈请文。南有铜山猛厉曜王山，有曜密修业伏之总纲，西有玛吉拉准空行母，收伏天魔引导断法之，空行教言窍诀亦无数。北有形如雄狮之岩山，南面能容神母卧岩洞，此有镇伏他方之猛咒，此下当坚护法命修法，玛哈嘎拉神杖与颅血，有着摄受男女天魔法，诸多泉眼甘露摄生水。此北唐东杰布成就者，神变所现十三只铁盘。天人历史见者现微笑。未来授记松赞遗教藏，此地背后黑山如黑蛇，诸多莲师秘密之伏藏，持明君臣廿五本生传，教法住藏授记等在此，形如狮子前足之山上，藏有有缘殊胜之大德，利生事迹如意宝树史，东北岩山之顶草甸上，藏有勇士空行歌舞法。吉祥桑耶圣地之详史，统辖三界赤松德赞王，制定教规本身传记等，毗卢遮那翻译佛教史。宫殿之顶严饰白色山，多闻天王宝库在此地，左边黑山岩山如剑羽，藏有朗卡宁波本身传，形如佛塔圣山之脚下，寿法黄页莲师秘印文，碧绿湖水潴聚地方之，二十一寻七肘所量处，形如月亮青色岩山上，神母密修措嘉之项链。对面形如神馐多玛山，藏多闻财神摄受窍诀，北面形如多玛岩山脚，法臣噶与吞弥所译之，梵文原文黄色水绸藏。于此东方十寻之地方，形如牦牛白色磐石中，牟赤赞普项链戒指藏，护法玉饰神母护此藏，湖北形如乌龟岩山上，邬金莲师彩虹妙法衣，此为日当土地精华藏。于此向下五寻之地方，金刚杵角系缚八铁环，藏于宝匣结有不变印，与此圣地往北之地方，土石稍显红色之处所，岩上能过人头许岩洞，此下紫色三角形岩石，乃为曜龙王之神魂石，形如猛虎扑食之山下，一百单八译师之文集。于此北方雪山之顶上，藏有观音身语意所依，亦有白哈神王命修法，玛哈嘎拉神杖叠续等，不同修行仪轨亦无数。于此东面屹立三座山，文殊势至观音之修法，于此背面岩石山谷中，邬金黑云集聚之地貌，此下形如铙钹地中间，红色磐石大小牦牛许，此有许多伏藏之标帜，讲述三种藏师如何降，诸多善恶时劫之情形，于此对面神女修洞中，藏有颇杨萨妃之项链。右面形如妙药多玛上，若击发出妙鼓之声音。下方又有细小之泉眼，藏有龙王牟尼火燃宝。诸多赤松德赞遗教法，形如国王宝座之山上，显有格萨尔王盔甲印，此下多杰哲琼传记与，白银所成心镜藏于此，青铜所成莲师自生像，亦有多闻天子本生传。于此东方形如箭羽之 黑色岩上凸显乌龟像，藏有松赞具义遗教与，大小六字真言功德法。于此右方青色岩山上，愿成宝王经与银匣子，曼达拉之长寿摄生法，无数空行伏藏法门与，利益雪域伏藏藏于此。其下形如牛鬃岩山上，藏有利益藏人畜伏藏，狮面佛母修法业窍诀。中湖龙王碧玉宫殿中，藏有财富之源珠宝瓶，堪能化机法器者掘此。于此对面山顶岩壁里，藏有二十八神女面具。形如箭鞘岩山之正面，岩山之颈莲花乐园中，藏有苯波教法窍诀书，于此对面青色岩山上，藏有三身讲修次第法，马头明王怙主兄妹等，智慧父种母种护法文，名为烟供愿文甘露云，消除时争瘟疫供施文，莲师我之化身属狗者，成为此人化机者缘法，此等伏藏诸法守护者，称为居士多杰雍仲札，往昔莲师在此日当谷，收伏天魔日扎之时际，白身士夫如同天神子，为造违缘障碍而前来，莲师收伏世界业力主，位列雪域九大山神中，密名伏藏护法雍仲札，浊世若作烟供而供养，则作行者护主助事业，能断人畜瘟疫时劫病。总之殊胜隐秘此圣地，藏地一百零八圣地之，莲师第二佛之伏藏地，具足慧眼善缘之士夫，将此土地树林岩石等，见为吉祥莲花光宫殿，若结善缘顶绕供曼扎，功德等同礼供三世佛。此生得福消除寿命障，来世成就清净佛之果，请记于心有缘之善士。如是自生空行教言法，不是故意弄虚和臆造，而是本初自性法界中，自然而出勒绕活佛名，白玛塔确罗珠愚痴者，一月廿八吉祥日书写，此德愿成众生解脱因。善哉！

（4）第五世佐钦法王土登曲吉多杰所造圣地志

往昔邬金莲花生大师，大乐愿成水晶修行洞，开启甘露妙药坛城时，大悲观音加持之圣地，中间名为“日当”山谷中，持明上师如云而集聚。若修生起次第速成就，野花繁盛美丽草原之，中央欢喜之地白玛唐，大宝法座彩绸坐垫上，端坐诸佛总集莲花生，具缘清净眷属海会众，犹如天上群星围绕之，空行主尊益西措嘉母，供养金银璁玉曼达后，祈请莲师加持此圣地，劝讲圣地殊胜之功德，莲师显出笑容如是道：“中部坚固岩石宫殿中，忿怒文殊心咒自然显，修者增长离思妙智慧。右边岩上有我莲师像，天神巧匠毗首羯摩者，以天人龙珍宝所铸造，补处法像高度等身许，名为加持云涌见解脱，时处善妙缘起现前时，勒绕岭巴大师将开掘。南方自在马王之山谷，具足镇伏日札之地貌，西边秀那护主山谷中，狮面佛母护法神众居。东北形如药师佛圣山，甘露温泉发出佛咒声。东方八大法行诸圣众，莲师修行湖及手印迹。西南尊胜度母之圣地，此有殊胜自生诸佛像。西南形如宝聚岩山上，藏有二十八神女面具。西北形如牟尼宝燃山，藏有无数如意之珍宝。”如是讲述圣地历史后，莲师开启善逝集坛城，万有加持甘露之法药，于此雪山湖水岩石处，为利将来埋下诸伏藏。功德圣地日当山谷北，乃是药叉所护之方向，形如宝聚嘉吉扎嘎山，实为吉祥铜色山刹土，形相八大法行本尊众，观音净土五台圣山之，妙相庄严功德皆圆满。此地称为康区五台山，兄妹二神乃为圣地主。往昔邬金莲花生大师，三年修行金刚精华法，众生置于成熟解脱道，中时邬金补处桑丹岭，多札格桑白玛旺修尊，后时持明尼玛札巴等，诸多持明成就大圣者，相继降临加持此圣地，未来多杰坚参伏藏师，掘藏指引成熟解脱道。此外邬金莲生大师与，印藏持明受教九师等，具足缘分九大心之子，身语意之征兆来严饰，尤其诸佛总集莲花生，脚印见者自然解脱等，殊胜自生图纹标记显。殊胜无死长寿之圣地，成就之父班钦比玛拉，开启甘露法药与无数，长寿圣众秘密坛城故，藏有长寿宝瓶长寿箭，寿命精华长寿泉水等，时逢吉日响起鼓乐声，洋溢妙香之味彩虹光，照耀降下花朵之妙雨，兔狗猴年圣众会聚年，今年亦具时处善缘起，两位伏藏大师法主等，集聚贤善成就大圣者，倘若精进潜心祈祷之，如意宝树善妙宝瓶中，一切愿望无余将成就。藏历七月上玄十五日，特别汇聚圣地金刚座，八大寒林廿二与卅二，圣地尼泊尔之森格宗，莲花庄严杂日杂岗地，形如汉地峨眉鸡足山，不丹虎穴钦普水晶洞，清凉五台山与耶巴山，以及印藏大小诸圣地，卡瓦嘎波诺布央泽山，卡瓦罗日噶陀噶布地，祥果岗然措湖岗烈山，措日苏充仲迪等圣山，坛城会众勇士空行尊，心怀五浊恶世之众生，伴随阳光星辰而降临，加持住留九月十五前，此时绕转顶环嘉吉扎，主山直至岩山草地间，中环从嘉吉扎主圣地，鸡足圣山峨眉圣山与，清凉五台山与杂波山，环绕在内嘉莫前谷口，依次前行翻越两座山，从拉秀弯贡格札贡地，渐进直到自生“意”咒字，环绕在内嘉莫德雄之，山脚自生七字圣咒与，杂波山脚依次而转绕。外环自从内五台圣山，形如汉地峨眉鸡足山，外在五台山及附属山，嘉达坚与库琼松多山，东昌札之四座大圣山，佛塔圣地古勒嘎山谷，莲花山与森格朗宗山，邬金宗与多麦琼钦扎，善逝药师佛王大圣山，此外大小足印等圣地，包括在内转绕之路径，东隆脚与桑若松多起，经过贡隆支山苏钦脚，嘉沃松多直至麻古拉，经过哈隆之后以次第，布钦右起直至协钦之，越过昂钦山谷桑隆山，又从自在天山右方起，岗钦山谷朗卡色达间，自从扎龙嘉喜果玛与，经过札柯翻越普隆山，直插而入小足印之右，经过寺前山路尸陀林垭，直至当坚岗乃外环路。神变加持之期功德增，顶环功德莲咒十三亿，中环三十外环五十亿。平常之日顶环一亿数，中环两亿外环为三亿。若具正信净心净誓言，暂时能够消除八难灾，宿业所引疾病得解脱，究竟结缘男女诸会众，何时舍弃此身之刹那，往生拂洲吉祥铜色山，莲花光明宫之悦意刹，持明莲花生尊宝座前，见容闻语获赞与授记，成为引领众生之导师。如是所撰圣地之简志，密主化身吽然多杰者，甚深教言赐予头顶上，以及一些希求者劝请，执持五世佐钦法王名，称为土登曲吉多杰者，未染任意自造之污垢，根据化身伏藏师秋林，邬金切秋巴吉多杰等，历代先祖金刚教言法，木牛一月下旬十五日，于此空行会聚地撰写，若有误漏三根本前忏。吉祥！善哉！

附录3 参考文献

《教法大源流·殊胜法言戏海》 谷如扎西
《八大传承源流·白莲池》 雪谦嘉察
《教法源流·自在天胜鼓妙音》 顿珠仁波切
《无别教派源流》 卡勒活佛白玛根桑让卓
《佐钦寺与历代佐钦法王》 白玛格桑仁波切
《熙日森佛学院章程·圣者欢喜教言》 白玛格桑仁波切
《大圆满法源流·琉璃之鬘》 纽修堪布降央多杰
《布敦佛教史》
《青史》 郭译师迅怒白
《教法源流·贤者喜筵》 巴沃·祖拉成瓦
《觉囊教派源流·月炬论》
《空行母益西措嘉传记》
《毗卢遮那译师传记》
《心髓法传承与受教法》 龙钦巴法王
《宁玛续集史·瞻部洲庄严》 遍智吉美林巴尊者
《遍智吉美林巴尊者内外密传记》
《巴日妙乘林漫话》等教言类 遍智吉美林巴尊者
《宁玛续集史·天鼓法言》 噶陀格则班智达
《百位伏藏师传记·琉璃美鬘》 康珠·拥登嘉措
《别解脱传承上师传》 敏珠林大译师达玛熙日
《集经灌顶概述》 大译师达玛熙日
《前密经教各修部传承祈祷文》 敏珠林大伏藏师 先盘塔耶
《朗卡晋美吉祥贤传记》 夏嘎巴·措珠让卓
《扎域隐修者吉美加卫尼固尊者自传》
《格则上师晋美果恰自传》
《多钦哲益西多杰详广自传》
《第四世佐钦法王美久·囊卡多杰密传》
《嘉色先盘多杰自传偈颂体》
《巴珠晋美曲吉旺波教言集》

《大堪布白玛班扎会众教言等》
《新旧密法道场住持传记·莲花喜苑》 蒋扬钦哲旺波
《钦哲旺波传记集与名录等教言集》
《佛子先盘塔耶事迹赞颂文偈颂体》 蒋扬钦哲旺波
《安多伏藏大师顿珠若瓦札自传》
《邬金丹增罗吾传记》 先嘎大堪布
《珠甘事迹赞颂文偈颂体》 多智钦晋美丹贝尼玛
《巴珠仁波切传记》 多智钦晋美丹贝尼玛
《多智钦晋美丹贝尼玛会众教言集》
《巴珠传记》 根桑华丹大堪布
《遍智龙钦巴传记》 那喇索朗曲珠
《自在成就者白玛邓都传记》 新龙上师益西多杰
《安章珠甘传记》 嘉色久美多杰
《麦彭仁波切传记·精华集》 阿恰然牟札
《第三世雪谦嘉察传记》 钦哲确吉罗珠
《噶陀大堪布阿格旺波（堪布阿琼）自传》
《文殊上师麦彭传记》 钦哲绕萨达瓦
《文殊上师麦彭仁波切传记》 晋美彭措大堪布
《历代古浪传记》 古浪活佛邬金丹增
《谷嘉色确吉罗珠传记》 古浪活佛邬金丹增
《岗仓师徒与八邦道场志》 噶玛降村
《宗萨道场志与历代钦哲传记》 罗珠彭措
《赤大吉弥勒法林历代住持传记·牟尼宝库》 麦洼协昌活佛
《噶陀巴简史》 噶陀堪布蒋扬坚参
《白玉大塘寺历代住持传》 土登烈协桑波
《圣法之光》 白玉朗卓林寺期刊
《明盏》 印度雪谦寺期刊
《历代德格王史记》 邓都等